EDITION 13th

# 인적자원관리

Noe · Hollenbeck · Gerhart · Wright 저

윤동열 · 김우철 · 김태형 · 나동만 · 류성민 · 류준열
박종규 · 방호진 · 조윤형 · 최우재 · 한승현 · 홍운기 공역

## HUMAN RESOURCE
## MANAGEMENT

도서출판 시대가치

Human Resource Management, 13th Edition



1 2 3 4 5 6 7 8 9 10 VT 20 24

Original: Human Resource Management, 13th Edition © 2023
By Raymond Noe, John Hollenbeck, Barry Gerhart, Patrick Wright
ISBN 978-1-26-418889-5

This authorized Korean translation edition is jointly published by McGraw-Hill Education Korea, Ltd., and The Value of Times. This edition is authorized for sale in the Republic of Korea.

This book is exclusively distributed by The Value of Times.

When ordering this title, please use ISBN 979-11-89607-85-2

Printed in Korea

# 저자 서문

본서의 목적은 학생들에게 성공적인 HRM 전문가가 되고, 인적자원을 효과적으로 관리하며, HRM 관련 지식을 갖춘 관리자나 직원이 될 수 있도록 배경지식을 제공하는 것이다. 기업의 관리자는 컨설턴트로부터 이러한 HR 서비스를 구매하거나, HRM 부서와 협력하거나, 직접 설계하고 구현하기 위해 효과적인 HRM 관행을 파악할 수 있어야 한다. 경쟁우위를 확보하기 위한 인적자원관리가 중요하며 13판에서는 관리자가 인적자원을 보다 효과적으로 관리할 수 있는 방법을 강조하고, 현재 HRM 관행에서 중요한 이슈를 강조하고 있다. 또한 여러 가지 이유로 인적자원관리를 가르치는 데 유용한 접근방식을 제시하고자 한다.

- 본서는 학부생, 주간 경영전문대학원(MBA) 학생들의 필수 및 선택 과목, 주말 및 야간 경영전문대학원(MBA) 프로그램의 숙련된 관리자 및 전문직 직원들에게 인적자원관리를 가르쳐온 4명의 저자의 다양한 연구, 강의 및 컨설팅 경험을 바탕으로 집필되었다. 팀워크 접근법은 다른 교재에서는 찾아볼 수 없는 깊이와 폭을 제공하고 있다.
- 인적자원관리는 비즈니스의 성공에 매우 중요한 것으로 간주된다. 본서는 인적자원관리뿐만 아니라 HRM 기능이 기업이 경쟁우위를 확보하는 데 어떻게 도움이 될 수 있는지를 강조하고 있다.
- 본서는 인공지능과 로봇공학, 비전통적 고용관계의 활용, 빅데이터, 인재관리, 다양성, 직원 경험 등 비즈니스와 HRM 실무에 큰 영향을 미치는 최신 이슈에 대해 논의한다.
- 전략적 인적자원관리는 책의 초반부에 소개되고, 이후 책 전체적으로 통합되어 있다.
- 새로운 기술이 어떻게 HRM 관행의 효율성과 효과를 개선하는 데 사용되고 있는지에 대한 예시가 곳곳에서 제공된다.
- 기업이 HRM 관행을 평가하여 그 가치를 결정하는 방법에 대한 예시를 제공한다.

## 본서의 구성

13판은 서론(1장)과 5개의 파트로 구성되어 있다. 1장에서는 주주, 고객, 직원, 기타 이해관계자의 요구를 성공적으로 충족하는 기업의 능력에 영향을 미치는 글로벌, 경제, 지속가능성, 기술 과제에 대해 자세히 설명하고, 인적자원관리가 기업이 경쟁과제를 해결하는 데 어떻게 도움이 될 수 있는지에 대해 논의하고 있다.

1부에서는 기업이 경쟁우위를 확보하기 위한 수단으로 인적자원을 활용하려고 할 때 직면하는 환경적 요인에 대해 논의한다. 환경적 요인에는 비즈니스의 전략적 방향, 법적 환경, 수행되는 업무의 유형과 물리적 배치가 포함된다.

2장은 전략적 인적자원관리의 핵심은 다양한 유형의 비즈니스 전략에서 인력배치, 성과관리, 교육 및 개발, 보상이 수행하는 역할을 강조하고 있다.

3장에서는 업무 분석 및 설계를 통해 직무 스트레스를 완화하고 직원의 업무에 대한 동기부여와 만족도를 향상시켜 회사 경쟁력을 향상시킬 수 있는 업무 시스템을 강조하고 있다.

2부에서는 인적자원 계획과 채용, 선발, 교육 등 인적자원의 확보와 준비에 대해 다루고 있다.

4장에서는 인적자원 계획 및 채용에 대해 설명하며 인적자원 계획을 수립하는 과정을 보여준다. 또한 아웃소싱, 비정규직 사용, 규모 축소와 같은 인력배치 옵션의 장단점에 대해서도 설명하고 있다. 유능한 직원을 채용하기 위한 전략이 강조된다.

5장에서는 선발과 배치에 관한 내용으로, 직원 선발과 배치의 오류를 최소화하여 기업의 경쟁력을 향상시키는 방법을 강조하고 있다. 유효성 및 신뢰성과 같은 선발방법의 기준을 기술적으로 복잡하지 않으면서도 이해하기 쉬운 용어로 설명하고 있다. 본 장에서는 면접과 다양한 유형의 검사(성격, 정직성, 약물 검사 포함)와 같은 선발방법에 대해 논의하고 타당성, 신뢰성, 유용성, 적법성을 기준으로 이를 비교하고 있다.

6장에서는 효과적인 교육시스템의 구성요소와 직원의 교육준비 상태를 파악하고, 긍정적인 학습환경을 조성하며, 교육이 업무에 활용되도록 하는 관리자의 역할에 대해 설명한다. 이러닝, 가상현실 및 증강현실, 모바일 교육 등 다양한 교육방법의 장단점에 대해 설명한다.

3부에서는 기업이 직원의 가치를 파악하고 유지 및 개발 전략을 통해 직원의 재능을 활용할 수 있는 방법을 살펴본다.

7장에서는 성과관리를 주제로 장단기 목표 설정, 관리자와 직원 간의 잦은 성과 대화, 동료 피드백을 장려하는 보다 지속적인 프로세스로의 성과관리시스템의 진화에 대해 설명하고 있다. 본 장에서는 평가, 목표 또는 행동을 사용하는 성과관리 방법의 강점과 약점을 살펴본다.

8장은 직원 개발에 관한 내용으로, 평가, 직무경험, 공식 교육과정, 멘토링 관계를 통해 직원을 개발하는 방법을 소개하고 있다.

9장은 직원 분리 및 유지에 관한 내용으로, 관리자가 어떻게 직원의 생산성과 만족도를 극대화하여 결근과 이직을 방지할 수 있는지에 대해 설명하고 있다. 본 장에서는 직원 설문조사를 통해 만족도와 이후 유지에 영향을 미치는 직무 및 조직 특성을 모니터링하는 방법을 강조한다.

4부에서는 급여체계 설계(10장), 개인 기여도 인정(11장) 등 인적자원에 대한 보상을 다루고 있다. 이 부분에서는 회사의 보상전략과 직무의 가치를 고려하여 관리자가 다양한 직무에 대한 급여율을 어떻게 결정해야 하는지 살펴보고 있다. 성과급, 이익 공유, 기능급(직능급)의 장단점에 대해서도 설명하고 있다.

5부에서는 국제 HRM, 전략적 HRM 기능 관리 등 인적자원관리의 특별한 주제를 다루고 있다.

12장에서는 사회적 · 정치적 변화가 글로벌 인적자원관리에 미치는 영향에 대해 논의한다. 해외근무를 위한 직원 선발, 준비, 보상에 대해서도 논의한다.

13장에서는 기업의 비즈니스 목표 달성을 위해 HRM 관행을 어떻게 조정해야 하는지 강조하고 있다. 이 장에서는 HRM 기능이 효과적이려면 고객에 초점을 맞춰야 한다는 점을 강조하고 있다.

끝으로 13판이 완성되기까지 도움을 준 많은 교수님들과 출판사의 관계자들에게 감사의 말씀을 전하고자 한다.

Raymond A. Noe
John R. Hollenbeck
Barry Gerhart
Patrick M. Wright

# 역자 서문

본서는 미국 맥그로힐(McGraw-Hill) 출판사에서 발간된 Noe, Hollenbeck, Gerhart, Wright의 『*Human Resource Management*(13ed.)』를 번역한 것이다. 지난 2014년 『*Human Resource Management*(8ed.)』를 번역한 후 10년 이상의 시간이 흘렀다. 저자들은 그 사이에 몇 권의 개정판을 더 발간하면서 사례와 내용을 보완하고 새로운 정보와 지식을 쌓아가고 있었다. 저자들이 서문에 밝힌 바와 같이 학부생과 일반대학원 석사, 경영전문대학원(MBA) 주・야간 수업에서 다루기 위해 최신 사례와 컨설팅 및 자문을 통해 얻은 경험과 노하우를 접목하여 이 책의 내용은 더욱 충실하게 보완되었다.

지난 11판 번역서와 같이 이번에 번역한 13판에서도 한국기업의 인적자원관리 시스템과 관행을 사례로 포함하였다. 각 장의 토의과제에서 글로벌 기업들의 사례와 함께 한국기업들의 사례를 함께 제공하고 있다. 근로시간유연화에 따른 자율출퇴근제와 신입사원 채용, 기업 맞춤형 블라인드 채용의 공정성과 효과성 관련 논의, 리더십 개발과 경영성과 연계, 글로벌 기업의 성과관리 실험, 글로벌 기업의 다양성과 포용성 이슈, 임금구조의 의사결정 기업사례, 직원 의사결정 참여와 소통을 통한 성과급 제도 운영, 해외주재원 현지적응을 위한 HR과제, 수시피드백을 통한 협력 강화 등 디지털 네이티브인 Z세대의 비중이 증가하고 있는 기업의 상황에서 노사 모두가 관심을 가지고 있는 주제에 대한 사례와 토의과제를 제시하였다.

기업에 있어서 인적자원관리와 관련된 제도와 관행의 변화는 기업의 전략이나 성과에 지대한 영향을 미치고 있다. 특히 이제는 근로시간유연화와 임금체계 개편이 단순히 기업의 인적자원관리 담당자만의 관심사가 아니라 국가 전체의 관심사가 되고 있다. 본서는 인적자원관리를 통한 기업의 전략에 대해 보다 심도 있게 논의하고자 하였다.

많은 시간을 투입하여 번역하였지만 여전히 부족한 부분이 있을 것으로 보인다. 끝으로 이 책이 번역될 때까지 묵묵히 지원을 해준 도서출판 시대가치 김광범 대표님을 비롯한 직원분들에게 깊은 감사를 드린다.

2024년 1월 역자 일동

# Brief Contents

# 차 례

# PART 4
# 인적자원의 보상

CHAPTER 01

# 인적자원관리: 경쟁우위의 확보

**학습목표**

**이 장을 읽고 나면 다음을 수행할 수 있어야 한다.**

01 기업의 인적자원관리 기능의 역할과 활동을 설명할 수 있다.

02 경제, 노동력의 구성, 윤리가 기업의 지속가능성에 미치는 시사점을 설명할 수 있다.

03 인적자원관리가 어떻게 기업의 균형성과표에 영향을 끼치는지 설명할 수 있다.

04 글로벌 시장에서 경쟁하기 위해 기업이 해야 할 일에 대해 설명할 수 있다.

05 소셜네트워킹(SNS), 인공지능(AI), 로봇공학이 인적자원관리에 어떤 영향을 미치는지 파악할 수 있다.

06 인공지능과 로봇공학을 이용한 자동화가 일자리를 어떻게 변화시킬 수 있는지 설명할 수 있다.

07 고성과작업시스템(high-performance work systems)을 지원하는 인적자원관리 관행에 대해 설명할 수 있다.

08 인적자원관리 관행에 대해 간략하게 설명할 수 있다.

# 도입

이 장의 서두에서는 미국 기업의 생존, 효율성 및 경쟁력을 결정하는 데 있어 인적자원관리의 핵심적인 역할을 설명하려고 한다. **경쟁력**(competitiveness)이란 한 기업이 업계에서 시장점유율을 유지하고 확보할 수 있는 기업의 능력을 의미한다. 경쟁력은 기업의 효과성(effectiveness)과 관련되어 있으며 이는 기업이 이해관계자(stakeholders: 기업의 사업활동으로부터 영향을 받는 집단들)의 욕구를 충족시킬 수 있는가 여부에 따라 결정된다. 주요 이해관계자에는 투자이익을 원하는 주주들, 고품질의 상품과 서비스를 원하는 고객, 흥미로운 업무와 합리적인 보상을 원하는 직원(employees) 등이 포함된다. 기업이 소재한 지역의 활동과 프로젝트에 참여하고 환경오염을 최소화하기를 바라는 지역사회 역시 주요 이해관계자이다. 이해관계자들의 요구를 충족시키지 못하는 기업들은 동종업계의 다른 기업보다 경쟁우위를 확보하기 어렵다.

**인적자원관리**(HRM)란 직원의 행동, 태도, 성과에 영향을 끼치는 정책, 관행(practices)과 시스템을 말한다. 많은 기업들은 인적자원관리를 "인사관행(people practices)"을 의미하는 것으로 간주한다. 〈그림 1.1〉은 몇 가지의 중요한 인적자원관리 관행(HRM practices)을 보여주고 있다. 인적자원관리 관행이 기업성과에 대해 미치는 영향을 극대화하기 위해서는, 이 관행이 근거하고 있는 전략을 고려해 봐야 한다. 인적자원관리 관행에는 직무의 분석과 설계, 인적자원 소요의 결정(인적자원계획), 잠재적인 직원의 유인(모집), 직원 선택(선발), 직원을 대상으로 한 업무수행에 대한 교육과 미래에 대한 준비(훈련과 개발), 직원 보상(보상), 실적 평가(성과관리), 우호적인 근무환경 조성(직원관계) 등을 포함한다. 한마디로 요약하면, 효과적인 인적자원관리 관행은 본질적으로 전략적이라는 것이다! 효과적인 인적자원관리는 직원과 고객의 만족, 혁신, 생산성, 그리고 지역사회에서의 기업 평판에 기여함으로써 기업의 성과를 향상시키는 것이다.

본 장의 전반부에서는 기업이 경쟁력을 갖추기 위하여 인적자원관리부서와 그 관리자들이 어떤 역할과 기술을 갖추어야 하는지를 설명한다. 다음으로는 미국 기업들이 직면하고 있는 경쟁적 도전(competitive challenges)이 무엇인지를 알아보고, 주주, 고객, 직원, 기타 이해관계자들의 욕구 충족에 영향을 끼치고 있는 요인들이 무엇인지 살펴본다. 또한 경쟁적 도전들이 인적자원관리에 어떠한 영향을 미치는지를 논의한

**그림 1.1 인적자원관리 관행**

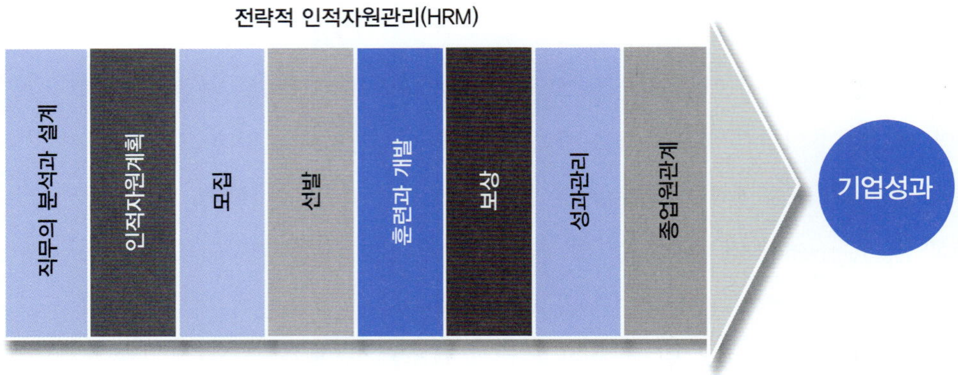


다. 마무리에서는 인적자원관리 관행과 이들 관행이 기업의 경쟁력 강화에 도움이 되는 방법을 다시 한번 강조한다.

## 인적자원관리부서의 책임과 역할은 무엇인가?

〈표 1.1〉은 인적자원부서의 책임이 무엇인지를 보여주고 있다. 기업들은 인적자원을 위해 얼마나 많은 예산을 책정해야 하는가? 그리고 한 기업에서 몇 명의 인적자원 전문가를 고용해야 하는가? 한 연구에서는 인적자원 예산이 직원 1인당 평균 2,936달러라고 추정한다.

고영향(high-impact) 인적자원팀은 인적자원 전문가가 직원 64명당 1명이며, 직원 1인당 평균 인적자원 예산보다 더 많이 지출하며(직원 1인당 평균 4,434달러), 더 많은 순응중심(compliance-driven) 및 기본적인 인적자원 조직보다 높은 비율의 인적자원 전문가를 고용한다.

고영향 인적자원 기능들은 사업과 통합되어 있으며, 유능한 직원을 유인하고 성장(building), 참여(engaging) 및 유지하는 데 있어 관리자에게 도움을 준다. 이들 기능들은 사업 요구와 인력 변화에 신속하게 적응하게 하고, 기업 내에서 인재를 파악 및 촉진할 수 있으며, 직원들이 성장하고 발전할 수 있도록 동기부여하는 것이 무엇인지 지속적으로 파악하려고 노력하고 있다. 또한 고영향 인적자원 기능들은 기업이 새로운 경

**표 1.1 인적자원관리부서의 책임**

| | |
|---|---|
| 직무분석과 설계 | 직무분석, 업무분석, 직무기술서 |
| 모집과 선발 | 모집, 직무기술서 게시, 인터뷰, 시험, 임시직 활용 |
| 훈련과 개발 | 신입직원 오리엔테이션, 기술 훈련, 개발 훈련, 경력개발 |
| 성과관리 | 성과측정, 성과평가 준비 및 관리, 피드백과 코칭, 훈련(discipline) |
| 보상과 복리후생 | 임금 관리, 인센티브, 보험, 휴가, 퇴직계획, 이익공유제, 건강과 웰빙, 스톡옵션 |
| 직원관계/노사관계 | 태도 조사, 직원핸드북, 노동법 준수, 전직 및 퇴직 서비스 |
| 인사정책 | 정책 마련, 정책 의사소통 |
| 인사자료와 정보시스템 | 인사기록, 인적자원정보시스템, 노동력 분석, 소셜 미디어, 사내통신 및 인터넷 접속 |
| 법률 준수 | 준법행동 정책, 안전검사, 시설접근 수용, 사생활보장 정책, 윤리 |
| 사업전략 지원 | 인적자원 계획 및 예측, 인재관리, 변화관리, 조직개발 |

출처: Based on Bureau of Labor Statistics, *Occupational Outlook Handbook, 2010–2011* edition. Washington, DC: Bureau of Labor Statistics, www.bls.gov; and SHRM-BNA Survey No. 66, "Policy and Practice Forum: Human Resource Activities, Budgets, and Staffs, 2000–2001," *Bulletin to Management*, Bureau of National Affairs Policy and Practice Series, June 28, 2001(Washington, DC: Bureau of National Affairs).

쟁과제를 해결하는 데 필요한 인적자원 전문가의 재능과 기술을 지속적으로 구축하도록 한다.

고영향 인적자원 기능의 직원당 비용 증가는 이직률 감소와 직원 참여 수준 증가로 인한 절감 효과로 상쇄된다. 인적자원부서는 퇴직, 노동법 준수, 인사기록, 시험 및 복리후생 관리 등에 대한 책임이 있다. 인적자원부서는 면접, 성과관리, 훈련, 품질 및 생산성 향상을 위한 노력에 대해 기업의 다른 기능과 협력해야 한다. HR 전문가의 이점이 있는 대기업이 중소기업보다 인적자원 전문가를 고용할 가능성이 더 높다. 다른 일반적인 전문가는 채용, 보상, 교육 및 개발이 있다.

기업의 규모나 인력의 특성, 산업, 경영진의 가치관에 따라 인적자원부서는 다양한 역할과 책임을 수행한다. 관리자가 직원에 대해 더 많은 책임을 지기를 원하는 일부 기업에서는 인적자원부서가 불필요하고 비효율적인 정책과 절차를 만들어 혁신을 저해하기 때문에 필요없다고 생각한다. 이런 기업에서는 임금, 복리후생 및 기타 인적자원 프로세스를 자동화하거나 아웃소싱한다. 소규모 기업에서는 인적자원 업무를 오너(owner)가 직접 처리하는 경우가 많다. 인적자원 관리자를 두거나 인적자원 서비스를 아웃소싱하는 비용을 부담하고 싶지 않거나, 다른 사람에게 인적자원 책임을 위임하거나 정보를 공유할 의향이 없거나 또는 공유가 불가능하는 등 여러 가지 이유 때문이다. 한 조사에 따르면 기업 오너의 45%가 매주 하루 이상을 인적자원에 대한 관리를 하는 것으로 나타났다. 또한 중소기업 오너 중 50% 미만이 인적자원 관련 업무를 처리하는 방식에 자신감을 갖는 것으로 나타났다. 인적자원 전문가와 인적자원부서를 보유하면 많은 이점이 있다. 관리자는 노동법을 이해하고, 잠재적 직원을 확인하고, 직책에 맞는 기술과 임금을 결정하며, 현재 직원을 개발하는 방법을 이해하는 데 필요한 전문지식이 부족한 경우가 많다. 직원 수가 50명 미만인 기업의 70%가 인력 문제에 대한 경험이 거의 또는 전혀 없는 직원에게 인사업무를 맡기는 것으로 추정된다. 인사 전문가는 법적 책임을 피할 수 있는 시스템을 만들고, 직원에게 조언하며, 관리자에게 인재를 식별, 유지, 개발하는 방법을 알려줄 수 있다. 예를 들어, 9명의 직원을 둔 소프트웨어 기업인 차트홉(ChartHop)의 설립자 겸 CEO는 기업의 인적자원관리자 역할도 겸하고 있다. 팬데믹으로 인해 직원들이 원격근무를 해야 하는 상황에서 직원들과 연락을 유지하고 개인적인 스트레스를 최대한 덜 받도록 한다. 그는 일주일에 한 번씩 진행하던 직원회의를 Zoom을 통해 주 2회로 변경했다. 회의에는 기업 프로젝트와 업무계획에 대한 논의가 포함되지만, 직원들이 건강, 육아 및 기타 가족 문제에 대해 논의할 수 있도록 장려한다. 또한 직원들이 격주 금요일에 쉬도록 권장하는 FlexFridays를 시행하고 있다. 그는 기업의 성공을 위해서는 인적자원 역할이 매우 중요하다는 신념에 따라 내년에 전담 인적자원 리더를 채용할 계획이다.

인적자원부서의 역할과 책임에 대하여 이해하기 좋은 한 가지 방법으로는 인적자원부서를 3개의 제품라인을 거느린 기업 내 독자적인 사업부로 간주하는 것이다. 〈그림 1.2〉는 인적자원 사업부가 거느린 세 가지 제품라인을 보여준다. 첫 번째 제품라인으로는 인적자원이 전통적으로 수행해 온 행정과 민원 서비스(administrative services and transactions)가 있다. 최근에 각광받는 제품라인은 인적자원 사업부의 나머지 2개의 제품라인으로 비즈니스 파트너 서비스(business partner service)와 전략적 파트너(strategic partner) 역할로서 최고경영진이 중시하는 인적자원 기능들이다.

인포시스(Infosys BPM)는 통합 정보기술 및 비즈니스 프로세스 솔루션을 제공하는 기업이다. 인포시스는 인적자원에 대해 인재관리 접근방식을 취함으로써 비즈니스 요구사항을 가장 잘 지원할 수 있다고 믿는다. 즉, 인적자원관리의 경우 인재 전략 및 계획, 인재 확보, 인재 참여, 인재 개발 등의 서비스를 제공하며 각 서비스는 조직

**그림 1.2** 3개의 제품라인을 거느린 사업부로 간주한 인적자원 기능

**행정과 민원 서비스:**
보상, 채용, 인력배치

강조점
- 자원의 효율성과 서비스의 질

**비즈니스 파트너 서비스:**
효과적인 HR 시스템 구축, 사업계획 실행 지원, 인재관리

강조점
- 비즈니스를 이해하고 영향력을 행사하는 것
- 문제해결, 필요역량 확보를 위한 효과적인 시스템의 설계

**전략적 파트너:**
인적자본, 사업역량과 사업준비도에 기반한 사업전략에의 기여, 전략적 차별화 도구로서의 인적자원 관행 개발

강조점
- HR, 사업, 경쟁, 시장, 사업전략에 대한 지식

출처: Adapted from Figure 1, "HR Product Lines," in E. E. Lawler, "From Human Resource Management to Organizational Effectiveness," *Human Resource Management* 44 (2005), pp.165-169.

개발 및 보상과 복리후생으로 지원된다.

## 인적자원관리 기능의 전략적 역할

인적자원관리 기능의 행정지원 업무는 비중이 낮아지는 반면에 전략적 파트너, 변화 주도자(change agent), 그리고 직원 지지자(employee advocate)로서의 역할은 비중이 늘고 있다. 인적자원관리자들은 두 가지 중요한 도전(challenges)에 직면해 있다. 첫 번째 도전은 현재 업무에서 미래를 위한 전략으로 초점을 전환하는 것이고, 두 번째 도전은 인사부서가 아닌 타 부서 관리자들이 인적자원 관행을 개발하고 실행해 나갈 수 있도록 준비시키는 것이다. 인적자원이 기업의 경쟁우위에 기여하기 위하여 많은 인적자원부서들이 **공유 서비스 모델**(shared service model)에 기반을 두고 조직화된다. 공유 서비스 모델은 비용을 통제하고 인적자원 관행의 사업 타당성과 적시성(timeliness)을 향상시키는 데 도움을 줄 수 있다. 공유 서비스 모델이란 인적자원 기능이 전문성/탁월성 센터(centers of expertise or excellence), 서비스 센터, 사업 파트너 기능을 모두 수행하도록 조직화하는 방법이다. 전문성/탁월성 센터에는 전사적인 충원 또는 훈련 담당 인적자원 전문가들이 포진되어 있다. 서비스 센터는 훈련 프로그램에 등록을 하거나, 직원이나 관리자들이 본인들의 복리후생을 온라인을 통해 직접 변경할 수

있게 하는 등의 행정적인 지원을 담당하는 곳이다. 사업 파트너란 사업단위 관리자들과 협력하여 새로운 보상제도나 고위 관리자 양성 프로그램을 개발하는 것과 같은 전략적 차원의 이슈를 다루는 인적자원부서 직원을 말한다. 월그린(Walgreens)은 공유 서비스 팀을 통해 직원 관계, 모집 및 인적자원 자료 서비스를 제공한다. 월그린은 직원들이 복리후생, 인적자원 정책, 인재 관리에 대한 질문에 대한 답을 얻을 수 있도록 웹사이트인 MyHR을 도입했다. 여기에는 직원들이 쉽게 접근할 수 있는 개인화된 기밀정보를 제공한다. 공유 서비스 모델에 대해서는 제13장에서 자세히 설명한다.

행정지원부서로서의 인적자원관리 역할은 인사기록의 관리, 직원들이 직접 훈련이나 복리후생, 또는 다른 프로그램에 대한 정보를 얻고 등록을 할 수 있는 것과 같이 IT기술의 개발과 인터넷을 활용한 셀프서비스의 증가 등으로 인하여 점차 줄어드는 추세이다. **셀프서비스**(self-service)란 직원들에게 온라인으로 교육훈련, 복리후생, 보상, 계약 작성과 같은 인적자원에 관한 정보를 제공하고, 온라인으로 프로그램이나 서비스 등록을 하고, 온라인 태도설문조사에 답변할 수 있도록 하는 등 온라인상의 서비스를 제공하는 것을 의미한다. 예를 들어, 미국의 뱅코프(Bancorp)는 PeopleSoft 인적자본관리시스템을 구현했는데, 이 시스템을 통해 매니저들은 해고, 재배치, 임금 변경과 같은 기본적인 인사조치를 검토하거나 승인할 수 있다. 관리자들이 이 제도에 더 익숙해짐에 따라 보너스 승인, 이력서 검토, 취업 지원자 평가 등의 업무처리(transactions)에 대한 통제권을 갖게 되었다. 관리자들은 처음에 인적자원 직원이 이전에 처리한 업무를 맡는 데 거부감을 보였으나, 이러한 변화를 수용하였다. 왜냐하면 변화를 통해 더 빠른 업무처리가 가능해졌고, 의사결정에 사용할 수 있는 인력들의 인사자료에 더 많은 접근 권한을 갖게 되었기 때문이다. 인적자원 전문가들은 이제 적절한 직원 개발 계획을 수립하고, 은퇴나 성장에 따른 인력수요를 평가하고, 조직구조가 효율적이고 효과적인지 확인하는 데 있어 관리자와 더 많은 시간을 가질 수 있게 되었다.

많은 기업들이 임금산정과 같은 전통적인 인적자원관리 기능뿐 아니라 신규 채용과 같은 전략적으로 중요한 분야에 전문적인 지식을 갖춘 인적자원관리 전문 기업들과 계약하여 서비스를 제공받고 있다. **아웃소싱**(outsourcing)이란 외부의 다른 기업(납품업자, 제3자, 컨설턴트)의 전문적인 서비스를 받는 것을 말한다. 가장 흔한 아웃소싱 분야로는 복리후생운영[자유사용계정(flexible spending accounts), 의료보험(수혜자격 심사 등)], 인력재배치, 임금정산 등이 있다. 기업 경영진이 이와 같은 인적자원 기능을 아웃소싱하는 주요인으로는 비용절감, 인력을 신규 채용하고 관리하는 능력의 향상, 더 나은 품질의 인적자원 서비스, 채용이나 모집과정을 표준화함으로써 잠재적 소송가능성으로부터 기업을 보호하는 것 등을 들 수 있다. ADP, 제네피츠(Zenefits), 스킬소프트(Skillsoft), 페이첵스(Paychex), 에센추어(Accenture) 등이 대표적인 인적자원 서비스 아웃소싱 기업이다.

사이버 보안 및 정보기술을 전문으로 하는 기업인 맨테크 인터내셔날(ManTech International)은 교육을 아웃소싱하기로 결정했다. 맨테크는 직원의 다양한 직무와 업무 유형에 적합한 교육을 제공하기 위해 스킬소프트와 파트너십을 맺었다. 직원들은 머신러닝, 인공지능 등 관심 있는 분야에 대한 교육을 받을 수 있다는 점에서 매력적이라고 생각한다. 기업 입장에서도 교육은 기업의 디지털 혁신을 지원하고 직원들이 자신의 커리어를 발전시키는 데 필요한 기술을 개발할 수 있는 주인의식을 가질 수 있는 기회를 제공한다는 점에서 가치가 있다. 또한 맨테크는 직원들이 필요로 하는 모든 기술을 개발하여 교육할 수 없었다.

전통적으로 인적자원관리부서('인사' 또는 '직원관계'를 담당하는 부서)는 주로 행정전문가나 직원 옹호자였다. 인적자원부서는 직원들의 애로사항을 해결하고, 직원들이 정확한 임금을 지급받을 수 있도록 하며, 근로계약을 관리하고 법적 분쟁의 소지를 피할 수 있도록 하는 데 주력하여 왔다. 또한 인적자원관리부서는 직원 관련 문제들로 인해 기업의 상품이나 서비스의 제조와 판매가 방해받는 일이 생기지 않도록 하는 역할도 수행하였다. 전통적으로 인사관리부서는 소극적이라서 인적자원 문제가 기업에 직접적인 영향을 끼치지 않는 한, 앞에 나서서 일하지 않았다. 아직 인적자원관리의 경쟁적 가치를 인식하지 못하거나 문제를 예측하고 비즈니스 전략에 기여하는 데 필요한 역량과 기술 또는 이해가 부족한 인적자원 전문가가 여전히 많은 기업에서 이러한 현상이 지속되고 있다. 그러나 인적자원관리가 기업의 성공에 중요한 역할을 담당한다고 믿는 기업들이 증가함에 따라 인적자원관리의 역할이 변화 주도자(change agent)와 전략적 파트너로까지 확대되고 있다.

기업 인적자원 관련 책임자와 학술 연구자들로 구성된 토론집단은 점점 더 많은 인적자원 전문가들이 인재관리와 성과관리에 초점을 맞춘 노력의 증가를 예상하고 있다. 또한 인적자원 전문가들은 기업 성공에 필요한 글로벌 인력을 창출하기 위해 기업의 인재 유인, 개발, 유지에 도움이 되도록 앞장서야 한다. 인적자원 전문가는 사업

아이디어와 문제 해결의 사례를 만들기 위해 데이터를 사용하고 분석할 수 있어야 한다. 많은 기업에서 최고인사관리자는 CEO, 사장 또는 이사회에 직접 보고하여 인사전략이 기업의 가치를 어떻게 창출하는지에 대한 질문에 답을 한다. 예를 들어, 산업 유지보수 및 수리 제품을 유통하는 기업인 로손 프로덕트(Lawson Products)의 인사담당 부사장은 매주 CEO, 최고재무임원, 법무 자문단, 부사장으로 구성된 운영위원회와 회의를 한다. 또한 매월 CEO와 회의를 하고 있으며, 로손의 연간 예산 책정 과정과 전략 회의에도 참여한다.

이는 인적자원 전문가가 비즈니스 전반에 걸쳐 인재관리기술을 사용할 준비가 되어 있어야 한다는 것을 의미한다. 예를 들어, 하니웰 인터내셔날(Honeywell International)의 최고경영진은 최고인사관리자에게 비용절감 전략을 주도할 책임을 부여하고 있다. 이를 위해 인사관리자는 재무 및 기타 부서의 비즈니스 리더들과 협력하여 비용을 절감하고 운영의 효율성을 높일 수 있는 100가지 이상의 방법을 찾아냈다. 비용절감 전략을 성공적으로 이끈 덕분에 그는 10만 명 이상의 직원을 거느리고 400억 달러 이상의 매출을 올리는 하니웰 인터내셔날의 조달사업부를 관리하는 책임을 맡게 되었다. 그는 여전히 인사 및 커뮤니케이션을 관리하는 일반적인 업무를 수행한다. 그는 자신의 인적자원 기술이 조달업무를 운영할 관리자를 채용하고 교육하기 위한 전략을 개발하는 데 유용하다는 것을 알게 되었다. 조직 개편 후 그는 조달업무를 맡지 않게 되었지만 보안관리라는 새로운 역할을 맡게 되었다.

인적자원관리가 주니퍼 네트웍스(Juniper Networks) 및 애보트(Abbott)에서 어떻게 사업을 지원했는지 고려해보자. 새로운 라우터(router)를 도입하여 성공을 거둔 네트워킹 기술 기업인 주니퍼 네트웍스는 컴퓨터 네트워크 산업의 주요 혁신자였다. 그러나 주니퍼 네트웍스는 큰 성공에도 불구하고 사업전략을 다시 새롭게 하고 성장할 필요가 있다는 것을 알게 되었다. 주니퍼 네트웍스의 인적자원 팀은 사업전략과 조직구조를 다시 개편하는 것을 돕기 위해 기업의 회장을 포함한 150명의 고위임원들과 전 세계에 위치한 100명의 관리자들과 대화를 나누었다. 대화를 하는 동안, 인적자원 팀은 리더나 관리자에게 주니퍼 네트웍스가 직면한 중요한 환경적 과제, 도전들이 리더나 관리자 팀에 어떤 영향을 미쳤는지, 주니퍼 네트웍스의 사업전략, 전략의 실행과 주요 사업 관심사에 대해 질문했다. 대화를 통해서 주니퍼 네트웍스는 너무 많은 사업 우선순위를 가지고 있고, 리더들은 충돌을 피하는 경향이 있으며, 일이 지나치게 복잡해서 고객에게 최고의 해결책을 제공하는 것이 어렵다는 것을 알아낼 수 있었다. 결과적으로 제품 라인이 간소화되었고 보다 단순하고 통합된 사업조직구조를 채택했다. 예를 들어, 기업 전체에서 어떤 결정이든 6명이 구성되면 할 수 있게 되었다.

애보트는 분사된(spin-off) 애브비(AbbVie)가 신약 연구개발에 주력하는 동안 엔슈어(Ensure) 영양 쉐이크(nutrition shakes)와 같은 소비자 지향의 건강관리 제품을 유지하였다. 분사(spin-off)는 모기업에서 탄생한 신기업으로, 전문적으로 비즈니스 시장의 한 측면에 초점을 맞춘다. 분사는 큰 사업의 일부라기보다는 독립적인 사업으로서 더욱 가치가 있을 것으로 예상된다. 인재유지, 직원들의 열정과 동기부여, 신입직원의 올바른 역할 확인 등 인적자원 문제가 분사의 성공에 중요하다. 애보트의 최고인사관리자는 애브비의 분사를 돕는 도전적이고 복잡한 업무에 직면했다. 구체적으로 다른 임원들과 함께 새로운 조직구조와 로고, 브랜드 캠페인 등을 만들었다. 또한 분사의 이유를 확실히 전달하고, 직원들의 두려움과 불안을 줄이며, 분사에 포함될 직원을 결정하고, 그들의 업무과제 결정, 그리고 새로운 보상과 복리후생 계획을 개발하는 것과 같은 인력 관련 이슈들을 수행하였다.

〈표 1.2〉는 인적자원관리가 과연 전략적 역할을 잘 수행하고 있는가를 판단하는 데 사용할 수 있는 질문 리스트를 보여준다. 이 질문들에 답할 준비가 되어 있지 않다면, 이 기업은 1) 경쟁적 환경을 다룰 준비가 안 되어 있든지, 아니면 2) 인적자원관리가 기업의 전략적 우위를 점하게 하는 데 기여하고 있지 않을 가능성이 높다. 인적자원관리와 기업의 전략부문 사이의 관계를 평가할 수 있는 기본적 질문은, "기업의 사업전략을 제대로 실행하기 위해서 인적자원관리는 적합한 능력을 가진 인재를 적합한 직무에 배치하고 있는가?"이다. 이 문제는 제2장에서 더 자세히 논의할 것이다.

인적자원부서의 구조와 책임이 전략적 역할을 수행하기 위해 어떻게 변화하고 있는지 고려해보자. 많은 기업이 강조하는 전략적 영역 중 하나는 직원과 고객 경험을 개선하는 것이다. 에어비앤비(Airbnb)는 직원의 경험이 직원의 행복과 기업에 대한 헌신을 유지하는 데 매우 중요하다는 사실을 잘 알고 있다. 직원이 행복하면 고객만족을 위해 열심히 일할 가능성이 높아져 기업의 성장과 번영에 도움이 된다. 에어비앤비는 직원 경험을 극대화하기 위해 인사, 채용, '지상통제(Ground Control)' 등 세 개의 개별 그룹을 하나로 통합했다. 에어비앤비 최고인사임원의 직책은 최고직원경험임원(chief employee experience officer: CEEO)이다. 에어비앤비의 인사부서에는 전통적인 인사기

| 표 1.2 질문: 인적자원관리는 사업수행을 위해 전략적 역할을 하고 있는가? |
| --- |
| 1. 인적자원관리는 사내의 내부 고객들에게 부가가치가 있는 서비스를 제공하기 위해 무엇을 하고 있는가? |
| 2. 인적자원관리는 사업 우선순위와 연계되어 실천되는가? |
| 3. 인적자원관리의 효과성(effectiveness)은 어떻게 측정하는가? |
| 4. 직원에게 어떻게 재투자할 수 있는가? |
| 5. 사업을 A지점에서 B지점으로 이동시키기 위해 어떤 인적자원관리전략을 사용할 것인가? |
| 6. 인적자원관리의 관점에서, 우리 기업의 시장에서의 지위를 개선하기 위해서 무엇을 할 것인가? |
| 7. 미래를 대비하기 위하여 우리가 할 수 있는 최선의 변화는 무엇인가? |
| 8. 사업 문제에 대응하고 있는가, 아니면 사전에 예측하고 있는가? |

출처: Based on S. Milligan, "HR 2025: Reach New Heights By Becoming A Trusted Advisor," *HR Magazine*, November/December 2018, pp.30–38; D. Ulrich, D. Kryscynski, M. Ulrich, and W. Brockbank, *Victory Through Organization* (New York: McGraw-Hill Education, 2017); P. Wright, *Human Resource Strategy: Adapting to the Age of Globalization* (Alexandria, VA: Society for Human Resource Management Foundation, 2008).

능 외에도 마케팅, 커뮤니케이션, 부동산, 사회적 책임 등이 포함된다. 최고직원경험임원의 책임은 인재 관리, 시설 및 보상과 같은 전통적인 인적자원 기능을 뛰어넘어 업무공간 설계 및 시설, 음식, 글로벌 시민의식, 그리고 에어비앤비 직원들과 매일 소통하는 커뮤니티 매니저 네트워크까지 포함하고 있다. 예를 들어, 에어비앤비에서 환기가 잘 되는 개방형 업무공간에는 직원들이 전자기기를 충전할 수 있는 작은 사물함이 마련되어 있다. 또한 회의실, 소파, 낮잠을 잘 수 있는 여유로운 공간, 공용 테이블, 동료들과 대화할 수 있는 작은 공간도 있다. 직원들이 식사를 하거나 공동 작업을 할 수 있는 다양한 카페가 마련되어 있다. 인적자원부서는 직원들이 지역사회에 공헌할 수 있도록 지원한다. 에어비앤비는 한 달에 4시간의 자원봉사를 장려하고 노숙자 쉼터 페인트칠이나 병원 환자 가족을 위한 식사 준비와 같은 대규모 행사에 참여하게 함으로써 직원들이 에어비앤비가 운영되고 있는 지역에 공헌할 수 있도록 돕는다.

어도비(Adobe)의 최고인사임원은 고객 경험과 관련된 모든 기능을 감독하는 최초의 최고고객서비스 임원이기도 하다. 그녀는 임금과 보너스를 매출과 같은 전통적인 지표보다는 서비스 및 고객 관계 구축과 관련된 지표와 더 밀접하게 연계하는 작업을 해왔다. 모든 직원이 고객 경험에 따라 인센티브를 받을 수 있도록 하는 것이 목표이다. 직원들은 어도비 인트라넷에서 고객 경험을 개선하기 위해 수행할 수 있는 작업의 예시를 확인할 수 있으며, 온라인 또는 오프라인 청취공간(listening stations)이 직원들에게 제공되어 어도비 고객과의 대화를 듣고 어도비 제품에 대해 고객이 좋아하는 점과 싫어하는 점을 파악할 수 있다.

인적자원관리는 기업이 국내외 경쟁사보다 경쟁우위를 확보할 수 있는 가장 중요한 수단이 될 수 있다. 인적자원관리 관행이 경쟁 도전들을 해결하는 데 있어 기업의 성공과 직결되기 때문이다. 도전과제와 인적자원관리에 대한 시사점은 이 장의 뒷부분에서 설명한다.

## 인적자원관리의 전략적 가치: 인적자원분석(HR Analytics)과 증거기반 HR(evidence-based HR)

인적자원관리가 사업목표에 기여하기 위해서는 다음과 같은 질문에 답할 수 있어야 한다. 즉, "어떤 관행이 효과적인가?", "어떤 관행이 비용 대비 효과적인가?"와 같은 질문에 답하고, 관행의 변화가 직원들의 태도, 행동, 그리고 기업의 이익과 비용에 끼친 결과를 추정하기 위해서 실증적 데이터를 사용해야 한다는 것이다. 다시 말해, 증거를 가지고, 인적자원에 투여된 시간과 돈이 그만한 가치가 있고, 재무, 마케팅, 회계 분야와 같이 인적자원관리도 사업성공에 중요하다는 것을 보여주어야 한다는 것이다. **증거기반 HR**(evidence-based HR)이란 인적자원 관행이 기업의 이익과 주요 이해당사자(직원, 고객, 지역사회, 주주)에게 긍정적인 영향을 준다는 것을 실증적으로 보여주는 것을 말한다. 증거기반 HR에서는 인적자원분석(HR or workforce analytics)을 사용한다. **인적자원분석**(HR or workforce analytics)이란 계량적 방법과 과학적 방법을 사용하여 **빅데이터**(big data)를 분석하는 것이다.

빅데이터(big data)는 인적자원 데이터베이스, 기업 재무제표, 직원 설문조사 및 기타 데이터 출처로부터 합쳐진(merged) 정보를 말하며, 증거기반 HR 결정을 내리고 인적자원 관행이 이윤과 비용을 포함한 조직의 수익에 영향을 미친다는 것을 보여줘야 한다. 몇몇 기업은 인력분석(workforce analytics)을 사용하여 빅데이터를 분석하고 인적자원 관행을 개선하였다. 구글(Google)은 인력의 향상을 위해 인적자원분석을 사용한 최초의 기업 중 하나이다. 구글은 어떤 지원자들이 성공할 가능성이 가장 높은지를 알아내기 위해 알고리즘이나 방정식을 만들었다. 탈락한 지원자들을 검토하는 알고리즘도 만들었다. 이는 구글이 정상적 지원자를 선별과정의 잘못으로 탈락한 지원자를 채용하는 데 도움이 되었다.

자동차 소매업체인 소닉 오토모티브(Sonic Automotive)는 빅데이터를 사용하여 어떤 교육 프로그램이 긍정적인 ROI를 달성하고 기업의 전략적 목표를 달성하는 데 도움이 되는지 파악하였다. 빅데이터는 여러 가지 목적으로 사용된다. 소닉 유니버시티(Sonic University)는 수백 개의 학습 모듈의 개별 학습자별 사용률을 추적한다. 채용 대시보드(dashboard)는 직책에 지원한 지원자 수, 선별 및 면접을 거친 지원자, 공석 및 충원된 직책에 대한 정보를 제공한다. 교육팀은 이 정보를 사용하여 후보자를 찾고 직책을 채우는 데 어려움을 겪고 있는 사람을 파악할 수 있으며, 이는 기업에서 사용하는 채용도구 및 프로세스에 대한 교육이 필요하다는 것을 시사할 수 있다. 또한 신규 채용 및 퇴사 설문조사 데이터는 코칭기술 교육이 필요한 관리자를 파악하는 데 사용되었다.

크레디트 스위스(Credit Suisse)는 인력분석을 전문적으로 수행하는 인적자원분석 부서가 있어 이직률 감소를 돕는다. 이는 기업에 상당한 비용절감 효과를 제공할 수 있다. 예를 들어, 46,600명의 직원들에 대한 이직률이 매년 1%씩 감소할 수 있다면, 1억 달러를 절약할 수 있을 것이다! 매년 직원의 성과등급, 상사의 성과등급, 연간 보상액 변화, 승진 없는 직장생활기간 등 8가지 자료를 활용해 누가 퇴사할 가능성이 높은지를 파악한다. 분석을 통해 관리자들에게 직원들의 이직위험을 보여주는 보고서를 제공하는데, 관리자들이 어떻게 직원들이 떠나는 것을 막을 수 있는지 결정하는 데 사용될 수 있다. 예를 들어, 관리자들은 보고서 정보를 사용하여 놓치고 싶지 않은 고성과 직원들을 위해 임금 인상, 승진 또는 개발 훈련 접근 또는 기회 제공을 권고할 수 있다.

증거기반 HR과 인적자원분석은 인적자원 관행의 가치 그리고 사업전략과 목표에 어떻게 기여하는지를 보여주는 데 중요하기 때문에, 이 책의 각 장에서는 증거기반 HR 의사결정을 내리거나 인적자원 관행을 평가하기 위해 기업들의 인적자원분석 사용 사례를 제공한다.

## 전문직으로서의 인적자원관리: 직책과 직무

인적자원관리 전문직에는 여러 유형의 직무가 있다. 〈표 1.3〉에는 다양한 인적자

**표 1.3 인적자원관리 직책의 연봉 중간값(median)**

| 직책(position) | 연봉 |
|---|---|
| 최고인적자원 임원 | $251,000 |
| 글로벌 인적자원관리자 | 133,000 |
| 경영개발 관리자 | 129,300 |
| 건강과 안전 관리자 | 112,328 |
| 복리후생 관리자 | 104,760 |
| 인적자원관리자 | 105,554 |
| 중간 노사관계 전문직(specialist) | 87,770 |
| 모집 전문가 | 71,161 |
| 신입 HRIS 전문직(specialist) | 59,300 |
| 인적자원 일반직(generalist) | 58,495 |
| 신입 보상 분석가(analyst) | 61,764 |
| 신입 직원훈련 전문직(specialist) | 53,100 |

출처: Based on data from Salary.com, www.salary.com, accessed March 16, 2021.

원관리 직무와 연봉이 제시되어 있다. 미국 인적자원관리협회(Society of Human Resource Management)가 실시한 조사에 의하면, 인적자원 직무에 종사하는 사람들이 주로 수행하는 일은 폭넓은 인적자원 관련 업무를 수행하는 인적자원 제너럴리스트(일반직)의 역할을 하는 것으로 나타났다. 그리고 소수의 인적자원 전문가들이 임원 수준에서 교육훈련, 인적자원 컨설팅 및 관리업무 등 인적자원 기능을 담당하는 것으로 나타났다. 2019~2029년 사이 인적자원 분야의 고용증가는 7% 정도로 예측되어, 타 분야보다 빠르게 성장하는 것으로 나타났다.

인적자원 담당 직무의 연봉은 직책, 경력, 훈련 정도, 지역 및 기업규모에 따라 차이가 있다. 〈표 1.3〉에서 보듯이, 인적자원관리에는 모집, 교육훈련, 노사관계와 같은 특수 직무도 있다. 인적자원 일반직(generalist)은 학력과 경력에 따라 통상 49,000달러에서 63,000달러의 연봉을 받는다. 인적자원 일반직은 모집, 선발, 교육훈련, 노사관계 및 복리후생 관리에 이르기까지 다양한 업무를 관장한다. 인적자원 전문직(specialist)들은 교육훈련 혹은 보상과 같이 한 가지의 특정 업무를 전문적으로 담당한다. 통상 소규모 기업에서는 인적자원 일반직들이 많은 반면에 중견기업이나 대기업에서는 공장이나 사업부 수준에서 인적자원 일반직을 고용하고, 인적자원관리에 대한 전문성이 요구되는 본사나 지역본부 수준에서는 인적자원 전문직을 고용한다. 대부분의 인적자원 전문가들은 인적자원 업무가 경력 측면에서 매력적이라고 생각하거나, 사람들과 함께 일하고 싶어 하거나, 또는 인적자원 업무와 책임을 수행해 달라는 요청을 받았다는 이유로 인적자원 분야를 직업으로 선택했다.

## 교육과 경험

인적자원 전문직은 가까운 미래에도 계속 전환될 것이다. 곧 은퇴할 많은 수의 인적자원 전문가들은 정규교육을 거의 받지 못한 채 주로 행정적인 역할을 수행해왔다. 그러나 대부분의 인적자원 전문가들은 학사학위 이상을 소지하고 있으며, 그 중 상당수는 대학원 교육을 받았다. 경영학 전공자(인적자원관리 또는 노사관계)가 대부분이고, 몇몇은 사회과학(경제학 또는 심리학), 인문계열과 법 전공자들도 있다. 대학원 교육을 받은 사람들은 대부분 인사관리, 경영학, 산업 및 조직심리학 등을 전공한 석사학위자들이다. 인적자원 전문가들은 전략적 그리고 전술적 역할을 수행할 것으로 기대된다. 예를 들어, 시니어 인적자원 담당의 역할에는 기업문화 개발 및 지원, 직원 모집 및 채용, 유지 및 참여, 승계계획 및 기업의 전반적인 인사전략 설계가 포함되어 있다. 주니어 인적자원 담당의 역할은 문서작업, 복리후생 및 임금관리, 직원 질문 답변 및 데이터 관리와 관련된 업무를 다루게 된다.

개인이 인적자원에 대한 기초지식을 습득했음을 증명하는 전문인증은 인적자원인증원(HRCI)이나 SHRM으로 확인할 수 있다. 전체 인적자원 전문가의 34%가 하나 이상의 자격증을 보유하고 있다. 가장 인기 있는 자격증은 HRCI의 인사관리전문가(PHR) 자격증, SHRM의 공인 전문가 자격증(SHRMCP), 인사관리 수석전문가(SPHR) 등이다. 다양한 교육 배경은 인적자원관리 업무수행에서 좋은 성과를 낼 가능성이 높다. 한 인적자원 전문가는 "가장 큰 오해 중 하나는 직원과의 소통이 따뜻하고 모호하다는 것입니다. 또는 창의적이고 직장에서 사람들이 더 친근하게 일할 수 있는 분위기를 만드는 데 관여한다고 생각하기도 합니다. 실제로는 두 가지 모두에 해당할 때도 있지만, 대부분의 경우 '사람' 외에도 무수히 많은 기술을 요구하는 거대한 행정업무(mountain of paperwork)이며 기술에는 법, 회계, 철학, 논리뿐만 아니라 심리학, 영성, 관용, 겸손 등이 있습니다."라고 언급했다.

## 역량과 행동

많은 전문가들은 최고 수준의 인적자원 전문가들이 복리후생, 보상 그리고 노사관계에 대한 전문지식을 가지고 있고 직원 열의(engagement)와 기업문화 관리와 같은 중요한 문제에 초점을 맞추고 있다는 것을 인정한다. 그들은 실제적인 사업 요구와 인적자원을 연관시키는 데 대한 사업 감각(acumen)이 부족하다. 즉, 주요 의사결정이 어떻게 이루어지는지 모르고 왜 직원이나 기업의 일부가 성과 목표를 달성하지 못하는지 판단할 수 없다. 이는 인적자원부서에서 일하는 전문가의 기술 개발이 시급하다는 기업의 최고인사책임자의 신념과 일치한다. 인적자원 리더의 10% 미만이 자신의 업무팀이 현재의 경쟁과제를 해결하는 데 필요한 기술을 보유하고 있다고 생각한다. 넷플릭스(Netflix)가 새로운 인적자원 책임자를 찾고 있을 때 원했던 요구사항을 고려해 보자. 넷플릭스는 사업을 최우선으로 하고, 고객은 2위, 인재를 3위로 하는 사람을 원했다. 이는 변화 전문가(agent), 조직개발 실무자, SHRM 인증서, 또는 일반 사람을 원하지 않는다는 것이다. 인적자원 전문가들은 스스로를 사기 진작자가 아니라 사업가로 생각해야 한다. 인적자원 전문가들은 "기업에 좋은 것이 무엇인가?", "우리는 어떻게 그것을 직원들에게 전달하는가?" 그리고 "어떻게 하면 모든 직원들이 높은 성과에 대한 의미를 이해할 수 있도록 도울 수 있는가?"와 같은 핵심 질문들을 고려할 필요가 있다.

인적자원 전문가들은 〈그림 1.3〉에 표시된 것과 같이 10개의 역량을 필요로 한다. 이러한 역량은 SHRM 응용기술 및 지식체계(SHRM BASK™)에 포함된 가장 최근의 역량이다. SHRM BASK™는 전 세계 수천 명의 인적자원 전문가를 대상으로 실시한 문헌검토, FGI(포커스 그룹), 설문조사 등의 연구를 기반으로 인적자원 전문가가 성공적인 역할을 수행하는 데 필요한 역량을 파악하고 정의하였다. SHRM BASK™는 운영 또는 전략적 역할을 담당하는 인적자원 전문가를 위한 SHRM 인증시험 콘텐츠 영역의 기초가 된다. SHRM BASK™는 인적자원 직책에서의 성공은 지식(무엇을 아는가)과 행동(지식을 어떻게 적용하는가)에 달려 있음을 강조하며, SHRM 웹사이트(www.shrm.org)에서 확인할 수 있는 역량 모델 풀 버전은 초급부터 임원 경력 수준의 인적자원 전문가를 위한 역량, 행동, 지식 영역, 숙련도 표준에 대한 보다 자세한 정보를 제공한다. 역량을 입증함으로써 인적자원 전문가는 인적자원부서가 가치를 창출하고 비즈니스 전략

**그림 1.3 인적자원 전문가의 역량과 행동 예시**

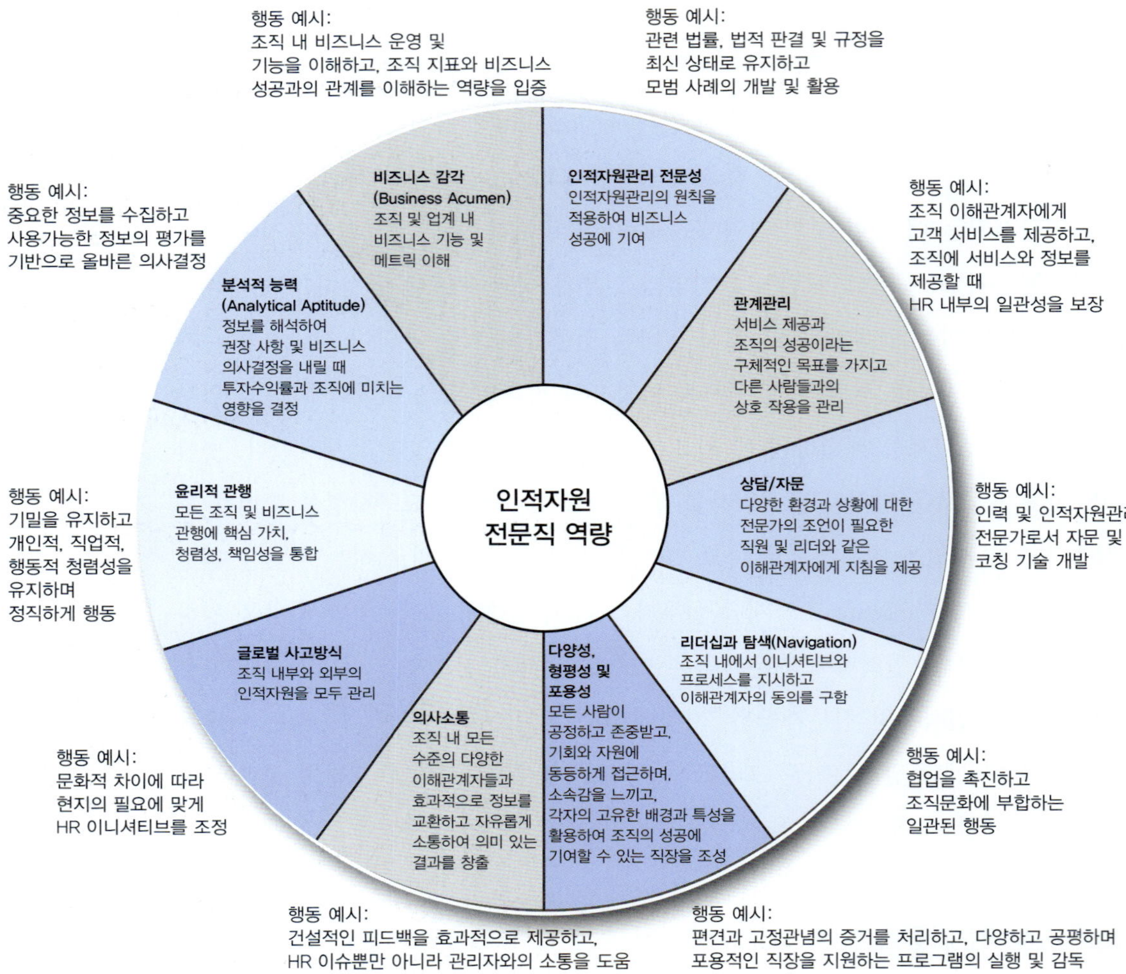


출처: Based on "SHRM Body of Applied Skills and Knowledge" from shrm.org, accessed August 8, 2022.

에 기여하며 기업문화를 형성하는 데 도움을 줄 수 있음을 관리자에게 보여줄 수 있다. 또한 인적자원부서가 앞서 논의하고 〈그림 1.2〉에 표시된 세 가지 인적자원 제품을 효과적이고 효율적으로 제공하는 데 도움이 된다. 역량과 행동은 필요한 전문지식 수준이 경력단계에 따라 다를 수 있지만, 모든 인적자원 전문가는 전략적 사업 관리, 인적자원계획, 개발, 보상 및 복리후생, 위험관리(안전, 품질 등), 노사관계, 인적자원 기술, 증거기반 의사결정 그리고 글로벌 인적자원관리에 대한 실무 지식을 보유할 필요가 있다. 인적자원 전문가는 직원과 관리자를 상호 교류하고 코치할 수 있어야 하며, 기밀 유지와 청렴한 행동을 통해 윤리적 관행을 실천해야 한다. SHRM 역량 모델의 유용성과 타당성에 대한 연구에 따르면 SHRM 역량에 대한 숙련도가 높은 인적자원 전문가는 직무에서 더 나은 성과를 거둔다고 제시하고 있다.

고위직 인적자원 임원과 인적자원 전문가들에 의하면 효과적인 인적자원 역할의 경우 필요한 역량을 가진 직원을 개발하는 가장 좋은 방법은 그들을 훈련시키거나 사업과 인적자원관리의 역할을 이해하는 데 도움이 되는 현장경험을 갖도록 하는 것이라고 믿는다. 예를 들어, 리버마크 커뮤니티 크레딧 유니언(Rivermark Community Credit Union)의 인적자원 리더는 최고재무임원(CFO)과 시간을 보내면서 재무자료를 읽고 해석하는 기술을 개발했다. 이로써 중견 수준의 리더 회의에 더 많은 기여를 할 수 있게 되었다.

가든시티 그룹(Garden City Group)과 GM은 현재 인적자원 전문가들이 직원과 관리자 모두의 요구를 충족시키는 데 필요한 역량을 갖추도록 하기 위해 직무경험을 사용한다. 또한 이러한 경험에 대한 기회는 인적자원부서와 여러 지역에서 관계를 형성하는 데 도움이 된다. 가든시티는 각 지역 사무실을 통해 인적자원 전문가를 순환시키고 직원들에게 다른 기능 영역에서 일하는 다른 인적자원 전문가와 함께하도록 권장한다. 미래의 인적자원 리더를 개발하기 위해 GM은 제조 경로(manufacturing path)와 기업 경로(corporate path)라는 두 가지 전문화된 인적자원 경력경로를 가지고 있다. 제조 경로에서 생산부서에서 일하지만 인적자원부서에서 일하기를 원하는 직원들은 각각 노사관계, 사업 파트너, 그리고 생산 그룹에서 일하면서 1년을 보낸다. 마찬가지로 인적자원 인턴들에게 제공되는 기업 경로는 1년 동안 노사관계 업무와 보상 및 복리후생 업무가 할당되며 인재 획득 또는 인재관리도 포함한다. 두 가지 경로 참가자들은 개인적인 통찰력과 조언을 제공할 수 있는 멘토들과 짝을 이룬다. 또한 두 경로의 참가자들은 교육, 조직 외부 전문가의 프레젠테이션, 그리고 고위 리더들과의 포럼에 참석할 수 있는 기회를 갖는다.

인적자원관리 분야를 대표하는 전문가 조직으로는 인적자원관리협회(Society of Human Resource Management: SHRM)가 있다. SHRM은 전 세계에 걸쳐 285,000명의 전문가 및 학생 회원을 가진 세계에서 가장 큰 조직이다. 만약 당신이 인적자원관리에 관심이 있다면 SHRM에 가입해야 한다. SHRM은 교육과 정보제공 서비스, 학술대회와 세미나 개최, 정부와 언론 관계 업무 및 온라인 서비스와 출판(HR Magazine) 등의 서비스를 제공하고 있는데 www.shrm.org를 방문하면 좀 더 자세히 알 수 있다.

# 인적자원관리에 영향을 주는 경쟁적 시장의 도전

인적자원관리의 중요성을 더해주는 세 가지의 도전이 있다. 지속가능성(sustainability) 도전, 글로벌(global) 도전, 기술(technology) 도전 등 세 가지이다. 각 도전은 〈그림 1.4〉에 제시되어 있다.

다음에서 살펴보겠지만 이러한 경쟁적 도전은 기업이 직면하고 있는 인적자원 과제와 직결되는데, 여기에는 재능있는 직원의 개발, 유인, 유지 및 필요한 기술을 갖춘 직원 찾기 그리고 글로벌 기업을 만들기 위한 문화적 장벽의 붕괴 등이 있다.

## 환경, 사회, 거버넌스(ESG)를 통한 경쟁

**지속가능성**은 미래 세대의 필요를 충족할 수 있는 능력을 희생하지 않으면서도 기업의 필요를 충족할 수 있는 능력을 말한다. 여기에는 경제 및 사회적 변화에 대처하고, 환경적 책임을 실천하고, 책임감 있고 윤리적인 비즈니스 관행에 참여하며, 고품질의 제품과 서비스를 제공하고, 기업이 이해관계자의 요구를 충족하고 있는지 판단할 수 있는 방법을 마련하는 능력이 포함된다. 기업이 지속가능성에 집중한 결과를 흔히 '트리플 보텀 라인(triple bottom line)'이라고 하는데, 이는 사람, 지구, 이익에 긍정적인 결과를 동시에 제공하는 것을 말한다.

'트리플 보텀 라인'에 긍정적인 영향을 미치려면 기업은 환경, 사회, 거버넌스(ESG) 관행에 집중해야 한다. 경쟁우위를 확보하고 법적 리스크를 줄이려면 ESG 관행이 기업의 비즈니스 모델의 일부가 되어야 한다. 환경 관행에는 기업의 에너지 사용, 물과 천연가스 등의 물리적 자원, 폐기물 및 오염 발생이 포함된다. 사회적 관행은 기업이 다른 비즈니스 및 지역사회와 맺는 관계와 관련이 있다. 거버넌스 관행에는 기업과 이해관계자 간의 관계가 포함되는데 **이해관계자**(stakeholders)는 주주, 지역사회, 고객, 직원 및 기업의 성공에 이해관계가 있는 모든 당사자를 의미한다. 실제로 기업의 이해관계자들은 기업의 ESG 관행에 점점 더 많은 관심을 기울이고 있다. 주주와 잠재적 투자자는 ESG 관행을 경쟁우위를 위한 잠재적 원천으로 간주한다. 현재 및 잠재적 직원, 고객, 소비자에게 ESG 관행은 기업과 제품 및 서비스에 대한 긍정적인 인상을 심어주는 데 도움이 된다. 골드만 삭스(Goldman Sachs)와 같은 많은 기업이 매년 ESG 관행과

**그림 1.4** 미국 기업들에게 영향을 주는 경쟁적 시장의 도전

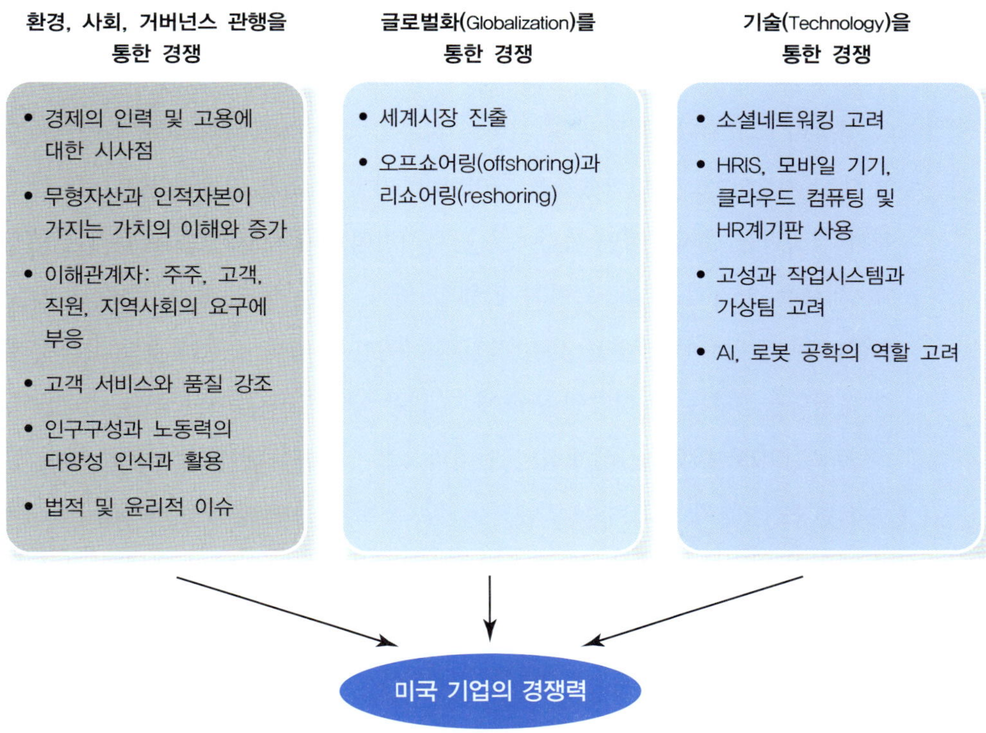


성과를 강조하는 보고서를 발행한다. 예를 들어, 골드만 삭스의 성과 중 하나는 청정에너지와 관련된 것이다. 골드만 삭스는 넥스트에라 에너지(NextEra Energy Resources)와 계약을 체결하여 재생에너지를 공급하는 새로운 풍력 프로젝트를 개발할 수 있게 되었다. 이 풍력 프로젝트는 매년 20만 톤의 온실가스 배출을 줄일 수 있을 것으로 기대된다. 또 다른 성과는 일반적으로 대출 자격이 없는 저소득 가정의 영재 청소년에게 대학 학자금 대출을 제공하는 단체인 식스업(Sixup)에 1,000만 달러를 지원한 것이다.

인적자원 관점에서 이는 기업에 도움이 되고 조직의 이해관계자에게 장기적인 혜택을 보장하는 기술, 동기부여, 가치 및 문화를 창출하는 인적자원관리 시스템을 만들고 관행에 참여하는 것을 의미한다. 기업의 인사 또는 기타 관행이 ESG 요소에 부정적인 영향을 미치는 경우, 이해관계자는 일반적으로 소송 및 금전적 보상을 추구하는데, 예를 들어 폭스바겐(Volkswagen)은 환경을 오염시킨 배기가스 배출 스캔들로 인해 수십억 달러를 지불해야만 했다.

### 경제의 인력 및 고용에 대한 시사점

경제는 인적자원관리에 중요한 영향을 미친다. 경제와 인력에 대한 몇 가지 주요 통계가 〈표 1.4〉에 제시되어 있으며, 경제구조, 노동력의 고령화, 전문직 및 서비스직의 성장이 포함된다. 전문직 및 서비스 직종의 성장은 지식의 가치가 높아지면서 직업에 대한 기술 수요가 변화했음을 의미한다. 기술 수요의 변화뿐만 아니라 글로벌 경제에서 경쟁력을 유지하려면 까다로운 근무시간과 전통적인 고용 패턴의 변화가 필요하다. 새로운 일자리 창출, 고령화 직원의 퇴사, 느린 인구 증가, 수요가 많은 직무를 수행하는 데 필요한 기술을 갖춘 직원의 부족은 기업이 직원을 유치하고 유지하는 능력에 영향을 미치는 인적자원 관행에 더 많은 관심을 기울여야 한다는 것을 의미한다.

코로나19로 인한 전 세계적인 팬데믹으로 인해 "뉴노멀(new normal)"이 탄생했다. '뉴노멀'은 기업이 비즈니스 모델, 공급망, 소비자 참여 방식을 빠르게 조정하지 않으면 폐업의 위험에 처할 수 있다는 것을 의미한다. 많은 기업이 팬데믹 기간 동안 필요한 제품과 서비스를 제공하기 위해 사업구조를 재편하였다. 예를 들어, 다이슨(Dyson)은 인공호흡기와 의료장비를 생산하기 시작했고, LVMH는 향수 생산을 손 소독제 생산으로 전환하였다. 집은 일하고, 공부하고, 음식, 식료품, 기타 필요한 제품과 서비스를 주문하는 장소가 되었다. Zoom과 같은 화상회의 기술은 직장과 학교, 친구 및 가

**표 1.4 2029년 주요 고용통계 전망**

- 2019년과 2029년 사이에 600만 개의 일자리가 증가할 것으로 예상되는데 이는 고용은 1억 6,280만에서 2029년까지 1억 6,880만으로 증가하기 때문이다.
- 노동력은 2019년 1억 6,350만 명에서 2029년 1억 7,150만 명으로 800만 명 증가할 것으로 예상된다.
- 현재 미국 일자리의 93%는 비농업 임금 및 급여 일자리이며, 13%는 상품 생산 산업(광업, 건설업, 제조업), 80%는 서비스 제공 산업, 1.4%는 농업, 임업, 어업, 수렵업에 종사하고 있다. 2029년에도 산업별 일자리 분포는 비슷할 것으로 예상된다.
- 4,650만 개의 일자리가 창출될 것으로 예상되며, 이 중 4분의 3 이상이 퇴직 또는 이직하는 직원의 대체 수요로 인해 발생할 것으로 예상된다.
- 2019년부터 2029년 사이에 새로 창출되는 일자리의 대부분은 서비스 제공 직종에 속할 것이다.
- 가장 빠르게 성장하는 30개 직업 중 거의 절반이 건강관리 및 관련 직업(가정건강관리보조원, 개인간호보조원, 의사보조원, 전문간호사 등)이다. 그 외에는 에너지 관련 직종이나 컴퓨터 및 정보기술 관련 직종도 있다.

출처: Bureau of Labor Statistics, U.S. Department of Labor, "Table 2.1, Employment by Major Industry Sector," https://www.bls.gov/emp/tables/employment-by-major-industry-sector.htm, accessed March 18, 2021; Bureau of Labor Statistics, U.S. Department of Labor, "Employment Projections: 2019-2029," September 20, 2020, www.bls.gov/emp, accessed March 18, 2021.

족과의 사교를 위해 소통하는 방식이 되었으며 통행금지, 자택 대기 명령, 마스크 착용, 손 씻기, 사회적 거리두기 등이 표준이 되었다.

경제 데이터는 팬데믹이 경제에 미친 파괴적인 영향을 보여준다. 2020년 미국 경제는 2008년 이후 처음으로 위축되었다. 미국 경제 생산의 3분의 2를 차지하는 소비자 지출은 2.5%로 둔화되었다. 팬데믹으로 인해 실업률은 50년 만에 최저치인 2020년 2월 4% 미만에서 2020년 4월에는 15%로 1,700만 명 이상으로 증가했다. 2020년의 일자리 손실은 1939년 이후 최악이었다. 가장 큰 타격을 입은 산업은 호텔, 요식업 및 관련 산업으로, 소수민족, 청년층, 저학력 근로자의 실업률이 증가하였다. 해고의 대명사인 실업수당 청구 건수는 팬데믹이 시작된 이래로 코로나19 팬데믹 이전 최고치인 69만 5,000건 이상을 유지하고 있다. 2000년 3월 20년 만에 최저 수준이었던 노동력 참여율(16세 이상 미국인 중 일하거나 일자리를 구하는 사람의 비율)은 61% 이상으로 소폭 반등했다. 전체적으로 자녀가 있는 여성의 노동력 참여율이 가장 크게 감소하였는데, 팬데믹으로 인해 보육기관이 문을 닫고 학령기 아동이 집에서 온라인으로 수업을 듣게 되면서 여성이 육아를 전적으로 책임지게 되었기 때문인 것으로 보인다.

미국 정부, 직원, 기업 모두 팬데믹의 영향을 줄이고 팬데믹 이후의 고용에 대비하기 위한 조치를 취했다. 정부는 직원들과 기업을 지원하기 위해 마련된 여러 법안을 통과시켰다. 이 법안에는 실업수당 인상 및 실업수당 추가 13주 연장, 소상공인이 위기 동안 직원을 계속 고용하는 경우 비용 충당을 위한 대출 및 대출 탕감, 기업과 개인 납세자에 대한 세금 감면, 독립계약자 및 자영업자에 대한 실업수당 자격 부여 등이 포함되었다.

팬데믹 기간 동안 무급휴직을 당했거나 근무시간이 단축되었거나 해고되었지만 이전 직책보다 임금이 적고 기술이 덜 필요한 일자리를 구한 많은 직원이 수요가 많은 직무에 필요한 새로운 기술을 배우는 데 참여하고 있다. 예를 들어, 팬데믹으로 인해 사이버 보안, 의료, 공급망 관리와 같은 분야에서 수요와 기회가 증가할 가능성이 높다. 새로운 기술을 배우기 위해 직원들은 온라인 학습 플랫폼을 사용하고 있다. 링크드인 러닝(LinkedIn Learning)에서 회계, 프로젝트 관리, 정보기술 분야의 강의 다운로드는 팬데믹 기간 동안 600% 이상 증가하였다. 온라인 학습 제공업체인 에드엑스(EdX)의 전문 자격증 및 마이크로 학위 프로그램 등록도 팬데믹 기간 동안 6배 이상 증가하였다. 대학 학위가 없는 개인에게 온라인 교육과 지원을 제공하는 메리트 아메리카(Merit America)의 기술 지원, 소프트웨어 개발, 첨단 제조 분야의 수업에 대한 수요도 증가하였다. 마이크로소프트(Microsoft)는 디지털 기술 교육을 위해 누구나 이용할 수 있는 무료 온라인 강의를 제공하고 있다. 이 교육은 헬프 데스크 기술자, 디지털 마케팅, 데이터 분석가 등 수요가 많고 보수가 높은 직업을 준비하는 데 도움이 될 것이다. 기업들은 직원들에게 새로운 기술을 배울 수 있는 기회를 제공하여 미래의 고용 가능성과 경제적 안정을 보장하고 있다. 음식배달기업인 포스트메이트(Postmates)는 에드엑스(EdX)와 제휴하여 직원들에게 무료 가상 진로지도를 받고 2,800개 이상의 온라인 강좌를 이용할 수 있는 기회를 제공하고 있다. 포스트메이트는 팬데믹이 끝난 후에도 교육 혜택을 계속 제공할 계획이다.

경제가 회복되고 있다는 희망적인 소식이 들려오고 있다. 주식시장은 팬데믹에도 불구하고 사상 최고치를 경신하며 상승세를 이어가고 있다. 여전히 팬데믹 이전 수준을 웃돌던 실업률은 2021년 6월 5.9%로 떨어졌지만 2020년 2월(3.5%)보다는 훨씬 높은 수준이다. 실업률이 팬데믹 이전 수준으로 회복될지는 아직 지켜봐야 한다. 설문조사에 따르면 일부 성인은 코로나19 감염에 대한 두려움, 자녀 돌봄의 부족, 실업수당으로 얻는 수입이 일자리를 통해 얻는 수입보다 많으며, 일자리에 적합한 기술이 없거나 직업을 전환할 의향이 없기 때문에 직장에 복귀할 수 없거나 관심이 없는 것으로 나타났다. 2008년 경기 침체기에 장기 실업률은 수년 동안 높은 수준을 유지하였다. 제조, 레저, 숙박 및 소매업은 팬데믹으로 인해 해고된 직원의 상당수를 다시 고용했지만 전부를 고용한 것은 아니며 건설, 택배, 배달, 주거용 주택산업, 창고업과 같은 블루칼라 직종의 고용은 증가했다. 주거용 주택산업 및 창고업과 같은 블루칼라 직종의 고용은 팬데믹 이전 수준을 넘어서고 있다. 실제로 기업들은 이러한 직종에 필요한 기술 및 자격을 갖춘 직원들의 부족에 직면하고 있다. 팬데믹 기간 동안 온라인 쇼핑의 증가가 지속될 것으로 예상되고, 창업이 증가하고, 낮은 모기지 금리가 계속 유지될 것으로 예상되기 때문에 이들 직종에 필요한 기술을 갖춘 직원도 필요하다. 기업들은 구인난에 처한 직원들을 유치하고 매칭하기 위해 임금을 인상하고, 경력개발 기회와 유연한 근무 일정을 준비하고 있다. 예를 들어, 팬데믹 기간 동안 의료 및 식료품점 등의 산업에서 인력이 필요한 기업들은 항공사, 숙박업, 소매업 등의 기업과 제휴를 맺고 해고된 직원들을 채용했다. 약국 체인 월그린(Walgreens)은 콜스(Kohls), 힐튼(Hilton), 갭(Gap), 그리고 시카고 컵스(Chicago Cubs) 야구단 등으로부터 6,000명 이상의 직원을 채용했으며 직원을 유치하기 위해 임금을 인상하고 있다.

비즈니스가 완전히 재개되고 소비자들이 공공장소에 외출하는 것이 편안해지면서 경제가 서서히 회복되고 있다. 경제 회복과 성장은 네 가지 요소에 달려 있다. 첫째, 백신이 바이러스와 그 변종을 억제하는 능력이다. 둘째, 소비자 지출이 증가할지 여부이다. 중소기업 지원, 실업수당 연장, 적격 시민에 대한 경기부양책 등 1조 9,000억 달러를 제공하는 미국구조계획법(The American Rescue Plan Act)이 소비자 지출을 촉진할 수 있다. 또한 미국 가계가 팬데믹 기간 동안 지출 부족으로 쌓아둔 것으로 추정되는 1조 8,000억 달러의 저축 중 일부를 소비하기로 결정하면 경제에 도움이 될 것이다. 주요 고려 사항은 공장이 예상 수요를 충족할 수 있는지, 공급망의 병목현상이 원활하게 해결될 수 있는지 여부이다(많은 매장에서 제품 부족과 빈 진열대, 교체 부품 구하기의 어려움을 경험해 보았을 것이다). 셋째, 직원들이 빈 일자리를 채우는 데 필요한 기술을 갖추고 노동력으로 복귀해야 한다. 넷째, 최근의 무역 협정과 정책으로 인해 다양한 산업 분야의 제품에 관세가 부과된 경제적 영향이다. 전임 대통령인 도널드 트럼프(Donald Trump)는 미국으로 일자리를 되찾겠다는 공약을 이행하기 위해 대통령 재임 기간 동안 북미자유무역협정을 재협상했는데 중국과 유럽연합으로부터의 수입품에 관세를 부과하였다. 관세부과를 통해 미국산 제품이 더 저렴한 외국산 제품과의 경쟁이 쉬워질 수 있다. 현재 미국 대통령인 조 바이든(Joe Biden)도 미국 일자리가 해외로 유출되는 것을 막기 위해 노력하고 있다. 그는 선거 캠페인에서 일자리를 미국으로 가져오는 미국 기업에 대한 세금 공제, 해외에 공장을 짓는 기업에 대한 이익에 대한 세금부과를 제안하였다. 미국과 유럽은 최근 제트기, 와인, 수하물, 농산물 및 기타 식품에 부과되는 관세를 포함하여 110억 달러 상당의 제품에 대한 관세를 유예하기로 합의하였다. 그러나 바이든은 여전히 관세를 활용하여 미국 직원에게 피해를 주는 중국의 불공정 무역관행(예: 강제노동 사용)에 맞서고 기업에 첨단기술을 공유하도록 압박할 계획이다. 일자리 아웃소싱을 인위적으로 제한하는 법률과 관세를 부과하면 미국 기업의 경쟁력이 떨어질 수 있다. 미국 기업들이 값비싼 미국인 직원들을 고용해야 한다면 가격을 인상하고 소비자 부담비용도 증가하게 될 것이다. 다만 무역, 경제 성장, 고용 간의 관계는 복잡하며 환율, 정부 지출 및 세금과 같은 요인에 의해 영향을 받는다. 실제로 미국은 경제 확장기와 불황기, 고용이 많을 때와 적을 때 모두 무역 적자를 기록하였다. 미국이 관세와 강경한 무역정책을 계속 시행하면 다른 국가들도 미국산 수입품에 관세를 부과하는 방식으로 보복할 수 있다. 이는 미국 기업에 도움이 되지 않고 오히려 피해를 줄 수 있다. 예를 들어, 미국 제조업체 및 공급업체, 식품 및 농업, 소매업체, 기술 및 기술 통신, 신발류는 모두 도널드 트럼프 대통령의 조치에 대응하여 중국이 미국 기업에 부과한 보복관세로 인해 부정적인 영향을 받았는데 록웰 오토메이션(Rockwell Automation), 존슨 컨트롤즈(Johnson Controls), 달러 트리(Dollar Tree), 베스트 바이(Best Buy), 메이시스(Macys), 디어 앤 컴퍼니(Deere and Company), 그리고 델몬트(Del Monte)와 같은 기업이 포함된다. 관세로 인해 이들 기업들은 소비자에게 비용 증가를 전가하고, 중국이 관세를 부과하지 않은 국가에서 제품을 구매함에 따라 수요 부족으로 인해 공장을 폐쇄하게 되었다. 한 추정에 따르면 도널드 트럼프 대통령이 부과한 관세로 인해 2018년 이후 미국 기업들은 460억 달러의 손실을 입었으며 보복 관세의 영향을 받은 상품의 수출이 급격히 감소하였다.

## 노동인구와 고용특성

2029년까지의 고용 전망을 보여주는 〈표 1.4〉를 다시 한번 살펴보자. 약 4,650만 개의 일자리가 창출될 것으로 예상되며, 이 중 4분의 3 이상이 퇴직 또는 이직하는 직원의 대체 수요로 인해 발생하였다. 2019년부터 2029년 사이에 추가되는 대부분의 신규 일자리는 서비스 제공 직종, 특히 의료 및 사회 지원 직종에 속할 것이다. 2019년부터 2029년까지 가장 많은 신규 일자리가 창출될 것으로 예상되는 직종은 가정건강 및 개인간호 보조원, 소프트웨어 개발자, 소프트웨어 품질 보증 분석가 및 테스터, 패스트푸드 및 카운터 직원, 간호사, 레스토랑 요리사 등이다. 건강관리 지원 직업은 2019년부터 2029년까지 가장 빠르게 성장하는 직업군으로 가장 많은 신규 일자리(신규 일자리 4개 중 1개)를 창출할 것으로 예상된다. 반면에 2019년부터 2029년까지 상품 생산 직종의 고용은 감소할 것으로 예상된다.

〈표 1.5〉는 2019년에서 2029년 사이에 가장 빠르게 성장할 것으로 예상되는 30개 직업 중 10개 직업을 보여주고 있다. 가장 빠르게 성장하는 30개 직업 중 13개는 건강관리 및 관련 직업(예: 가정건강관리보조원, 개인간호보조원, 의사보조원, 전문간호사)과 관련되어 있다. 상위 30위권 내 다른 직업은 에너지 관련 직업이나 컴퓨터 및 정보기술 직업이다. 의료 관련 직업의 증가는 미국 인구의 고령화에 따른 입원 및 외래 환자

**표 1.5 가장 빠르게 증가하는 직업들**

| 직업 | 고용변화(2019~2029년) | | | |
|---|---|---|---|---|
| | 명수 (1,000명) | 퍼센트 (%) | 학력 또는 훈련수준 | 2019년 5월 (임금, 중간값) |
| 풍력터빈 서비스 기술자 | 4 | 61 | 비학위 고등교육 과정(Post-secondary non-degree), 장기간 교육훈련 | 52,900달러 |
| 전문간호사 | 111 | 57 | 석사학위 | 109,820달러 |
| 태양광 발전 설치자 | 6 | 35 | 고등학교 졸업 또는 이에 준하는 학력, 단기 OJT | 44,890달러 |
| 통계학자 | 15 | 35 | 석사학위에 준하는 학력 | 91,160달러 |
| 직업치료 보조원 | 16 | 34 | 준학사학위(Associate's degree) | 61,510달러 |
| 가정건강 및 개인간호 보조원 | 1,159 | 33 | 고등학교 졸업 또는 이에 준하는 학력, 단기 OJT | 25,280달러 |
| 물리치료 보조원 | 32 | 34 | 준학사학위 | 58,790달러 |
| 의료 및 건강 서비스 관리자 | 133 | 32 | 학사 | 100,980달러 |
| 의사보조원 | 39 | 31 | 석사 | 112,260달러 |
| 정보보안 분석가 | 41 | 31 | 학사 | 99,730달러 |

출처: Based on Bureau of Labor Statistics, U.S. Department of Labor, "Employment Projections: 2019-2029," September 20, 2020, www.bls.gov/emp.

의료 서비스를 반영한다. 컴퓨터 및 수학 관련 직종은 사이버 보안, 모바일 및 기타 기술 운영을 위한 소프트웨어, 데이터 기반 의사결정 사용 증가에 따른 수요 증가로 인해 일자리가 증가할 것으로 예상된다. 태양열 및 풍력 등 대체 에너지원에 대한 수요 증가가 예상됨에 따라 에너지 관련 직종도 성장할 것이다.

## 기술 요구

여러 연구를 통해 일자리가 어떻게 변화하고 있는지, 기술 요구사항에 미치는 영향과 기업이 자격을 갖춘 인재를 찾는 데 어려움을 겪고 있는지를 알 수 있다. 최근 설문조사에 따르면 임원 및 관리자 10명 중 9명은 기업이 이미 기술 격차에 직면해 있거나 향후 5년 이내에 격차가 발생할 것으로 예상한다고 답을 하였다. 거의 4분의 3은 향후 5년 동안 기업이 학습 및 개발에 더 많은 투자를 할 것으로 예상하는데 제조 및 서비스 직종에서 기술 부족 현상이 발생하고 있으며 이러한 현상은 앞으로도 계속될 것으로 보인다. 한 추정에 따르면 2028년까지 기술자부터 연구원에 이르기까지 미국 내 제조업 일자리가 460만 개가 부족할 것으로 예상된다. 하지만 이 중 240만 개는 숙련된 근로자의 부족으로 인해 채워지지 않을 것이다. 그 이유 중 하나는 업무 프로세스에서 작업을 자동화하는 첨단기술과 디지털 도구의 사용이 증가했기 때문이다. 첨단기술과 디지털 도구의 도입 속도는 팬데믹으로 인해 더욱 빨라졌는데 조사에 참여한 제조업체의 50%가 로봇, 머신러닝, 인공지능(AI)과 같은 기술을 도입하였다. 이로 인해 가용 인력과 공석을 채우는 데 필요한 기술 사이에 불일치가 발생하였다. 제조업 경영진은 현재와 미래에 필요한 기술로 기술/컴퓨터 기술, 디지털 기술, 로봇/자동화를 위한 프로그래밍 기술, 도구 및 기술 활용 기술을 꼽았다. 이러한 기술은 공급이 부족한 STEM 기술의 일부로 간주되는데, **STEM 기술**은 과학, 기술, 공학, 수학 분야의 기술을 의미한다. 한 추정에 따르면 2019년 제조업체들은 기술 격차를 해소하기 위해 신규 및 기존 제조 직원을 위한 교육 프로그램에 최소 260억 달러를 지출한 것으로 나타났다.

직원들은 STEM 기술 외에도 기술과 함께 일하는 데 필요하거나 기술로 대체할 수 없는 고유한 업무를 수행하는 데 필요한 기술을 개발해야 한다. 이러한 기술에는 비판적 사고, 창의성 및 독창성, 세부 사항에 대한 주의력, 문제해결, 타인과의 협력, 자기관리 기술(예: 능동적 학습, 회복력, 스트레스 내성, 유연성)이 포함된다. 또한 디지털 리터러시도 필요하다. **디지털 리터러시**(digital literacy)란 디지털 정보를 해석, 생성하고, 전략적으로 사용하는 데 필요한 기술을 말한다. 디지털 리터러시는 기술 직종으로 간주되지 않는 직종을 포함한 대부분의 직종에서 요구된다. 예를 들어, 예전에는 자동차 정비공은 고장 난 엔진을 고치는 방법을 아는 것으로 충분했다. 하지만 오늘날에는 최신 자동차에 내장된 소프트웨어와 앱을 이해해야 한다. 앞으로는 전기차와 자율주행차를 정비하고 유지, 보수하는 방법을 알아야 할 것이다.

제조업 외에도 소매업, 보건 및 사회복지업, 레저 및 접객업 등 미국 전체 근로자의 약 1/3을 고용하는 세 가지 서비스 산업에서도 기술 부족 현상이 나타나고 있다. 수요가 많은 산업에 종사하는 서비스 부문 직원 10명 중 약 6명은 제한된 문해력만 보유한 것으로 나타났다. 제한된 기술 수준은 수리력(숫자 이해 및 작업) 및 디지털 문제해결 분야에서 훨씬 더 일반적이다. 직원의 제한된 기술에도 불구하고 산업의 일자리는 이러한 기술을 사용하도록 요구한다. 실제로 저숙련 일자리에 대한 수요는 낮으며, 채워지는 일자리의 약 절반은 고등학교 이상의 교육에 해당하는 중간 정도의 기술을 필요로 하지만 대학 학위는 필요하지 않다. 예를 들면, 많은 일자리가 지시사항을 읽고 이메일을 작성해야 한다.

자격을 갖춘 직원의 부족은 고용주가 일자리를 채우지 않고 방치하는 바람직하지 않은 선택에 직면하게 되어 생산과 성장이 제한될 수 있음을 의미한다. 또한 수요가 많은 기술을 보유한 지식근로자를 위한 시장이 훨씬 더 경쟁이 치열하다는 것을 의미한다. **지식근로자**(knowledge workers)는 육체노동이 아닌 고객이나 전문지식 등 자신이 알고 있는 지식을 통해 기업에 기여하는 직원을 말한다. 일자리를 비워두거나 지식근로자를 확보하기 위해 공격적으로 경쟁하는 대신, 기업들은 여러 가지 교육 옵션에 의존하고 있다. 첫째, 현재 직원의 **업스킬링**(upskilling) 또는 **재교육**(reskilling)을 실시하고 있다. 업스킬링은 직원의 현재 기술을 개선하거나 확장할 수 있도록 교육하는 것을 말한다. 재교육은 새로운 지식이나 기술을 습득하도록 직원을 교육하는 것을 말한다. 예를 들어, 네이션와이드 뮤추얼 보험회사(Nationwide Mutual Insurance Company)는 새로운 재교육 및 업스킬링 프로그램인 Future of Work에 5년 동안 1억 6천만 달러를 투자하였다. 이 투자를 통해 비즈니스 전망을 개선하고 인재를 확보하기 위한 경쟁력을 강화할 수 있을 것으로 기대하고 있다. Future of Work 프로그램의 목적은 네이션와이드가 최고의 인재를 유치하고 미래 인력을 준비할 수 있도록 지원하는 것이다. 이 프로그램은 직원들이 디지털 리터러시를 향상하고 중요한 미래 기술에 대한 교육을 받을 수 있는 기회를 제공한다. 각 직원은 기술향상에 초점을 맞춘 연간 맞춤형 학습 커리큘럼을 받게 되며 재교육 기회는 사업부별로 다르며 경력경로 옵션이 포함되어 있다.

둘째, 직무에 필요한 완전한 기술이 부족한 직원을 고용하여 기술 개발을 위한 교육에 의존하는 것이다. 케어히어(Care-Here)는 수요가 많은 직무에 대한 기술 격차를 해소하기 위해 자격증이나 교육비용을 지불하고 있다. 이 기업은 최근 한 시설을 인수했고 정식 간호사가 되기 위해 자격증을 갖춘 실무 간호사 중 일부를 계속 고용하기를 원했다. 케어히어는 수업료, 교재비, 자격증 비용으로 1인당 약 1만 4,000달러에 달하는 교육비용을 지불하였으며 간호사들이 학업을 마칠 수 있도록 스케줄을 조정했다.

셋째, 기업들은 지역, 연방 및 주정부가 후원하고 자금을 지원하는 기관과의 교육 파트너십에 참여하고 있다. 허쉬(Hershey Company)는 버지니아(Virginia)에 있는 공장에서 유지보수 및 제조 직무를 수행할 직원을 충원하는 데 어려움을 겪었다. 그래서 이 기업은 지역 고등학교와 협력하여 젊은이들이 제조업 분야에서 경력을 쌓고 미래 인력을 개발하도록 장려하는 셰난도아 밸리(Shenandoah Valley) 인력개발위원회와 파트너십을 맺기로 결정하였다. 윌슨인력재활센터(Wilson Workforce Rehabilitation Center)는 고등학교 졸업생, 개인 및 제조 경험이 없고 제조 환경에서 일하는 것이 어떤 것인지 알고 싶어 하는 지역사회의 다른 사람들을 유치하기 위해 2주간의 유료 부트캠프(boot camp)를 제공하였다. 36명이 부트캠프에 지원했으며 그 중 15명이 합격했다. 졸업생은 정규직 채용을 고려하고 있다. 테슬라(Tesla)는 커뮤니티 칼리지(community colleges)와 두 개의 파트너십을 맺고 전기자동차 조립 및 서비스 교육을 실시하고 있다. 구글(Google)은 미국 전역의 25개 커뮤니티 칼리지 및 월마트(Walmart), 훌루(Hulu), 스프린트(Sprint) 등 다른 기업과 파트너십을 맺고 학생들이 8개월 만에 취득할 수 있는 정보기술지원 전문가 자격증을 개발하고 있다.

넷째, 기업들은 공석을 채우는 데 필요한 기술을 제공하기 위해 고용하기 어려운 개인을 교육하는 데 의존하고 있다. 시스코(Cisco)는 비영리단체인 NPower를 활용하여 잠재적 채용자를 모집하고 교육하고 있다. 이 비영리단체는 빈곤율과 범죄율이 높은 지역의 청년, 여성, 퇴역 군인들을 모집하여 6개월 동안 기술 공백 직무를 수행할 수 있도록 교육한다. 졸업생의 80% 이상이 6개월 기술교육 프로그램을 마친 후 1년 이내에 정규직으로 취업하거나 고등교육기관에 등록한다.

### 무형자산과 인적자본이 가지는 가치의 이해와 증가

오늘날 많은 기업들이 무형자산과 인적자본을 활용하여 경쟁기업에 대한 우위를 점하려고 노력하고 있다. 기업의 자산은 크게 세 가지 유형으로 구분할 수 있다. 재무자산(현금과 증권), 실물자산(토지, 공장, 설비), 그리고 **무형자산**(intangible assets)이다. 〈표 1.6〉은 무형자산의 예를 보여주고 있다. 무형자산은 인적자본, 고객자본, 사회적 자본, 지적자본을 포함한다. 무형자산은 재무자산이나 실물자산과 동등하게 혹은 그 이상으로 중요하지만, 모방하거나 복제하는 것은 매우 어렵다. 한 연구의 추정치에 의하면, 75%에 달하는 기업의 가치가 무형자산이라고 한다.

무형자산들은 기업의 경쟁우위에 기여하는 것으로 나타났다. 교육훈련, 선발, 성과관리, 보상과 같은 인적자원관리 관행이 고객서비스, 직무 관련 노하우와 역량, 업무관계에 영향을 미침으로써 인적자본과 사회적 자본에 직접적으로 영향을 준다. 미국 최대 공공 천연가스 및 전기 기업인 CPS 에너지(CPS Energy)에게 팀워크와 권한 부

**표 1.6 무형자산 예시**

| | | |
|---|---|---|
| 인적자본 | • 암묵지(tacit knowledge)<br>• 업무 관련 노하우 | • 교육<br>• 업무 관련 역량 |
| 고객자본 | • 고객관계<br>• 고객 충성도 | • 브랜드<br>• 유통채널 |
| 사회적 자본 | • 기업문화<br>• 관리관행(practices)<br>• 코칭/멘토링 관계 | • 경영철학<br>• 정보네트워킹 시스템 |
| 지적자본 | • 특허<br>• 영업비밀(trade secrets) | • 저작권<br>• 지적재산권 |

출처: Based on L. Weatherly, *Human Capital: The Elusive Asset*(Alexandria, VA: SHRM Research Quarterly, 2003); E. Holton and S. Naquin, "New Metrics for Employee Development," *Performance Improvement Quarterly* 17(2004), pp.56-80; M. Huselid, B. Becker, and R. Beatty, *The Workforce Scorecard* (Boston: Harvard University Press, 2005).

여는 고성과를 내는 핵심 원동력이다. 텍사스주 샌안토니오(San Antonio)에 본사를 둔 CPS는 서비스를 제공하는 지역사회와 조직에서 일하는 직원 모두를 위해 '사람 우선'에 중점을 두고 있다. CPS의 고객대응 부서는 정전 시 정기적으로 고객을 방문하여 전력을 복구할 뿐만 아니라 모든 사람이 잘 지내고 있는지 확인하는 전담 직원 그룹으로 구성되어 있다. 또한 휴일 동안 도움이 필요한 사람들에게도 식사를 배달한다. 조직 내에서 사람을 우선시하는 사고방식은 직원들이 최대 2년 동안 자신의 업무와는 전혀 다른 사업분야에서 일하며 에너지 비즈니스의 다양한 측면에 대해 배우는 임원 레지던스 프로그램(executive-in-residence program)을 포함한 멘토링 및 학습 프로그램에서 분명하게 드러나고 있다. 기업의 최고경영진에 따르면 직원들에게 다양한 업무 경험을 추구할 수 있는 유연성을 제공하면 더 높은 수준의 성과를 달성할 수 있다고 한다.

인적자본은 점점 더 기업의 효율성을 나타내는 중요한 지표로 인식되고 있다. 예를 들어, 국제표준화기구(International Organization for Standardization)는 최초의 "인적자본표준(Human Capital Reporting Standards)"을 발표하였다. 이 표준에 따르면 모든 조직은 규정 준수 및 윤리교육을 이수한 직원의 비율, 개발 및 교육비용 등 10가지 인적자본 측정 항목을 공개적으로 보고해야 한다. 또한 미국 증권거래위원회(SEC)는 상장기업의 인적자본 공개에 관한 새로운 규칙을 발표하였다. SEC 규정에 따라 기업들은 직원의 성별 및 인종 분류를 더욱 상세하게 공개하고 있다. 예를 들어, GE는 직원의 75%가 남성이라고 보고하였고, 커민스(Cummins Inc.)는 고위 임원의 절반이 여성이라고 보고하였으며, 펩시코(PepsiCo)는 미국 내 직원의 43%가 인종적 또는 윤리적으로 다양하다고 보고하였다.

### 임파워먼트와 지속적 학습 강조

직원들의 지식을 효과적으로 활용하기 위해서는 직원 개발과 임파워링에 초점을 맞추어야 한다. **임파워링**(empowering)이란 제품개발과 고객 서비스에 관련된 모든 영역에 있어서 의사결정의 책임과 권한을 직원에게 부여하는 것을 말한다. 임파워링을 하게 되면 직원들은 제품과 서비스에 대한 책임을 지는 동시에 그 결과에서 오는 보상과 손실을 공유한다. 임파워링이 성공하기 위해서 경영자들은 직원들이 기업 내외의 자원들, 예컨대 사람이나 웹사이트 등과 연결하게 하며, 직원들은 전사적으로 동료 및 관리자들과 상호작용하고, 중요 이슈에 대한 정보를 업데이트하며 서로 협조할 준비가 되어 있어야 한다. 직원들도 정보를 상호 의사소통하고 수집하며 공유하기 위하여 웹사이트, 이메일 및 다른 수단을 사용하는 방법을 이해하기 위해 훈련을 받아야 한다.

기업들이 점점 더 지식기반화(knowledge-based)함에 따라, 직원 개인 수준, 팀 수준 및 기업 수준에서 학습이 촉진되어야 한다. **학습조직**(learning organization)은 평생학습의 문화를 받아들이며, 모든 직원들이 지속적으로 지식을 획득하고 공유하는 것이 가능한 조직을 의미한다. 학습조직에서는 제품과 서비스 질의 개선이 공식적인 훈련이 끝났다고 해서 멈추지 않는다. 직원들이 자신들의 지식을 증대시키기 위한 재무자원, 시간, 콘텐츠 자원(훈련코스, 경험, 개발의 기회)을 활용할 수 있어야 한다. 관리자들은 적극적으로 교육훈련의 니즈를 발견하고 직원들이 교육훈련을 받고 업무에 활용하도록 지원해야 한다. 동시에 직원들은 지속적으로 문제를 발견하고, 자율적인 의사결정을 하며, 지속적으로 실험하고 개선하는 일에 앞장서야 한다.

주거용 및 상업용 부동산을 취급하는 켈러 윌리암스 부동산(Keller Williams Realty)은 새로운 부동산 중개인을 유치하고 모든 대리점의 매출을 늘리기 위한 지속적인 학습을 강조하는데, 이는 기업이 이익을 내고 중개인들이 더 많은 수입을 올릴 수 있다는 것을 의미한다. 중개인들은 기업의 모든 교육 프로그램과 자료 그리고 최고 부동산 전문가로부터 만들어진 사용자 생성 콘텐츠를 포함하는 학습플랫폼인 KW Connect를 통해 언제 어디서나 학습할 수 있다. 예를 들어, KW Connect에는 비디오, 오디오

파일 및 링크가 포함된다. 또한 학습자가 최고경영자와 중개인을 따라서 새로운 콘텐츠를 게시할 때, 질의응답 포럼, 모든 콘텐츠에 대한 사용자 평가와 의견에 따른 알림을 받을 수 있고, 최고의 아이디어와 중개인이 등록할 수 있는 검색 가능한 일정을 확인할 수 있으며, 25만 개 이상의 강사 주도 교육과정을 들을 수 있다. 상위수준의 중개인은 일반적인 부동산 문제에 어떻게 대처하는지를 설명하는 비디오를 제공한다. 사무실 관리자는 새로운 중개인이나 다른 그룹을 위한 사용자 정의 콘텐츠를 만들 수 있다.

### 변화에 대한 적응

**변화**(change)란 기업이 새로운 아이디어와 행동을 채택하는 것을 말한다. 변화는 변동성(volatility), 불확실성(uncertainty), 복잡성(complexity), 모호성(ambiguity)(VUCA라고도 함)을 경험하는 기업들로 인해 발생한다. 기술 발전, 노동력 또는 정부 규정의 변화, 글로벌화, 새로운 경쟁자, 팬데믹과 같은 위기는 VUCA를 유발하는 많은 요인 중 하나이다. 인적자원관리는 기업과 직원이 VUCA에 대처하고 민첩성을 높여 변화를 관리하도록 돕는 데 중요한 역할을 한다. **민첩성**(agility)이란 변화를 예측하고 변화를 일으키고 적응하며 변화를 지원하기 위한 구체적인 조치를 취하는 것을 말한다.

예를 들어, 금융 서비스 기업은 모바일 뱅킹과 같은 디지털 서비스를 고객에게 더 많이 제공하고 암호화폐 사용이 증가하는 등의 변화로 인해 VUCA를 경험하고 있다. 금융서비스 기업인 캐피탈 원(Capital One)은 직원들의 업무를 자동화하는 프로세스를 구현했다. 이를 위해서는 직원들이 거래 업무에 능숙한 기술자에서 프로세스 중심적이고 문제 해결사로 변화해야 했다. 또한 운영의 모든 측면에 머신러닝과 인공지능(AI)이 통합됨에 따라 이를 이해하는 데 필요한 새로운 지식을 습득해야 했다.

변화는 고용관계를 재편하는 데도 중요한 역할을 한다. 변화로 인한 새로운 비즈니스 전략으로 인해 기업은 합병, 새로운 기업 인수, 성장, 경우에 따라서는 규모 축소 및 구조조정을 단행하며 이로 인해 고용관계도 변화가 생겼다. 기업은 우수한 고객 서비스와 높은 생산성 수준을 요구한다. 직원들은 교육을 받는 것부터 일과 가정의 양립에 이르기까지 자신의 경력에 대해 더 많은 책임을 져야 할 것으로 기대되고 있다. 또한 최고의 성과를 내고 고용안정 없이 장시간 근무하는 대신 기업이 유연한 근무일정, 편안한 근무환경, 업무수행의 자율성, 교육 및 개발 기회, 성과에 따른 재정적

인센티브를 제공해주기를 원한다. 직원들은 기업이 고용 안정성을 제공할 수 없다는 것을 알고 있기 때문에 고용가능성, 즉 직원이 다른 취업 기회를 찾을 수 있도록 교육과 직무경험을 제공해주기를 원한다. 인적자원관리의 과제는 재정적 성공의 기회를 제공하지만 모든 직원이 소모품으로 전락할 수 있는 경제 상황 속에서 헌신적이고 생산적인 인력을 구축하는 방법을 마련하는 것이다.

### 직원 열의 극대화

**직원 열의**(employee engagement)란 직원들이 직무에 완벽하게 몰입하고 있는 정도와 직무와 조직에 대한 몰입의 강도를 말한다. 직원들의 열의를 어떻게 아는가? 열의 있는 직원은 자신의 일에 열정적이고, 기업과 사명(mission)에 헌신하며, 기업에 기여하기 위해 열심히 일한다. 열의에 대한 조사결과에 따르면 미국 직원의 약 39%가 열의가 있는 상태, 47%는 열의가 없는 상태, 14%는 적극적인 비열의(disengaged) 상태에 있다. 적극적인 비열의 상태의 직원들은 생산성 저하로 매년 미국에 수십억 달러의 손실을 초래한다.

직원 열의를 가장 잘 이해하려면 기업이 어떻게 직원 열의를 측정하고 있는가를 알아봐야 한다. 기업은 직원 열의를 측정하기 위해 직원의 태도와 의견을 조사한다. 구체적인 질문 유형은 기업마다 다르지만, 한 조사에 의하면 〈표 1.7〉에서와 같이 10개의 공통주제를 측정하고 있다. 〈표 1.7〉에서 보는 바와 같이 직원 열의는 관리자들이 어떻게 직원들을 대우하는가는 물론이고 인적자원관리 관행, 즉 모집, 선발, 교육훈련, 성과관리, 직무설계, 보상으로부터 영향을 받는다.

많은 기업이 직원 열의에 대한 협소한 접근을 넘어 긍정적인 직원 열의를 창출하는 데 집중하고 있다. 직원 열의는 직장 안팎에서 직원의 일상생활에 영향을 미치는 모든 것을 의미한다. 직원 열의는 기업문화, 정서적 경험, 개인적 성장의 기회, 물리적 업무공간의 영향을 받는다. 긍정적인 직원 열의에 기여하는 몇 가지 요인으로는 더 큰 목적에 기여하는 중요한 업무수행, 사회적 관계, 개방적이고 정직한 기업 리더, 유연한 근무일정, 개인 및 사교적 업무공간의 가용성 등이 있다. 또한 생산성, 협업, 복지 향상을 위한 앱과 같은 기술의 사용, 명확하고 투명한 성과 목표, 인정, 공정하고 포용적인 환경도 모두 긍정적인 직원 열의에 기여한다.

얼티메이트 소프트웨어(Ultimate Software)에서는 매년 세 차례의 설문조사를 통해

**표 1.7 직원 열의의 공통테마**

| 표 1.7 직원 열의의 공통테마 |
|---|
| 고용주에 대한 자부심 |
| 고용주에 대한 만족도 |
| 직무만족 |
| 도전적인 업무를 수행할 수 있는 기회 |
| 기여에 대한 인정과 긍정적인 피드백 |
| 관리자의 개인적 지원 |
| 최소한 이상의 노력 |
| 자신의 업무와 기업의 사명과의 연관성 이해 |
| 회사의 미래성장에 대한 전망 |
| 기업에 계속 근무할 의향 |

출처: Based on R. Vance, *Employee Engagement and Commitment* (Alexandria, VA: Society for Human Resource Management, 2006); T. Lytle, "The Engagement Challenge," *HR Magazine*, October 2016, pp.52-58.

기업이 긍정적인 직원 열의를 제공하고 있는지 평가한다. 설문조사에서는 직원들에게 직장에서의 행복감, 기업 프로그램, 복리후생 및 커뮤니케이션의 효율성, 관리자와의 일상적인 상호작용의 질, 리더십 개발 기회에 대한 질문을 한다.

유능한 직원을 유치하고 유지하기 위해 기업은 종종 **직원가치제안**(employee value proposition: EVP)을 사용하여 직원들이 기대할 수 있는 경험을 전달한다. 직원가치제안은 기업의 가치, 이러한 가치가 직원에게 미치는 영향, 직원 경험이 이러한 가치를 어떻게 반영하는지를 전달하는 전략적 선언문이다. 예를 들어, 델(Dell)의 EVP는 기업가적 문화, 부서 내 또는 부서 간에 경력을 개발할 수 있는 자유, 다양성과 포용성, 커뮤니티와 환경에 대한 헌신을 강조한다.

### 핵심인재관리

**핵심인재관리**(talent management)란 인재 확보와 평가, 학습과 교육훈련, 성과관리, 보상에 이르는 일련의 인적자원관리 관행을 활용하여 고도로 숙련된 직원과 관리자를 확보, 유지, 개발하고, 동기부여하기 위해 기업이 사용하는 체계적이고 계획적인 전략적 노력을 의미한다. 이는 모든 인적자원 관행이 서로 연관되어 있으며, 비즈니스 수요와 연동되어 핵심인재를 활용하여 기업의 목표를 달성하는 것을 말한다.

히타치 반타라(Hitachi Vantara)는 고객에게 하드웨어, 소프트웨어 및 서비스를 제공하는 정보기술 기업이다. 직원, 파트너, 고객의 기술과 지식을 구축하여 최고의 인재를 모집, 채용, 개발, 유지하는 것을 미션(mission)으로 삼고 있다. 클라우드 컴퓨팅(cloud computing), 인공지능(AI), 사물 인터넷(Internet of Things: IoT)이 정보기술 제품 및 서비스를 계속 형성함에 따라 이러한 노력을 계속해야 한다. 히타치는 기술 및 영업 직원에게 필요한 기술 자격증을 취득하여 개인적으로나 전문적으로 성장할 수 있도록 교육과정을 제공함으로써 평생학습을 장려한다. 또한 히타치는 고객과 파트너에게 기술 제품 교육, 전문 및 리더십 기술 개발 프로그램, 신입사원 부트 캠프(boot camp), 가상 소프트웨어 및 하드웨어 실습실 이용 기회를 제공한다.

코로나19 백신 공급을 늘리려는 기업에게 인재관리의 중요성과 도전과제를 생각해 보자. 팬데믹으로 인해 백신 생산과 관련된 기업들은 수천 개의 일자리를 구하고 있지만 제약 제조 또는 바이오 기술 학위를 소지하거나 생산라인에서 야간근무를 할 의향이 있는 한정된 인력을 확보하기 위해 경쟁하고 있어 인재확보 전쟁이 부각되고 있다. 코로나19 백신 하청업체인 이머전트 바이오솔루션스(Emergent BioSolutions Inc.)의 CEO 겸 고위 임원은 가상 채용박람회에서 잠재적 채용자를 모집하려고 했다. 일부 직원의 입사를 유도할 수 있었다. 하지만 창고 직원, 품질보증 분석가, 공급망 관리 책임자 등 수백 개의 직책을 채워야 하는 상황이다. 캐털란트(Catalent Inc.)는 제조공장 근처에 거주하는 잠재적 직원들에게 다가가기 위해 판도라(Pandora)에 채용광고를 게재하고 있는데 야간근무를 할 의향이 있는 직원에게 3,000달러의 보너스를 제공하고 있다. 애비드 바이오서비스(Avid Bioservices)는 내년 여름에 40명의 신입직원을 채용할 예정이다. 신입직원은 6개월 동안 기업의 제조공정과 고객에게 도움이 되는 방법에 초점을 맞춘 교육을 받아야 한다.

#### 비전통적 고용과 긱경제(Gig economy) 고려

점점 더 많은 기업들이 정규직에 기반을 둔 전통적인 고용이 아닌 비전통적 고용에 의존하고 있다. **비전통적 고용**(nontraditional employment)에는 독립계약자, 프리랜서, 대기(on-call) 근로자, 임시근로자 및 계약기업 직원 활용이 포함된다. 한 추정에 따르면 미국 근로자의 약 4%(약 600만 명)가 비정규직, 즉 한시적이거나 지속될 것으로 예상되지 않는 일자리를 갖는 것으로 보고 있다. 연구에 따르면 미국 전체 노동력의 20~35%는 정규직('문라이팅: moonlighting'이라고 함)을 포함하여 비전통적 고용에 종사하는 것으로 추정된다. 서비스 및 제품수요를 충족하기 위해 비전통적 고용에 주로 의존하는 기업들은 **긱경제**(gig economy)에서 경쟁하고 있다. 많은 기업이 정규직 및 시간제 직원을 사용하는 전통적인 고용모델에 계속 의존할 것이지만, 40%는 향후 10년 내에 비전통적 모델(독립계약자, 프로젝트 기반 또는 프리랜서 필요 기반 업무)을 사용할 것이라고 답하였다. 설문조사 결과에 따르면 미국 기업에서 긱워커(gig worker)의 비중은 지난 10년 동안 15% 이상 증가했으며 이러한 추세는 계속될 것으로 예상된다. 긱워커는 일반적으로 근무시간과 장소를 스스로 통제하는 독립계약자이며, 웹사이트나 모바일 앱을 통해 일을 배정받는 경우가 많다(예: 차량 공유 드라이버). 이러한 직원은 기업에 소속되어 일하지 않기 때문에 소득에서 원천징수되는 세금이 없고, 최저임금이나 초과근무 수당을 받을 필요가 없으며, 산재보험 및 실업보험에 가입할 자격도 없다.

긱경제(및 긱워커)에 의존하는 기업의 예로는 운송 서비스 기업인 우버(Uber)와 리프트(Lyft), 음식배달서비스 기업인 캐비아(Caviar) 등이 있다. 비전통적 고용은 개인과 고용주 모두에게 장단점이 있다.

비전통적 고용관계에 있는 더 많은 직원이 이러한 방식을 선택하고 있다. 비전통적 고용은 개인과 고용주 모두에게 이익이 될 수 있다.

점점 더 많은 개인이 한 기업에 소속되기를 원하지 않는다. 원하는 시간과 장소에서 유연하게 일할 수 있기를 원한다. 일과 가정의 양립을 위해 근무시간을 줄이기를 원할 수도 있다. 또한 감원된 직원들은 정규직 일자리를 구하는 동안 비전통적 고용을 선택할 수도 있다. 기업 입장에서는 필요할 때 임시직 직원을 추가하고 필요하지 않을 때 고용을 해지하는 것이 더 쉽다. 시간제 근로자는 현재 직원이 갖추지 못한 기술을 습득하거나 완료일이 정해진 특정 프로젝트에 필요할 때 귀중한 자원이 될 수 있다. 시간제 근로자는 고용주의 의료 혜택을 받거나 연금 플랜에 가입하지 않기 때문에 정규직 직원보다 비용이 저렴할 수 있다. 인턴과 같은 시간제 근로자를 고용하면 기업은 해당 근로자가 성과 요건을 충족하고 기업문화에 적합한지 판단할 수 있으며, 적합한 경우 해당 근로자에게 정규직 채용을 결정할 수 있다.

예를 들어, 하니웰(Honeywell)과 같은 일부 기술기업에서는 탑코더(Topcoder)나 아마존의 메커니컬 터크(Mechanical Turk)와 같은 서비스를 통해 자체 직원에게 부족한 기술을 가진 과학자 및 소프트웨어 엔지니어를 찾아 문제를 해결하고 앱을 만들거나 코드를 작성하는 데 크라우드소싱(crowdsourcing)에 의존하고 있다. 구글은 전 세계에 약 121,000명의 임시직 및 계약직 직원을 보유하고 있으며, 정규직 직원은 102,000명이다. 임시직 및 계약직 직원은 콘텐츠 조정, 소프트웨어 개발 등 다양한 업무를 수행한다. 비전통적 고용에는 잠재적인 단점도 있다. 여기에는 업무 품질에 대한 우려, 기업문화나 팀 환경의 유지 불가능, 법적 책임 등이 포함된다.

### 직원의 일과 삶의 요구에 부응하는 유연성 제공

세계 경제의 글로벌화와 전자상거래의 등장은 주 40시간 근무 개념을 무용지물로 만들었다. 한 조사결과에 따르면 46%의 직원들이 주당 45시간 이상 일하는 것으로 나타났다. 결과적으로 오늘날 기업활동은 하루 24시간, 주 7일 가동되고 있다. 제조업과 콜센터에서 일하는 직원들은 하루 8시간 근무에서 12시간 근무를 하도록 요구받고 있으며, 그렇지 않으면 오후근무나 야간근무를 강요받고 있다. 마찬가지로 전문직 종사자들도 보다 긴 시간을 근무해야 하며 개인시간까지 업무가 끼어들고 있다. 노트북, 스마트폰, 스마트와치 등은 직원들에게 과다한 정보와 업무로 폭격을 가하고 있다. 자동차 안에서, 휴가 중에도, 비행기에서, 심지어 화장실에서조차 직원들은 업무와 관련된 연락에 시달린다. 증가하는 업무량으로 인해 직원들은 스트레스가 증가하고, 직무만족이 감소하며, 생산성이 떨어지고 이직률이 높아진다. 이 모든 결과는 기업의 비용으로 귀결된다.

팬데믹 이전에는 임금 및 급여 근로자의 29%가 주요 업무에서 재택근무를 할 수 있었고 25%는 적어도 가끔씩 재택근무를 한 것으로 추정되었다. 절반이 조금 넘는 직원이 근무 시작 및 종료 시간을 변경할 수 있는 유연근무 스케줄을 가지고 있었다. 약 4분의 1의 직원은 유연근무 스케줄 및 재택근무가 가능했고, 3분의 1은 유연근무 스케줄은 가능하지만 재택근무는 불가능했다. 직원들의 38%는 재택근무가 불가능할 뿐만 아니라 유연근무 스케줄도 마련되지 않았다. 관리, 비즈니스, 재무 운영 및 전문직종에 종사하는 직원은 업무의 일부 또는 전부를 집에서 수행할 가능성이 가장 높다. 유연근무 일정을 제공하고 재택근무를 허용하며, 직원의 자유시간을 보호하고 직원의 근무시간을 보다 생산적으로 사용함으로써 기업과 직원 모두 이점을 얻을 수 있다. 유능한 직원을 유치하고 유지하는 데 유리하고 스트레스가 감소하여 직원이 더 건강해지며 휴식을 취한 인력이 자신의 기술을 최대한 활용할 수 있는 등의 이점을 얻을 수 있다는 것이다.

많은 직원들은 팬데믹이 끝난 후에도 원격근무를 계속하기를 원하는 것으로 나타났다. 팬데믹 1주년을 맞이한 현재, 미국 직원들의 과반수가 코로나 바이러스 감염 또는 확산을 피하기 위해 전체 또는 일부 시간을 원격으로 근무하고 있다고 답했다. 23%는 코로나 바이러스에 대한 우려로 인해 원격근무를 계속하고 싶다고 답했다. 직원들의 44%는 원격근무를 선호하기 때문에 원격근무를 계속하고 싶다고 답하였다. 이들은 재택근무가 사무실 근무와 비슷하거나 더 생산적이라고 생각하고 있다. 예를 들어, 디스커버 파이낸셜 서비스(Discover Financial Services)는 직원의 1/3이 영구적으로 재택근무를 원한다는 사실을 발견하였다. 다른 직원들은 원격근무를 선택할 수 있는 유연성을 원했으며, 디스커버는 팬데믹 이후에도 이를 제공할 계획이다.

원격근무에 대한 기업의 정책은 계속 달라질 가능성이 높다. 정유기업 필립스 66(Phillips 66)과 같은 일부 기업은 팬데믹 기간 동안 건강 문제가 없는 직원을 사무실로 복귀시켰다. 경영진은 직원과의 상호작용을 원격회의와 화상회의로 제한하면 사무실에서 대면회의할 때와 같은 수준의 창의성과 생산성을 발휘하기 어렵다고 판단했기 때문이다. 다른 기업들은 사무실과 원격근무를 병행하는 하이브리드 접근방식을 고려하고 있다. 예를 들어, 정보기술 서비스 제공업체인 컴퓨콤 시스템(CompuCom Systems Inc.)은 직원들이 모여 아이디어를 교환하고 협업하며 문제를 해결하는 핵심 시간을 도입하는 방안을 고려하고 있다. 온라인 교육 제공업체인 코세라(Coursera)는 팬데믹 이후 직원의 절반이 혼합 근무, 즉 일주일에 3일은 사무실에서 근무하고 나머지는 원격으로 근무할 것으로 예상하고 있다.

근무장소에 관계없이 많은 직원들이 업무로 인해 정서적 고갈, 불안, 우울증을 경험하고 있으며 팬데믹으로 인해 이러한 증상이 더욱 악화되고 있다. 우울증과 불안장애로 인해 전 세계 경제가 매년 1조 달러의 생산성 손실을 입는다는 추산도 있다. 기업들은 직원들의 정신건강을 개선하기 위해 여러 가지 조치를 취하고 있다. 한 가지 방법은 직원들에게 휴가를 주는 것이다. 예를 들어, 인디드(Indeed.com)의 직원들은 긴 주말을 만들기 위해 매달 금요일에 추가 휴가를 받는다.

비전통적 고용과 재택근무의 사용은 디자이너, 예술가, 프리랜서, 컨설턴트, 기타 독립계약자 등 다양한 근로자가 일일 또는 월별 요금을 지불하고 작업공간을 보장받는 공유사무실(co-working sites) 또는 소호사무실의 발전으로 이어졌다. 공유사무실에는 책상, 인터넷, 회의실이 갖춰져 있으며 일부는 휴식을 위한 소파와 무료 커피 및 맥주도 제공하고 있다. 공유사무실은 재택근무, 여행 또는 재택근무를 하며 고립감을 느끼는 독립계약자와 직원들이 협업하고 교류할 수 있도록 도와주며, 커피숍보다 더 전문적인 근무 분위기를 제공하고 교통량과 공해를 줄이는 데 도움이 된다.

### 이해관계자: 주주, 고객, 직원, 지역사회의 요구에 부응

기업의 성공과 경쟁력은 이해관계자들의 요구를 얼마나 잘 충족시키는가에 달려 있다. 이해관계자에는 주주(투자에 대한 배당을 요구), 고객(품질 좋은 제품과 서비스 요구), 직원(흥미있는 일과 기여에 합당한 보상 요구)이 포함되어 있다. 지역사회도 기업에게 지역의 활동과 프로젝트에 참여하고 환경오염을 최소화하기를 요구하는 중요한 이해관계자이다.

#### 이해관계자에게 성과 입증: 균형성과표

**균형성과표**(balanced scorecard)란 기업이 이해관계자들의 요구를 얼마나 잘 충족시키고 있는가를 기초로 경영성과를 평가하는 도구이다. 이 도구는 기업을 내부고객, 외부고객, 직원, 주주의 관점에서 보고 있다. 균형성과표는 한 기업이 경쟁력을 갖추기 위해 필요로 하는 주요 요소들을 망라하고 있기 때문에 중요한 도구이다. 좀 더 구체적으로 균형성과표에는 고객중심주의, 품질향상, 팀워크 강조, 신제품과 서비스 개발기간 단축, 장기 경영기획의 측면을 모두 포함하고 있다.

균형성과표는 전통적인 기업성과 측정도구와는 차이가 있는데 핵심지표(critical indicators)는 기업의 비즈니스 전략과 경쟁력 요구에 기반하고 있다. 기업들은 시장상황, 제품, 경쟁환경 등 각자 처한 상황에 따라 이 성과표를 개별화해서 사용할 필요가 있다.

균형성과표는 1) 인적자원관리 활동을 기업의 비즈니스 전략에 연계시키고, 2) 인적자원관리 기능이 기업의 전략목표 달성에 얼마나 기여하는지를 평가하는 데에 사용된다. 균형성과표를 직원들에게 설명해 줌으로써, 직원들은 기업의 전체적인 목표와 전략을 이해하고, 이 목표와 전략들이 어떻게 측정되며, 그것들이 다시 주요 성과지표에 어떤 영향을 주는지를 알게 된다. 인적자원관리 관행과 관련된 측정지표는 기본적으로 생산성, 사람, 프로세스와 연관되어 있다. 생산성 지표는 인당 산출량(예컨대 인당 매출)을 측정한다. 사람 지표에는 직원의 태도, 행동, 지식을 측정하는 지표가 포함된

**표 1.8 균형성과표**

| 관점 | 질문 | 핵심 비즈니스 지표 | 핵심 인적자원 지표 |
|---|---|---|---|
| 고객 | 고객이 우리를 어떻게 보는가? | 시간, 품질, 성과, 서비스, 비용 | 인적자원부서 서비스에 대한 직원의 만족, 고용주로서의 기업에 대한 직원의 인식 |
| 내부과정 | 우리가 특별히 잘하는 것이 무엇인가? | 고객만족에 영향을 주는 프로세스, 서비스와 제조 프로세스에 대한 정보의 가용성(availability) | 직원 인당 훈련비, 이직률, 공석직무를 채우는 데 걸리는 시간 |
| 혁신과 학습 | 우리는 지속적인 개선과 가치창조를 할 수 있는가? | 운영효율성 개선, 신제품 출시, 지속적 개선, 노동력의 임파워링, 직원 만족 | 직원/스킬 역량 수준, 직원 몰입도 조사결과, 변화관리 역량 |
| 재무 | 주주들이 우리를 어떻게 보는가? | 수익성, 성장, 주주가치 | 직원 인당 임금과 복리후생, 이직비용, 직원 인당 이익, 직원 인당 매출 |

출처: Based on K. Thompson and N. Mathys, "The Aligned Balanced Scorecard," *Organizational Dynamics* 37 (2008), pp.378–393; B. Becker, M. Huselid, and D. Ulrich, *The HR Scorecard: Linking People, Strategy, and Performance* (Boston: Harvard Business School Press, 2001).

다. 프로세스 지표에는 직원들이 기업 내의 인적 시스템(people system)에 얼마나 만족하고 있는지를 측정한다. 인적 시스템은 성과측정 시스템, 임금 및 복리후생 시스템, 인재개발 시스템 등을 포함한다. 인적자원관리 활동들이 기업의 경쟁우위의 확보에 기여하고 있음을 보여주기 위해서는, 〈표 1.8〉에 있는 질문 항목들을 이해하고 인적자원관리와 연관되어 있는 핵심지표들을 찾아낼 수 있어야 한다. 〈표 1.8〉의 마지막 열에 나타나 있듯이, 인적자원관리 관행의 핵심지표들은 기본적으로 사람, 생산성, 프로세스와 연관되어 있다.

예를 들어, 글로벌 전자기업인 필립스(Phillips)의 균형성과표에는 네 가지 핵심 성공요인이 포함되어 있다: 역량(지식, 기술, 리더십, 팀워크), 프로세스(성과 동인), 고객(가치제안), 재무(가치, 성장, 생산성)이다. 필립스는 핵심 성공요소를 사용하여 단기 목표와 장기 목표를 연결한다. 기업은 네 가지 수준의 목표(전략, 운영, 사업부, 직원)를 검토하여 목표가 일치하는지 확인하는데, 이를 통해 직원과 관리자는 자신의 행동이 기업의 전반적인 성공에 어떻게 기여하는지, 운영 및 전략적 목표를 달성하는 데 어떻게 도움이 될 수 있는지 자세히 이해할 수 있다.

### 사회적 책임 입증

점점 더 많은 기업이 사회적 책임이 고객에 대한 기업의 이미지를 높이고, 새로운 시장에 진출하며, 유능한 직원을 유치하고 유지하는 데 도움이 될 수 있다는 사실을 인식하고 있다. 따라서 기업들은 사회적, 윤리적, 환경적 책임을 다해야 한다는 주주와 일반 대중의 요구에 부응하기 위해 노력하고 있다. 예를 들어, 정신건강관리 접근성을 개선하기 위해 존슨앤존슨(Johnson & Johnson)은 르완다(Rwanda)에서 최초의 디지털 정신건강 교육서비스를 시작하여 약 50,000명의 지역사회 의료종사자를 교육시켰다.

## 고객 서비스와 품질 강조

기업의 고객들은 제품이나 서비스의 품질과 성과를 판단한다. 그 결과 기업이 고객탁월성(customer excellence)을 인정받기 위해서는 제품과 서비스에 집중해야 할 뿐 아니라, 고객과의 소통에도 관심을 가져야 한다. 고객탁월성을 얻기 위해서는 고객이 무엇을 원하고 있는지를 이해하고, 미래의 욕구가 무엇인지를 예측해야 한다. 여기에는 결함과 오류를 줄이고, 규격표준을 충족시키며, 고객불만을 줄이는 것이 포함된다. 기업이 어떻게 결함과 오류를 줄이는가는 고객을 확보하고 유지하는 데에 중요하다.

지식이 증가하고 경쟁이 치열해지면서, 고객들은 더욱 많은 지식을 가지게 되었고 기업으로부터 양질의 서비스를 기대한다. 이것으로 인해 고객을 상대하는 직원들은 더 많은 도전에 직면한다. 계산원, 판매원, 프런트 데스크 직원, 서비스 제공자들이 고객과 소통하는 방법은 기업의 평판과 재무성과에 직접적인 영향을 미친다. 직원들은 제품지식과 서비스 스킬을 가지고 있어야 하며, 고객을 대할 때 어떤 의사결정을 내려야 하는지를 명확하게 알고 있어야 한다.

국내이든 해외이든 현재의 경제 상황에서 경쟁하기 위해서는 기업들은 질 좋은 제품과 서비스를 제공해야 한다. 기업들이 품질기준을 엄격히 지키지 않으면, 판매업자(vendor), 공급자, 그리고 고객에 대한 판매력이 줄어든다. 몇몇 국가에서는 자국에서 사업을 하기 위해서는 기업들이 준수해야 할 품질기준을 정해놓고 있다. **전사적품질관리**(Total Quality Management: TQM)란 사람과 기계, 그리고 시스템이 업무를 수행하는 방법을 전사적 차원에서 지속적으로 개선하려는 노력이다. TQM의 핵심가치는 다음과 같다.

- 업무수행 방법과 프로세스는 내·외부 고객의 요구를 충족시키기 위해 설계된다.
- 기업의 모든 직원은 품질교육을 받는다.
- 품질을 제품과 서비스에 내장함으로써, 오류가 발생한 다음에 찾아내서 고치기보다는 오류발생을 사전에 근본적으로 차단한다.
- 기업은 공급업체와 고객과 협력하는 것을 장려하여 품질을 향상시키고 비용을 절감한다.
- 관리자들은 데이터에 기반한 피드백으로 진척도를 점검한다.

### 말콤볼드리지 국가품질대상

기업들이 제품이나 서비스의 질을 향상시킬 수 있는 한 가지 방법은 **말콤볼드리지 국가품질대상**(Malcolm Baldrige National Quality Award)을 놓고 경쟁하거나 **ISO 9000:2015** 품질인증을 획득하는 것이다. 법률에 의해 제정된 볼드리지대상은 미국 기업이 품질 분야에서 받을 수 있는 최고의 상이다. 이 상에 응모하는 기업은 기업의 기본정보에 대한 자세한 기록과 함께, 품질개선과 관련된 활동과 세부항목들을 어떻게 준수하고 있는지를 상세하게 설명하는 참가신청서를 제출해야 한다. 볼드리지상의 평가기준과 점수배점은 〈표 1.9〉에 제시되어 있다. 이 상은 특정 제품이나 서비스에 대해 주어지는 것이 아니다. 기업들은 제조업, 서비스, 중소기업, 교육, 의료건강, 비영리의 6개 분야 중 하나를 선택하여 응모할 수 있다. 볼드리지상은 매년 6개 분야에서 시행되며 총 18개의 한도에서 시상을 할 수 있다. 참가기업들은 총 300시간에서 1,000시간에 걸친 엄격한 심사과정을 거치게 된다. 참가기업은 대부분 민간기업 출신들로 구성된 약 400인의 독립성을 가진 심사위원단에게 심사를 받는다. 볼드리지상에 응모하는 중요한 이점 중의 하나는 이 과정을 통해 기업의 강점과 보완이 필요한 사항에 대한 심사단의 평가의견을 듣게 된다는 것이다.

볼드리지 수상기업들은 일반적으로 인적자원 업무에 탁월하다. 예를 들어, 2020년 수상기업인 메사(MESA)를 살펴보자. 메사는 미국 에너지 인프라를 지원하는 강철 파이프라인, 저장 및 처리 시설의 부식을 제어하거나 방지하기 위한 제품과 서비스를 제공한다. 경쟁업체에 비해 메사의 성장은 5년 동안 40% 향상되었다. 메사에서는 안전과 다양성, 포용성 모두가 최우선 과제이다. 설문조사결과에 따르면 대부분의 메사 직원은 안전이 기업의 최우선 과제라고 믿고 있으며, 기업은 존중의 문화를 갖고 있고

**표 1.9 말콤볼드리지 국가품질대상의 평가영역과 배점**

| 평가영역 | | 배점 |
|---|---|---|
| 리더십 | 고위 임원들이 비전, 가치, 미션을 제정하여 유지하며, 윤리적·준법 행위를 권장하고, 지속가능한 기업을 만들어 구성원들과 소통하고 몰입시키는 방법 | 120 |
| 측정, 분석, 지식경영 | 기업이 데이터, 정보, 지식을 선택, 수집, 분석, 관리, 개선하는 방법 | 90 |
| 전략계획 | 기업이 전략방향과 실천계획을 수립하고, 필요시 전략과 액션플랜을 수정하고, 진척도를 측정하는 방법 | 85 |
| 인력 | 고성과를 달성하기 위하여 인력을 개발하고 활용하는 기업의 노력; 기업이 인력의 잠재력을 기업의 목표에 정렬시켜 참여, 관리, 개발시키는지의 여부와 정도 | 85 |
| 운영 | 고객가치를 전달하고, 기업의 성공과 지속가능성을 달성하기 위하여, 업무시스템과 업무프로세스를 설계, 관리, 개선 | 85 |
| 성과 | 기업이 주요 비즈니스 영역(제품, 서비스 및 공급 품질, 생산성, 운영 효율성 및 관련 재무 지표, 환경, 법률 및 규정 준수)에서 성과를 내고 개선하는 방법; 기업의 윤리적, 사회적 책임 수준 | 450 |
| 고객 | 고객, 고객 서비스 시스템, 기존 또는 잠재고객의 관심사항, 고객만족과 몰입에 대한 기업의 지식 | 85 |
| 총점수 | | 1,000 |

출처: Based on National Institute of Standards and Technology(NIST), "2017-018 Criteria for Performance Excellence and Point Values," Baldridge Excellence Framework, January 2017, www.nist.gov/baldridge.

재산과 환경을 보호하기 위한 안전하고 혁신적인 솔루션을 제공하는 데 기여한다고 생각하고 있다. 다양성과 포용성은 메사의 문화, 인력, 리더십 프로세스와 정책, 행동의 일부이다. 기업의 다양성과 포용성 이니셔티브는 의사소통 스타일의 변화를 가져왔고, 원하는 문화를 형성하기 위해 어려운 대화에 참여하는 것의 중요성에 대한 인식이 높아졌다. 기업은 피드백을 통해 학습을 장려한다. 즉, 직원 참여 및 공급업체 만족도 조사를 실시하고, 관리자와 직원이 매년 2회 진행되는 성과 검토 중에 성과 대화를 나누도록 장려하는 것이다. 팬데믹의 시작에 대응하여 메사는 팬데믹 보너스, 팬데믹 임금 프로그램, 넉넉한 휴가 옵션을 제공하고 정리해고를 하지 않겠다고 약속함으로써 직원들을 소중히 여겼다.

### ISO 9000 품질표준

국제표준화기구(ISO)는 160개국을 포함하는 국가표준기관의 네트워크이며 스위스 제네바에 본부가 있으며, 세계 최대의 국제표준 개발 및 발행 기관이다. ISO는 경영뿐만 아니라 교육, 음악, 선박, 어린이 보호 등 다양한 분야와 관련된 표준을 개발한다.

ISO 표준의 채택은 자율적인 것이지만, 개별 국가가 ISO 표준을 자국의 규제사항으로 채택함으로써 시장에서 경쟁하는 국내 기업들에게 강제화할 수 있다. ISO 9000은 품질과 관련된 표준의 집합이다(ISO 9000, 9001, 9004, 19011). ISO 9000 품질표준은 기업들이 국가의 규제와 고객의 요구사항을 충족시키는 동시에 고객만족과 지속적인 개선을 위해 무엇을 해야 할지를 규정하고 있다. 이 표준들은 품질관리 프로세스에 관한 국제적인 합의를 나타내고 있다.

ISO 9000의 품질경영 표준은 고객 중심, 리더십, 직원 참여, 프로세스 접근법, 관리에 대한 시스템 접근법, 지속적인 개선, 증거기반 의사결정, 공급업체와의 상호 이익관계 구축 등 8가지 품질경영 원칙을 기반으로 한다. ISO 9001:2015는 민간 및 공공 기관을 포함한 모든 조직을 위한 품질경영시스템에 대한 일련의 요구사항을 제공하기 때문에 가장 포괄적인 표준이다. ISO 9000:2015는 176개국의 100만 개 이상의 조직에서 시행하고 있으며, 이는 기업이 해당 국가에서 비즈니스를 수행하기 위해서는 이 표준을 따라야 함을 의미한다. ISO 9004는 개선을 원하는 기업을 위한 가이드를 제공한다.

왜 표준이 유용한가? 고객들은 자기가 주문한 제품이 목적에 부합하는지를 알고 싶어 한다. 가장 효율적인 방법 중의 하나는 제품에 대한 규격이 국제표준에 따라 정해지는 것이다. 이렇게 함으로써, 공급자나 소비자가 서로 다른 나라에 있더라도 동일한 기준을 사용하고 있기 때문에 신뢰할 수 있는 것이다. 오늘날 많은 제품들이 시장에 출시되기 전에 규격과 안전규정 및 기타 요구사항에 부합하는지의 여부를 점검받는다. 아주 단순한 제품이라도 테스트 데이터를 포함하는 기술문건을 제공할 것을 요구받기도 한다. 많은 제품들이 국경을 넘어 거래되고 있는 현실에서, 이 모든 활동들이 단지 공급자와 소비자 간에 이루어지게 하기보다는, 객관적인 제3자에 의해 이행되는 것이 현실적일 것이다. 더욱이 해당 제품들이 건강과 환경에 관련된 것이라면 국가의 입법기관들은 이 같은 검사를 제3자가 수행할 것을 요구할 것이다. ISO 표준의 한 예가 이 책의 뒷면 표지에도 있는데, 바로 ISBN이라고 불리는 것으로 국제표준도서번호(International Standard Book Number)라고 한다. 출판사나 서점들은 이 번호를 이용해서 책을 주문하고 구매하기 때문에 이 번호에 익숙하다. 인터넷에서 책을 구입하려 할 때, 독자들은 이 번호의 가치를 곧 알게 된다. 각 책에는 고유의 ISBN이 부여되어 있기 때문이다. 이 번호는 ISO 표준에 의거한 것이다.

### 식스시그마

품질대상이나 ISO인증을 추구하는 것 외에, 많은 기업들은 식스시그마(Six Sigma)와 린 사고(lean thinking)를 이용하고 있다. **식스시그마 프로세스**(Six Sigma process)란 모든 업무 프로세스들이 아주 엄정한 식스시그마 품질오차 허용범위 안에 들어오도록 프로세스를 측정, 분석, 개선, 통제하는 과정을 말한다. 식스시그마의 목적은 고객 서비스에 비즈니스의 초점을 맞추는 것이다. 즉, 고객에게 그들이 원하는 것을 원하는 때에 제공하는 것을 말한다. 식스시그마에서는 고도로 훈련된 챔피언(Champion), 마스터 블랙 벨트(Master Black Belts), 블랙 벨트(Black Belts), 그린 벨트(Green Belts)라 불리는 품질관리 직원들이 계속 늘어나는 품질 관련 프로젝트들을 가르치고 지도하고 있다. 이 품질 프로젝트들은 효율성을 높이고 제품과 서비스의 불량을 감소시키는 데에 초점을 맞추고 있다.

월마트(Walmart)는 신선식품부서에서 블랙 벨트 교육을 활용한다. 이 프로그램은 제품 낭비를 없애고, 우수자에게 보상하며, 인재를 유지하고, 신선식품부서의 미래 리더를 육성하기 위해 고안되었다. 신입직원은 의무적으로 화이트 벨트 인증을 받아야 한다. 이 프로그램을 이수한 직원은 오렌지, 블루, 블랙 벨트(최고 레벨)를 획득하기 위한 교육에 참석할 수 있다. 각 벨트를 획득하기 위해서는 교육과정이 필요하며 직원들에게 더 많은 책임감과 전문성을 부여한다. 각 벨트를 획득한 직원은 더 많은 임금을 받게 되는데 지금까지 신입직원의 97%가 화이트 벨트 교육을 이수했으며, 40% 이상이 오렌지 벨트 교육의 첫 번째 부분을 완료했다. 육류 부서 직원들은 불량 부위로 인한 폐기물을 줄임으로써 연간 약 9만 3,000달러를 절약하였다.

### 린 사고와 프로세스 개선

품질관리 프로그램에서 훈련은 중요한 요소이다. 왜냐하면 직원들은 통계적 프로세스 관리에 대해 배우고, 린 사고를 하는 법도 배우기 때문이다. **린 사고**(Lean thinking)는 고객의 필요와 요구는 희생시키지 않으면서 보다 적은 노력, 시간, 장비, 공간을 가지고 보다 많은 일을 하는 방법이다. 린 사고는 직원들이 새로운 스킬을 익히고, 기존의 스킬을 새로운 제품에 응용함으로써 새로운 업무에 빨리 적응하고 고객의 주문을 효과적으로 처리하는 것을 말한다. 센추리링크(CenturyLink)는 주거, 기업, 정부 및 도매 고객에게 통신 및 데이터 서비스를 제공하는 통신기업이다. 센추리링크의 린 이니셔티브에는 비즈니스 프로세스에서 불필요한 단계를 식별하고 줄이기 위한 직원 교육이 포함된다. 교육에는 강의, 활동, 비즈니스 프로세스 매핑 분석, 낭비 감소에 초점을 맞춘 교차기능 프로젝트 개발이 포함되어 있다. 결과적으로 교차기능 프로젝트의 일부였던 프로세스를 완료하는 데 걸리는 시간이 45분 단축되어 비용을 절감하고 직원과 고객이 겪는 불편을 줄일 수 있었다.

고객만족도를 높이는 가장 중요한 방법 중 하나는 고객의 니즈를 충족하는 제품을 개발하거나 서비스를 제공하는 것 외에도 직원의 업무경험의 질을 개선하는 것이다. 연구에 따르면 만족도가 높은 직원은 고품질의 고객 서비스를 제공할 가능성이 높으며 고품질의 서비스를 받은 고객은 단골고객이 될 가능성이 높게 나타난다.

## 인구구성과 노동력의 다양성 인식과 활용

균형성과표에서 기업의 성과는 노동력의 특성에 따라 영향을 받는다. 현재 직원의 노동력을 흔히 **내부노동력**(internal labor force)이라고 한다. 고용주는 채용 및 선발을 통해 **외부노동시장**(external labor market)에서 새로운 직원을 발굴하고 선발한다. 외부노동시장에는 적극적으로 일자리를 구하는 사람들이 포함된다. 결과적으로 기업 내부노동력의 기술과 동기는 가용노동시장(외부노동시장)의 구성에 영향을 받는다. 기업 내부노동력의 기술과 동기는 교육 및 개발 관행의 필요성과 기업의 보상 및 보상시스템의 효율성을 결정한다.

고려해야 할 인력의 몇 가지 중요한 특성으로는 연령, 다양성, 이민의 영향을 받는 정도 등이 있다.

### 노동력의 고령화

〈그림 1.5〉는 2019년의 노동력의 연령 분포와 2029년의 예상 연령 분포를 비교한 것이다. 2019년 베이비붐 세대의 연령은 58세부터 71세이며, 2029년에는 이 연령대가 크게 증가할 것이다. 노동력은 계속 고령화될 것이다. 55세 이상 연령층은 2029년에 약 500만 명에서 4,300만 명으로 증가하여 2019년과 2029년 사이에 13% 증가할 것으로 예상된다. 2029년에는 모든 베이비붐 세대가 65세 이상이 되며 그 결과 베이비붐 세대의 상당수가 노동시장에서 은퇴하게 될 것이다. 그러나 많은 사람들이 과거보다 더 건강하고 더 오래 살게 되면서 더 오래 일할 수 있는 기회를 얻게 되었기 때문

**그림 1.5 2019년과 2029년의 노동력 연령분포의 비교**

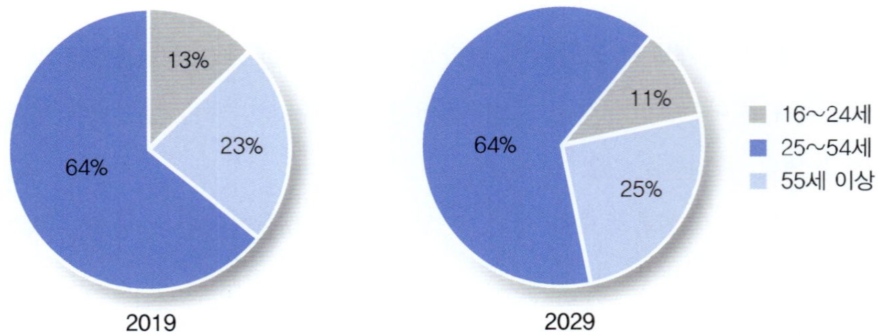


출처: U.S. Bureau of Labor Statistics, "Employment Projections, Civilian Labor Force, by Age, Sex, Race, and Ethnicity," https://www.bls.gov/emp/tables/civilian-labor-force-summary.htm, accessed February 13, 2021.

에 더 오래 일할 것이다. 또한 높은 의료보험비용과 의료 혜택의 감소로 인해 많은 직원이 고용주 기반 보험을 유지하기 위해 계속 일하거나 은퇴 후 직장에 복귀하여 고용주를 통한 의료보험에 가입하게 될 것이다. 또한 근속연수가 아닌 개인의 기여도에 따라 연금 플랜이 결정되는 추세는 고령의 직원이 계속 일할 수 있는 또 다른 동기를 제공할 것이다.

노동력의 고령화로 인해 기업들은 제2, 제3의 경력을 쌓으려는 고령자를 더 많이 고용할 가능성이 높다. 고령자들은 일하기를 원하며 많은 사람들이 일하는 은퇴를 계획하고 있다고 말한다. 대부분의 직종에서 직원의 업무성과와 학습능력은 고령화로 인해 부정적인 영향을 받지 않는다. 고령의 직원들은 새로운 기술을 배울 의지와 능력이 있다. 자격을 갖춘 고령의 직원이 은퇴 전환의 수단으로 시간제 또는 한 번에 몇 개월만 근무하는 것을 요청하는 것이 새로운 추세로 떠오르고 있다. 직원과 기업은 은퇴의 의미를 시간제 및 임시직 업무뿐만 아니라 제2의 경력을 포함하도록 재정의하고 있다. 인력의 고령화는 고용주가 경력 정체, 은퇴 계획, 기술 노후화를 피하기 위한 고령의 직원 재교육과 같은 인적자원관리 문제에 점점 더 많이 직면하게 된다는 것을 의미한다. 기업은 증가하는 복리후생 및 의료 비용을 어떻게 관리할지 고민하게 될 것이다. 기업은 고령의 직원과 경쟁하는 문제에 직면하게 된다. 기업은 채용, 교육, 인력 감축 결정에서 고령의 직원이 차별받지 않도록 해야 하며 동시에 기업은 은퇴를 장려하고 재정적으로나 심리적으로도 직원이 은퇴를 받아들일 수 있도록 해야 한다.

사무용 가구를 만드는 하먼밀러(Herman Miller)와 같은 많은 기업에서 고령의 직원의 요구를 수용하기 위해 특별 프로그램을 제공하고 있다. 하먼밀러는 전체 직원 8,000명 중 25% 이상이 55세 이상이다. 5년 이상 근무한 60세 이상의 모든 직원은 기업의 플렉스리타이어먼트(FlexRetirement) 프로그램에 참여할 수 있다. 이 프로그램을 통해 6개월에서 2년에 걸쳐 단계적으로 직장을 떠날 수 있으며 단계적 인력 감축을 시작하려는 직원은 팀장 및 인사담당자와의 회의에 참여하여 업무그룹에 미치는 영향에 대해 논의해야 한다. 직원은 어떤 직무를 유지하고 어떤 직무를 다른 직원에게 이양할지 파악하는 전환계획을 준비한다. 하먼밀러는 직무 공유, 재택근무, 시간제 근무, 다양한 기간의 무급휴가 등 퇴직자가 직장을 떠나는 데 도움이 될 수 있는 다른 기회도 제공하고 있다.

**노동력의 다세대화(Multigenerational Workforce)**

언론 보도에 따르면 5개의 세대가 직원을 대표하며, 각 세대는 다른 세대와 비슷하면서도 고유한 특성을 가지고 있다고 한다. 〈표 1.10〉은 각 세대를 대표하는 출생연도, 별명, 연령을 보여주고 있다. 각 세대를 특징짓기 위해 제안된 몇 가지 속성을 고려해 보자. 예를 들어, Z세대는 밀레니얼 세대보다 학습과 다른 사람과의 연결을 위해 휴대폰과 태블릿에 더 애착을 갖는 것으로 알려져 있다. 'Me(나)' 세대인 베이비붐 세대는 경쟁적이고 열심히 일하며 모든 직원의 공정한 대우에 관심이 많다는 특징이 있다.

연구결과가 세대 차이가 존재한다는 것을 뒷받침하지는 않는다는 점에 유의해야 한다. 즉, 세대 차이는 사실이라기보다는 허구에 가깝다. 같은 세대의 구성원은 같은 성별이나 인종의 구성원보다 더 비슷하지 않다. 또한 서로 다른 세대의 직원들은 차이점보다 유사점이 더 많을 가능성이 높다고 한다. 즉, 직원의 행동과 태도의 차이를

**표 1.10 노동력의 세대별 구분**

| 태어난 해 | 세대 | 연령 |
|---|---|---|
| 1925~45 | 전통주의자(Traditionalists), 침묵세대(Silent Generation) | 76 이상 |
| 1946~64 | 베이비부머(Baby Boomers) | 57~75 |
| 1965~80 | X세대 | 41~56 |
| 1981~95 | 밀레니얼(Millennials), Y세대, 에코부머(Echo Boomers) | 26~40 |
| 1996 | Z세대 | 25 이하 |

세대 차이로 돌리거나 한 세대의 모든 직원이 비슷한 가치, 관심사 또는 선호도(예: 어떤 교육방법을 사용하여 학습하기를 원하는지)를 가질 것으로 기대해서는 안 된다는 것이다.

### 성별, 인종, 국적이 혼합된 노동력

〈그림 1.6〉에서 볼 수 있듯이 2029년까지 미국의 노동인구는 백인 75%, 흑인 13%, 아시아계 및 기타 모든 인종 또는 문화 그룹(아메리칸 인디언, 알래스카 원주민, 하와이 원주민 및 기타 태평양 섬 주민 등 다양한 인종 출신이 포함됨)은 12%가 될 것으로 예상된다.

2019년부터 2029년까지 미국 노동력은 이민, 소수민족의 노동력 참여 증가, 특정 민족의 높은 출산율 등으로 인해 인종적, 민족적 다양성이 계속 증가할 것이다. 2019년부터 2029년까지 예상되는 연간 성장률은 히스패닉(2.2%)이 흑인 및 기타 모든 그룹보다 높다. 2029년까지 노동인구는 백인 75%, 흑인 13%, 아시아계 및 기타 모든 인종이 12%를 차지할 것으로 예상된다. 2029년에는 노동력의 21%가 히스패닉계로 구성될 것이며, 노동력의 52%는 남성이, 48%는 여성이 될 것이다.

### 이민의 역할

이민은 미국 인구와 노동력의 다양성에 기여한다. 미국에 거주하는 4천만 명 이상의 사람들이 다른 나라에서 태어났으며, 거의 같은 수의 사람들이 외국 태생의 부모를 가지고 있다. 미국에는 전 세계 어느 나라보다 많은 이민자가 살고 있다. 매년 백만

**그림 1.6** 2029년 미국 노동력

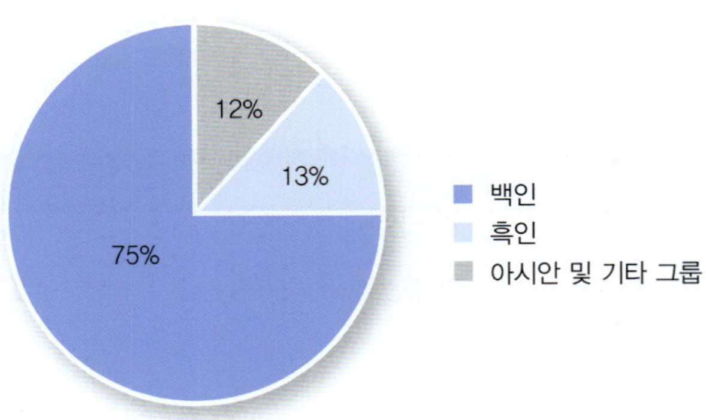


출처: K. Dubina, J. Kim, E. Rolen, & M. Rieley, "Projections Overview and Highlights, 2019-2029," *Monthly Labor Review*, U.S. Bureau of Labor Statistics, September 2020, https://doi.org/10.21916/mlr. 2020.21.

명 이상의 이민자가 미국으로 입국하며, 10명 중 6명은 미국 시민의 친척이다. 현재의 이민 추세가 계속된다고 가정할 때 이민자와 그 후손은 2065년까지 미국 인구 증가의 88%를 차지할 것으로 예상된다. 미국으로 들어오는 신규 이민자의 가장 큰 출신 국가는 중국이었으며 인도, 멕시코, 필리핀이 그 뒤를 잇고 있다. 미국 이민자의 거의 절반이 캘리포니아, 텍사스, 플로리다에 거주하고 있다.

이민자의 75% 이상이 합법적으로 미국에 체류하고 있다. 멕시코, 중국, 인도는 미국 어디에서나 거주하고 일할 수 있는 합법적인 영주권자 또는 '영주권(green card)' 취득자의 주요 출생국가이다. 이민자의 13%는 취업 관련 비자로 입국하며, 이 중 일부는 과학, 비즈니스 또는 예술 분야에서 뛰어난 자격을 갖춘 사람에게만 제공된다. 미국 정부는 제한된 수의 고학력 근로자에게 일정 기간 동안 미국에서 일할 수 있지만 이민자로 체류할 수 없는 임시 비자를 제공하고 있다.

2019년 미국 노동인구 중 이민자 수는 2,800만 명으로 전체 노동인구의 17% 정도이다. 첨단기술, 육류 포장, 건설, 농업, 서비스업 등 미국의 많은 산업은 육체노동이 필요하거나 임금이 낮아 미국인이 선호하지 않는 직업을 이민자에게 의존하고 있다. 그러나 고숙련 이민자의 비율이 저숙련 이민자의 비율을 초과하고 있다. 한 가지 이유는 미국 대학이 소프트웨어 개발 직책과 과학, 기술, 공학 및 수학(STEM) 기술이 필요한 직원에 대한 수요를 따라잡을 수 없기 때문이다. 엔지니어를 구하기 위해 기업들은 중국, 일본, 한국, 인도 등 해외로 눈을 돌려 엔지니어를 고용해야 한다. H-1B 비자 프로그램은 고등교육을 이수해야 하는 고도로 숙련되고 기술적인 직종에 종사하는 사람들을 위한 것이다. 신규 비자는 연간 65,000개로 제한되어 있으며, 이 중 20,000개는 미국 석사 학위를 소지한 직원을 위한 것이다. 정부, 대학 및 기타 비영리기관에서 근무하는 직원을 위한 H-1B에는 제한이 없다. 소프트웨어 개발과 같은 컴퓨터 관련 직종에 가장 많은 수의 H-1B 비자가 발급된다. H-1B 비자를 가장 많이 발급하는 기업으로는 인포시스(Infosys Limited), 딜로이트 컨설팅(Deloitte Consulting), 타타 컨설턴시(Tata Consultancy), IBM 등이 있다. 인도 기업인 타타 컨설턴시와 위프로(Wipro)가 가장 많은 H-1B 비자를 승인했다. 공급이 부족한 저숙련 임시직 또는 계절직 근로자(H-2A, H-2B)를 위한 비자 프로그램도 있다. 이들 이민자 중 다수는 미국 문화를 이해하도록 교육을 받아야 한다. 미국인 직원들도 다른 문화권의 직원들과 소통하는 능력을 향상시킬 수 있는 기술이 필요하다.

미국에서는 합법 이민과 불법 이민에 대한 논쟁이 계속되고 있다. 설문조사결과에 따르면 미국인 대다수는 이민자에 대해 긍정적인 견해를 가지고 있다. 미국인의 약 3분의 2는 이민자들이 직업윤리와 재능으로 인해 미국을 강화한다고 답했으며, 약 4분의 1은 이민자들이 일자리, 주택, 의료 서비스를 가져가 국가에 부담을 준다고 답하였다.

팬데믹과 트럼프 행정부의 정책으로 인해 취업비자 제한이 만료되었음에도 불구하고 미국 기업들은 일자리를 채우는 데 계속 어려움을 겪을 것으로 보인다. 팬데믹으로 인한 높은 실업률에도 불구하고 잠재적 직원들은 이민자들이 주로 맡는 저임금 및 계절적 일자리에 매력을 느끼지 못한다. 팬데믹 기간 동안 간신히 살아남은 기업들은 생산량을 줄이거나 근무시간을 단축하거나 일자리를 해외로 보내야 했다. 예를 들어, 소프트웨어 개발이나 정보기술 분야의 일자리는 일반적으로 H-1B 비자를 소지한 직원으로 채워지지만, 미국이 아닌 다른 국가의 직원으로 채워졌다. 정보기술 기업인 세븐태블릿(SevenTablets)의 CEO는 미국에서 일할 다른 국가의 소프트웨어 엔지니어를 고용하고 싶었지만 H-1B 비자를 구할 수 없었기 때문에 인도에 있는 기업에서 일할 엔지니어를 고용하였다. 인력 부족은 계절근로자에 의존하여 일자리를 채우는 리조트와 레스토랑에도 영향을 미치고 있다. 덕도넛(Duck Donuts)은 노스캐롤라이나의 아우터 뱅크스(Outer Banks)에 여러 개의 매장을 보유하고 있다. 고용주는 일반적으로 여름철 수요가 가장 많은 시기에 약 75명의 외국인 직원을 고용하여 매장에 배치한다. 하지만 외국인 직원을 몇 명밖에 고용할 수 없었는데 일손이 부족해 많은 매장에서 여름철 손님이 많음에도 불구하고 운영시간을 줄여야 했다. 버몬트주의 스키 리조트는 일반적으로 미국인과 외국인 직원을 모두 고용한다. 그러나 비자 부족으로 인하여 리조트는 직원이 부족하게 되었고 소매점, 숙박시설 및 레스토랑을 폐쇄하였다.

### 다양성, 형평성, 포용성 활용

조지 플로이드(George Floyd)의 사망, 미투(#MeToo), 흑인의 생명도 소중하다(Black Lives Matter) 운동, 아시아계 미국인, 다세대 인력에 대한 언어적, 물리적 공격, 팬데믹으로 인해 미국 기업에서 다양성, 형평성, 포용성 문제에 대한 관심이 더욱 높아졌다. 다양성, 형평성, 포용성이란 무엇을 의미하는가? **다양성**(diversity)은 한 사람을 다른 사람과 차별화하는 모든 차원으로 간주할 수 있다. 예를 들어, 버라이즌(Verizon)에서 다양성은 연령, 민족, 학력, 성적 취향, 업무 스타일, 인종, 성별 등을 포함한 차이와 다양성을 포용하는 것을 의미한다. **형평성**(equity)은 모든 직원에 대한 공정한 대우, 접근성, 기회의 평등, 승진을 의미하며, 동시에 일부 그룹의 완전한 참여를 방해하는 장벽을 파악하고 제거하기 위해 노력하는 것을 말한다. **포용성**(inclusion)이란 직원들이 소속감, 상호 존중, 타인에 대한 헌신을 공유하여 최고의 업무성과를 낼 수 있는 환경을 조성하는 것을 말한다. 포용성을 통해 기업은 직원의 다양성뿐만 아니라 고객, 공급업체, 커뮤니티 파트너의 다양성을 활용할 수 있다. 포용적인 환경에서 직원들은 자신의 정체성을 공유하고, 다른 사람의 불평등 경험을 이해하고 질문하는 것이 안전하다고 느낀다. 포용적인 기업의 리더는 불평등의 사례를 지적하고 그 영향을 설명하며 변화가 필요하다는 점을 강조한다. 또한 동료와 다른 직원 모두에게 포용적인 행동을 보여주고 인정한다. 결국 다양성, 형평성, 포용성은 기업이 경쟁우위를 확보하는 데 도움이 될 수 있다. 다양성 관행을 통해 기대할 수 있는 중요한 성과로는 기업에 대한 대외 이미지 개선, 재무수익 개선, 불만 및 소송 감소, 다양한 인력의 유지 및 채용 등이 있다.

TD 은행(TD Bank Group)은 다양한 직원들이 형평성과 포용성을 경험할 수 있도록 전폭적으로 투자하는 기업 중 하나이다. TD 은행은 의도하지 않은 편견의 위험을 최소화하기 위해 모든 인사 리더를 대상으로 포용적 리더십 교육을 실시하고 있다. 이 교육에서는 인사 리더가 자신의 포용적 행동과 개인적 편견, 편견이 다른 사람에게 미치는 영향, 모든 직원을 위한 포용적 환경을 조성하는 방법을 이해하는 데 중점을 둔다. 다양성과 포용성은 많은 학습 프로그램에서 강조된다. 예를 들어, 신입직원 온보딩(onboarding)에서 이 주제를 다룬다. 모든 직원은 효과적인 직원, 팀 리더, 기업 리더가 되는 방법에 대해 논의하는 TD의 D&I 과정을 필수로 수강해야 한다. TD 은행은 직원들이 괴롭힘이나 차별이 없는 업무 환경을 조성하고 유지하는 방법을 이해하는 데 도움이 되는 "존중하는 직장" 교육도 제공한다. 만약 괴롭힘, 차별 행동을 목격했을 때 직원이 취해야 할 조치(예: 관리자, 인사부 또는 기업 윤리 핫라인에 신고)에 대해서도 검토한다. 또한 신입직원을 채용하는 인사책임자를 위한 면접 교육에서는 포용적 채용을 실시하는 방법을 강조한다.

TD 은행은 교육 외에도 다양성과 포용성을 강화하기 위한 다른 관행도 시행하고 있다. 모든 인사 리더의 성과평가에 다양성 및 포용성 성과 목표가 포함되며, 참여도 설문조사에 다양성 및 포용성 관련 질문이 포함되고, 채용 투표에 다양한 후보자가 포함되도록 하며 리더십 잠재력이 있는 직원을 식별하는 데 사용되는 승계계획 회의에서 이를 고려하도록 점검하고 있다. TD 은행의 여성 리더십 네트워크는 여성 직원들이 서로 연결하고 격려하며 멘토링할 수 있는 기회를 제공한다. TD 은행은 모든 직원이 일과 삶의 균형을 이룰 수 있도록 유연한 근무 옵션을 제공한다. 레즈비언, 게이, 양성애자, 트랜스젠더, 성소수자(LGBTA) 리소스 그룹을 통해 직원들은 LGBTA 커뮤니티를 위한 인식 개선 및 교육, 채용, 멘토링, 커뮤니티 아웃리치(outreach) 활동에 참여할 수 있다. 장애가 있는 직원을 위해 TD 은행은 새로운 기술을 테스트하고 직원과 협력하여 직원들이 편의시설을 편안하게 이용할 수 있도록 한다. 또한 TD 은행은 퇴역 군인과 그 가족이 민간생활에 적응할 수 있도록 지원하는 직원지원 프로그램과 병역의무를 이행하는 직원을 위한 휴가 프로그램도 운영하고 있다.

결론적으로 기업이 경쟁우위를 확보하기 위해서는 다양한 인력의 역량을 활용해야 한다는 것이다. 이러한 관행은 직원의 요구를 충족할 뿐만 아니라 이직비용을 줄이고 고객에게 최상의 서비스를 제공하기 위해서도 필요하다. 이 책에서는 다양성이 인적자원 관행에 미치는 영향에 대해 중점적으로 다루고 있다. 예를 들어, 직원 채용의 관점에서 보면 직원 선발에 사용되는 테스트가 소수민족에 편향되지 않도록 하는 것이 중요하다. 업무설계의 관점에서 보면 직원들은 업무 외적인 필요를 충족할 수 있는 유연한 스케줄이 필요하다. 교육 측면에서는 모든 직원이 고정관념의 잠재적 폐해를 인식할 수 있도록 해야 한다. 보상 측면에서는 다양한 인력의 요구를 수용하기 위해 노인 케어(elder care) 및 데이 케어(day care)와 같은 새로운 혜택을 보상 시스템에 포함시켜야 한다.

## 법적 및 윤리적 이슈

### 법적 이슈

새 고용법과 현행 고용법 및 규정의 제정과 논쟁은 물론 이민자 고용과 관련된 법과 규정의 구체적인 시행에 대한 강조가 증가할 것으로 보인다. 연봉이 더 높은 직업이나 높은 관리직으로 승진하는 데 필요한 교육훈련과 개발 기회에 대한 접근성이 부족하기 때문에 성차별과 인종차별의 과제가 더 많을 것 같다. 특히 연방 계약자들 사이에서 참전용사와 장애인에 대한 차별을 없앨 가능성이 높다. 특히 미국 장애인법(Disabilities Act)에서 암, 당뇨병, 간질, 지적장애 등으로 장애에 대한 정의가 확대되었기 때문일 가능성이 높다.

미투 운동(#MeToo movement)으로 인해 직장 내 성폭행 및 괴롭힘에 대한 인식이 높아진 것은 앞으로도 계속될 것이다. '미투'는 2006년 개인적으로 성폭행을 경험하고 다른 여성 생존자들을 돕고자 했던 타라나 버크(Tarana Burke)가 처음 사용한 용어이다. 두려움과 수치심을 극복하고 사건에 대해 이야기한 용감한 여성들이 미투 운동에 박차를 가하는 데 기여했다. 미투 운동은 전 세계 수백만 명의 여성들이 소셜 미디어에 성폭행이나 성희롱 경험을 공개적으로 공유할 수 있는 기회를 제공했다. 오늘날 우리는 스포츠, 미디어, 엔터테인먼트, 비즈니스 분야의 유명 남성들이 연루된 사건으로 인해 남성과 여성 모두에 대한 성희롱과 폭력에 대한 인식이 높아졌다. 성희롱을 일삼는 개인을 보호하는 것에 항의하기 위해 일련의 파업을 벌인 구글 직원들과 같이 직원들은 변화가 필요하다고 주장하는 목소리가 점점 더 커지고 있다. 이에 따라 기업들은 직장 내 성희롱이나 폭행을 묵인하거나 어떤 식으로든 조장하고 있지는 않은지 정책과 관행을 재검토하고 있다. 또한 성희롱을 포함한 다양한 고용 관련 클레임에 대해 기업을 상대로 소송을 제기하는 것을 금지하는 중재 합의의 범위에 대해 직원들이 고용 시 자발적으로 서명하는 것에 대한 조사가 강화될 것으로 보인다.

조 바이든 대통령은 민주당이 주도하는 하원과 상원의 지원을 받아 보상 관행, 가족 및 의료휴가 정책, 직원 분류 방식, 외국인 근로자 제한에 변화를 가져올 수 있는 여러 가지 제안을 선호하고 있다. 예를 들어, 바이든은 연방 최저임금을 시간당 15달러로 인상하는 것을 지지한다. 또한 고용주가 남녀 간 임금격차의 이유를 입증하도록 요구하는 임금공정성법(Paycheck Fairness Act)을 지지한다. 바이든은 가족 및 의료보험 휴가법(Family and Medical Insurance Leave Act: FAMILY)과 같은 제안에 따라 유급 가족 및 의료 휴가를 지원하고 있다. 가족 및 의료보험 휴가법은 직원에게 최대 12주의 휴가에 대해 임금의 3분의 2(상한액에 따라)를 제공한다. 또한 직원들이 근무한 30시간당 1시간의 유급 병가를 연간 최대 7일까지 받을 수 있는 '건강가족법(Healthy Families Act)'도 지지한다. 바이든은 고용주가 직원들을 독립계약자로 잘못 분류하는 것을 더 어렵게 만드는 것을 지지하는데 소송은 캘리포니아에서 차량 공유 서비스인 우버(Uber)와 리프트(Lyft)를 상대로 제기되었다. 우버는 이 소송에서 승소하여 직원을 고용혜택 대상자로 재분류할 필요가 없게 되었으며 대신 일부 운전자에게 건강보험을 포함한 새로운 혜택을 제공하기로 결정하였다. 그러나 다른 주에서는 연방 법률과 소송이 제기될 가능성이 높다. 바이든은 H-1B 비자 취득을 어렵게 만들고, 비자를 취득한 직원에게 더 높은 임금을 지급하도록 한 트럼프의 정책을 변경할 가능성이 높다.

위키리크스(WikiLeaks)의 기밀문서 공개, 월스트리트 내부자 거래 조사, 직원 데이터 유출 사건으로 인해 기업들은 데이터 보안 관행을 더욱 면밀히 검토하고 있으며 지적재산 보호에 대한 우려가 커지고 있다. 예를 들어, 스프레드시트의 서식을 지정할 수 없었던 보잉(Boeing)의 한 직원은 배우자에게 도움을 요청하는 과정에서 36,000명의 직원 ID 번호, 회계 코드, 사회보장번호가 노출될 수 있는 보안 침해를 하였다. 실제로 유럽연합에서는 일반 데이터 보호 규정으로 인해 개인의 데이터를 취급하는 기업에게 데이터 보안 및 보호가 요구되고 있다. 미국에서도 주 정부 차원에서 유사한 유형의 규제와 법률이 고려될 가능성이 높다. 데이터 보안 및 개인정보 보호 문제는 지식근로자에 대한 전자 모니터링 및 감시 사용과 같은 성과관리와 관련된 인적자원 관행에 영향을 미칠 가능성이 높다. 기업이 데이터 보안 위반, 소셜 미디어를 이용한 고용 관행 논의, 개인적 이익을 위한 지적재산 공유 또는 도용을 이유로 직원을 해고하거나 징계조치를 취함에 따라 직원의 개인정보 보호권 및 지적재산권과 관련된 소송이 증가할 것으로 예상된다. 또한 기업이 웰빙 이니셔티브의 일환으로 직원들에게 음식과 음료, 심박수, 신체 활동을 추적할 수 있는 웨어러블(wearables, 예: Fitbits) 및 앱을 제공함에 따라 직원의 건강관리정보의 기밀성 및 보안에 관한 문제가 더욱 주목받게 될 것이다. 건강 프로그램(wellness program)의 일환으로 직원에게 웨어러블 기기를 제공하는 고용주는 개인정보보호법에 따라 직원 개개인의 건강 통계를 열람할 수 없다.

**그림 1.7 윤리적 기업들의 원칙**

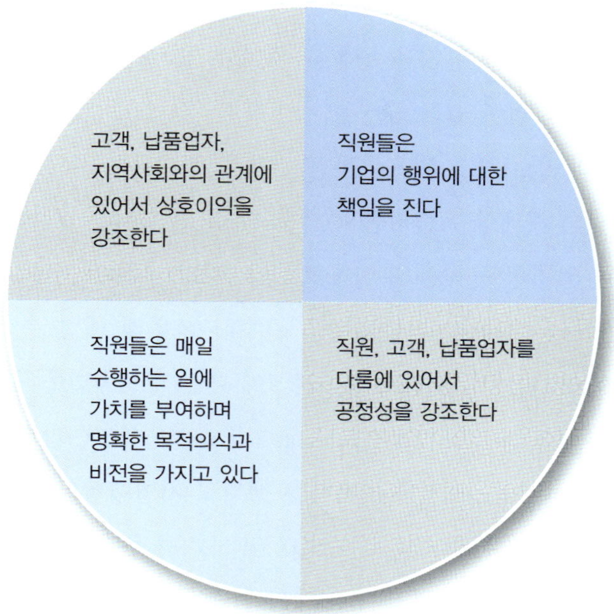


### 윤리적 이슈

에퀴팩스(Equifax, 데이터 유출 사실을 투자자와 고객에게 알리지 않음), 웰스파고(Wells Fargo, 직원이 가짜 신용카드 계정을 생성), 타카타(Takata, 결함이 있는 에어백 설치) 등 많은 기업들이 심각한 윤리적 위법행위를 저지른 바 있다. 인적자원관리와 관련된 많은 의사결정은 불확실성이 특징이다. **윤리**(ethics)는 직원과 기업이 상호작용하는 데 있어 옳고 그름에 대한 기본 원칙이라고 할 수 있다. 이러한 원칙은 비즈니스 의사결정을 내리고 의뢰인(clients) 및 고객(customers)과 상호작용할 때 고려해야 한다. 윤리적이며 성공적인 기업은 〈그림 1.7〉에 표시된 네 가지 원칙으로 특징지을 수 있다. 첫째, 고객, 공급업체, 의뢰인과의 관계에서 상호 이익을 강조한다. 둘째, 직원들은 기업의 행동에 대해 책임을 진다. 셋째, 기업은 직원들이 일상 업무에서 소중히 여기고 사용하는 목적의식 또는 비전을 가지고 있다. 마지막으로, 공정성을 강조한다. 즉, 다른 사람의 이익도 자신의 이익만큼 중요하게 생각한다. 인사 및 비즈니스 결정은 윤리적으로 이루어져야 하지만 항상 그렇지는 않다. 직원들을 대상으로 한 설문조사에 따르면 21%만이 자신이 윤리적 문화가 강한 기업에서 일하고 있다고 생각하는 것으로 나타났다. 이는 기업윤리에 대한 대중의 인식을 설명하는 데 도움이 된다. 32%는 기업 경영진의 정직성 및 윤리 기준이 낮거나, 또는 매우 낮다고 평가했다. 윤리는 법적으로 옳고 그름이 명확하지 않은 행동을 의미할 수 있다는 것을 유의하는 것이 중요하다. 규정 준수는 기업이 법적 규정을 위반하지 않는다는 것을 의미하는데 규정을 준수하는 기업이라 할지라도 비윤리적인 관행에 관여하는 직원이 있을 수 있다.

**2002년의 사베인-옥슬리법**(SOX: Sarbanes-Oxley Act of 2002: 미국기업개혁법)은 기업의 행위에 엄격한 규칙을 부여하고, 불이행에 대한 무거운 벌금과 구금 조항을 두고 있다. 기업들은 사베인-옥슬리법을 준수하기 위해 매년 수백만 달러를 지출하고 있다. 이 법은 기업지배와 회계상의 과실에 대한 형사처벌을 규정하고 있는데, 여기에는 증권거래위원회(Security and Exchange Commission: SEC)법의 위반을 고발하는 내부고발자들(whistle-blowers)에게 보복하는 행위도 처벌대상에 포함된다. 임원 보수 공개에 대해 더 엄격한 기준을 적용하는 SOX 및 SEC 규정으로 인해 기업 이사회는 임원 보수뿐만 아니라 리더십 개발 및 승계계획과 같은 문제에 더 많은 주의를 기울이고 있다. 따라서 데이터와 분석을 제공하기 위해 기업 이사회에서 활동하는 인적자원 임원 및 인적자원 전문성을 갖춘 개인의 수가 증가하고 있다. 예를 들어, 기업 재무상태를 허위로 진술한 CEO 또는 최고재무책임자(CFO)는 최대 100만 달러의 벌금 및/또는 최대 10년의 징역형에 처해질 수 있다. 고의적인 위반에 대한 벌금은 최대 5백만 달러 및/또는 20년의 징역형에 처해질 수 있다. SOX는 최고경영자(CEO)와 최고재무책임자(CFO)가 기업재무보고서를 인증하도록 요구하고, 임원 및 이사에 대한 개인대출을 금지하며, 연기금 블랙아웃 기간 동안 내부자 거래를 금지한다. '블랙아웃(blackout)'이란 기업이 기업 연금 플랜 참가자 또는 수혜자의 50% 이상이 연금 플랜에서 기업지분증권의 지분을 취득, 매각 또는 양도하는 것을 일시적으로 중단하는 영업일 연속 3일 이상의 기간을 말한다. 또한 이 법은 정부 조사와 관련된 모든 문서를 보관하도록 요구한다.

**사베인-옥슬리법**(SOX)에는 고용주와 직원 관계에 직접적인 영향을 미치는 여러 조항이 있다. 내부고발자는 불법행위에 대해 기업 또는 한 명 이상의 임원을 고발한 개인을 말한다. 법에서는 내부고발자 및 정부에 제보한 사람에 대한 보복을 금지한다. 또한 상장기업은 윤리강령이 있는지 여부를 공개해야 한다. 연방조달규정(Federal Acquisition Regulation)과 같은 다른 연방지침에서도 모든 기업이 행동강령을 채택하고, 직원들에게 행동강령을 교육하며, 윤리 및 비윤리적 행동을 감사하고 보고하는 효과적인 방법의 마련을 장려하기 위해 이를 요구하거나 인센티브를 제공한다. 즉, 기업은 인사담당자를 중심으로 윤리와 직업적 책임을 명확하게 정의하는 행동강령을 개발해야 한다는 것이다. 인사전문가는 다른 고위 관리자와 함께 윤리 감사, 윤리행동강령 개발, 윤리 위반에 대한 대응을 돕는 데 있어 일반적으로 핵심적인 역할을 담당한다. 즉, 비윤리적인 행동과 행위를 저지른 직원에 대한 징계 지침을 개발해야 한다는 것이다. 관리자와 직원은 비즈니스 프로세스와 절차를 올바르게 준수할 수 있도록 윤리정책에 대한 교육을 받아야 한다. 인적자원 전문가는 직원이 이러한 정책을 수령하고 법률 준수를 위한 교육에 참석했다는 사실을 문서화해야 한다. 차별 및 괴롭힘과 관련하여 보복에 대한 책임이 있을 수 있으므로, 정책에는 직원이 불만을 제기하거나 증인 역할을 했다는 이유로 보복을 당하지 않을 것이라는 보장이 포함되어야 한다. 또한 임원 보상 프로그램이 블랙아웃 기간 동안 개인 대출 및 연금 펀드 판매와 관련된 규정을 준수하는지 확인하기 위해 프로그램을 모니터링해야 한다.

인적자원관리에서 인공지능(AI)을 사용하는 윤리에 대한 몇 가지 이슈가 논의되기 시작했다. 그 중 한 가지 윤리적 문제는 장애, 인종, 성별, 성적 취향, 문화적 배경에 관계없이 모든 직원이 인공지능에 접근하고 이해할 수 있는지 여부이다. 인공지능에 사용되는 알고리즘은 편향되지 않고 모든 사람이 혜택을 누릴 수 있도록 다양한 직원 그룹의 의견을 수렴하여 개발해야 한다. 또 다른 중요한 윤리적 이슈는 데이터 보안과 투명성이다. 직원의 데이터는 권한이 부여된 사용자만 액세스할 수 있어야 하며 사이버 공격으로부터 보호되어야 한다. 또한 직원은 기업이 보유한 개인 훈련 데이터를 검토, 업데이트 및 편집할 수 있는 권한을 가져야 한다.

윤리적 업무 환경을 보장하기 위해 이턴(Eaton Corporation)이 사용하는 정책과 관행을 살펴보자. 이턴은 웹사이트에 윤리원칙을 명시하고 있다. 기업의 원칙에는 법률 준수, 기업을 대신하여 정치적 기부 금지, 이해상충 방지, 정직하게 행동하기, 자산 및 정보 보호, 인권 존중 등이 포함된다. 이턴의 직원들은 일상 업무에 윤리적 원칙을 적용하는 방법에 대한 정기적인 교육을 받는다. 기업 내 글로벌 윤리 및 규정 준수 부서는 이턴의 윤리와 가치가 전 세계에서 일관되게 비즈니스 관행에 통합될 수 있도록 설계된 윤리교육 프로그램과 커뮤니케이션을 제공한다. 이턴은 직원들이 질문, 우려 사항 제기 또는 의심스러운 행동이나 비즈니스 관행을 신고하는 데 사용할 수 있는 리소스인 헬프라인(Help Line)을 제공하며 헬프라인은 이턴이 사업을 영위하는 모든 언어와 국가에서 이용가능하고 접근도 가능하다.

인사관리자는 윤리적 업무처리를 위해 세 가지 기본 기준을 충족해야 한다. 첫째, 인적자원관리 관행은 최대 다수의 사람들에게 최대 이익을 가져다주어야 한다. 둘째, 고용 관행은 개인정보 보호, 적법한 절차, 동의, 언론의 자유 등 기본적인 인권을 존중해야 한다. 셋째, 관리자는 직원과 고객을 공평하고 공정하게 대우해야 한다.

## 글로벌 도전

모든 기업은 글로벌 경제에 대처할 준비가 되어 있어야 한다. 기업들은 생존을 위해 국제 시장에서 경쟁해야 할 뿐만 아니라 미국 내 입지를 확보하려는 외국 기업에 맞서야 한다는 사실을 깨닫고 있다. 이러한 과제를 해결하기 위해 미국 기업들은 글로벌 시장을 개척하고, 글로벌 경쟁력을 개선하기 위해 관행을 활용하며, 직원들이 글로벌 업무에 더 잘 대비할 수 있도록 준비시켜야 한다.

글로벌화는 경제의 특정 부문, 제품 시장 또는 기업 규모에 국한되지 않는다. 해외에서 사업을 운영하지 않는 기업도 해외에서 생산된 제품을 구매하거나 사용하거나, 다양한 배경을 가진 직원을 고용하거나, 미국 내에서 운영되는 외국계 기업과 경쟁할 수 있다.

전 세계의 기업들은 종종 인수합병을 통해 글로벌 입지를 강화함으로써 경쟁력과 가치를 높이려고 한다.

### 세계시장 진출

많은 기업이 해외로 제품을 수출하고, 다른 국가에 제조시설이나 서비스 센터를 건설하고, 다른 기업과 제휴를 맺고, 전자상거래에 참여함으로써 해외시장에 진출하고 있다. 한 추정에 따르면 BRIC 국가(브라질, 러시아, 인도, 중국)와 같은 개발도상국 및 신흥 시장이 전 세계 무역의 18%를 담당하고 있다고 한다. 인도네시아, 말레이시아, 한국, 나이지리아, 폴란드 등 중산층이 증가하고 인프라가 탄탄하며 기업 친화적인 규제와 안정적인 정부를 갖춘 국가들이 새로운 신흥시장으로 떠오를 가능성이 높다. 팬데믹으로 인해 글로벌 무역과 투자가 둔화되고, '바이 아메리칸' 또는 '메이드 인 인디아' 등 전 세계적으로 국수주의 정책이 증가하며, 기술 구매 및 판매로 인한 국가 안보 위협에 대한 우려, 필수 제품 및 자원에 대한 각국의 대외 의존도가 높아졌다는 점은 유의해야 한다. 세계화는 사라지지 않을 것이다. 하지만 앞으로의 세계화 속도는 세계가 팬데믹을 얼마나 빨리 해결할 수 있는지, 그리고 세계 각국이 제정하는 무역 정책과 관행의 유형에 따라 달라질 가능성은 높다.

글로벌화의 중요성은 최근 미국 다국적기업들이 중국에 투자한 사례에서 확인할 수 있다. 중국의 발전된 인프라와 거대한 소비시장은 많은 기업에게 필수적인 시장이다. GM은 현재 미국보다 중국에서 더 많은 자동차를 판매하고 있으며, 2019년에는 중국에서 약 3백만 달러의 매출을 달성하여 69% 이상 증가하였다. 중국의 전기자동차에 대한 광범위한 수요와 중국 정부의 매력적인 인센티브 덕분에 테슬라(Tesla)는 상하이 공장을 확장하기로 결정하고 막대한 이익을 실현했다. KFC, 피자헛(Pizza Hut), 타코벨(Taco Bell restaurants)을 포함한 얌(Yum) 브랜드는 중국 최대의 패스트푸드 기업이다. 얌은 중국에 84,000개 이상의 레스토랑을 보유하고 있으며 하루에 약 2개의 매장을 새로 오픈하고 있다. 1억 8천만 명의 중국인이 KFC 및 피자헛 고객 로열티 프로그램에 가입되어 있다! 중국 내 메뉴는 현지인의 입맛을 기반으로 한다. 예를 들어, KFC에서는 프라이드 치킨을 한 조각씩 판매하므로 라이스 롤, 에그 타르트, 연꽃 수프를 포함한 식사의 일부가 될 수 있다. 피자헛에서는 피자에 북경오리를 추가할 수 있는 옵션이 있다. 얌은 고객 선호도를 더 잘 이해하고 중국 시장을 위한 새로운 제품을 개발하기 위해 상하이에 혁신 센터를 열었다. 현재 중국은 스타벅스(Starbucks)의 전 세계에서 두 번째로 크고 가장 빠르게 성장하는 시장으로, 중국 본토 177개 도시에 4,200개 이상의 매장을 운영하며 57,000명 이상의 직원을 고용하고 있다. 코로나19로 인한 중국의 경제적 타격에도 불구하고 스타벅스는 위기 기간 동안 중국 직원들에게 임금을 계속 지급하고, 정신 건강 및 병가 혜택, 육아 지원 등을 제공했다.

팬데믹에서 배운 교훈 중 하나는 중국에 대한 과도한 의존은 위험하다는 것이다. 코로나 바이러스가 발견된 후 중국에 있는 모든 공장이 문을 닫아야 했다. 현대(Hyundai), 피아트 크라이슬러(Fiat Chrysler) 등 일부 기업도 중국에서 필수 부품을 조달하지 못해 중국 외 지역에서 생산을 중단할 수밖에 없었다. 코로나19가 서구 세계의 중국에 대한 과도한 의존을 폭로한 것이다. 그런데 일자리와 공장을 미국으로 이전하는 것은 막대한 비용이 따른다. 더 높은 인건비, 건강 및 교육비용; 그리고 더 복잡한 정부규제. 그러나 대부분의 미국 기업은 중국 시장을 위해 중국에서 제품을 생산한다. 중국에서 제조업이 일부 이전되고 있지만 주로 동남아시아와 인도로 이전되며 미국으로는 돌아오지는 않는다.

글로벌 기업은 특히 신흥시장에서 유능한 직원을 찾고 유지하는 데 어려움을 겪고 있다. 인재에 대한 수요가 공급을 초과하기 때문이다. 글로벌 기업에서는 성공적인 미국 관리자를 해외사업 담당으로 배치하는 경우가 많지만 이들 관리자는 유능한 직원을 유치하고 동기를 부여하며 유지하는 데 필요한 문화적 이해가 부족하다. 이런 문제에 대처하기 위해 기업에서는 관리자와 가족이 해외근무에 대비할 수 있도록 더 잘 준비하고 글로벌 직원에게 교육 및 개발 기회를 제공하고 있다. 다문화교육은 직원과 그 가족이 파견되는 국가의 문화와 규범을 이해하고 파견 후 본국으로 돌아갈 수 있도록 준비시킨다. 다문화교육은 제6장에서 논의된다. 예를 들어, 맥도날드는 최소 100개국에 39,000개 이상의 매장을 두고 있다. 성공적인 글로벌 확장에 필요한 매장 운영, 리더십 및 직원관리 기술에 대한 미래 관리자를 교육하기 위해 맥도날드는 일리노이주 오크브룩 캠퍼스를 포함하여 미국과 해외에 7개의 햄버거 대학(Hamberg University)을 두고 있다(시드니, 뮌헨, 런던, 도쿄, 상파울루, 상하이). 각 대학 모두는 다양한 언어와 문화로 된 교육 자료와 도구를 제공한다.

### 오프쇼어링과 리쇼어링

**오프쇼어링**(offshoring)은 미국과 같은 선진국에서 인건비 및 기타 비용이 저렴한 다른 국가로 일자리를 수출하는 것을 말한다. 아르헨티나, 폴란드, 베트남, 우크라이나, 멕시코, 필리핀, 중국 등이 오프쇼어링의 대상 국가 중 일부이다. **리쇼어링**(reshoring) 또는 미국으로의 일자리 복귀가 점점 더 보편화되고 있다. 해외로 이전할지 국내로 이전할지는 인건비 및 운송비, 숙련된 인력의 가용성, 자연재해 및 정치적 불안정으로 인한 공급망 중단 가능성 등 여러 가지 요인을 고려하여 복잡하게 결정해야 한다. 또한 품질 문제, 안전, 건강 및 근무조건에 대한 현지 표준, 수입 제품에 부과되는 관세, 미국산 제품에 대한 고객 선호도도 고려해야 한다.

예를 들어, 나이키(Nike)는 자체 제조공장을 보유하지 않고 필리핀, 베트남, 중국, 인도네시아, 대만의 협력업체에 아웃소싱을 맡긴다. 전 세계적으로 50만 명의 직원이 나이키 신발 생산에 참여하고 있다. 나이키의 직원들은 각 공장에서 엄격한 품질검사를 실시하며, 이 과정에서 나이키는 비용절감을 실현하고 있다. 전자제품 기업인 젠테크(Zentech)는 중국의 생활비와 임금이 상승하고 있다는 사실을 알아차리기 시작했다. 또한 대부분의 기업이 다른 국가에서 제조할 때 감수해야 하는 위험인 값싼 모조품도 공급받기 시작했다. 이 두 가지 요인으로 인해 더 이상 제품 제조 및 유통 지역에 큰 차이를 두는 것은 의미가 없어졌다. 따라서 젠테크는 모든 제조공장을 메릴랜드주 볼티모어로 이전함으로써 일자리를 늘리고 더 높은 품질의 제품을 생산할 수 있었다.

## 기술을 통한 경쟁

기술은 우리가 게임을 하고, 소통하고, 제품과 서비스를 구매하고, 삶을 계획하고, 일하는 방식을 형성한다. 미국에서는 2019년 성인의 94%가 인터넷에 접속하고 있다고 응답한 것으로 추정되며 전 세계적으로는 56%로 떨어진다. 선진국에서는 100명당 컴퓨터 보유 가구 수가 개발도상국에 비해 두 배나 많다. 설문조사결과에 따르면 팬데믹 기간 동안 우리는 기술을 사용하여 과거 직접 대면하던 방식으로 참여하고 소통하였다. 예를 들어, 가상 파티나 사교 모임에 참석하고(32%), 온라인으로 음식을 주문하고(32%), 연극이나 콘서트를 관람하고(20%), 온라인 피트니스 수업에 참여했다(18%).

인공지능과 로봇공학은 우리의 생활과 업무방식을 변화시키고 있다. 인공지능은 애플의 시리(Siri), 아마존의 알렉사(Alexa)와 같은 개인 비서를 통해 구매, 좋아하는 음악 재생, 주방 조명 켜기 등의 명령을 내릴 수 있게 되었다.

### 소셜네트워킹, 인공지능(AI), 로봇공학의 시사점 고려

기술비용절감과 함께 정교한 기술의 발전은 인적자원관리의 많은 측면을 변화시키고 있다. 특히 기업들은 소셜네트워크, 인공지능, 로봇공학 등을 활용하거나 고려하고 있다.

#### 소셜네트워킹

전자 및 통신 소프트웨어의 기술적 발전은 개인휴대단말기(PDA), 아이패드, 아이팟 등의 모바일 기술을 가능하게 했으며, 소셜네트워킹의 향상된 기능을 개발하여 인터넷을 향상시켰다.

**소셜네트워킹**(social networking)은 페이스북, 트위터, 링크드인(LinkedIn), 위키스(wikis)와 블로그 같은 웹사이트를 통해 일상적인 공유 관심사를 중심으로 사람들 사이의 상호작용을 촉진하는 것을 말한다. 일반적으로 소셜네트워킹은 커뮤니케이션, 분권화된 의사결정, 협업을 촉진한다. 소셜네트워킹은 고객과 소통하는 데 유용할 수 있다. 또한 바쁜 직원들이 지식과 아이디어를 공유하고 매일 대면할 시간이 많지 않은 동료 및 관리자로부터 피드백, 인정, 멘토링, 코칭을 받는 데에도 유용하다. 또한 기업은 소셜네트워킹을 사용하여 잠재적인 입사지원자를 파악하고 이들과 연결할 수 있다.

소셜네트워킹의 잠재적인 장점에도 불구하고 많은 기업이 소셜네트워킹을 도입해야 할지 확신을 갖지 못하고 있다. 소셜네트워킹으로 인해 직원들이 시간을 낭비하거나 동료를 불쾌하게 하고 괴롭힐까봐 우려하기 때문이다. 다른 기업들은 인사업무에 소셜네트워킹을 사용하고 직원들이 직장에서 소셜네트워크에 액세스할 수 있도록 허용함으로써 얻을 수 있는 이점이 위험보다 크다고 생각한다. 이들은 직원들이 소셜네트워킹을 생산적으로 사용할 것이라고 믿으며, 개인적 사용에 대한 정책을 개발하고 직원들에게 개인정보 보호 설정 및 소셜네트워크 에티켓에 대한 교육을 실시하는 데 적극적이다. 또한 직원들이 트위터, 페이스북, 링크드인 계정을 확인할 가능성이 높지만 업무 수행에 방해가 되지 않는 한 이를 무시한다는 사실을 알고 있다. 어떤 면에서 소셜네트워킹은 책상에 앉아 공상에 잠기거나 휴게실에 가서 동료들과 사교하는 것을 대신하는 전자적 수단이 되었다.

### 인공지능과 로봇공학

**인공지능**(artificial intelligence: AI)은 인간의 사고를 시뮬레이션하는 기술이다. 시간이 지남에 따라 데이터를 학습할 수 있는 쿼리(queries)를 통해 작동하여 향후 검색 및 제안에 영향을 미치는 트렌드와 패턴을 식별할 수 있다. 인공지능과 로봇공학의 발전으로 인해 향후 10년 동안 직원이 수행하던 업무는 자동화를 통해 이루어지는 경우가 빠르게 증가할 것으로 예상된다. 한 설문조사에 따르면 현재 로봇과 인공지능이 업무의 12%를 수행하고 있지만, 응답자들은 향후 3년 내에 22%까지 증가할 것이라고 답했다! 오늘날 60% 이상의 기업은 자동화를 업무의 완수에 사용하는 것이 아니라 실수와 오류를 방지하고 자동화할 수 있는 작업을 자동화함으로써 직원들이 더 중요한 고

**표 1.11 자동화가 업무에 미치는 잠재적 영향**

| |
|---|
| 현재 10개 직업 중 6개 직업은 기술을 사용하여 자동화할 수 있는 업무활동이 30% 이상이다. |
| 2030년까지 전 세계 노동력의 15%, 즉 4억 명 이상의 근로자가 자동화의 도입으로 인해 일자리를 잃을 수 있다. 노동력의 3%(7,500만 명)는 직업을 바꿔야 할 것이다. |
| 2030년까지 미국과 독일 노동력의 최대 3분의 1, 일본 노동력의 약 50%가 새로운 기술을 배우고 새로운 직종에서 일자리를 찾아야 할 것으로 예상된다. 2030년까지 전 세계적으로 4억 개의 일자리가 자동화될 수 있다. 그러나 생산성 향상과 소비자 수요로 인해 8억 9천만 개의 새로운 일자리가 창출될 것으로 예상된다. |

출처: Based on M. Totty, "The Worlds That AI Might Create," *The Wall Street Journal*, October 14, 2019, pp.R1–R3; J. Manyika, S. Lund, M. Chui, J. Bughin, J. Woetzel, P. Batra, R. Ko, and S. Sanghvi, "Jobs Lost, Jobs Gained: Workforce Transitions in a Time of Automation," McKinsey Global Institute, December 2017, www.mckinsey.com, accessed April 12, 2018.

부가가치 업무에 시간을 할애할 수 있도록 지원하는 데 사용하고 있다. 〈표 1.11〉은 자동화가 업무에 영향을 미칠 수 있는 몇 가지 방법을 강조한다.

인공지능과 로봇의 사용은 여러 가지 방식으로 일자리에 영향을 미칠 수 있다. 예를 들어, 벽돌쌓기 계약업체는 벽돌공을 충분히 구할 수 없다. 하지만 반자동 벽돌공(semi-automated mason: SAM)은 인간 벽돌공의 작업 중 일부(전부는 아니지만)를 수행할 수 있다. SAM은 도면을 읽거나 모서리나 곡선에 벽돌을 쌓을 수 없으며, 다른 작업자가 모르타르와 벽돌을 싣고 다시 채우며 쌓은 벽돌의 이음새를 청소해야 한다. SAM은 벽돌공의 부족을 완화하는 데 도움이 되지만 한 대당 40만 달러의 비용이 든다.

로봇이 일자리에 영향을 미칠 수 있는 또 다른 방법은 직원이 이전에 완료했던 일부 업무를 로봇이 수행하는 것이다. 여기에는 로봇이 인간과 동등하거나 더 정밀하고 일관되게 수행할 수 있는 작업(예: 일부 형태의 수술), 인간에게 잠재적으로 해로울 수 있는 작업(예: 페인팅 및 용접 로봇), 단순하고 반복적인 작업 등이 포함될 수 있으며, 이를 통해 직원들은 더 가치 있는 작업에 더 많은 시간을 할애할 수 있게 된다. 로봇['코봇(cobots)'이라고도 함]은 인간과 협업하여 작업할 수도 있다. 예를 들어, 비헥스(BeeHex)는 쿠키나 케이크를 장식할 수 있는 3D 푸드 프린터를 만들고 있다. 제빵사가 수십 개의 쿠키에 같은 방식으로 아이싱을 하는 대신 새로운 맛의 쿠키를 개발하는 데 시간과 에너지를 쏟을 수 있다는 뜻이다. 사우스캐롤라이나에 있는 메르세데스 벤츠(Mercedes-Benz) 자동차 공장에서는 로봇 팔이 사람의 팔다리처럼 작동하여 무거운 부품을 집어 올려놓는다. 인간은 로봇이 예상대로 작동하는지 모니터링하고, 필요한 유지보수를 제공하며, 재프로그래밍을 통해 로봇의 기술을 개선해야 한다.

마지막으로 로봇으로 인해 일부 일자리가 사라질 수 있다. 장비 및 기계 작동, 음식 준비와 같이 예측가능한 환경에서 신체활동을 수반하는 업무는 자동화될 가능성이 높다. 또한 은행, 금융, 회계, 법률 업무에서 발생하는 데이터를 수집하고 처리하는 업무(예: 모기지 준비, 세금 계산)는 자동화를 통해 더욱 효율적, 효과적 수행이 가능하다. 팬데믹으로 인해 온라인 식료품 쇼핑과 픽업 및 배달의 인기가 어떻게 높아졌는지 생각해보자. 소비자들이 온라인 식료품 쇼핑의 편리함을 깨닫게 되면서 팬데믹이 끝난 후에도 온라인 식료품 쇼핑의 인기는 계속될 것으로 예상된다. 소비자 수요를 충족하기 위해 알버츤(Albertsons)과 다른 여러 식료품점에서는 로봇을 사용하여 온라인 식료품 주문을 처리하고 있다. 자동화 시스템은 식료품점 뒤쪽에 설치된 일련의 운송용 박스, 레일 및 컨베이어로 구성된다. 온라인 주문이 들어오면 로봇이 각 품목을 배송 또는 픽업할 수 있도록 포장하여 사람에게 전달한다. 로봇을 사용하면 모든 사람이 작업할 때보다 더 빠르게 주문을 처리하고 픽업 또는 배송을 준비할 수 있다.

그러나 업무활동을 예측할 수 없고, 다른 사람을 관리하고 창의력을 발휘하여 전문지식을 적용해야 하며, 배관공, 보육사, 예술가, 공연가, 건축가, 엔지니어, 과학자처럼 사회적 상호작용이 필요한 직업 등 자동화가 인간의 성과를 대체할 수 없는 몇 가지 활동은 존재한다. 인공지능은 데이터 과학, 로봇공학, 사이버 보안 전문가, 머신러닝 알고리즘 교육 분야에서 새로운 일자리를 창출하고 있으며 앞으로도 계속 증가할 것으로 예상된다.

인공지능과 로봇공학을 이용한 자동화는 인적자원 업무에도 영향을 미치고 있다. 인적자원 부서의 약 3분의 1이 새로운 기술 요구사항을 파악하고 이에 맞는 인재를 매칭하여 자동화 증가에 대비하기 위해 활동을 수행하기 시작했다. 25%는 향후 기술 격차를 파악할 계획이라고 답했다. 그러나 38%는 자동화의 영향을 받는 직원의 재교육 방법을 파악할 준비가 되어 있지 않다고 답했다.

## 고성과작업시스템과 가상팀

인공지능, 로봇 및 기타 기술을 사용하여 업무를 자동화하면 고성과작업시스템을 구축할 수 있다. **고성과작업시스템**(high-performance work systems)은 기업의 사회 시스템(직원)과 기술 시스템 간의 적합성을 극대화한다. 예를 들어, 컴퓨터 통합 제조는 로봇과 컴퓨터를 사용하여 공정을 자동화한다. 컴퓨터를 재프로그래밍하는 것만으로 다양한 제품을 생산할 수 있다. 그 결과 작업자, 자재 취급자, 운영자/조립자, 유지보수 업무가 한 직종으로 통합될 수 있다. 컴퓨터 통합 제조를 위해서는 직원이 장비를 모니터링하고 정교한 장비의 문제를 해결하고 다른 직원과 정보를 공유하며 제조공정의 모든 구성요소 간의 관계를 이해해야 한다.

고성과작업시스템을 지원하는 인적자원관리 관행은 〈표 1.12〉에 나와 있다. 여기에는 직원 선발, 업무설계, 교육, 보상, 성과관리 등의 인적자원관리 관행이 포함된다. 이러한 관행은 직원에게 기술, 인센티브, 지식, 자율성을 부여하기 위한 것이다. 연구에 따르면 고성과작업 관행은 일반적으로 생산성 향상 및 장기적인 재무성과와 관련이 있다고 한다. 또한 연구결과에 따르면 임금체계나 선발 시스템과 같이 한두 가지 관행에 초점을 맞추기보다는 인적자원관리 관행을 전체적으로 개선하는 것이 더 효과적이라고 한다. 최고의 인적자원관리 시스템이 있을 수 있지만, 기업성과에 긍정적인 영향을 미치려면 기업에서 어떤 일을 하든 관행들이 서로 일치하고 시스템과 일관성을 유지해야 한다. 이러한 조율에 대해서는 제2장과 제13장에서 더 자세히 설명할 예정이다.

직원은 종종 팀원을 고용하고 해고할 책임이 있으며 수익에 영향을 미치는 결정을 내릴 수 있다. 따라서 직원들은 직원 선발, 품질 및 고객 서비스 원칙에 대한 교육을 받아야 한다. 직원들은 재무 데이터를 이해하여 자신의 성과와 기업 성과 간의 연관성을 파악할 수 있어야 한다.

고성과작업시스템에서는 관리자와 직원, 직원과 고객, 직원과 공급업체, 기업 내 다양한 기능 사이에 설정된 경계가 사라진다. 직원, 관리자, 고객, 공급업체가 함께 협력하여 서비스 및 제품 품질을 개선하고 새로운 제품과 서비스를 창출한다. 라인(line) 직원은 다양한 직무에 대한 교육을 받고 공급업체 및 고객과 직접 소통하며 엔지니어, 품질 전문가 및 다른 부서의 직원과 자주 교류한다.

존슨컨트롤즈(Johnson Controls)의 고성과작업시스템을 살펴보자. 존슨컨트롤즈는 모든 종류의 건물에 냉난방, 습도 제어, 환기, 보안을 제공하는 제품과 관련 기술 및

표 1.12 어떻게 인적자원관리 관행이 고성과작업시스템을 지원하는가

| | |
|---|---|
| 채용 | • 직원들이 신입직원 선발에 참여함(예컨대 동료 인터뷰) |
| 직무설계 | • 직원들은 그들의 작업이 어떻게 최종 제품과 서비스에 기여하는지를 이해<br>• 직원들이 장비, 배치, 작업방법의 변경을 계획하는 데 참여<br>• 작업을 팀으로 조직화<br>• 기술을 개발하기 위한 직무순환<br>• 유연성과 직원 간의 상호작용을 촉진하기 위한 장비 및 작업 프로세스의 구조화와 기술의 사용<br>• 직원들의 다양한 스킬 사용을 가능하게 하는 직무설계<br>• 분권화된 의사결정, 지위격차 축소, 정보공유<br>• 안전성의 개선 |
| 훈련 | • 지속적인 훈련을 강조하고 보상<br>• 재무와 품질관리방법의 교육훈련 실시 |
| 보상 | • 팀 기반의 성과 보상<br>• 보상의 일부는 기업이나 사업부의 재무성과에 연계 |
| 성과관리 | • 직원들은 성과 피드백을 받고 적극적으로 성과개선 프로세스에 참가 |

출처: Based on K. Birdi, C. Clegy, M. Patterson, A. Robinson, C. Stride, T. Wall, and S. Wood, "The Impact of Human Resource and Operational Management Practices on Company Productivity: A Longitudinal Study," *Personnel Psychology* 61(2008), pp.467–501; A. Zacharatos, J. Barling, and R. Iverson, "High Performance Work Systems and Occupational Safety," *Journal of Applied Psychology* 90(2005), pp.77–93; S. Way, "High Performance Work Systems and Intermediate Indicators of Performance within the U.S. Small Business Sector," *Journal of Management* 28(2002), pp.765–785; M. A. Huselid, "The Impact of Human Resource Management Practices on Turnover, Productivity, and Corporate Financial Performance," *Academy of Management Journal* 38(1995), pp.635–672.

서비스를 판매한다. 고객의 에너지 소비와 비용 관리에 대한 요구를 충족시키기 위해 105,000명의 직원은 끊임없이 혁신하고 품질을 개선해야 한다. 제조 분야의 팀워크는 존슨컨트롤즈의 성공 비결이다.

오클라호마주 노먼에 위치한 시설에서 700명의 직원이 난방, 환기, 공조(HVAC) 장비를 생산하고 있다. 이들은 20명으로 구성된 고성과 팀에 배정된다. 기업은 제조 실행 시스템을 비롯한 정보기술을 제공하여 각 팀에게 재고에서 필요한 투입물 및 생산 중인 장비의 일정 대비 진행 상황에 대한 최신 데이터를 제공한다. 작업자는 스캐너를 사용하여 부품의 이동을 추적하고 다음에 생산할 품목에 대한 정보를 얻는다. 팀은 일주일에 한 번씩 회의를 열어 파악한 문제를 평가하고 해결한다. 예를 들어, 한 팀에서 제품의 코일이 손상되는 것을 발견하자 생산공정을 조사하여 패널의 나사를 제거하고 교체하는 문제를 추적하였다. 이 팀은 이전 제조공정의 작업자에게 나사를 느슨하게 해달라고 요청하여 결국 수천 달러를 절약할 수 있는 간단한 해결책을 찾아냈다. 고성과 팀은 안전 문제도 해결한다. 이 기업은 노먼 공장의 지속적인 개선 프로세스를

통해 생산성 25% 향상, 5백만 달러의 비용절감, 무사고, 제품 결함 감소를 달성했다.

기술은 기업 내에서 제품을 제작하거나 서비스를 제공하는 방식을 변화시켰을 뿐만 아니라, 기업이 하나 이상의 다른 기업과 파트너십을 맺을 수 있게 해주었다. **가상팀**(virtual team)은 시간, 지리적 거리, 문화 및/또는 조직 경계가 분리되어 있으며 전적으로 기술(이메일, 인터넷, 화상회의)에 의존하여 상호작용하고 프로젝트를 수행하는 팀을 말한다. 가상팀은 국내 또는 전 세계에 시설이 흩어져 있는 기업 내에서도 구성할 수 있다. 또한 기업은 공급업체 또는 경쟁사와의 파트너십을 통해 가상팀을 사용하여 프로젝트를 완료하거나 시장에 제품을 빠르게 출시하는 데 필요한 인재를 모을 수도 있다. 예를 들어, 아트앤로직(Art & Logic) 소프트웨어 개발자는 모두 미국과 캐나다 전역의 홈 오피스, 임대 사무실 공간 또는 코워킹(co-working) 시설에서 원격으로 근무한다. 이 기업의 고객은 교육, 항공우주, 음악 기술, 가전제품, 엔터테인먼트, 금융 서비스 등 다양한 산업 분야를 대표한다. 프로젝트 팀은 다른 기업의 개발자들이 해결하지 못한 가장 특이하고 어려운 문제를 해결한다. 아트앤로직은 개발자의 고유한 일정과 업무 스타일에 맞춰 업무를 진행하지만, 프로젝트 팀 내에서는 협업이 활발하게 이루어진다. 모든 프로젝트는 최소 한 명의 프로젝트 관리자/개발자로 구성되며 최대 5~7명의 개발자가 참여한다. 팀은 문서 공유 및 커뮤니케이션(팀 내 및 고객과의 커뮤니케이션)을 위해 비즈니스용 구글 앱을 사용한다.

### HRIS, 모바일 기기, 클라우드 컴퓨팅 및 HR 대시보드 사용

기업들은 인적자원정보시스템을 사용하여 개인정보, 교육 기록, 기술, 보상률, 결근 기록, 복리후생 사용 및 비용 등 대량의 직원 데이터를 저장하고 있다. **인적자원정보시스템**(human resource information system: HRIS)은 기업의 인적자원과 관련된 정보를 수집, 저장, 검색, 배포하는 데 사용되는 컴퓨터 시스템이다. HRIS는 전략적 의사결정을 지원하고, 소송을 피하고, 정책 및 프로그램 평가를 위한 데이터를 제공하며, 일상적인 인사 의사결정을 지원할 수 있다. 힐튼 월드와이드(Hilton Worldwide)는 관리자가 인재 데이터에 액세스하여 비즈니스 데이터와 통합하여 인재와 성과에 대해 보다 효과적이고 전략적인 의사결정을 내릴 수 있도록 하고 있다. 이를 통해 관리자는 인력 예측과 가용 인력공급 또는 예상 이직률 간의 격차를 확인하고 다양한 시나리오를 모델링하여 인력계획을 수립할 수 있다.

**모바일 기기**(mobile device)는 스마트폰과 태블릿 컴퓨터를 의미한다. 직원들이 언제 어디서나 인적자원 관련 앱 및 기타 업무 관련 정보에 액세스할 수 있도록 모바일 기기를 사용하는 경우가 점점 더 많아지고 있다. 예를 들어, 랙스페이스(Rackspace)에서는 직원들이 모바일 기기를 사용하여 임금 명세서, 보너스 보고서, 타임카드를 확인하고 지식을 공유할 수 있다. 바이오젠(Biogen)에서는 영업직원이 태블릿에서 e-러닝 모듈에 액세스할 수 있다. 펩시코(PepsiCo)는 모바일로 액세스할 수 있는 채용 사이트를 운영하고 있다. 채용 앱을 사용한 첫해에 매달 150명의 구직자가 입사지원을 시작했다고 한다.

'클라우드 컴퓨팅'을 통해 기업은 소프트웨어와 하드웨어를 임대할 수 있다. **클라우드 컴퓨팅**(cloud computing)은 네트워크를 통해 정보기술 인프라를 셀프 서비스, 수정 가능, 온디맨드(on-demand) 모델로 제공하는 컴퓨팅 시스템을 말한다. 실제로 많은 기업이 HRIS를 클라우드로 이전했거나 향후 몇 년 내에 이전을 고려하고 있다. 클라우드는 인터넷을 통해 온디맨드 방식으로 제공되거나(public cloud: 퍼블릭 클라우드), 단일 기업에서만 사용하도록 제한될 수 있다(private cloud: 프라이빗 클라우드). 클라우드 컴퓨팅을 통해 기업과 직원은 개인용 컴퓨터에만 의존하지 않고 모바일 장치에서 애플리케이션과 정보에 액세스할 수 있다. 또한 새로운 방식으로 협업할 수 있고, 문서와 정보를 더 쉽게 공유할 수 있어 생산성을 높일 수 있으며, 대규모 기업 데이터베이스에 더 쉽게 액세스할 수 있다. 즉, 이직률, 결근율, 성과에 대한 지표(metrics)를 사용하여 인력분석(workforce analytic)을 수행하는 도구와 트위터, 블로그, 구글 문서, 유튜브 동영상과 같은 소셜 미디어 및 협업 도구를 더 쉽게 사용할 수 있게 될 것이다. 클라우드 컴퓨팅을 통해 직원들은 다양한 공급업체 및 교육기관의 교육 프로그램에 더 쉽게 액세스할 수 있다. 지멘스(Siemens)는 190개국에서 근무하는 40만 명 이상의 직원을 위한 클라우드 컴퓨팅 시스템을 보유하고 있다. 이를 통해 지멘스는 클라우드를 사용하여 글로벌 채용 및 개발 프로세스를 단일 시스템으로 표준화할 수 있었다.

보다 정교한 시스템은 관리 애플리케이션을 보상 및 성과관리와 같은 영역의 의사결정에까지 확장한다. 관리자는 필요한 정보를 제공하고 절차에 따라 요구되는 모든 단계를 따르도록 하는 시스템의 안내에 따라 면접이나 성과평가를 일정관리할 수 있다. 인터넷 기술의 가장 중요한 용도 중 하나는 HR 대시보드의 개발이다. **HR 대시보드**(HR dashboard)는 관리자와 직원이 기업 인트라넷 또는 HRIS에서 접근할 수 있는 일련의 지표이다. HR 대시보드는 인력분석(workforce analytics)을 수행하기 위한 중요한 HR 지표에 대한 접근을 할 수 있도록 해준다. HR 대시보드는 인적자원 관행의 가치와 비즈니스 목표에 기여하는 방식을 결정하는 데 중요하다. 따라서 대시보드의 사용은 이 장의 앞부분에서 설명한 증거기반 HR에도 매우 중요하다. 예를 들어, 엘리베이션 크레딧 유니온(Elevations Credit Union)은 새로운 기술이나 규정으로 인해 변화하는 규정 준수 및 위험 완화 요구사항을 처리해야 한다. 기업의 교육 전문가는 매일 기업 전체의 데이터 대시보드를 파악하여 성과 추세를 확인하고 민감한 재무 데이터 및 거래도 모니터링하였다. 대시보드를 통해 학습 및 개발팀은 심각한 문제가 발생하기 전에 교육생의 요구사항을 파악하고 교육적 개입(intervention) 방안을 개발할 수 있었다. 그 결과 기업의 지점들에서 발생하는 오류가 48% 감소하였다.

## 인적자원관리 관행을 통한 경쟁적 도전

우리는 미국 기업들이 직면하고 있는 지속가능성, 글로벌화 및 기술적 도전에 대해 논의했다. 우리는 인적자원관리가 이러한 과제를 해결하고 기업의 성공을 결정하는 데 중요한 역할을 한다는 점을 강조하였다. 전통적으로 인적자원관리 관행은 기업에 경제적 가치를 제공하는 것으로 간주되지 않았다. 경제적 가치는 일반적으로 장비, 기술 및 시설과 관련이 있다. 인적자원관리 관행은 가치가 있는 것으로 나타났다. 보상, 인력 배치, 교육 및 개발, 성과관리 및 기타 인적자원관리 관행은 고객에게 가치 있는 제품과 서비스를 제공하기 위한 직원들의 동기부여와 능력에 직접적인 영향을 미치는 투자이다. 연구에 따르면 새로운 기술에 투자하고 품질 운동에 참여하여 경쟁력을 높이려는 기업은 최첨단 인력 배치, 교육 및 보상 관행에도 투자하는 것으로 나타났다. 〈그림 1.8〉은 기업이 세 가지 도전과제에 대처하는 데 도움이 되는 인적자원관리 관행의 예를 보여준다. 예를 들어, 환경, 사회 및 거버넌스 과제를 해결하기 위해 기업은 채용 프로세스를 통해 예비 직원이 고객 관계를 중시하고 팀에서 동료 직원과 함께 일하는 데 필요한 수준의 대인관계 기술을 갖추고 있는지 파악해야 한다. 세 가지 도전을 모두 해결하기 위해 기업은 직원들이 직장에 가져오는 가치, 능력, 관점의

**그림 1.8** 인적자원관리 관행이 기업의 경쟁적 도전에 어떻게 대응하는지에 대한 사례

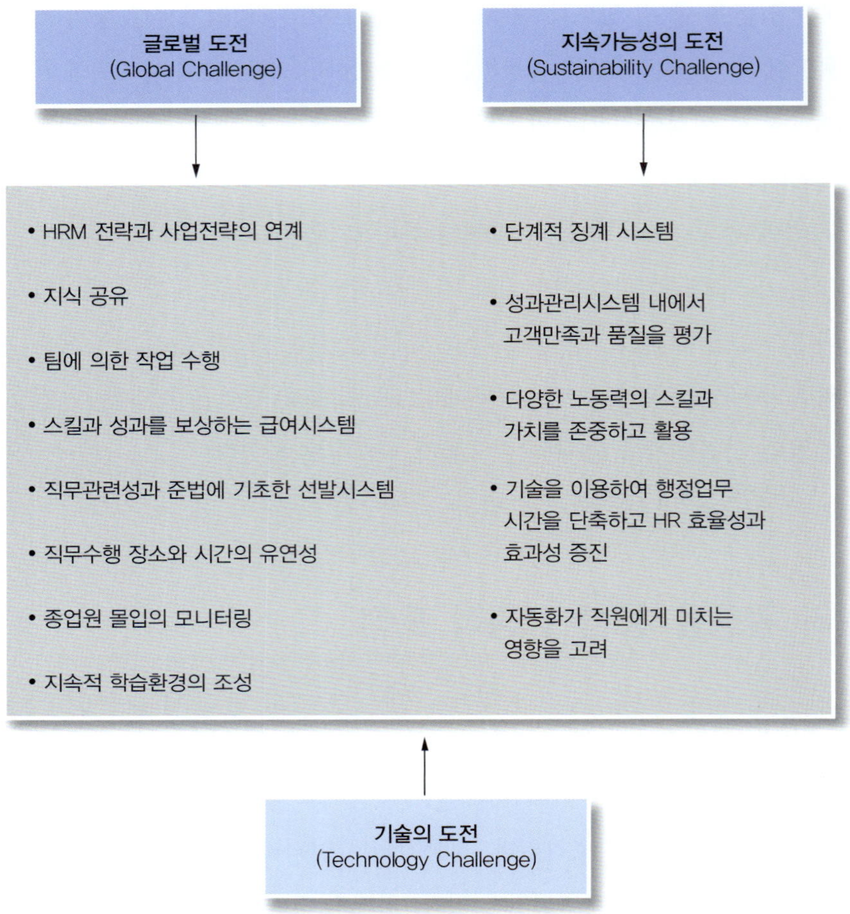


다양성을 활용해야 한다.

기업이 경쟁적 도전을 해결하는 데 도움이 되는 인적자원관리 관행은 〈그림 1.9〉에 표시된 네 가지 차원으로 볼 수 있다. 이들 차원에는 인적자원 환경 관리, 인적자원 확보 및 준비, 인적자원 평가 및 개발, 인적자원 보상이 포함된다. 또한 일부 기업에는 노사관계, 글로벌 인적자원관리, 인적자원 기능 관리와 관련된 특별 이슈가 있다.

그림 1.9 기업 경쟁력에 기여하는 인적자원관리 관행의 주요 영역

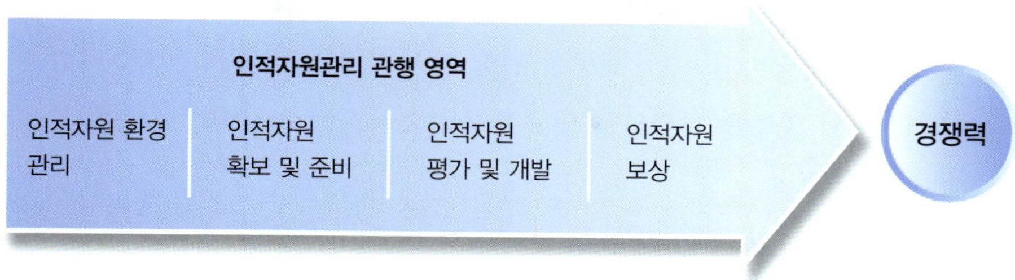


## 인적자원 환경 관리

내부 및 외부환경 요인을 관리하면 직원들이 기업의 생산성과 경쟁력에 최대한 기여할 수 있다. 인적자원을 위한 긍정적인 환경 조성에는 다음이 포함된다:

- 인적자원관리 관행을 기업의 비즈니스 목표와 연결, 즉 전략적 인적자원관리
- 인적자원관리 관행이 연방, 주 및 지역 법률을 준수하는지 확인
- 직원에게 동기를 부여하고 만족시킬 뿐만 아니라 고객 서비스, 품질, 생산성을 극대화하는 업무 설계

## 인적자원 확보 및 준비

새로운 제품이나 서비스에 대한 고객의 요구는 기업이 성공하는 데 필요한 직원의 수와 유형에 영향을 미친다. 해고, 승진, 퇴직도 인적자원 요구사항에 영향을 미친다. 관리자는 제품 및 서비스에 대한 고객의 요구를 충족하는 데 필요한 직원의 수와 유형을 예측해야 한다. 또한 관리자는 제품과 서비스를 성공적으로 제공할 수 있는 현재 또는 잠재적 직원을 식별해야 한다. 이 영역에서 인적자원관리는 다음을 다룬다:

- 인적자원 요구사항 식별, 즉 인적자원계획, 직원 채용 및 선발
- 업무수행에 필요한 기술을 갖출 수 있도록 직원 교육

## 인적자원 평가 및 개발

관리자는 직원들이 현재와 미래의 업무를 수행하는 데 필요한 기술을 갖추고 있는

지 확인해야 한다. 앞서 설명했듯이 새로운 기술과 품질 운동으로 인해 많은 기업이 팀 단위로 업무를 수행하도록 업무를 재설계하고 있다. 따라서 관리자와 직원은 팀 환경에서 성공하기 위해 새로운 기술을 개발해야 할 수도 있다. 기업은 직원의 업무 및 업무 외 활동을 지원하는 업무환경을 조성해야 한다. 이 영역에서 인적자원관리는 다음을 다룬다:

- 직원의 성과 측정
- 직원의 미래 업무 역할에 대비하고 직원의 업무 관심사, 목표, 가치관 및 기타 경력 문제 파악
- 기업과 직원 모두에게 이익이 되는 고용관계 및 업무환경 조성

## 인적자원 보상

흥미로운 업무 외에도 임금과 복리후생은 생산성, 품질, 고객 서비스에 기여한 직원에게 기업이 제공할 수 있는 가장 중요한 인센티브이다. 또한 임금과 복리후생은 직원들의 기업 생활에 대한 보상과 신규 직원을 유치하는 데에도 사용된다. 직원들이 임금 및 복리후생 수준에 만족하지 못하거나 임금 및 복리후생이 불공정하게 분배된다고 생각하면 새로운 업무 설계, 신기술, 품질 운동이 생산성에 미치는 긍정적인 영향이 손상될 수 있다. 이 영역에서 인적자원관리는 다음을 다룬다:

- 임금 시스템 창출
- 직원 기여에 대한 보상
- 직원에게 복리후생 제공

## 특별 이슈

일부 기업에서는 노동조합이 직원을 대표하기도 한다. 노조 환경에서 인적자원을 관리하려면 특정 법률, 계약 관리 및 단체교섭 프로세스에 대한 지식이 필요하다.

많은 기업이 합작 투자, 인수합병, 신규 사업장 설립 등을 통해 전 세계로 비즈니스를 확장하고 있다. 성공적인 글로벌 확장은 인적자원관리 관행이 다른 나라에 파견된 직원 관리뿐만 아니라 문화적 요소에 얼마나 부합하는지에 따라 달라진다. 인적자

원관리 관행은 조직의 효과성에 기여해야 한다.

관리자와 인적자원 기능 모두의 인적자원관리 관행이 기업의 전략적 목표에 부합하고 기여해야 한다. 이 책의 마지막 장에서는 인적자원관리 관행을 효과적으로 통합하는 방법을 설명한다.

## 이 책의 구성

이 책의 주제는 인적자원관리의 네 가지 영역과 특별 이슈로 구성되어 있다. 〈표 1.13〉에는 각 장이 나와 있으며 각 장의 내용은 학술연구와 효과적인 기업 사례에 기반하고 있다.

각 장에는 해당 장에서 다루는 인적자원관리 관행이 지속가능성, 글로벌 및 기술적 도전을 해결하여 기업이 경쟁우위를 확보하는 데 어떻게 도움이 되는지에 대한 예

**표 1.13 이 책의 구성**

| | |
|---|---|
| | 1장 인적자원관리: 경쟁우위의 확보 |
| **1부** | **인적자원 환경** |
| | 2장 전략적 인적자원관리 |
| | 3장 업무의 분석과 설계 |
| **2부** | **인적자원의 획득과 준비** |
| | 4장 인적자원계획 및 채용 |
| | 5장 선발과 배치 |
| | 6장 훈 련 |
| **3부** | **인적자원의 측정과 개발** |
| | 7장 성과관리 |
| | 8장 직원 개발 |
| | 9장 직원 분리 및 유지 |
| **4부** | **인적자원의 보상** |
| | 10장 임금구조 의사결정 |
| | 11장 직원 기여에 따른 보상 |
| **5부** | **인적자원관리의 특별 이슈** |
| | 12장 글로벌 환경에서의 인적자원관리 |
| | 13장 인적자원관리 기능의 전략적 관리 |

시가 포함되어 있다. 또한 각 장에는 인적자원 관행이 어떻게 가치를 창출하는지(증거기반 HR)를 보여주는 기업 사례도 포함되어 있다.

## 요약

이 장에서는 기업의 인적자원관리 기능의 역할과 활동을 소개하고 인적자원의 효과적인 관리가 기업의 비즈니스 전략과 경쟁우위에 기여할 수 있음을 강조하였다. 인적자원은 행정과 민원 서비스, 비즈니스 파트너 서비스, 전략적 파트너 서비스라는 세 가지 제품 라인으로 볼 수 있다. 인적자원을 성공적으로 관리하기 위해서는 신뢰도, 비즈니스 지식, 비즈니스 전략에 대한 이해, 기술 지식, 인적자원 서비스를 제공할 수 있는 능력이 필요하다. 인적자원 관리 관행은 증거기반, 즉 관행과 기업의 주요 이해관계자(고객, 주주, 직원, 지역사회)와 관련된 비즈니스 성과 간의 관계를 보여주는 데이터를 기반으로 해야 한다. 인적자원 관행은 기업의 비즈니스 전략에 기여하는 것 외에도 환경, 사회, 거버넌스(ESG) 도전, 글로벌 도전, 기술적 도전에 대처하는 데 중요한 역할을 한다. ESG 도전은 경제, 노동력의 특성과 기대치, 업무수행 방식과 장소, 무형자산과 인적자본에 대한 가치, 이해관계자의 요구(윤리적 관행, 고품질 제품 및 서비스, 주주 환원, 사회적 책임)를 충족하는 것과 관련이 있다. 글로벌 도전에는 해외시장 진출, 이민, 오프쇼어링이 포함된다. 기술적 도전에는 유연 근무제 및 가상 근무제를 지원하기 위한 신기술 사용, 고성과작업시스템, 소셜 네트워크, 인적자원정보시스템, 모바일 장치의 구현 및 사용, 인공지능과 로봇공학이 업무에 미치는 역할 고려 등이 포함된다. 이 장은 책의 구성을 보여주며 마무리한다.

이 책은 인적자원 환경(전략적 인적자원관리, 법률, 직무분석 및 설계), 인적자원 확보 및 준비(인적자원계획 및 채용, 선발, 훈련), 인적자원 평가 및 개발(성과관리, 개발, 분리 및 유지), 인적자원 보상(임금 구조, 임금을 통한 직원 기여도 인정, 복리후생), 특별 이슈(단체교섭 및 노사관계, 글로벌 인적자원관리, 전략적 인적자원 기능 관리) 등 5가지 영역으로 구성되어 있다. 모든 주제는 기업이 도전과제를 해결하고 비즈니스 전략에 기여하는 데 중요한 역할을 한다.

## 주요 용어

**가상팀**(Virtual teams)
**고성과작업시스템**(High-performance work systems)
**공정성**(Equity)
**긱경제**(Gig economy)
**다양성**(Diversity)
**경쟁력**(Competitiveness)
**공유서비스모델**(Shared service model)
**균형성과표**(Balanced scorecard)
**내부노동력**(Internal labor force)
**디지털 리터러시**(Digital literacy)

**리쇼어링**(Reshoring)
**린 사고**(Lean thinking)
**말콤볼드리지 국가품질대상**(Malcolm Baldrige National Quality Award)
**모바일 기기**(Mobile devices)
**무형자산**(Intangible assets)
**민첩성**(Agility)
**변화**(Change)
**비전통적 고용**(Nontraditional employment)
**빅데이터**(Big data)
**사베인-옥슬리법**(Sarbanes-Oxley Act of 2002)
**셀프서비스**(Self-service)
**소셜네트워킹**(Social networking)
**식스시그마 프로세스**(Six Sigma process)
**아웃소싱**(Outsourcing)
**업스킬링**(Upskilling)
**오프쇼어링**(Offshoring)
**외부노동시장**(External labor market)
**윤리**(Ethics)
**이해관계자**(Stakeholders)
**인공지능**(AI)
**인적자원관리**(Human resource management: HRM)
**인적자원분석**(HR or workforce analytics)
**인적자원정보시스템**(Human resource information system: HRIS)
**임파워링**(Empowering)
**재교육**(Reskilling)
**전사적품질관리**(Total quality management: TQM)
**증거기반** HR(Evidence-based HR)
**지속가능성**(Sustainability)
**지식근로자**(Knowledge workers)
**직원 경험**(Employee experience)
**직원 열의**(Employee engagement)
**직원가치제안**(Employee value proposition: EVP)
**클라우드 컴퓨팅**(Cloud computing)
**포용력**(Inclusion)
**학습조직**(Learning organization)
**핵심인재관리**(Talent management)
HR **대시보드**(HR dashboard)
ISO 9000:2015
STEM **기술**(STEM skills)

## 토의과제

01. 전통적으로 인적자원관리 관행은 기업의 인사부서에서 개발하고 관리했다. 일부 기업은 인사부서를 없애거나 인사부서를 두지 않고 있다. 왜 이런 일이 발생하고 있는가? 기업에 인사부서나 인사 전문가가 없는 것이 좋은 생각인가? 여러분의 입장을 설명하라.

02. 인력 배치, 교육, 보상, 성과관리는 중요한 인적자원관리 기능이다. 각 기능이 기업이 환경, 사회 및 거버넌스 도전, 글로벌 도전 및 기술 도전을 성공적으로 해결하는 데 어떻게 도움이 될 수 있는가?

03. 팬데믹이 직장과 인적자원관리 관행에 어떤 영향을 미쳤나? 팬데믹으로 인한 인적자원관리 관행의 변화는 팬데믹이 끝난 후에도 계속되는가? 그 근거를 설명하라.

04. 무형자산이란 무엇인가? 무형자산은 인적자원관리 관행에 어떤 영향을 미치는가?

05. 증거기반 HR이란 무엇인가? HR부서가 증거기반이 되는 것을 거부하는 이유는 무엇인가?

06. 이직률이 높은 이유를 파악하기 위해 어떤 유형의 빅 데이터를 수집하고 분석하겠는가?

07. 디지털 리터러시란 무엇이며 업스킬링 및 재교육과 어떤 관련이 있는가?

08. 트위터나 페이스북과 같은 SNS를 사용하면 어떤 HR 관행에 도움이 될 수 있는가? 해당 HR 관행을 파악하고 이를 통해 얻을 수 있는 이점을 설명하라.

09. "직원 열의는 기업이 돈을 버는 경우에만 신경 써야 할 부분이다"라는 진술에 동의하는가? 설명하라.

10. 직원 열의는 직원 경험과 어떤 관련이 있는가? 설명하라.

11. 이 책은 인적자원 환경 관리, 인적자원 확보 및 준비, 인적자원 평가 및 개발, 인적자원 보상이라는 네 가지 인적자원관리 실천 영역을 다룬다. 기업이 경쟁우위를 확보하는 데 가장 크게 기여하는 분야는 무엇이라고 생각하는가? 가장 기여도가 낮다고 생각하는 분야는 어디라고 생각하는가? 그 이유는 무엇인가?

12. 균형성과표란 무엇인가? 균형성과표에 포함된 네 가지 관점을 확인하라. 인적자원관리 관행이 네 가지 관점에 어떤 영향을 미칠 수 있는가?

13. 인적자원관리가 더욱 전략적으로 변하고 있는가? 설명하라.

14. 지속가능성이란 무엇인가? 인적자원 관행이 기업의 사회적, 환경적 의식을 높이는 데 어떻게 도움이 될 수 있는가?

15. (1) 노동력의 고령화, (2) 다양한 노동력, (3) 기술 부족 인력문제 등 노동력 트렌드가 인적자원관리에 미치는 영향에 대해 설명하라.

16. 기업이 다양성을 추구하지만 직원들은 포용적이거나 공평하지 않다고 생각할 수 있는가? 설명하라.

17. 기업이 해외로 확장하기로 결정할 때 인적자원관리 관행은 어떤 역할을 하는가?

18. 품질 목표와 고성과작업시스템은 인적자원관리 관행 측면에서 어떤 공통점이 있는가?

19. 인적자원관리 관행을 아웃소싱하면 어떤 단점이 발생할 수 있는가? 직원 셀프 서비스에서는? 인적자원관리 관행의 설계 및 사용에 대한 일선 관리자의 개입이 증가하면?

20. 리쇼어링 전에 기업이 고려해야 할 요소는 무엇인가? 리쇼어링의 장점과 단점은 무엇인가?

21. AI와 로봇을 이용한 자동화가 일자리에 영향을 미칠 수 있는 다양한 방식에 대해 토론하라.

PART

# 1

Human
Resource
Management
GAINING A COMPETITIVE ADVANTAGE

# 인적자원 환경

# 제1부 개요

제1부는 기업이 경쟁우위를 차지하기 위한 수단으로서 인적자원을 활용하는 데에 있어 직면하고 있는 환경적 영향을 다룬다. 환경적 영향은 사업의 전략 방향, 작업 환경 등을 포함한다.

제2장 전략적 인적자원관리의 주요 내용은 기업의 다양한 사업전략 유형에 맞는 채용, 성과관리, 훈련개발, 보상 등의 선택이며, 이를 중점적으로 다룬다.

제3장 업무의 분석과 설계의 주요 내용은 기업의 경쟁력 향상을 위해 작업자들의 직무 스트레스를 줄이고 동기와 만족도를 높일 수 있는 업무수행 환경을 분석하고 설계하는 것이다.

CHAPTER 02

# 전략적 인적자원관리

**학습목표**

**이 장을 읽고 나면 다음을 수행할 수 있어야 한다.**

01 전략 수립과 전략 실행의 차이점을 설명할 수 있다.

02 전략경영 프로세스의 구성요소를 나열할 수 있다.

03 전략 수립에서 인적자원관리 기능의 역할에 대해 설명할 수 있다.

04 전략 수립과 인적자원관리 간의 연계성에 대해 설명할 수 있다.

05 본원적 경쟁전략 유형과 관련된 다양한 인적자원관리 관행에 대해 설명할 수 있다.

06 전략적 지향점과 연계된 인적자원관리 이슈 및 관행을 설명할 수 있다.

# 도입

기업은 경쟁환경에 직면해 있으며 다른 기업과 경쟁하기 위해 여러 가지 자원을 사용한다. 자원에는 물리적(공장, 장비, 기술, 지리적 위치 등), 조직적(구조, 계획, 통제, 조정 시스템, 그룹 관계 등), 인적(직원의 경험, 기술, 지능 등) 자원이 있으며 기업의 통제하에 있는 이러한 자원들이 기업의 경쟁우위를 제공한다.

기업의 전략경영 목표는 경쟁우위를 확보할 수 있는 방식으로 자원을 배치하고 할당하는 것이다. 세 가지 유형의 자원 중 두 가지(조직적 및 인적 자원)는 인적자원관리 기능과 직접적으로 연관되어 있다. 제1장에서 언급했듯이 인적자원관리의 역할은 기업의 인적자원이 경쟁우위를 제공하도록 하는 것이다. 또한 제1장에서는 오늘날 기업이 직면한 주요 도전과제를 몇 가지 지적하였다. 이러한 도전과제를 해결하기 위해서는 기업이 시장에서 능동적이고 전략적인 접근방식을 취해야 한다.

인적자원관리 기능의 효과를 극대화하기 위해서는 기업의 전략경영 프로세스와 통합적으로 연계되어야 한다. 이러한 연계의 의미는 인적자원관리 담당자들이 1) 전략적 계획에 인적 관련 이슈와 인적자원 풀의 능력을 포함시켜 전략적 대안들을 실행할 수 있어야 하고, 2) 기업의 전략적 목표에 대한 지식을 갖추어야 하며, 3) 전략적 계획을 지원하기 위해 필요한 직원들의 기술과 행동, 태도 유형에 대해 이해하고 있어야 하고, 4) 직원들의 기술과 행동, 태도를 향상시킬 수 있는 프로그램을 제시할 수 있어야 한다.

본 장에서는 비즈니스 모델과 전략, 전략경영 프로세스의 개념을 제시하고자 한다. 또한 전략 수립에서 인적자원관리 기능과 전략경영 프로세스와의 통합을 제시하고자 한다. 다음으로 일반적인 전략 모델들을 살펴보고 각 모델들에서 필요한 직원들의 기술과 행동, 태도의 유형을 살펴봄으로써 인적자원관리 관행이 전략적 계획의 실행을 지향하고 있다는 것을 제시하고자 한다. 마지막으로 인적자원의 역할이 경쟁우위를 증가시킨다는 점을 제시하고자 한다.

## 비즈니스 모델이란?

**비즈니스 모델**(business model)은 어떻게 기업이 고객가치를 창출할 것인가에 관한 것이며, 더욱 중요한 점은 어떻게 이윤을 만들어낼 것인가에 대한 설명이다. 우리들은 종종 기업들이 어떠한 방향으로 비즈니스 모델을 바꾼다는 것을 언론기사를 통해 접하는 경우가 있다. 비즈니스 모델의 변화를 이해하기 위해서는 몇 개의 기본적 회계 개념에 대한 이해가 있어야 한다.

첫째, 고정비의 경우 일반적으로 생산량의 변화와 관계없이 고려되는 비용이다. 예를 들어, 만일 공장에서 제품(widget)을 생산하고자 할 때 공장을 빌리는 비용, 기계, 장치의 감가상각, 재산세(property tax) 등이 해당된다. 부가적으로 공장의 70% 생산가동률 또는 90% 생산가동률과 관계없이 초과근무 가능성을 고려한 복리후생(benefit), 주당 평균 근로시간을 반영한 전체 직원 수를 기준으로 한 임금, 전체 노동비용을 들 수 있다.

둘째, 생산량에 따라 직접적으로 달라지는 비용인 변동비가 있다. 예를 들어, 제품 생산시 단위당 재료비가 10달러라고 한다면 가격은 10달러 이상이어야 한다. 만약 그렇지 않으면 제작비용조차 충당할 수 없다.

셋째, 공헌이익(contribution margins) 또는 마진(margin)의 개념이다. 마진은 제품에 대해 청구하는 금액과 해당 제품의 변동비와의 차액을 말한다. 공헌이익은 고정비를 충당할 수 있어야 하는데 제품당 가격이 15달러라고 하면 공헌이익은 5달러(가격: 15달러−변동비: 10달러)가 된다.

넷째, 총이익(gross margin)은 전체 이익으로 단위당 이익에 판매된 제품 수의 곱으로 계산할 수 있다. 예를 들어, 제품을 1,000,000개 팔았다고 가정하면 단위당 이익이 5달러이므로 전체 총이익은 5,000,000달러가 된다. 만일 이런 상황이 발생했다면 수익이 있다고 볼 수 있을까? 상황에 따라 다르다. 수익은 변동비와 고정비를 모두 고려해야 하므로 총이익이 5,000,000달러라고 해도 고정비용이 6,000,000달러라면 결국 1,000,000달러가 손해다.

## GM의 생존 시도

최근 변화에 대응하여 GM이 어떻게 사업을 운영하는지 살펴보자. GM은 경쟁업체에 비해 높은 수준의 노동비용 구조를 갖는다. 높은 노동비용 구조인 것이 사실이지만, GM의 평균 근로시간당 임금은 상당히 경쟁적이다. 그러나 두 가지 관점에서 GM은 경쟁력이 없는데, 복리후생(특히 의료보험)과 기존 인력(legacy workforce)에 대한 비용이다.

기존 인력은 이전 직원들(심지어 더 이상 기업에서 일하지 않는 직원들)로서 기업이 재정적 의무를 갖는 인력을 뜻한다. GM과 전미자동차노조(United Auto Workers Union: UAW)는 이전에 근무한 직원들에게도 상당한 수준의 퇴직 복리후생을 제공한다는 계약을 협상해 왔다. 그 계약은 퇴직한 직원들에게 의료보험을 부담하는 것과 같이 일종의 연금(pension) 지급과 같은 일정 비율의 최종(사전퇴직) 임금을 보장하는 복리후생 제공에 관한 것이다. 더불어 계약은 직원들에게 은퇴시점에서 은퇴 후 30년간 근무를 산정하여 연금(full pension)을 지급하도록 구체적으로 명시해 놓고 있다.

GM은 매출과 이익이 지속적으로 성장할 때 이러한 계약조건들이 지속될 수 있는 것처럼 보였다. 그러나 1970년대 이후 경쟁업체들이 GM의 시장점유율을 침투하였으며 50%가 넘었던 미국 내 시장점유율은 20%까지 떨어졌다. 게다가 2008년의 경제위기 상황에서 시장 자체가 침체기로 접어들었고, GM의 시장점유율도 떨어졌다. 2005년 12월 전 세계 시장에서의 GM의 시장점유율은 26%였지만, 2015년에는 11.2%로 하락하였다. 게다가 기존 인력에 대한 계약조건으로 인해 공장에 속한 수천 명의 직원들에게 복리후생이 적용되는 상황 속에서 자동차를 생산하고 판매하고 있었다.

〈그림 2.1〉에서 제시된 바와 같이 실선은 GM의 비즈니스 모델을 보여주는 것으로 GM은 4백만 대의 자동차를 판매해야만 높은 수준의 이익을 유지할 수 있으며 고정비용을 상쇄할 수 있다. 그러나 현실은 높은 비용부담으로 인한 높은 가격 때문에 자동차 판매가 부진하여 결국 4백만 대 판매를 위해 가격인하를 결정하였고 그 결과 이익은 줄어들 수밖에 없었다. GM은 최종적으로 350만 대를 판매하였는데 많은 이익을 남기지 못한 채 판매되어 고정비를 상쇄하지 못하였으며 90억 달러의 손해가 2008년도에 발생하였다. 결국 GM은 비즈니스 모델을 재설계하기로 결정하였는데 고정비를 감소시켜(공장 폐쇄, 직원 감축) 낮은 수준의 고정비용으로(검정 점선) 낮은 마진을 남기

**그림 2.1 GM의 비즈니스 모델**

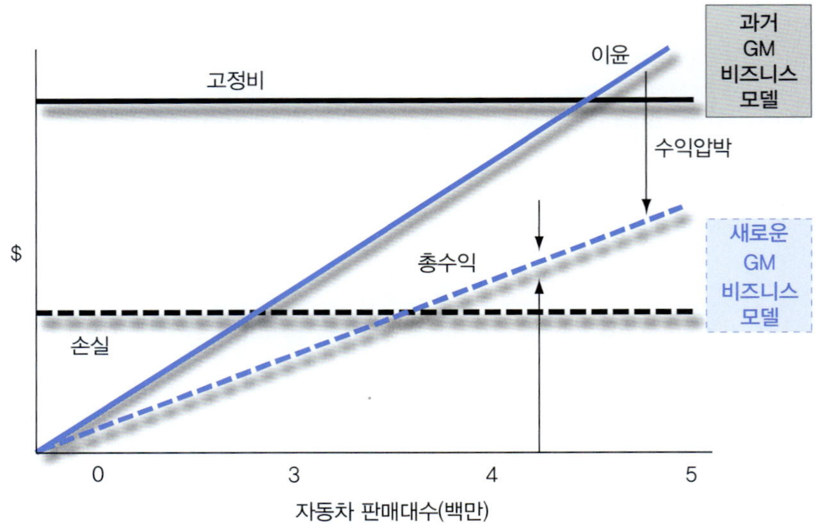


고 차를 판매(파란 점선)하는 몇 안 되는 자동차 제조업체가 될 수 있었다.

노동비용은 기업에게 중요하다. 비즈니스 모델에서도 노동비용은 중요한데 높은 노동비용들은 북미, 유럽 국가들의 노동조합원들과 연계되어 있으며 기존 인력들과도 연결되어 있다. 세계 3대 자동차 생산업체는 많은 수의 직원들을 해고시키거나 퇴직시켰지만 여전히 연금과 의료보험 비용의 부담을 갖고 있다. 이러한 연금과 의료보험 등은 고정비용의 상당 부분을 차지하기 때문에 퇴직자 수가 적거나 본국 정부가 연금과 의료 서비스를 제공하기 때문에 비슷한 비용이 들지 않는 다른 자동차 제조업체와의 경쟁은 어렵다. 실제로 GM은 비즈니스 모델의 변화로 인해 더 많은 공장을 미국 이외의 지역에 배치하게 되었다.

## 전략경영은 무엇인가?

여러 학자들이 지적하고 있는 바와 같이 오늘날의 경쟁시장에서 조직은 전략적 계획을 통해 생존할 수 있다. 전략(strategy)은 그리스어로 *strategos*에 기원한 것으로 군사언어에 근간을 두고 있다. 일반적으로 전쟁 또는 전투에 근간을 두고 있는데 웹스터 사전의 정의에 따르면 전략은 '전술의 기술적 활용과 조정' 및 '예술적 계획과 관리'로 정의내리고 있다.

**전략경영**(strategic management)은 일종의 프로세스로서 조직이 처한 경쟁환경을 설명한다. 조직의 주요 목표, 정책 그리고 결과로 이어지는 것을 통합하고 전체를 응집하는 패턴 또는 계획 활동을 관리하는 것으로 볼 수 있다. 이러한 전략은 경쟁을 위한 본원적 접근이 가능하며 특정한 상황을 다루기 위해 다른 전략 유형을 적용할 수 있다.

첫째, 사업조직은 어떤 전략 유형에 적합한 본원전 전략을 활용하는데, 하나의 예는 비용우위, 차별화, 집중화 전략이다. 다른 하나는 방어형(defender), 분석형(analyzer), 탐색형(prospector), 반응형(reactor) 전략이다. 여러 기업들은 같은 산업에 속해 있어도 다른 본원적 전략들을 가질 수 있다. 이러한 본원적 전략 유형들은 기업이 경쟁자에 비교하여 더 좋은 위치를 차지할 수 있도록 한다.

본원적 전략은 전략경영의 일부분이다. 전략경영의 또 다른 관점은 전략을 개발하는 프로세스로서 현재의 환경을 명확하게 규명하고 기업의 목표를 성취할 수 있도록 한다. 기업들은 본원적 전략과 연계되어 있으며 어떻게 경쟁자를 쫓아버릴 수 있는지(scare off), 어떻게 경쟁자를 약하게 할 수 있는지, 미결된 법안의 영향력에 어떻게 반응할지, 어떻게 다양한 이해관계자와 특정 이해집단을 다루는지, 어떻게 생산비용을 절감할지, 어떻게 이윤을 증가할지, 어떤 기술을 활용할지, 얼마나 많은 직원들을 고용할지를 의사결정한다. 기업은 이러한 각각의 의사결정 시 경쟁환경을 고려해야만 한다.

전략경영은 전략 유형의 조합이다. 기업의 경쟁상황을 분석하고, 기업의 전략적 목표를 발전시키고, 자원을 할당하며(인적, 조직적, 물질적) 실행계획을 설정하여 목적을 달성할 수 있도록 하는 프로세스이다. 전략적 접근은 인적자원관리를 통해 강조된다. 인적자원 관리자들은 경쟁상황을 명확하게 하고 인적자원과 관련하여 기업이 처한 상황을 고려하여 어떻게 전략적으로 대응할지에 대해 훈련되어야 한다.

**전략적 인적자원관리**(strategic human resource management: SHRM)는 기업의 목적달성을 위해 계획된 인적자원 활용의 유형이다. 예를 들어, 많은 기업들은 발전된 생산기술, 즉 적시(just-in-time: JIT) 재고관리, 전사적품질관리 등과 같은 통합생산 시스템 개발을 통해 자신들의 경쟁위치를 높여나간다. 그러나 시스템은 사람에 의해 운영된다. 전략적 인적자원관리는 이러한 시스템을 운영할 수 있는 직원들의 기술개발, 선발, 훈련과 같은 인적자원관리 관행과 연계되어 있다. 전략적 접근의 인적자원관리를 위해서는 전략경영 프로세스에서 인적자원관리의 역할을 이해할 수 있어야 한다.

## 전략경영 프로세스 요소

전략경영 프로세스는 상호의존적인 2개의 요소로 구분되는데 전략 수립과 전략 실행이다. **전략 수립**(strategy formulation)의 과정에서 전략계획 집단은 기업의 미션(mission)과 목표, 외부적 기회와 위협 및 내부적 강점과 약점을 정의함으로써 전략적 방향을 결정한다. 전략기획팀은 다양한 전략적 대안들을 마련하고 이들의 실현가능성을 비교하여 기업의 미션과 목표를 달성한다. **전략 실행**(strategy implementation)은 선택된 전략을 실행하는 것이다. 조직구조 설정, 자원배분, 기술이 뛰어난 직원들의 배치, 보상시스템 개발 등 조직의 전략적 목표와 직원들의 행동을 정렬하는 것을 말한다. 중요한 점은 이들 요소들이 순차적으로 이루어지지는 않는다는 것이다. 〈그림 2.2〉는 전략경영 프로세스를 제시하고 있다.

최근 기업들은 전략경영 프로세스의 성공은 인적자원관리 기능의 연계에 의해 결정된다는 것을 명확히 인식하고 있다.

**그림 2.2** 전략경영 프로세스 모델

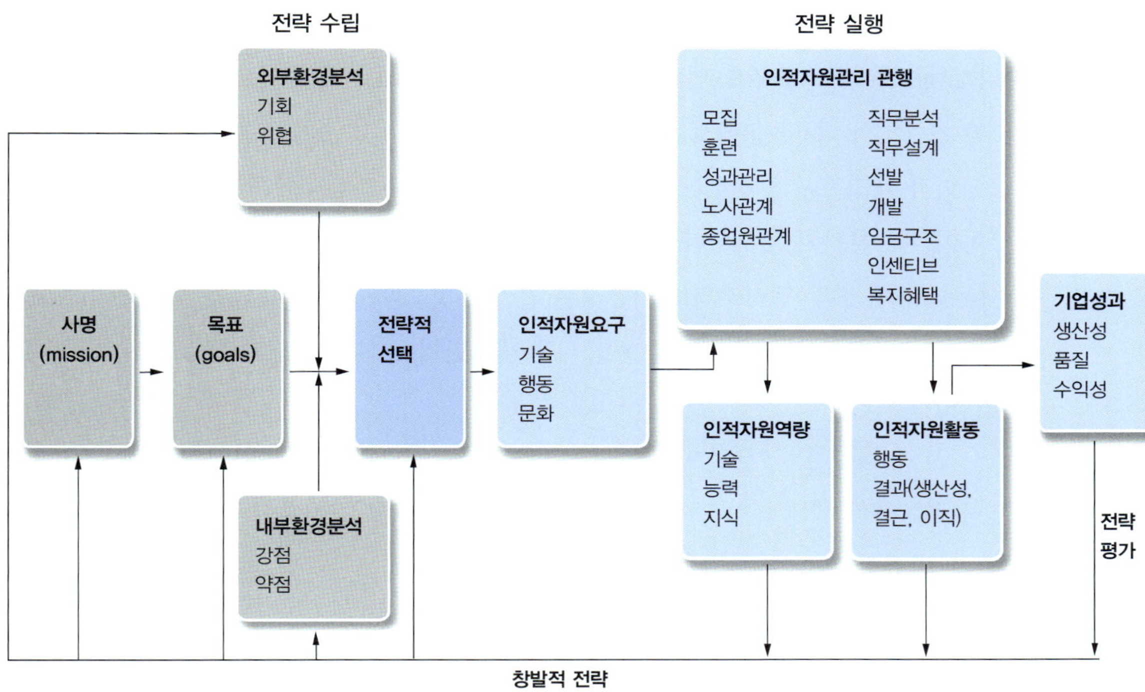


## 인적자원관리와 전략경영 프로세스와의 연계

전략적 선택은 경쟁에 관한 질문의 대답들로 구성되어 있다. 기업이 어떻게 경쟁하여 미션과 목표를 성취하는지와 관련되어 있다. 전략적 선택의 의사결정은 결국 어디에서 경쟁하는지, 어떻게 경쟁하는지, 그리고 무엇으로 경쟁하는지에 대한 설명으로 구성되며 〈그림 2.3〉에서 제시되어 있다.

**그림 2.3** 경쟁에 대한 전략-의사결정

1. 어디에서 경쟁할 것인가?
   - 어떤 시장 또는 어떤 시장들(산업, 제품 등)에서 경쟁하는가?
2. 어떻게 경쟁할 것인가?
   - 어떤 차별화된 영역 또는 특성들로 경쟁할 것인가? 비용? 품질? 신뢰성? 배송?
3. 무엇으로 경쟁할 것인가?
   - 어떠한 자원들이 경쟁에서 승리로 이끌 것인가?
   - 자원을 어떻게 습득하고, 개발하고, 배치하여 경쟁할 것인가?

이들 의사결정들은 모두 다 중요한데, 전략적 의사결정자들은 빈번하게 "무엇으로 경쟁할 것인가"의 문제에 대해 관심을 덜 기울이고 있다. 예를 들어, 1980년대 펩시코(PepsiCo)는 패스트푸드 업체인 KFC, 타코벨(Taco Bell), 피자헛(Pizzahut)("어디에서 경쟁할 것인가"의 의사결정)에서 고객을 확대하려는 노력을 기울이고 있었다. 그러나 기존 인력과 패스트푸드 산업(낮은 기술의 직원과 고등학교 졸업생)이 필요로 하는 인력과의 차이를 구분하지 못하였다. 이러한 이유로 1988년 펩시코는 패스트푸드 체인을 분사(spin off)하였다. 펩시코의 의사결정은 결국 무엇으로 경쟁할 것인가의 문제에 있어서 어떠한 자원이 시장에서의 경쟁을 위해 필요한지 충분한 이해가 없는 상태로 내려진 것이었다.

보잉(Boeing)은 "무엇으로 경쟁할 것인가"의 문제를 해결하지 못한 것이 "어떻게 경쟁할 것인가"에 대한 결정에 어떤 문제를 초래했는지 잘 보여준다. 항공우주기업의 소비자제품사업부는 에어버스(Airbus Industrie)와 가격전쟁을 벌이게 되면서 기존의 고객서비스 전략에서 벗어나 비용절감을 강조하는 방향으로 전환할 수밖에 없었다. 이 전략은 델타(Delta), 콘티넨탈(Continental), 사우스웨스트(Southwest), 싱가포르 항공(Singapore Airlines)과 같은 기업으로부터 항공기를 대량으로 주문받으면서 영업 측면에서는 성공적이었다. 그러나 최근 대규모 인력감축을 단행하여 주문량을 채울 인력이 부족했고, 생산성 향상에 필요한 생산기술도 갖추지 못했다. 경쟁 방법을 결정할 때 '무엇으로 경쟁할 것인가'라는 문제를 해결하지 못한 결과, 보잉은 납기일을 지키지 못했고 그에 따른 위약금을 고객에게 지불해야 했다. 결국 모든 어려움을 겪은 끝에 2003년 업계 역사상 처음으로 에어버스가 보잉보다 더 많은 비행기를 판매하게 되었다. 다행히도 보잉은 주요 라이벌인 에어버스의 여러 가지 실수 덕분에 이러한 난관을 극복할 수 있었다. 그러나 보잉은 새로운 기종인 드림라이너(Dreamliner)가 배선에서 시작된 화재로 인해 착륙하면서 어려움에 직면하였다.

## 전략 수립에서 인적자원관리의 역할

"무엇으로 경쟁할 것인가"에 대한 질문은 결국 인적자원관리가 나아가야 할 이상적인 방향으로서 전략경영 프로세스에 영향을 주게 된다. 전략적 선택 대안이 부족한 경우에 임원진들은 어떠한 비용이 부담될지 또는 전략 성공을 위해 필요한 인적자원을 어떻게 개발할지를 고려해야만 한다. 예를 들어, 펩시코의 인적자원관리 임원은 기업이 패스트푸드 레스토랑 인력관리에 대한 전문성이 없다고 지적하였다. 부족한 자원으로 인해 인수에 반대하였다. 또 다른 한편으로 최고경영층에 대한 교육을 통해 의사결정이 영향을 받기도 한다. 비용(고용, 훈련 등)이 결국 인력관리와 같은 적절한 기술을 가지고 있는 사람들을 확보하는 데 연결되어 있기 때문이다.

기업의 전략경영 의사결정 프로세스는 최고경영층에서 이루어지는데, 전략기획 그룹 구성은 최고경영자, 최고재무책임자, 회장 그리고 여러 부회장들로 이루어진다. 각 부문들 모두는 인적 관련 사업이슈들과 연결되어 있으므로 인적자원관리 기능은 각 부분을 연결시킬 필요성이 존재한다. *Fortune* 선정 500대 기업에 속한 115개 전략적 기업 중 49~69% 정도만이 기업의 인적자원관리와 전략적 계획 프로세스가 연계되어 있다. 이러한 연계는 다양한 수준에서 나타나는데 이들 연계 수준의 차이를 이해하는 것은 매우 중요하다.

네 가지 수준의 통합은 인적자원관리 기능과 전략경영 기능의 연계를 통해 가능한데, 관리적(administrative) 연계, 일방향(one-way) 연계, 양방향(two-way) 연계 그리고 통합적(integrative) 연계로 구분된다. 이러한 연계는 전략경영의 다양한 구성요소와 관련하여 논의되며 각 연계는 〈그림 2.4〉에 제시되어 있다.

**그림 2.4 전략적 계획과 인적자원관리의 연계**

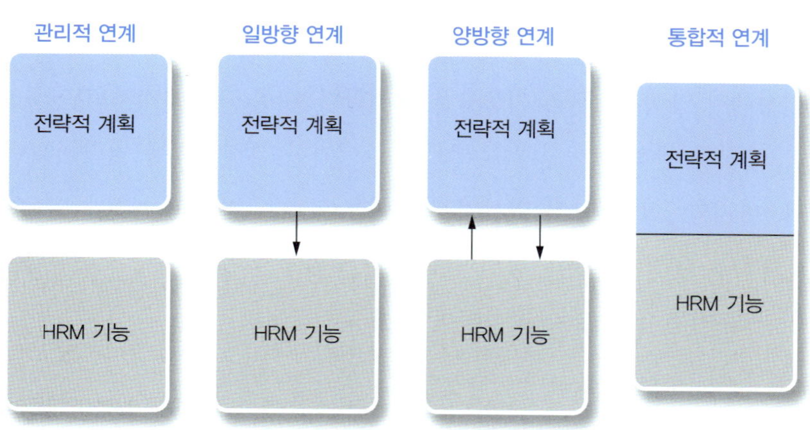


출처: Adapted from K. Golden and V. Ramanujam, "Between a Dream and a Nightmare: On the Integration of the Human Resource Function and the Strategic Business Planning Process," *Human Resource Management* 24(1985), pp.429–451.

### 관리적 연계

관리적 연계(가장 낮은 수준의 통합)에서 보면 인적자원관리 기능들은 매일매일의 활동들에 초점을 두고 있다. 인적자원관리 임원은 인적자원관리 이슈에 대한 전략적 전망을 위한 충분한 시간이 없거나 또는 기회가 없다. 기업의 전략적 사업기획은 인적자원관리부서로부터 어떠한 것도 투입되지 못한 상태에서 이루어진다. 관리적 연계 통합의 경우 인적자원관리부서는 전략 수립, 전략 실행 등 전략경영 프로세스의 요소들과 철저히 분리되어 있는 상태이다. 인적자원관리부서는 기업의 핵심사업 요구와 관계없는 단순한 관리업무만 수행한다.

### 일방향 연계

일방향 연계는 기업의 전략적 사업기획 부문이 전략적 계획을 설정하고 이를 인적자원관리 기능에 알려주는 형태이다. 많은 경우 이러한 일방향 연계가 전략적 인적자원관리의 통합이라고 보고 있는데 인적자원관리 기능의 역할을 전략적 계획의 실행을 위한 시스템과 프로그램 설계의 기능으로 보기 때문이다. 그러나 일방향 연계는 전략적 계획 실행에 있어서 인적자원의 중요성을 인정하고 있지만 전략계획의 수립과정에서 기업이 인적자원 이슈를 고려하지는 못한다. 이러한 수준의 통합은 종종 기업이 성공적으로 실행이 어려운 전략적 계획을 설정하는 측면도 존재한다.

### 양방향 연계

양방향 연계는 인적자원 이슈에 대한 고려가 전략 수립 프로세스에 반영된다. 이러한 양방향 연계 통합은 순차적으로 이루어지는데 첫째, 전략계획팀은 다양한 전략설정에서 인적자원관리 기능들을 고려한다. 다음으로 인적자원관리 임원은 다양한 전략 하에서 인적자원 실행을 분석하고 이러한 분석결과를 전략기획팀에 알려주게 된다. 마지막으로 전략적 의사결정이 이루어진다. 전략적 계획은 프로그램을 개발하고 실행하는 인적자원관리 임원의 결정을 통해야만 가능하다. 전략적 계획기능과 인적자원관리 기능이 서로 양방향이며 상호의존적이다.

### 통합적 연계

통합적 연계는 순차적 상호작용이 아닌 지속적이고 역동적이며 다차원적이다. 대부분의 인적자원관리 임원들은 최고경영팀(TMT)의 구성원이다. 정보교환이 반복적 프로세스로 이루어지는 것이 아니라 통합적 연계가 되었다는 것은 결국 인적자원관리 기능이 전략 수립과 실행 프로세스에 포함되어 있다는 것이다.

전략적 인적자원관리에서 인적자원관리 기능은 전략 수립과 전략 실행에 연계되어 있다. 인적자원관리 임원은 전략적 일정계획 설정에서 기업의 인적자원 역량 정보들의 제공과 더불어 이러한 역량이 인적자원관리 관행의 기능을 수행하도록 한다. 인적자원 역량에 대한 정보는 최고경영자가 최선의 전략을 수립하도록 도움을 주는데 어떻게 각 전략적 대안이 실행될지를 고려하게끔 한다. 전략적 선택이 이루어지면 인적자원관리의 역할은 인적자원관리 관행의 개발과 정렬이 이루어지고 각 관행들은 기업의 전략 실행을 위해 필요한 기술을 보유한 직원들을 연계시킨다. 덧붙여 인적자원관리 관행은 기업에 있는 직원들의 행동을 이끌어낼 수 있도록 설계된다. 최근 한 연구에 따르면 전략적 인적자원관리 기능은 기업의 성과와 긍정적인 관계가 있지만, 이는 해당 기업이 직원의 의견을 활용할 수 있는 구조와 시스템을 갖추고 있을 때만 가능한 것으로 나타났다.

## 전략 수립

전략경영 프로세스의 5대 요소는 전략 수립과 관련성이 있다. 각 요소들은 〈그림 2.5〉에 제시되어 있는데 첫 번째 요소는 조직의 미션이다. **미션**(mission)은 조직이 존재해야 하는 이유에 대한 설명으로 고객응대, 고객요구에 대한 만족 또는 고객이 추구하는 가치, 그리고 기술 활용 등으로 구체화할 수 있다. 미션선언문은 기업의 비전과 가치를 동반한다. 〈표 2.1〉은 보잉에서 직원들을 이끌어야 하는 가치 또는 원칙을 보여주고 있다.

조직의 **목표**(goals)는 중기 그리고 장기적으로 미래에 무엇을 달성하고자 하는지로 미션의 구체화된 형태이다. 미국 내 기업들은 주주가치의 극대화를 목표로 갖고 있다. 때문에 주주가치 극대화를 위한 장기적 목표를 설정하기도 한다.

**외부환경분석**(external analysis)은 조직의 운영환경과 관련되어 전략적 기회와 위협

**그림 2.5 전략 수립**

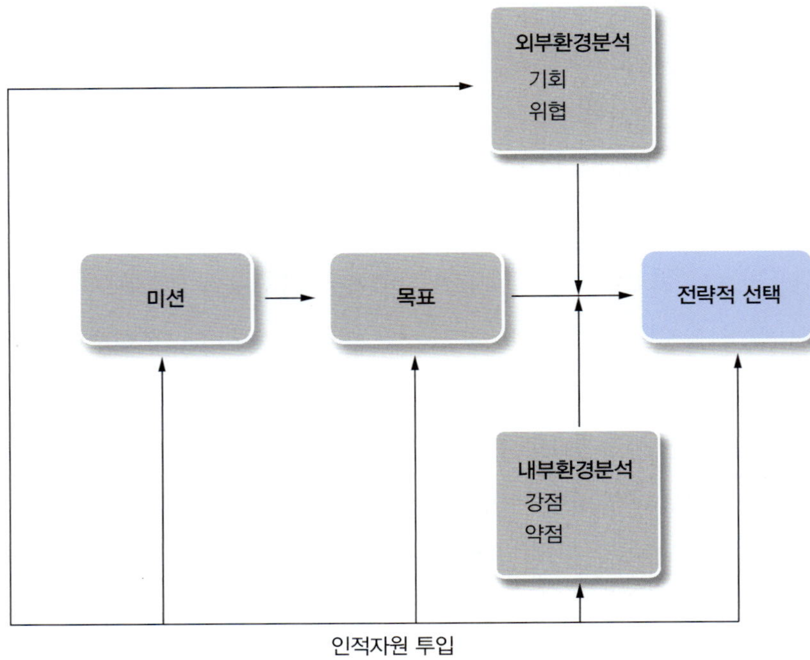


출처: Adapted from K. Golden and V. Ramanujam, "Between a Dream and a Nightmare," *Human Resource Management* 24 (1985), pp.429–451.

을 명확히 구분하는 것이다. 기회(opportunity)는 고객시장이 제공되지 않는 경우, 기술적 진보가 이루어진 경우 그리고 이용되지 못했던 노동력이 있는 경우이다. 위협(threat)은 잠재적 노동력 부족 상황으로 새로운 경쟁자가 시장에 들어오거나 법안이 계류 중이거나 경쟁자의 기술혁신이 이루어지는 것 등을 포함한다. 현재 대부분의 기업은 외부환경분석에서 **PESTEL 분석**이라고 알려진 것을 사용하는데 6가지 영역(정치, 경제, 사회문화, 기술, 환경, 법률)에서 기업 또는 업계에 영향을 미칠 수 있는 동향을 포함한다.

**내부환경분석**(internal analysis)은 조직의 강점과 약점을 명확하게 하는 것으로 자원의 양과 질이 조직에 유용한지에 초점을 두고 있다. 이러한 자원은 재무적, 자본적, 기술적 자원 및 인적자원으로 기업은 각 자원들을 명확하게 분석하여 무엇이 강점인지 또는 약점인지를 결정한다. 오늘날 많은 기업이 가치사슬분석(value chain analysis)을 통해 자사의 강점과 약점을 조사한다. 여기에는 R&D에서 애프터서비스에 이르는 기업의 전체 프로세스를 일련의 "역량"으로 분류하는 작업이 수반된다. 그런 다음 이

**표 2.1 보잉의 가치선언문**

## 우리의 가치

보잉에서는 보잉의 제품과 서비스에 의존하는 모든 사람들에게 서비스를 제공하게 되어 영광이다. 우리는 업무수행방식과 서로를 대하는 방식에 있어 최고 수준의 기준을 고수한다.

전 세계 기업에서 보잉의 직원들은 우리가 하는 모든 일의 기본 원칙이 되는 가치에 대한 공통된 헌신으로 단합되어 있다. 더 나은 세상을 만들기 위해 혁신하고 운영하면서 우리 각자는 이러한 가치를 실천하고 팀, 고객, 이해관계자, 우리가 살고 일하는 지역사회를 위해 앞으로 나아가는 길을 선도할 개인적인 책임을 지고 있다.

## 우리의 운영방식

▸ **엔지니어링 우수성에서 출발**

- 강력한 엔지니어링 기반이 있어야 공장과 서비스에서 안전, 품질, 무결성을 갖춘 제품을 제작하고 유지할 수 있다. 고객은 이를 기대한다. 그렇기 때문에 항상 올바른 엔지니어링을 위해 우리는 시간을 할애한다.

▸ **처음부터 끝까지 책임감 있게 진행**

- 설계와 제조부터 영업과 마케팅, 그리고 그 이후와 그 사이의 모든 단계에 이르기까지 모든 프로그램의 모든 단계에서 누가 업무의 모든 측면을 책임지는지 알 수 있다. 공급업체 파트너를 포함한 우리 모두는 각자의 책임을 이해하고 자신이 맡은 업무에 대해 개인적으로 책임을 진다.

▸ **린(lean) 원칙 적용**

- 당사를 포함한 많은 비즈니스에 도움이 되었으므로 이를 준수할 것이다. 우리는 비즈니스의 모든 측면에서 지속적인 개선을 장려하여 낭비를 최소화하고 고객에게 제공하는 가치를 극대화하기 위해 노력할 것이다.

▸ **재작업 제거**

- 재작업은 생산성과 최초 품질에 부정적인 영향을 미치므로 엔지니어링 설계부터 공장 현장, 사무실 환경에 이르기까지 비즈니스의 모든 측면에서 재작업을 없애기 위해 노력할 것이다. 매번 처음부터 올바르게 작업한다.

▸ **비즈니스의 모든 영역에서 예측 가능성과 안정성을 보상**

- 업무에서 예기치 않은 장애물을 극복하기 위한 특별한 노력을 인정하는 것도 중요하지만, 성공을 위한 일상적인 계획, 실행, 규율을 확립하고 이를 축하하는 것이 더욱 중요하다. 비즈니스 전반에 걸쳐 예측 가능성과 안정성을 제도화하면 우선순위를 뒷받침하고 예상치 못한 상황에 대비할 수 있다.

## 우리의 행동방식

▸ **안전, 품질 및 청렴을 선도**

- 우리는 모든 업무와 비즈니스의 모든 측면에서 안전을 최우선 가치로 삼고, 최고의 품질을 위해 노력하며, 최고의 윤리 기준을 준수한다.

▸ **겸손, 포용, 투명성을 바탕으로 협력**

- 우리는 함께 개방적이고 솔직하며 서로를 존중하는 환경을 조성하여 서로의 관점을 찾고, 건전한 토론을 장려하며, 다른 사람들이 환영받고 소속감을 느낄 수 있도록 노력할 것이다.

▸ **모범적인 리더십 사례 도입**

- 우리 자신과 기업의 지속적인 개선을 위해 노력하면서, 우리는 서로뿐만 아니라 외부의 리더와 우수성을 입증한 기업으로부터 통찰력을 구할 것이다. 이러한 모범사례의 발견과 동화(assimilation)는 우리가 가장 어려운 문제를 해결할 수 있는 힘을 실어줄 것이다.

▸ **이해관계자의 신뢰와 선호도 확보**

- 우리의 가치에 전적으로 헌신하고, 투명하게 소통하며, 탁월한 결과를 제공함으로써 우리는 고객, 공급업체 및 투자자, 팀원, 제품과 서비스를 사용하는 모든 사람의 신뢰를 얻고 유지할 수 있다.

▸ **서로를 존중하며 글로벌하고 다양한 팀을 발전**

- 우리는 다양한 팀을 구성하고 서로의 차이를 자산으로 인정하며 신뢰와 투명성을 증진하는 공정한 프로세스에 책임을 다하면서 폭넓은 아이디어와 글로벌 관점을 통합하고 확대할 것이다.

**표 2.2 구글의 SWOT분석**

| 강점(Strengths) | 약점(Weaknesses) |
|---|---|
| • 유동성 확대<br>• 운영의 효율성<br>• 광범위한 서비스 포트폴리오 | • 중국 정부와의 문제<br>• 광고부문에 대한 의존도<br>• 유튜브에서의 손실 |
| **기회(Opportunities)** | **위협(Threats)** |
| • 온라인 영상에 대한 수요 증가<br>• 인터넷 광고시장의 성장<br>• 비유기적(inorganic) 성장 | • 취약한 경제전망<br>• 잘못된 클릭<br>• Microsoft와 Yahoo의 거래 |

출처: GlobalData.

러한 역량을 검토하여 현재 또는 잠재적으로 경쟁우위를 제공하는 역량을 결정할 수 있다.

외부환경분석과 내부환경분석의 조합은 SWOT분석으로 불리는데 〈표 2.2〉는 구글의 SWOT분석의 예를 보여준다. SWOT분석이 이루어지고 나면 전략적 계획팀은 전략적 대안 마련을 위한 정보를 얻게 된다. 전략경영자는 여러 대안들을 비교하여 조직의 전략적 목표를 달성하기 위한 전략적 선택을 하게 된다. **전략적 선택**(strategic choice)은 기업이 미션과 장기적 목표를 달성하는 방법에 대한 설명으로 볼 수 있다.

외부환경의 기회와 위협은 직원들과 연결되어 있다. 검증된 개인들이 노동시장으로 들어오는 경우가 드물 경우에 조직은 고객을 위한 경쟁이 아닌 직원들을 위한 경쟁을 하게 된다. 인적자원관리의 역할은 인적자원과 관련된 기회와 위협이라는 외부환경과 밀접한 관련성이 있으며 직접적으로 인적자원관리 기능과의 관련성도 살펴볼 수 있다. 잠재적 노동력 부족, 경쟁자의 임금수준, 정부의 규제가 고용에 영향을 미치게 된다. 예를 들어, 제1장에서 설명한 것처럼 미국 기업들은 점점 더 많은 고등학교 졸업생들이 업무에 필요한 기본 기술이 부족하다는 사실을 발견하고 있으며, 이는 "인적자본 부족"의 한 원인이 되고 있다. 그러나 이러한 환경적 위협을 인식하지 못한 많은 기업은 숙련된 고령 근로자의 퇴사를 장려하는 한편, 기초기술 교육이 필요한 숙련도가 낮은 젊은 근로자를 고용하고 있다.

기업의 내부 강점과 약점을 분석하려면 인적자원관리부서의 의견도 필요하다. 오늘날 기업들은 인적자원이 기업의 가장 중요한 자산 중 하나라는 사실을 점점 더 많이 깨닫고 있다. 기업이 인력의 강점과 약점을 고려하지 않으면 실행 불가능한 전략을 선택할 수 있다. 그러나 일부 연구에 따르면 이러한 수준의 연계성을 달성한 기업은 거의 없는 것으로 나타났다. 예를 들어, 한 기업은 기술 개선을 통한 비용절감 전략을 선택했다. 이 기업은 통계적 공정제어 기능을 갖춘 컴퓨터 통합 제조시스템을 중심으로 설계된 공장을 건설했다. 이 선택은 좋은 선택처럼 보였지만, 곧 다른 사실을 알게 되었다. 직원의 25%가 기능적으로 문맹이어서 직원들이 새로운 장비를 작동할 수 없다는 것이다.

따라서 통합적인 연계를 통해 전략기획자는 전략적 선택을 하기 전에 사람과 관련된 모든 비즈니스 문제를 고려하며 미션, 목표, 강점, 약점, 기회 및 위협과 관련하여 전략기획팀이 보다 현명한 전략적 선택을 할 수 있도록 이끌어준다. 이와 같은 프로세스가 성공을 보장하지는 않지만, 사람과 관련된 비즈니스 문제를 해결하는 기업은 궁극적으로 성공할 수 있는 선택을 할 가능성이 더 높다.

최근 연구에 따르면 인적자원관리 임원이 전략 수립에 통합적으로 참여해야 할 필요성이 뒷받침되고 있다. 미국 석유화학 정유업체를 대상으로 한 한 연구에 따르면 인적자원관리 참여 수준은 정유업체 관리자의 인적자원관리 기능의 효과성 평가와 긍정적인 상관관계가 있는 것으로 나타났다. 제조기업을 대상으로 한 두 번째 연구에서는 최고경영자가 직원을 전략적 자산으로 간주하고 이직률 감소와 연관시킬 때 인적자원관리 참여도가 가장 높다는 사실을 발견했다. 그러나 두 연구 모두 인적자원관리 참여가 사업부 재무성과와는 무관한 것으로 나타났다.

연구에 따르면 전략 수립 프로세스에 인적자원관리를 완전히 통합한 기업은 거의 없는 것으로 나타났다. 앞서 언급했듯이, 기업들은 치열한 경쟁환경에서 인적자원을 전략적으로 관리하는 것이 경쟁우위를 제공할 수 있다는 사실을 인식하기 시작했다. 따라서 관리적 연계 수준의 기업은 더욱 통합되거나 소멸에 직면하게 될 것이다. 또한 기업들은 인적자원을 전략적으로 관리하기 위해 통합적으로 연계되는 방향으로 나아갈 것이다.

전략 수립 시 사람과 관련된 모든 비즈니스 이슈를 고려하는 것은 무엇보다 중요하다. 이러한 이슈는 인적자원관리 기능에서 제시되며 인적자원관리 기능을 전략 수립에 통합하는 메커니즘이나 구조는 전략기획팀이 가장 효과적인 전략적 선택을 하는 데 도움이 될 수 있다. 전략적 선택이 결정되면 인적자원관리는 이를 실행하는 데 적극적인 역할을 수행해야 한다.

## 전략 실행

기업은 전략을 선택한 이후 실행을 위해서 매일매일 업무일과를 정한다. 기업이 추구하는 전략은 인적자원의 요구를 수반한다. 좋은 전략을 수반한 기업은 목표를 달성하기 용이하며, 직원들은 필요한 과업수행을 위한 기술을 습득하며 기술이 효과적으로 발휘될 수 있도록 동기부여된다.

전략 실행 이전의 중요한 기본적 전제는 조직이 다양한 구조적 형태를 갖고 있고 주어진 전략 실행을 위해 조직적 프로세스를 결정한다는 것이다. 이러한 선택은 결국 경제적 성과의 차이를 발생시킨다. 성공적인 전략 실행을 위한 다섯 가지 요소들은 조직구조, 과업설계, 직원의 선발/훈련/개발, 보상시스템, 정보의 유형과 정보시스템이다.

〈그림 2.6〉에서 보면 인적자원관리는 다섯 가지 요소 중 세 가지 요소의 실행과 연결되어 있는데 과업, 직원, 보상시스템이다. 덧붙여 인적자원관리는 나머지 두 개의 요소인 조직구조와 정보/의사결정 프로세스에도 직접적으로 영향력을 미치게 된다. 첫째, 전략이 성공적으로 실행되는 경우에 과업은 효과적인 직무단위로 설계되고 그룹화된다. 제3장의 업무의 분석과 설계과정을 통해 이를 어떻게 하는지가 제시되어 있다. 둘째, 인적자원관리 기능은 전략 실행을 위해 필요한 지식, 기술, 능력을 보유한 직원들을 배치하게 된다. 이러한 목표의 달성은 모집, 선발, 배치, 훈련, 개발 그리고 경력관리를 통해 이루어진다. 이는 제4장, 제5장, 제6장, 그리고 제8장에 제시되어 있다. 또한 인적자원관리 기능은 성과관리와 평가시스템을 개발하여 직원들로 하여금 전략적 계획을 지원하는 업무를 수행하도록 한다. 성과관리시스템은 제7장에 제시되어 있다. 보상시스템의 역할에 따른 이슈들은 제10장부터 제11장에 제시되어 있다. 다시 말해 인적자원관리 기능의 역할은 1) 기업에 필요한 적정한 수의 직원들이 전략계획에 필요한 다양한 기술과 높은 수준을 보유할 수 있도록 하고, 2) 통제시스템을 개발하여 직원들로 하여금 전략적 계획하에 설정된 목표를 달성하기 위한 활동을 하도록 하는 것이다.

기업이 전략을 실행하는 방법을 살펴볼 때, 문화와 핵심인재라는 두 가지 주요 구성요소를 다룰 필요가 있다.

**그림 2.6 전략 실행에서 고려해야 할 요소들**

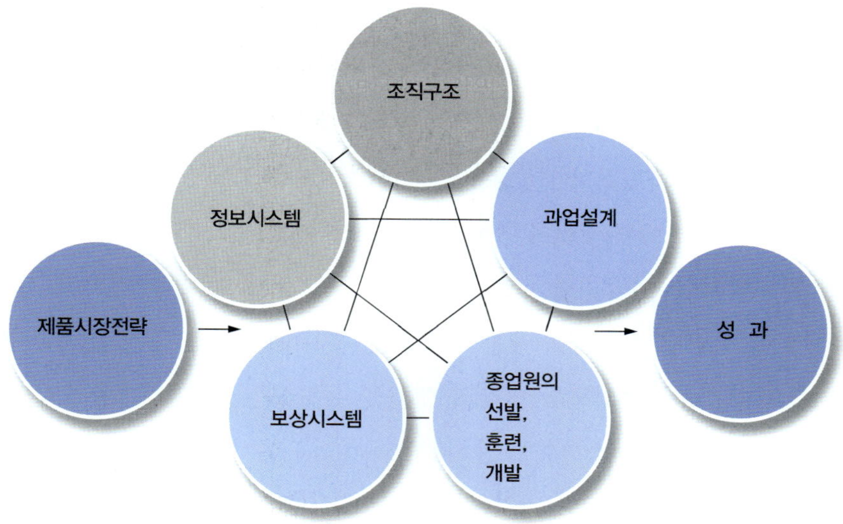


## 조직문화

**조직문화**(organizational culture)는 "기업이 비즈니스를 수행하는 방식을 정의하는 가치, 신념, 가정, 상징의 복합적인 집합"으로 정의할 수 있다. 따라서 조직문화는 관련 이해관계자(직원, 고객, 공급업체, 경쟁사)를 정의하고 이들과 상호작용하는 방식을 정의하는 데 도움이 된다. 여러분은 매장에서 쇼핑을 하거나 레스토랑에서 저녁 식사를 하거나 호텔에 묵을 때마다 조직문화를 경험한다. 이러한 환경에서 직원과의 상호작용은 고객인 여러분을 대하는 방식에 대한 조직의 가치와 신념을 반영하고 있다. 최근 웰스파고(Wells Fargo)의 가짜 고객계정 생성이나 우버(Uber)의 성차별과 같은 스캔들로 인해 해당 기업의 평판이 크게 훼손되면서 최고경영자와 이사회 모두 문화에 대한 관심이 높아졌다. 최근 최고인사책임자를 대상으로 한 설문조사에 따르면 문화는 최고경영자가 요구하는 결과물 중 3순위로 올라섰다. 또한 전미기업이사회아카데미(National Academy of Corporate Directors)는 최근 이사회 구성원을 위한 보고서를 개발했다. 여러 기업들의 스캔들은 역기능적인 문화가 초래한 결과를 보여주지만, 문화가 조직의 성공을 이끄는 데 도움이 될 수 있는 잠재력을 충분히 보여주지는 못하고 있다.

앞서 전략의 핵심 질문 중 하나는 고객에게 제공하는 가치 측면에서 '어떻게 경쟁할 것인가'라고 언급하였다. 문화는 기업이 고객과 상호작용하는 방식을 정의하는 데 도움이 되므로 문화적 가치가 고객가치와 일치할 때 기업은 실제로 고객가치를 제공할 가능성이 높아진다. 메리어트(Marriott)와 같은 기업이 고객서비스를 통해 차별화를 시도하는 경우, 서비스가 가장 중요하고 잘 정의된 문화적 가치 중 하나를 대표한다면 훨씬 더 효과적으로 차별화할 수 있을 것이다.

또한 "무엇으로 경쟁할 것인가"라는 질문은 고객에게 이러한 가치를 제공할 수 있는 역량을 창출하는 사람, 기술, 프로세스에 초점을 맞춘 또 다른 전략적 질문이다. 문화는 이러한 역량에 적합한 인재를 유치하고 유지하는 데 도움을 줄 뿐만 아니라 고객가치를 극대화할 수 있도록 인재의 행동을 유도하는 통로 역할을 한다.

인적자원 전문가(Guru)인 데이브 울리히(Dave Ulrich)는 효과적인 문화란 내부의 가치가 고객이 기업에서 추구하는 가치와 직접적으로 연관되어 있는 문화라고 주장하고 있다. 예를 들어, 그는 아마존(Amazon)의 관행(사실이라면 비윤리적일 수도 있음)과 까다롭고 엄격하며 주도적인 문화에 대한 부정적인 뉴욕타임스의 기사를 언급한다. 그런 다음 사람들이 아마존에서 구매하는 이유를 묻자 저렴한 비용, 예측가능한 짧은 배송기간, 작업의 용이성 등을 꼽는다. 그리고 고객에게 이러한 가치 있는 결과를 제공하기 위해 아마존이 어떤 유형의 문화가 필요한지 묻는다. 결국 고객이 다른 곳이 아닌 아마존에서 구매하고 싶어 하는 기대치를 충족하기 위해서는 규율, 표준화, 엄격함과 정확성의 문화가 필요하다.

많은 사람들이 보잉의 표류하는 문화를 추락의 주요 원인으로 꼽았다. 외부인과 일부 주요 고객은 경영진이 재무 목표를 달성하고 경영진의 보너스를 보장하기 위해 비용절감에 지나치게 집중하기 시작했다고 인식했다. 이러한 협소한 초점으로 인해 안전과 품질에 대한 투자를 줄이기 시작했으며, 혁신과 안전에 기반한 문화에서 재무에 초점을 맞춘 문화로 전환되었음을 나타내 주고 있다.

결국 기업이 최대한의 효과와 효율성을 발휘하려면 전략과 문화 모두 고객에게 제공할 가치에 맞춰 조정되어야 한다.

## 핵심인재

핵심인재의 의미를 정의하는 것이 중요하다. **핵심인재**(talent)는 꽤 많이 사용되는 용어로서, 사람들이 같은 어휘를 사용하지만 서로 다르게 사용하는 문제를 잘 보여주는 용어이기도 하다. 예를 들어, 일부 기업에서는 핵심인재를 기업의 현재 및 미래 리더로 간주한다. 다른 기업들은 핵심인재를 기업의 성과에 긍정적인 영향을 미칠 수 있는 모든 사람으로 폭넓게 보고 있다. 마지막으로, 일부 기업에서는 핵심인재를 기업에 불균형적인(긍정적이든 부정적이든) 영향을 미칠 수 있는 개인으로 간주하고 있다. 이러한 정의는 모두 유효하지만, 본서에서는 인적자원에 대한 전략적 접근방식을 구현하는 방법에 대한 보다 명확한 접근방식을 제공하기 위한 수단으로 후자의 정의를 강조하고자 한다.

전략적 인적자원관리의 초창기에는 많은 저자들이 다양한 전략에 따라 어떤 종류의 인적자원 관행이 연관될 수 있는지에 대한 유형론을 개발하고자 했다. 그러나 최근 인적자원을 전략과 연결하려는 시도는 조직의 가치사슬에 대한 이해를 통해 전략, 역량, 인력을 통합하는 데 초점을 맞추고 있다. 여기에는 기업이 가장 큰 가치를 창출하고자 하는 분야와 이를 위해 필요한 핵심인재를 파악하는 것이 수반된다. 이 장의 앞부분에서 주요 전략적 질문 "어디에서 경쟁할 것인가?", "어떻게 경쟁할 것인가?" 그리고 "무엇으로 경쟁할 것인가?"를 떠올려 보라. 핵심인재와 전략을 연결하려면 "어떻게"와 "무엇으로"라는 질문을 통합하는 데 집중해야 한다.

가치사슬은 조직의 모든 부분을 연구개발(R&D), 공급망, 제조, 유통, 서비스 등 다양한 역량으로 분류하는 모델이다(〈그림 2.7〉 참조). 의사결정권자의 첫 번째 단계는 가치사슬에서 고객을 위해 가장 큰 가치를 창출할 수 있는 위치를 결정하는 것이다. "어떻게 경쟁할 것인가?"라는 질문에는 고객이 경쟁업체가 아닌 우리 제품이나 서비스를 구매하고 싶게 만드는 차별화 요소가 무엇인지 이해하는 것이 포함된다. 이 논의와 질문을 연결해 보면, 기업이 혁신을 통해 가치를 제공하고자 한다면 연구개발 역량이 세계 최고 수준이어야 한다는 뜻이다. 최저 비용을 추구하는 기업이라면 공급망이나 제조 역량에서 세계 최고 수준이어야 할 것이다. 다시 말하지만, 이는 고객에게 전략적 가치를 제공하는 데 필요한 역량을 이해함으로써 "어떻게"라는 질문과 "무엇으로 경쟁할 것인가"라는 질문을 연결한다. 예를 들어, 이 책을 읽는 대부분의 독자는 테슬

**| 그림 2.7 가치사슬, 제조, 유통 및 서비스 예시**

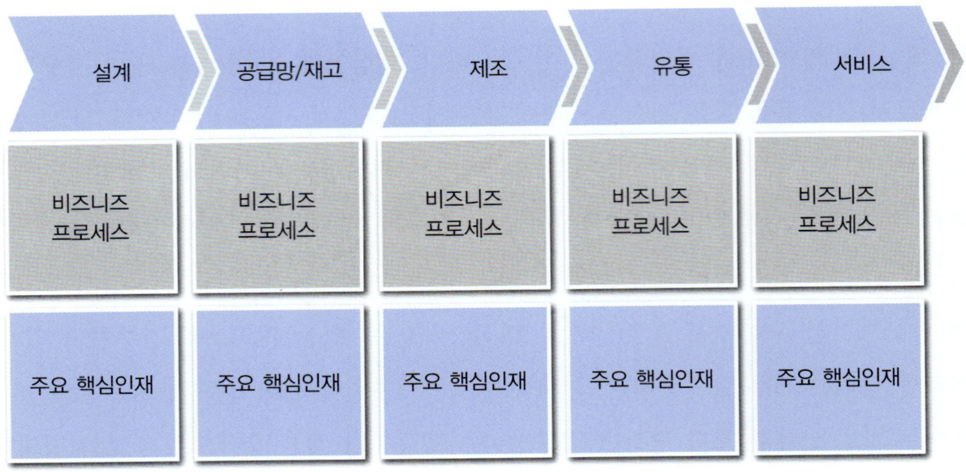


라(Tesla)를 소유하고 싶어 할 것이다. 일론 머스크(Elon Musk)의 테슬라는 아름다운 전기자동차를 디자인할 수 있었다. 그러나 현재는 실제로 자동차를 생산할 수 있는 충분한 역량을 갖추지 못해 수익을 창출하지는 못하고 있다. 일부에서는 테슬라가 애플처럼 자동차 제조를 더 잘하는 기업에 생산부문을 아웃소싱하고 테슬라는 기술혁신에 집중하는 것이 더 낫다고 제안하기 시작하였다.

다음으로, 역량은 사람, 시스템, 프로세스의 조합으로 구성되므로 기업은 이러한 역량을 구축하거나 유지하기 위해 어떤 핵심인재 풀(직무 또는 직군)이 세계 최고 수준이어야 하는지 파악해야 한다. 모든 직원은 본질적으로 가치가 있고 직원의 성과가 기업의 성공에 필요하지만, 특정 직원은 더 전략적인 가치를 제공한다는 점에 유의해야 한다. 즉, 전자는 잘해야 하지만 후자는 최고가 되어야 한다는 것이다. 프루덴셜(Prudential)의 최고인적자원 책임자인 루시앤 알지아리(Lucien Alziari)는 이를 세계 최고가 되어야 하는 직원 그룹과 "좋은 것만으로는 충분하지 않은" 직원 그룹을 구분하는 것이라고 말한다. 예를 들어, 혁신 역량을 구축하고자 하는 기업이라면 훌륭한 비즈니스 프로세스 내에서 최고의 기술 시스템을 갖춘 최고의 R&D 과학자 또는 최고의 소프트웨어 개발자가 필요하다는 것을 의미한다. 제조 그룹이 우수해야 하지만, 이러한 역량이 기업을 차별화시키지 않기 때문에 좋은 인재만 있으면 충분하다. 따라서 애플과 같은 기업은 고객이 쉽게 사용할 수 있는 운영체제를 만들기 위해 훌륭한 소프트웨어 개발자를 고용하려고 하며, 위에서 언급한 것처럼 제조부문은 다른

**| 그림 2.8 전략, 문화, 핵심인재가 고객가치를 중심으로 완전한 일치**

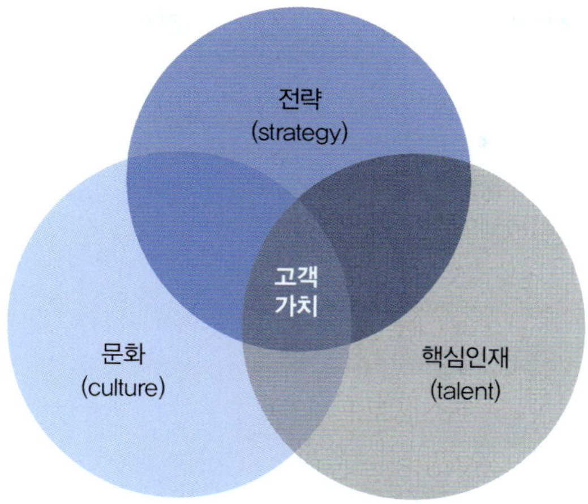


기업에 아웃소싱한다.

이 접근방식에서는 '핵심인재'를 고객에게 가치를 제공하는 가치사슬의 일부가 아닌 가치를 창출하는 데 중요한 핵심 직원 그룹을 구성하는 직원으로 간주한다. 다시 한번 강조하지만, 핵심적인 전략적 질문 중 하나는 기업이 고객에게 어떤 가치를 제공하여 고객이 구매하고 싶게 만들 것인가를 선택하는 것과 관련이 있다. 이전에서 살펴본 바와 같이 문화의 핵심 측면 중 하나는 문화적 가치가 고객에게 제공되는 가치와 일치하는지 확인하는 것이다. 마지막으로, 고객에게 가치를 창출하는 역량에 가장 중요한 그룹을 정의하여 핵심인재를 생각해 본다. 〈그림 2.8〉에서 볼 수 있듯이 전략, 문화, 인재가 고객가치를 중심으로 완전히 일치할 때 가장 좋은 결과를 얻을 수 있다.

이를 본질적으로 인적자원관리와 전략의 '수직적 연계(vertical alignment)'라고 한다. 수직적 연계는 인적자원 관행과 프로세스가 비즈니스의 전략적 요구사항을 해결하는 데 목표를 둔다는 것을 의미한다. 하지만 전략과 인적자원 관행 사이의 연결고리는 주로 사람을 통해 이루어진다. 즉, 앞서 설명한 대로 '핵심인재'를 전략적으로 관리하는 것은 물론, 더 큰 규모의 인력을 기업이 고객을 위해 가치를 창출하고자 하는 방식에 맞춰 관리해야 한다. 예를 들어, IBM이 개인용 컴퓨터 제조업체에서 완전한 통합 서비스 제공업체로 전환하면서 필요한 핵심인재의 유형이 크게 바뀌었다. 제조 또는 조립 공장에서 수천 명의 직원을 고용하는 대신 새로운 '미들웨어(middleware)'

**그림 2.9 전략 실행**

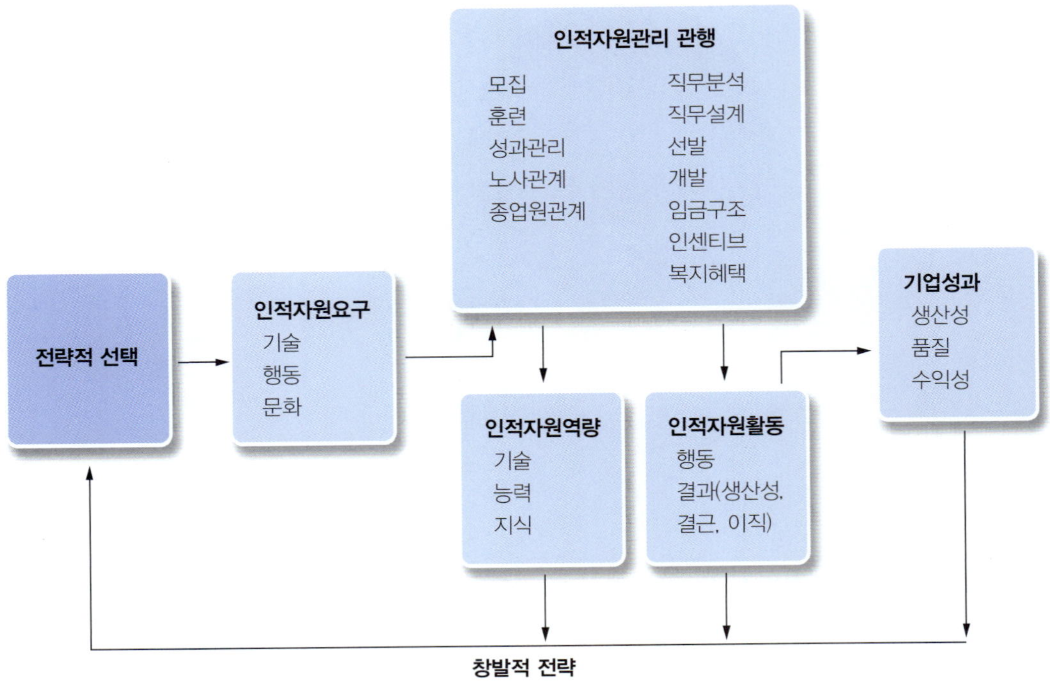


프로그램을 작성하는 데 도움을 줄 소프트웨어 엔지니어와 기업 고객이 이러한 시스템을 구현하는 데 도움을 줄 컨설턴트가 점점 더 많이 필요했다. 또한 IBM이 '통합 솔루션' 제공업체(기업의 전체 정보기술 요구사항에 대한 하드웨어, 소프트웨어, 컨설팅 및 서비스를 판매할 수 있다는 의미)로 차별화되면서 직원들은 독립적으로 운영하기보다는 여러 사업부 간 협력을 강조하는 새로운 사고방식이 필요했다. 최근 IBM이 '더 스마트한 세상(smarter planet)'으로 변모하면서 통찰력을 제공하기 위해 빅 데이터의 활용에 점점 더 의존하고 있다. 따라서 전략이 바뀔 때마다 필요한 기술, 직원, 행동의 종류가 달라진다.

인적자원관리부서는 올바른 핵심인재를 확보하고 올바른 문화를 지원하기 위해 어떻게 전략을 실행할까? 〈그림 2.9〉에서 볼 수 있듯이 직무분석 및 설계, 채용, 선발 시스템, 교육 및 개발 프로그램, 성과관리 시스템, 보상 시스템, 노사관계 프로그램 등 인적자원관리 관행을 관리함으로써 가능하다.

이 책의 나머지 부분에서는 각 인적자원관리 관행의 세부 사항을 중점적으로 다룬다. 그러나 이 시점에서 인적자원관리 관행에 대한 일반적인 개요와 전략 실행에서의 역할을 제시하는 것이 중요하다. 그런 다음 기업이 추구하는 다양한 전략과 이러한 전략에 부합하는 인적자원관리 시스템의 유형에 대해 설명한다. 먼저 전략 유형이 어떻게 구현되는지에 초점을 맞춘 다음, 다양한 방향성 전략과 관련된 인적자원관리 관행에 대해 논의한다.

## 인적자원관리 관행

인적자원관리 기능은 여섯 가지의 관행들로 이루어지며 기업들은 적절한 전략 실행을 위해 이를 선택할 수 있다. 각 요소는 인적자원관리의 기능적 부분으로 직무분석 · 설계, 모집 · 선발, 훈련과 개발, 성과관리, 임금구조 · 인센티브 · 복리후생, 노사 및 고용관계이다. 〈표 2.3〉에서 확인할 수 있다.

### 직무분석과 설계

기업은 제품 또는 서비스(제품군 또는 서비스군)를 생산하게 되고 이러한 제품을 만들기 위해서 여러 가지 과업들이 수행된다. 이러한 과업을 묶어놓은 형태가 직무이다. **직무분석**(job analysis)은 직무에 대한 세부적 정보를 얻는 과정이며, 직무설계는 어떠한 과업들을 특정한 직무로 그룹화할지를 나타낸다. **직무설계**(job design)는 조직과 전략의 연계를 이루도록 하는 중요한 것으로 전략은 새롭고 차별화된 과업 또는 같은 과업이라도 그 수행에 있어서 다른 실행방법들을 요구하기 때문이다. 더불어 많은 전략들은 새로운 기술 도입을 수반하는데 이러한 기술이 업무수행 방법에 영향을 미치기 때문이다.

일반적으로 직무는 다양한데 좁은 범위의 과업(대부분의 경우 단순화가 요구되고 제한된 기술범위가 요구됨)으로 구성될 수 있고, 다양한 기술을 필요로 하는 복잡한 과업으로 구성되어 넓어질 수도 있다. 과거에는 좁은 범위의 직무설계가 효율성을 증가시키는 것으로 보았다. 반면 넓은 범위의 직무설계는 혁신향상의 노력과 관련되어 있는데 전사적품질관리방법(TQM)과 품질분임조와 같은 다양한 직원관여 프로그램의 출현으로 직무의 범위는 더 넓어지게 되었다.

**표 2.3 인적자원관리 관행 옵션**

| | | |
|---|---|---|
| **직무분석과 설계** | | |
| 적은 과업 | ⇔ | 많은 과업 |
| 단순한 과업 | ⇔ | 복잡한 과업 |
| 적은 기술 요구 | ⇔ | 많은 기술 요구 |
| 구체적 직무기술서 | ⇔ | 일반적 직무기술서 |
| **모집과 선발** | | |
| 외부 | ⇔ | 내부 |
| 제한적 사회화 | ⇔ | 광범위한 사회화 |
| 구체적 기술 평가 | ⇔ | 일반적 기술 평가 |
| 좁은 경력경로 | ⇔ | 넓은 경력경로 |
| **훈련과 개발** | | |
| 현재 직무기술 초점 | ⇔ | 미래 직무기술 초점 |
| 개인 지향 | ⇔ | 집단 지향 |
| 적은 수의 직원 훈련 | ⇔ | 전체 직원 훈련 |
| 즉흥적, 비계획적 | ⇔ | 계획적, 체계적 |
| **성과관리** | | |
| 행동 기준 | ⇔ | 결과 기준 |
| 개발 지향 | ⇔ | 관리 지향 |
| 단기 기준 | ⇔ | 장기 기준 |
| 개인 지향 | ⇔ | 집단 지향 |
| **임금구조, 인센티브와 복리후생** | | |
| 급여 및 복리후생 중심의 임금 | ⇔ | 인센티브 중심의 임금 |
| 단기 인센티브 | ⇔ | 장기 인센티브 |
| 내부적 공정성 강조 | ⇔ | 외부적 공정성 강조 |
| 개인 인센티브 | ⇔ | 집단 인센티브 |
| **노사 및 고용관계** | | |
| 집단교섭 | ⇔ | 개인교섭 |
| 하향식(top-down) 의사결정 | ⇔ | 참여적 의사결정 |
| 공식적 절차 | ⇔ | 절차 없음 |
| 직원을 비용으로 간주 | ⇔ | 직원을 자산으로 간주 |

출처: Adapted from R. S. Schuler and S. F. Jackson, "Linking Competitive Strategies with Human Resource Management Practices," *Academy of Management Executive* 1(1987), pp.207–219; and C. Fisher, L. Schoenfeldt, and B. Shaw, *Human Resource Management*, 2nd ed.(Boston: Houghton Mifflin, 1992).

## 직원 모집과 선발

**모집**(recruitment)은 잠재적(potential) 고용을 위해 지원자들을 찾는 과정을 말한다. **선발**(selection)은 기업 목표의 달성을 위해 도움이 되는 지원자들의 필요한 지식, 기술 능력, 다른 특성들을 명확하게 규명하는 것을 말한다. 기업은 각기 다른 전략하에서 다른 유형의 직원들을 필요로 한다. 기업이 추구하는 전략은 직원들의 유형에 직접적인 영향을 미치게 되고 모집과 선발을 통해 이루어진다.

### 직원 훈련과 개발

여러 기술들은 훈련과 개발을 통해 직원들에게 스며든다. **훈련**(training)은 직원들의 직무 관련 지식, 기술, 행동의 학습을 촉진하는 계획된 노력이다. **개발**(development)은 지식, 기술 그리고 행동의 습득과 연계되어 있으며 현재 존재하고 있는 직무 또는 현재 존재하고 있지 않는 직무 등 다양한 직무도전에 부응할 수 있도록 직원들의 능력을 향상시키는 것이다. 전략의 변화는 기술의 유형, 수준, 조합들의 변화를 요구하게 된다. 전략 관련 기술의 습득은 전략 실행의 핵심적 요소가 된다. 최근에 많은 기업들은 최근 제품의 품질을 강조하고 있으므로 전사적품질관리(TQM) 프로그램과 맞물려 있다. 이러한 프로그램은 전사적품질관리(TQM) 철학, 방법, 품질확보를 위한 여러 기술 차원하에서 모든 직원들에게 광범위한 훈련을 필요로 한다.

모집, 선발, 훈련, 개발을 통해 기업은 가능한 인적자원의 풀을 확보하여 전략을 실행하게 된다.

### 성과관리

**성과관리**(performance management)는 직원들의 활동과 산출물이 조직의 목적과 일치되게끔 활용된다. 이러한 활동과 산출물들은 기업의 성공적 전략 실행 결과로 규정될 수 있어야 한다. 예를 들어, 기업이 안정적 상황(steady state)(다각화되지 않은)에서의 평가시스템은 주관적 성과평가가 이루어진다. 계층구조상에서 첫 번째 단계의 관리자들은 어떻게 업무가 수행되어야 하는지에 대한 지식을 갖고 있다. 반면에 다각화된 기업에서는 성과의 양적인 척도를 활용하여 관리자들을 평가하는데, 최고경영자는 계층구조상 자신보다 낮은 위치에 있는 경우에 어떻게 업무가 수행되는지에 대한 지식이 부족하기 때문이다.

유사하게, 행동에 대한 광범위한 지식을 보유하고 있는 임원들은 그들의 부하관리자들의 행동에 초점을 두고 성과관리시스템을 활용하여 효과적인 성과창출을 이끌어낸다. 그러나 임원들이 효과적인 성과로 이어지는 구체적인 행동이 명확하지 않은 경우 부하관리자의 객관적인 성과 결과를 평가하는 데 집중하는 경향이 있다.

성과관리가 전략과 어떻게 연계될 수 있는지에 대한 예시는 〈표 2.4〉에 나와 있다. 이 예시는 의료업계의 한 기업에서 나온 것으로, 기업의 전략은 5가지 "전략적 필수사항", 즉 기업이 달성하고자 하는 것으로 구성되어 있다. 이 기업에서는 모든 개인이

**표 2.4 개인별 성과계획에서 각 전략적 필수과제와 연계된 목표가 확인된 비율**

| 전략적 과제 | A사업 | B사업 | 국제 | 투자 | 재무 | 법률 | IT | 인사/보안 | 기획 |
|---|---|---|---|---|---|---|---|---|---|
| 탁월한 의료성과 달성 | 10.5% | 12.5% | 2.7% | 7.6% | 3.1% | 2.7% | 11.4% | 2.1% | 10.0% |
| 고객에 대한 효과적 응대 | 24.7% | 27.2% | 36.7% | 12.2% | 10.3% | 27.2% | 18.9% | 19.5% | 23.7% |
| 뛰어난 제품, 서비스 창출 | 5.6% | 6.1% | 10.1% | 9.8% | 5.0% | 10.1% | 15.3% | 8.9% | 6.9% |
| 성공적 환경조성 | 27.7% | 29.7% | 30.1% | 29.9% | 30.3% | 33.7% | 22.4% | 39.4% | 27.7% |
| 비용 이점 | 31.5% | 24.5% | 20.5% | 40.5% | 51.3% | 26.3% | 32% | 30.0% | 31.7% |
| 전체 | 100% | 100% | 100% | 100% | 100% | 100% | 100% | 100% | 100% |

매년 성과 목표를 설정하고, 각 목표는 전략적 필수과제 중 하나 이상과 연계되어야 했다. 인사담당 수석 부사장은 기업의 기술 시스템을 사용하여 각 사업부 또는 기능이 각 필수과제에 어느 정도 집중하고 있는지 조사했다. 이 표는 여러 부서에서 각 필수과제에 연결된 목표의 비율을 보여주고 있다. 분석을 통해 기업은 각 사업부 또는 기능 내에서뿐만 아니라 전사적으로도 목표의 조합이 적절한지 판단할 수 있었다.

## 임금구조, 인센티브 및 복리후생

임금시스템은 전략 실행에 중요한 역할을 수행한다. 첫째, 경쟁자와 비교하여 높은 수준의 임금 또는 복리후생을 제공하는 기업은 능력있는 직원들의 마음을 사로잡고 유지할 수는 있지만 전체 노동비용의 상승으로 부정적 영향력도 나타난다. 둘째, 성과에 따른 보상 시도는 기업이 직원들에게 특정 활동과 성과수준을 이끌어낼 수 있게 한다.

보상관행과 전략의 관련성에 있어서 33개 첨단기술기업과 72개의 전통적 기업을 성장단계(연간 매출 증가가 인플레이션 조정 후에도 20% 이상 높은 경우) 또는 성숙단계로 구분하여 조사한 연구결과에 따르면 첨단기술기업이 성장단계에서 높은 인센티브 제공을 통해 낮은 수준의 전체 임금과 복리후생을 충당하는 보상시스템을 활용하고 있었다. 반면에 비교적 오래된 기업(첨단기술과 전통적 기업)은 낮은 수준의 전체 임금과 인센티브를 높은 수준의 복리후생으로 충당하고 있었다.

### 노사 및 고용관계

노동조합이 있는 기업이든 그렇지 않은 기업이든 직원관계는 잠재적으로 경쟁우위에 강하게 영향을 미치고 있다. 기업은 직원들을 자산으로 여기고 이들에 대해 투자를 하거나 또는 지출을 극소화시킬 수 있다. 기업은 얼마나 많은 수의 직원들이 의사결정에 참여하는지, 직원들의 권리는 무엇인지, 기업은 직원들에게 어떠한 책임이 있는지를 선택해야만 한다. 기업의 이러한 결정은 결과적으로 성공적으로 단기적, 장기적 목표를 달성할 수 있도록 하거나 현재 진행 중인 상황을 중지시킬 수도 있다.

최근 연구들에서는 기업들이 성과와 생산성을 극대화하는 일련의 인적자원관리 관행을 개발하는 방법을 조사하고 있다. 예를 들어, 전 세계 자동차 조립공장을 대상으로 한 연구에 따르면 높은 생산성과 높은 품질을 모두 갖춘 공장은 모집 및 채용에 중점을 두고, 성과와 연계된 보상, 낮은 수준의 직급 차별화, 신입 및 경력 직원 모두에 대한 높은 수준의 교육, 작업팀 및 문제 해결 그룹과 같은 구조의 직원 참여와 같은 "인적자원관리 모범사례"를 사용하는 것으로 나타났다. 또 다른 연구에서는 선발시험, 교육, 비정규직 급여, 성과 평가, 태도 설문조사, 직원 참여, 정보 공유로 구성된 인적자원관리 시스템이 높은 수준의 생산성과 기업 재무성과를 달성하고 직원 이직률을 낮추는 것으로 나타났다. 마지막으로, 최근 연구에 따르면 '가장 일하기 좋은 직장'으로 선정된 기업은 그렇지 않은 기업보다 재무성과가 더 높은 것으로 나타났으며 유사한 결과는 다른 여러 연구에서도 관찰되었다.

일반적으로 인적자원관리 관행과 성과 간의 관계 외에도 오늘날과 같이 급변하는 환경에서는 기업이 빠르게 변화해야 하므로 직원의 기술과 행동에도 변화가 필요하다. 한 연구에서 연구자들은 인적자원관리 관행의 유연성, 직원의 기술, 직원의 행동이 모두 기업의 재무성과와 긍정적인 관계가 있지만 특히 기술 유연성이 비용 효율성과 관련이 있다는 사실을 발견했다. 다만 이러한 관계에서 인과관계의 방향은 아직 증명되지 않았다. 예를 들어, 효과적인 인사 관행은 기업의 성과 향상에 도움이 되지만, 수익성이 높은 기업이 인사 관행에 더 많은 투자를 할 수 있는 것도 사실이다. 연구에 따르면 관행과 성과 간의 관계는 일관되게 긍정적이지만, 인적자원관리 관행의 사용을 늘리면 자동으로 수익성이 높아진다는 주장을 지나치게 확대 해석하면 안 된다.

## 전략 유형

기업은 본원적(generic) 경쟁전략을 추구하고 있다. 본원적 경쟁전략은 전략계획이 어떠한 의미가 있는지를 설명한다는 점에서 중요하다. 기업은 자신이 속한 산업에서 다른 기업들과 경쟁을 하게 되는데 다양한 유형의 전략이 필요하지만 하버드 경영대학(Harvard Business School)의 마이클 포터(Michael Porter)가 제안한 본원적 경쟁전략인 비용우위와 차별화 전략을 설명하고자 한다.

포터에 의하면 경쟁우위(competitive advantage)는 기업이 생산 프로세스에서 가치를 창출하는 것과 연결되어 있는데 두 가지 방안으로 창출된다. 첫째, 가치는 비용 감소로부터 창출된다는 것이다. 둘째, 가치는 경쟁자에 비해 차별화된 제품 및 서비스로 인하여 나타나는 상대적 프리미엄 가격 부여를 통해 창출된다는 것이다. 포터에 의하면 전반적 비용우위 전략은 산업에서 최저 비용에 초점을 두고 있다. 큰 규모의 장치 건설을 통해 경험곡선이 이루어지고 연구개발, 서비스, 영업부, 광고 부문에서 비용과 간접비용의 절감을 통해 이루어진다. 이러한 전략은 산업 내에서 평균 이익 이상을 기업이 창출하기 위해서는 산업에 처음 진입할 때 진입장벽을 넘어서야 하고 결국은 경쟁자의 비용보다 낮게 하여 자신의 제품가격을 낮춤으로써 진입장벽을 넘어선다는 것이다.

차별화 전략(differentiation strategy)은 기업의 제품 또는 서비스가 산업 내에서 인상적이어야 한다는 것이다. 차별화 전략에 대한 인식은 브랜드 이미지의 창출로부터 가능한데 기술, 독특한 제품 제시, 독특한 고객서비스로부터 이루어진다. 만일 기업이 제품에서 차별화를 이룰 수 있다면 평균 수준 이상의 이익을 창출할 수 있고 가격탄력성으로부터 기업을 보호할 수 있다. 예를 들어, 델(Dell) 컴퓨터는 공급망관리와 직접판매를 통해 비용을 낮춰 저가의 컴퓨터를 제공함으로써 좋은 평판을 얻을 수 있었다. 그러나 최근 들어 고객시장이 성장하는 과정에서 HP 역시 차별화를 지향하고 있다. 디자인이 뛰어난(stylish-looking) 컴퓨터를 유통채널인 아울렛(outlets)을 통해 판매함으로써 디자인이 뛰어나고 가격도 저렴하다고 고객이 느끼도록 하였기 때문이다. 애플은 자신의 운영시스템을 통해 i-Pad와 i-Phone과 같은 주변기기를 잘 통합함으로써 차별화를 이루었다. 두 사례에서 보듯이 HP와 애플은 델의 가격보다 더 높은 프리미엄을 부가할 수 있게 되었다.

## 전략 유형에서 인적자원관리 요구

전략 유형은 경쟁적 사람들을 필요로 하고 있는데, 각 전략들은 다양한 유형의 행동과 태도를 갖춘 직원들을 요구하고 있다. 차별화 전략은 특정 기술을 갖는 직원들을 필요로 하고 있으며 차별화된 **역할행동**(role behavior) 제시도 필요하다. 역할행동은 사회적 업무환경에서 직무수행자에게 요구되는 행동이다. 역할행동은 다차원적이다. 차별화된 역할행동은 차별화된 전략으로부터 나온다. 만일 기업이 비용전략을 지향하면 직원들은 양적 측면을 고려한 행동을 하게 되고 안정성과 위험회피와 같은 단기적 성과에 초점을 두게 된다. 이러한 기업에 근무하는 직원들은 반복적이고 독립적 또는 자율적 역할행동이 기대된다.

기업이 비용전략을 지향하면 생산효율에 초점을 두게 되고 기술영역에서 훈련투자가 필요하다. 또한 성과에 기반을 둔 보상인 행동성과 관리시스템에 의존하게 된다. 이러한 기업은 내재적으로 상사와 부하와의 높은 임금 차이를 보이는 임금시스템을 발전시켜 왔다. 직원들의 참여를 통해 어떻게 효율적 생산을 수행할지에 대해 직원들로부터 아이디어를 얻음으로써 효율성을 추구하게 된다.

반면에 차별화된 전략을 수행하고 있는 기업은 적정 수준의 양적 고려, 장기지향, 업무모호성의 용인(tolerance)과 위험추구, 높은 수준의 창의성과 협력을 필요로 한다. 이러한 기업의 직원들에게는 다른 사람들과의 협력, 새로운 아이디어의 개발, 과정과 결과의 균형 등을 포함한 역할행동이 요구된다.

이처럼 차별화 전략을 추구하는 기업은 일반적 직무기술서에서 정의되는 직무의 범위를 넓히는 것을 통해 창의성을 추구하고 있다. 그들은 외부에서 신입직원들의 제한적 사회화, 넓은 경력개발 경로가 제공되는 모집을 지향하고 있다. 훈련과 개발활동은 협력에 초점을 두고 있다. 보상시스템은 공정성을 지향하는데 모집을 좀 더 원활히 할 수 있기 때문이다. 이들 기업은 결과기반 성과관리시스템(results-based performance management systems)을 발전시켰으며 사업부문별 기업성과 평가(divisional-corporate performance evaluations)를 통해 부문 관리자들의 위험을 감소할 수 있도록 한다.

## 전략적 지향점

이 장의 앞부분에서 설명한 것처럼 전략적 유형은 다양한 기업이 산업 내에서 경쟁하고자 하는 방식을 분류하는 데 유용하다. 그러나 규모를 늘리거나(성장) 줄이는 것(축소)이 인적자원관리 기능에 어떤 영향을 미치는지 이해하는 것도 필요하다. 예를 들어, 최고경영진은 성장을 위한 수단으로 제품 개발에 더 많은 투자를 하거나 다각화해야 한다고 결정할 수 있다. 이러한 유형의 전략에서는 다양한 대안의 실현 가능성을 평가하고 전략적 선택을 지원하는 프로그램을 개발하는 것이 인적자원관리 기능에 더 유용하다.

기업들은 목표달성을 위해 네 가지 범주의 전략적 지향점을 사용해 왔다. 시장점유율이나 운영비용을 강조하는 전략은 집중화(concentration) 전략으로 간주된다. 이 유형의 전략을 통해 기업은 기존 시장 내에서 가장 잘하는 것에 집중하려고 하며 자신이 하는 사업에 전념(sticking to its knitting)한다. 시장 개발, 제품 개발, 혁신 또는 합작투자에 중점을 두는 전략은 **내부성장전략**(internal growth strategy)이다. 내부성장전략의 기업은 기존의 강점을 강화하는 데 자원을 집중한다. 수직적 또는 수평적 통합이나 다각화를 시도하는 기업은 주로 인수합병을 통해 **외부성장전략**(external growth strategy)을 전개한다. 이 전략은 기업의 자원을 확장하거나 새로운 비즈니스를 인수 또는 창출하여 시장 입지를 강화하려는 시도이다. 마지막으로 투자철회(divestment) 또는 다운사이징(downsizing) 전략은 긴축(retrenchment), 자회사 매각(divestiture) 또는 청산(liquidation)으로 구성된 전략이다. 이러한 전략은 심각한 경제적 어려움에 직면하여 사업규모를 축소하려는 기업들 사이에서 관찰된다. 이들 각 전략들이 인적자원에 미치는 영향은 상당히 다르다.

### 집중화 전략

**집중화 전략**(concentration strategy)은 기업이 현재 조직에 존재하고 있는 기술을 유지하는 것을 의미한다. 교육 프로그램을 제공하여 기업에 몸담고 있는 직원들에게 존재하는 기술을 좀 더 날카롭게 다듬을 수 있도록 하고, 보상 프로그램은 직원들을 유지하는 데 초점을 두고 있다. 이러한 전략에서 평가는 좀 더 행동지향적이며, 효과적 성과를 위해 필요한 행동은 광범위한 경험으로부터 확립된 것을 활용하는 경향이 있다.

### 내부성장전략

**내부성장전략**(internal growth strategy)은 직원들의 배치 문제에서 나타난다. 성장을 위해 기업은 개인들의 지속적인 고용, 전환, 승진 그리고 차별화된 시장의 확대를 필요로 하고 이를 위해 직원들이 반드시 보유해야 할 필수 기술의 전환도 필요로 한다. 평가는 행동과 결과의 조합으로 이루어진다. 행동평가는 특별한 제품시장에서의 효과적 행동에 대한 지식을 강조하며 결과평가는 성장목표 달성에 초점을 두고 있다. 보상패키지는 성장목표 달성을 위한 인센티브에 중점을 둔다. 훈련은 기업이 내적인 성장을 지향하는 방향으로 설계된다. 기업이 시장확대를 추구함에 있어서 내부시장의 확대가 필요한 경우에 훈련은 각 시장에 대한 지식에 초점을 두게 된다. 반면에 혁신 또는 제품개발을 추구할 경우에 훈련은 기술적 원천과 더불어 팀빌딩과 같은 대인간 기술에 초점을 두게 된다. 조인트 벤처는 갈등해결과 같은 광범위한 훈련을 필요로 하는데 조직문화를 하나로 통합할 때 발생되는 문제와 관련이 있기 때문이다.

### 인수와 합병

산업 안에서의 통합(consolidation)과 다른 산업 간의 합병(mergers)은 증가하고 있다. 예를 들어, P&G의 질레트(Gillette) 인수는 통합 또는 산업 내 기업 수 감소의 전형이다. 반면에 시티(Citi)의 트래블러스(Travellers) 합병으로 인한 시티그룹의 형태는 다른 산업(순수재무서비스와 보험) 간 조합으로 구성되어 양자 사이의 역동성에서 변화가 나타나는 형태이다. 어떠한 유형이든지 인수와 합병은 성장을 지향하는데 인적자원관리 요구를 필요로 하고 있다. 이러한 합병들은 종종 글로벌 대규모 합병(megamergers)으로 이루어지는 경우가 많다.

컨퍼런스 보드(Conference Board)에 의하면 인적자원 이슈로 인하여 합병이 항상 기대했던 대로 이루어지지 않는다고 지적하고 있다. 몇몇 기업들은 인수 또는 합병 착수 이전에 기업의 문화에 중점을 두고 있다. 밸류 Rx(Value Rx)를 인수하기 이전에 익스프레스 스크립츠(Express Scripts)사 임원들은 잠재적 인수대상 기업의 중견임원들과 중간관리자를 인터뷰해서 그들의 문화를 이해하려고 시도했다. 인적자원관리 임원들에 대한 설문조사에서 1/3 미만이 어떻게 인수가 계획되어 있는지에 대해 주요한 영향력을 갖고 있다고 응답하였으며, 그들 중에서 80%는 합병 거래 이후에도 사람들의 문제가 중요하다고 응답을 하였다.

합병기회의 평가에서 기대되는 인적자원관리의 역할은 인적자원관리가 합병실행에 있어서 주요한 역할을 한다는 것이다. 특히 갈등해결 훈련은 기업이 외부성장전략 실행에서 필요하다. 모든 외부성장에 대한 옵션은 새로운 기업의 인수 또는 개발로 구성되어 있으며 각 기업들은 각기 다른 문화를 갖고 있다. 따라서 인적자원관리에서 보면 기업의 통합과 표준화 문제에 직면하게 된다. 표준화의 가치는 상대적으로 각 기업의 요구와 환경변화에 무게를 두고 있으며 두 기업을 통합하도록 촉진시킨다. 예를 들어, 임금관리에 있어서 기업은 일관된 내부임금구조를 통해 공정성을 유지하려 한다. 최근 IBM의 새로운 사업개발에 있어서 직원들은 IBM으로 하여금 동일 임금구조를 유지하도록 압박하고 있다. 몇몇 기업들은 환경의 구조 측면에 있어서 임금구조 결정을 시장압력으로부터 결정하는 경우가 있다. 그러나 다른 환경하에서는 효과적이지 못한 임금구조의 결정으로 이어지기도 한다.

특히 '인력문제'가 M&A 실패의 주요 원인으로 꼽히는 경우가 많기 때문에 인적자원 임원과 인적자원부서는 인수합병의 잠재적 성공에 중요한 역할을 담당한다. 최근 연구에 따르면 M&A의 '사람' 요소를 성공적으로 관리하기 위한 몇 가지 핵심 요소는 인수에 대한 명확한 비전을 만들어 직원들에게 전달하고, 두 회사의 문화를 효과적으로 통합하는 데 초점을 맞추며, 인수 또는 합병된 회사의 핵심 인재를 유지하고, 기업이 다른 기업의 인수 가능성을 막 탐색하기 시작한 초기 단계부터 인적자원을 참여시키는 데 중점을 두는 것으로 나타났다.

## 다운사이징

**다운사이징**(downsizing) 또는 적정규모화(rightsizing) 전략에서 인적자원관리의 역할은 더욱 중요해지고 있다. 2020년 3월에는 경제침체(lockdown)로 인해 다운사이징을 단행한 기업의 수가 크게 증가했다(〈그림 2.10〉 참조). 일부는 기업이 지속가능한 비즈니스 모델을 갖추지 못해 완전히 파산했기 때문이었다. 또한 경제가 성장했음에도 불구하고 어려운 환경에 직면한 기업에서는 해고가 계속되고 있다. 예를 들어, 2019년 포드(Ford)는 미국에서 7,000명, 유럽에서 12,000명을 추가로 해고한다고 발표했다. 디즈니(Disney)는 21세기 폭스(21st Fox)를 인수한 후 4,000명을 정리해고할 것으로 예상되었다. 마지막으로 테슬라는 현금을 절약하기 위한 조치로 3,000명의 직원을 해고했다. 최근 다운사이징 관련 문헌을 검토한 결과, 다운사이징은 기업의 재무 및 조직

**그림 2.10** 해고 및 퇴사(2019년 1월~2020년 8월)

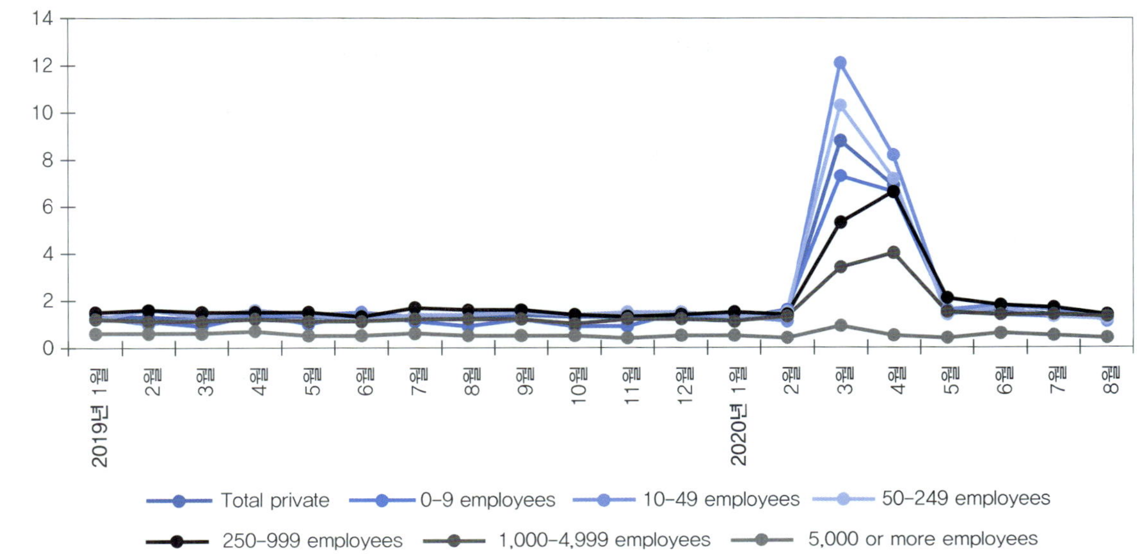


출처: U.S. Department of Labor, Bureau of Labor Statistics, "Layoffs and discharges in small, medium, and large establishments," Oct. 14, 2020, HYPERLINK "http://www.bls.gov/opub/ted/2020/layoffs-and-discharges-in-small-medium-and-large-establishments.htm" www.bls.gov/opub/ted/2020/layoffs-and-discharges-in-small-medium-and-large-establishments.htm.

목표를 달성하지 못하는 경향이 있으며 직원 사기와 생산성에 부정적인 영향을 미친다고 지적하고 있다.

1990년대 후반, 특히 주목할 만한 닷컴 열풍과 함께 진행된 대규모 '인재확보 전쟁(war for talent)'을 무시하기는 어렵다. 이 시기에 기업들은 유능한 직원을 유치하고 유지하기 위한 방법으로 '선택받는 고용주'가 되고, '고용브랜드'를 구축하며, '직원가치 제안'을 개발하기 위해 노력했다.

역동적인 경제 상황으로 인해 기업이 지속적으로 인력을 이동시켜야 하는 상황에서 기업이 직면한 중요한 질문 중 하나는 "어떻게 하면 인력의 상당 부분을 해고하지 않으면서도 선택받는 고용주로서 평판을 쌓고 직원을 기업의 목표에 참여시킬 수 있는가"이다. 기업이 이 질문에 어떻게 답하느냐에 따라 직원의 이해관계자 요구를 충족하여 경쟁할 수 있는 방법이 결정된다. 예를 들어, 최근 연구에 따르면 경기 침체기에 직원의 역할을 이해하는 데 초점을 맞춘 결과, 경제적으로 어려운 시기에 직원 채용에 투자하는 것이 조직에 장기적인 이점을 가져다주는 것으로 나타났다.

다운사이징의 빈도가 증가하고 있음에도 불구하고, 연구결과에 따르면 생산성 향상과 수익성 증대라는 목표를 달성하는 데 있어 다운사이징이 보편적으로 성공적이지 않은 것으로 나타났다. 예를 들어, AMA의 한 설문조사에 따르면 규모를 축소한 기업의 2/3 이상이 1년 후에도 같은 노력을 반복하는 것으로 나타났다. 또한 컨설팅 기업인 미첼앤컴퍼니(Mitchell & Company)의 조사에 따르면 1980년대에 규모를 축소한 기업은 1991년 업계 평균 주가보다 뒤처진 것으로 나타났다. 마지막으로, 다운사이징은 단기적으로 비용을 절감할 수 있지만 생존에 필요한 인력을 감축하는 경우가 많기 때문에 일부에서 주장하는 것처럼 '만병통치약'은 아닌 것으로 나타났다. 다운사이징은 기업이 해고된 직원들이 보유한 귀중한 지식을 잃게 하고, 남은 인력의 업무량을 증가시키며, 불신감을 조성하여 남아 있는 직원들의 참여도와 충성도를 떨어뜨릴 수 있다는 것이다. 2010년 4,700개 이상의 기업을 대상으로 조사한 결과, 인력을 3% 이상 감축하여 다운사이징을 실시한 기업(전체 기업의 24%)은 이후 5년 내에 파산을 선언할 가능성이 두 배나 높은 것으로 나타났다. 따라서 다운사이징을 관리하는 최선의 방법을 이해하는 것이 중요하며, 특히 인적자원관리 관점에서는 더욱 그러하다.

다운사이징은 인적자원관리에 여러 가지 도전과 기회를 제시한다. 도전과제 측면에서 인적자원관리부서는 성과가 낮은 직원만 잘라내는 방식으로 인력을 '외과적으로' 줄여야 한다. 그러나 뛰어난 직원은 대체 일자리를 찾을 수 있는 능력과 의지가 뛰어나며 해고 전에 자발적으로 퇴사할 수 있기 때문에 성과가 낮은 직원만 잘라내는 것은 어렵다. 예를 들어, 1992년 GM과 전미자동차노조(UAW)는 10년 이상 근무한 51세에서 65세 사이의 직원을 대상으로 조기퇴직 프로그램에 합의했다. 이 프로그램은 퇴직에 동의한 사람들에게 다른 곳에 취업하더라도 연금 혜택 전액을 지급하고 GM 자동차 구매 시 최대 1만 3,000달러를 지원한다는 것이다. 이는 앞부분에서 언급한 바와 같이 GM의 인건비 문제의 일부이다.

조기퇴직 프로그램은 인간적으로 보일 수 있지만 본질적으로 '수류탄(grenade)'을 투척하는 것과 같은 파괴적 방식으로 인력을 감축하는 것이다. 이러한 유형의 감원은 고성과자와 저성과자를 구분하지 않고 전체 직원수를 줄이는 것이다. 실제로 최근 연구에 따르면 기업이 조기퇴직 프로그램을 제공하여 규모를 축소할 경우, 대개 1년 이내에 필수 인력을 대체하기 위해 재채용을 실시하는 것으로 나타났다. 퇴사하는 직원 임금의 50~150% 정도를 새로운 직원을 채용하고 재교육하는 데 지출하기 때문에 비용절감 목표를 달성하지 못하는 경우가 많다.

또 다른 인적자원관리 도전은 감원 후 남아 있는 직원의 사기를 높이는 것이다.

이 주제는 제4장에서 더 자세히 설명할 것이다. 감원 후 생존자들은 동료들이 해고된 상황에서 일자리를 유지한 것에 대해 죄책감을 느끼거나, 퇴직금과 연금 혜택을 많이 받고 은퇴한 직원들을 부러워할 수 있다. 조직에 대한 만족도와 헌신도가 낮아지면 업무성과에 지장을 줄 수 있다. 따라서 인적자원관리부서는 정보를 숨기지 않고 남아 있는 직원들과 열린 소통을 유지하여 직원들의 신뢰와 헌신을 구축해야 한다. 모든 직원에게 다운사이징의 목적, 절감할 비용, 다운사이징 기간, 추진 전략에 대해 알려야 한다. 또한 다운사이징을 진행하는 기업은 개인의 보상을 기업의 성공과 연계하는 보상 프로그램을 개발하는 경우가 많다. 우리사주 프로그램은 종종 다운사이징으로 인해 발생하며, 스캔론 플랜(Scanlon plan: 제11장에서 설명)과 같은 이익공유 계획은 직원들에게 금전적 이득이 되기 때문에 비용절감에 대한 인센티브를 제공하기 위한 하나의 방법이다.

여러 어려움에도 불구하고 다운사이징은 인적자원관리에 기회를 제공한다. 첫째, 다운사이징은 종종 기업의 불필요한 부분을 제거하여(get rid of dead wood), 새로운 아이디어를 위한 공간을 마련할 수 있게 해준다. 또한 다운사이징은 종종 조직의 문화를 바꿀 수 있는 특별한 기회이기도 하다. 적대적인 노사관계가 특징인 기업에서 다운사이징은 양측이 협력하고 새롭고 긍정적인 관계를 발전시키도록 만들 수 있다. 마지막으로, 다운사이징은 최고의사결정권자에게 기업의 궁극적인 성공을 위한 인적자원의 가치를 입증할 수 있다. 인적자원관리의 역할은 이러한 가치를 명확한 프로세스를 통해 효과적으로 관리하는 것이다. 제4장에서는 노동력 관리 전략으로서 다운사이징의 의미에 대해 논의한다.

## 전략평가와 통제

전략경영 프로세스의 마지막 요소는 전략평가와 통제이다. 보통 기업에서는 전략의 계획과 실행에 초점을 두고 있다. 그러나 더 중요한 것은 지속적으로 전략과 실행 프로세스의 효과성을 점검하는 것이다. 이러한 점검은 기업의 문제영역을 명확하게 하고 현재의 조직구조와 전략 또는 새로운 것이 필요한지를 검토할 수 있도록 한다. 이러한 프로세스에 관한 사항은 창발적 전략(emergent strategy)에서 살펴볼 수 있는데 창발적 전략하에서 인적자원은 경쟁우위의 중요한 근원이 된다.

## 전략적 경쟁우위 제공을 위한 인적자원의 역할

지금까지 우리는 전략을 결정하기 전에 인적자원관리 이슈를 제기하고 전략 실행을 위해 인적자원관리 관행을 개발하는 단계별 절차를 포함하는 전략경영 프로세스를 제시했다. 인적자원은 두 가지 추가적인 방법으로 전략적 경쟁우위를 제공할 수 있는데 창발적 전략과 경쟁력 강화이다.

### 창발적 전략

전략경영 프로세스를 토대로 계획된 전략(intended strategies)과 창발적 전략(emergent strategies)을 구분해야 한다. 많은 사람들은 전략이 주도적이고 사전에 결정된 목표를 지향하는 합리적 결정이라고 생각하고 있다. 대부분의 전략에 대한 관점은 계획된 전략에 초점을 두고 있다. 계획된 전략은 최고경영자가 전략적 계획을 발전시켜 합리적 의사결정 프로세스의 결과로 도출된 것이다. 이는 "조직의 주요한 목표, 정책 그리고 행동결과가 통합되어 나타나는 패턴 또는 계획"이라는 전략의 정의와 일치한다. 창발적 전략은 〈그림 2.2〉의 피드백에 제시되어 있다.

많은 전략들에 있어서 기업은 계획된 전략을 지지하고 있다. 예를 들어, 스타벅스(Starbucks)의 창업자인 하워드 슐츠(Howard Schultz)는 사람들이 전통적 이탈리안 스타일의 커피를 즐기고 있던 제3의 장소(가정과 일터 사이)에서 아이디어를 창출하였다. 그는 커피의 향과 깊고(deeper), 짙으며(darker), 강한(stronger) 맛의 조합이 새로운 고객에게 매력적이며 이들이 커피를 즐기는 방법이라고 알고 있었다. 그는 이러한 것들이 사람들이 커피를 즐기는 이유라고 생각하였다. 고객들은 라떼(lattes)에 저지방 우유가 가능한지 또는 향을 추가할 수 있는지에 대해 물어보게 되었는데, 슐츠는 근본적으로 이러한 것들은 커피 본연의 맛을 없애는 요소이므로 제공하는 것을 거부하였다. 그러나 고객의 요구에 귀를 기울이고 있는 담당자로부터 이러한 것을 제공해야 한다는 반복적인 요청을 받은 끝에 슐츠는 마지못해 이에 동의하게 되었다.

창발적 전략은 조직의 풀뿌리(glassroot)에서 진화하는 전략으로 구성되며, 어떻게 해야 할 것인가를 의도하는 것과는 반대로 조직이 실질적으로 해야 할 것이 무엇인가에 대한 생각에서 출발한다. 전략을 의사결정 또는 행동 흐름에 대한 패턴으로 보아야 한다는 것이다. 예를 들어, 1959년 혼다(Honda Motor Company)가 250cc 및 350cc 오토바이로 미국 시장에 처음 진출했을 때, 혼다는 더 작은 50cc 오토바이에 대한 시장이 존재하지 않는다고 생각하였다. 그러나 대형 모터사이클의 판매는 부진했고, 혼다 50cc를 타고 로스앤젤레스에서 심부름을 하는 일본인 임원들의 모습은 시어스(Sears), 로벅(Roebuck)의 바이어를 비롯해 많은 사람들의 관심을 끌었다. 혼다는 이전에 발견하지 못했던 시장과, 계획에 없던 새로운 유통채널(일반 소매업체)을 발견하였다. 이러한 창발적 전략 덕분에 1964년까지 혼다는 시장점유율 50%를 달성하였다.

계획된 전략과 창발적 전략의 구분은 인적자원관리 실행에 있어서 중요하다. 전략적 인적자원관리는 계획된 전략에 초점을 두고 있다. 이때의 인적자원관리 역할은 최고경영층이 직원 관련 사업 이슈를 명확히 할 수 있도록 하고, 이를 적절하게 전략수립에 반영토록 하여 인적자원관리 시스템의 변화를 통해 전략적 계획의 실현을 가능하도록 하는 것이다.

창발적 전략은 새로운 시장, 새로운 제품, 새로운 전략을 제공할 수 있는 조직의 계층구조에서 최하층을 명확히 하는 것이다. 창발적 전략에서의 인적자원관리 역할은 커뮤니케이션의 촉진을 통해 효과적인 창발적 전략이 최고경영층에게 전달되도록 해야 한다. 예를 들어, 슐츠를 포함하여 스타벅스 임원진들이 최악의 아이디어라고 하였던 프라푸치노(Frappucino)는 캘리포니아에 있는 매장의 직원이 고안한 것이었다. 매장 직원과 임원진들은 수많은 미팅을 통해 상호 논쟁하였는데 직원은 고객이 이를 반드시 좋아할 것이라는 자신의 주장을 뒷받침할 정보를 지속적으로 제시하였고, 임원진들은 마침내 제품화하기로 결정하였다. 결국 프라푸치노는 연간 1억 달러어치가 판매되는 성과를 거두어 스타벅스의 브랜드 가치에 기여하게 되었다.

## 기업경쟁력 강화

인적자원이 경쟁우위의 원천이 되는 것은 인적자본 풀(pool)을 개발하여 지속적으로 변화하는 환경에 적응시킬 수 있기 때문이다. 최근 관리자들은 사람들이 지속적으로 자신의 능력을 확장시켜 그들이 원하는 결과를 성취할 수 있도록 하는 학습조직에 관심을 기울이고 있다. 기업은 환경 점검, 정보의 이해, 의사결정, 환경에 대응하기 위한 유연한 리스트럭처링(restructuring)을 통해 상시 학습이 필요하게 되었다. 기업은 이러한 학습능력을 발전시켜 경쟁우위를 가질 수 있다. 어떤 기업의 경우는 조직정보처리 시스템을 학습조직의 원재료로 하여 직원(인적자본)을 지향하는 경우도 있다.

경쟁우위를 위한 인적자원의 역할은 지속적으로 확대되어야 하는데 이는 오늘날의 사업환경은 빠른 변화로 특징지워지기 때문이다. 미국의 자동차 기업들은 일본의 자동차 기업과 같은 경쟁자들이 고객의 요구에 좀 더 빨리 반응하고, 유연한 생산시스템을 개발하는 것에 대응하기 위해 자동차의 품질을 향상시켜 왔다. 생산시스템의 유연화는 창발적 전략으로 시장과 직접적으로 연결되어 고객의 정확한 요구들을 조합하여 대응할 수 있도록 한다. 또한 고객의 요구에 대응할 수 있는 기술을 가진 직원들을 필요로 한다. 스타벅스의 전임 최고경영자인 하워드 슐츠는 “만일 사람들이 근무하고 있는 기업과 관련하여 좀 더 감정적 형태로 연결된다면 자신이 일하는 기업에서 꿈을 실현하려 하고 좀 더 나아지기 위해 열정을 쏟아 붓게 된다. 직원들은 자기존중감(self-esteem)과 자기존경심(self-respect)을 갖게 되어 자신이 일하는 기업, 가족, 세계를 위해 좀 더 많은 공헌을 할 수 있게 된다”고 지적하고 있다. 이러한 지적은 경쟁우위를 개발하고 유지하는 데 인적자원이 중요하다는 것을 나타내주는 전형적인 표현이다.

## 요약

인적자원관리에 대한 전략적 접근방식은 기업의 가장 중요한 자산인 인적자원을 통해 선제적으로 경쟁우위를 확보하는 것이다. 인적자원은 가장 중요한 자산이지만, 일반적으로 기업의 비즈니스 모델 내에서 통제가능한 가장 큰 단일 비용이기도 하다. 인적자원관리 기능은 기업이 직면한 인력 관련 비즈니스 문제를 파악을 위해 전략 수립에 통합적으로 참여해야 한다. 전략이 결정되면 인적자원관리는 기업이 필요한 기술을 갖춘 직원에게 동기를 부여할 수 있도록 인적자원관리 관행을 개발하고 조정함으로써 계획의 실행에 큰 영향을 미친다. 마지막으로, 인적자원관리 기능의 새로운 전략적 역할에 따라 미래의 인적자원 전문가는 비즈니스, 전문 기술, 변화 관리 및 통합 역량을 개발해야 한다.

다음 장에서 더 자세히 살펴보겠지만, 전략적 접근방식은 단순히 유효한 선발 절차나 최첨단 성과관리 시스템을 개발하는 것 이상의 것을 필요로 한다. 역량을 통해서만 인적자원 전문가는 인적자원관리에 대한 전략적 접근방식을 취할 수 있다.

## 주요 용어

**개발**(Development)
**내부성장전략**(Internal growth strategy)
**모집**(Recruitment)
**선발**(Selection)
**역할행동**(Role behaviors)
**외부성장전략**(External growth strategy)
**전략 수립**(Strategy formulation)
**전략적 인적자원관리**(SHRM)
**직무설계**(Job design)
**훈련**(Training)
**내부분석**(Internal analysis)
**다운사이징**(Downsizing)
**목표**(Goals)
**성과관리**(Performance management)
**외부분석**(External analysis)
**전략 실행**(Strategy implementation)
**전략적 선택**(Strategic choice)
**직무분석**(Job analysis)
**집중화전략**(Concentration strategy)

## 토의과제

01. 소속 대학의 스포츠 팀(예: 축구 또는 농구) 중 하나를 선택하라. 그 팀의 일반적인 전략을 어떻게 특징지을 수 있는가? 팀원들의 구성(규모, 속도, 능력 등)이 그 전략과 어떤 관련이 있는가? 팀의 강점과 약점은 무엇인가? 팀의 일반적인 전략과 특정 게임에 대한 접근방식이 어떻게 결정되는가?

02. 대규모 조직과 소규모 조직 중 어느 쪽이 인적자원을 전략경영 프로세스에 더 쉽게 연결할 수 있다고 생각하는가? 그 이유는 무엇인가?

03. 여러분이 소속되어 있는 조직 중 하나를 생각해보라. 조직의 전략에 부합하는 인적자원관리 관행의 예로는 어떤 것이 있는가? 조직의 전략과 일치하지 않는 관행의 예는 무엇인가?

CHAPTER 03

# 업무의 분석과 설계

**학습목표**

**이 장을 읽고 나면 다음을 수행할 수 있어야 한다.**

01 제품과 서비스 생산의 투입, 활동, 산출을 규명함으로써 조직구조와 업무흐름 프로세스를 분석할 수 있다.

02 전략적 인적자원관리에서 직무분석의 중요성을 설명할 수 있다.

03 다양한 인적자원관리 활동을 위해 적절한 직무분석 방법을 선택할 수 있다.

04 과업수행과 주어진 직무에 필요한 기술을 규명할 수 있다.

05 직무설계의 다양한 접근방법을 설명할 수 있다.

06 직무설계의 다양한 접근방법들 간의 상호교환적 성격을 설명할 수 있다.

# 도입

제2장에서 우리는 전략 수립과 전략 실행에 대해 살펴보았다. 전략 수립은 기업이 시장에서 어떻게 경쟁해야 하는지를 결정하는 프로세스로서 기업이 수행하는 모든 업무에 지배적인 영향력을 미친다. 전략 실행은 조직 구성원들에게 설정된 전략을 행동하도록 하는 방법이다. 전략 실행 과정에서 중요한 다섯 가지 요소 중 세 가지는 직접적으로 인적자원관리 기능과 연결되어 있으며, 그 중 한 가지가 바로 이번 장에서 다룰 직무이다.

전략 수립의 핵심적 관점은 어떻게 일을 수행할지에 대한 개인의 직무를 설계하고 조직구조를 설계하여 조직 전체와 개인들의 직무를 연결시켜 나가는 것이다. 기업의 경쟁은 직무설계의 방안과 더불어 이를 어떻게 조직구조와 연결시킬 것인가에 영향을 미치게 된다. 반대로 말하면 결국 조직부서와 환경 사이의 적합이 기업의 경쟁적 성공에 중요한 영향을 미친다는 것이다.

예를 들어, 기업이 낮은 원가로 경쟁하기로 결정했다면 세율이 낮은 지역에서 저임금의 노동력이 고용될 수 있도록 직무를 설계하고 최소한의 직업교육이 필요한 사람들을 고용할 수 있다. 이 경우 기업은 종업원들이 의사결정을 할 필요가 없고 단지 연속적인 업무의 흐름에서 실수를 하지 않도록 시스템을 만들어야 하기 때문에 집권화된 구조를 갖추어야 한다. 반면, 만일 제품의 차별화를 무기로 시장에서 경쟁하기로 결정했다면 노동력에 높은 비용을 투입하고, 다른 방향으로 직무를 설계해야 한다.

예를 들어, 포르투갈에 있는 신발공장들은 더 싼 중국 경쟁자로 인하여 판매손실을 보고 있어 더 높은 가격을 받을 수 있는 고급품질의 신발제조를 위해 작업과정을 완전히 개편하였다. 잘 훈련되고 높은 임금의 종업원들은 고속 워터젯 커터(high-speed waterjet cutters)와 같이 값비싸고 최첨단기술을 사용하여 명품 디자이너에게 판매되는 소량의 고급신발을 생산하였다. 포르투갈 신발은 현재 중국산이 4달러인 것에 비해 한 켤레당 32달러로 이탈리아산 신발에 버금간다.

이 장 전체에 걸쳐 우리는 조직이 어떻게 구조화되어야 하는지 그리고 이러한 조직 내에 존재하는 직무에 관하여 이루어져야 하는 결정의 종류에 대한 예를 제공하여, 이러한 선택이 여러 가지 결과에 어떻게 영향을 미치는지 배울 수 있도록 한다. 여기에는 생산의 양과 질뿐만 아니라 조정, 혁신, 종업원의 유인, 동기부여 및 유지와 같은 결과를 포함한다. 많은 경우 선택과 관련된 상충(trade-offs)이 있으며, 이러한 상호 상충에 대해 더 많이 알수록 팀이나 조직의 경쟁력을 높이는 측면에서 더 나은 결정을 내릴 수 있다.

본 장의 주제는 직무설계와 조직구조에 있어 하나의 최선의 방법을 찾는 것은 아니다. 본 장의 학습목표는 직무설계와 조직구조에 있어 조직의 한 측면에는 환경과 경쟁전략의 적합성 철학을, 다른 한 측면에는 직무와 조직설계 사이의 적합성을 찾는 것이다. 수년 전 미국 내 자동차산업의 기업들과 그 뒤를 추격하는 외국 경쟁업체 사이엔 차이점이 있을 것이라는 의견이 있었다. 그러나 도요타와 혼다 같은 기업은 미국인 종업원들을 고용하여 수익 증가를 명확히 보여주었기 때문에 비교의 초점은 작업과정과 조직으로 옮겨졌다.

본 장을 통해서 우리는 직무의 분석과 설계에 대해 알아보고, 그를 통해 일자리를 만들고 연결하는 방법과 의사결정에서의 고려사항을 알아볼 것이다. 본 장은 직무흐름 분석과 조직구조에 대한 큰 틀에 대해 먼저 알아보고 직무분석과 직무설계에 관한 세부적, 하위 수준의 논점으로 나누어져 있다.

과거 직무분석과 직무설계는 다르게 다루어져 왔지만, 그 범위는 상당 부분 겹친다. 직무분석은 직무와 관련된 정보를 수집·분석하여 선발과 교육훈련, 보상과 같은 인적자원관리에 사용하기 위함이며, 직무설계는 기존 직무를 재설계하여 종업원들의 효율성을 높이거나 더 높은 동기를 부여하는 데 그 목적이 있다. 즉, 직무분석은 수동적인 정보수집 측면이고, 직무설계는 작업을 변경하는 등 보다 적극적인 방향성을 나타낸다.

# 업무흐름 분석과 조직구조

**업무흐름 설계**(work-flow design)는 제품과 서비스 생산을 위한 필요 과업들을 분석하는 과정으로 각 과업들을 분류하여 직무 또는 개인들에게 할당·배정하는 것이다. 업무흐름 설계에 대한 이해가 선행되어야만 묶음단위의 과업을 누구에게 할당할 것인지에 관한 결정이 가능하다.

**조직구조**(organization structure)는 조직을 구성하는 안정적이고 공식적인 수직적 그리고 수평적 네트워크를 말한다. 하나의 직무가 위(상사), 아래(부하)와 어떻게 연결되어 있으며 동일한 수준에는 어떠한 다른 기능적 영역이 있는지를 이해해야만 조직을 전반적으로 재설계하고 직무를 개선할지 결정할 수 있다.

마지막으로, 업무흐름 설계와 조직구조는 조직이 어떻게 경쟁할지 의사결정할 때 고려해야 할 맥락을 통해 이해된다. 업무흐름 설계와 조직구조는 기업이 경쟁우위를 얻는 데 영향력을 미치며, 각자가 조직의 전략과 경쟁환경에 의해 결정된다.

## 업무흐름 분석

모든 조직은 일에 대한 산출물을 명확히 해야 할 필요가 있다. 특히 산출물의 양적 및 질적인 기준과 관련해 산출물에 필요한 투입요소와 과정을 분석하여 질적 기준에 부합해야 한다. 제품생산과정에 대한 이해는 기술만큼이나 높은 품질의 제품을 생산하는 데 있어 필수적이기 때문에 업무흐름 분석은 관리자의 업무수행을 도울 수 있는 유용한 정보를 제공한다. 이러한 업무흐름 과정을 도식화하면 〈그림 3.1〉과 같다.

### 업무 산출물 분석

모든 업무단위—부서, 팀 또는 개인—는 다른 사람들이 활용할 수 있는 산출물을 만들어낸다. 산출물은 작업단위의 제품이며 같은 생산영역에서 봤을 때 제트 엔진 블레이드, 지게차, 또는 축구팀 유니폼처럼 구별된다. 전략적으로 한 조직이 그것의 산출물을 바꾸기로 결정할 수 있고, 이는 업무흐름의 나머지 부분에 후속 영향을 미칠 것이다. 예를 들어, 2017년에 도요타(Toyota)는 캠리(Camry)와 아발론(Avalon)과 같은 너무 많이 세단을 생산하고 있었고, 더 많은 소비자들이 요구하는 SUV와 더 넓은 픽업트럭

**그림 3.1 업무–단위활동분석**

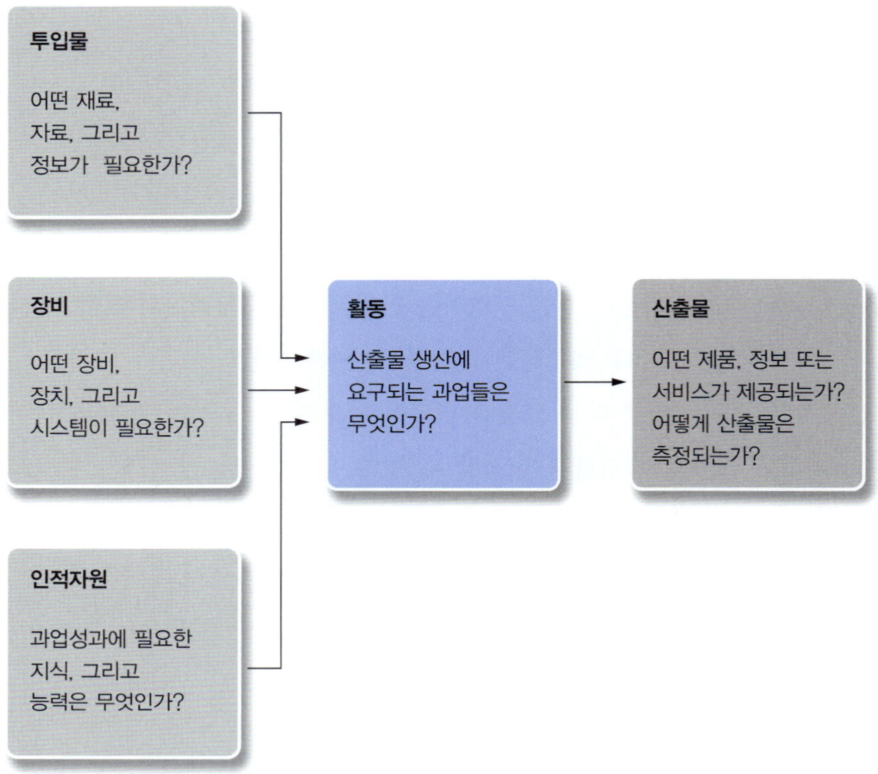


과 관련해 좋은 기회를 놓치고 있다는 결론에 도달했다. 이에 대해 후속 업무흐름 비용에서 8천만 달러 이상의 비용으로 조직의 산출물을 전환시킴으로써 시장에서의 소비자 요구의 차이를 줄이기로 결정했다. 그러나 산출물은 항상 물리적인 상품은 아니고, 당신을 어떤 목적지로 수송하는 항공사, 당신의 집을 유지해주는 집 청소 서비스, 또는 당신의 아이들을 돌보는 베이비시터와 같은 서비스일 수도 있다.

우리는 종종 조직이 생산하는 제품의 관점에서만 조직을 그린 다음 해당 제품을 결과로 집중한다. 단순히 산출물 또는 산출물 세트를 식별하는 것만으로는 충분하지 않다. 일단 이러한 산출물이 확인되면, 이러한 산출물의 양 또는 품질에 대한 표준을 명시할 필요가 있다. 많은 경우, 선택된 산출물의 양과 품질은 산출물을 생성하기 위해 투입을 효율적으로 처리하는 방법에 대한 문제를 야기한다. 전략적으로, 서비스 회사는 얼마나 많은 다른 서비스를 제공할 것인지 결정할 필요가 있고, 이것은 업무흐름의 나머지 부분에 후속 영향을 미친다.

일단 산출물이나 서비스가 선택되면, 그 조직은 전체 제품이나 서비스를 생산하는 데 집중할 것인지 아니면 그것의 한두 부분만을 생산하는 데 집중할 것인지 결정해야 한다. 예를 들어, 비록 많은 정치인들이 제조업 일자리 창출의 가치에 집중하지만, 실제로 연구에 따르면 조직은 제조업 프로세스 이전 또는 이후의 일자리로부터 훨씬 더 많은 투자수익을 얻는다는 것을 보여준다. 즉, 최고의 가치와 최고의 임금은 제조업 이전에 발생하는 연구, 개발 및 디자인뿐만 아니라 제조업 이후에 발생하는 브랜딩, 판매 서비스 및 지원과 관련된다. 이것은 때때로 "스마일 커브(smile curve)"라고 불리고, 이 경우 미소의 기초는 제조업과 그것과 관련된 일자리이다.

예를 들어, 아이폰(iPhone)과 같은 제품의 경우 애플(Apple)이 제품을 디자인한 다음 판매 및 서비스를 제공하지만 휴대폰은 단 한 대도 제조하지 않는다. 휴대폰 원가에서 제조가 차지하는 비중은 3%만을 차지하고, 나머지 97%는 설계, 판매, 서비스의 결과이기 때문에 현명한 판단이다. 따라서 애플과 같은 회사는 2016년에 21%의 순이익을 누렸고 주식은 18배의 수익으로 거래되었다. 이것을 중국에서 아이폰을 제조하는 한호이 정밀회사(Han Hoi Precision Company)와 비교해보라. 그들은 수익의 3%의 순이익과 주식은 12배의 수익으로 거래되었다. 제조보다 설계, 판매, 서비스에 집중하기로 한 전략적 결정은 애플로 하여금 2020년까지 100,000개의 일자리를 확대할 계획으로 미국에서만 80,000개의 일자리를 만들 수 있게 하였다.

### 업무 프로세스 분석

일단 업무결과가 확인되면 결과산출을 위해 거쳐간 일련의 작업과정을 살펴볼 수 있게 된다. 업무 프로세스는 주어진 산출물을 생산하기 위해 관련된 종업원들의 활동들이다. 모든 프로세스는 제품 개발 각각의 단계가 어떻게 완료되는지를 구체화하는 운영절차들로 이루어진다. 이러한 각 절차는 산출물 생산을 위해 수행되어야 할 모든 과업들을 포함하고 있다. 과업은 보통 한 사람에 의해 작업단위에서 수행되게끔 나누어져 있다. 물론 여러 상황에서 업무를 수행하기가 매우 복잡하며, 또한 개인들이 모든 기술을 보유하기는 어렵다. 이러한 상황에서 업무는 팀에게 할당되거나 팀 기반으로 직무가 설계되어지는 게 일반적이다. 다양한 기술을 가지고 있는 팀 구성원들은 서로의 업무를 보완하거나 한 명이 작업 과부하에 걸렸을 때 업무를 나누기도 하고 서로의 실수를 잡아낼 수도 있다.

예를 들어, 트럭을 운전하는 일은 개인의 일이었지만, 주요 자본투자를 반영하는 대형 굴착 장치를 하루 24시간 계속 움직이기 위해 점점 더 많은 운전사 팀이 트럭에 배정된다. 미국 규정은 트럭 운전사가 운행할 수 있는 시간을 하루 11시간으로 제한하고 있지만, 교대가 끝날 때 운전사를 교체함으로써 팀은 혼자 일하는 운전사가 달성할 수 있는 거리보다 두 배 이상의 거리를 운반할 수 있다.

팀 기반 치료가 점차 일반화되고 있는 의학분야에서도 이를 확인할 수 있다. 의사와 환자의 일대일 관계가 아닌 많은 의료 서비스는 전문 간호사, 의사 보조, 임상 약사 및 주치의와 함께 일하는 다양한 기술자를 포함할 수 있는 팀에 의해 제공된다. 이것의 일부는 건강보험개혁법(Affordable Care Act)에 의해 생성된 업무량 증가와 의과대학에서 배출된 일반의의 수가 감소한 결과이다. 11명으로 구성된 팀을 감독하는 주치의인 커스틴 마이신저(Kirsten Meisinger)는 "한 사람으로서 모든 환자에게 필요한 모든 일을 다 할 수는 없습니다."라고 언급했다. 모든 작업이 단일 환자 중심 팀에 있게 되면 전통적으로 구조화된 병원에서 오류의 주요 원인 중 하나인 별도의 기능 단위에서 다른 기능 단위로 개인화되지 않은 "인계(hand-offs)"가 제거된다. 일상적인 의료 과실은 미국에서 심장병과 암에 이어 세 번째 주요 사망 원인이기 때문에 잘못된 작업 절차로 인한 오류를 피하는 것이 중요하다.

업무흐름 프로세스 연구는 상당한 가치가 있으며 이는 사모펀드 그룹이 실패한 기업을 싼값에 매입하고, 업무흐름 과정을 쇄신한 다음 다시 더 높은 가격에 매각할 때 가장 잘 드러난다. 사모펀드 그룹은 생산운영에서 낭비되는 모든 것을 없애기 위해 효율성 전문가를 고용한다. 효율성 전문가들이 처음 기업을 방문했을 때, (1) 아무런 가치도 창출하지 못하는 움직임, (2) 특정인이나 기계의 과중한 부담, (3) 과도한 재고를 발생시키는 일관되지 않은 생산 등 세 가지 종류의 낭비를 찾는다. 일반적으로 스톱워치, 클립보드, 플로우차트로 무장한 효율성 전문가들은 대부분의 관리자들이 감지하지 못한 낭비요소를 찾기 위해 공장을 배회한다. 이와 같은 개선된 절차로 인해 기업운영이 획기적으로 간소화되고 결국 인원감축으로 이어지는 경우가 많다. 모노모이 캐피탈 파트너스(Monomoy Capital Partners)의 저스틴 힐렌브랜드(Justin Hillenbrand)는 "제조업에서 당신은 세계 최고의 CEO를 가질 수도 있지만, 수익은 결국 현장에서 이루어진다"고 지적한다.

조직은 **린 생산방식**(lean production)을 통해 과도하게 배치된 인력을 최소화하기 위해 노력한다. 린 생산방식은 일본에서 개발되어 전 세계로 퍼져나갔으며, 최단시간에 최소한의 원자재와 비용, 그리고 최소 인력을 통해 제품을 생산하는 방식이다. 린 생산방식은 숙련된 기술자들의 편성과 자동화된 기계의 사용으로 고객의 주문에 따라 적정량의 제품을 낮은 비용으로 생산한다. 이는 저숙련 근로자들이 추후 판매를 위해 동일한 제품을 대량으로 생산하고 저장시켜 놓는 일괄작업 방식(batch work)과 비교된다. 린 생산방식에서 생산을 담당하는 적은 수의 종업원은 임금이 높은데, 그 종업원의 기술 수준은 종업원 해고에 의한 삭감 비용보다 실용적이다.

린 생산은 매우 효율적인 작업 프로세스를 생성할 수 있지만 이러한 효율성은 종종 유연성 또는 빠른 변화에 대한 적응성을 희생하여 달성된다. 예를 들어, 효율적이고 잘 조정된 많은 공장 현장은 코로나19 전염병으로 인해 작업 프로세스를 근본적으로 변경해야 했다. 예를 들어, 월풀(Whirlpool)에서는 한때 나란히 일하던 근로자들을 안전한 거리에 배치해야 했고 작업대 사이의 칸막이로 인해 단순히 한 근로자에서 다른 근로자에게 일을 넘겨줄 수 없었다.

그러나 최소한 월풀(Whirlpool)에서는 이를 수행할 공간이 있었다. 캐터필러(Caterpillar)와 같은 다른 회사에서는 단순히 작업자를 분산시킬 공간이 충분하지 않았기 때문에 안전한 거리를 유지하기 위해 충분한 공간을 확보할 수 있는 유일한 방법은 시차를 두고 교대조를 만들어 일부 작업자만 동시에 현장에 있도록 하는 것이었다. 콘티넨탈 타이어 회사(Continental Tire Company)와 같이 사람들이 많이 이동하는 작업장에서 직원들은 웨어러블 센서를 착용하여 두 명의 직원이 6피트 거리까지 가까워질 때마다 종소리나 윙윙거리는 소리를 나게 했다. 새로운 사회적 거리두기에 적응하지 못한 일부 고용주는 엄청난 비용을 지불한다. 예를 들어, 사회적 거리두기 조치가 마련되지 않은 몇몇 아마존(Amazon) 창고의 질병으로 인해 결근이 30% 급증했고, 그 직원 중 일부가 결국 사망하면서 회사의 홍보에 악몽이 되었다.

또한 정상적인 조건에서도 린 설계가 고용주에게는 좋지만 작업자에게는 항상 좋은 것은 아니다. 예를 들어, 이렇게 향상된 효율성 수준의 부작용 중 하나는 경제가 회복되면 신규 고용이 훨씬 줄어든다. 더 효율적인 작업 프로세스 설계로 인해 많은 일자리가 다시는 돌아오지 않기 때문에 이것은 미국 제조업 일자리의 수에 영구적인 흠집을 남길 수 있다.

### 업무 투입물 분석

업무흐름 분석의 마지막 단계는 투입물이 작업단위의 생산품에 어떻게 사용되었는지 확인하는 것이다. 〈그림 3.1〉에서 보는 것과 같이 투입물은 과업수행에 필요한 원재료와 장비, 기술로 분류할 수 있다. **원재료**(raw materials)는 생산품으로 전환이 가능한 재료를 말한다. 조직은 린 생산방식을 통해 효율성을 높이고 비축량을 최소화하기 위해 JIT방식을 이용해 재고관리를 한다. 추가로 재고품은 모두 버려지기도 하며 기업은 고객의 실질적인 주문이 있을 때까지 생산을 하지 않기도 한다. 하지만 JIT방식을 통한 재고관리의 문제점도 있다. 특히, 몇 주가 아니라 며칠 단위로 측정된 재고를 유지 관리함으로써 얻은 효율성은 유연성 부족을 초래한다. 예상치 못한 코로나19 팬데믹은 이러한 적응력의 부족을 다시 한번 보여준다. 장갑과 마스크와 같은 많은 부분이 중국에서 제조되었기 때문에 개인보호장비(PPE)의 부족이 전 세계 많은 병원을 강타했다. 중국이 이러한 시설을 폐쇄해야 했을 때 이러한 "JIT" 관행으로 인해 병원은 의지할 재고가 거의 또는 전혀 없었다.

**장비**(equipment)는 원재료를 제품으로 전환시키는 데 요구되는 기술과 기계를 말한다. 일반적으로 한 조직이 장비에 투자하는 돈은 '종업원 1인당 자본 지출'의 양으로 계산되는데, 미국의 일부 노동경제학자들은 이러한 형태의 투자가 국제 경쟁에 대항하기 위해 필요한 것과 보조를 맞추지 못하고 있다고 우려한다. 예를 들어, 2016년은 미국 경제가 종업원 1인당 자본 지출에서 7년 연속으로 성장을 보이지 않은 것으로 기록되었는데, 공교롭게도 그해 노동생산성이 심각하게 하락하였다.

그러나 이 수치는 2017년과 2018년에 증가했으며, 많은 분석가들은 2016년에 고용주에게 부여된 대규모 세금 감면 덕분이라고 생각한다. 회사는 갑자기 많은 돈을 손에 쥐게 되었으나 노동력 부족으로 인해 그 많은 돈조차 노동에 쓸 수 없었다. 그럼에도 불구하고 비록 투자가 증가했지만, 일각에서는 세금 감면으로 분배된 큰 규모에 비해 이러한 투자의 규모가 다소 작다고 한탄했다.

최첨단 장비는 여러 가지 방법으로 생산성을 높일 수 있으며 신기술은 종종 인간의 작업방식을 개선한다. 반드시 일자리를 없애는 것은 아니다. 예를 들어, 새로운 증강현실 헬멧을 착용하면 장치 착용자가 전자적으로 전문지식이 필요하지만 현장에 없을 수도 있는 다른 작업자에게 보고 듣는 것을 정확하게 전달한다. 따라서 과거에 말레이시아에서 고장난 터빈을 수리할 때 베이커 휴즈(Baker Hughes)는 전통적으로 5명의 전문 인력을 미국에서 아시아로 파견했다. 이 과정은 시간과 비용이 많이 들었다. 그러나 오늘날 전문 인력은 도시를 떠나지 않고도 대신 현장에서 눈과 귀가 되어주는 현지 근로자와 원격으로 일할 수 있다. 이와 같은 스마트 헬멧은 물리적으로 위험하거나 멀리 떨어진 장소에 갈 수 없는 나이가 많고 고도로 숙련된 근로자가 계속 일할 수 있도록 하여 고용주를 위해 인적자본을 보존할 수 있다. 쉘(Shell)의 HR 부사장인 알리소 충(Aliso Choong)은 "이러한 기술은 하드웨어보다 사람에 관한 것이다."라고 말했다.

휴대폰용 앱도 직원 효율성을 높이기 위해 점점 더 많이 사용되고 있다. 예를 들어, 올드 네이비(Old Navy)의 매장 직원들은 전화기에 다양한 작업을 지시하는 최소 7개의 서로 다른 앱을 설치하고 있다. 이러한 앱 중 하나는 고객이 일부 재고의 마지막 항목을 구매하면 직원에게 곧바로 알림으로써 자동 재공급 주문이 이루어진다. 또 다른 앱은 누군가가 매장에서 온라인 픽업을 위해 무언가를 구매할 때마다 직원에게 윙윙거리며 호출하고, 이것은 고객에게 할당된 특별한 번호가 매겨진 상자에 넣을 수 있는 상품으로 안내한다. 그러나 세 번째 앱을 사용하여 판매 직원은 매장에 없는 일부 상품이 지역 창고에 있는지 확인하는 데 사용할 수 있다. 그렇지 않은 경우 이것도 자동적으로 재공급 주문을 생성하게 한다.

업무흐름 과정의 최종 투입은 업무수행에 필요한 **인적 기술**(human skills)과 노력이다. 분명히, 인적 기술은 기업에 활용이 가능한 종업원으로 구성된다. 일반적으로 인적 기술 측면에서 일을 잘할 수 있는 가장 낮은 비용의 종업원에게 일을 맡겨야 하는데 경우에 따라서는 인원감축에 지나치게 중점을 둘 때 이 원칙을 위반하기도 한다. 예를 들어, 지난 십 년 사이에 미국 경제는 100만 명에 가까운 사무실과 행정지원 일자리를 없앴다. 비용을 절감할 수 있는 합리적인 것으로 보일 수도 있지만, C급(C-level) 임원들에게 직접 자신의 여행을 예약하고, 일상적인 서류작업을 하며, 복사기에 토너를 교체하고, 하루에 500통의 이메일을 선별하도록 하는 것이 과연 재무적 측면에서 이치에 맞는가, 그 중 400개가 스팸 메일이다.

## 조직구조

업무흐름 설계가 투입물이 산출물로 전환되는 동적 관계를 살펴보고 있다면, 조직구조는 각 영역에 걸쳐 산출물을 만드는 개인과 조직 전체의 정적인 관계를 살펴보고 있다. 조직구조는 일반적으로 수직적인 보고관계와 수평적 기능의 책임을 모두 전달하는 조직도를 통해 나타난다.

### 조직구조의 차원

조직구조에 관한 가장 대표적인 두 가지 차원은 중앙집권화와 부서세분화다. **중앙집권화**(centralization)는 의사결정 권한이 조직의 상위층에 집중되기 때문에 의사결정권을 하위층에 분배하는(이런 경우 권한이 분권화된) 부서세분화와 반대되는 개념이다. **부서세분화**(departmentalization)는 기능적 유사성 또는 업무흐름의 유사성을 기반으로 그룹화된 작업단위의 수준과 관련되어 있다. 예를 들어, 경영대학에서 기능적 유사성에 따라 마케팅 전공, 재무 전공, 회계 전공이 있으며 교수들은 각 전공영역에 소속되어 학생들을 각 영역의 전문가로 양성하기 위해 가르친다. 반면 같은 대학에서 업무흐름 유사성에 따라서 조직화해 보면 학부과정, 대학원과정 그리고 최고경영자과정으로 나눌 수 있다. 이러한 각 단위에는 다른 단위의 학생이 아닌 자신의 학생들만을 가르치는 마케팅, 재무, 회계 교수들이 있을 것이다.

### 구조적 형태

중앙집권화와 부서세분화를 조합하는 여러 가지 방법이 있지만 두 가지의 일반적인 조직구조 형태가 있다. 첫 번째 형태는 **기능별 조직구조**(functional structure)로서, 〈그림 3.2〉에 도식화되어 있다. 기능적 구조는 기능적으로 부서세분화가 이루어진 형태인데 높은 수준의 중앙집권화가 되어 있다. 높은 수준의 중앙집권화는 자연스럽게 기능부서들로 이루어지는 경향이 있는데, 개인 단위의 구조가 특화되었기 때문에 조직의 일원으로서 조직의 미션에 대한 전반적인 개념화가 약하다. 따라서 그들은 부서를 중심으로 함께 조직 전반의 이익에 대한 의사결정을 하는 경향이 있다. 또한 다른 하위 단위가 수행하는 작업을 근본적으로 이해하지 못하는 하위 단위 간의 손가락질 및 갈등의 상황은 잠재적인 분쟁을 관리하기 위한 중앙집중형 의사결정 메커니즘의

**그림 3.2 기능적 조직구조**

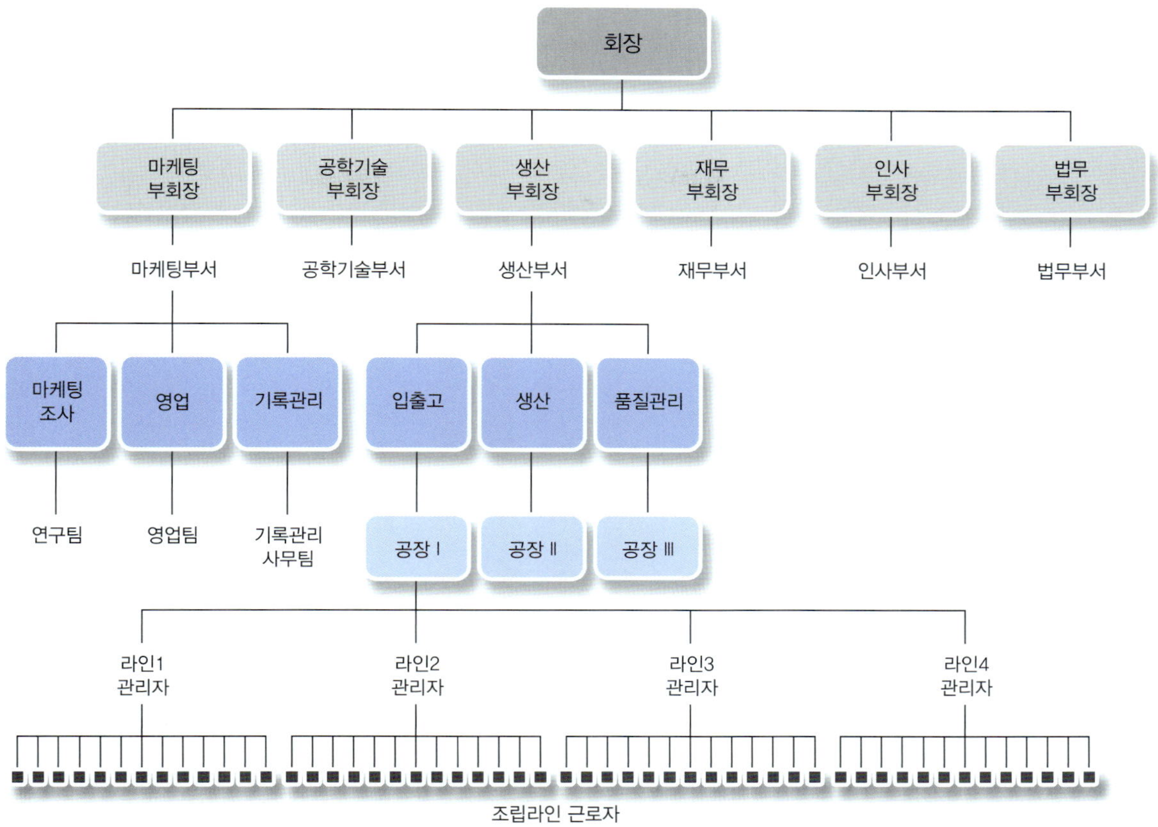


출처: Adapted from J. A. Wagner and J. R. Hollenbeck, *Organizational Behavior: Securing Competitive Advantage*, 3rd ed.(New York: Prentice Hall, 1998).

**그림 3.3 사업부 조직구조: 제품별**

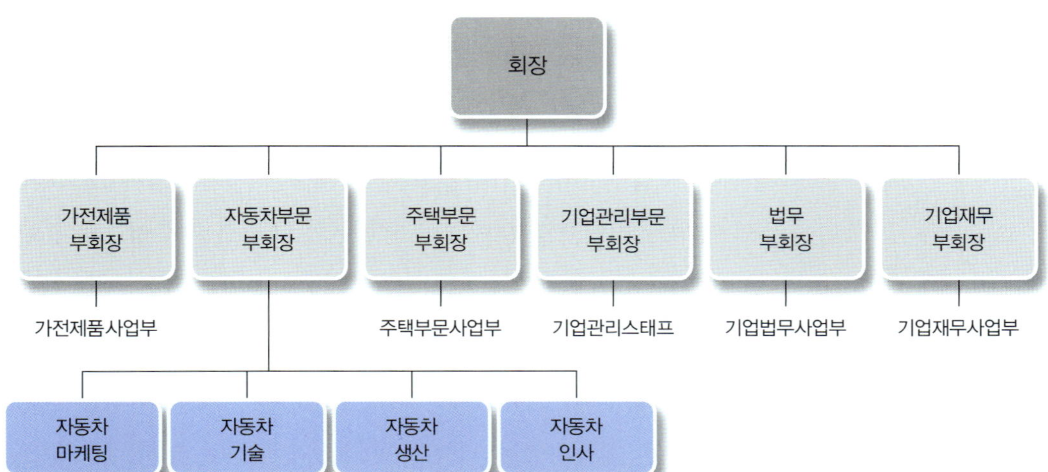


출처: Adapted from J. A. Wagner and J. R. Hollenbeck, *Organizational Behavior: Securing Competitive Advantage*, 3rd ed.(New York: Prentice Hall, 1998).

**그림 3.4 사업부 조직구조: 지역별**

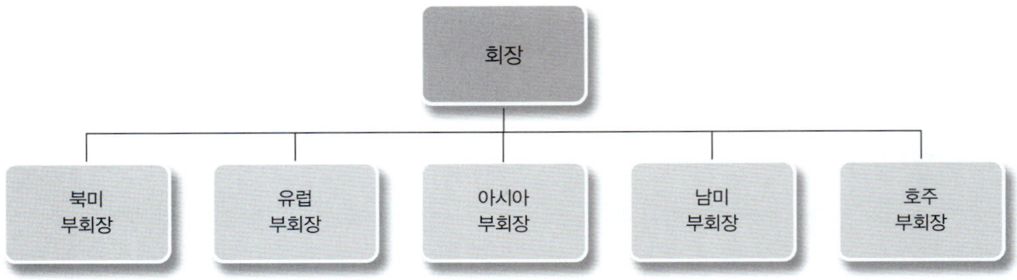


출처: Adapted from J. A. Wagner and J. R. Hollenbeck, *Organizational Behavior: Securing Competitive Advantage*, 3rd ed.(New York: Prentice Hall, 1998).

**그림 3.5 사업부 조직구조: 고객별**

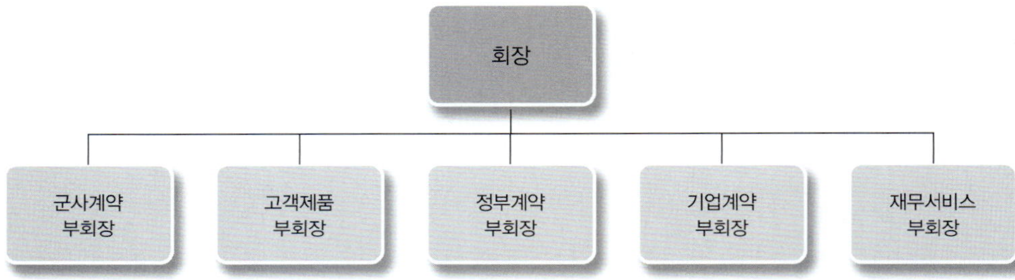


출처: Adapted from J. A. Wagner and J. R. Hollenbeck, *Organizational Behavior: Securing Competitive Advantage*, 3rd ed.(New York: Prentice Hall, 1998).

필요성을 만든다.

두 번째 형태는 **사업부제 구조**(divisional structure)로, 〈그림 3.3〉, 〈그림 3.4〉와 〈그림 3.5〉에서 볼 수 있듯이 세 가지 예시가 나타나 있다. 사업부제 구조는 사업부별 부서세분화의 개념으로서 낮은 수준의 중앙집권화가 특징이다. 사업부제 조직의 각 사업단위는 거의 분리되어 업무를 수행하고, 비교적 독립적인 조직이다. 〈그림 3.3〉의 경우는 제품 중심의 사업부로서 사업부별로 다른 제품을 생산하도록 조직화되어 있다. 〈그림 3.4〉의 경우는 지역으로 분리되어 사업부가 조직화되어 있으며 〈그림 3.5〉의 조직은 고객에 따라 사업부가 분리되어 있다.

이를 보여주는 실제 사례는 최근 세 개의 개별 부서를 만들기 위해 재편성된 거대 제약회사 화이자(Pfizer)에서 볼 수 있는데, 하나는 연구 및 혁신 의약품, 다른 하나는 애드빌 및 센트럼과 같은 제품의 일반 소비자 판매에 전념하는 부서, 그리고 세 번째는 리피터 및 비아그라와 같은 기존 처방전 없이 살 수 있는 의약품에 전념하는 부서이다. 화이자의 이러한 구조 변화는 특히 사업의 과학적 발견 부문에서 효율성을 창출하는 데 도움이 되었고, 회사가 승인된 코로나19 백신을 시장에 출시하기 위한 경쟁에서 승리하는 데 도움이 되었다.

### 조직구조의 변화

하위단위가 어떻게 형성되든, 많은 조직들은 하위단위 내의 사람들이 변화를 만들고 다른 사람들과 연결될 수 있다고 느낄 정도로 각 하위단위의 크기를 작게 유지하려고 노력한다. 매우 큰 단위에 속하는 사람들은 개인의 책임감과 동기부여에 대한 감정이 감소되어 조직성과를 방해한다. 연구에 따르면 이런 유형의 문제들은 일단 한 그룹이 150명을 넘어서면 나타나기 시작한다고 한다. 따라서 많은 기업들은 특정 규모의 하위단위를 제한하려고 한다. 예를 들어, 고어텍스와 다른 혁신적인 재료를 만드는 회사인 고어와 어소시에이츠(W.L. Gore and Associates)는 일반적으로 규모가 이 숫자를 초과하면 사업부를 분할하여 둘로 나누고 새로운 물리적 사무실을 연다.

업무흐름에 초점을 두면 각 사업부들은 반(semi)자율적이며 유사한 고객을 기반으로 하고 있어 사업부제 조직구조는 더욱 유연하고 혁신적이다. 사업부제 조직은 집중화되고 기능적으로 구조화된 조직들보다 소비자 기반에서 기회를 더 빨리 파악하고 이를 이용할 수 있다. 실제로 기능적 구조에서 의사결정은 업무현장과 떨어진 곳에서 이루어지기 때문에 업무 최전선에서 일하는 종업원들의 인식과 최고경영진 사이의 인식에서 단절이 있을 수 있다. 예를 들어, 맥도날드 메뉴의 확대가 어떻게 프랜차이즈 가맹점주들에게 문제를 일으키고 있는지 주목해 보자. 어느 가맹점주는 "더 많은 기업의 종업원들이 오랜 시간 점심시간을 보내기 위해 길게 줄을 서게 된다면 우리는 오늘날 지금의 위치에 있지 않을 것이다. 맥도날드는 메뉴를 확장했다. 우리는 메뉴를 늘린 것이 문제를 더 악화시키고 있다는 것을 알았다."라고 지적하였다.

이와는 대조적으로, 기업 본사에서 이루어지는 일부의 전략적 결정은 업계 전반의 동향에 의해 더 많은 정보를 얻을 수 있지만 업무일선에 있는 사람들이 인식하지 못할 수도 있다. 예를 들어, 맥도날드 지역 책임자들은 "하루 종일 아침식사(All day breakfast)" 메뉴 제공 결정에 대해 강한 거부감을 보였는데, 이는 기존 메뉴를 더욱 확장하는 것이기 때문이었다. 기업 수준에서 이와 같은 결정은 광범위한 시장조사에 근거하였으며 메뉴 제공 프로그램은 모두에게 큰 성공을 거둔 것으로 밝혀졌다. 이와 같은 결과는 조직구조를 설계할 수 있는 하나의 최선의 방안이 없다는 사실뿐만 아니라 이러한 조직구조가 경쟁전략과 일치하는 것이 핵심이라는 것을 알려주고 있다. 실제로 효율성과 비용 억제를 위해 만들어진 고도로 기능적인 구조들은 속도와 유연성으로 경쟁할 경우에 심각한 문제가 발생될 수 있다. '패스트 패션(fast fashion)' 산업에서 이를 확인할 수 있다. 소매업체들은 매 시즌 초에 새로운 스타일을 선보였고, 디자인 콘셉트가 처음부터 매장 현장까지 가는 데 꼬박 1년이 걸리는 경우가 많았다. 비록 최종 순간에 변경이 이루어질 수 있지만, 전형적으로 비용이 많이 들고 변화의 가치를 상쇄하는 속도로 이윤이 줄어들었다. 하지만 H&M, 자라(Zara) 같은 업체들은 '패스트 패션' 추진의 일환으로 패션산업에서 통용되었던 규칙을 다시 썼으며 매달 새로운 스타일을 도입하고 있다.

그러나 이러한 관행의 문제는 많은 사람들이 소규모의 신흥 제3세계 노동시장에서 종업원들의 착취를 통해서만 성취될 수 있다고 느낀다는 것이다. 2만 개의 파란색 블라우스를 1만 개의 파란색 블라우스와 1만 개의 빨간색 블라우스로 바꾸라는 주문은 그렇게 중요한 요구로 보이지 않을 수도 있다. 그러나 이와 같은 신속한 운영의 변화는 주문 납품일 변경과 동반되지 않을 경우 신흥국 공장 관리자들로 하여금 작업시간을 늘리고 주요한 안전문제를 발생하게 만드는 유지보수에 있어서 손쉬운 방법만 취하게 만든다. 이런 문제들은 중국의 임금 급등으로 인해 더 싸고 수용적인 제조업자들을 찾는 소매상들을 보내면서 패스트 패션 산업의 선두주자인 방글라데시에서 가장 분명하게 드러났다.

어떤 극단적인 경우, 작은 부서는 공식적인 관리자의 감독조차 받지 못할 수 있고, 종업원들은 자기관리(self-manage)를 할 수도 있다. 예를 들어, 워싱턴주 벨레뷰에 위치한 비디오게임 제작사인 밸브 코퍼레이션(Valve Corporation)은 팀별로 조직된 종업원들 스스로 채용, 해고, 급여에 관한 결정을 내리는 '상사 없는(boss-free)' 기업이라고 선전하고 있다. 이 팀들은 대부분의 결정에 투표하는 경향이 있고, 어떤 경우에는 경험이나 전문지식으로 인해 한 명 또는 두 명의 사람들이 특정 프로젝트의 리더를 수행하게 된다. 전형적으로 이러한 유형의 리더십 출현은 팀에 의해 지원되는 방식으로 발생한다. 한 종업원은 "절대적으로 효율성이 떨어지는 것은 사실이지만, 일단 조직을 구성하면 구매 및 실행이 신속하게 이루어진다"고 지적한다.

사업부제 구조는 각 부서에 전문 인력의 중복을 발생시킬 수 있고, 성과달성을 위해 다른 부서의 비용을 잠식할 수 있다는 점 때문에 효율적이지는 않다. 예를 들어, 아이폰과 아이패드는 애플(Apple)의 서로 다른 부서에서 관리한다. 아이폰은 확실히 매우 성공적인 제품이지만 아이패드 직원은 아이폰이 매우 부정적인 방식으로 판매에 영향을 미치고 있음을 매우 빨리 깨달았다.

마찬가지로 많은 소매업체는 매장 내 판매와 전자상거래 판매를 서로 다른 부서에 두고 있다가 결국 전자상거래 판매가 매장 내 판매를 희생시킨다는 것을 발견한다. 이것이 바로 2016년 휴가철에 노드스트롬(Nordstrom)에서 발생한 일이다. 당시 온라인 판매 증가로 인해 매장 내 판매가 급감했다. 한 업계 분석가가 언급한 것처럼 "대부분의 소매업체는 오늘날 점점 더 디지털화되는 환경에서 아마존과 같은 기업을 따라잡으면서 오프라인 매장의 수익성을 성장시키고 유지하는 방법을 아직 파악하지 못했다."

분권화 및 사업부제 구조는 독립적 사업부 조직이 지나치게 위험하거나 조직의 더 큰 목표에서 벗어나는 결정을 내리기 시작하면 문제를 일으킬 수 있다. 광범위한 단위에 걸쳐 표준화된 관행에 대한 요구를 필요로 하는 범용적 브랜드 이미지를 관리하려고 할 때 문제가 될 수 있다. 예를 들어, 치폴레 멕시칸 그릴(Chipotle Mexican Grill)은 환경적으로 지속가능한 방식으로 달성한 건강한 패스트푸드를 약속함으로써 고객과 투자자를 유혹하는 성공적인 공식을 가지고 있었다. 비즈니스 전략의 핵심에는 프랜차이즈 관리자가 재료의 현지 소싱과 관련하여 자유롭게 결정을 내릴 수 있는 분산된 의사결정 특성이 있었다. 기업 본사에서 선택한 소수의 대규모 쇠고기 및 감자 공급업체에 의존하는 맥도날드 및 버거킹과 같은 전국 버거 체인과 달리 치폴레의 2,000개 레스토랑은 수백 명의 소규모 지역 독립 농부가 참여하는 분산된 공급망 결정에 의존한다. 이것은 경쟁전략의 두드러진 요소였으며 치폴레가 시장의 "팜투테이블(farm-to-table)" 부문에서 총애를 받는 주요 요인 중 하나였다.

그러나 2017년 6월에 많은 식당에서 발생한 대장균 박테리아 중독 발생으로 이 모든 것이 바뀌었는데, 이는 2년 만에 두 번째로 큰 사건이었다. 일반적으로 이와 같은 발병은 고립된 사건이지만 하나의 체인이 여러 다른 지역에서 동시에 발생하면 고객과 투자자는 무언가 체계적으로 잘못되고 있다고 생각하기 시작한다. 많은 사람들이 재료에 대한 엄격한 품질관리에 관해서는 결정의 분산된 특성이 단순히 너무 느슨하다고 믿게 되었다. 발병 직후 매출은 16% 급감했고, 스캔들 여파로 주가는 22% 하락했다. 한 업계 분석가가 언급한 바와 같이, "그들의 이야기 중 많은 부분이 재료의 품질에 기반을 두고 있기 때문에 이것은 그들의 브랜드에 더 깊은 타격을 주었다."

예를 들어, 2014년 270만 대의 제너럴 모터스(GM) 차량이 점화시스템 고장으로 인해 500명 이상의 고객이 사망 및 부상을 당하고 4억 달러 이상의 재정적 손실이 발생한 리콜 사례에서 가장 잘 드러났다. 점화시스템 재난에 원인이 된 GM의 구조와 관련된 두 가지 특정 문제가 있었다. 첫째, 구조는 자동차의 한 측면에서 일하는 사람들이 다른 기능적 영역에서 일하는 사람들과 거의 대화하지 않는 기능적 사일로(silos)를 만들었다. 예를 들어, 스위치 문제는 결함이 있는 부품을 재설계했지만 번호를 다시 매기지 못한 엔지니어 한 명이 부분적으로 원인이었다. 번호가 다시 매겨지지 않았기 때문에 부품이 다른 부서 라인을 통해 아래로 이동할 때 해당 부서는 모두 원래 부품에서 작업하고 있다고 생각했다. 그런 다음 차량 정지에 대한 보고가 들어오기 시작했을 때 이는 안전 문제나 설계 결함이 아닌 고객만족 문제로 취급되었다. 따라서 고객만족도를 모니터링하는 담당자들은 문제를 인식하지 못한 설계 담당자들에게 너무 늦을 때까지 이야기하지 않았다. GM 구조의 두 번째 문제는 서로 다른 결정에 대한 의사결정 권한이 누구에게 있는지가 전혀 명확하지 않고 조직의 낮은 수준의 사람들이 문제에 대한 책임을 지거나 나쁜 소식을 조직에 전달하는 것을 꺼린다는 것이었다. 미 법무부에서 외부 조사를 진행한 결과, 2001년 이전부터 많은 사람들이 이 문제를 알고 있었지만, 이들은 아무 말도 하지 않거나 다른 부서에 책임을 돌렸기 때문에 실제로 문제를 해결하기 위해 아무도 나서지 않은 것으로 드러났다. 실제로 검찰청에서 문제를 알고 있는 한 근로자에게 "문제를 해결하는 것이 당신의 직무 설명의 일부인가"라고 물었을 때 그 사람은 "아니오"라고 간단히 대답했다. 검찰청의 보고서는 구체적으로 "점화 스위치 문제와 관련된 결정권을 가진 사람은 한 사람도 없다"고 명시했다.

기능적 구조는 매우 효율적이며, 여러 단위에 걸쳐 불필요한 중복이 거의 없으며, 제 살 깎아 먹기(self-cannibalization) 현상이 나타날 기회가 낮거나 또는 각 단위들이 제멋대로 행동하지 못하도록 하기 때문에 효율적이다. 또한 중앙집중화 구조에서 높은 수준의 감독으로 인해 하위 종업원들의 오류를 줄일 수 있고 이를 시스템에 적용시켜 좀 더 빠르게 완화시킬 수 있다.

기능적 구조는 자원에 대한 수요를 충분히 예측할 수 있고, 직무 간의 일관된 활동의 반복을 통해 조정되고 표준화할 수 있는 안정적이고 예측가능한 환경에서 가장 적합하다. 기능적 구조는 비용경쟁을 하는 기업에 도움이 되는데 효율성이 전략을 운용하는 중심이기 때문이다. 사업부제 구조는 자원에 대한 수요를 예측하기 어려운 불안정하고 예측할 수 없는 환경에서 가장 적절한데 직무 간 조정 요구가 시간이 지남에 따라 일관되지 않는다. 이러한 유형의 구조는 차별화 또는 혁신을 통해 경쟁하는 기업에 도움이 된다. 유연한 대응성이 전략을 운영하는 중심이기 때문이다.

예를 들어, 도미노피자(Domino's Pizza)는 지역 프랜차이즈 소유자가 많은 의사결정을 내리는 고도로 분산된 구조를 가지고 있다. 이것은 코로나19 팬데믹에 적응적으로 대응할 수 있는 독특한 위치에 있는 지역적 대응 유형을 제공했다. 예를 들어, 팬데믹 이전에 많은 현지 도미노 매장은 주로 서두르는 고객을 대상으로 하는 새로운 서비스를 테스트하기 시작했다. 가게에 들어가지 않고 피자를 고르는 방식이 콘셉트이었다. 고객이 도착해서 문자 메시지나 휴대전화의 도미노피자 앱으로 체크인하면 직원이 고객 차 트렁크에 피자를 실었다. 따라서 "비접촉식" 음식 배달이 발명되었고, 대유행이 닥쳤을 때 갑자기 고객이 매장에 들어갈 수 없거나 들어가지 않으려고 했을 때 도미노는 신속하게 전국의 모든 매장에 "카사이드(carside)" 픽업 서비스를 출시했다. 이것은 도미노의 매출과 주가가 폭등한 가운데 다른 식당들이 부진에 빠져 폐업한 이유 중 하나였다.

물론 조직구조를 설계하는 것은 그 어느 것이나 명제가 아니며, 일부 연구에서는 기능적 요소와 사업부제 요소를 결합한 "중간" 옵션이 가장 좋은 경우가 많다고 제시한다. 예를 들어, 대부분의 조직은 HR 기능을 구성하는 방법에 대해 "혼합" 접근방식을 취한다. 전형적으로, 공유서비스센터라고 불리는 하위단위가 있는데, 이 단위는 고도로 중앙집중화되어 급여 등 모든 주요 일상적인 거래 업무를 처리한다. 또한 중앙집중적이지만 공유서비스센터와는 별개인 훈련이나 노사관계 분야의 전문성을 갖춘 우수한 하위단위의 센터가 있다. 마지막으로, 핵심인재 관리 또는 승계계획에 있어 다른 하위단위의 리더들에게 사업 파트너 역할을 하는 3차 분권형 하위단위가 있다. 이 세 갈래 구조는 일상적인 과업 수행에 필요한 효율성, 복잡한 과업 수행에 필요한 전문화, 그리고 각 개별 사업 단위 지원에 필요한 유연성을 달성하기 위해 노력하는 요소들이 있다.

### 직무의 구조와 본질

마지막으로, 큰 그림의 이슈에서 낮은 수준의 세부 사항으로 이동하면서, 조직구조의 유형도 직무설계에 영향을 미친다. 조직구조는 직무설계에 대한 함의점이 있다. 기능적 구조에서 직무는 좁게 되어 있으며 높은 수준의 전문화를 필요로 한다. 기능적 구조에 속해 있는 종업원들은(심지어 중간관리자층도) 의사결정의 자율성 또는 그들과 다른 사람들과의 조율에 대한 책임감이 낮은 편이다. 실제로 일부 고기능적인 구조에서 거의 모든 수준의 의사결정이 구시대적이라도 사람들이 반드시 준수해야 하는 일련의 공식적인 규칙과 제도화된 절차로 대체된다.

예를 들어, 일본에는 특정 결정을 대규모 그룹이 내리고 승인해야 하는 규칙이 있다. 그런 다음 이러한 그룹은 "한코(hanko)"로 입력 내용을 표시해야 한다. 즉, 공식 잉크 스탬프를 문서에 수동으로 찍은 다음 다른 단위로 직접 전달해야 한다. 모든 작업단위는 명령체계를 위 또는 아래로 이동하면서 결국 문서작업에 도장을 찍어야 한다. 이 공식화된 절차는 모든 당사자가 결정에 대해 협의했다는 확실한 확인을 제공하지만, 경쟁조직들이 디지털화된 문서를 빠른 속도로 이동하는 시대에 이러한 관행은 구식으로 보이고, 제한적이며 일부 경쟁적 불이익을 초래할 수 있다.

이와 반대로, 30개의 소규모 철강공장이 있는 누코철강(Nucor steel)의 경우 평면적 사업부제 구조로 인하여 2년마다 배로 성장하며 이윤도 10% 이상 증가하고 있다. 누코에서 공장관리자는 자신의 공장에서 어떻게 업무를 설계할지에 대한 자율권을 가지고 있다. 누코철강의 공장들은 각 공장끼리 서로 경쟁하기도 하지만 누코의 최고경영자는 건전한 경쟁을 조성하고 최선의 관리관행들이 각 조직들에게 가능한 빨리 적용될 수 있도록 함으로써 모든 공장들이 장기적 경쟁우위를 유지할 수 있도록 한다. 게다가 이익공유제가 조직수준에서 종업원들의 임금운영에 큰 부분을 차지하도록 함으로써 관리자들 간의 협력을 증진시키고 각 공장들이 성공적으로 운영되도록 한다.

누코가 4단계의 관리수준과 66명으로 본사를 운영하고 있는 것과 달리 경쟁업체인 U.S. Steel은 20단계가 넘으며 본사에도 1,200명의 사람들이 있다. 이를 통해 누코는 거의 25년 동안 유지해 온 장기적으로 지속가능한 경쟁우위를 갖게 된다. 2018년 미국 정부가 외국 철강생산업체에 부과한 새로운 관세와 관련하여 누코가 가장 많은 도움을 받은 회사 중 하나이기 때문에 많은 사람들은 이러한 경쟁우위가 앞으로 더욱 커질 것으로 기대한다.

구조의 선택은 종업원들로 하여금 기능적 구조와 사업부제 구조에서 발생되는 직무에 대해 함의점을 준다. 기능적 구조의 관리자는 종종 좁은 주제 영역에서 깊은 경험을 가진 전문가여야 한다. 예를 들어, 정립된 의약품에 대한 특허는 정해진 기간이 지나면 사라지기 때문에 엘리 릴리(Eli Lilly)와 같은 기업은 오래된 약품으로 대표되는 시한폭탄이 터지기 전에 새로운 제품을 만들어야만 살아남을 수 있다. 기업은 매년 50억 달러의 정신분열증 치료제인 지프렉사(Zyprexa)의 특허를 잃을 것이라는 전망에 직면해 새로운 제품을 보다 빠르고 효율적으로 만들기 위해 기능적인 방향으로 운영을 재조정했다. 분자(molecules)를 의약품으로 전환하는 일을 담당했던 모든 사람들은 소속 부서에서 나와 새로운 우수개발센터(Development Center for Excellence)의 한 지붕 아래에 배치되었다.

이 집중적인 전문가 그룹은 처음으로 모두 협력하여 약물을 출시하고 테스트하는 혁신적인 새 방법을 고안했다. 이 그룹은 일반적인 효과를 결정한 다음 최적 용량을 결정하는 이전의 순차적인 2단계 프로세스를 밟았고, 여러 용량 수준을 한 번에 테스트하고 서로 비교하는 단일 단계 프로세스로 전환했다. 이 과정은 당뇨병에 대한 신약 개발과정을 14개월 단축했고, 이후 다른 치료 원인으로 일반화되었다.

## 직무분석

**직무분석**(job analysis)은 직무의 세부적 정보를 얻는 프로세스이다. 높은 품질의 성과를 달성하기 위해 직무에서 요구하는 사항과 종업원들을 일치시켜야 한다는 것을 이해하는 것은 조직에 있어서 중요한 일이다. 이것은 오늘날의 경쟁적인 시장에서 특히 그렇다.

### 직무분석의 중요성

직무분석은 인적자원관리의 모든 영역에 영향을 미치는 요소이다. 대부분의 인적자원관리 프로그램은 직무분석－선발, 성과평가, 훈련과 개발, 직무평가, 경력계획, 업무재설계와 인적자원계획－으로부터 얻어진 정보를 필요로 한다.

### 업무재설계

직무분석과 직무설계는 상호 관련성이 있다. 기업은 때로 효과성과 효율성을 증가시키기 위해 업무재설계를 한다. 업무재설계에서 기존 직무에 대한 세부적 정보는 유용해야 한다. 게다가 하나의 직무를 재설계하는 것은 아직 존재하지 않은 직무를 설계하는 것과 비슷하다.

### 인적자원계획

인적자원계획 단계에서 관리자는 기업이 역동적인 환경하에서 기업의 인적자원 요구를 분석하고, 기업이 변화에 적응할 수 있도록 하는 활동들을 발전시킨다. 이러한 계획 프로세스에서는 다양한 직무에서 요구하는 기술 수준에 관한 정확한 정보가 필요하고 조직에서 유용한 개인들을 충분하게 확보함으로써 전략적 계획에서의 인적자원 요구를 맞출 수 있도록 한다. 어떤 지원자가 가장 적격인지 확인하려면 먼저 고용된 개인이 수행할 작업과 그 직무를 효과적으로 수행하기 위해 갖추어야 할 지식, 기술 및 능력을 결정해야 한다. 이 정보는 직무분석을 통해 얻어진다.

### 훈련과 개발

기업에 고용된 종업원들은 훈련을 필요로 한다. 어떤 훈련 프로그램은 다른 프로그램들보다 광범위할 수 있지만 훈련담당자가 직무수행을 위한 과업을 명확히 함으로써 훈련이 개인들의 직무를 효과적으로 수행할 수 있게끔 준비해야 한다.

### 성과평가

성과평가는 어떻게 각각의 종업원들이 업무를 잘 수행하는지의 정보를 다루는 것으로, 효과적인 사람들에게는 그에 따르는 보상을 주고, 효과적이지 못한 사람들을 개선시키거나 왜 그러한 성과가 나왔는지에 대해 분석을 진행한다. 직무분석을 통해 기업들은 행동들과 결과를 명확히 할 수 있으며 효과적인 성과와 비효과적인 성과를 구분한다.

### 경력계획

개인의 능력과 기회에 대한 포부를 상호 매칭하여 기업에 유용하게끔 한다. 이러한 매칭 프로세스는 경력계획의 지침들이 다양한 직무에서 필요로 하는 기술에 대한 이해를 요구한다. 개인들로 하여금 직무에서 성공하고 만족할 수 있도록 안내한다.

### 직무평가

직무평가 프로세스는 각 직무가 조직에 주는 상대적 가치를 평가하고 내부적으로 임금구조의 공정성을 설정하는 것과 관련되어 있다. 만일 임금구조가 공정하지 않다면 종업원들은 불만족하고 이직하려 한다. 또는 승진이 주는 혜택을 기대하지 못한다. 직무에 가치를 매기는 것은 수행하는 직무가 다른 사람보다 더 높은 임금을 받을 자격이 있는지에 대한 정보를 필요로 한다.

## 일선 관리자에 있어서 직무분석의 중요성

직무분석은 인적자원부서의 다양한 활동에 있어서 무척 중요하다. 그러나 일선 관리자에게 왜 중요한지는 명확하지 않다. 거기에는 많은 이유가 있는데, 첫째, 관리자는 업무흐름 프로세스를 이해하기 위해 자신의 업무그룹의 모든 직무에 대하여 세부적인 정보를 갖고 있어야 한다. 특히 팀 기반 맥락에서 그룹은 누가 무엇을 알고 있고 누가 무엇을 책임지고 있는지에 대해 문서화되지 않은 암묵적 이해가 있는 "트랜스액티브 메모리 시스템(transactive memory systems)"을 개발할 수 있다. 관리자는 이러한 업무흐름 및 프로세스의 기록되지 않은 요소를 체계화하여 직원 이직이 있는 경우 조직에서 모두가 실제로 수행한 작업에 대한 객관적인 설명을 유지하도록 해야 한다.

이는 만성적인 인력 부족과 높은 이직률로 인해 요양원에서 코로나19 팬데믹 기간 동안 근로자들이 공식적으로 작성된 직무 설명에서 벗어나 문서화되지 않은 새로운 업무를 즉흥적으로 수행하기 시작하면서 이슈가 되었다. 코로나19 관련 사망의 30% 이상이 요양원에서 발생했는데, 이는 훈련을 받지 않은 신입 직원 중 일부가 공식적인 직무 설명에 쓰여진 대로 실제로 일을 할 수 없기 때문이다. 또한 공식적인 직무 설명에도 불구하고 업무를 완수하기 위해 해결방법을 찾은 많은 사람들이 다른 사람을 가르치기 전에 퇴사하였다.

둘째, 관리자는 현명한 고용 결정을 위해 직무요구를 이해할 필요가 있다. 아주 드물게 관리자의 개입 없이 고용을 결정하는 인적자원부서가 있다. 일부 회사가 정교한 알고리즘을 사용하여 지원자를 선별하는 시대에도 결국 관리자는 공식적 제안을 하기 전에 그 사람이 "면접 테스트"를 통과하는지 확인해야 한다.

셋째, 관리자는 개인이 만족스럽게 업무를 수행할 수 있도록 할 책임이 있다. 관리자는 어떻게 개인이 업무 수행을 잘하는지를 평가하고 성과가 더 나아지도록 하기 위해 필요한 피드백을 제공해야 한다. 마지막으로 관리자는 업무 수행이 안전하게 될 수 있도록 하고, 어디에서 잠재적인 위험이 나타날 수 있는지를 알고 있어야 하며, 만일 위험한 상황에서도 생산 프로세스에 방해되지 않는 자유로운 분위기를 만들 수 있어야 한다.

예를 들어, 2016년 메시에너지(Massey Energy Company)의 CEO인 도날드 블랭켄십(Donald Blankenship)은 광산운영과 관련하여 연방안전기준을 위반하였다는 이유로 25만 달러의 벌금과 징역 1년을 선고받았다. 이 사건의 검찰은 블랭켄십이 재무성과를 안전기준보다 우선시하는 기업문화를 조성했고, 이는 애팔래치아(Appalachia) 광산(Upper Big Branch Mine)에서 폭발사고가 발생해 광부 29명이 숨지는 데 원인을 제공했다고 주장했다.

이와는 대조적으로, 사람들은 알코아(Alcoa)의 신임 CEO인 폴 오닐(Paul O'Neill)은 알코아에 부임한 후 보고절차를 변경해 종업원이 다칠 때마다 같은 사고가 재발하지 않도록 업무과정을 상세히 기술하는 계획을 수립하였다. 새로운 표준 일상 업무과정을 수용하지 못한 임원들은 해고되었다. 새로운 정책의 결과로, 각 부서장은 업무과정에 친숙해져야 했고, 결국 안전 강화뿐만 아니라 업무흐름의 효율화에 대한 훌륭한 아이디어를 가진 하위직 종업원들과 많은 대화를 하게 되었다.

물론, 업무분석을 수많은 다른 목적으로 수행하려는 한 가지 문제는 한 가지 목적에 대한 최상의 업무분석이 다른 목적에 대한 최상의 업무분석이 아닐 수도 있다는 것이다. 예를 들어, 채용 목적으로 수행된 직무분석에 기초한 직무기술서는 짧아야 하며, 광고를 읽는 데 많은 시간을 소비하지 않을 수 있는 지원자들에게 관심을 끌 필요가 있다. 이와는 대조적으로 성과관리 프로그램의 일환으로 사용된 직무분석에 기초한 직무기술서는 1년 내내 관찰되어 장단점을 파악할 수 있을 정도로 자세히 기술되어야 한다. 따라서 기업은 단일 직무에 대해 복수의 직무분석을 실시하거나 단일 직무분석에서 복수의 직무기술서를 도출할 수 있다.

# 직무분석 정보

## 정보의 본질

직무기술서와 직무명세서는 직무분석에서 가장 유용하게 사용되는 두 종류의 정보이다. **직무기술서**(job description)는 직무에 부과된 과업(Task), 의무(Duty), 책임(Responsibility)의 목록이다(TDRs). TDRs는 식별할 수 있는 행동들이다. 예를 들어, 사무직에게 요구되는 일정 업무가 있는데, 만일 당신이 이 사람을 하루 동안 관찰한다면 당신은 상대가 타이핑하는 것을 발견할 수 있을 것이다. 관리자가 직무수행에 대한 평가를 시도할 때 가장 중요한 것은 직무에서 수행되는 업무에 대한 세부적인 정보를 갖고 있어야 한다는 것이다. 이를 통해 개인이 각 작업 요구사항을 얼마나 잘 충족하는지 확인할 수 있다. 〈표 3.1〉은 직무기술서 예시를 보여준다. 한쪽 측면에서 보면 직무기술서는 포괄적으로 기술되어야 하는데 만일 제한적으로 기술되어 있을 경우 누군가는 중요한 업무에 대해 '내 일이 아니다'고 주장하는 예측하지 못한 상황이 발생

**표 3.1 직무기술서 예시**

직위: 유지보수 정비사

**직무에 대한 일반적인 설명**: 특정 구역 운영에 사용되는 모든 장비의 일반적인 유지보수 및 수리. 작업 현장에서 사용되는 회사 차량, 작업장 장비 및 기계의 서비스를 포함한다.

1. **필수 의무(40%)**: 장비 유지보수 – 작업: 장비에 수행된 모든 유지보수기록을 유지합니다. 유지보수 일정에 따라 부품과 유체를 교체합니다. 장비에 문제가 있음을 나타낼 수 있는 편차가 있는지 게이지와 하중을 정기적으로 점검합니다. 필요에 따라 비정기적 유지보수를 수행합니다. 유지보수를 수행하는 작업자에 대해 제한적인 감독 및 교육이 포함될 수 있습니다.

2. **필수 의무(40%)**: 장비 수리 – 작업: 장비 검사 및 부품 폐기 또는 수리를 권장합니다. 장비를 수리해야 하는 경우 정비사는 부품을 작동 상태로 되돌리기 위해 필요한 모든 조치를 취합니다. 여기에는 다양한 수공구와 장비를 사용하여 부품을 부분적 또는 전체적 재구성하는 것이 포함될 수 있습니다. 주로 디젤 엔진 및 유압 장비의 정비 및 문제 해결이 포함됩니다.

3. **필수 의무(10%)**: 테스트 및 승인 – 작업: 필요한 모든 유지 관리 및 수리가 수행되었고 제조업체 사양에 따라 수행되었는지 확인합니다. 장비를 작업에 사용할 준비가 된 것으로 승인하거나 거부합니다.

4. **필수 의무(10%)**: 재고 유지 – 작업: 장비의 유지 관리 및 수리에 필요한 부품의 재고를 유지합니다. 가장 저렴한 비용으로 만족스러운 부품 및 소모품을 주문할 책임이 있습니다.

불필요한 기능
할당된 기타 임무

할 수도 있다. 반면, 다른 측면에서 보면 직무의 세부적 정보의 부족은 업무에 수반되는 필수적인 요소에 대해 사람들 사이의 갈등이나 충돌을 불러일으킬 수 있다. 그러므로 직무기술서를 구성할 때에는 폭넓게 기술되는 경우와 세부적으로 기술되는 경우의 효과적 균형이 필요하다.

**직무명세서**(job specification)는 개인이 직무수행에 필요한 지식(Knowledge), 기술(Skill), 능력(Ability)과 그 외의 특성(Other characteristics)에 관한 목록이다(KSAOs). 지식은 성공적인 과업 수행을 위해 필요한 사실적 또는 절차적 정보이다. 기술은 특정 과업 수행에 필요한 개인의 숙련(proficiency) 정도이다. 능력은 개인이 일반적으로 가지고 있는 지속적인 역량을 말한다. 마지막으로 기타 특성은 성취동기나 인내심과 같은 개인적 성격특성을 나타낸다. 그러므로 KSAOs는 직접적으로 드러나지는 않으며 직무의 TDRs를 수행하는 과정에서 발견할 수 있다. 만약 누군가 사무직에 지원했을 경우 그 사람이 타이핑 기술을 갖고 있는가 또는 없는가를 쉽게 판단하기는 어렵지만 지원자가 타이핑을 하는 경우 지원자의 타이핑 기술 정도를 알 수 있을 것이다. 관리자가 적절한 인원을 충원하고자 할 때에는 직무수행자가 가지고 있는 특성에 대한 정확한 정보를 갖고 있는 것이 중요하다.

### 직무분석 정보의 원천

직무분석 수행에 있어 종종 나오는 질문이 '누가 직무분석 정보를 제공해야 할 책임이 있는가'이다. 당신이 선택한 직무분석 방법이 무엇이든 간에 직무분석의 프로세스는 직무를 잘 알고 있는 사람으로부터 정보를 얻어야 한다. 이런 사람들은 **내용전문가**(subject-matter experts)로 불리는데, 업무에 대해 깊은 지식을 갖고 있기 때문이다.

일반적으로 현직에 있는 종업원들로부터 제공되는 실제 직무에서 수행되는 것이 무엇인지에 대한 정확한 정보는 유용하다. 특히 누가 어떤 일을 하고 있는지 점검하기 어려울 때 유용하다. 오랫동안 관찰되지 않은 상태로 남겨진 일부 현직자들은 "잡 크래프팅(job crafting)"이라는 과정을 통해 자신의 작업을 재설계한다. 이 과정에서 작업을 약간 변경하여 자신의 독특한 기술, 관심사 또는 제약에 더 잘 맞도록 한다.

같은 직무를 수행하고 있는 여러 종업원들을 평가해 보면 항상 일치하는 것은 아니다. 특히 직무가 복잡하고, 표준화된 장비가 없거나 또는 엄격한 고객계약 규약(scripts)의 경우가 그러하다. 또한 잡 크래프팅이 일어나고 있다는 확실한 신호는 업무 수행

방식과 관련하여 현직 종사자들 사이에 높은 수준의 불일치가 있을 때이다. 그렇기 때문에 종업원들은 상사와 같이 업무를 잘 알고 있는 사람들에게 질문을 할 필요가 있으며 종업원들로부터 나오는 정보를 살펴봐야 된다. 직무분석은 무엇이 수행되는지 그리고 직무에서 수행되어야 하는 것이 무엇인지의 일치 여부를 확인하는 역할을 한다.

기존 직무도 공식적인 조직구조 내에 존재하는 비공식적인 사회망을 평가할 때도 유용하다. 즉, 공식적인 조직구조가 하향식 규범적 관점에서 누구와 대화해야 하는지를 제시하지만, 기업의 사회구조를 분석한 결과 누가 진정으로 상향식 서술적 관점에서 대화하고 있는지를 알 수 있다.

실제로 사업분석 분야의 성장사례 중 하나는 자기보고 조사(self-report surveys), 이메일 추적 또는 웨어러블 센서에서 도출된 데이터를 통해 사람들이 매일 누구와 대화하고 있는지를 보여주는 프로그램이다.

많은 경우 소셜네트워크는 사람들이 공식적인 조직설계자가 예상하지 못한 방식으로 어떤 사람과 상호작용할 필요가 있다는 것을 깨달았을 때 공식구조의 한계로 인해 발전한다. 이러한 필요성에 대해 일단 경고를 받으면, 공식 계획자는 비공식적이고 긴급한 사회구조에서 확인된 요구를 반영하여 공식구조를 재구성하기를 원할 수 있다. 예를 들어, 〈그림 3.6〉은 과학장비를 생산하는 기업의 사업부 리더들 사이의 사회적 네트워크를 보여준다. 이 그림에서 진한 청색 점은 생산에 종사하는 엔지니어를 나타내고, 회색 점은 설계에 종사하는 과학자를 나타내며, 검은색 점은 행정지원인력을 나타내고, 연한 청색 점은 최고경영진을 나타낸다. 이 그림의 선은 면대면으로 자주 상호작용하는 사람을 나타낸다.

대칭과 균형을 포용하는 하향식 방식으로 설계된 공식적 구조와는 달리, 사회 네트워크는 훨씬 더 유기적이고 겉보기에는 혼란스러워 보인다. 그러나 이러한 그림은 직무기술서와 공식 차트를 고려할 때 조직의 중심적인 개인들을 종종 나타내주기 때문에 공식적인 조직도에 대한 중요한 보충자료로 활용된다. 〈그림 3.6〉에서 4605, 7219, 2727, 7389와 같은 개인들은 단위 전체에 걸쳐 중요한 "경계확장자(boundary spanner)"이다. 3417, 2776, 1471, 6367은 자신의 단위 구성원들과 밀접하게 연관되어 있지 않은 것 같다. 조직은 이러한 비공식 경계확장자의 중요성을 과소평가하기 쉬우며, 이들 중 어느 한 사람의 손실은 조직에 훨씬 더 부정적인 영향을 미칠 가능성이 높다.

**그림 3.6 조직 내의 사회적 네트워크**

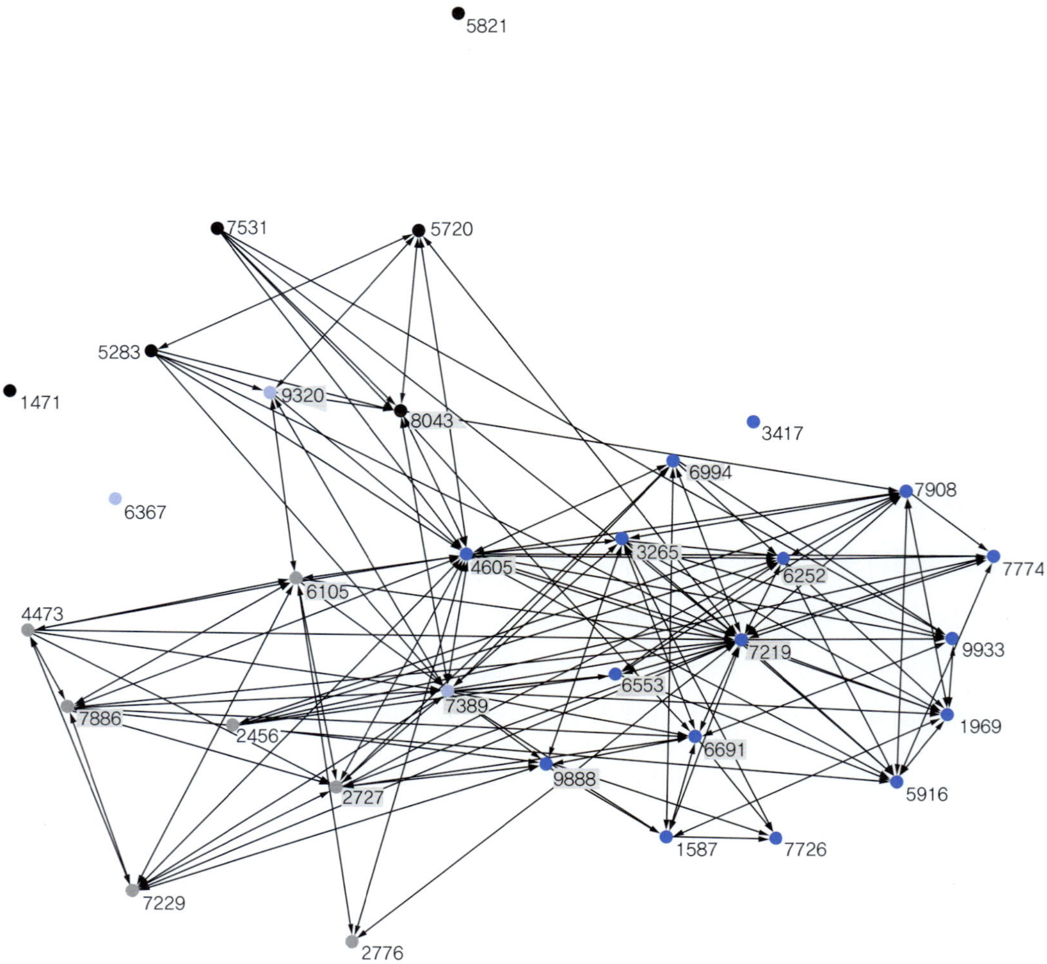


이러한 이유와 다른 많은 이유로 인해 조직은 이러한 비공식 구조의 묘사로 공식적인 구조의 묘사를 점점 더 보완하고 있으며 이러한 그림은 자체 보고서에만 의존하지 않을 수 있다. 웨어러블 센서에서 오는 블루투스 신호는 동일한 목표를 달성할 수 있으며 실제로 〈그림 3.6〉에 묘사된 소셜네트워크는 자체 보고서가 아닌 웨어러블 센서의 데이터를 기반으로 한다. 이 기술을 통해 자동으로 그리고 지속적으로 기록된 관계형 데이터에 의존함으로써 유기적 특성으로 인해 공식적인 조직도보다 변동성이 더 큰 월별, 주별 및 일일 소셜네트워크 관계도를 얻을 수 있다. 많은 경우에 비공식 구조는 공식구조의 문제에 대한 적응으로 발생하며 시간이 지남에 따라 비공식구조에 더 가깝게 일치하도록 공식구조가 변경될 수 있다.

일을 완수해야 하는 정당한 필요를 충족시키기 위해 사람들 사이에 의사소통 연결이 형성되는 경우와 달리, 어떤 경우의 소셜네트워크를 면밀히 조사하면 업무와 관련하여 타당한 이유 없이 과도한 의사소통을 하는 개인을 발견할 수 있다. 이는 자신의 시간과 다른 사람의 시간을 낭비한다. 예를 들어, 이메일 소통을 분석한 한 회사는 너무 많은 이메일을 생성한 한 임원을 발견했는데, 그가 보낸 이메일을 읽는 데만 10명의 직원이 풀타임으로 일하는 것과 맞먹을 정도였다. 이러한 이메일을 분석한 결과 커뮤니케이션을 받는 사람 중 업무를 수행하기 위해 이 사람의 이메일이 실제로 필요한 사람은 거의 없는 것으로 나타났다. 소셜네트워크의 이 부분을 "고치기"하기 위한 개입은 많은 사람들의 효율성을 증가시켰다.

재직자와 관리자가 가장 명백하고 빈번하지만 사용된 작업분석정보 소스, 고객과 같은 다른 소스는 특히 서비스 작업에 도움이 될 수 있다. 그러나 평가 및 평가에 대한 교육이 부족하기 때문에 고객이 업무의 성격을 평가할 때 인종적 편견이나 성별 편견을 보일 수 있다. 마지막으로 기술 수준을 분석할 때 다양한 직업을 평가한 경험이 더 많은 외부 직무분석가가 최고의 정보원이 될 수 있다.

## 직무분석 방법

직무분석의 방법은 매우 다양하므로 어느 것이 최선의 방안이라고 볼 수는 없다. 이번 절에서는 직위분석설문과 직업정보네트워크에 대해 알아본다. 비록 대다수의 관리자들이 이러한 기법을 사용할 시간이 없겠지만 직무분석에 있어서 포괄적 접근, 과업중심 접근, 인간지향 접근에 대한 기준을 제시하고자 한다.

### 직위분석설문(Position Analysis Questionnaire: PAQ)

PAQ는 직무분석에 있어서 가장 널리 사용되고 잘 만들어져 있다. 업무흐름 분석에서와 같이 투입물, 프로세스, 관계, 그리고 산출물이 강조된다. PAQ는 표준화된 194개의 문항으로 이루어져 있다. 각 문항들은 업무행동, 업무상황과 직무특성 등을 나타내고 있는데 넓은 범위의 직무에도 활용될 수 있다. 총 6개 부분으로 구성되어 있다.

| 표 3.2 직위분석설문(PAQ)의 포괄적 차원 |
|---|
| 의사결정/의사소통/일반적 책임 |
| 사무직/관련 활동 |
| 기술직/관련 활동 |
| 서비스직/관련 활동 |
| 정기적인 일과 스케줄 vs. 기타 업무 스케줄 |
| 일상적인/반복적인 업무 활동 |
| 환경에 대한 의식 |
| 일반적인 신체활동 |
| 구성원들 관리감독/조정 |
| 대중/고객/관련 연락 활동 |
| 불편함/위험함/요구 환경 |
| 비전형적 업무 일정 |

1. **정보의 투입** : 종업원들이 어디에서 어떻게 직무수행에 필요한 정보를 얻는지
2. **정신적 과정** : 직무수행과 관련된 추론, 의사결정, 계획과 정보활동
3. **업무 산출물** : 종업원들의 직무수행과 관련된 물리적 활동, 기법 그리고 도구
4. **타인과의 관계** : 직무수행에 필요한 다른 사람들과의 관계
5. **직무상황** : 업무수행이 이루어지는 물리적, 사회적 상황
6. **기타 특성** : 상기 직무와 관련되어 언급한 것 이외의 활동, 상황, 특성들

직무분석가는 직무에 관한 내용을 묻고 있는 각 항목을 측정해서 직무를 분석한다. 그리고 각 항목들을 사용범위, 사용시간, 작업의 중요성, 발생가능성, 적용가능성과 스페셜 코드(특정 문항 측정을 위한 별도의 비율)의 여섯 단계로 순위를 측정한다. 측정 이후 컴퓨터 프로그램을 통해 각 작업별 차원의 점수가 나타나는 보고서를 생성하고 이를 PAQ 본부에 제출한다.

조사는 PAQ가 측정하는 작업의 포괄적인 12개 차원을 나타내며(〈표 3.2〉), 이러한 PAQ를 통해 측정된 차원들의 점수는 매우 유용하다. 먼저 차원별 점수는 작업수행에 필요한 필수적인 능력이 어떤 것인지를 알도록 하는 가이드라인이 된다. 특히, 직무가 유사하든 또는 유사하지 않든 간에 모든 직무에 있어서 비교가 가능한 형태로 정보를 제공한다. 다음으로 PAQ는 투입물, 산출물 그리고 프로세스와 같은 업무상황을 커버

할 수 있다. 사용할 수 있는 몇 가지 다른 작업분석 설문지가 있으며 "업무설계 설문지"와 같은 일부는 대중에게 무료로 이용할 수 있다.

업무 상황에 대한 지식은 중요한데, 왜냐하면 많은 경우에 업무가 일어나는 환경의 본질 차원에서 결근과 이직을 예측할 수 있고, 어떤 사람들은 불리한 환경에서 다른 사람들보다 더욱 회복탄력성(resilient)이 있기 때문이다. 예를 들어, 재고되고 있는 작업환경의 한 측면은 개인사무실을 없애고 직원을 더 큰 공공 공간에 배치하는 개방형 사무실 계획의 사용이다. 이런 종류의 사무실 디자인이 협업과 창의성을 촉진할 것이라는 희망이 있었지만, 많은 경우 집중해야 하는 필요성 때문에 많은 직원들이 헤드폰을 끼고 사람들이 서로를 보지 못하게 하는 "다시 장식"된 작업실에서 소통하지 않았다. 이러한 유형의 자발적인 행동은 고용주에게 많은 고위직에서 사람들이 단순히 협력하는 것이 아니라 집중할 수 있는 시간이 필요하다는 것을 상기시켰다. 따라서 사무실 디자인에 대한 새로운 접근방식은 종종 공유공간과 격리될 수 있는 공간을 모두 만들뿐만 아니라 특정 시간 동안 회의를 배제하는 시간 분할을 생성한다. 격리할 수 있는 능력은 코로나 팬데믹으로 인해 직장에서 사회적 거리두기가 요구될 때도 도움이 되었다.

또한 개방형 사무실 설계가 더 평등한 환경을 조성할 것이라는 희망도 있었다. 상위 관리자가 종종 같은 공간에 상주하고 대규모 개인사무실에 있을 때보다 접근성이 더 높기 때문이다. 그러나 다시 말하지만, 이러한 계획은 역효과를 낳았다. 왜냐하면 상사가 항상 주변에 있어서 많은 근로자들이 스트레스를 받았기 때문이다. 또한 상위 관리자들도 많은 업무에 프라이버시를 요구했고, 그들이 비공개로 만나기 위해 '공동의 사적인 공간'을 위한 '개방된 공간'을 떠났을 때 이것은 불필요한 추측과 소문을 불러일으켰다. 따라서 여러 가지 이유로 직장 환경과 관련하여 많은 회사가 상사를 위해 개인사무실로 돌아가고 있다.

### 직업정보네트워크(The Occupational Information Network: O*NET)

직업명사전(*Dictionary of Occupational Titles*: DOT)은 1930년대에 만들어졌으며, 새로운 공공 고용시스템을 노동력의 수요와 공급과 연계하는 데에 기여하였다. 이 시스템은 지난 60여 년 동안 국가에 좋은 영향을 미쳤지만, 미국 노동부 관계자들에게 신 경제의 직무는 구 경제의 직무와 질적으로 너무나 다르기 때문에 DOT는 더 이상 목적을 달성하지 못한다는 것이 명백해졌다. 업무의 본질에 있어서의 기술적 변화, 글로벌 경쟁, 그리고 안정적 · 고정적인 제조업 업무에서 유연하고 역동적이며 서비스 기반 경제로의 변화는 이 시스템을 빠르게 쓸모없게 만들고 있었다.

이러한 모든 이유로 인하여 1998년에 O*NET이 기존의 문제점을 개선하기 위해 개발되었다. DOT가 고정된 직무명과 작업지침에 의존했던 것과는 달리, O*NET은 여러 직무에 요구되는 능력, 작업스타일, 작업활동, 작업환경 등을 포함하고 있다(DOT는 12,000개의 직무를 포함하고 O*NET은 1,000개의 직업을 포함한다).

O*NET에 대한 리뷰는 미국 경제에 반영된 다양한 직업을 다루는 측면에서 그 폭과 범위에 대해 칭찬했다. 그러나 많은 섹션들이 제대로 조정되지 않고 중복되며, 비전문가가 이해하기 어려운 전문 용어로 묶여 있다는 사실에 대해 비판을 받았다.

그럼에도 불구하고 O*NET은 특히 특정 직업과 관련된 요구사항에 익숙하지 않은 구직자에게 유용한 정보의 원천이다. 예를 들어, 변화하는 미국 노동시장에서 새롭고 떠오르는 직업(녹색경제 또는 최신 기술 채택과 관련된 직업 포함)은 과학, 수학 및 공학과 관련된 기술뿐만 아니라 분석기술의 중요성을 높이고 있다. O*NET은 데이터베이스 설계자, 생물통계학자, 지능분석가와 같은 새로운 직업에 대한 설명을 제공한다. 그러나 녹색경제는 또한 장비 유지보수 및 수리와 같은 일부 "기존 직업" 기계 기술에 대한 수요를 증가시키고 있다. 환경과 자원의 지속가능한 사용에 대한 강조와 함께 녹색경제는 산업 엔지니어에서 전기 기술자에 이르기까지 기존 엔지니어링 및 생산 직종의 고용을 촉진했다.

## 직무분석의 역동적 요소

우리는 직무를 정적이고 안정적이라고 보는 경향이 있지만, 실제 직무는 시간에 따라 변화하고 진화한다. 관리자들은 종종 환경의 변화 또는 개인의 업무수행 방법의 선호도에 따라 작업의 수행을 위해 미세하게 조정하기도 한다. 비록 직무분석 과정에 수많은 오류의 원천이 있음에도 불구하고 대부분의 부정확함은 오래된 직무기술서로부터 발생한다. 이러한 이유로 직무분석 과정은 반드시 직무원천의 변화를 반영해야만 한다.

예를 들어, 우리가 언급했듯이 요양원에서 일하는 것은 항상 정신적으로 스트레스가 많은 직업이었지만, 시간이 지나면서 환자의 성격이 변화함에 따라 순수 체력과 관련된 요구사항이 극적으로 증가했다. 병적 비만환자의 비율은 2000년 15% 미만에서 2015년 25% 이상으로 증가했으며, 많은 경우 이러한 업무의 측면이 기존 직무설명에 반영되지 않았기 때문에 무거운 물건을 들어 올리는 것과 관련된 직원 부상이 전례 없이 급증했다.

실제로 제품과 시장이 급변하는 오늘날의 세계에서 일부 사람들은 "직업"이라는 개념이 단순히 그 유용성을 상실한 사회적 인공물에 불과한 것인지 의문을 갖기 시작했다. 전통적인 "직업"이 근로자 모두가 민간계약자 역할을 하는 "긱(gigs)"으로 대체될 것이라는 믿음이다. 고용주를 위해 일하는 정규 직원이 되는 대신 각 근로자는 프리랜서가 되고 파트타임 근무방식의 일부가 될 것이다.

이러한 미래에 대한 비전은 우버(Uber) 운전자, 태스크래빗(Task Rabbit) 기여자 및 첨단기술 산업의 주변에 있는 일부 직원에게 사실일 수 있지만, 노동통계국의 최근 통계에 따르면 미국 근로자의 비율에서 "대체근무 방식"의 일부가 되는 비율은 적고(10%) 실제로 지난 10년 동안 감소했다. 특히 2018년 노동시장이 긴축되면서 이른바 긱(gig) 일자리가 일시적인 일자리에 불과한 것으로 보이기 시작했다. 이전의 불황으로 많은 전통적인 일자리가 이탈한 후 근로자들이 발길을 돌린 임시방편적인 휴양지에 불과한 것으로 나타나기 시작했다.

현재 긱 근로가 지배적인 것처럼 보이는 산업에서도 근로자 분류방식에 대한 법적 문제로 인해 우버와 같은 기업들이 직원이 독립계약자라고 주장하기가 더 어려워졌다. 예를 들어, 캘리포니아는 2021년에 많은 기업이 직원을 계약자가 아닌 직원으로 재분류하도록 강제하는 법안을 통과시켜 주 최저임금, 초과근무수당, 근로자보상 및 유급병가를 받을 수 있도록 했다. 이에 대응하여 복스미디어(Vox Media)와 같은 일부 기업들은 비용 증가를 허용하는 것보다는 캘리포니아에서 프리랜서 작가 사용을 중단하고 단순히 다른 주에서 온 프리랜서를 고용했다.

# 직무설계

지금까지 우리는 업무에 있어 무엇이 어떻게 수행되며, 업무수행에 필요한 기술이 무엇인지를 이해하는 것에 초점을 두고 수동적으로 업무관리의 이슈들에 대해 접근하였다. 직무를 정적 관점에서 보면 직무가 이미 존재하고 있고, 이를 수행하는 최선의 방법이 구조화되어 있어야 한다. 그러나 관리자들은 종종 작업단위에서 요구하는 직무가 없어지거나 또는 아예 존재하는 않는 상황에 직면하게 된다. 작업단위 내부에서 과부하가 걸리기도 하고, 업무그룹의 크기가 축소되기도 한다. 작업이 가장 효율적인 방식으로 수행되지 않을 때도 있다. 이러한 상황들에서 관리자는 작업이 가장 효과적이고 효율적인 방식으로 수행되어 완료될 수 있도록 하는 방안을 결정해야 한다. 그리고 이러한 재설계가 요구되는 직무들이 존재한다.

**직무설계**(job design)란 어떻게 업무가 수행되는지 그리고 주어진 직무에서 필요한 과업을 정의하는 프로세스이다. **직무재설계**(job redesign)는 과업의 변화 또는 기존 존재하는 직무의 업무수행 방법을 변화시키는 것을 의미한다. 효과적으로 직무를 설계하기 위해서는 직무분석을 바탕으로 기존의 직무와 업무흐름 분석을 통한 업무흐름의 과정을 이해해야만 한다. 업무와 직무단위에서의 과업수행에 대한 세부적 지식을 갖고 있어야만 관리자들은 직무설계를 위한 다양한 대안을 가질 수 있다. 직무설계는 특정 설계방식 간 장단점의 이해를 통해서 효과적으로 수행될 수 있다.

다양한 학문분야(심리, 경영, 공학, 인체공학)에서 사용되는 기본적인 네 가지 접근법을 통해 직무설계 이슈들을 다루고자 한다. 모든 직무는 각 접근방법에 따라 특징지워지므로 관리자들은 각 접근법을 이해하고 장단점이 갖는 의미를 검토해야 한다. 이들 영역과 다른 직무설계 특성을 신뢰성 있게 측정하는 측정도구인 WDQ(Work Design Questionnaire)는 기업이 각 영역에서 그들의 직무를 종합적으로 평가하는 데 유용하다.

## 기계적 접근

기계적 접근(mechanistic approach)은 전통적인 산업공학에 근간을 두고 있다. 기계적 접근의 초점은 직무구조화 방식의 효율성을 극대화하는 가장 단순한 방법이 있다는 것이다. 이는 직무의 복잡성 감소를 통해 인적자원의 효율성을 증가시키는 것으로 업무수행이 단순하기 때문에 누구든지 훈련받을 수 있고 빠르고 쉽게 업무를 수행할 수 있게 된다. 기계적 접근은 직무설계에 있어 과업세분화(task specification), 기술단순화(skill simplification)와 반복(repetition)의 개념에 초점을 두고 있다.

예를 들어, 칠리 레스토랑(Chili's restaurant)에서 음식을 조리하기 위해서는 야채와 고기, 약간의 식재료만이 필요하다. 레스토랑에서는 효율성을 높이기 위해서 하나의 직무를 두 개로 나누기로 결정했다. 첫 번째 단계는 조리준비(prep cooks)로 아침에 모든 재료를 손질해 놓고, 두 번째 단계인 조리실시(line cooks)에서는 준비된 재료를 이용하여 음식을 완성시킨다.

**과학적 관리**(scientific management)는 기계적 접근의 가장 오래되고 잘 알려진 대표적인 방식이다. 기계적 접근에서의 생산성은 과학적 관리법에 의한 직무설계로 극대화될 수 있다. 과학적 관리는 최선의 방안을 명확히 규명하여 직무를 수행한다. 최선의 방안은 시간과 동작 연구를 통해 종업원들의 가장 효율적인 움직임을 확인할 수 있다. 업무수행을 위한 최선의 방안이 결정되면 업무수행을 할 수 있는 능력을 기준으로 종업원들을 선발하고, 최선의 방법에 대해 훈련받게 된다. 그리고 업무수행에 있어서 최상의 역량이 발휘되도록 금전적 인센티브로 동기부여한다.

과학적 접근법은 기계적 접근 이후에 만들어진 결과로 직무가 매우 단순하고 중요한 의미성이 떨어지도록 설계된다. 이러한 방법으로 직무가 설계되면 조직은 높은 능력을 가진 종업원들에 대한 필요성이 감소하고, 결국 종업원들에게 의존하는 정도가 감소된다. 새로운 종업원이 와도 빠르고 낮은 비용으로 업무수행을 위한 훈련을 시킬 수 있기 때문에 쉽게 대체가 된다.

이런 식으로 구조화된 많은 직무는 저숙련 종업원과 안전기준에 관한 비교적 느슨한 법률지침이 있는 개발도상국에서 이루어진다. 예를 들어, 실리콘 칩 제조는 종업원들에게 아시아에서 미국보다 덜 규제되는 많은 수의 발암물질에 노출시키는 과정을 수반한다. 따라서 칩 생산은 대부분 해외로 이동했다.

일부 경우 기계적인 관행을 통해 고안된 작업은 너무 단순해서 어린아이도 할 수 있는 작업으로 귀결되며, 이는 일부 미개발국가에서 정확히 일어날 수 있는 일이다. 이것은 이러한 비윤리적 관행으로 이익을 얻는 기업들에 대한 반발로 이어질 수 있으며 점점 더 많은 조직들이 이러한 종류의 관행을 예방하는 데 앞장서고 있다. 비록 전 세계가 아동노동 사용에 대해 반대하고 있지만, 이러한 진전의 대부분은 코로나 팬데믹 동안 후퇴하였는데 그 기간에 아이들은 학교에 갈 수 없었고, 스스로 일을 하지 않았을 수 있는 부모들이 아이들을 글로벌 노동 공급으로 밀어 넣었다. 그러나 이것은 개발도상국에만 국한된 것이 아니라 매사추세츠에 있는 치폴레(Chipotle) 레스토랑 체인은 16세 및 17세 직원에게 정기적으로 하루 9시간 이상, 주당 48시간 이상 일하게 한 것에 대해 주법을 위반하여 벌금을 부과받았다. 이 관행은 단순한 일상적인 일정상의 오류라기보다는 체계적으로 보였고 매사추세츠주 검찰총장에 따르면 치폴레는 아동노동법을 13,253회 위반했다고 한다.

## 동기부여적 접근

동기부여적 접근(motivational approach)은 직무설계에 있어서 조직심리학에 기반을 두고 있으며 여러 가지 형태로 기계적 접근의 직무설계에 반하여 나타나게 되었다. 동기부여적 접근은 직무특성이 심리적 의미와 잠재적 동기에 영향을 준다는 것에 초점을 두고 있다. 또한 태도변수들(직무만족, 내재적 동기부여, 직무관여 그리고 참여와 성과행동변수)을 직무설계의 중요한 결과로 보고 있다. 동기부여적 접근은 일의 의미를 증가시키는 것에 초점을 둔다. 동기부여적 접근법의 초점은 직무확대, 직무충실화, 사회기술적 시스템(socio-technical systems) 관점으로 직무를 설계하는 등 개입활동을 통해 직무의 의미를 증가시킨다.

어떻게 직무설계가 종업원 반응에 미치는지는 직무특성모델(Job Characteristics Model)을 통해 알 수 있다. 직무특성모델에서 직무는 다섯 가지의 핵심영역으로 설명된다. **기술다양성**(skill variety)은 과업수행을 위해 다양한 기술이 요구되는 정도를 말한다. **과업정체성**(task identity)은 작업이 처음부터 끝까지 '전체(whole)'로 완수되는지의 정도이며, **자율성**(autonomy)은 작업수행의 방법에 대해 개인이 의사결정할 수 있는 정도이다. **피드백**(feedback)은 개인이 일 자체에서 성과 효과성에 대한 명확한 정보를 얻을 수 있는지의 정도이다. **과업중요성**(task significance)은 직무가 자신의 삶이나 다른 사람에게 영향을 미치는 정도를 말한다.

다섯 가지 특성들 모두 중요하지만 과업중요성은 과업이 중요하다고 믿으면 좋은 결과로 이어지기 때문에 직무의 동기부여적 관점에서 가장 중요하다. 이러한 것은 종업원들에게 어떻게 자신의 직무가 고객, 동료 또는 일반대중 등 다른 사람들에게 영향을 미치는지를 명확히 함으로써 강화될 수 있다.

팀이 수행하도록 작업을 설계하면 직원의 사회적인 필요를 충족시키도록 도와줌으로써 일의 의미를 증가시킬 수 있다. 실제로 다른 사람들과 함께 일하려는 자연적으로 타고난 욕구는 "작업 클럽(work clubs)"과 관련된 전체 산업을 낳았다. 이것이 위웍스(WeWorks)라는 회사의 원래 아이디어였으며, 이 설립 회사는 결국 파산했지만 다른 회사가 그 책임을 맡았다. 임팩트 허브(Impact Hub)나 해치랩(Hatchlab)과 같은 회사는 다른 사람과 함께 일하지만, 실제로는 함께 일하지 않는 프리랜서를 위한 공유공간을 만든다. 다른 사람들과 함께 있는 것만으로도 동기부여, 책임감, 심지어 동료 압력이 증가하여 직원들이 기회에 대해 기꺼이 비용을 지불한다.

예를 들어, 콜센터에서 대학의 장학기금에 대한 기부금을 모으는 것은 지루하고 일상적인 작업으로 직원들의 거절로 이어지는 경우가 많다. 그러나 이 환경에서 수행된 한 실험에서는 보상으로 삶이 변화된 장학생들을 직원들에게 소개한 후 콜센터 팀의 생산성이 150% 이상 증가한 것으로 나타났다. 직원들이 본인 직업의 의미를 알 수 있도록 돕는 것은 큰 동기부여가 될 수 있으며, 강화되지 않으면 매일 이 "시선"을 잃기 쉽다.

실제로 "직업 젠트리피케이션(job gentrification)"이라는 용어는 자신의 일에서 의미를 찾기 위해 고군분투하는 많은 고학력 노동자들이 바텐더, 이발사, 푸줏간 주인과 같은 이전의 "비전문" 직업으로 되돌아간 사실을 포착하기 위해 만들어졌다. 이러한 작업은 매일 고객과 직접 일하는 실제적인 측면이 있으므로 사람들이 자신의 직업에 감사하는 것을 볼 수 있다. 직업 젠트리피케이션 일환으로 실행될 때 이러한 직업은 그 일이 전통적으로 수행되는 방식과 차별화되는 뚜렷한 "성과" 요소를 갖는다. 예를 들어, 최신 유행의 동물 정육점은 제품을 생산하고 해당 제품에 기꺼이 프리미엄을 지불하려는 고객을 끌어들인다. 이는 지역 식료품점 체인에서 보는 것과는 다르다.

## 생물학적 접근

생물학적 접근(biological approach)의 직무설계는 생체역학(biomechanics), 작업생리학(work physiology), 직업병의학(occupational medicine)에 기반을 두고 있는데 보통 **인간공학**(ergonomics)에서 언급된다. 인간공학은 개인의 생리학적 특성과 물리적 작업 환경과의 접점을 다룬다. 이러한 접근의 목표는 종업원들이 일하고 있는 물리적 업무 환경을 구조화하여 종업원들의 신체적 제약을 최소화하는 것이다. 육체의 피로, 아픔과 고통, 건강에 불편을 주는 것 등의 결과에 초점을 둔다. 상당수의 부상을 유발하는 직업은 인간공학적 재설계의 대상이다.

생물학적 접근은 작업에 쓰이는 장비를 신체적 요구에 적합하게끔 재설계하는 데 적용되어 왔다. 재설계의 목표는 특정 직무에서 요구하는 신체적인 움직임에 따라 만들어져 누구라도 업무를 수행할 수 있게끔 만드는 것이다. 예를 들어, 아마존의 전 CEO인 제프 베조스(Jeff Bezos)는 회사 초기에 그와 그의 동료들이 바닥에 무릎을 꿇고 상자에 책을 포장하면서 오랜 시간을 보낸 방법을 자주 언급한다. 그의 직원 중 한 명이 포장 테이블의 사용을 제안했을 때 그 작은 스타트업 기업의 생산성은 두 배가 되었고 나머지는 역사가 되었다. 게다가 생물학적 접근은 컴퓨터 키보드의 높이 조절로 직업병(터널 증후군, carpal tunnel syndrome)을 최소화하는 등의 기계와 기술의 재설계에도 초점을 두고 있다. 많은 사무직 종업원들이 자세에 적합한 책상과 의자의 디자인을 정하는 것도 생물학적 관점에서 나타나는 직무설계의 사례다.

편안하고 인체공학적으로 설계된 의자를 제공하는 것은 분명 칭찬할 만하지만, 최근의 연구는 종업원들이 의자에서 일어서는 것도 건강에 있어 매우 중요하다는 것을 보여준다. 즉, 단지 오랫동안 앉아 있는 것이 종업원들에게 피해를 줄 수 있다는 증거가 점점 분명해지고 있다. 진화론적 관점에서 인간의 몸은 움직이도록 설계되었고, 오랜 범위의 좌식 행동은 우리 몸의 설계와 상충된다. 예를 들어, "앉는 시간"에서 평균 이상의 사람들은 사람이 앉아 있지 않을 때 받는 신체운동의 양을 조절하더라도 대장암에 걸릴 위험이 24% 더 높고, 자궁내막암의 위험은 32% 더 높으며, 폐암의 위험은 21% 더 높다. 따라서 러닝머신 책상이나 스탠드업 데스크를 도입한 사무실 재설계 프로그램이 점점 더 일반적인 디자인의 요소가 되고 있으며, 일부 기업에서는 작업을 수행할 때 앉는 자세가 아닌 서 있는 자세를 기본자세로 만들려고 노력하고 있다.

그러나 너무 오래 서 있는 것도 인체공학에 문제가 될 수 있다. 즉, 최근의 자료에 따르면 너무 오래 서 있으면 이상한 방향으로 몸이 기울어져 근육계 문제, 등(back) 문제, 발 문제, 경동맥 질환, 심지어 정맥류까지 생길 수 있다. 인체공학 과학은 현재 표준 하루 8시간 동안 직장에서 앉기, 서기, 가벼운 활동을 혼합하기 위한 정확한 공식을 연구하고 있다. 현재 자료에 따르면 최선의 조합은 하루 종일 2~4시간 서 있는 것과 약 15회의 가벼운 활동(2분)을 포함한다고 제안한다. 그럼에도 불구하고 언제 무엇을 얼마나 오랫동안 해야 하는지를 알려주는 센서와 같은 일부 기술적 지원 없이 이러한 균형에 필요한 훈련을 유지할 수 있는 근로자는 거의 없다.

이러한 종류의 개입이 근로자 복지에 미치는 직접적인 영향 외에도 이러한 프로그램은 안전과 건강을 중시하는 조직 분위기를 강조함으로써 근로자에게 긍정적인 심리적 영향을 미친다. 즉, 설계 변경 외에도 일부 조직에서는 모든 직원에게 보고할 수 있는 권한을 부여하거나 안전하지 않은 행동에 관여하는 근로자들을 중지하도록 하여 안전문화를 심어주려고 노력한다. 예를 들어, 쉐브론(Chevron)에서는 캘리포니아 산라몬에 있는 본사 사무실의 모든 직원이 작은 흰색 "작업중지" 카드를 꺼내 안전하지 않다고 생각하는 활동을 중단할 수 있다. 따라서 의사결정 권한 측면에서 각 사람은 공식 조직도에서 위치에 관계없이 안전 공백을 확인하고 수정할 수 있는 권한이 있다.

안타깝게도 모든 조직이 직원의 건강과 복지에 전념하는 동일한 문화를 반드시 공유하는 것은 아니다. 예를 들어, 2018년 베네수엘라 석유산업 노동자들은 너무 높은 비율로 직장을 그만두고 있었기 때문에 정부는 그 행동을 "하루 5번 퇴사"로 제한했다. 경제의 초인플레이션으로 식량 인플레이션이 한 달 만에 2,500%를 넘어섰기 때문에 노동자들이 먹고 살 수 없을 정도로 실질임금이 깎였다. 과중한 육체노동을 하는 근로자는 하루에 약 3,600칼로리를 섭취해야 하지만 베네수엘라의 많은 지역에서는 하루에 400칼로리까지 떨어졌다. 한 시설에서는 영양실조에 걸린 12명의 근로자가 하루 만에 쓰러져 치료를 위해 시추 플랫폼에서 옮겨져야 했다. 한 유명 시설에서 단 한 달 만에 500명의 근로자가 그만둔 후, 정부는 단속하고 '하루 5번 퇴사' 정책을 발표했다.

## 지각-운동적 접근

지각-운동적 접근(perceptual-motor approach)의 직무설계는 인적공학(human-factors) 학문분야에 기반을 두고 있다. 생물학적 접근이 신체의 능력과 한계에 초점을 둔 반면에 지각-운동적 접근은 인간의 정신적 능력과 한계에 초점을 둔다. 지각-운동적 접근의 직무설계 목표는 사람들이 정신적인 능력과 한계를 초과하지 않는 수준에서 직무설계를 하는 것이다. 이 접근에서는 직무수행자의 반응에 있어서 그들의 정보처리를 위해 필요로 하는 것을 줄여 직무를 설계함으로써 신뢰성과 안전성을 증가시키려 한다.

최근 기술적 능력의 변화는 직무의 요구와 실수를 감소시킬 수 있게 하였다. 그러나 몇몇 사례에서 보면 이러한 발전은 문제를 더욱 악화시키기도 하였다. 부재현존(absence presence)이라는 개념은 여러 미디어들을 동시에 작동할 때 경험하는 주의집중 상태 감소의 개념을 말하는 것이다. 예를 들면, 운전 중에 전화통화를 하거나 회의 중에 웹서핑을 하는 경우 또는 프레젠테이션을 준비 중에 이메일을 확인하는 경우이다. 이 모든 사례에서 새로운 기술은 기본적 과업수행 집중을 방해하는 원천으로 성과를 감소시키고 실수발생 기회를 증가시킨다. 따라서 물리적 장벽을 줄이기 위한 인체공학적 개입은 대체로 비효율적일 수 있다. 예를 들어, 교통량이 많은 곳에서 운전하면서 스트레스를 받는 대화를 나누는 것은 "핸즈프리(hands-free)" 장치를 사용하는지 여부와 관계없이 위험하다. 이것을 위험한 활동으로 만드는 것은 육체적인 도전이 아니라 정신적 부담이다.

불행하게도 정보화 시대에는 실제로 성과를 저하시킬 수 있을 정도로 직원들에게 점점 더 많은 정보를 강요하려는 유혹이 있다. 예를 들어, 항공산업에서 승무원에게 제공되는 새로운 휴대용 장치는 여러분이 예상할 수 있는 것보다 훨씬 더 많은 양의 모든 승객에 대한 광범위한 정보를 제공한다. 이것의 일부는 고객 서비스를 홍보하는 것이므로 기록된 생일이 달력의 해당 날짜와 일치하는 모든 승객에게 생일 케이크 사진이 표시된다. 그 휴대용 장치는 직원에게 지난 5번의 비행에서 그 사람의 경험이 정시도착 측면에서 좋았는지 나빴는지, 그들의 연결 항공편이 얼마나 좋았는지 직원에게 알려준다. 마지막으로 이 장치는 승객이 과거에 방해가 되었거나 문제를 일으켰는지 여부를 승무원에게 알려 주므로 주의 깊게 관찰해야 한다. 이 모든 새로운 정보에 승객 수를 곱하면 현장에서 수행해야 하는 정신적 계산이 매우 높고 기내 안전 유지와 관련된 더 중요한 일들이 밀려날 수 있다. 더욱이 결국에는 일부 고객이 자신의 개인정보가 침해되고 있다고 생각할 수도 있다.

## 요약

직무의 분석과 설계는 기업의 경쟁우위를 발전시키고 유지하는 데 있어서 가장 중요한 요소들 중 하나이다. 전략 실행은 실질적으로 업무흐름의 분석, 직무분석 그리고 직무설계 없이는 불가능하다. 관리자들은 업무단위의 업무흐름 프로세스를 이해할 수 있어야 프로세스의 효율성과 효과성을 극대화할 수 있다.

이러한 프로세스를 이해하기 위해서 관리자들은 작업단위에서 나타나는 직무에 대해 명확하고 자세한 정보를 가지고 있어야 하는데, 이러한 정보는 직무분석을 통해서 얻을 수 있다.

업무흐름 프로세스와 현재의 직무에 대한 이해는 관리자들로 하여금 업무단위를 통해 목표를 달성할 수 있도록 직무를 재설계할 수 있도록 하며, 작업단위의 개인들에게는 동기부여, 만족, 안전, 건강 그리고 성취와 같은 다양한 업무결과로부터의 혜택을 줄 수 있다. 이것이 하나의 경쟁우위의 중요한 비결이다.

## 주요 용어

**부서세분화**(Departmentalization)
**중앙집권화**(Centralization)
**직무명세서**(Job specification)
**직무설계**(Job design)
**인간공학**(Ergonomics)
**직무기술서**(Job description)
**직무분석**(Job analysis)
**직무재설계**(Job redesign)

## 토의과제

01. 당신이 패스트푸드점의 관리자라고 가정해보자. 당신의 작업단위 산출물은 무엇인가? 이러한 산출물을 생산하기 위해서 요구되는 활동은 무엇인가? 투입물은 무엇인가?

02. 1번 질문에 근거하여 계산원(cashier) 업무를 고려해보자. 계산원 업무에서 산출물, 활동 그리고 투입물은 무엇인가?

03. 대학생의 직무를 생각해보고 직무분석을 해보라. 어떠한 과업이 요구되는가? 어떠한 지

식, 기술, 능력이 직무를 수행하는 데 요구되는가? 어떠한 환경 트렌드나 영향력(예: 컴퓨터)이 직무를 변화시키고 있으며 기술요구는 어떻게 변화하고 있는가?

04. 아래의 트렌드를 보았을 때 미국에서 관리직무 수행에 필요한 기술요구에 대해 토의해 보자.
    (a) 컴퓨터 사용의 증가
    (b) 세계적인 경쟁 증가

05. 관리자에게 직무분석을 할 수 있는 능력은 왜 중요할까? 관리자가 요구되는 직무를 이해하지 못함으로써 발생되는 부정적인 결과물들은 무엇인가?

06. 직무설계의 다른 접근방법들 간의 상호교환관계는 무엇인가? 직무설계를 할 때 가장 비중 있게 다뤄야 할 요소는 무엇이라고 생각하는가?

07. 2번에서 언급된 계산원 업무를 위해서 직무설계를 할 때 가장 효과적인 접근방식은 무엇일까? 레스토랑의 전반적인 업무흐름 프로세스 상황에서 어떻게 다른 접근들을 강조하여 직무를 재설계할 것인가?

### 사례연구

## 한양증권 300여 명 임직원 모두가 행복할 때 강소 증권사를 넘어 초일류 증권사로 도약

한양증권이 임재택 대표이사 취임 20여 개월 만에 10년 내 최대 실적을 달성하며 전 분야에서 변화와 혁신의 바람이 일어나고 있다. 한양증권은 2019년 3분기 순영업수익이 전년 대비 76% 증가한 752억 원을 기록했다. 3분기 누적 세전이익은 전년 동기 대비 212% 증가한 235억 원으로 특히 IB부문의 실적이 두드러졌다. 작년 5월에 신설한 투자금융본부 및 올해 4월에 영입한 구조화금융본부의 활약으로 IB부문은 3분기 누적 총 407억 원의 순영업수익을 거뒀다.

자산운용 부문의 순영업수익도 작년 동기 대비 47% 증가한 241억 원으로 IB부문과 함께 한양증권의 실적을 견인했다. 연환산 자기자본이익률(ROE) 추정치는 약 11.2%로 강소증권사로의 기반을 다졌다는 평가를 받고 있다. 이는 지난해 3월 임재택 한양증권 대표이사가 취임하면서 강소증권사로 도약하기 위해 내세운 목표 중 하나이기도 하다.

직무설계 차원에서 한양증권은 전사 부문 업무 프로세스 혁신(Business Process Re-Engineering: BPR) 시스템도 추진해 업무 효율성을 높이고 있다. 관행적 업무에서 탈피해 핵심업무에 집중하기 위해 ▲업무 효율화 ▲업무 표준화 ▲페이퍼리스의 3대 원칙을 BPR 추진방향으로 설정해 2018년 10월 도입 이후 250여 건의 업무가 개선됐다. 또 RPA(Robotic Process Automation) 시스템 도입을 통해 단순반복 업무를 전산화함으로써 인력운용 효율성 제고 및 스마트워크 시스템을 구축하고 있다.

퇴근시간 5시 30분이 되면 자동으로 PC가 꺼지는 'PC 오프제' 도입 및 1시간 이내로 끝내는 회의 다이어트도 시행하고 있으며 매주 금요일은 회의 없는 날 등 전사적인 차원의 변화를 만들어 나가고 있다. 특히 금요일은 자유로운 복장의 '캐주얼 데이'와 오후 4시 30분에 퇴근을 하는 '패밀리 데이'로 업무 전반에 있어 일과 삶의 균형(Work and Life Balance: WLB)의 '워라밸' 문화가 확산되고 있다.

**토의과제**

1. 한양증권의 직무설계의 변화가 긍정적 결과 이외에 부정적 결과도 초래할 수 있다고 생각하는가?
2. 조직 구성원들의 워라밸을 위해서는 어떠한 방향으로 직무설계가 이루어져야 하는가?

출처: 매일경제, 2019.11.27일자(https://www.mk.co.kr/news/stock/view/2019/ 11/988402/).

PART

# 2

Human
Resource
Management
GAINING A COMPETITIVE ADVANTAGE

# 인적자원의 획득과 준비

## 제2부 개요

제2부는 인적자원의 계획, 채용, 선발, 훈련을 다룬다. 제4장 인적자원계획 및 채용에서는 인적자원개발의 프로세스를 보여준다. 또한 아웃소싱, 임시직 채용, 다운사이징과 같은 선택대안들의 장단점을 비교한다.

제5장 선발과 배치의 주요 내용은 기업의 경쟁적 입지를 강화시키기 위한 선발과정에서 발생할 수 있는 오류를 최소화하는 방법을 다룬다. 또한 신뢰성과 타당성과 같은 선발도구의 표준을 제시한다. 선발방법으로 면접, 진단 등의 방법을 소개한다.

제6장 훈련에서는 효과적인 교육훈련시스템 설계방법을 소개하고, 관리자의 역할, 학습환경 조성의 중요성을 제시한다. 특히 이러닝, 모바일러닝과 같은 최근 활용도가 높은 학습방법의 장단점을 비교한다.

CHAPTER 04

# 인적자원계획 및 채용

학습목표

**이 장을 읽고 나면 다음을 수행할 수 있어야 한다.**

01 기업의 전략 방향과 인적자원계획을 어떻게 연계시킬 수 있는지를 토론할 수 있다.

02 다양한 직종에 근무하는 인력수요를 결정할 수 있다.

03 인력 과잉을 해결하고, 인력 부족을 회피할 수 있는 다양한 방법들의 장점 및 단점에 대해 토론할 수 있다.

04 채용 공고를 좀 더 매력적으로 만드는 데 활용할 수 있는 다양한 채용정책을 설명할 수 있다.

05 입사지원자를 뽑는 다양한 채용원천을 이해하고, 장점과 단점을 설명할 수 있으며, 각 채용원천을 평가할 수 있는 방법을 토론할 수 있다.

06 채용과정에서 채용담당자의 역할, 한계점, 이용가능한 기회들에 대해 설명할 수 있다.

HUMAN RESOURCES

# 도입

인사담당자들은 전 세계적으로 경쟁우위를 확보하기 위한 전쟁의 최전선에 서 있다. 조직은 전략적인 목표를 달성하는 데 가장 적합한 인재를 찾고, 그 인재를 회사로 유인한 다음, 투자수익을 얻을 수 있을 만큼 오래 머물게 해야 한다. 고유한 경쟁전략을 실행하기 위해 최고의 인재풀을 활용할 수 있는 고용주는 경쟁사보다 장기간 지속 가능한 경쟁우위를 확보하는 경우가 많다.

이 장의 목적은 노동력 수요와 공급에 영향을 미치는 요인을 살펴보고, 특히 역동적인 환경에서 기업의 경쟁우위를 확보하기 위한 정책을 계획하고 실행하는 데 있어 인사담당자가 무엇을 할 수 있는가에 초점을 맞춘다. 기업 차원에 초점을 맞추고 있지만, 국가도 노동시장에서 경쟁하고 있으며, 한 국가에서 다수의 인재가 이민을 떠나기 시작하면 이러한 유형의 '두뇌 유출'은 국가 경쟁력에 치명적인 영향을 미칠 수 있다. 예를 들어, 2018년 서구에서 교육을 받은 저명한 경제학자들이 인도의 주요 정책을 결정하는 직책을 버리고 미국으로 돌아갔을 때, 많은 사람들은 인도 내의 정치적 압력으로 인해 인도가 가장 우수하고 똑똑한 국민들에게 적대적인 대응을 한 것이 아닌지 의문을 제기했다. 따라서 인재를 위한 전쟁은 조직 수준과 국가 수준 모두에서 일어나며, 이 장의 뒷부분에서는 이 전쟁에서 승리하고 패배한 몇몇 국가의 사례를 소개할 것이다.

사회의 변화 추세 및 사건들이 고용주에게 영향을 미치는 두 가지 주요 방식은 1) 제품 및 서비스 수요에 영향을 미치는 소비시장과 2) 제품 및 서비스를 생산하는 인력 공급에 영향을 미치는 노동시장이다. 어떤 경우에는 시장이 인력 부족으로 특징지어질 수 있고, 다른 경우에는 인력 과잉이 있을 수 있다. 인력 공급과 수요의 차이를 조정하는 것은 조직에게 어려운 과제이며, 이 과제를 어떻게 해결하느냐에 따라 전반적인 경쟁력이 달라진다.

노동시장을 효과적으로 활용하여 경쟁우위를 확보하는 세 가지 열쇠가 있다. 첫째, 기업은 현재 인적자원 구성에 대해 명확히 파악해야 한다. 특히 현재 보유하고 있는 직원들의 강점과 약점을 파악해야 한다. 둘째, 기업은 미래에 어떤 방향으로 나아갈지 알아야 하며, 현재 인적자원 구성이 앞으로 필요한 인적자원 구성과 어떤 관계가 있는지 파악해야 한다. 셋째, 현재의 인적자원 구성과 미래에 필요한 구성 사이에 차이가 있는 경우 조직은 이러한 불일치를 해결할 수 있는 프로그램이 필요하다. 이 장에서는 조직이 노동시장의 '위협'을 경쟁우위를 확보하는 '기회'로 활용하기 위한 효과적인 전략을 개발하고 구현하는 데 도움이 되는 도구와 기술을 살펴본다. 이 장의 전반부에서는 인적자원계획을 개발하고 실행하는 데 필요한 단계를 설명한다. 각 절을 통해 특히 기업의 수익과 전반적인 평판에 큰 영향을 미칠 수 있는 최근 트렌드와 관행에 초점을 맞춘다. 후반부에서는 개인이 직무를 찾고 선택하는 과정과 조직이 이러한 개인에게 다가가고 선택하는 데 있어 인사 채용의 역할에 대해 알아본다.

## 인적자원계획의 절차

인적자원계획의 전체적인 개요는 〈그림 4.1〉에 제시되어져 있다. 인적자원계획의 절차는 예측, 목표설정 및 전략계획, 프로그램 실행 및 평가로 구성된다. 우리는 이런 3개의 단계를 다음 절에서 각각 살펴본다.

### 예측

〈그림 4.1〉의 가장 윗부분에 제시된 바와 같이 인적자원계획의 첫 단계는 **예측**(forecasting)이다. 인력 예측단계에서 인사담당자는 다양한 유형의 인력에 대한 공급 및 수요를 파악하기 위해 노력한다. 이 단계의 주요 목표는 미래의 인력부족 및 인력과잉이 조직 내의 어떤 영역에서 발생할 것인지를 예측하는 것이다.

공급 예측 및 수요 예측 모두에서 통계적 방법 혹은 주관적 판단법이 활용될 수 있다. 통계적 방법은 기업의 인력수요에 대한 과거 추세를 파악하는 데 탁월하며, 적절한 조건하에서는 주관적인 판단법보다 훨씬 정확하다. 그러나 노동시장에서 발생하는 여러 중요한 사건들은 역사적인 선례가 없는 경우가 많다. 이런 경우에 통계적인 방법은 활용도가 떨어진다. 역사적인 선례가 없는 경우에는 전문가들의 집단적 주관적인 판단에 의존해야 한다. 전문가들의 '최선의 추측'이야말로 유일한 미래를 판단하는 근거가 된다. 두 가지의 방법이 보완적인 장·단점이 있기 때문에, 기업은 일반적

**그림 4.1** 인적자원계획 절차의 개관

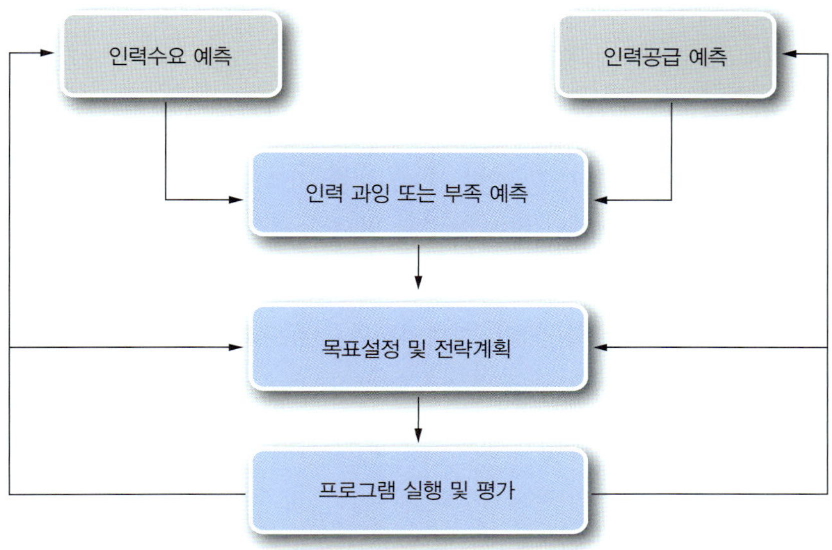


으로 인적자원계획을 위해서 두 가지 방법을 균형 있게 사용한다.

예측 과정의 사례는 세계 최대의 휴대폰용 칩 공급업체 중 하나인 퀄컴(Qualcomm)에서 볼 수 있다. 퀄컴 제품은 스마트폰에서 셀룰러 통신과 컴퓨팅을 처리하며, 이러한 유형의 칩에 대한 수요가 끝이 없을 것이라고 생각할 수 있었지만, 2015년 퀄컴의 시장분석에 따르면 향후 공급 과잉이 발생할 것으로 예상되었다. 삼성(Samsung)은 퀄컴 칩의 최대 구매자였지만, 삼성의 휴대폰 시장점유율이 줄어들면서 향후 퀄컴에 부수적인 피해가 발생할 것으로 예상되었다. 또한 메디텍(MediaTek)과 같은 소규모 신생기업이 퀄컴의 시장점유율을 잠식하고 있었고, 삼성은 새로운 휴대폰용 칩을 자체적으로 생산하겠다고 발표했다. 퀄컴의 예측에 따르면, 예방 조치를 취하지 않을 경우 시장에 너무 많은 칩을 공급할 가능성이 높았으며, 그러한 조치 중 하나는 155명의 인력 감축이었다.

### 인력수요의 결정

일반적으로 인력수요 예측은 조직의 현재 및 미래 상태와 연관된 특정 직무영역 및 기술 영역에서 시작된다. 관련 직무영역이나 기술 분야가 확인되면, 인사담당자는 그러한 기술을 보유한 인력에 대한 수요가 미래에 증대될 것인지, 혹은 감소될 것인지를 예측하는 것에 도움이 되는 정보를 찾을 필요가 있다. 예를 들어, 미국의 인력 고령화에 기인하여 노인의료분야는 가장 빠르게 성장하는 산업 중 하나이다. 따라서 이런 업무에 적합한 숙련성을 지닌 근로자들에 대한 높은 수요가 있을 것으로 예상됐다. 하지만 코로나19 팬데믹으로 인해 가족들이 안전상의 이유로 사랑하는 사람을 요양원에 맡기는 것을 주저하게 되면서 이러한 수요는 역전되기 시작했다. 실제로 통계에 따르면 2019년 말 이후 미국 요양원 입소자 수가 15%, 즉 19만 5,000명 이상 감소했으며, 이는 업계 종사자 수요를 나타내는 선행지표이다.

유사하게, 많은 사람들은 빅데이터와 컴퓨팅의 발전으로 인해 질로우(Zillow)나 레드핀(Redfin)과 같은 온라인 회사가 사람의 개입 없이도 주택의 가치를 정확하게 추정할 수 있게 되면서 주택업계에서 감정평가사에 대한 수요가 감소할 것이라고 예측한다. 한 업계 분석가의 말처럼 프레디맥(Freddie Mac)과 같은 대형 모기지 회사가 컴퓨터 견적에 익숙해지자 "주택시장에서 모기지 업무를 수행하는 감정평가사의 미래는 끝나가고 있다"는 말이 나왔다.

인력수요 예측을 도출하는 정교함의 수준은 조직마다 다르다. 가장 정교한 수준의 조직은 전년도의 선행지표들에 대한 객관적인 통계치에 근거하여 다음 연도에 대한 인력수요를 예측하는 통계적 모델을 구축할 것이다. **선행지표**(leading indicator)는 정확하게 미래 인력수요를 예측하는 객관적인 척도이다. 예를 들어, 금리는 주택건설률을 예측하고 주택건설률은 목재 및 기타 건설 관련 제품의 수요를 예측하기 때문에 목재 제재소에서는 금리를 6~12개월 후의 인력수요에 관한 선행지표로 간주한다.

유가와 굴착장비 근로자들에 대한 수요 간 관계가 잘 알려져 있지만, 수압파쇄 산업(fracking industry)의 급속한 성장에 따른 2015년 석유가격의 급락은 많은 사람에게 충격으로 다가왔다. 그리하여 100,000명이 넘는 근로자들은 이런 예상치 못한 수요 변화가 일어났을 때 정리해고 당할 수밖에 없었다. 그 후 2017년 산업경기가 회복되었을 때 많은 기업들은 해고되었던 근로자들을 모두 재고용하기보다는 자동화시설을 설치하는 것으로 전략을 변화하였다. 이에 따라 과거에 20명이 일하던 시추 현장은 이제 5명으로 관리할 수 있고, 15개의 일자리는 완전히 소멸되었다. 한 관리자는 "예전에는 렌치와 튜브 벤더로 가득 찬 공구상자가 있었지만 지금은 노트북이 주요 도구이다."라고 언급하였다.

통계적인 계획 모델은 변수 간 관계를 신뢰할 만하게 검증하는 데 사용될 수 있는 장기적이고 안정적인 과거자료가 있을 때는 유용하다. 그러나 이런 모델은 거의 항상 해당 분야 전문가들의 주관적 판단에 의해서 보완되어야 한다. 통계 모델에서 정확하게 포착할 수 없는 일회성 변화를 고려해야 하는 경우가 너무 많기 때문이다. 예를 들어, 불과 10년 전만 해도 '클라우드 컴퓨팅 엔지니어(cloud computing engineer)'라는 직업을 들어본 사람은 아무도 없었을 것이지만, 이 분야는 향후 인력수요 측면에서 빠르게 성장하는 분야 중 하나가 될 것으로 예상된다. 따라서 이와 같은 직업에 대한 과거 데이터는 존재하지 않는다.

유사하게 홍역과 같은 전염병을 앓는 사람들의 외출을 추적하는 '접촉자 추적 업계 관련 일자리'가 있었지만, 코로나19 팬데믹 기간 동안 뉴욕시에서만 한 달 동안 3,000명이 넘는 감염 추적자를 찾아야 할 정도로 인력수요가 급증했다. 또한 바이러스의 불확실한 특성과 백신의 출현과 관련된 불확실성을 고려할 때 이러한 수요가 얼마나 오래 지속될지 추측하기가 매우 어려웠다. 코로나19로 인해 식료품을 직접 구매하기보다 식료품 택배에 의존하는 사람들이 점점 더 많아진 인스타카트(Instacart)에서도 같은 예상치 못한 인력수요의 급증을 볼 수 있었다. 인스타카트는 단 8주 동안 30만 명 이상의 '쇼핑객'이 늘어났고, 기존 직원의 근무시간을 연장해야 했으며, 이로 인해 수요가 최고로 급증한 기간에는 직원들의 항의에 따라 운영을 중단하는 사태를 겪었다.

### 인력공급의 결정

인력수요를 예측한 후에는 기업의 인력공급에 대한 지표를 확보해야 한다. 내부인력공급을 파악하려면 현재 조직 내 다양한 직종(또는 특정 기술을 보유한 사람)에 얼마나 많은 사람이 있는지 자세히 분석해야 한다. 그런 다음 이 분석은 퇴직, 승진, 전근, 자발적 이직 및 해고로 인한 가까운 장래의 변화를 반영하여 수정된다.

인력수요의 경우처럼 인력공급에 대한 예측도 과거 통계 모델의 활용 또는 주관적인 판단기법을 통해서 이루어질 수 있다. 인력수요를 예측하기 위한 통계방법 한 가지는 **전이행렬**(transitional matrix)에 기반을 두는 것이다. 전이행렬은 서로 다른 시기에 다양한 직무영역에서 직원의 비율(숫자)을 나타낸다. 일반적으로 이러한 행렬은 사람들이 1년 동안 어떤 상태(조직 외부) 또는 직무영역으로부터 또 다른 상태 혹은 직무영역으로 어떻게 이동하는가를 보여준다.

**표 4.1 자동차 부품 제조업체를 가정한 전이행렬**

| 2018 | 2021 | | | | | | | |
|---|---|---|---|---|---|---|---|---|
| | (1) | (2) | (3) | (4) | (5) | (6) | (7) | (8) |
| (1) 영업관리자 | .95 | | | | | | | .05 |
| (2) 영업담당자 | .05 | .60 | | | | | | .35 |
| (3) 영업 인턴 | | .20 | .50 | | | | | .30 |
| (4) 보조 공장관리자 | | | | .90 | .05 | | | .05 |
| (5) 생산관리자 | | | | .10 | .75 | | | .15 |
| (6) 생산조립직 | | | | | .10 | .80 | | .10 |
| (7) 사무직 | | | | | | | .70 | .30 |
| (8) 조직 외부 | .00 | .20 | .50 | .00 | .10 | .20 | .30 | |

〈표 4.1〉은 하나의 제조기업을 가정하고, 7개의 직무영역에 초점을 둔 전이행렬을 가정한 것이다. 이런 행렬을 처음 본다 하더라도 행렬이 읽기 쉽고, 내부인력공급을 결정하는 데 사용할 수 있다는 것을 이해할 것이다. 이 표에서처럼 하나의 행렬은 두 가지 방법으로 읽을 수 있다. 첫째, 다음 질문에 답하기 위하여 가로 행(rows) 값들을 읽을 수 있다. "2018년에 특정 직무영역에 있던 사람이 2021년에는 어디에 위치하는가?" 예를 들어, 2018년 사무직(7번째 행)에 있던 사람들 중 70%는 2021년에도 여전히 사무직에 있고, 나머지 30%는 조직을 떠났다. 생산조립직(6번째 행)의 경우에는 2018년에 있던 80%가 여전히 2021년에도 생산조립직에서 일하고 있고, 나머지 20% 중 절반인 10%는 생산관리자 직무로 승진했고, 나머지 절반 10%는 조직을 떠났다.

전이행렬은 또한 다음 질문에 대답하기 위하여 세로 열(columns)의 값들을 읽을 수 있다. "2021년에 특정 직무영역에 근무하는 사람들은 어디로부터 왔는가?(2018년에는 어디에 있었는가?)" 이번에도 7번째 열에 위치한 사무직에서 시작해보자. 2021년 사무직 종사자 중 70%는 2018년에도 사무직에서 근무하던 사람으로 채워져 있고, 나머지 30%는 외부에서 새로 고용된 사람들이다(2018년에는 조직에서 근무하던 사람이 아니다). 6번째 열에 위치한 생산조립 직무영역의 경우, 2021년 종사자 중 80%는 2018년에도 같은 직무를 담당하고 있었고, 나머지 20%는 외부에서 고용된 사람들이다.

〈표 4.1〉과 같은 전이행렬은 회사의 인력수요 측면에서 과거 추세를 나타내는 데 있어 매우 유용하다. 좀 더 중요한 점은 상황 조건이 일정하다면 이런 전이행렬은 미

래에 대한 계획을 세우는 데 있어서도 유용하다는 것이다. 예를 들어, 다음 3년 내에 생산조립 직무영역에서 인력 과잉이 있을 것을 예상한다면, 단순하게 외부고용을 동결함으로써 이 직위의 인원을 20%까지 비울 수 있다. 유사하게, 영업담당자 직무영역에서 인력 부족이 있을 것이라고 생각한다면, 전이행렬은 1) 영업담당자 직무에서 자발적인 이직을 줄이고, 2) 영업 인턴 직무영역에서 인력에 대한 교육훈련의 속도를 높임으로써 과거보다 좀 더 빠르게 승진할 수 있도록 하고, 3) 영업담당자 직무영역에서 외부 채용을 확대하는 등의 방안을 수행할 수 있다는 정보를 제공한다.

여기서 선택한 세 가지 옵션 중 어느 것이든 문제를 해결할 수 있지만, 세 가지 모두 시간이 걸리므로 적시에 정확하게 예측하지 못하면 고용주에게 좋은 선택지가 거의 없을 수 있다. 실제로 2021년에 예상치 못한 인력 부족으로 인해 양키 캔들(Yankee Candle)의 경영진과 전문직 근로자들은 일상 업무에서 벗어나 공장 현장에서 교대근무를 하며 성수기 수요에 맞춰 수백만 개의 제품을 생산, 포장, 배송하는 데 투입될 수밖에 없었다.

### 인력 과잉 또는 부족의 결정

인력의 수요 및 공급에 대한 예측을 한 다음, 인사담당자는 각 직무영역에서 인력 부족 또는 인력 과잉이 있을 것인가에 대해서 확인할 수 있다. 인력 과잉 또는 인력 부족에 대한 예측이 결정되면, 조직은 이런 잠재적인 문제를 어떻게 해결할지를 결정할 수 있다. 예를 들어, 2015년 건설산업에서 숙련된 인력의 부족은 적절한 기술을 가진 근로자들을 구하기 어렵기 만들었기 때문에 많은 부동산 개발업자들이 건설계획을 철회하거나 연기하도록 만들었다. 덴버에서, 쉐어 홈즈사(Shea Homes)는 325개의 집을 지으려는 계획을 갖고 자금을 모았으나, 난방, 환기, 에어컨 설치, 장롱 등을 설치하는 인력을 구하지 못하여 진행하지 못하였다.

이러한 문제는 2017년에 이민법이 강화되어 주택건축 업종의 근로자들이 많이 줄어들면서 더욱 악화되었다. 건설조합에 고용된 많은 근로자들은 이민자로서, 천장 타일 및 건식 벽체 작업자의 50%, 지붕 설치자의 40%, 미장 및 치장 벽토 작업인력의 60%나 되었다. 부동산 추적업체 질로우(Zillow)의 수석 이코노미스트인 스벤다 구델(Svenda Gudell)은 "건축업자에게 '왜 건물을 더 짓지 않느냐'고 물어보면 인력 부족이 가장 큰 이유로 꼽힌다."라고 말했다.

대조적으로, 노동통계청에 따르면 2020년까지 미국 경제는 10년간 약 70,000명의 변호사가 필요할 것으로 예측된 반면, 미국 로스쿨에서는 매년 약 25,000명의 졸업생을 배출하고 있다. 이러한 통계치에 따르면 180,000명의 변호사는 거의 일거리가 없을 것으로 보인다. 일부에서는 소규모의 사립 로스쿨과 평판이 낮은 로스쿨이 이 문제의 원인이라고 지적했다. 로스쿨 투명성 옹호 단체인 로스쿨 투명성(Law School Transparency)의 카일 맥엔티(Kyle McEntee) 전무이사는 "이런 로스쿨들에는 진학해도 도움을 받지 못한다. 이곳들은 부채는 정말 많고 변호사 합격률은 형편없이 낮으며, 취업기회는 최악이다."라고 말했다.

인력 부족 또는 과잉의 근본적인 원인을 파악하는 것도 중요한데, 이는 향후 문제해결에 영향을 미칠 수 있기 때문이다. 예를 들어, 어떤 경우에는 직업에 대한 고정관념이 잠재적 근로자의 공급을 불필요하게 제한하고 있을 수 있다. 예를 들어, 일본에서는 전통적으로 자동차 산업에서 일하는 것이 '여성의 일'로 여겨지지 않았지만, 국내 인구 고령화로 인해 심각한 인력 부족에 직면하자 혼다, 닛산, 도요타 같은 기업들은 더 많은 여성을 고용하기 시작했다. 반면, 미국에서는 전통적으로 '여성의 일'로 여겨지는 간호 분야의 만성적인 인력 부족으로 인해 고용주들이 더 많은 남성 간호사를 채용하게 되었다. 아이러니하게도 간호 분야로 진출한 남성 중 상당수가 미국 자동차 산업이 로봇이나 다른 형태의 기술에 의해 대체되었을 때 자동차 산업으로부터 전환한 경우였다.

## 목표설정 및 전략계획

인적자원계획 과정의 두 번째 단계는 〈그림 4.1〉의 가운데에 위치한 목표설정 및 전략계획이다. 구체적인 정량적 목표를 설정하는 이유는 인력 부족 또는 인력 과잉 문제에 관심을 기울이고, 인력 부족 또는 인력 과잉을 조정하기 위한 프로그램의 성공 여부를 판단하는 비교기준을 제공하기 위한 것이다. 목표는 인력 공급과 수요 분석에서 직접 도출되어야 하며, 직종 또는 기술에 대해 어떤 일이 일어나야 하는지에 대한 구체적인 수치와, 결과를 언제 달성해야 하는지에 대한 구체적인 일정표를 포함해야 한다.

일단 이런 목표들이 설정되면 기업은 인력 부족 및 인력 과잉을 조정하는 데 활용할 수 있는 다양한 전략을 선택하는 것이 필요하다. 〈표 4.2〉는 인력 과잉을 줄이는

**표 4.2 예상되는 인력 과잉을 해결하기 위한 대안들**

| 대안 | 속도 | 고통 정도 |
|---|---|---|
| 1. 다운사이징 | 빠름 | 높음 |
| 2. 임금 삭감 | 빠름 | 높음 |
| 3. 강등 | 빠름 | 높음 |
| 4. 전환배치 | 빠름 | 보통 |
| 5. 일자리 나누기 | 빠름 | 보통 |
| 6. 채용 동결 | 느림 | 낮음 |
| 7. 자연 감소 | 느림 | 낮음 |
| 8. 조기 퇴직 | 느림 | 낮음 |
| 9. 재교육 | 느림 | 낮음 |

**표 4.3 예상되는 인력 부족을 해결하기 위한 대안들**

| 대안 | 속도 | 취소 가능성 |
|---|---|---|
| 1. 초과근무 | 빠름 | 높음 |
| 2. 기간제 활용 | 빠름 | 높음 |
| 3. 외주 | 빠름 | 높음 |
| 4. 재교육 | 느림 | 높음 |
| 5. 이직률 감소 | 느림 | 보통 |
| 6. 신규 고용 | 느림 | 낮음 |
| 7. 기술 혁신 | 느림 | 낮음 |

데 인사담당자가 사용할 수 있는 대안들의 일부를 보여준다. 〈표 4.3〉에는 인력 부족을 방지하는 데 활용가능한 일부 대안들이 정리되어 있다.

이 단계의 중요성은 인사담당자가 선택가능한 여러 대안들이 비용, 속도, 효과성, 고통 분담의 정도, 취소 가능성 등의 측면에서 크게 다르다는 데에 있다. 예를 들어, 조직이 인력 과잉을 충분한 시간을 두고 예측했다면, 신규고용을 억제하여 자연스러운 감축을 통하여 직원 숫자를 조정할 수 있을 것이다. 이것이 성공으로 이루어지면 조직은 해고를 피하고, 결과적으로 아무도 일자리를 잃지 않을 수 있다. 유사하게 조직이 충분한 사전 경고를 통해 특정 직종에 대한 인력 부족을 예상할 수 있다면 기존 직원과 협력하여 기술을 업그레이드할 수 있다. 예를 들어, '직무 재교육(job reskilling)'이라는 용어는 이러한 목표를 염두에 둔 프로그램, 즉 미래에 수요가 없을 수 있는 기술을 가진 사람들을 데려와 필요한 교육을 제공하는 프로그램을 의미한다. 이러한 교육은 고용주가 직접 실시하기도 하는데, 고용주는 단기 "재교육훈련소"를 개설하여 직원을 한 직종에서 다른 직종으로 빠르게 이동시킬 수 있다. 다른 경우에는 고용주가 지자체와 협력하여 수요가 있는 업무에 대한 직무 설명을 한 다음 지역주민들과 협력하여 특정 지역 일자리에 필요한 기술을 제공할 수도 있다. 또 다른 프로그램은 개인이 자신의 기술을 업그레이드할 방법을 스스로 결정하고 이를 위해 정부 지원금을 신청하는 국가 차원의 계획이다. 어떤 방식이든 이 모든 프로그램의 궁극적인 목표는 수요에 맞는 기술과 공급에 맞는 기술을 더 잘 맞춰서 고용주와 근로자가 모두 '윈-윈(win-win)'할 수 있는 해결책을 찾는 것이다.

안타깝게도 지난 10년 동안 인력 과잉에 대한 보편적인 기업들의 대응은 다운사이징(downsizing)이었는데, 이러한 다운사이징은 빠르지만 큰 고통분담이 따르는 방법이다. 다운사이징에 따른 고통분담은 즉각적이면서도 장기간에 걸쳐서 나타난다. 단기적으로 임금, 복리후생, 의미 있는 노동의 결핍 등은 개인의 재정, 신체, 심리적 측면에서 부정적인 문제를 야기하며, 파산, 질병, 우울증을 초래한다. 또한 이런 당장의 문제를 극복하더라도, 장기적으로 실업사태가 6개월 이상 지속되면 개인을 낙인찍어 버릴 수 있고, 이에 따라 미래의 취업기회가 감소하게 된다. 특히, 기술이 쉽게 변하며 지속적으로 업데이트해줘야 하는 직업(직무) 영역에서는 많은 해고 근로자들이 근무경력에서 공백이 나타나는 것을 막기 위하여 심지어 무급자원봉사를 포함하여 해당 지역 내에서 어떤 일이든 하게 될 것이다.

이와는 대조적으로, 인력 부족에 대한 조직의 일반적인 대응은 기간제 직원을 임시로 고용(hiring temporary employees)하거나 외주(outsourcing)를 이용하는 것으로, 이는 신속하고 회복성이 높은 대응책이다. 이러한 선택이 널리 퍼져 있다는 점을 감안하여 이 장의 각 하위 영역에서는 이러한 선택안들에 대해 자세히 다룬다.

### 다운사이징

**다운사이징**(downsizing)이란 조직의 효과성을 강화하기 위하여 대규모의 인력을 계획적으로 감축하는 것을 말한다. 〈표 4.2〉에서 알 수 있듯이 다운사이징은 인력 과잉을 줄이기 위한 수단으로서 인적 고통이 크지만 속도가 빠른 수단으로서, 인적자원계획이 부족하거나 특정 사건에 대한 계획이 불가능하기 때문에 기업은 종종 이 방법에 의지해야 한다. 코로나19 팬데믹 기간 동안 미국 내 일자리 손실이 1939년 이후 최대치를 기록했을 때보다 이러한 부분이 더 명확하게 드러난 적은 없었다. 2020년에만 미국 경제는 900만 개 이상의 일자리를 잃었다. 비즈니스 모델이 붕괴된 레저 및 숙박 산업에서 손실이 가장 컸지만 항공사는 물론이고, 가스 및 제트 연료에 대한 수요 감소로 인해 운송산업에도 영향을 미쳤다. 기업들이 문을 닫으면서 기업 운영을 지원할 방법을 찾지 못한 컨설팅 및 비즈니스 지원 제공업체도 문을 닫았다. 이 모든 것은 대출과 보조금을 통해 급여를 지원하려는 국가적 노력에도 불구하고 발생했다.

다운사이징은 경기 침체기나 실적 부진에 직면했을 때 기업이 선택하는 방법이라고 생각하는 경향이 있지만, 실제로는 꽤 잘나가는 기업들도 전략적인 이유로 정기적으로 인력을 감축하는 경우가 많다. 예를 들어, 마이크로소프트(Microsoft)는 2014년에는 실적이 좋았지만 노키아(Nokia) 인수로 인해 해당 부문에 인력이 남아돌자 휴대폰 및 태블릿 부문의 직원 18,000명을 해고했다. 마찬가지로 휴렛팩커드(Hewlett-Packard)는 같은 해에 16,000명의 일자리를 줄이고 절감한 약 10억 달러를 클라우드 컴퓨팅 서비스에 더 집중적으로 투자하는 데 사용했다.

설문조사들에 따르면 조직들이 다운사이징을 실시하는 주요한 세 가지 이유가 나타났다. 첫째, 많은 조직들은 비용을 줄이는 방법을 지속적으로 찾고 있고, 인건비는 회사의 전체 비용 중 가장 큰 비중을 차지하기 때문에 다운사이징은 회사들 입장에서는 매력적인 대안이다. 이와 관련한 사례는 보잉(Boeing)이 비용을 줄이기 위하여 다운사이징 계획을 발표한 2017년에 살펴볼 수 있다. 보잉사 엔지니어링 부사장인 존 해밀턴(John Hamilton)은 "우리는 판매기회가 줄어들고 경쟁이 치열한 환경에서 계속 운영하고 있고, 777 제트기의 숫자를 감축하는 결정은 그러한 환경특성과 보잉의 지속적인 성공을 위하여 우리가 해야 할 것이 무엇인지에 대한 이해가 반영된 것이다"고 언급하였다. 이 사례는 감소한 매출액이 비용절감을 위한 다운사이징으로 이어진 확실한 예이다. 이러한 결정은 보잉에 제트 엔진을 공급하는 GE에도 영향을 미쳐서, GE도 75,000명 이상의 직원을 감원했다.

둘째, 일부 조직들에서는 새로운 기술의 발전 혹은 로봇의 도입이 직원의 필요성을 줄이기도 한다. 예를 들어, 보스턴 다이내믹스(Boston Dynamics)는 거친 지형에서도 효율적으로 움직이고, 공간을 시각화하며, 원격 근무자에게 사진을 전송할 수 있는 스팟(Spot)이라 불리는 놀랍도록 실물 같은 개를 만들었다. 이 로봇 개는 다양한 산업

분야에서 활용되고 있는데, 예를 들어 현재 스팟은 위험한 발전소 배관 검사를 수행하고, 쓰레기처리시설에서 유독성 열 배출을 모니터링하며, 건설작업장을 조사하고, 매사추세츠 병원에서 코로나 환자의 체온을 측정하기도 한다. 이 회사는 또한 창고에서 노동력 수요를 혁신할 수 있는 방식으로 상자를 옮기고 트럭에 적재할 수 있는 핸들(Handle)이라는 로봇을 개발 중이다. 이러한 로봇의 사용은 코로나19 팬데믹 기간 동안 더욱 활성화되었다. 로봇을 직접 고용하지는 않았지만 뉴욕주 시넥타디에 위치한 제너럴 일렉트릭(General Electric)의 새로운 배터리 제조공장은 새로운 기술이 어떻게 일자리를 줄일 수 있는지 보여준다. 20만 제곱피트 규모의 시설 전체에 필요한 인원은 370명에 불과하며, 이 중 200명만이 실제로 작업현장에 근무하고 있다. 공장 관리자는 배터리가 내장된 무선 센서와 연결된 아이패드를 통해 조명, 난방, 재고, 구매, 유지보수 등 전체 운영을 관리한다.

셋째, 많은 기업들은 경제적인 이유로 사업장의 위치를 변화시킨다. 이러한 변화의 일부는 미국의 한 지역에서 다른 지역으로 이동했으며, 특히 많은 기업이 북동부, 중서부, 캘리포니아에서 남부 및 서부의 산악지역으로 이전했다. 또한 보스턴, 샌프란시스코, 실리콘밸리와 같은 고가의 도시지역에서 보이시, 덴버, 오스틴과 같은 소도시로 이동하는 추세도 있었다. 이러한 지속적인 추세는 코로나19 팬데믹으로 인해 많은 근로자가 원격지에서 효율적으로 근무할 수 있다는 사실이 밝혀지면서 더욱 가속화되었다. 이는 고비용 지역에서 생계를 유지하는 것보다는, 약간 낮은 임금을 지급할 수 있는 고용주와 조정된 급여로도 더 나은 생활방식을 누릴 수 있는 직원 모두에게 더 나은 윈-윈 해결책이 될 수 있다.

다운사이징은 비용 감소에 즉각적인 영향을 미치지만, 많은 증거는 특히 일부 유형의 기업에서는 장기적인 조직 효과성에 부정적인 영향을 미친다는 것을 시사한다. 따라서 효과적인 다운사이징 캠페인과 비효율적인 다운사이징 캠페인에 무엇이 들어가는지 이해하는 것이 중요하다. 대부분의 다운사이징 노력이 기업 성과 향상이라는 측면에서 기대에 부응하지 못하는 데에는 여러 가지 이유가 있는 것으로 보인다. 첫째, 초기 비용절감은 단기적으로 긍정적이지만 부적절하게 관리된 다운사이징 노력의 장기적 효과는 부정적일 수 있다. 인력 감축으로 인한 영구적인 인재 손실은 빠르게 복구하기 어렵고 변화하는 상황에 대응하지 못하는 결과를 초래할 수 있다. 예를 들어, 많은 사람들은 경제의 공공보건부문과 병원의 인력 감축으로 인해 미국이 코로나

19 팬데믹에 신속하게 대응할 수 있는 여건이 열악해졌다고 생각한다. 한 업계 전문가는 "인공호흡기를 제조하는 것과 같은 방식으로 의사와 간호사를 제조할 수는 없기 때문에 막대한 자금을 투입한다고 해도 해결책이 될 수 없었다."라고 지적했다.

둘째, 많은 다운사이징 캠페인은 대체 불가능한 자산으로 판명된 사람들을 해고한다. 실제로 한 설문조사에 따르면 80%의 경우 기업이 해고된 직원 중 일부만을 대체하는 것으로 나타났다. 다른 경우에는 기업이 해고된 특정 직원을 더 높은 연봉으로 다시 데려오기도 한다. 실제로 '**부메랑 직원**(boomerang employee)'이라는 용어는 점점 더 많이 사용되는 이러한 채용방식을 지칭하기 위해 만들어졌다. 이러한 '재고용'에 대한 연구에 따르면 부메랑 직원은 과거에 성과가 괜찮았던 경우에는 위험 부담이 적은 옵션이다. 이는 일관되게 유지되는 것으로 보인다. 또한 상대적으로 긍정적이거나 중립적인 이유로 퇴사한 부메랑 직원은 처음에는 내부 및 외부 채용자보다 성과가 좋았지만, 이러한 초기 이점이 지속되지는 않는 것으로 나타났다. 마지막으로, 부메랑 직원은 더 높은 수준의 조직몰입도를 가지고 돌아오지는 않은 것으로 나타났다. 실제로 부메랑 직원은 다른 유형의 직원보다 두 배가 넘는 높은 이직률을 나타냈다.

다운사이징이 실패하는 세 번째 이유는 정리해고에서 살아남은 직원들이 편협한 사고방식과 자기중심적인 태도를 갖게 되고 조직몰입이 떨어지기 때문이다. 직원들은 회사에서 승진이나 미래에 대한 희망이 사라지기 때문에 동기부여 수준이 떨어지게 된다. 또한 많은 직원이 다른 직업을 찾기 시작한다. 다운사이징 캠페인과 관련된 부정적인 여론은 노동시장에서 회사의 이미지를 손상시켜 나중에 직원을 채용하기 더 어렵게 만든다. 특히 문자 메시지와 소셜 미디어의 시대에는 과거에는 비공개적으로 이루어지던 직원 해고 관행이 점점 더 투명하게 공개되고 있으며, 이 과정에서 발생하는 조직의 실수는 모두 공개될 가능성이 높다.

성공적인 다운사이징 노력의 핵심은 무차별적인 전반적 감축을 피하고 대신 비용 절감뿐 아니라 기업의 경쟁력을 향상시킬 수 있는 전략적 감축을 수행하는 것이다. 예를 들어, 뉴욕주립대학교에서는 많은 고위 관리직을 통합하는 일련의 삭감을 통해 시스템 전체에서 5,000만 달러를 절감했다. 같은 방식으로 버클리 캘리포니아 대학교에서는 7,000만 달러를, 캔자스 대학교에서는 500만 달러를 삭감했다. 이러한 삭감은 특히 지난 12년 동안 대학에서 학생과 프로그램을 관리하기 위해 고용한 직원 수가 교수 수보다 50% 더 빠르게 증가했다는 연구결과에 의해 밝혀진 '행정 부풀리기'를 겨냥한 것이었다. 교육 및 연구 직원의 규모는 그대로 유지되었으며, 이러한 행정직 인력감축은 학생 성과에 전혀 영향을 미치지 않았다는 증거가 나타났다.

### 조기퇴직(명예퇴직) 프로그램 및 바이아웃제도(Buyouts)

인력 과잉을 감소시키는 또 다른 인기 있는 방법은 조기퇴직(명예퇴직) 프로그램(early retirement program)을 실시하는 것이다. 〈그림 4.2〉에 제시된 것처럼, 미국 근로자의 평균 연령은 지속적으로 높아지고 있다. 많은 베이비붐 세대들이 퇴직 연령에 가까이 왔지만, 초기 조사결과들을 보면 베이비붐 세대가 조만간 은퇴할 의도가 없음을 나타내고 있다. 실제로 65세 이상 미국인의 40%는 여전히 일하고 있으며, 이들 중 상당수는 과거에 실제 은퇴한 경험이 있다. 고령 근로자가 경력을 이어가려고 하는 요인에는 여러 가지가 있다.

첫째, 이러한 현상의 일부는 재정 문제와 미래에 대한 적절한 계획의 실패에 기인한다. 한 연구에 따르면 55세 이상 미국 가구의 약 50%가 은퇴를 위해 저축한 금액이 전혀 없는 것으로 나타났다. 또한 많은 사람들이 사회보장 혜택이 삭감되어 생활이 충분하지 않을 수 있다는 우려를 하고 있다. 또한 현재 젊은 근로자의 저축률은 향후 125세까지 살 수 있다는 보험 데이터에 따르면 안전한 노후를 보장하기에는 너무 낮다. 이들 역시 연금 등 사회보장 프로그램이 빠르면 2035년에 파산할 수 있다는 예측

**그림 4.2** 미국 인구 중 고령자 비율의 변화(2000년–2020년)

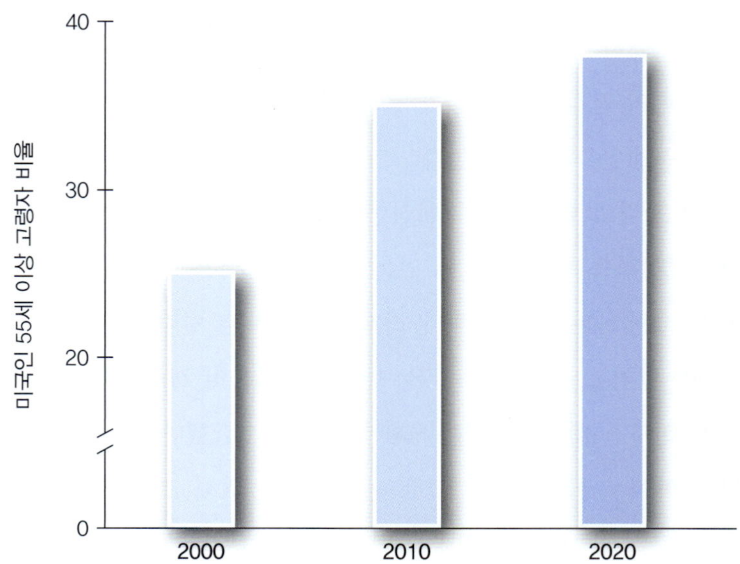

에 근거하여 사회보장에 대한 당연한 우려를 가지고 있다.

둘째, '은퇴하지 않은' 많은 사람들은 지루함을 느끼거나 다른 사람들과 함께 일하면서 의미 있는 사회적 상호작용을 놓치고 싶지 않기 때문이다. 셋째, 일반적으로 고령자의 건강이 개선되고 많은 직업에서 육체적 노동이 감소하면서 더 오래 일하는 것이 가능해졌다. 넷째, 연령차별금지법 제정과 의무 퇴직연령의 금지로 인해 조직들은 고령 근로자들을 강제적으로 관리하는 방안에 제약을 당하게 되었다. 예를 들어, 유출된 내부 문서에 따르면 미연방 고용기회균등위원회(EEOC)는 현재 IBM의 '연공서열 믹스(seniority mix)'를 바로잡기 위한 목적으로 이루어진 수천 건의 해고와 관련된 연령차별에 대해 조사 중이다.

IBM의 경우와는 달리, 딜로이트 컨설팅(Deloitte Consulting)과 같은 다른 고용주들은 차세대 리더를 양성하기 위해 고령 근로자를 더 오래 고용하려고 노력하고 있다. 딜로이트 컨설팅은 불과 몇 년 안에 경영진에 베이비붐 세대가 더 이상 남아 있지 않을 것으로 예측하였다. 베이비붐 세대 근로자들에게 내재된 암묵지의 영구적인 손실을 방지하기 위해, 딜로이트는 시너지를 낼 수 있도록 베이비붐 세대와 밀레니얼 세대를 짝을 지어 일하게 하였다. 이 프로그램의 한 참가자는 다음과 같이 언급하였다. "밀레니얼 세대는 자료와 분석을 제공할 수 있지만, 베이비붐 세대는 자료가 충분하지 않을 때 의지할 수 있는 경험을 가지고 있다."

고령자들이 경험 및 안정성 측면에서 회사에게 분명한 이익을 가져다주는 것은 틀림없지만, 동시에 여러 문제점도 존재한다. 첫째, 고령자는 청년층 근로자보다 높은 연공서열, 높은 의료비용, 높은 연금 금액 등으로 인해서 많은 비용이 든다. 둘째, 고령자들이 일반적으로 높은 임금을 받는 직급에 있기 때문에, 청년층의 승진을 가로막기도 한다. 이는 젊은 직원들에게 좌절감을 안겨주며, 고령 근로자가 퇴직을 결정할 때마다 조직을 위험한 상황에 처하게 한다.

이러한 인구통계적인 압력에 직면하여, 많은 고용주들은 조기퇴직 인센티브 프로그램을 통하여 고령 근로자들의 자발적인 퇴직을 유도하려고 한다. 은퇴가 가까워지고 재정적으로 준비가 잘 되어 있는 사람들에게는 조기퇴직 보너스는 선물과도 같다. 그러나 대부분의 사람들에게 남을지 떠날지 결정하는 것은 일자리가 부족할 때 급여를 포기하거나, 정리해고가 발표될 경우 퇴직금을 보장받지 못하는 불안정한 일자리에 매달리거나 하는 2가지 나쁜 선택안의 위험을 고려해야 하는 복잡하고 감정적으로 힘든 결정일 수 있다. 일반적으로 바이아웃(Buyout)은 고용기간 1년에 대해 약 2주간의 급여와 18개월 동안의 의료보험 혜택 보장, 또한 앞으로 계속 일하고자 하는 근로자를 위한 전직지원금을 제공한다. 이러한 프로그램이 일부 고령 근로자의 이탈을 유도할 수는 있지만, 이러한 프로그램의 성공 여부는 대부분 정확한 예측에 달려 있으며 고용주는 다양한 인센티브에 응할 근로자의 수를 과대 또는 과소 추정하기 쉽다.

### 기간제 근로자 및 독립계약자

다운사이징이 인력 과잉을 감소시키는 가장 인기 있는 방법이라면, 기간제 근로자를 임시로 고용(hiring temporary workers)하거나 외주[아웃소싱(outsourcing)]를 하는 것으로 인력 부족을 만회하기 위하여 가장 널리 활용되는 수단들이다. 기간제 고용은 제품 및 서비스에 대한 수요 측면의 변동이 심할 때 인력을 효율적으로 운영하기 위해 필요한 유연성을 확보하게 해준다. 실제로 기간제 고용의 증가는 종종 정규직 고용 증가를 선행하는 지표였고, 이는 경제 규모가 커지고 있다는 증거였다. 그러나 더 이상 그러한 관련성을 찾기는 힘들다. 오늘날 고용주들은 제품 및 서비스에 대해 고객수요의 빠른 변화와 인력공급의 빠른 변화를 일치시킬 수 있도록 만드는 기간제 고용이 가져오는 유연성을 좋아하는 것 같다. 유연성과 더불어 기간제 근로자를 임시로 고용하는 것은 다음의 추가적인 이점을 가져온다.

- 기간제의 활용은 '등록 고용주(employer of record)'가 되면서 부담해야 하는 재정 부담 및 많은 관리 활동을 하지 않아도 되는 장점이 있다.
- 자체적인 기간제 고용 프로그램이 없는 작은 회사들은 종종 파견업체(temporary agency)에 의해서 검증된 직원들을 고용할 수 있는 장점이 있다.
- 많은 파견업체들은 회사에 직원을 파견하기 전에 직원을 교육하기 때문에 회사 입장에서는 교육훈련비용을 아낄 수 있고, 파견근로자와 회사 양쪽 모두 쉽게 적응한다는 장점이 있다.
- 파견근로자는 파견되는 회사에서의 경험이 없기 때문에, 조직의 문제 및 절차에 대해 때로는 가치 있는 객관적인 관점을 제공할 수 있다.

이 분야의 전문가인 투자은행가 스티븐 버켄펠드(Steven Berkenfeld)는 많은 고용주들이 느끼는 감정을 요약해서 다음과 같이 말하였다. "자동화할 수 있는가? 그렇지 않다면 외주할 수 있는가? 그렇지 않다면 독립계약자에게 맡길 수 있는 직무인가?" 3가지의 대안을 실행하는 데 어려움이 있는 직무는 거의 없으므로, 현대의 많은 조직들은 정규직 근로자를 고용하는 것은 마지막 수단으로 여긴다.

대형 파견업체에 소속된 기간제 근로자와 조직에 속하지 않은 프리랜서 개념의 독립계약자(independent contract workers)를 구분하는 것은 유용하다. 독립계약자들은 특정 기간 고용주와 계약을 맺고 특정 과업을 수행하는 것에 동의한, 조직에 속하지 않은 개인들을 의미한다. 이 경우 고용주에서 파견업체로 '등록 고용주'의 의무가 이동하지 않고, 독립계약자 스스로 부담한다는 특징이 있다.

최근 들어 이와 같은 계약직 근로자들의 활용이 이례적으로 크게 증가하였는데, 이는 고용주와 근로자들 간에 어떤 중재자 없이도 직접적으로 연결할 수 있는 모바일 앱(apps)의 기능에 힘입은 바가 크다. 또한 우버(Uber), 인스타카트(Instacart), 태스크래빗(TaskRabbit), 핸디(Handy)와 같은 기업들이 이러한 비즈니스 모델과 관련된 성공을 거두면서 고용주들에게 이 옵션이 더욱 매력적으로 다가왔고, 2005년부터 2020년까지 이러한 고용 형태로 일하는 개인의 수는 1,500만 명 증가했다.

많은 사람들이 독립계약자가 됨으로써 갖게 되는 자율성, 자유, 유연성을 선호하지만, 많은 근로자들에게 있어서 이러한 대안은 최후의 수단으로만 선택할 수 있는 것이다. 독립계약 직무들은 직업 안정성, 의료 혜택, 퇴직 지원을 제공하는 경우가 드물며, 많은 일자리들이 저임금이다. 스페인에서 2012~2015년 시기에 나타난 일자리 증가의 90% 이상이 이러한 일자리로 인한 것이며, 이러한 일자리는 흔히 **트라바호 바수라**(trabajo basura) 또는 '**쓰레기 업무**'로 불린다.

미국과 유럽연합의 정부와 노동단체들은 이런 고용 경향에 대해서 우려하고 있고, 그러한 근로자들을 보호하는 방안에 대해서 연구하고 있다. 지난 장에서 언급했듯이 근로자 분류방식에 대한 법적 문제로 인해 기업이 직원을 독립계약자라고 주장하는 것이 더욱 어려워지고 있다. 예를 들어, 캘리포니아는 2021년에 많은 기업이 근로자를 계약자가 아닌 직원으로 재분류하여 주 최저임금, 초과근무수당, 산재보상 및 유급병가를 받을 수 있도록 하는 법안을 통과시켰다. 그러나 캘리포니아의 소위 긱 경제기업의 운전자와 기타 근로자는 이 재분류 계획에 포함되지 않았으므로 정규 직원이 될 수 없었다. 그러나 노동옹호단체들에 대한 지원 차원에서 이러한 회사는 운전자에게 임금 하한선과 제한된 복리후생을 제공해야 한다. 또한 우버(Uber)는 자격을 비활

성화하기 전에 운전자에게 좀 더 사전경고를 제공하는 데 동의했으며, 너무 빈번하게 승차를 거부하는 운전자를 더 이상 차단할 수 없다는 데 동의했다.

### 외주 및 해외이전

기간제 직원이 하나의 직무를 담당시키기 위한 수단인 반면, 다른 경우 어떤 기업은 외부 조직으로부터 훨씬 범위가 큰 서비스를 제공받기를 바랄 수 있다. 이것을 **외주**(outsourcing)라고 부른다. 외주는 기업이 특정 분야에서 전문성을 가지고 있지 않으면서 그러한 전문성을 개발하기 위한 노력과 시간을 투자하기 어려울 때 택할 수 있는 합리적인 선택안이다. 예를 들어, 경영학 석사(MBA) 출신을 정규직으로 고용하기 보다 어떤 회사들은 단기간 특정 프로젝트를 수행하기 위해 '임대'하기로 결정할 수 있다. 실제로 어떤 하버드 MBA 그룹은 이런 수요에 대응하여 아월리너드(HourlyNerd)라고 부르는 새로운 기업을 시작하였다. 사업체들은 새로운 제품의 가격을 결정하거나 사업체를 감정하는 등 단기 전문지식을 요구하는 특정한 과업을 수행하기 위해 시간당 75~100달러를 지급한다.

유사하게, 연구 및 개발 영역에서 기업이 소유하는 것보다 임대하는 것이 더 나은 고가 장비를 필요로 하는 실험 및 제품 시험을 수행하는 실험실들이 등장했다. 예를 들어, 에메랄드 테라퓨틱스(Emerald Therapeutics)는 좋은 아이디어가 있지만 이를 테스트할 인프라가 부족한 소규모 제약사들을 위한 서비스를 제공한다. 에메랄드사는 고가의 장비들과 재능 있는 기술자들 모두를 빌려주고, 내부적으로 이러한 역량을 개발할 수 없는 소규모 기업들에게 가상의 연구 및 개발 부서를 만들어준다.

아이러니하게도, 기업들은 일상적인 관리 과업을 효율적이고 전문적으로 수행하는 외부 회사에게 점점 더 많은 인사업무를 외주하고 있다. 기업은 자체적으로 전문 하드웨어와 소프트웨어, 이러한 시스템을 지원할 전문 인력을 구입하고 유지보수하는 대신 이러한 기술에 중점을 둔 기업의 시설과 전문지식을 시간제로 공유할 수 있기 때문에 이 분야의 비용을 쉽게 절감할 수 있다. 인사업무 외주 기업들은 종종 의료혜택과 금융 및 퇴직 프로그램들에 초점을 두는데, 이런 영역들은 정부의 엄격한 규제를 받기 때문이다. 이런 규제들은 자주 변화하고 많은 서류작업을 요구한다. 따라서 외주업체를 활용하게 되면 인사담당자들은 자유롭게 되어 좀 더 전략적 이슈에 집중할 수 있다.

다른 경우 외주는 특정 작업을 수행하는 데 있어서 몸값이 낮은 인력을 고용함으로써 단순하게 비용을 줄이는 것을 목표로 하기도 한다. 이것은 경우에 따라서는 업무를 외국으로 옮기는 것을 의미할 수도 있다. **해외이전**(offshoring)은 외주의 특수한 경우로서 특정 일자리를 한 국가에서 다른 국가로 이동하는 것을 의미한다. 이러한 종류의 일자리 이동은 항상 있었지만, 급격한 기술변화로 인해 현재의 추세는 전례가 없는 수준이다. 해외이전은 기업의 수익에는 도움이 될 수 있지만 일자리를 잃고 정부에 구제를 요청하는 많은 국민들에게 피해를 주기 때문에 논란의 여지가 있다. 또한 해외이전으로 인해 비인간적인 근무환경이 형성되고, 이로 인해 브랜드 이미지가 실추되어 기업 홍보에 악영향을 미치는 경우도 많다.

미국은 1990년대 중반 이후 중국에 수백만 개의 제조업 일자리를 빼앗겼으며, 막대한 정치적 압력을 통해서 다시 "일자리를 미국으로 돌아오도록"(reshore) 영향력을 가하고 있다. 이러한 압력은 종종 관세의 형태로 나타난다. 관세는 기본적으로 해외에서 생산된 제품이 국경을 넘어 들어올 때 부과되는 세금이다. 이 세금은 기업들이 그 추가 비용을 소비자들에게 전가할 수 없는 한, 기업들이 일자리를 해외이전하는 것을 더 비용이 많이 들도록 만든다. 예를 들어, 미국은 유럽에서 수입되는 와인에 100% 관세를 부과하여 미국에서 생산되는 와인을 소비자와 미국산 포도밭을 운영하는 사람들 모두에게 훨씬 더 저렴하게 만들겠다고 위협했다. 또한 중국으로 일자리를 해외이전한 미국 기업들이 국내 생산을 더 많이 하고 미국인 일자리를 늘릴 수 있는 동기를 부여하기 위해 1,000억 달러 상당의 중국산 제품에 15%의 관세를 부과했다.

이론적으로는 간단하지만 실제로는 미국 공급망의 상호 의존적 특성으로 인해 관세가 실제로는 국내 생산을 줄이는 작용을 하는 양날의 검이 될 수도 있다. 예를 들어, 철강산업에서 생산자들은 완제품 철강에 관세가 부과된다는 사실을 좋아했지만, 미완성 철강을 원료로 수입하는 생산자들은 가격우위를 상쇄할 만큼 비용이 상승했다. 많은 경우 경제에 스며드는 연쇄효과로 인해 관세의 총 영향을 미리 예측하기는 어렵다.

해외이전과 관련된 정치적 압력이 미국 회사들에게 문제를 야기하는 것 같지만, 효과적으로만 관리된다면 업무의 특정 영역을 해외이전하는 기업은 경쟁사보다 부인할 수 없는 경쟁우위를 확보할 수 있다. 이런 경쟁우위의 원천을 무시하는 것은 자멸하겠다는 것과 마찬가지다. 예를 들어, 리바이 스트라우스(Levi-Strauss)는 지난 몇 년 동안 생산 파트를 해외로 이전한 다른 저가 청바지 제조업체들과 경쟁하느라 고생하였다. 그러나 수년간 공장들을 잇달아 폐쇄한 끝에, 마침내 포기하고 미국의 모든 공장을 폐쇄하였다. 많은 사람들이 불가피한 조치로 여겼던 이 결정은 사실 이미 오래전에 내려졌어야 하는 것이었고, 조금 더 일찍 결정했더라면 2천만 달러 이상의 손실을 피할 수 있었을지도 모른다.

일부의 제품 또는 서비스를 해외로 이전하는 결정을 할 때, 조직들은 몇 가지 중요한 요인들을 고려해야만 한다. 해외이전에 뛰어들기 전에 이러한 요인들을 충분히 관찰하지 않았던 많은 기업들은 궁극적으로 해외이전 결과에 좌절하게 된다. 품질관리 문제, 보안 문제, 열악한 고객 서비스 경험 등은 낮은 임금 등 모든 비용절감에 따른 우위를 물거품으로 만든다. 이러한 이유로 많은 기업이 결국 일자리를 다시 '고국으로 가져왔다'(reshoring).

예를 들어, 한때 미국 기업들이 인도로 이전했던 컴퓨터 소프트웨어 작업의 대부분은 이제 미국 국내 기업들이 수행하고 있으며, 이들 중 상당수는 과거 산업 중심지였던 중서부 지역에서 생겨났다. 국내 소프트웨어 외주회사인 넥시언트(Nexient)는 기술업무를 인도에 이전할 때 발생하는 시간대, 언어, 문화 등의 문제로 인해 좌절한 기업들을 유치해왔다. 이 회사는 전통적인 동부 해안이나 서부 해안 허브가 아닌 중서부에 본사를 두고 있는데, 이는 생활비가 저렴한 지역에 머물고 싶어 하는 현지 인재를 확보할 수 있기 때문이다. 인건비는 인도에서 같은 인력을 고용하는 데 드는 비용의 2~3배에 달하지만, 10년 전의 8배 차이에 비하면 여전히 훨씬 적다. 또한 중서부 중앙에 위치해 있어 직원들이 근무하는 현장으로 대표를 파견하기 쉬워 소중한 대면 상호작용을 늘릴 수 있다. 실제로 이 비즈니스 모델은 매우 성공적이어서 현재 인포시스(Infosys)와 같은 인도의 거대 외주기업이 미국 중서부 지역에 자체 지점을 개설할 계획을 세우고 있다.

### 이민

해외로 일자리를 이전할 수는 없지만 부족한 노동력을 채우기 위하여 덜 비싼 해외 인재를 고용하기를 소망한다면, 외국인 근로자들을 해당 국가로 데리고 올 수 있다. 이민(immigration)은 언제나 미국 경제의 중요한 부분 중 하나였고, 많은 외국인 근로자들이 그들의 집을 떠나서 아메리칸 드림을 이루고자 하였다. 그러나 외국인 근로자들이 빈 일자리를 채우기 위하여 미국으로 입국하는 것은 연방에서 법으로 규제하고 있어서 제한이 있다. 이민은 인사 전문가와 일반인 모두에게 복잡하고 논란의 여지가 있는 주제이므로, 먼저 H2-A 비자로 규제되는 저숙련 일자리에 초점을 맞춰 살펴본 다음 H1-B 비자로 규제되는 고숙련 일자리에 초점을 맞추어 이러한 문제를 면밀히 살펴본다.

### H2-A 비자 자세히 살펴보기

첫째, 저숙련 일자리의 경우, 미국 정부는 외국인 근로자가 주로 농업 분야의 계절 일자리에서 일할 수 있도록 H2-A 비자를 제공한다. 이러한 일자리는 더럽고, 덥고, 저임금이며, 미국 국민은 이러한 일자리에 관심이 없기 때문에, 이 분야의 고용주들은 이러한 인력을 절실히 필요로 한다. 또한 옥수수, 쌀, 콩, 밀 가공에 있어서는 기계화가 진전되었지만 대부분의 작업이 자동화하기 어렵고, 특히 과일과 딸기 같은 다른 고부가가치 작물은 인간의 노동력을 필요로 한다.

이러한 노동력에 대한 높은 수요로 인해 고용주들의 H2-A 비자 신청은 2011년부터 2018년까지 3배나 증가했다. H1-B 비자와 달리 H2-A 비자는 한도가 없지만, 그럼에도 불구하고 많은 고용주들은 발급절차가 비싸고 신뢰할 수 없다고 생각한다. 또한 처리기간이 4주 가까이 걸리는 등 시간이 많이 소요되기 때문에 시간에 민감한 제철 농산물의 경우 그 취지가 무색해지기도 한다. 마지막으로 많은 고용주에게 이러한 노동력에 대한 수요는 엄밀히 말해 계절 수요가 아니다. 낙농가, 육류가공업체, 건설회사 등은 일부 일자리에 미국 시민권자를 채용하는 것이 불가능하지만, 이들이 제공하는 작업은 연중 내내 진행된다.

H2-A 프로세스가 고용주의 요구를 충족시키지 못하기 때문에 이러한 기업들은 종종 불법으로 미국에 체류 중인 서류가 미비한 근로자에게 의존한다. 이러한 근로자는 미국 영주권자가 될 수 있는 비자나 영주권이 없기 때문에 불법체류자이며, 따라서 이 나라에서 일할 자격이 없고 적절한 서류를 구하는 것이 매우 어렵다. 영주권 취득 절차는 최대 3~4년이 소요될 수 있으며 2만 5천 달러 이상의 비용이 드는 이민 전문 변호사를 고용해야 하는데, 이는 일반적으로 농장 노동자들이 감당할 수 없는 비용이다. 게다가 서류 미비 근로자는 어렸을 때 불법으로 미국에 입국한 경우가 많기 때문에 시민권이나 영주권을 얻기 위한 마지막 단계는 미국을 떠난 다음 서류가 모두 준비되면 합법적으로 재입국하는 것이지만, 미국 내 대부분의 서류 미비 근로자는 35세

이상이며 미국에 가족이 있어 떠나기 두려워한다. 그들은 법적으로 전문적이고 이해하기 어려우며 스스로 확인하기 어려운 서류에 문제가 있으면 다시는 미국으로 돌아갈 수 없을지도 모른다는 걱정 때문에 마지막 단계를 밟는 것을 두려워한다.

H2-A 비자를 발급받기가 어렵고 서류가 미비한 근로자들이 영주권을 취득하기 어렵다는 점, 농작물은 처리하지 않으면 금방 썩는다는 점 때문에, 이러한 업종의 고용주들은 거의 '고의로' 서류가 미비한 근로자를 고용하는 상황이 발생하고 있다. 실제로 농업 및 육류 가공 분야의 노동력 중 50% 이상이 불법체류 중인 근로자가 담당하고 있다. 정부는 이러한 근로자를 고용하는 고용주를 단속할 수 있으며, 실제로 미국 정부는 2011년에 고용주가 모든 고용인의 법적 신분을 확인하고 각 직원에 대해 I-9 양식을 작성하도록 하는 E-Verify(전자고용증명) 프로그램을 시작했다. I-9 양식을 확보하지 못한 고용주는 이러한 프로그램을 시행하지 않는 것에 대한 금전적 처벌이 부과된다.

서류상으로는 서류 미비 근로자 문제에 대한 완벽한 해결책처럼 보였던 E-Verify 프로그램이지만, 실제 시행에 들어가자 두 가지 문제가 있었다. 첫째, 이 프로그램의 규칙은 고용주가 어떤 근로자가 불법체류자라는 사실을 '알고 있었다'는 것을 정부가 증명해야 하는 방식으로 작성되었다. 이로 인해 근로자를 절실히 필요로 하는 고용주들이 눈을 감고 기꺼이 '심사'하는 가짜 I-9 양식 및 기타 서류에 대한 영세 산업이 생겨났다. 덕분에 그들은 정부의 압박을 받았을 때 "내가 보기에는 괜찮아 보였는데 몰랐다"고 말할 수 있게 되었다. 둘째, 그들은 정부로부터 실제로 압박을 받은 적이 없다. 전자증명 프로그램은 강력하게 시행된 적이 없었으며, 한 비밀조사에 따르면 대부분의 주에서 누가 이 프로그램을 시행할 책임이 있는지조차 모르는 것으로 나타났다.

이는 매우 냉소적이고 불완전한 해결책으로 간주될 수 있지만, 정부가 실제로 프로그램을 시행하기로 결정한 2017년과 2018년까지만 해도 분명한 해결책이었다. 이민세관단속국(ICE)은 예고 없이 고용주들을 대상으로 급습을 시작했고, 고용주들은 이에 대한 준비가 매우 미흡했다. 급습의 범위는 역사상 전례가 없었으며, 미시시피주 모튼(Morton)의 한 가금류 생산공장에서는 700명에 가까운 사람들이 체포되어 공장에서 쫓겨난 사례도 있었다. 고용주들은 두 가지 이유로 이러한 급습에 대비할 준비가 되어 있지 못했다. 첫째, I-9 양식을 무시하는 데 익숙해져 있었다. 둘째, 예고 없는 급습은 기술적으로도 합법적이지 않았다. 이민세관단속국은 이 급습을 '감사'라고 불렀는데, 이는 명백히 자신들의 관할권에 속하는 일이지만 실제로 감사는 정부가 고용주에게 3일간의 "검사통지서"를 제공하여 서류를 정리하도록 요구하는 과정이 있는데 이민세관단속국은 종종 이 단계를 건너뛰었다. 연방 당국이 실제로 이 문제를 다루기 시작하자 지역 고용주들은 주정부에 도움을 요청했고, 많은 주에서 고용주들을 지원하면서 연방 당국과 주정부 간의 전쟁이 시작되었다. 기업들은 이러한 상황 속에서 무엇을 할 수 있고 무엇을 할 수 없는지에 대해 완전히 혼란스러워했다. 결국 대부분의 고용주는 자신의 윤리적 가치관이나 경제적 필요성 때문에 연방 당국이 아닌 주 당국의 규정을 준수했다. 그리고 한 지역 사업주는 "법이 시장과 일치하지 않으면 항상 시장이 승리하게 된다."라고 언급했다.

### H1-B 비자 자세히 살펴보기

저숙련 근로자와 H2-A 비자에 관한 상황은 혼란스럽지만, H1-B 비자 프로그램에 의해 규제되는 고숙련 근로자의 경우 임금과 제품 측면에서 금전적인 여유가 있는 곳이기 때문에 상황이 조금 더 명확해질 것으로 기대할 수 있지만, 이 부분 역시 상황은 유동적이고 불확실하다.

첫째, H2-A 프로그램과 달리 H1-B 프로그램은 고용주의 한도가 정해져 있어서 연간 고정된 숫자로 제한되며, 이 수치는 정부와 미국 일자리 보호에 대한 강조 수준에 따라 종종 변경된다. 2020년의 어떤 시점에서 미국 정부는 실제로 프로그램을 완전히 중단하여 해당 비자를 전혀 발급하지 않았다. 그러나 완전히 중단되지 않은 경우에도 일반적으로 신청 건수가 발급되는 비자의 3배에 달하며 추첨을 통해 비자가 부여된다. 일부 비자는 대학으로 가기도 하지만 대부분은 기술업계로 향한다. 이들은 평균 연봉 125,000달러인 고임금 일자리로, 미국 정부는 자국 근로자들을 위해 보호하고 남겨두려고 노력하지만, 기술업종 기업들은 미국 대학들이 과학, 기술, 공학, 수학(STEM) 분야의 숙련도를 갖춘 근로자를 기업의 요구만큼 충분히 배출하지 못하고 있다고 주장한다. 따라서 업계는 더 많은 수의 H1-B 비자를 위해 끊임없이 로비를 벌이고 있다. 예를 들어, 마이크로소프트(Microsoft)의 브래드 스미스(Brad Smith) 사장은 많은 동료들을 대변하여 세계 최고의 인재로부터 우리나라를 단절시킬 때가 결코 아니며 "이민자들은 우리 회사에서 중요한 역할을 하고 있으며 우리나라의 중요한 인프라를 지원하고 있다."라고 말했다. 기술업종 기업들은 이민자가 일자리를 빼앗는 것이 아니며, 미국인 대신 고용하는 이민자 1명당 실제로 미국 근로자를 위한 일자리 5개를 창출하는 효과가 있다고 주장한다. 이러한 노력은 종종 결실을 맺는데, 2013년 STEM 분야의 고급 학위를 소지한 외국인 근로자에게 영주권을 제공하는 새로운 이민 법안이 승인된 것이 그 예이다.

그러나 최근에는 기술업계 외부의 사람들은 이러한 주장에 반발하고 있으며, 2016년에 실시한 한 설문조사에 따르면 미국인의 80%가 고숙련 외국인 근로자에 대한 제한을 더 강화하기를 원한다고 답했다. 또한 많은 사람들은 특히 마이크로소프트(Microsoft), 페이스북(Facebook), 이베이(eBay), 애플(Apple), 아마존 닷컴(Amazon.com)과 같은 대형 기술회사가 업무를 외주하는 소규모 회사를 위해 신청서를 제출하는 경우 모든 비자가 실제로 고숙련자에게 돌아가는 것은 아니라고 주장했다. 이러한 일자리의 급여는 더 낮으며(H1-B 비자의 하한선은 6만 달러), 약 90%는 고급 학위나 교육이 필요하지 않다. 이러한 주장은 정부로부터의 이런 비자 프로그램에 대한 규정 강화를 초래했으며, 일부는 이 프로그램을 완전히 종료할 것을 제안했다.

이러한 반발에 대한 고용주들의 반응은 매우 다양했다. 한편으로는 인포시스(Infosys)와 같은 외주 분야의 주요 기업 중 일부는 미국에 공장을 설립하여 1만 명에 달하는 신규 근로자를 고용할 것이라고 발표했다. 이 회사는 같은 시기에 인도에서 수천 명의 근로자를 해고하고 있었기 때문에 놀라운 일이 아닐 수 없다. 이와는 대조적으로, 다른 고용주들은 이민정책이 더 지원적이라고 생각하여 미국에서 캐나다로 일자리를 옮겼다. 한 마이크로소프트 임원은 밴쿠버에서 사업을 확장할 때 "미국 법률이 우리의 요구를 충족시키지 못했기 때문에 다른 곳을 찾아야 했다."라고 언급했다.

마지막으로, 이민에 대한 주제에서 벗어나기 전에 일부 고용주들이 만성적인 노동력 부족 문제를 해결하기 위해 미국 밖에서 새로운 노동력 공급원, 즉 난민들에게 눈을 돌리고 있다는 사실에 주목해야 한다. 이민 규정과 달리 미국 규정은 난민들이 미국에 도착하자마자 일할 수 있도록 허용하고 있다. 수년에 걸쳐 중서부 도축장의 이민자 노동력 비중은 35%까지 증가했으며, 이들 중 상당수가 소말리아 출신이다. 고급인력 풀에서 일부 난민들은 교육을 잘 받았으며, 자국에서 의사로 일하던 일부 난민들이 만성적인 인력 부족을 겪고 있는 미국에서 간호와 같은 분야에서 일하는 경우도 드물지 않다. 스타벅스(Starbucks)도 최근 난민들의 뛰어난 직업윤리와 자기계발 의지를 높이 평가하여 전 세계적으로 1만 명의 난민을 고용하겠다고 발표했다.

그러나 2017년 미국이 난민 입국을 제한하면서 노동력 공급이 절반으로 줄었기 때문에 이 전략도 위험에 처해 있다. 미국에서 포괄적인 이민 개혁이 필요한 것은 분명하지만, 인사 전문가와 고용주는 H2-A 비자, H1-B 비자, 서류 미비자, 난민을 관리할 때 매일매일 발생하는 상황에 예의주시해야 한다.

### 임금 및 근로시간의 조정

인력이 부족해진 회사들은 새로운 정규직 또는 파트타임(시간제) 근로자를 고용하는 것을 꺼릴 수 있다. 이러한 기업들은 상황에 따라 기존 인력의 근무시간을 늘리는 방법을 선택할 수 있다. 초과근로를 위해서는 50%의 초과근로수당을 지급해야 함에도 불구하고, 회사들은 신규 직원들을 고용하고 교육시키는 것만큼 초과근로를 선호한다. 특히, 제품 또는 서비스에 대한 현재 수요가 미래에는 확대되지 않을지도 모른다고 두려워한다면 더욱 그러할 것이다. 또한 적어도 짧은 기간 동안은 많은 근로자들이 추가된 보상에 즐거워한다.

그러나 초과근로를 하는 기간이 길어지면, 종업원들은 과로로 인한 스트레스 및 좌절을 경험한다. 과거 미국에서는 초과근로에 대한 임금은 시간제 근로자 또는 연봉 24,000달러 미만을 받는 근로자에게만 보장된 것이었지만, 2016년에 통과된 법률에서 연봉 50,000달러 미만을 받는 모든 근로자로 확대되었다. 이러한 변화된 법률은 초과근로 임금을 받는 자격을 갖춘 근로자들의 숫자를 크게 증가시켰는데, 초과근로수당을 지급하는 것을 회피하기 위한 시도로 면제 근로자들(exempt workers)을 고의로 잘못 분류하는 고용주들이 주요한 목표였다.

인력 과잉인 경우에 조직들은 때로는 직원들의 임금을 삭감할 수 있다면 정리해고를 피할 수 있다. 일반적으로 고용주가 직원의 임금을 삭감하는 것에 주저한다는 점에서 '접착되어 있는(sticky)' 경향이 있고, 어떤 자료에 따르면 경제 침체기 및 불경기 시기에도 이러한 경향은 사실인 것으로 제시되고 있다. 경기 확장기 및 노동력 부족으로 인해 적어도 민간부문에서 임금을 낮추는 것은 거의 불가능했다. 그러나 미국 정부는 전례 없는 노동력 부족에도 불구하고 2018년에 연방공무원의 임금을 동결했다. 이 조치는 민간부문에 비해 공무원의 이동 기회가 적은 상황에서 인건비 지출을 억제하려는 시도였다.

대안으로 기업은 정리해고를 회피하고 임금률을 고정하면서, 모든 근로자들의 근무시간을 줄일 수도 있다. 예를 들어, 로드 아일랜드(Rhode Island)의 브리스톨(Bristol)에 위치한 플라스틱 제조업체인 생고뱅(Saint-Gobain)은 2012년에 실적이 낮아졌을 때 어떤 근로자들도 정리해고하지 않은 대신, 많은 근로자들의 근로시간을 40%까지 감축하였다. 근로자들의 고용상태를 유지하는 대가로 임금의 70%를 지급하여 생고뱅을 도운 주정부의 프로그램이 아니었다면, 이런 근로시간의 축소는 근로자들에게 임금의 큰 삭감으로 이어질 수 있었다. 주정부는 실업수당으로 유사한 금액을 지불할 수도 있었지만, 이러한 방안은 경기가 좋아질 때까지 숙련된 직원들을 유지할 수 있도록 도와주었다. 이런 종류의 "일자리 나누기" 프로그램은 유럽에서 활발하게 활용되고 있으나 이제 미국에서도 시작되는 것으로 보인다.

근로시간의 단축은 시간제 근로자보다는 연봉 근로자가 목표가 되며, 이것을 **강제 무급휴가**(furlough)라고 부른다. 예를 들어, 2016년에 허니웰(Honeywell)에서 약 10,000명의 근로자들이 한 주 동안 강제 무급휴가를 떠났다. 이런 프로그램은 경제성장 둔화와 미국 방위비 지출 감소로 인해 필요한 비용을 줄이기 위한 시도였다. 강제 무급휴가는 회사들이 즉시 비용을 절감하고 현금흐름을 유지하고 싶지만, 이런 상황이 단기적이고 직원들이 숙련되어 있어서 장기적으로 이들을 대체하기는 어려울 것이라고 믿을 때 좋은 전략이 된다. 따라서 힐튼(Hilton)과 같은 호텔 체인들은 수요에 비해 인력 공급이 과잉인 코로나19 팬데믹 상황에서 결국 이후에도 고용하고 싶었던 일부 근로자를 무급휴직시키고, 소득이 없으면 생활할 수 없는 일부 근로자의 급여를 삭감했으며, 유연하게 배치할 수 있는 근로자의 근로시간을 줄였다.

조립라인이 멈춘 후 집에 가게 되는 대부분의 시간제 근로자와는 다르게, 대부분의 사무직 및 전문직의 경우에는 장시간 사무실을 비우면 업무가 쌓이기 때문에 강제 무급휴가는 논란의 여지가 있다. 또한 강제 무급휴가는 저임금 직원보다 고임금 직원에게 더 큰 타격을 주며, 이러한 임금 차이가 일종의 성과급 제도의 결과라면 우수 직원이 가장 큰 타격을 받는다는 점에서 논란의 여지가 있다.

## 프로그램 실행 및 평가

인적자원계획 절차 중 전략 선택 단계에서 선택된 프로그램들은 〈그림 4.1〉 하단에 묘사된 것처럼 프로그램 실행 단계에서는 실행에 옮겨진다. 프로그램 실행의 중요한 측면은 명시된 목표 달성에 대해 책임을 지고 이 목표를 달성하는 데 필요한 권한과 자원을 가진 사람이 있는지 확인하는 것이다. 또한 모든 프로그램이 지정된 시간까지 시행되고 있는지, 프로그램의 초기 수익이 예상과 일치하는지 확인하기 위해 시행에 대한 정기적인 진행 보고서를 작성하는 것도 중요하다. 계획 프로세스의 마지막 단계는 결과를 평가하는 것이다. 이 평가는 결과를 목표와 비교하는 것뿐만 아니라 목표 달성과 관련하여 무엇이 효과적이었는지 또는 실패했는지에 대한 '실행 후 검토'로 구성된다.

## 적극적 고용개선 조치(Affirmative Action Planning) 사례

인적자원계획은 조직의 전체 인력에 적용되는 중요한 기능이다. 또한 인력 내에서 다양한 하위그룹에 대한 계획을 수립하는 것도 중요하다. 예를 들어, 적극적 고용개선 조치 계획은 여성, 장애인, 소수인종 같은 취약계층들의 비율을 다양한 직무 범주와 경력에 걸쳐서 예측하고 관리하는 것이다. 그런 다음 이런 취약계층 근로자들의 기업 내 비율을 노동시장의 비율과 비교할 수 있다. 이런 형태의 비교는 '**인력 활용도 평가**(workforce utilization review)'라고 불린다. 이런 과정은 노동시장에서 비율과 실제 기업의 직무 범주에서의 비율 간에 심각하게 차이가 나는 취약계층이 있는지 여부를 확인하는 데 활용할 수 있다.

예를 들어, 어떤 분석에서 특정 그룹(예: 아프리카 출신 미국인)의 비중이 노동시장에서는 35%이지만 실제 조직의 직무 범주에서 차지하는 비중은 단지 5%라면, 현재 조직에서 활용도가 낮다는 증거이다. 최근 은행업계에서도 이와 같은 증거가 발견되었는데, EEOC 통계에 따르면 아프리카계 미국인은 전체 인구의 15%를 차지함에도 불구하고 몇몇 주요 은행에서 5%의 직위만 차지하고 있는 것으로 나타났다.

2017년 주주들에게 보낸 연례 서한에서 제이미 다이먼(Jamie Dimon) JP 모건 체이스 앤 컴퍼니(JP Morgan Chase & Company) CEO는 "우리가 스스로 설정한 기준을 충족하지 못한 분야가 한 가지 있는데, 바로 회사 내 흑인 인재를 늘리는 것"이라고 솔직하게 인정했다. 이는 솔직한 고백이었고 주주들은 처음에는 감명을 받았지만, 2016년 서한에서도 똑같은 언급을 했다는 사실을 알게 되었다. 그럼에도 불구하고 은행은 다양성 개선을 위해 500만 달러를 투자했으며, 이 중 대부분은 장학금으로 전달되어 훨씬 더 큰 영향을 미쳤다.

취약계층의 활용도가 낮다는 증거는 첨단기술의 여러 분야에서도 찾아볼 수 있다. 예를 들어, 소프트웨어 개발 업종에서는 실리콘밸리의 소프트웨어 엔지니어 중 단지 15%만이 여성인력으로, 전체 업종의 여성 참여율보다 상당히 낮다. 앞서 언급한 아프리카 출신 미국인의 비율은 심지어 더 낮아서 13%의 전체 업종 참여율과 비교할 때 소프트웨어 엔지니어 중 단지 1%를 차지하고 있을 뿐이다. 이런 현상들은 소프트웨어 개발 업종에서 여성과 취약계층들이 충분히 활용되지 못하고 있다는 추정을 뒷받침하는 것으로, 많은 기업들은 이런 상황에 다양한 프로그램을 통하여 대응하기 위해 노력하고 있다. 예를 들어, 구글(Google)은 여러 근로자들이 미래의 컴퓨터 프로그래머들로 발전하는 것을 돕기 위해 하워드 대학교(Howard University) 같은 아프리카 출신들이 많은 미국 대학에 파견보내고 있다.

이런 종류의 적극적 고용개선 조치 프로그램들은 취약계층이 아닌 다수가 느끼기에는 불공정하다고 생각되기 때문에 종종 논란이 된다. 그러나 '인력 활용도 조사'로부터 제공된 증거에 따르면 특정 취약계층이 과거의 차별로 인해서 역사적으로 불충분하게 활용되고 있음이 명백하게 제시되었고, 이런 취약계층의 대표성 증가가 다양성과 경쟁력의 향상에 도움을 준다는 것이 제시되었기 때문에, 이런 종류의 프로그램들은 정당성을 쉽게 확보할 수 있었다. 또한 이러한 프로그램은 시민이 불안할 때 정당화하기 쉬우므로, 2020년 여름 미니애폴리스(Minneapolis) 경찰이 조지 플로이드(George Floyrd)를 살해한 사건 이후, 많은 CEO가 인력 통합을 위한 목표와 일정을 설정할 때 훨씬 더 강력한 입장을 취했다. 그러나 조직은 적극적 고용개선 조치가 조직과 사회에 가져오는 요구와 혜택을 명확하게 설명하는 의사소통 프로그램을 통해서 제도를 보완할 필요성이 있다는 것을 인식할 필요가 있다.

## 인적자원 채용 절차

이번 장의 전반부에서 제시된 것처럼, 특정 직무에서 특정 시기에 얼마나 많은 신규 직원들을 채용해야 하는가를 정확하게 예측하는 것은 언제나 어렵다. 인적자원 채용의 역할은 조직이 필요로 할 때 활용할 수 있는 잠재적 신입 인력의 공급풀을 구축하는 것이다. 따라서 **인적자원 채용**(human resource recruiting)이란 잠재적 직원을 확인하고 유치하려는 목적으로 조직에서 수행하는 관행 또는 활동으로 정의할 수 있다. 인적자원 채용은 신규 직원에 대한 인적자원계획과 다음 장의 주제인 실제 선발을 연결하는 다리 역할을 한다.

채용의 목적은 단순하게 많은 지원자를 확보하는 것이 아니다. 인적자원 채용 절차에서 부적절한 지원자가 넘쳐나면, 조직은 선발과정에서 많은 비용을 부담해야 하는 반면 실제로 빈 일자리를 제대로 채우지는 못할 것이다. 너무나 많은 지원자로 인해 나타나는 이 문제는 인터넷과 같이 많은 사람들에게 정보를 쉽게 전달하는 기술의 발전으로 인해서 더욱 빈번하게 나타난다.

인적자원 채용의 목적이 합당한 자격을 갖춘 지원자들을 세밀하게 구분하는 것도 아니다. 신규 인력을 채용하고 선발하는 것은 복잡한 절차이다. 조직이 채용과 선발을 동시에 하려고 노력하는 것은 둘 다 잘 해내지 못하게 만든다. 예를 들어, 어떤 연구에서는 채용담당자가 지원자에 대해서 채용과 선발을 동시에 하려는 이중 목적으로 면접을 수행할 때, 회사에 대한 정보를 적절하게 제공하지 못한다고 제시하였다. 또한 지원자들이 이중 목적의 인터뷰 후에는 채용을 진행하고 있는 조직에 대한 정보를 잘 기억하지 못하는 것으로 나타났다.

〈그림 4.3〉에서 제시된 것처럼, 일반적으로 기업들은 채용과 관련한 다음 세 가지 이슈에 대하여 결정해야 한다. 1) 회사가 뽑는 직무에 영향을 미치는 인사정책, 2) 지원자들의 유형에 영향을 미치는 지원자들을 모집하는 데 사용되는 채용원천, 3) 채용담당자의 특성 및 행동. 이러한 요소들은 차례로 빈 일자리의 특성과 지원자의 특성에 영향을 미쳐 직업 선택 결정에 영향을 미친다.

그림 4.3 개인의 직무 선택 및 조직의 채용과정 개관

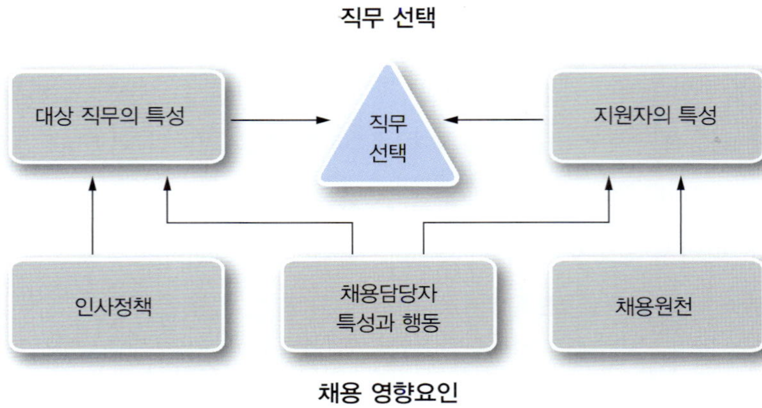


## 인사정책

**인사정책**(personnel policies)은 사람들이 채용되는 일자리의 특성에 영향을 미치는 조직의 결정을 총칭하는 개념이다. 채용에 대한 연구를 통해서 파악할 수 있는 명확한 한 가지는 일자리 선택을 예측할 때, 일자리의 특성이 채용담당자나 채용원천보다 더욱 중요하다는 것이다.

### 내부채용 대 외부채용: 고용안정성

빈 직무(일자리)의 한 가지 바람직한 점은 승급 및 승진의 충분한 기회를 제공하는 것이다. 이러한 기회에 영향을 미치는 한 가지 정책은 회사가 '내부에서 승진'하는 정도, 즉 상위의 빈자리를 외부보다 내부에서 충원하는 것이다. 내부승진정책은 지원자들에게 회사 내에서 승진의 기회가 있다는 것을 명확하게 보여준다. 이런 승진 기회는 단지 첫 번째 빈자리로부터만 나타나는 것이 아니라, 회사 내부에서 어떤 사람이 그러한 빈자리를 채울 때 다시 나타나는 빈자리로부터도 생겨난다.

예를 들어, 옵티무브(Optimove)는 주로 게임산업에서 개인화된 고객 유지 마케팅 자동화를 지원하는 제품을 만드는 소프트웨어 회사이다. CEO인 피니 야쿠엘(Pini Yakuel)은 직원을 조직에 헌신하게 만들고 그 반대의 경우도 마찬가지인 내부승진정책에 거의 전적으로 의존해 왔다. 야쿠엘은 "가장 큰 장점은 이 직원들이 회사의 모든 세부 사항을 속속들이 알고 있다는 점이며, 외부 관리자에게는 시간과 추가 기술이 필요하다는 점을 고려하면 분명한 강점이 있다."라고 말했다.

이런 프로그램들이 고용안정성 및 승진 기회를 높이기 때문에 직원들에게 선호되지만 2가지의 단점도 존재한다. 첫째, 이런 형태의 프로그램은 때때로 외부에서 채용된 직원의 현 관리자들을 기분 나쁘게 만들 수 있다. 이런 직원들 다수는 현재 부서에서 고성과자이고, 몇몇 관리자들은 이런 고성과자들을 잃는 것에 대해 안타까워한다. 둘째, 일상적인 업무 프로세스에 익숙해진 내부자를 이동시키면 외부인에서 비롯될 수 있는 창의성과 혁신을 촉진할 기회를 놓치게 된다. 예를 들어, 2016년에 카니발 크루즈 라인(Carnival Cruise Line)은 업종 경험자를 고용하던 채용절차를 바꿔서 크루즈 산업에 대한 경험이 전혀 없는 수준의 직원을 채용하였다. 이런 초심자들은 분야의 전문가들과 함께 일해야 하지만, 때때로 새롭고 수익성이 큰 아이디어(사회적 가치를 중요하게 생각하는 승객들이 배에서 내려서 지역 마을의 주택건축을 돕는 자발적인 공공 서비스 크루즈 등)를 제안하였다. 이것은 크루즈 산업에 익숙한 사람들은 생각하기 어려운 새로운 틈새시장이었다.

내부에서 승진하는 것과 더불어 고용주들은 고용안정 및 조직에 대한 장기 헌신의 인식을 적법절차 정책에 의해서 촉진할 수 있다. '**적법절차 정책**(due process policies)은 공식적으로 직원이 계약해지 결정에 대하여 이의를 제기하기 위해 취할 수 있는 절차를 공식적으로 명시한 것이다. 적법절차, 항소권, 고충처리 메커니즘을 강조하는 조직의 채용 매뉴얼은 고용안정성이 높다는 메시지를 전달하고, 자유재량 고용정책은 그 반대의 메시지를 제시한다. **자유재량 고용정책**(employment-at-will policies)은 고용관계의 양 당사자인 회사나 직원 양쪽 누구라도 특별한 사유 없이도 언제든 고용관계를 해지할 수 있는 것이다. 연구들은 지원자 입장에서는 자유재량 고용정책을 가진 것보다는 적법절차 정책을 가진 회사에 더 끌린다는 결과를 제시하고 있다.

### 외재적 보상 및 내재적 보상

임금이 거의 모든 지원자들에게 중요한 직무 특성이기 때문에 선도전략을 통해 임금에서 '시장선도지위'를 갖는 회사들은 채용에 있어서 확실한 우위를 갖는다. 시장선도전략은 단순하게 조직이 과거에 비해서 상대적으로 임금을 올려주는 것을 의미하는 것이 아니고, 경쟁자에 비해서 보다 빠르게 임금을 인상하는 것을 의미한다. 예를 들어, 50만 개의 제조업 일자리가 미충원된 상황에서 신규 채용을 유도하기 위해 캐터필러(Caterpillar)와 레이시온(Raytheon)과 같은 기업은 용접, 엔지니어링 및 컴퓨터 프로그래밍 기술을 보유한 인재를 중심으로 새로운 인재를 유치하기 위해 급여를 인상하고 이직 보너스를 제공했다. 타코벨(Taco Bell)도 관리자의 급여 수준을 연간 100,000달러로 인상했는데, 그 이유는 최고경영진 중 한 명이 "패스트푸드 업계는 관리자급에서도 이직률이 높고, 이는 매장 운영방식에 매우 해로운 영향을 미친다. 훌륭한 매니저는 최고의 성과를 내는 매장과 재앙을 초래하는 매장의 차이를 진정으로 만들 수 있다."라고 언급했기 때문이다.

임금은 또한 직무의 부족한 특징을 보완할 수 있다(예를 들어, 야근을 해야 하는 직원에게 더 높은 임금을 지급하는 등). 이러한 종류의 특정 교대근무 차등과 다른 형태의 보다 일반적인 보상 차등에 대해서는 보상전략에 초점을 맞춘 이후 장에서 더 자세히 설명한다. 여기서 주목할 점은 임금에 대한 '선도' 정책은 빈 일자리를 지원자에게 더 매력적으로 만든다는 점이다.

그러나 어떤 직무에서는 인재를 유인하기 위하여 임금을 활용하는 것을 제한하는 상황도 있다. 예를 들어, 미국 군대는 금전적으로 경쟁할 수 없는데, 군대 채용 책임자인 마이클 로셸(Michael Rochelle) 장군은 "신병을 유치하기 위하여 금전적인 부분에만 의존하는 구렁텅이로 빠져들 수는 없다. 현실은 우리가 최소한의 금전적 경쟁력은 확보해야 하겠지만, 결코 민간기업만큼은 지급할 수 없다는 것이다."라고 언급하였다. 외재적 금전 보상에서의 불이익을 상쇄하기 위하여, 군대는 군인 직업과 관련한 애국주의 및 개인의 성장기회 등 좀 더 내재적 보상에 의존해야 한다.

예를 들어, 사이버전쟁이 국가방어체계에서 큰 요인으로 대두되었기 때문에, 군대는 민간에서도 수요가 많은 컴퓨터 프로그래머와 소프트웨어 엔지니어가 필요해졌다. 군대가 민간만큼의 임금을 줄 수 없다면, 국가를 위해 복무하고 새로운 기술을 학습하는 것과 관련한 내재적 동기부여를 부여할 수 있다. 군의 사이버 전사 중 상당수는 정비공과 같은 다른 직종 출신으로 '자체 양성'되고 훈련된 전문가이다.

### 이미지 광고

조직들은 종종 구체적으로 빈 일자리를 광고한다. 그러나 때론 조직들은 일반적으로 일하기에 좋은 곳이라고 홍보하기 위해 광고를 하기도 한다. 이미지 광고(image advertising)는 특히 나쁜 이미지를 가졌으면서 경쟁이 심한 노동시장에 위치한 기업들에게 매우 중요하다. 예를 들어, 최근 페이스북(Facebook, 프라이버시 침해), 웰스파고

(Wells Fargo, 고객사기), 우버(Uber, 적대적인 근무환경) 등은 기업의 이미지에 타격을 입힌 사건들이 발생하자 피해를 최소화하기 위해 고객뿐만 아니라 미래의 잠재적 직원들을 대상으로 한 광고 캠페인을 진행하였다. 이러한 사과 광고 캠페인에는 인쇄, 디지털, 빌보드 광고뿐만 아니라 미국프로농구(NBA) 플레이오프와 같은 주요 이벤트 기간 동안 방영되는 텔레비전 광고도 포함되었다. 기업이 항상 잘못을 저지르기는 했지만, 과거에는 용서를 구하는 기업이 단순히 전국 신문에 사과문을 게재하는 것이 전부였지만, 더 이상 그런 방식으로는 충분하지 않다.

심지어 특정 직무에 대한 어떠한 정보도 제공하지 않는다 할지라도, 이미지 광고는 지원자가 기업의 일반적인 평판에 대한 생각을 할 수 있고, 이런 생각은 특정 직무의 특성 및 회사에서의 경력에 대한 기대에 영향을 미친다는 점에서 효과적이다. 이런 인식은 특히 지원자의 특성과 회사의 묘사된 특성 간 적합도가 높을 때 지원자가 조직이 매력적이라고 느끼는 정도에 영향을 미친다.

## 채용원천

회사가 잠재적 종업원들을 채용하는 원천은 전반적인 채용전략에서 매우 중요한 요인이다. 인터넷에 게재된 구인광고를 보고 지원하는 사람들의 유형은 지역신문의 일자리 구인란에 공고된 광고를 보고 지원하는 사람들의 유형과는 다를 것이다. 이 절에서는 지원자를 모집할 수 있는 다양한 채용원천에 대해서 각각의 장점 및 단점에 초점을 두고 살펴본다.

### 내부 채용원천 대 외부 채용원천

이 장의 앞부분에서 채용의 내부 및 외부 원천에 대해서 논의하였는데, 내부 채용이 지원자들의 고용보장 인식에 미치는 긍정적인 효과에 초점을 두고 논의했었다. 여기서는 다시 한번 이 이슈에 대해서 다루지만, 내부 채용원천을 사용하는 것이 어떻게 채용된 사람들의 유형에 영향을 미치는가에 중점을 둔다.

일반적으로 내부 채용원천에 의존하는 것은 회사에 몇 가지 장점을 제공해준다. 첫째, 기업이 잘 파악하고 있는 지원자들을 채용할 수 있다. 둘째, 이런 지원자들은 상대적으로 지원하는 일자리에 대한 지식을 가지고 있기 때문에, 일자리에 대한 과장된 기대를 최소화할 수 있다. 셋째, 내부적으로 빈자리를 채우는 것은 일반적으로 좀 더 저렴하고 빠른 방법이다. 마지막으로 내부에서 채용된 인력은 특히 조직의 최상위층 직무에 대해서는 종종 외부에서 고용된 사람들보다 우월한 성과를 창출한다.

이런 모든 장점들을 고려해보면 왜 조직에서 외부 채용원천을 활용하는지 의문을 가질 것이다. 조직이 외부에서 채용을 하기로 결정하는 데는 몇 가지 중요한 이유가 있다. 첫째, 신입 지위, 심지어 몇몇 특정 상위 직급에서도 내부에서 채용할 인재가 없을 수 있다. 둘째, 외부로부터 채용하는 것은 앞서 언급했듯이 조직에 새로운 아이디어 혹은 새로운 비즈니스 방식을 가져오는 효과가 있다. 오로지 내부 채용만을 활용하면 조직 구성원들이 모두 같은 생각을 하게 되고 따라서 혁신이 일어나지 않게 될 수 있다. 마지막으로, 외부 채용원천으로부터 채용하는 것은 회사를 강화하면서 동시에 경쟁자를 약화시키는 좋은 방법이다. 사실, 자사 직원이 다른 회사로 '스카웃'되는 것은 매우 치명적일 수 있기 때문에 기업들은 이러한 일이 발생하지 않도록 하기 위해 불법적이거나 비윤리적인 방법까지 동원한다. 예를 들어, 일부 회사는 퇴사하는 직원에게 회사를 비판하거나 다시 돌아와서 전 동료를 포섭하는 것을 금지하는 기밀유지 계약(Non-Disclosure Agreements: NDAs)을 강요하기도 한다.

### 직접 지원자 및 종업원 추천 전형자

**직접 지원자**(direct applicants)들은 조직의 요청 없이 빈 일자리에 지원한 사람들을 의미한다. **추천 전형자**(referrals)들은 조직 내 직원들이 추천한 사람들을 의미한다. 지원자의 이런 두 가지 채용원천은 훌륭한 채용원천이 되는 몇 가지 특성을 공통으로 가지고 있다.

첫째, 많은 직접 지원자들은 조직에 이미 어느 정도는 '판매된' 상태이다. 대부분의 지원자들은 지원자격에 대해서 살펴보았기 때문에 자신들이 지원하는 일자리에 적합하다고 생각한다. 이 과정을 **자기선발**(self-selection)이라고 부른다. 현직 종업원의 도움을 받는 자기선발의 형태가 추천 전형이다. 많은 구직자가 친구, 친척, 지인의 도움을 받아 일자리를 찾는데, 이러한 소셜 네트워크를 활용하면 구직자와 조직 모두의 구직과정에 큰 도움이 될 수 있다. 현직 직원들은 회사의 일자리 특성과 구직자의 특성을 모두 알기 때문에 일자리와 구직자 간 적합성이 있는가에 대한 결론을 내릴 수 있다. 따라서 해당 직무에 구직자를 추천할 수 있다. 때때로 지속가능성 문제를 일으킬 수 있지만, 직원 추천에 대한 동기부여 측면에서 일반적으로 추천직원들은 신입 직무의 경우 250달러에서 최고경영진의 경우 25,000달러 이상을 받으며, 가장 일반적인 보너스는 1,000달러에서 2,500달러 사이를 지급받는다.

인재전쟁에서 경쟁자로부터 신규 직원을 빼앗아오려는 어떤 회사들은 다른 사람도 데리고 나올 수 있는 사람들을 선호한다. **리프트아웃**(liftout)은 팀 전체를 스카웃해오는 관행을 의미한다. 종종 구축하는 데 시간이 오래 걸리는 팀 조화 및 조정이 리프트아웃을 하게 되면 쉽게 형성되는데, 이런 빠른 안정화는 조직에 경쟁우위를 가져다준다. 물론, 조직에서 팀 전체가 외부로 빠져나가는 것은 고객들이 팀을 따라서 떠날 수 있기 때문에 치명적일 수 있다. 그렇기 때문에 기업은 핵심 팀을 유지하기 위하여 열심히 노력해야 한다.

### 전자채용

인터넷과 소셜 미디어를 활용하여 직원을 채용하는 방법에는 여러 가지가 있으며, 점점 더 많은 조직이 이러한 매체를 정교하게 활용하고 있다. 물론 "전자채용(e-cruting)"을 시작하는 가장 쉬운 방법 중 하나는 조직의 자체 웹사이트를 사용하여 지원을 요청하는 것이다. 조직은 자체 웹사이트를 사용하여 채용 메시지를 적극적으로 조정하고 특정 사람들에게 집중할 수 있다. 예를 들어, 이 매체의 상호작용형 특성 덕분에 개별 지원자들은 무엇을 찾고 있는지와 조직에 무엇을 제공해야 하는지를 설명하는 조사를 작성할 수 있다. 이러한 조사는 즉시 '등급'을 매길 수 있으며, 채용 대상자는 자신이 조직에 얼마나 잘 어울리는지에 대한 직접적인 피드백을 받을 수 있다. 채용 대상자를 회사 웹사이트로 유도하는 것의 가치는 매우 높기 때문에 많은 고용주들이 특정 검색어를 입력했을 때 특정 검색엔진에서 자사 사이트가 상위권에 오르게 하기 위해 비용을 지불하기도 한다.

물론, 작고 덜 알려진 조직은 자체적인 웹사이트에 대한 관심을 가질 만한 이유가 없기 때문에 그들에게 자체적 웹사이트 활용은 좋은 대안이 아니다. 조직이 인터넷을 활용하는 두 번째 방법은 잘 알려진 대형 구인 사이트인 크레이그리스트(Craiglist), 몬스터 닷컴(Monster.com), 또는 링크드인(LinkedIn) 등과 교류하는 것이다. 이런 사이트들은 방대한 지원자들을 유인하고, 지원자들은 주요 용어를 사용하여 전자적으로 검색할 수 있는 표준화된 이력서를 제출한다. 지원자들은 또한 유사한 경향으로 회사들을 검색할 수도 있다.

이러한 각 사이트에는 장단점이 존재한다. 가장 널리 사용되기 때문에 몬스터 닷컴의 광고는 수천 명의 잠재적 지원자가 볼 수 있지만, 제대로 작성되지 않으면 자격이 부족한 지원자가 많이 발생할 수 있다. 크레이그리스트는 프리랜서나 아르바이트생에 초점을 맞춘 지역 광고에 더 적합하지만, 일부 사용자는 규제가 너무 심하고 가짜 광고나 지원자를 속이려는 사기에 취약하다고 불평한다. 링크드인은 전문가에게 적합하며 기존 소셜 네트워크에 연결할 수 있지만, 이 사이트에 있는 대부분의 사람들은 이미 직업을 가지고 있기 때문에 채용비용이 많이 들 수 있다. 또한 현재 구직 중이 아니라면 많은 사람들이 정기적으로 데이터를 업데이트하지 않기 때문에 많은 링크드인 항목이 금방 쓸모없어지는 경향이 있다.

페이스북과 같은 소셜 네트워킹 사이트는 고용주가 각자의 환경에서 젊은 근로자에게 다가갈 수 있는 또 다른 수단이다. 페이스북에서는 고용주가 회원으로 페이지를 만들 수는 없지만, 페이지를 구매하여 '후원 그룹'을 만드는 것은 허용한다. 공식적인 미디어와 달리 이곳에서 이루어지는 대화는 매우 비공식적이며, 잠재적인 채용대상자가 회사와의 관계에서 쉽게 첫걸음을 내딛을 수 있는 역할을 한다. 단점은 이러한 대화의 보호를 항상 보장할 수 없으며, 지원자나 다른 조직이 회사의 광고에 댓글을 달지 못하도록 하는 기능으로 인해 이미지 관리가 어려울 수 있다는 점이다.

그러나 페이스북과 같은 매체의 광고가 연령에 따라 차별하지 않도록 하는 것이 중요하다. 직원 채용을 목적으로 하는 광고는 소비자를 대상으로 하는 광고와는 질적으로 다르다. 목표 세분화는 소비자를 대상으로 할 때는 모범사례이지만, 직원을 대상으로 할 때는 잠재적으로 불법이 될 수 있다. 예를 들어, 최근의 한 잠입조사에 따르면 페이스북 광고를 구매한 수십 개의 회사가 제한된 연령대의 잠재적 근로자를 대상으로 메시지를 보낸 것으로 나타났다. 40세 이상의 지원자는 광고에 접근조차 할 수 없었으며, 이는 명백한 연령차별법 위반이 되었다.

### 공공 및 민간 고용기관

1935년에 제정된 사회보장법(Social Security Act)은 실업수당을 받는 모든 사람은 지방자치단체의 고용기관에 등록하도록 하고 있다. 이런 지방자치단체의 고용기관은 실업자에게 지급하는 정부의 보조금을 줄이고 실업자를 임금 근로자로 취업시키기 위해서 미국의 고용서비스국과 함께 협력하고 있다. 실업자의 취업을 위하여, 고용기관들은 실업자의 숙련 수준 및 경험에 대한 정보를 수집한다.

회사들은 구인정보를 지방자치단체의 고용기관에 등록할 수 있고, 고용기관에서는 지역의 실업자에 대한 컴퓨터상의 목록을 활용하여 적합한 사람을 찾기 위해 노력한다. 코로나19 팬데믹 기간에는 수요에 비해 공급이 너무 많아서 이러한 데이터베이스가 넘쳐났다. 그러나 평상시에는 고용기관에서 조직에 적합한 대상자를 비용 없이 추천하고, 이런 추천대상자는 빈 일자리에 대해서 회사의 면접과 시험을 볼 수 있다. 법적인 의무사항 때문에 지방자치단체의 고용기관은 소수 민족 및 인종, 장애인 등을 위한 별도의 '상담창구'를 가지고 있다. 따라서 현재 이러한 특정 그룹의 근로자를 제대로 활용하지 못하고 있다고 생각하는 고용주에게는 훌륭한 자료가 될 수 있다.

역사적으로 실업수당은 정규직 일자리와 경쟁할 수 있을 만큼 충분하지 않았기 때문에 일반적으로 사람들은 정부 지원에서 벗어나 다시 임금을 받기를 원했다. 그러나 코로나19 팬데믹 기간 동안 연방정부가 주정부가 운영하는 프로그램에 개입하면서 실업수당이 주당 600달러까지 인상되었다. 이는 지원금 수령자 중 절반 이상이 풀타임으로 일해서 받을 수 있는 금액보다 많은 금액이었다. 이 추가 급여의 목적은 전염성이 있더라도 서둘러 일터로 돌아가려는 것을 방지하려는 정부의 의도로서는 적절했다. 그러나 많은 고용주들은 이로 인해 사업을 재개하지 못해 불만을 토로하기도 했다.

공공고용기관은 주로 생산직이나 현장직 노동시장에 서비스를 제공하고, 민간고용기관은 사무직 노동시장에도 거의 동일한 서비스를 제공한다. 그러나 공공기관과 다르게 민간기관은 조직에 채용대상자를 추천할 때 수수료를 받는다. 공공기관과 민간기관 간의 또 다른 차이는 민간기관의 서비스를 받기 위해서 꼭 실업상태일 필요는 없다는 것이다. 민간고용기관의 한 특별한 유형은 소위 임원 탐색 기업이다. 임원 탐색 기업들은 우리가 앞서 살펴본 다른 채용원천들과는 다르게 현재 고용된 사람들만을 독점적으로 운영한다는 점에서 종종 **헤드헌터**(headhunters)라고 불린다. 임원 탐색 기업들과 계약하는 것은 대상자가 현재 일하고 있는 회사에 자신들의 이직 가능성을 알리기를 원하지 않기 때문에 민감한 과정이다.

### 대학 및 대학교

대부분의 대학에는 졸업생이 직장을 구하는 것을 돕는 취업알선기관이 있다. 실제로 캠퍼스 채용은 신입 지위의 전문직 및 관리직 직무에 대한 가장 중요한 채용원천이다. 기업들은 화학공학, 공공회계 등 핵심 수요를 가진 영역에서 전국적으로 명성이 높은 대학에 집중해서 채용하는 경향이 있다. 또한 채용이 점점 더 원격으로 이루어지고 있기 때문에 캠퍼스를 물리적으로 방문할 필요성이 낮아지면서 많은 기업이 과거보다 훨씬 더 많은 학교를 대상으로 채용 범위를 확대할 수 있게 되었다. 예를 들어, 과학, 기술, 공학, 수학(STEM) 분야에서 명성이 높은 대학들에게는 이런 기술을 가진 근로자들을 찾으려고 애쓰는 고용주들이 쇄도하고 있다. 여러 연구들에서는 이런 인력들에 대한 수요는 지금부터 2022년까지 15% 상승할 것으로 예상되며, 앞서 살펴본 것처럼 H1-B 비자 한도를 고려할 때 이러한 인재 공급원은 매우 중요하다.

많은 회사들은 최고의 인재를 채용하기 위해 효과적으로 경쟁하려면 단순히 졸업예정자와 면접하는 것 이상의 노력이 필요하다. 대학 캠퍼스에서 좀 더 강력한 입지를 다지는 최고의 방법은 대학 인턴십 프로그램(internship program)을 운영하는 것이다. 이런 인턴십 프로그램은 조직이 초기부터 잠재적인 지원자와 접촉할 수 있도록 해주고, 그들의 능력을 직접적으로 평가할 수 있도록 해준다. 또한 이러한 프로그램을 통해 지원자들이 회사와 함께 일하는 경험을 쌓게 해주어서 양 당사자가 상대적으로 적은 비용 및 헌신 정도로도 서로가 잘 맞는지에 대해서 잘 알고 선택할 수 있도록 도와준다.

대학 인재를 유치하려는 고용주들은 학생들이 학자금 대출을 갚을 수 있도록 지원하는 프로그램이 강력한 도구라는 사실을 알고 있다. 연방준비은행에 따르면 갚아야 할 학자금 부채가 1조 5,000억 달러에 달하며, 학생의 약정에 대한 대가로 부채의 일부를 기꺼이 부담하는 조직이 점점 더 많아지고 있다. 예를 들어, 애봇 래보라토리스(Abbott Laboratories)는 신입사원이 급여의 2%를 401(k)와 같은 투자에 저축할 경우 급여의 5%를 추가로 적립해준다. 매년 1,000명 이상의 대학생을 고용하는 애봇은 이 프로그램의 세금 혜택으로 인해 임금 인상보다 훨씬 저렴하면서도 학생들에게는 매우 매력적인 대안이 된다.

### 채용원천의 품질 평가하기

빈 일자리를 채우는 데 활용하는 채용원천의 품질에 대한 정해진 규정이 없기 때문에, 기업 입장에서는 모든 채용원천의 품질을 관리하는 것이 좋은 방법이다. 이러한

**표 4.4 채용원천별 수익률 비교**

| | 채용원천 | | | | |
|---|---|---|---|---|---|
| | 지역 대학 | 명문 대학 | 직원 추천 | 신문 광고 | 임원 탐색기업 |
| 이력서 제출 | 200 | 400 | 50 | 500 | 20 |
| 면접 제안 수락 | 175 | 100 | 45 | 400 | 20 |
| 수익률 | 87% | 25% | 90% | 80% | 100% |
| 합격 판정을 받은 지원자 | 100 | 95 | 40 | 50 | 19 |
| 수익률 | 57% | 95% | 89% | 12% | 95% |
| 고용 제안 수락 | 90 | 10 | 35 | 25 | 15 |
| 수익률 | 90% | 11% | 88% | 50% | 79% |
| 누적 수익률 | 90/200 = 45% | 10/400 = 3% | 35/50 = 70% | 25/500 = 5% | 15/20 = 75% |
| 비용 | $30,000 | $50,000 | $15,000 | $20,000 | $90,000 |
| 1인 고용당 비용 | $333 | $5,000 | $428 | $800 | $6,000 |

것을 달성하는 한 가지 방법은 각 채용원천별 수익률(yield ratios)을 계산하고 평가하는 것이다. 수익률은 채용과 선발과정의 한 단계에서 다음 단계로 성공적으로 진출한 지원자의 비율을 나타낸다. 다양한 채용원천별 산출 비율을 비교하는 것은 어떤 채용원천이 빈 일자리의 유형에 가장 효율적인가를 결정하는 것을 돕는다. 고용당 비용(cost per hire)에 대한 자료는 해당 채용원천의 효율성을 결정하는 데 유용하다.

〈표 4.4〉는 다섯 가지 채용원천에 대한 가상의 산출 비율과 고용 대비 비용을 보여준다. 이 회사의 빈 일자리에 대해서 최선의 선택인 2개의 채용원천은 지역 대학과 직원 추천 프로그램이다. 신문 광고는 가장 많은 수를 모집하지만, 상대적으로 자격을 갖춘 사람이 거의 없다. 전국적으로 유명한 대학에서 채용하는 것은 우수한 자격을 갖춘 지원자를 모집하지만, 최종적으로 회사에 취직하는 사람이 거의 없다. 마지막으로, 임원 헤드헌팅 회사들은 높은 자격을 갖추고 있고 직무에 관심이 있는 소수 지원자들의 목록을 만들 수 있지만, 이것은 다른 대안들과 비교할 때 비용이 많이 든다.

## 채용담당자

〈그림 4.3〉에 제시된 모형의 마지막 부분처럼 우리가 살펴볼 마지막 부분은 채용담당자이다. 많은 지원자들은 어느 정도 회의적인 태도로 채용담당자와 접촉한다. 빈 일자리를 채우는 것이 채용담당자의 업무라는 것을 알기 때문에 일부 지원자는 다른

원천들(친구, 잡지 기사, 교수 등)에서 들은 내용과 비교하여 채용담당자의 말을 무시할 수 있다. 또한 코로나19 팬데믹 이전, 특히 그 이후에도 채용담당자가 대면보다는 온라인을 통해 지원자를 만나는 경우가 많아지면서 채용담당자의 영향력도 약화되었다. 이러한 이유와 기타 이유로 채용담당자의 특성과 행동이 지원자의 직무 선택에 미치는 영향은 예상보다 적은 것으로 보인다.

대부분의 조직은 지원자와의 업무에 있어 인사 전문가와 일선 관리자를 모두 활용한다. 인사 전문가는 회사 전체의 고용에 대한 전문가이며, 일선 관리자는 업무의 정확한 특성에 대한 세부사항을 공유하는 데 가장 적합하다. 두 유형의 채용담당자에 대한 지원자의 반응은 두 가지 특징이 두드러진다. 첫 번째는 '따뜻함'으로, 채용담당자가 지원자에게 마음을 쓰고 배려하는 것으로 보이는 정도로서, 회사에 공헌할 수 있는 지원자의 잠재력에 열렬한 성원을 보내는 것이다. 두 번째 특성은 "정보성"이라고 할 수 있다. 일반적으로 지원자는 따뜻하고 정보력이 풍부한 것으로 인식되는 채용담당자에게 더 긍정적으로 반응한다. 이런 특성들은 지원자의 반응에 미치는 효과가 정확하게 검증되지 않은 채용담당자의 연령, 성별, 인종 등 인구통계학적 특성보다 훨씬 더 중요하다. 또한 채용담당자가 직무탐색 과정 초기에 좀 더 큰 영향을 미친다는 것을 고려할 때 타이밍 역시 중요한 역할을 한다. 그러나 지원자의 최종결정까지 가면 직무와 조직의 특성이 더 중요하게 된다.

아마도 채용담당자에 대해서 가장 잘 연구된 측면은 채용담당자가 지원자에게 전달하는 메시지에 현실성을 얼마나 담고 있는가가 중요하다는 것이다. 채용담당자의 직무가 지원자를 유인하는 것이기 때문에, 빈 일자리의 부정적인 측면은 경시하는 반면 긍정적인 특성은 과장하고 싶은 유혹을 겪게 된다. 지원자들은 부정적인 정보에 많이 민감한 반면, 채용담당자가 지나치게 긍정적인 방향으로만 진행하게 되면 지원자는 사기를 당하는 것과 같은 상황에서 일자리에 대해서 오해하고 꼬임에 빠져 선택하게 될 수 있다.

많은 연구들은 이러한 문제를 방지하고 초기 이직률을 최소화할 수 있는 방안으로 '현실적인 일자리 설명(realistic job previews)'의 역량에 초점을 맞추고 있다. 전체적으로 연구결과는 현실적인 일자리 설명은 지원자의 기대를 낮추고, 미래의 이직을 감소시킬 수 있다고 제시한다. 확실히 채용대상자에게 빈 일자리를 권유하는 데 있어 약간 과장하는 것은 장점이 있다. 그러나 최근 연구결과를 살펴보면, 일자리의 부정적인 특성에 대하여 알려주는 것이 부정적인 특성의 효과를 예방하는 방안이 될 수 있다는 것은 널리 공인되지는 않았다. 따라서 지원자들이 직업을 선택하는 데 있어서 채용담당자의 특성 및 행동보다는 일자리의 속성(임금, 고용보장, 승진기회 등)에 영향을 미치는 인사정책이 아마도 좀 더 중요할 것이라는 것을 다시 한번 생각할 수 있다. 지원자가 자신의 욕구 및 자격요건을 잘 이해하도록 돕고, 현재 공고된 빈 일자리의 실제 특성과 자신이 연결될 수 있는지를 알게 해주는 것이 장기적으로 가장 적절한 채용담당자의 역할이 된다.

## 요약

인적자원계획은 인력의 공급 및 수요 예측을 통해 인력의 부족 및 과잉을 예측하는 것이다. 인적자원계획은 인력 과잉을 해소하고(다운사이징과 조기퇴직 프로그램 등), 인력 부족을 해결하는 데(기간제의 활용 또는 초과근로의 확대 등) 활용될 수 있는 프로그램들을 필요로 한다. 그런 프로그램들을 잘 수행하게 될 때, 인적자원계획은 전혀 예측치 못한 인력 과잉 또는 인력 부족으로부터 초래되는 고통을 최소화하고 조직의 성공을 촉진시킬 수 있다.

인적자원 채용은 조직이 신규 고용이 필요한 인력 부족 상황에서 고려할 수 있는 잠재적 지원자 풀을 형성하는 활동이다. 조직의 채용 프로그램들은 빈 일자리 자체의 특성에 영향을 미치는 인사정책(내부승진정책 또는 적법절차 정책)을 통해 지원자에게 영향을 미친다. 채용 프로그램들은 다양한 채용원천(대학 및 신문 광고 등)을 활용함으로써 특정 직무에 지원하는 지원자들의 특성에 영향을 미칠 수 있다. 마지막으로, 조직들은 채용담당자가 직무에 대한 지원자의 인식(오해 제거, 불확실성을 명확화 등) 또는 지원자 스스로에 대한 인식(다양한 업무 결과에 대한 가치관 변화)에 영향을 미칠 수 있다.

## 주요 용어

**다운사이징**(Downsizing)
**예측**(Forecasting)
**인력활용도 평가**(Workforce utilization review)
**자유재량 고용정책**(Employment-at-will policies)
**전이행렬**(Transitional matrix)
**추천 전형자**(Referrals)
**선행지표**(Leading indicator)
**외주**(Outsourcing)
**인적자원 채용**(Human Resource recruitment)
**적법절차 정책**(Due process policies)
**직접 지원자**(Direct applicants)
**해외이전**(Offshoring)

## 토의과제

01. 임박한 인력 부족이 인적자원관리의 세 가지 하위기능인 선발 및 배치, 교육훈련 및 경력개발, 보상 및 복리후생에 미칠 수 있는 영향에 대해서 논의하라. 어떤 하위기능이 가장 크게 영향을 받을 것인가? 이런 하위기능들은 인력 부족을 회피하는 공동협력 프로그램을 어떤 방식으로 개발할 수 있는가?

02. 인력 수요 및 공급에 대하여 통계적인 예측과 주관적 판단 예측의 비용 및 이점에 대해서 논의하라. 이런 방법들 각각은 어떤 조건에서는 실행하기 불가능한가? 어떤 조건에서는 실행가능하고, 어떤 방법이 우월한가?

03. 어떤 회사가 여성 및 취약계층 등을 위한 목표와 일정이 포함된 상세한 적극적 고용개선조치 계획을 가지고 있지만, 조직 전반적으로는 공식적인 인적자원계획을 가지고 있지 않다. 이러한 경우는 어떤 상황인가? 당신이 개방형 직위에 지원하여 이 회사와 면접하게 된 인사 전문가라면 이 회사에서는 이런 제도/계획들을 고려할 때 인사담당자의 역할을 어떻게 수행해야 한다고 답하겠는가?

04. 해외근무를 필요로 하는 직무에 사람들을 채용하는 것은 많은 기업에서 계속 중요해지고 있다. 이런 업무 유형에 관심을 갖는 지원자들을 어디에서 찾아야 하는가? 해외업무에 관심을 갖는 지원자들을 대상으로 한 채용 관행과 '일반적인' 채용 관행은 어떻게 다른가?

05. 내부 채용과 외부 채용의 상대적인 장점을 논의하라. 어떤 유형의 사업전략이 외부 채용에 의해서 가장 잘 지원될 수 있는가? 그리고 어떤 유형의 전략이 내부 채용을 필요로 하는가? 어떤 요인들이 내부 채용에서 외부 채용으로의 전환을 이끄는가? 또한 반대의 경우에 영향을 미치는 요인들은 무엇인가?

사례연구

## 초봉 5천500만원에 완전 자율출퇴근제… 엔씨소프트, 신입사원 공채

최고의 연봉과 복지를 자랑하는 국내 대표 게임업체 엔씨소프트가 신입사원 공개채용 원서접수를 4일부터 12일까지 진행한다고 3일 밝혔다. 모집 분야는 프로그래밍, 게임기획, 개발관리, 게임사업 등 8개 부문이다. 특히 개발 및 사업 직무를 중심으로 집중 채용한다.

연봉과 복지가 업계 최고 수준이다. 엔씨소프트는 5천500만원의 최소 연봉을 보장하고, 초임 연봉의 상한선도 없앴다. 신입사원이라도 역량에 따라 5천500만원 이상의 연봉을 받을 수 있다. 사실상 IT 업계에서 가장 높은 초임 연봉 체계를 갖췄다. 비개발직군 신입 초봉도 5천만원대 육박한다. 성과에 따라 억대의 보너스를 지급하는 등 매년 책정하는 인센티브도 IT 업계 최고 수준이다.

연봉 이외에도 여가, 취미 생활 지원을 위해 연 250만원 상당의 복지카드를 제공하고 주택자금과 생활안정자금 대출 등 직원들이 돈 걱정 없이 회사를 다닐 수 있도록 지원한다. 그 중에서도 신입사원들 선호도가 높은 복지는 '포스트 장학금(Post Scholarship)' 제도다. 이 제도는 직원들의 재학시절 발생한 학자금대출의 상환을 지원한다. 현재 국내에서 이 같은 복지제도를 운영 중인 곳은 엔씨소프트가 유일하다.

사회 초년생인 신입사원들의 학자금대출상환에 대한 경제적, 심리적 부담을 경감하고, 업무역량 개발에 집중할 수 있는 환경을 제공하기 위해 마련됐다.

특히 업계 최초로 완전 자율출퇴근제도를 운영한다. 1주 40시간 근무를 원칙으로 출퇴근시간을 자신의 편의에 따라 유연하게 설정할 수 있다. 출근시간은 오전 7시부터 10시 사이(30분 단위)로 직원 개인이 선택한다. 일일 근무시간은 최소 4시간이다.

사내 피트니스 센터, 회사 소속 전문 의사가 상주해 있는 '메디컬센터', 직원들의 육아를 위한 사내 어린이집 '웃는 땅콩' 등 업계 최고의 복지시설까지 자랑하는 엔씨소프트가 채용에 나서면서 침체된 채용시장의 활력을 불어넣고 있다.

**토의과제**

1. 국내 온라인 게임업계의 환경을 고려할 때, 엔씨소프트가 업계 가장 높은 초임, 완전 자율출퇴근 제도, 포스트 장학금 제도 등을 운영하는 것은 엔씨소프트의 채용에 어떤 영향을 미치는가?
2. 국내 온라인 게임업계와 IT 개발자 노동시장 환경을 고려할 때, 엔씨소프트가 우수한 개발자를 채용하기 위해서는 어떤 채용원천을 사용하는 것이 좋겠는가? 이유는 무엇인가?
3. 당신이 엔씨소프트 캠퍼스 채용담당자라고 가정하자. 캠퍼스 면접 시 채용대상자들은 어떤 질문들을 할 것으로 예상하는가? 또한 어떤 태도와 자세를 가져야 하는가?

출처: 남도일보, 2023년 9월 3일자 기사 인용.

CHAPTER **05**

# 선발과 배치

**학습목표**

**이 장을 읽고 나면 다음을 수행할 수 있어야 한다.**

01 신뢰성, 타당성, 일반화 가능성을 포함한 인력선발방법의 기본적인 과학적 속성을 설정할 수 있다.

02 직무, 조직 또는 지원자의 특성이 어떻게 시험의 유용성에 영향을 미치는지 논의할 수 있다.

03 인력선발 결정에서 정부의 역할과 합법성에 대해서 설명할 수 있다.

04 인적자원 선발에 활용되는 일반적 방법을 나열할 수 있다.

05 인력 선발에 활용되는 일반적인 방법의 정도를 설명할 수 있다.

# 도입

사람을 통해 경쟁하는 특성을 가진 집단은 조직 구성원을 선발하고 승진시킬 때 최대한의 주의를 기울여야 한다. 이러한 결정은 지원자 개개인의 삶뿐만 아니라 조직의 경쟁 능력에 중대한 영향을 미친다. 조직은 누가 입사에 합격 또는 불합격되거나 승진할 것인지와 관련하여 내린 결정이 회사에 최선의 이익이 되고 관련된 모든 당사자들에게 공정하다는 것을 확신시키기 위해서 노력해야 한다. 정확한 정보에 입각하지 않은 결정은 그러한 조직과 접촉하는 모든 사람에게 해를 입힐 수도 있다는 것을 명심해야 한다.

특히 조직이 점점 더 다양해지는 제품 시장에서 성공하기 위해 노력할 때, 모든 수준에서 인력의 다양성과 포용성을 높이지 못하는 것은 경쟁력을 저해하는 전략적 실수이다. 아디다스(Adidas)와 마찬가지로 24시간 스포츠 네트워크 ESPN도 흑인 시청자로 가득 찬 청중을 겨냥한 프로그래밍 및 마케팅 활동의 큰 부분으로 흑인 운동선수를 활용하는 비즈니스 모델을 가지고 있다. 하지만 카메라 뒤에서 회사는 내부적으로 흑인 직원들을 차별한다는 비난을 받아왔다. 고위 관리들은 ESPN의 높은 수준에서 포용이 부족하다는 것을 반영하는 수치에 이의를 제기하지 않지만, 더 비판적으로 최근 방송에서 매우 둔감한 몇 가지 사건을 지적하고 있다. 그러한 장소 중 하나는 판타지 축구에 관한 부분인데, 그곳의 배경은 남부의 오래된 남북전쟁 이전의 저택에서의 노예 경매처럼 보였다. ESPN의 제임스 피타로 회장은 "백인 의사결정자만으로 방을 가득 채울 수는 없다. 우리 임원과 직원은 우리가 도달하려는 청중의 의견을 반영해야 한다"며 상황을 바꾸겠다고 다짐했다.

광범위한 고객층에 호소하기 위해 노력하는 동안 흑인을 포함시키는 데 따른 문제는 광범위한 스포츠 세계를 넘어 모든 수준의 조직에서 훨씬 더 많은 곳에서 볼 수 있다. 스타벅스(Starbucks) 매장은 많은 지역사회에서 운영되고 있는데, 흑인들은 노동력 풀의 25% 이상, 고객 기반의 40%를 차지하지만 일선 직원의 8%만이 흑인들로 구성되어 있다. 이와 같은 낮은 수준의 일자리에서 낮은 수준의 고용은 중간 수준의 관리직까지 유사하다. 예를 들어, 맥킨지(McKinsey)는 전국적으로 흑인이 전체 노동력의 12%를 차지하는 반면, 일선 감독직(first-line supervisor)으로 승진하는 비율은 7%에 불과하다는 주요 연구를 발표했다. 또한 미국 최대 500대 기업 중 단 1%만이 흑인 CEO가 이끄는 기업의 정점에 도달한다.

게다가 인종은 다양성, 형평성, 포용성 퍼즐의 한 조각일 뿐이다. 인종을 넘어서, 벤처 캐피털 회사, 투자은행 등 많은 산업 분야에서 여성의 대표성이 낮다는 증거가 있다. 히스패닉계는 또한 최고 수준의 기업 및 조직에서 과소대표되는 것으로 보인다. 히스패닉계가 주 인구의 40%를 차지하지만 기업 임원 직위의 2%만이 히스패닉계인 캘리포니아주의 사례처럼 이러한 사실이 더 분명한 곳은 없다. 마지막으로 2019년 한 해에만 성적 지향이나 성 정체성에 따른 차별 혐의가 2,000건이나 발생했다. 이로 인해 2020년 미국 대법원은 게이, 레즈비언, 양성애자, 트랜스젠더 개인을 보호 계층에 포함시키고, 1967년 민권법 조항을 통해 이 그룹에 확대하는 결정을 내렸다.

여전히 가장 훌륭하고 재능 있는 사람들을 고용하고 승진시키면서 다양성과 포용성의 목표를 달성해야 한다. 최고의 인재를 선발하는 것은 조직은 물론 국가의 경쟁력을 좌우하는 중요한 요소이다. 혁신과 경제성장은 사람이 주도하고, 최고의 인력을 영입하는 기업이나 국가가 가장 성공적으로 경쟁할 수 있다. 따라서 채용 시 품질에 대한 요구는 과거에 대표성이 부족했던 그룹을 홍보하는 필요성과 균형을 이루어야 한다. 경쟁력 측면에서 보면, 조직은 특정 집단을 과소평가하는 과거의 잘못을 바로잡는 과정에서 다른 사람들의 권리를 침해하지 않도록 노력해야 한다.

다른 미국 대법원 사건은 소위 "역차별(reverse discrimination)"에 초점을 맞췄다. 예를 들어, 한 백인 채용담당자는 동영상 사이트가 백인과 아시아인 남성 지원자를 차별한다고 불평한 후 유튜브(YouTube)가 자신에 대한 보복을 가했다고 비난했다. 구글(Google)을 상대로 한 소송에서 제임스 다모어(James Damore)는 회사의 다양성 관련 채용 관행에 반대하는 보수적인 정치적 견해를 옹호했다는 이유로 회사가 자신을 해고했다고 비난했다. 미국시민자유연맹(American Civil Liberties Union)의 인종 정의 프로그램 책임자인 데니스 파커(Dennis Parker)는 "여성이나 유색인종의 수를 늘리기 위해 일정 기간 동안의 수치적 목표라도 목표를 세울 수 있지만, 그것이 우리는 더 이상 백인 남성을 고용하지 않을 것이다."라고 말하는 것과 다르다고 주장했다.

안타깝게도, 양극화되는 사회에서 항상 공정하고 정의로운 방식으로 조직 내 개인을 선발하고 승진시키는 문제에 대해 쉽고 간단한 해결책은 없다. 고정관념이나 정치 정세의 한쪽 방향으로 치우치지 않고 재능과 장점을 인정하려면 지혜와 현명한 판단력이 필요하다. 국가, 조직, 인생에서 자신의 기회의 운명은 이러한 개인의 결정이 어떻게 내려지고 시간이 지남에 따라 체계적으로 축적되는지에 따라 결정적으로 달라진다. 재능 있고 다양한 인력을 창출하는 능력이 매우 중요하므로 전 세계의 많은 투자자들이 투자처를 결정하는 요소로 이를 활용하고 있다.

따라서 이 장의 목적은 직원 선발과 배치에서 발생하는 오류를 최소화하고, 이를 통해 구직자를 채용할 때 회사의 경쟁력을 향상시키는 방법을 숙지하는 것이다. 우리는 우선 모든 선발방법이 충족해야 할 5가지 기준에 초점을 맞추고, 그다음에 우리는 그 기준에 부합하는 몇 가지 일반적인 선발방법을 평가하고, 회사의 평판을 해칠 수 있는 저성과자나 의심스러운 개인을 회사가 고용하는 것을 방지하기 위해 어떻게 사용될 수 있는지에 대해 논의할 것이다.

## 선발방법 기준

인력 선발은 회사가 인력을 회사 내부의 구성원으로 누구를 채용할지 결정하는 과정이다. 특정 선발과정에선 몇 가지 일반적인 기준들이 적용되어야만 한다. 본서에서는 이 기준들을 1) 신뢰성(reliability), 2) 타당성(validity), 3) 일반화 가능성(generalizability), 4) 유용성(utility), 5) 합법성(legality)이라는 다섯 가지에 중점을 두고 있다. 신뢰성, 타당성, 일반화 가능성 및 유용성 등은 전후 관계에 있어서 필요하지만 충분하지 않다는 점에서 서로 긴밀한 관계를 가지고 있다. 법적 기준은 별도로 고려하는데 이를 다룬 경우가 비교적 적기 때문이다. 그러나 앞의 네 가지 기준에 대한 철저한 이해가 수많은 법적 기준들의 근본적인 이유를 이해하는 데 도움을 줄 것이다.

### 신뢰성

인사 선발 작업의 대부분은 채용에 적합한 사람을 결정하기 위해 사람들의 특성을 측정하는 것과 관련된다. 예를 들어, 우리는 지원자의 신체적 특성(예: 힘이나 지구력 등), 인지능력(예: 공간 기억력 또는 언어적 추론 등), 성격 측면(예: 결단력, 성실성 등)에 관심을 가질 수 있다. 많은 사람들은 이러한 종류의 특성이 인종, 성별, 연령 또는 민족적 배경과 같은 요인과 어떻게 관련될 수 있는지에 대해 부정확한 고정관념을 가지고 있다. 그러므로 우리는 이러한 고정관념을 뛰어넘어 실제 속성을 직접 측정해야 한다.

모든 측정 장치의 핵심 기준 중 하나는 신뢰성이다. 우리는 측정값에 무작위 오류가 없는 정도를 **신뢰성**(reliability)으로 정의한다. 지능과 같은 안정적인 특성의 척도가 신뢰성이 있다면, 그 척도에 근거하여 받는 점수는 시간이 지남에 따라 그리고 다른 맥락에서 일관성이 있을 것이다.

### 측정의 신뢰도 평가

인력 선발에서 대부분의 측정은 지능, 성실성, 리더십 역량과 같은 복잡한 특성들을 다루고 있다. 그러나 이러한 개념들에 대해 다루고자 할 때는 측정 간에 복잡한 특성들을 인식하기 위해서 구체적인 사항들을 고려해야 할 것이다. 키 측정을 예로 들어서 한 지원자의 키를 1m 줄자로 측정한다고 했을 때, 첫 번째 측정 시에 지원자의 키가 174.5cm로 측정되었다. 1시간 후에 재측정 시에는 175.1cm로 측정되었다. 다음날 동일한 지원자의 키를 세 번째 측정하니 174.6cm로 측정되었다.

이 예시를 보면 알 수 있듯이 사람의 키는 안정적인 특성이긴 하지만 평가될 때마다 조금씩 다른 결과를 얻을 수 있다. 이는 그 사람을 평가할 때마다 약간의 오류가 있음을 의미한다. 만일 측정도구가 완벽하게 신뢰할 만하다면 측정 시 오차가 발생하지 않을 것이다. 자보다 신뢰성이 높지 않은 방법으로 키를 측정했다고 가정해 보자. 예를 들어, 복도를 지나가는 사람을 보고 키를 추측한다면 자를 사용했을 때보다 오차의 크기가 더 클 것이다. 따라서 신뢰성은 특성 그 자체보다는 측정도구를 자로 활용하였는가와 눈가늠으로 했는지와 관련 있다고 할 수 있다. 우리는 여러 가지 다른 방법으로 신뢰도를 추정할 수 있으며, 대부분의 방법들은 **상관계수**(correlation coefficient)에 의존하기 때문에 이 통계량에 대해 간단히 설명하고자 한다.

상관계수는 두 숫자 집합이 연관되어 있는 정도를 측정한 것이며, 관계의 강도를 수치 형태로 표현한 것이다. 한 변수의 크기가 커지면 다른 변수의 크기도 커지는 완전 정적 상관관계(perfect positive relationship)의 경우에는 +1.0의 수치를 가지고, 한 변수의 크기가 커지면 다른 변수의 크기는 작아지는 완전 부적 상관관계(perfect negative relationship)의 경우에는 -1.0의 수치를 가지게 된다. 두 변수 사이에 아무런 연관성이 없다면 0.00을 나타낸다. 비록 이 통계자료의 실제 계산은 본 저서에서 다루는 범위를 넘어서는 내용이지만 상관계수의 성질을 개념적으로 검증하고 인사 선발에 있어서 가지는 의미를 이해하는 데 도움이 될 것이다.

예를 들어, 측정값의 신뢰도를 평가할 때, 우리는 한 측정값의 점수가 다른 측정값의 점수와 어떤 관계가 있는지 알고 싶을 수 있다. 우리가 측정하고 있는 특성들이 지능과 정직성과 같이 안정적이고 시간 오차가 작다고 가정한다면 관계가 강하다고 할 수 있다. 반면에 약한 관계의 경우에는 측정치들이 일관성이 없기 때문에 신뢰성이 떨어진다고 판단할 수 있다. 이것을 **검정-재검정 신뢰도**(test-retest reliability) 평가라고 한다.

측정값 사이의 시간은 검정-재검정 신뢰도를 해석할 때 중요하다. 측정되는 특성이 변하지 않고 따라서 시간 1에서 시간 2로의 모든 변화는 오차로 처리된다. 기간이 너무 길어지면 특성 자체가 변화할 가능성이 높아지는데, 예를 들어 성격의 특정 차원에 대해서는 만성적인 고용 불안이나 장기간 실직 상태를 경험하는 사람이 5년 정도의 기간 동안 경험할 수 있는 연구문서들은 낮은 수준의 성실성(conscientiousness), 정서적 안정성(emotional stability), 우호성(agreeableness)을 경험할 수 있다. 따라서 이러한 변화는 신뢰성의 부족을 반영하는 것이 아니라 측정되는 특성의 진정한 변화를 반영하는 것이다.

2차원 그래프에 두 숫자 집합을 표시하는 것은 종종 상관계수의 다양한 수준의 의미를 이해하는 데 도움이 된다. 예를 들어, 〈그림 5.1〉을 보면 대학 적성을 세 가지 방식으로 측정하는 고등학교 하급생과 상급생 시기의 학생 학업적성 관계를 조사한 것이다. 대학 적성검사는 세 가지 방법으로 측정될 수 있는데, 1) 대학수능시험(Scholastic Aptitude Test: SAT), 2) 고등학교 지도교사에 의해 1부터 100까지의 등급으로 평가된 순위, 3) 주사위 게임이 측정방법이다. 그래프 위의 각 숫자들의 분포를 보면 하급생과 상급생 시기에 두 번 치른 대학수능시험 결과가 나타나 있다. 〈그림 5.1a〉에서 1은 하급생 때 SAT 1,580점, 상급생 때 1,500점을 받은 학생을 나타낸 것이며 20은 하급생 때 480점, 상급생 때 620점을 받은 학생을 나타낸 것이다.

〈그림 5.1a〉를 보면 두 해의 SAT점수들 사이의 강한 관계를 알 수 있다. 이 상관관계는 완벽하지 않으므로 두 해의 점수들 사이에 크지는 않지만 작은 차이가 존재한다. 만일 실제로 완전한 1.0 상관관계라면 분포도는 45도 각도의 직선이 나타날 것이다. 이어서 〈그림 5.1b〉를 살펴보면, 고등학교 지도교사가 매긴 두 해의 등급들 사이의

**그림 5.1a** 고등학생 적성검사

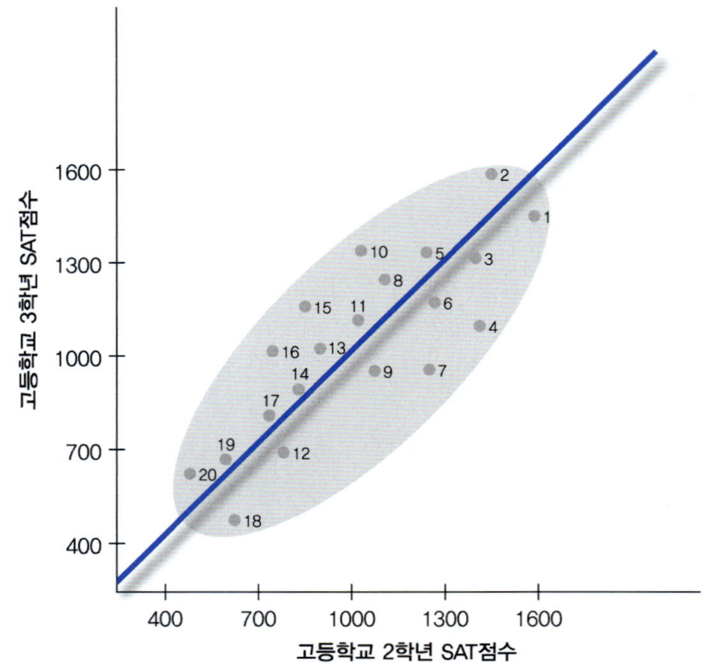


**그림 5.1b**

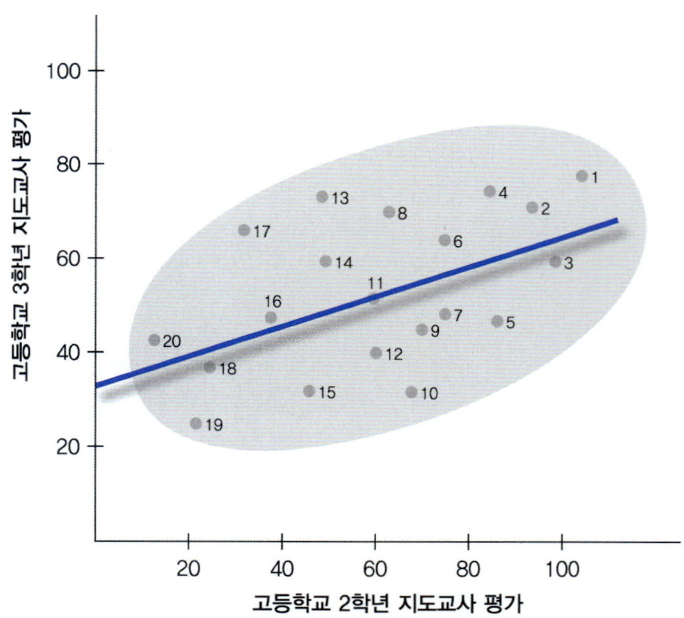

**그림 5.1c**

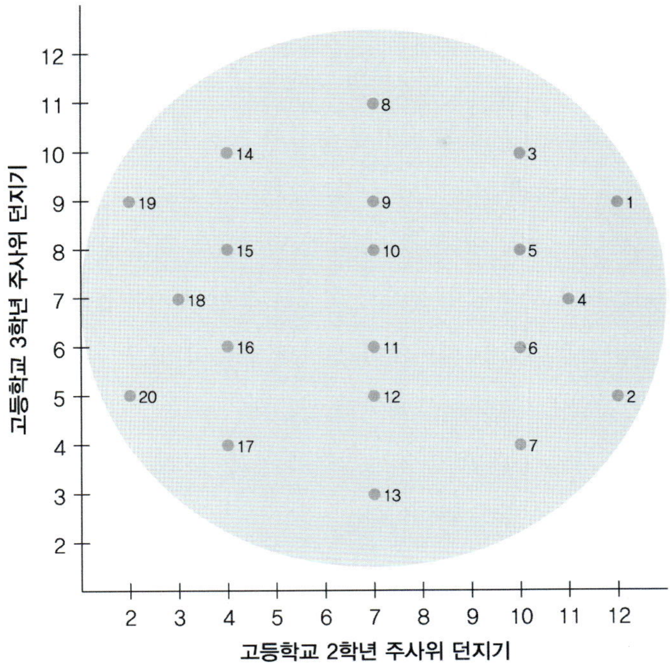


관계는 정적이지만 강하지 않다. 다시 말하면, 지도교사가 2년에 걸쳐 측정한 개별 학생들의 대학적성등급보다 시험점수의 일관성이 높다. 마지막으로 〈그림 5.1c〉는 최악의 시나리오이다. 그 이유는 학생들의 적성이 주사위 2개를 던져 평가된 경우이기 때문이다. 즉, 주사위의 무작위성은 실제로 두 해의 점수들 사이에 어떠한 연관성도 없다는 것을 의미한다. 물론 아무도 주사위 던지기를 적성검사 측정방법으로 진지하게 고려하지 않겠지만, 체계가 없는 면접에 기반을 둔 직무 지원자들의 적합성을 평가할 때 전체 순위들 사이의 상관관계가 거의 0에 가깝고 의미가 없다는 연구결과를 보여준다. 따라서 실제로 직접 확인하지 않고는 측정방법의 신뢰성을 예측할 수 없다.

평가자들이 표준화된 교육과 관찰된 행동을 토대로 점수화시키는 것과 같이 면접 과정의 신뢰성을 높일 수 있는 여러 가지 단계들이 있다. 그러나 이러한 측정 시에 처음 대면하게 되는 사람들에 대해서는 평가자는 신뢰도가 낮은 평가를 하는 경향이 있다.

### 신뢰성의 기준

측정대상의 특성에 관계없이 어떤 종류든지 우리는 신뢰도가 높은 측정방법을 원한다. 앞의 예시와 같이, 학생들의 대학입학 적성검사의 신뢰도 크기는 SAT점수가 가장 높고, 지도교사에 의해 매겨진 등급과 주사위 게임 순서로 나타났다. 그러나 절대적인 수치로 나타낸다면 어떤 수치가 다른 측정방법보다 신뢰가 높다고 할 수 있을지 생각해 보아야 한다. 대학진학에 대한 학생들의 적성을 측정할 때, SAT는 지도교사들의 점수보다 더 신뢰할 수 있고, 이것은 또한 주사위를 던지는 것보다 더 신뢰할 수 있다. 그러나 절대적인 의미에서 얼마나 충분히 높은가를 0.50, 0.70, 0.90 등 수치로 나타내기 어렵다. 그것을 명확하게 규정하기 힘든 이유는 요구되는 신뢰성은 부분적으로 피측정자들에 대한 결정의 성격에 부분적으로 의존하기 때문에 구체적으로 대답하기 어려운 질문이기 때문이다.

예를 들면, 대학 입학사정관이 〈그림 5.1a〉와 〈그림 5.1b〉의 학생들의 선발을 고려한다고 가정해 보자. 먼저 〈그림 5.1b〉에서 입학사정관이 1번 학생과 20번 학생 중에서 선발을 고려한다면 이 경우에는 0.5의 신뢰도는 충분히 높다고 판단할 수 있다. 왜냐하면 상급생과 하급생 어느 해에 매겨진 등급인지와는 관계없이 두 학생의 등급 차이는 상당히 크기 때문에 선발결정에 어려움이 없기 때문이다. 다시 말해서, 1번 학생(고2 100점, 고3 80점)은 항상 선발될 것이고 20번 학생(고2 12점, 고3 42점)은 예외 없이 불합격 처리될 것이다. 따라서 이 경우에서 절대적인 수치로써 등급의 신뢰도는 떨어지지만 결정을 내리기에는 신뢰도가 충분히 높다.

다른 한편으로, 1번 학생과 2번 학생 중에서 선발을 고려한다고 가정해 보자. 높은 신뢰도의 SAT점수로 나타낸 〈그림 5.1a〉를 보면, 두 학생 사이에 격차가 매우 작아서 고3·고2 각 시기별 점수가 선발결정에 중요하게 작용한다. 고2 시기의 점수로 판단한다면 1번 학생이 선발될 것이며, 고3 시기의 점수로 판단한다면 2번 학생이 선발될 것이다. 따라서 SAT점수가 절대적인 수치의 측면에서는 신뢰도가 높지만 이 경우에 결정을 내리기에는 충분하지 않다. 이러한 상황에서는 입학사정관이 학생들을 평가할 수 있는 고등학교 GPA나 졸업석차와 같은 다른 평가기준을 마련해야 할 것이다.

이 두 시나리오는 신뢰도의 특정 값이 항상 허용될 수 없다는 것을 분명히 보여주지만, 다른 모든 것이 동일할수록 신뢰도가 높은 측도가 더 좋은 이유도 보여준다. 다시 〈그림 5.1a〉와 〈그림 5.1b〉에서 9번 학생과 14번 학생을 예를 들어보자. 만약 지도

교사들의 평가를 통해 선발한다면, 두 학생 사이의 평가는 신뢰도가 너무 커서 두 해 동안의 점수가 상충되기 때문에 결정을 내릴 수 없을 것이다. 하지만 대학수능시험 결과를 통해 평가한다면 시험점수를 기준으로 결정할 수 있을 것이다. 왜냐하면 SAT 점수의 신뢰도가 너무 높아서 2년 동안의 점수는 같은 결론을 가리키기 때문이다.

## 타당성

**타당성**(validity)이란 측정성과가 업무성과와 어느 정도 관련되어 있는지로 정의할 수 있다. 측정값이 타당성을 가지려면 신뢰할 수 있어야 한다. 반면 신체조건인 키와 같이 직무수행 가능 여부와 상관없는 다양한 특성들을 안정적으로 측정할 수 있다. 이러한 면에서 볼 때, 신뢰성은 타당도의 필요조건이지만 불충분조건이다.

### 준거 관련 타당성

선발방법의 타당성을 확립하는 한 가지 방법은 선발방법에 대한 점수와 직무성과에 대한 점수 사이에 실증적인 연관성이 있다는 것을 보여주는 것이다. 만약 시험점수와 직무수행점수 사이에 상당한 연관성이 있다면 **준거 관련 타당성**(criterion-related validation)이 성립되었다는 의미이다. 〈그림 5.2〉를 살펴보면, 2019년도 SAT점수와

**그림 5.2** 2019 SAT점수와 2020년 신입생 학점(GPA) 관계

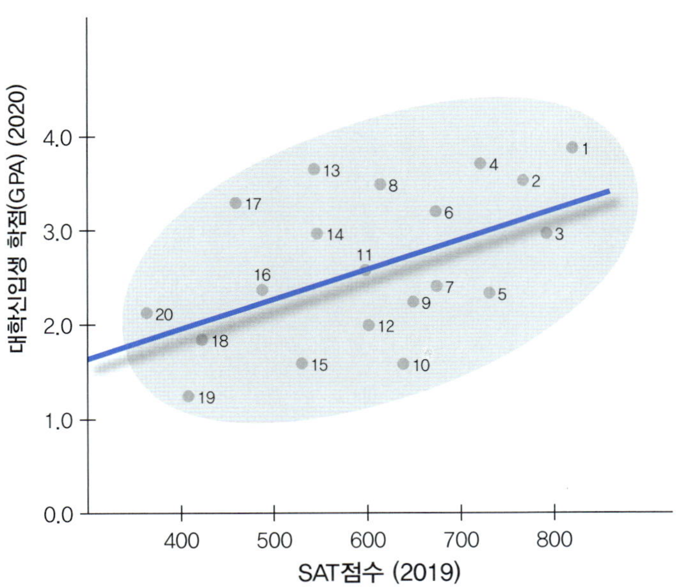

2020년도 신입생 학점(GPA) 사이의 관계를 보여준다. 이 경우에는 SAT점수와 학점 간에 대략 0.5 수준의 상관관계가 나타나며, 여기에서 0.5는 타당성 계수이다. 우리는 구분하기에 다소 혼란스러운 신뢰성과 타당성을 평가하기 위해서 상관계수를 사용했었다는 점을 유념해야 한다. 핵심적인 차이는 같은 특성을 두 번 평가하려고 할 때, 상관관계가 신뢰도 추정치를 반영한다는 것이다(상급생과 하급생 때의 SAT점수). 그러나 상관계수는 하나의 특성(SAT)을 어떤 작업(GPA)의 성과와 연관시키려고 할 때 유효 계수를 반영한다.

준거 관련 타당성 연구는 두 종류가 있다. **예측 타당성**(predictive validation) 검증은 채용 전의 시험점수와 최종적인 직무성과 사이에서 실증적인 관계를 확립하는 것을 목적으로 한다. 예측 타당성 검증에 소요되는 시간과 노력으로 인하여 많은 고용주들이 다른 종류의 방법을 고려한다. **동시 타당성**(concurrent validation)은 이미 해당 업무를 수행하고 있는 사람들에게 시험을 시행한 후, 시험점수를 기존의 각 개인의 수행척도와 연계시킴으로써 시험의 타당성을 평가한다. 예를 들어, 회사 정보는 입사 지원자들 사이에서 39개의 행동적, 인지적, 문화적 특성을 측정한 후, 그들의 점수를 회사 내 최고 성적자들과 비교한다. 회사의 높은 성과자들이 어떤 특성에서든 높은 점수를 받으면, 회사는 신규 채용을 선별하기 위해 이 특성에 대한 점수를 사용해야 한다는 가정이다. 〈그림 5.3〉은 두 가지 유형의 타당성 검증 연구를 비교하고 있다. 또한 일부 사람들은 편향에 대한 우려로 인해 인공지능 도구의 사용이 과소 규제되고 있다고 느끼지만, 미래의 직무성과에 대한 예측변수의 타당성 검증에 있어서 인공지능(AI) 도구의 사용은 급속하게 확대되고 있다.

예측 타당성 검증은 추가적인 노력과 시간이 필요함에도 불구하고, 많은 이유에서 동시 타당성보다 더 우수한 방법이다. 첫째, 일반적으로 직업을 구하는 중이기 때문에 구직자들이 이미 직업을 가진 현재의 직원들보다 더 잘하기 위한 동기부여가 되어 있다. 따라서 현 직장인들에게 상대적으로 더 잘 보이기 위해서 취업 지원자들은 가짜 답변에 더 많은 유혹을 받는다. 둘째, 현재 직원들은 지원자들은 아직 배우지 못한 많은 것들을 이미 직장에서 학습했다. 그러므로 현재 직원의 시험점수와 직무성과 사이의 상관관계 수치와 지식이 부족한 지원자의 시험점수와 직무성과 사이의 상관관계와 같지 않을 수 있다. 따라서 동시 타당성 연구가 때로는 예측 타당성 결과를 예측하는 데 도움이 될 수 있지만 대체 역할을 할 수는 없다.

**그림 5.3** 동시 타당성과 예측 타당성 설계 비교

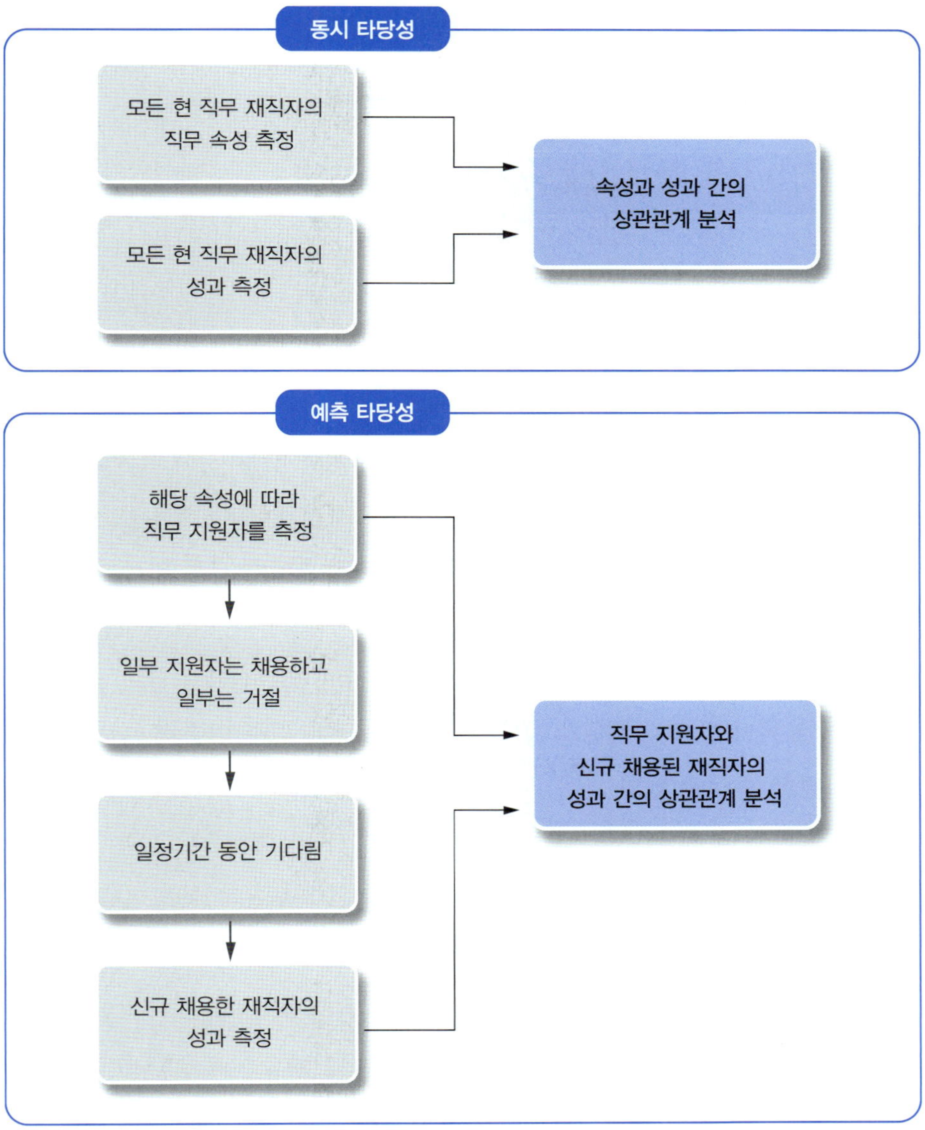


물론 우리는 측정치의 타당성이 높았으면 한다. 하지만 신뢰성 기준과 마찬가지로 얼마나 높은 것이 충분히 높은 타당성인지 질문해야 한다. 얼마나 높은 타당성이 충분한지를 결정하기 위해서는 일반적으로 통계적 유의성 검정을 수행해야 한다. 통계적 유의성 검정은 "예측변수와 기준 사이에 진정한 관계가 없다고 가정할 때 우연만으로 이렇게 강한 관계를 볼 확률은 얼마인가?"라는 질문에 답을 준다. 이러한 확률이 매우 낮다면 검정 결과가 실제로 미래의 직무성과를 예측하고 있었다고 추론

**표 5.1 표본 크기에 따라 요구되는 통계적 유의성에 대한 상관관계 정도**

| 표본 크기 | 요구되는 상관관계 |
|---|---|
| 5 | 0.75 |
| 10 | 0.58 |
| 20 | 0.42 |
| 40 | 0.30 |
| 80 | 0.21 |
| 100 | 0.19 |

할 수 있다.

〈표 5.1〉은 0.05 수준에서 통계적 유의성을 달성하기 위해 선택 측정치와 직무성과 측정치 간의 상관관계가 얼마나 커야 하는지를 보여준다(즉, 우연만으로 이렇게 큰 상관관계를 얻을 수 있는 확률은 100분의 5에 불과함). 상관관계가 클수록 좋다는 것이 일반적인 사실이지만 상관관계의 기초가 되는 표본의 크기도 큰 역할을 한다. 이 장의 후반부에서 조사하는 많은 선택방법은 0.20과 0.30의 상관관계를 생성하기 때문에 80~90명의 표본이 필요한 경우가 많다. 표본 수가 적은 검증 연구(예: 20명)는 처음부터 거의 실패할 수밖에 없다.

반대로, SAT와 같은 거대한 샘플이 있다면, 심지어 상대적으로 낮은 상관관계는 통계적 중요성을 얻을 수 있다. 따라서 증거를 살펴본 사람은 아무도 SAT가 준거 관련 타당성이 부족하다고 주장하지 않을 것이지만, 어떤 사람들은 일부 결정에서 SAT가 부여되는 가중치가 타당성에 비해 너무 높다고 주장한다. 많은 대학들이 2020년 이전에도 이런 이유로 SAT점수에 비중을 줄이고 있었지만, 코로나19 유행으로 학생들을 테스트하는 것이 거의 불가능해지자 이런 추세가 가속화되었다. 그럼에도 불구하고 SAT의 예측 타당성은 GPA와 같은 다른 예측변수보다 높으며 이는 학생의 학교, 학생의 전공 또는 기타 지역 요인에 따라 다르기도 하다. 모든 사람들이 정확히 동일한 SAT시험을 치르며, 사회·경제적 지위를 통제하더라도 그것은 유효한 예측변수로 볼 수 있다.

## 내용 타당성

표본의 크기가 작을 때는 대안으로 내용 타당성 검증을 사용할 수 있다. 비록 기준 관련 타당성은 경험적인 방법으로 성립되지만 내용 타당성은 일차적으로 전문가 판단의 과정을 통해 달성된다. **내용 타당성**(content validation)은 시험에 의해 제기된 문제나 문제가 직무상 발생하는 상황이나 문제의 종류를 대표하는 표본임을 입증함으로써 수행된다. 내용 타당성은 구직자를 해당 직무에서 발생할 가능성이 있는 상황에 노출시킨 다음 지원자가 현재 그러한 상황을 처리할 수 있는 충분한 지식, 기술 또는 능력을 가지고 있는지 여부를 테스트한다. 조직에서 사용하는 새로운 시뮬레이션의 대부분은 기본적으로 컴퓨터 기반 역할연기(computer-based role-playing) 게임으로, 지원자가 현직자의 역할을 수행하여 실제 현직자가 직면할 수 있는 정확한 유형의 사람과 문제에 직면한다.

이러한 테스트의 내용은 작업 내용과 매우 유사하기 때문에 서로 안전하게 추론할 수 있다. 예를 들어, 컴퓨터 프로그래밍 분야에서 사업주는 국제 소프트웨어 코드 문제 해결 대회에서 우승하는 데 필요한 기술이 업무를 잘 수행하는 데 필요한 기술과 밀접한 관련이 있다고 생각한다. 빠르게 성장하고 있는 컴퓨터 프로그래밍이라는 스포츠를 모르는 사람들에게는 중요한 경고이다.

대부분의 대회의 온라인 예선전에서 수천 명의 다른 선수들을 제치고 결승전에 진출한 약 20명의 경쟁자들은 가능한 효율적인 코드로 신속하게 풀어야 하는 5개의 표준화된 퍼즐을 맞추느라 워크스테이션에서 거의 움직이지 않는다. 그럼에도 불구하고 많은 고용주는 우승자와 준우승자를 모두 고용하기 위해 이러한 이벤트의 결과를 연구한다. 왜냐하면 이를 매우 유효한 작업 샘플 테스트로 여기기 때문이다. 투자업계의 소프트웨어 제공업체인 아데파(Addepar)의 엔지니어링 담당 부사장인 블라디미르 노바코프스키(Vladimir Novakovski)는 다음과 같이 말한다. “이런 상황에서 좋은 사람을 고용할 때마다, 그들은 결국 일을 망쳐버렸다. 너무나 빠르고 정확하며 일을 완수하는 경향이 있기 때문이다. 이 채용 소스에 문제가 있다면 경쟁자들 중 몇몇은 너무 잘 수행하고 대회에서 많은 돈을 벌다 보니 정규직 직원으로 지원하여 채용되는 데 관심이 없다는 것이다.”

내용 타당성 검증은 일반적으로 준거 관련 타당성 검증에 비해서 표본의 크기가 작을 때에 적합하다. 내용 타당성 검증은 두 가지의 한계점을 가지고 있는데 그 중 첫 번째는 내용 타당성 검증은 선발이 될 지원자는 이미 지식과 기량 그리고 능력들을 갖추고 있어야 한다는 것을 기본전제로 하고 있으며, 두 번째는 내용 타당성 검증에서는 주관적인 판단이 매우 큰 영향을 미치기 때문에 심사위원이 추론에 관여하는 정도를 최소화하는 것이 중요하다는 것이다. 따라서 심사위원의 채점은 구체적이고 식별이 가능한 객관적인 사실에 근거해야 한다.

## 일반화

타당성은 "측정값이 하나의 특정 샘플을 사용하여 하나의 특정 상황에서 미래 성능을 실제로 예측할 수 있습니까?"라는 질문에 해답을 준다. 반면 일반화 가능성은 하나의 상황과 표본에서 유효한 예측변수가 다른 상황과 표본에서도 유효한 정도로 정의된다. 따라서 남성의 성공을 예측하는 행동이 여성의 성공을 예측하는 행동과 어떻게 다른지 질문할 수도 있다.

또 다른 예로, 타당성 계수가 상황에 따라 특정적이라고 믿어진 경우도 있다. 즉, 연구된 직업이 동일한 것처럼 보였음에도 불구하고, 한 조직에서 다른 조직으로 이동함에 따라 시험과 성과 간의 상관관계의 수준이 다양해졌다. 후속 연구에 따르면 이는 대부분 거짓임이 밝혀졌다.

오히려 테스트는 (적어도 지능과 인지능력 검사의 경우) 어느 유사한 직업 간에도 비슷한 수준의 상관관계를 보이는 경향이 있다. 그러나 이런 종류의 테스트와의 상관관계는 매우 다른 종류의 직업을 경험하면서 변화한다. 구체적으로 직무가 복잡할수록 여러 검정의 타당성이 높아진다. 또한 테스트에서 하위 집단의 타당성이 차별적으로 나타났다는 것이 확인되었는데, 이는 모든 테스트－직무성과 간의 타당성 계수가 인종이나 성별에 따라 다르다는 것을 의미한다. 이 믿음은 후속 연구에 의해서도 반박되었으며 일반적으로 사람들 사이에서 매우 유사한 수준의 상관관계가 발견되었다.

검사 타당성이 종종 상황과 하위 그룹에 걸쳐 확장된다는 증거가 있기 때문에, 타당성 일반화는 준거 관련 타당성 또는 내용 타당성 검사를 사용할 수 없는 기업의 선발방법을 검증하기 위한 대안으로 사용된다. 타당성의 일반화는 3단계의 과정을 거친다. 병원의 사례를 예로 설명하면, 우선 대형 병원의 간호사를 대상으로 감정적인 안정성과 관련된 검사가 직무수행에 유효할 수 있다는 예측치와 같이 다른 상황에서 수행된 이전의 준거 관련 타당성 연구로부터 증거를 제공한다. 둘째, 채용하려는 직무(소규모 병원의 간호사 직무)가 다른 곳에서 이미 검증된 직무(대형 병원의 간호사 직무)와 유사하다는 것을 문서화하기 위해 직무분석을 통해 유효한 예측변수임을 보여주는 근거를 제시한다. 마지막으로, 검증된 환경에서 사용된 테스트와 동일하거나 유사한 테스트를 사용한다는 것을 증명할 수 있다면 첫 번째 상황(대형 병원)에서의 타당성을 새로운 상황(소규모 병원)으로 타당성을 일반화할 수 있다.

## 유용성

**유용성**(utility)이란 선택방법을 통해 제공되는 정보가 조직의 최종 효율성을 향상시키는 정도이다. 타당성이 일반화의 필요조건이지만 충분조건은 아닌 것처럼 일반화 가능성은 다음 표준인 유용성에는 필요하지만 불충분한 조건이다. 일반적으로 선발방법이 신뢰성이 있고, 타당하고, 일반화 가능할수록 더 많은 유용성을 가질 것이다. 그러나 특정 선택 상황의 많은 특성은 신뢰성, 타당성 및 일반화 가능성이 일정하게 유지되는 경우에도 주어진 선발방법의 유용성을 향상시키거나 저하시킨다.

〈그림 5.4a〉와 〈그림 5.4b〉를 예로 들면, 외향성의 척도와 영업담당자의 표본에 의해 생성된 서로 다른 두 회사(이하 A회사, B회사)의 동일한 매출수입의 양 사이에 두 개의 다른 양상이 보인다. 외향성의 척도와 매출 사이의 상관관계는 같지만, B회사는 더 많은 유용성과 실익을 끌어낸다. 즉, 상자 밖으로 화살표로 표시된 바와 같이, 선택된 세 사람의 매출의 평균은 B회사 〈그림 5.4b〉는 $850,000로, A회사 〈그림 5.4a〉의 선택된 세 사람의 평균인 $780,000와 차이가 있다.

이 두 회사의 주요 차이는 B회사는 A회사보다 두 배의 지원자를 더 받았다는 것이다. 이것은 A회사의 선발비율(3/10)에 비해 B회사의 선발비율은 꽤 낮았다는 의미가 된다(3/20). 따라서 B회사의 선발된 사람들은 A회사의 선발된 사람들보다 더 높은 외향성을 가지고 있다. 그러므로 B회사는 외향성과 매출 간의 관계에 있어서 큰 이점을 가진다. 따라서 모집과 테스트의 추가적인 비용이 과도하지 않은 한, 선택비율이 감소함에 따라 어떤 시험의 유용성은 일반적으로 증가한다.

테스트의 유용성은 특성의 분포나 성능 지표에 따라 달라진다. 대부분의 개인적인 차이는 정규분포의 형태를 취한다. 다시 말해, 대부분의 사람들이 중간에 있고, 그다

**그림 5.4a** 선발비율이 높을 때, 선발 시 외향성 점수의 활용

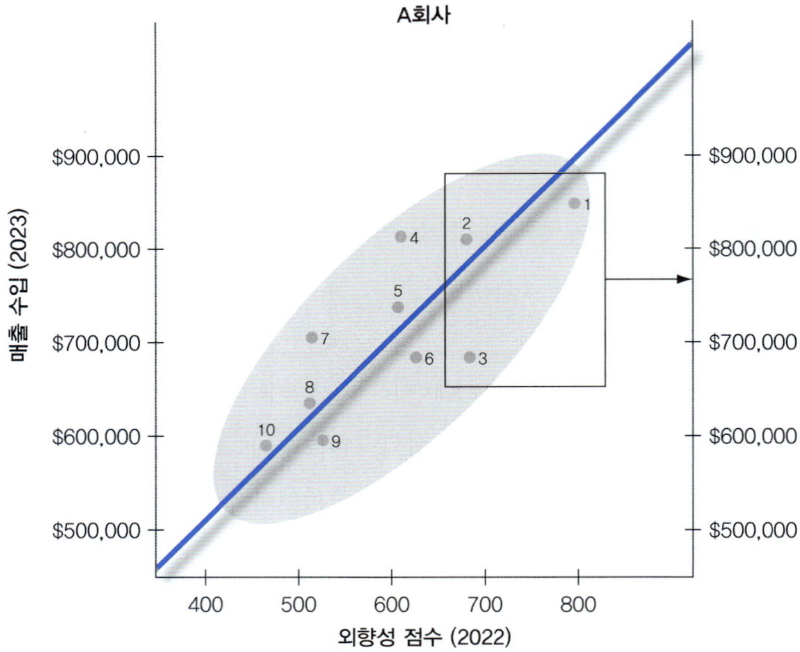


**그림 5.4b** 선발비율이 낮을 때, 선발 시 외향성 점수의 활용

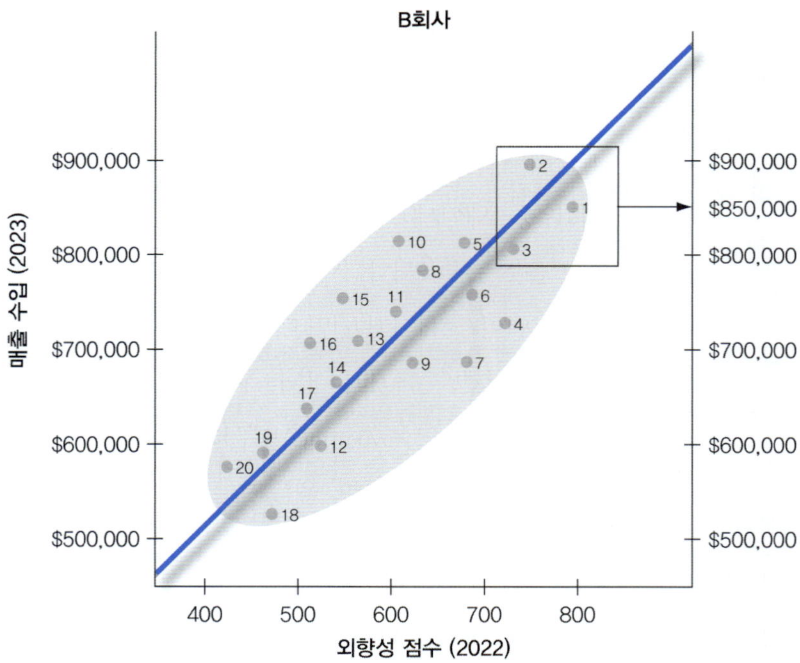

그림 5.5 정규분포(Normal Distribution)와 멱법칙(Power Law) 간의 비교

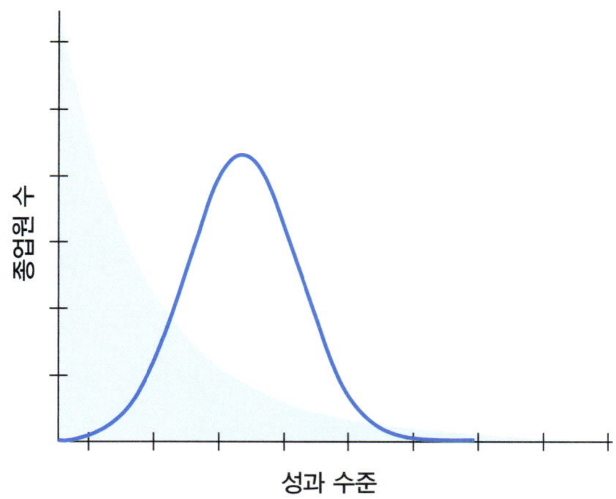


음으로 평균보다 약간 위에 있거나 아래에 있는 사람들의 그룹이 더 작고, 다음에 평균보다 훨씬 높거나 낮은 이상치의 더 작은 그룹이 있다. 이 정규분포에 대한 믿음은 전통적으로 직무수행에 대한 사람들의 믿음으로 확장되어 왔지만, 이 믿음을 검증할 수 있는 증거는 거의 수집되지 않았다.

그러나 미국에서 이 아이디어에 대한 도전으로 60만 명이 넘는 연예인, 정치인, 아마추어 운동선수, 프로운동선수 및 과학자들을 대상으로 실시된 조사에서 직무수행이 **멱법칙 분포**(power law distribution)를 따를 것이라고 제안한 바 있다. 〈그림 5.5〉는 멱법칙을 따르는 분포가 정규분포와 어떻게 극적으로 다른지, 즉 높은 성과를 내는 사람이 적고, 잠재적으로 저성과자 그룹에 포함된 사람들이 많다는 것을 보여준다.

이러한 결과가 효용분석에 시사하는 바는 "생산성이 높은 근로자"(예: 평균보다 한 표준편차가 큰 사람)와 "평균 근로자"(예: 평균 근로자)의 달러 가치가 분포가 정규분포일 경우 예상하는 것보다 훨씬 크다는 것을 의미하기 때문에 중요하다. 예를 들어, "평균" 편찬 비율을 가진 과학자는 자신이 상위에 있는 것보다 성과 분포의 하위에 훨씬 더 가깝다. 이러한 결과는 또한 성과를 평가하기 위해 이분법적인 성공 대 실패 기준(예: 중간값 위나 아래 또는 일부 임의의 컷오프 점수)을 사용하면 사람들 사이의 큰 차이를 훨씬 과소평가할 수 있으며, 모두가 평균보다 높을 수 있음을 시사한다. 따라서 성공 점수를 측정하는 데 사용되는 모든 유형의 최소 역량 컷오프는 유효한 예측변수의 유용성을 크게 과소평가한다. 전체적으로 테스트는 거듭제곱 법칙으로 분포된 성과를 예측할 때 훨씬 더 많은 유용성을 가진다.

### 합법성

어떠한 선발방법이든 고수해야 하는 마지막 기준은 **합법성**(legality)이다. 모든 선발방법은 기존의 법률과 기존의 판례에 부합해야 한다. 불법차별 때문에 법정에 선 적이 있는 고용주들은 소송, 합의, 보상금과 관련한 높은 비용을 지불하게 될 뿐만 아니라, 또한 좋은 고용주라는 사회적 평판에 잠재적인 피해를 입으며, 고용과 성장을 더욱 어렵게 만든다. 이는 항상 우려 사항이었지만, 이와 같은 문제들이 특히 젊은 근로자들에게 점점 더 중요해지고 있다는 것을 암시한다. 이들은 행동을 취하지 않고도 기꺼이 용인할 수 있는 것에 관한 한 그 기준을 이동시키고 있다.

최근 해리스(Harris) 여론조사에 따르면, 18~34세 근로자는 55세 이상의 근로자에 비해 어떤 형태로든 차별을 목격하거나 경험했다고 보고할 가능성이 거의 두 배 더 높았다. HR 관리자를 대상으로 한 설문조사에 따르면 이 그룹에서는 지난 몇 년간 차별 소송이 35% 이상 증가했으며, 이러한 불만의 대부분은 행동에 있어 더 높은 기준을 기대하도록 성장한 젊은 근로자들이었던 것으로 나타났다. 가트너(Gartner Inc.)의 HR 컨설턴트인 로렌 로만스키(Lauren Romansky)는 다음과 같이 언급했다. “나이가 많은 직원들 사이에는 실수에 대한 관용이 있다. 당신이 이런 말을 한 줄 몰랐으니 제발 좀 그만해달라고 하면 넘어간다. 반면 많은 젊은 직원들은 왜 뭔가 부적절했다고 생각하는지 설명할 필요가 없다고 생각하고 인사부서나 변호사에게 곧장 가버린다.”

## 선발방법의 유형

이번 장의 전반부는 우리가 선발을 판단하는 다섯 가지 기준에 대해 살펴보았다. 이 장의 후반부에서는 다양한 조직에서 사용되는 일반적인 선발방법을 검토하고 이러한 표준 측면에서 해당 방법의 장점과 단점을 논의하고자 한다.

### 선발면접

선발면접은 한 명 이상의 사람들이 입사지원자의 자격에 대한 정보를 수집하고 평가하기 위해 시작하는 대화로 조직에서 가장 널리 사용되는 선발방식이며, 그 효과를 검토한 연구는 수백 건에 달한다. 불행히도 오랜 기간 취업 면접 연구결과에서 보듯이 적절한 관리가 없으면 신뢰할 수 없고 타당성이 낮으며 다양한 그룹에 대해 편견이 있을 수 있다는 점을 알 수 있다. 더욱이 면접은 동일한 장소에서 최소한 한 사람이 다른 사람을 면접을 수행해야 하므로 상대적으로 비용이 많이 든다. 마지막으로 합법성 측면에서 만약 지원자들이 면접과정에서 면접관의 주관성 및 무의식적 편향성으로 당황스러워하고, 명백하게 부적절한 질문을 받은 뒤에 구직에 실패하게 된다면 더욱 그러할 것이다. 결국 면접과 같은 주관적 선택방법은 전통적인 준거 관련 또는 내용 타당성 절차를 통해서 부정적인 영향을 보일 경우 유효성이 검증되어야 한다.

인터뷰 과정의 첫 단계는 처음에 누구와 대화해야 하는지 결정하는 것부터 시작된다. 즉, 선택을 할 수 있는 좋은 위치에 있을 때, 다양한 배경을 가진 다양한 사람들을 인터뷰할 필요가 있다. 사람들은 자신들이 이전에 고용했던 사람들과 똑같은 틀의 사람들, 종종 자신들과 닮았고 비슷한 경험을 한 사람들을 찾는 경우가 많다. 이는 인위적으로 선택의 범위를 줄이고 소수집단(minorities)에 대해서는 기존의 과소대표성(underrepresentation)을 강화할 수 있다.

예를 들어, 전미 풋볼 리그는 이것이 매우 큰 문제라고 생각하여 새로운 감독을 찾는 모든 팀이 적어도 한 명의 자격을 갖춘 흑인 지원자를 인터뷰하도록 요구하는 "루니 룰"(Rooney Rule, 전 커미셔너 아트 루니의 이름을 따서 명명됨)을 시작했다. 이러한 행동을 보고 JP모건, 뱅크오브아메리카, 씨티그룹, 웰스파고, 뱅코프 등 몇몇 대형 은행들은 다양성과 포용성과 관련된 그들만의 문제를 다루기 위해 이 규칙을 채택했다.

이 단계를 먼저 밟은 후, HR 담당자는 면접을 구조화하고 표준화하며 소수의 목표를 달성하는 데 집중해야 한다. 즉, 각 인터뷰에서 관찰 가능한 소수의 차원(예: 대인관계 스타일 또는 자기표현 능력)에 대한 정량적 평가를 제공하고 지능으로 더 잘 측정될 수 있는 능력에 대한 평가를 피하도록 계획해야 한다. 면접관들은 정량적인 평가와 함께 인터뷰를 종료하는 것뿐만 아니라, 평가를 정당화하는 데 있어서 회상에 도움이 될 구조화된 메모 작성 시스템(note-taking system)을 갖춰야 한다. 메모 작성 시스템은 노트를 작성하는 면접관이 후보자의 말을 경청하고, 후보자의 첫 번째 답변을 토대로 질문한 구체적이고 독특한 후속 질문을 기록할 정도로 매우 상세해야 한다. 마지막으로, 암시적인 첫인상 편향은 종종 초기 대인관계 반응을 흐리기 때문에 지원자들의 전반적인 판단은 프로세스가 끝날 때까지 남겨두어야 한다.

선발 인터뷰는 전적으로 지원자를 평가하고 순위를 매기는 데 초점을 맞춰야 하며, 후보자 모집과 같은 다른 목표를 달성하려는 유혹이 있더라도 이러한 유혹을 배제해야 한다. 제4장에서 살펴보았듯이, 모집 면접은 두 개의 점수 모두에서 실패하는 경향이 있기 때문에 선발면접과 분리되어야 한다. 그런 다음, 충분한 시간을 들여 성과평가자료를 확보한 후 면접관은 자신이 선발한 직원 중 어떤 직원이 좋은 성과를 냈는지, 나쁜 성과를 냈는지에 대한 규범적 피드백을 받아 과거 경험을 통해 학습할 수 있도록 해야 한다.

내용과 관련하여 면접관들은 난제(brainteasers)나 해당 특정 직무의 성과와 명백하게 관련이 없는 질문을 하는 것을 피해야 한다. 직무와 관련이 없는 질문들은 예측 타당도가 매우 낮고 면접자들을 짜증나게 하므로 만약 그들이 그 직업을 얻지 못할 경우 그들을 좌절시키고 회사가 소송을 당할 수 있다. 대신 질문의 내용은 직무에서 발생할 가능성이 있는 구체적인 상황과 실제 과제를 다루어야 한다. 이렇게 하면 그 사람이 앞으로 그러한 상황에서 어떻게 대처할 가능성이 있는지를 미리 알 수 있다. 이러한 유형의 **상황면접**(situational interview) 항목은 예측 타당도가 높은 것으로 나타났다. 상황판단 항목은 〈표 5.2〉와 같이 두 가지 종류가 있다.

**표 5.2 경험기반 및 미래지향적 상황면접 항목의 예시**

| | |
|---|---|
| **경험기반 질문** | |
| **직원 동기부여** | "당신은 직원들이 싫어하지만 필요한 업무를 수행하도록 동기부여를 했던 순간을 생각하라. 어떻게 그 상황을 해결했는가?" |
| **갈등 해결** | "당신과 동료 사이 가장 큰 의견 차이는 무엇이었는가? 어떻게 그 상황을 해결했는가?" |
| **변화 저항 극복** | "과거 직업에서 경험했던 가장 어려운 변화는 무엇이었으며, 당신 주위의 사람들의 생각 또는 행동의 변화를 위해 무엇을 했는가?" |
| **미래지향적 질문** | |
| **직원 동기부여** | "특정한 업무를 수행하는 경우 당신이 완전히 싫어하는 직원과 일을 한다고 가정하라. 하지만, 당신은 이 업무를 끝내야 하고 같이 일할 수 있는 직원은 오직 그 직원뿐이다. 당신은 어떻게 그 직원에게 동기부여시킬 것인가?" |
| **갈등 해결** | "당신과 동료는 팀 내의 다른 직원의 잦은 결근문제 해결을 위한 최선의 방법에 있어 다른 의견을 가지고 있다고 가정해 보자. 어떻게 이 상황을 해결할 것인가?" |
| **변화 저항 극복** | "업무과정 변화를 통해 품질을 높일 수 있는 아이디어가 있지만 다른 직원들은 변화를 주저하고 있다고 가정하라. 당신은 이러한 상황에서 어떻게 할 것인가?" |

일부 항목은 '경험기반(experience-based)'으로, 지원자가 상황에 직면할 때 과거에 겪었던 경험을 밝히도록 요구한다. 그래서 예를 들어 아마존과 구글 모두 새 본사에 수천 명의 경험 많은 소프트웨어 엔지니어를 영입하고 있었지만, 그들이 찾는 경험은 달랐다. 인터뷰에서 아마존(Amazon)은 C+나 자바(Java) 같은 코딩 언어를 사용한 경험이 있는 소프트웨어 엔지니어를 찾고 있었던 반면, 구글(Google)은 라이너스(Linus)와 파이썬(Python) 경험이 있는 사람을 필요로 했다.

대조적으로, 어떤 아이템들은 "미래지향적(future oriented)"이다. 즉, 과거 경험을 묻는 것이 당연해 보이지만, 아마존이나 구글과 달리 인텔(Intel)이나 깃허브(Github) 같은 회사는 과거보다 지원자의 잠재적인 미래에 더 관심을 둔다. 이 회사들은 이들 실제 직장에서 해당 기술을 연습한 적이 없더라도 독학한 프로그래머나 코딩 부트 캠프에 참석한 프로그래머를 기꺼이 고용한다. 미래지향적인 항목을 사용하는 조직은 다른 고용주들의 요구를 충족시키는 과거의 수년간의 과거 경험보다는 그들 자신의 요구에 특별히 초점을 맞춘 현장교육을 강조하는 경향이 있다.

이러한 사례들은 경력을 강조하고 더 높은 임금을 지불하며 훈련 요구를 줄이거나, 다른 한편으로는 경력을 강조하고 더 낮은 임금을 지불하되 훈련 예산과 사회화 비용을 증가시킴으로써 경쟁할 수 있다는 의미에서 HR 활동과 관련된 경쟁 역학관계를 보여준다. 이는 앞서 언급한 바와 같이 최근 노동력 부족으로 인해 '경험이나 경력이 필요 없는' 모델로 전환하는 기업이 증가하고 있기 때문에 매우 중요하다.

실제로 2012~2017년 중 3년 경력이 필요한 사업주 비율은 30%에서 20%로 낮아져 120만 명에게 취업 기회를 열어주는 움직임을 보였다. "경력 필요 없음" 정책을 가진 회사에는 지원자의 성장 잠재력과 회사 문화에 적합한지를 인식하는 데 능숙한 면접관이 필요하다. 워크데이(Workday Inc.)의 인사담당 부사장인 그렉 프라이어(Greg Pryor)는 "입증 책임이 후보자에서 면접관으로 옮겨가기 때문에 이는 회사에 막대한 책임을 지우게 된다"라고 지적한다. 실제로 이런 이유 때문에 연구에 따르면 두 가지 유형의 항목 모두 타당성을 보여줄 수 있지만 경험기반 항목이 미래지향적 항목보다 더 나은 성능을 보이는 경우가 많다.

한 사람이 다른 사람을 평가하도록 요청할 때 발생할 수 있는 많은 주관적 오류를 피하기 위해 훈련된 여러 면접관을 활용하는 것도 중요하다. 이러한 결정은 회사 전체에 중요하며 어느 한 개인에게만 맡겨져서는 안 된다. 실제로 보안중개 분야에 등록된 성희롱 청구 건수가 많은 주요 원인 중 하나는 통상 남성인 브로커가 업체 인사담당자의 투입 없이 여성 행정보조원에 대한 채용과 보상 결정을 스스로 하기 때문이라는 의견이 많았다. 그러나 이러한 개인 중개인들은 개인사업자가 아니라 직원 그 자체이기 때문에 이러한 관행은 많은 대기업에서 축소되고 있다.

많은 기업에서는 지원자에 대해 "다중 시선(multiple eyes)"을 확보하는 좋은 방법은 디지털 방식으로 녹화된 인터뷰를 수행한 후, 지원자 대신 디지털화된 파일을 이곳저곳으로 전송하는 것임을 알고 있다. 이는 코로나 팬데믹이 필수화되기 전에 이미 이러한 방식으로 유행했던 또 다른 유형의 관행이며, 현재 대부분의 HR 전문가들은 이 관행이 이제 계속 유지될 것으로 믿고 있다.

## 추천서, 지원서 및 배경조사

거의 모든 고용주들은 면접 전에 지원자들의 배경정보를 얻기 위해 몇 가지 방법을 사용한다. 이 정보는 추천인 확인(reference checks)이라는 신원조회를 통해 후보자를 아는 사람들로부터 요청할 수 있다. 신원조회의 신뢰성과 타당성에 대한 증거는 이들이 기껏해야 직무에서 미래의 성공에 대한 약한 예측변수임을 시사한다. 타당성이 낮은 주된 이유는 대부분의 추천서(reference letters)에 제공된 평가가 너무 긍정적이어서 지원자를 구별하기 어렵기 때문이다. 이 추천서 문제에는 두 가지 원인이 있다. 첫째, 지원자는 일반적으로 추천서를 누가 쓸지 선택하게 되고 따라서 자신의 능력이 가장 뛰어나다고 생각하는 추천인만 선택할 수 있다. 둘째, 추천서 작성자는 누가 추천서를 읽을지 결코 확신할 수 없기 때문에 누군가에 대한 해로운 정보를 제공하면 다시 자신을 괴롭힐 수 있다는 두려움을 가질 수 있다. 따라서 직위와 근속연수를 넘어 너무 많은 정보를 공개하는 것은 과거의 고용주들에게 이익이 되지 않는다는 것이 분명하다.

추천인 확인의 또 다른 문제점은 지원자들이 추천서 내용을 열거할 때 항상 진실을 말하지 않는다는 것이다. 추천서를 확인하는 회사의 30%는 지원서(applications)에서 허위 또는 오해의 소지가 있는 추천서를 발견하고 있다. 커리어빌더(CareerBuilder)의 커리어 어드바이저인 마이클 어윈(Michael Erwin)은 "어떤 이유에서인지, 사람들은 회사들이 그들의 추천서를 일일이 확인하지 않을 것이라고 생각하고, 따라서 모든 종류의 조작을 피해갈 수 있다고 생각한다"고 지적한다. 실제로 기업의 80% 이상은 누군가에게 면접 인터뷰를 제안하기 전에 기재되어 있는 추천인에게 확인절차를 거친다.

외부 추천 외에도 고용주는 지원자 자신으로부터 배경정보를 수집할 수도 있다. 그러한 정보를 얻는 데 드는 비용이 저렴하기 때문에 정보의 유용성이 크게 향상된다. 특히 해당 정보가 인명정보은행(biographical information bank)을 복제하는 것이 아니라 보완하는 잘 설계된 후속 인터뷰와 함께 사용될 때 더욱 그렇다.

인적정보의 가장 중요한 요소 중 하나는 학력에 관한 것이다. 실제로 교육에 대한 배경정보를 제공하는 것은 아마도 오늘날에도 이력서를 작성하는 것이 유용한 몇 안 되는 일 중 하나일 것이다. 어떤 경우에는 고용주들이 경영학, 간호학, 공학과 같은 기능적인 학위에 반영된 전문적인 학력을 찾는 경우도 있지만, 다른 경우에는 고용주가 단지 모든 학위와 연관될 수 있는 비판적 사고와 문제해결능력을 찾는 경우도 있다.

특정 전공에서 가르치는 기술은 직무와 관련성이 높을 수 있지만, 아이러니하게도 학점이 미래의 직무성과를 예측하는 강력한 예측변수는 아닌 것으로 보인다. 이 중 일부는 학점 부풀리기로 인한 범위 제한 때문인데, 일부 대학원 과정에서는 학생들이 B보다 낮은 점수를 받는 경우가 거의 없으므로 이 측정법을 사용하여 선택할 수 있는 범위가 넓지 않다. 둘째, 학점은 자신이 선택 수강한 수업으로 평가를 받기에 이를 객관적으로 평가하기에 매우 혼란스러운 측면이 있다. 어려운 수업을 수강하거나 현재 실력을 향상하기 위해서 부족한 과목을 수강하여 자신을 확장하는 학생들은 그 반대로 쉬운 과목을 선택하는 학생들보다 더 나쁜 성적을 받는다.

교육에 대한 이러한 초점은 점점 더 높은 수준의 교육을 받은 사람들을 요구하는 경제의 특성에 기인한다. 실제로 상대적으로 높은 고용 수준에도 불구하고 많은 고용주가 필요한 기술을 갖춘 사람을 찾는 것이 불가능하다는 것은 아이러니하다. **교육 격차**(education gap)라는 용어는 특정 지역의 구직 목록에 필요한 평균 교육기간과 동일한 지역의 평균 교육기간 간의 차이를 포착하기 위해 만들어졌다. 미국 전체의 교육 격차는 약 5%에 달하지만, 라스베이거스와 같은 일부 도시에서는 격차가 10%를 넘는다. 교육 격차가 큰 지역은 실업률이 훨씬 더 높으며 일반적으로 경제 확장기에 일자리 회복 조짐이 가장 늦게 나타난다.

다시 말하지만, 인터뷰와 마찬가지로 인적 데이터 사용에 대한 가장 큰 우려 사항은 정보를 제공하는 지원자가 자신을 허위 진술하려는 동기를 가질 수 있다는 것이다. 일부 연구에 따르면 입사지원서의 80% 이상이 오해의 소지가 있거나 잘못된 정보를 포함하고 있는 것으로 나타났다. 따라서 보이지 않는 부문을 확인하지 않고 고용하는 것은 매우 위험한 제안이다. 이력서를 부풀리려는 지원자의 한 가지 아이러니는 많은 고용주가 종종 자격 과잉을 자격 미달 사람만큼 나쁘게 간주한다는 것이다. 이것이 작용하는 특별한 시점 중 하나는 이들이 이전 급여 수준을 언급할 때이다. 연구에 따르면 문제의 직업이 이전에 가졌던 급여보다 25% 적은 급여를 받는 경우 이는 종종 채용과정에서 "녹아웃 요소(knockout factor)"가 된다. 고용주는 그러한 지원자는 제안을 받아들이지 않거나 가능한 한 빨리 직장을 그만두어 다른 사람을 찾게 될 것이라고 주장한다.

당혹스러운 상황을 방지하기 위해 많은 고용주는 외부 회사를 고용하여 직원에 대한 배경조사를 수행한다. 사람이나 추천인이 지나치게 좋게 표현하는 경향이 있기 때문에 많은 고용주는 정보를 확인하기 위해 외부 신원조사를 사용한다. 이는 문제의 직무가 높은 수준에 있거나 민감한 정보를 다루거나 공공안전과 관련된 경우 특히 그러하다. 이에 대한 한 가지 예외는 승차공유 회사나 음식배달 서비스에 종사하는 사람들과 같은 "긱(gig)" 근로자들이다. 교통 당국과 택시회사는 운전기사가 전문 자격증이나 요건이 부족하고 신원조사도 받지 않고 있다고 경고했다.

그러나 우버(Uber)나 리프트(Lyft)와 같은 회사들은 운송회사가 아닌 주로 기술회사이므로 신원조사라는 부담스러운 요구사항을 강요해서는 안 된다고 주장한다. 이는 많은 운전자들이 범죄기록을 갖고 있고, 한 해에만 운전자들에 대한 성폭행 혐의가 수천 건이나 발생했다는 광범위한 증거에도 불구하고 그러한 상황이다. 손님들이 절도의 대상이 되고 관음증(voyeuristic)을 가진 집주인이 그들의 일거수일투족을 감시하고 기록하기 위해 카메라를 사용하여 모든 움직임을 감시하고 기록하는 에어비앤비(Airbnb)와 같은 회사의 경우도 마찬가지이다. 그럼에도 불구하고 회사는 여전히 이들에 대해 신원조회를 실시하지 않는다. 분명히 범죄기록이 있다고 해서 영원히 실업상태가 되는 것은 아니지만, 고용주는 범죄경력이 있는 사람을 고용할 때 주의를 기울이는 것이 현명할 것이다.

## 신체능력 테스트

자동화 및 기타 기술의 진보가 과업의 육체적인 능력의 제한을 없애거나 적합화하더라도, 여전히 다수의 직무는 특정한 신체능력 또는 정신능력이 요구된다. 이와 같이 신체능력 테스트는 업무성과를 예측할 수 있을 뿐만 아니라 업무상 부상 및 장애를 예방하는 데 적절하다. 일곱 가지 유형으로 분류한 평가항목은 1) 근 긴장도(muscular tension), 2) 근력, 3) 근지구력, 4) 호흡순환기능 지구력, 5) 유연성, 6) 균형, 7) 조정력 등으로 구성되어 있다.

소방관과 같은 특정 직업에 대한 이러한 종류의 시험에 대한 기준 관련 타당성은 상당히 엄격하다. 불행히도 이러한 근력 테스트들은 일부 장애가 있는 지원들과 여성 지원자들에게 부정적인 영향을 미칠 가능성이 있다. 예를 들어, 근 긴장도 테스트에서 대략 남성의 2/3 정도가 가장 높은 점수를 받은 여성 지원자보다 더 높은 점수를 받는다. 이러한 체력의 성별 차이는 한때 군대에서 특정한 직무에서 여성들을 법적으로 금지시키기 위해 사용되었다; 그러나 이것은 더 이상 사실이 아니며 미군의 모든 직무가 2015년에 여성에게 개방되었다. 그 이유 중 일부는 현대 군사적 맥락에서 발생하는 많은 실수나 사건들이 힘의 부족보다는 의사결정의 오류에서 비롯된다는 인식이 커지고 있었고, 성별의 다양성은 효과적인 의사결정을 촉진한다는 것이다.

이러한 이유로 신체능력 테스트를 채택할지를 결정하는 데 두 가지 핵심 질문사항이 따른다. 첫 번째 질문사항은 직무를 수행하는 데 신체능력이 필수적이며 직무기술서상에 신체능력 관련 사항이 충분히 기술되어 있는가이다. 미국에서도 법적(the Civil Rights)으로 고용주에게 직무상 중요한 기능을 수행하지 못하는 지원자를 고용할 것을 강요하지 않으며, 이러한 증거로 직무기술서가 보편적으로 받아들여진다. 두 번째 질문사항은 업무를 적절하게 수행하지 못하면 지원자, 동료 및 고객의 안전과 건강에 일부 위험을 초래할 가능성이 있는가이다. 미국장애인법(Americans with Disabilities Act)의 "직접적인 위협(direct threat)" 조항은 그러한 조건에서 장애인에 대한 부정적인 영향이 보장된다는 점을 분명히 하고 있다.

이 조항은 가끔 논란을 일으키기도 하는데, 2014년 UPS(United Parcel Service)는 20파운드 이상의 포장을 들어 올릴 수 없어 임산부를 해고하는 결정을 지지하기 위해 이 조항을 인용한 바 있다. UPS는 고소를 당했는데, 부상을 입은 상황에서는 일상적으로 편의를 제공했으나, 임신을 이유로 동일한 여성을 해고했기 때문이다. UPS는 결국 홍보 및 사업상 필요성과 관련된 다른 요소와 마찬가지로 이러한 정책을 폐기하기에 이르렀다. 회사는 임산부가 업무 외 부상을 입은 남성과 동일한 대우를 받고 있다고 주장했다. UPS는 결국 법정 밖에서 합의하여 이 정책을 폐지했는데, 이는 아마도 비즈니스 필요성과 관련된 다른 요인뿐만 아니라 홍보(public relations)상의 이유 때문일 것이다.

## 인지능력검사

**인지능력검사**(cognitive ability test)는 물질적인 능력보다 정신적인 능력에 기반을 두고 개인을 구별한다. 인지능력은 많은 서로 다른 특징을 가지고 있지만, 본서에서는 세 가지 주요 측면에 주목하고 있다. **언어이해력**(verbal comprehension)은 문어와 구어를 이해하고 사용하는 개인의 능력이다. **수리능력**(quantitative ability)은 한 개인이 모든 종류의 수식 문제를 해결할 수 있는 속도와 정확성이다. **추론능력**(reasoning ability)은 보다 넓은 개념으로, 많은 다양한 문제들에 대한 해결책을 찾아내는 인간의 능력이다.

어떤 직무들은 인지능력의 한두 가지의 측면만을 필요로 한다. 이런 조건 속에서 특성들 간의 분류를 유지하는 것은 필요하다. 그러나 복잡성이 높은 많은 작업은 전부는 아닐지라도 대부분의 측면을 필요로 하기 때문에 하나의 일반적인 테스트가 개별 측면의 여러 테스트만큼 좋은 경우가 많다. 이러한 종류의 능력을 측정하는 매우 신뢰할 수 있는 상용 테스트들은 널리 이용이 가능하며, 이들은 일반적으로 다양한 국가들을 포함하여 많은 상이한 종류의 맥락들에서 직무성과를 예측하는 유효한 변수들이다. 이는 높은 유용성으로 해석될 수 있다. 예를 들어, 인지능력과 개인 판매량 간의 관계에 대해서 수행된 한 연구에 따르면 인지능력이 높은 직원은 $195,000 이상의 연간 수익을 창출하는 것으로 나타났는데, 이는 중간 인지능력을 가진 직원은 $159,000, 낮은 인지능력을 가진 직원은 $109,000의 수익을 창출하는 것으로 나타났다. 이러한 종류의 테스트의 타당성은 작업의 복잡성과 약간 관련이 있지만 단순한 작업보다 복잡한 작업에 대해 더 높은 기준 관련 검증을 볼 수 있다.

이 테스트의 주요 단점 중 하나는 일반적으로 소수집단(minorities)에 부정적인 영향을 미친다는 것이다. 사실 차이의 크기가 너무 커서 일부 관찰자들은 특정 학교나 직장에서 누구를 선발할 것인지에 대한 결정을 내리기 위해 이러한 유형의 시험을 포기해야 한다고 주장했다. 그러나 표준화된 테스트는 사회경제적 지위가 높지 않지만 객관적인 표준에 의해 매우 재능있는 인재를 식별하는 데 도움이 된다는 점에서 다소 모순적이다. 이는 시간이 지남에 따라 시험은 사회적 약자 집단에게 대학입학 기회를 제한함으로써 많은 불이익을 줄 수 있는 주요 장애물이 되었으므로 결국 소수집단에게 부정적인 영향을 미치게 되었기 때문이다.

인종에 따른 보정식 평가방식의 개념은 어떤 의미로든 역효과를 피하고 높은 유용성 검사를 도입하고자 하는 필요성에서 생성되었다. 그럼에도 불구하고 인종에 따른 보정식 평가방식은 최근 개정된 미국 공민권법에서도 불법이라고 규정하고 있으며, 테스트의 혜택을 획득하거나 역효과를 최소화하기 위해 등급 내 조정을 활용하는 것을 지지하고 있다. **밴딩**(banding)의 개념은 점수 차이가 작은 유사한 그룹의 사람들이 모두 동일한 점수를 갖는 것으로 처리된다는 것을 의미하며, 밴드 내에서 소수자에게 우대를 제공하게 된다. 대부분의 관찰자들은 점수가 동률일 때 과소대표된 소수 민족 및 인종 집단의 구성원들에 대한 특혜가 용인될 수 있다고 생각하며, 밴딩은 단순히 동률을 이루는 것에 대한 정의를 확대한다. 인종에 따른 보정식 평가방식과 마찬가지로 밴딩은 밴드가 너무 넓게 설정되면 논란이 된다.

우리가 지금까지 보아왔던 모든 선택방안들과 마찬가지로, 지원자들은 선발 결정을 내리는 데 사용된 도구가 무엇이든 간에 점수를 향상시키려는 유혹을 받게 된다. 시험에 대한 부정행위는 전혀 새로운 현상이 아니며, 변화한 것은 컴퓨터화된 테스트 및 소셜 네트워킹을 활용하여 부정행위의 성격과 범위가 변경된 정도라 할 수 있다. 시험 응시자가 시험을 치르면서 첨단기술을 사용하여 질문을 다운로드하거나 디지털 카메라 또는 기타 장치로 질문 이미지를 캡처한 다음, 시험 내용을 무선으로 시험장 외부 사람에게 전송하여 게시하는 과정을 통해 미래의 시험 응시자는 이러한 질문을 이용하는 것이다.

## 성격특성 항목표

능력검사는 그들이 상대적으로 무엇을 할 수 있는지에 대해 개인을 분류한 반면, 성격 측정항목은 개인이 어떤 사람인지에 대해서 분류하는 경향이 있다. 성격 테스트를 선발과정에 활용하는 회사의 수는 2000년 26%에서 2014년 60% 수준으로 급증했다. 선행연구는 "빅 파이브(Big Five)"로 알려진, 즉 1) 외향성(extraversion), 2) 적응성(adjustment), 3) 사교성(agreeableness), 4) 성실성(conscientiousness), 5) 개방성(openness to experience) 성격의 다섯 가지 주요한 관점이 있다고 밝혔다. 〈표 5.3〉은 각각의 관점에 부합하는 형용사 형태의 리스트를 보여준다.

예를 들어, 자기조절과 자기동기의 개념을 포착하는 성실성(conscientiousness)은 다양한 직업 범주에 걸쳐 타당성을 보여주는 몇 안 되는 요소 중 하나이며, 많은 실제 관리자들은 이것을 직원들에게서 찾는 가장 중요한 특성 중 하나로 평가한다. 성실성이 높은 사람들은 일의 목표를 추구할 때 매우 좋은 자기 통제력을 보이는 경향이 있고, 특히 도전과 장애를 극복하는 데 능숙하다.

모든 직무에 걸쳐 미래성과와 강한 직접적이고 긍정적인 상관관계를 보이는 대신에 성격 측정과 관련된 타당도 계수는 직업별로 달라지는 경향이 있다. 예를 들어, 외향적인 사람들은 영업이나 정치 같은 일에 탁월한 경향이 있는데, 이는 모든 외향적인(extroverts) 사람들이 공유하는 두 가지 핵심적인 특징인 사교성(gregariousness)과 적극성(assertiveness)을 요구하기 때문이다. 반대로 내향적인(introverts) 사람들은 고립되어 공부하고 일하는 데 더 능숙하기 때문에 회계사나 연구자 같은 일에 적합하다. 외향적인 사람과 내향적인 사람 모두 효과적인 리더가 될 수 있지만, 그들은 다른 방법으로 효과를 얻을 수 있다. 외향적인 사람들은 추종자들을 감정적으로 몰입하게 함으로써

**표 5.3 성격특성 항목표의 다섯 가지 영역**

| | |
|---|---|
| 1. 외향성(extraversion) | 사교적인, 어울리기 좋아하는, 말하기 좋아하는, 표현력이 있는, 적극적인 |
| 2. 적응성(adjustment) | 감정적 안정성, 우울해하지 않는, 안심하는, 자신감 있는 |
| 3. 사교성(agreeableness) | 예의바른, 신뢰하는, 선량한, 참을성 있는, 협력적인, 사려 깊은 |
| 4. 성실성(conscientiousness) | 믿을만한, 계획적인, 인내심이 강한, 철저한, 성과지향적인 |
| 5. 개방성(openness to experience) | 호기심이 많은, 창의적인, 심미적인, 세심한, 아량 넓은, 활달한 |

동기를 부여하는 하향식(top-down), 독재적(autocratic), 카리스마적인(charismatic) 리더의 경향이 있다. 이와는 대조적으로, 효과적인 내성적인 리더들은 사람들이 자신의 이익을 위해 노력할 수 있도록 권한을 부여받은 직원들의 말에 귀를 기울이고 보상 구조를 설계하는 보다 상향식(bottom-up), 참여적인(participative) 리더들인 경향이 있다.

그러나 팀 기반 구조에서 직원 배치의 중요한 요소 중 하나는 한 팀 구성원의 선택이 다른 팀 구성원과 관련된 요구사항에 어떻게 영향을 미치는지와 관련이 있다. 어떤 경우에는 조직이 강력한 팀 문화를 조성하기 위해 비슷한 가치관과 성격특성을 가진 사람들을 선발하려고 할 수도 있다. 강력한 팀 문화가 있으면 모든 사람이 동일한 견해와 특성을 공유하여 조화와 응집력을 촉진한다. 다른 경우에는 팀을 구성하는 사람들이 팀 구성원이 서로 다른 가치관과 개성을 갖고 있는지 확인하기 위해 노력한다. 여기서 희망하는 바는 다양한 의견이 내부 토론과 창의성을 촉진한다는 것이다. 예를 들어, 핀터레스트(Pinterest)에서는 프로그래밍 팀을 한 번에 한 명씩 구성하고, 팀에 새로 추가된 각 사람은 이미 존재하지 않는 팀에 가져올 수 있는 어떤 독특한 특성이나 관점에 기초하여 평가되고 선정된다.

감성지능(emotional intelligence)의 개념은 팀 환경에서 중요하고, 특히 효과적이고 사회적으로 강한 맥락에 있는 사람들을 묘사하는 데 사용된다. 정서지능은 전통적으로 다섯 가지 측면을 가지는데 1) 자기인식(self-awareness, 자신의 강점과 약점에 대한 지식), 2) 자기조절(selfregulation, 파괴적인 감정을 억제하는 능력), 3) 자기동기(self-motivation, 장애물에 직면하여 스스로를 동기부여하고 인내하는 능력), 4) 공감(empathy, 타인의 감정을 감지하고 읽을 수 있는 능력), 5) 사회성(social skills, 다른 사람의 감정을 관리하는 능력) 등이다.

감성지능은 능력과 성격의 표준척도와 관련하여 두 가지 별도 영역의 교차점에 있기 때문에 감성지능의 구성에 관해 상당한 조사가 이루어져 왔다. 비평가들은 구성 자체에 대해 이론적이고 경험적인 질문을 제기했다. 이론적으로 일부 비평가들은 구성이 지나치게 광범위하고 개별적인 과정으로 가장 잘 개념화된 인식, 능력, 기질의 측면을 혼란스럽게 한다고 주장한다. 실증적으로 이 자료는 성격 5요인 모형(five-factor model of personality)에 의해 포착된 변수들의 점수와 인지능력 시험의 점수를 일정하게 유지한다면, 정서지능에 의한 추가 예측력은 거의 없다는 것을 시사하는 것으로 보인다.

상황의 본질에 상관없이 직무성과를 예측하는 측면에서 거의 모든 빅 파이브(Big Five) 요인에 대한 타당도 역시 지원자 본인으로부터 점수를 획득하는 것이 아니라 다른 사람으로부터 점수를 획득하는 경우가 더 높은 것으로 보인다. 성격 자기보고(self-reports)와 관련된 낮은 타당도는 세 가지 요인으로 추적할 수 있다. 첫째, 사람들은 자신의 성격이 실제로 어떤지(또는 다른 사람들에게 어떻게 인식되는지)에 대한 통찰력이 부족하여 자신들이 측정한 점수가 부정확하거나 신뢰할 수 없다.

둘째, 사람들의 성격은 때때로 다른 맥락에 따라 다르다. 따라서 누군가는 가족 결혼식이나 친목회 계획과 같은 사회 활동에 관해서는 매우 성실할 수 있지만, 이미 정해진 급여를 받고 직무를 수행하는 것에 대해서는 덜 양심적일 수 있다. 따라서 표준 성격 문항에 "직장에서(at work)"라는 용어를 추가하는 상황화된 측정은 비맥락화된 측정보다 예측변수로서 더 나은 성능을 발휘하는 경우가 많다. 이렇게 인성검사에 대한 척도를 '맥락화(contextualizing)'하면 평균 타당도 계수가 0.10에서 0.25로 높아질 수 있다.

또한 성격 문항의 타당성을 제한하는 세 번째 요인은 인지능력 점수와 달리 지원자들은 질문에 사회적으로 바람직한 반응을 제공함으로써 특성을 속이기 쉽다는 것이다. 즉, 연구결과에 따르면 사람들이 구직 신청 시 이러한 목록을 작성할 때, 연구 목적으로 익명으로 동일한 설문지를 작성했을 때보다 성실성(conscientiousness)과 정서적 안정성(emotional stability)에 대한 점수가 훨씬 더 높은 것이다. 또한, 만약 사람들이 성격 검사에 실패하고 나서 나중에 같은 시험을 다시 보게 된다면, 그들의 점수는 극적으로 상승할 것이다. 이 모든 것은 취업 지원자가 아닌 다른 사람으로부터 이 정보를 얻는 것이 더 낫다는 생각을 강화한다. 그리고 이 정보를 사용하여 낮은 점수를 받은 사람을 제외하는 것도 좋지만 반드시 자기보고(self-reports) 방식에만 기초하여 높은 점수를 받은 사람을 모두 채용할 필요는 없다는 것이다.

마지막으로, 사람들이 세상에 남기는 "디지털 흔적(digital traces)"으로부터 특성을 객관적으로 측정할 수 있는 기술이 개발되고 있다. 예를 들어, 페이스북(Facebook)에서 사람들의 "좋아요와 싫어요(likes and dislikes)"를 추적한 다음 이를 빅 파이브(Big Five) 프레임워크에서 포착한 특성과 연결하는 소프트웨어가 개발되었다. 연구에 따르면 이러한 데이터를 처리하는 컴퓨터 알고리즘은 동료, 친구 또는 심지어 가까운 친척으로부터 얻을 수 있는 것보다 자기보고와 수렴하는 5가지 특성에 대한 추정 점수를 더 잘 생성할 수 있음을 보여준다. 다른 종합적인 연구에서 연구자들은 20개국 20,000명 이상의 개인 표본을 대상으로 디지털 플랫폼에 기록된 사용 빈도(frequency of use), 사회적 상호작용(social interaction) 및 뉴스 소비 기록(news consumption recorded)을 추적했다. 연구결과, 외향성(extraversion), 사교성(agreeableness), 성실성(conscientiousness)은 모두 다양한 유형의 소셜 미디어 사용과 긍정적인 관련이 있는 반면, 정서적 안정성(emotional stability)과 개방성(openness to experience)은 동일한 흔적과 부정적인 관련이 있는 것으로 나타났다.

## 작업표본

이전에 다른 위치나 조직에서 일했던 경험은 개인이 관련 분야의 새로운 일자리에 지원할 때 미래의 성공을 과대평가하는 예측변수가 되기도 하며, 앞서 살펴본 것처럼 조직은 일부 직무 범주에 대해 경험이 거의 또는 전혀 없는 사람들에게 점점 더 개방적이다. 경험은 새로운 역할에 적응할 때 초기 성공을 예측하는 것처럼 보이지만 경험이 부족한 사람들이 결국 따라잡고 동등해진다면 시간이 지남에 따라 경험의 가치는 약화되는 것 같다. 경험을 통해 예측하기 어려운 부분 중 하나는 서로 다른 위치나 조직에서 수행할 때 두 직무가 실제로 얼마나 가까운지 아는 것이며, 부분적으로는 사람들이 이전 역할에서 실제로 얼마나 잘 수행했는지 정확하게 추정하기 어렵기 때문이다.

이 때문에 많은 경우 구직자들에게 작업표본검사(work-sample test)를 제공하는 것보다 실제적으로 대체할 수 있는 것은 없다. 이 테스트를 통해 그들이 경험으로부터 어느 정도 혜택을 받았는지, 심지어 경험이 필요한지 직접 관찰할 수 있다. 작업표본검사는 채용 전 상황에서 직무를 시뮬레이션하여 지원자가 모의실험에서 직무를 어떻게 수행하는지 관찰한다. 예를 들어, 캘리포니아에 있는 클라우드 기반 스토리지 회사인 컴포즈(Compose Inc.)에서는 모든 지원자를 하루 동안 불러 실제 작업을 시뮬레이션하는 "모의 프로젝트(mock projects)"에 참여하도록 한다. 지원자의 신원은 비밀로 유지되며, 채용 결정을 내리는 사람은 지원자를 직접 만나거나 이력서를 검토하지 않고 오직 업무성과만을 토대로 결정한다.

작업표본검사는 지원자들이 가상 직무수행 상황에서 어떻게 업무를 수행하는지 관찰하기 위해서 선취업 환경에서 직무를 가상체험해 보는 것이다. 작업표본에서 충실함(fidelity)의 정도는 크게 다를 수 있는데, 어떤 경우에서 지원자들은 일련의 표준화한 가상적인 사례분석에 대응하고, 그들이 어떤 상황에서 어떻게 반응해야 하는지에 대한 역할극을 수행한다. 종종 이러한 표준화한 역할극은 '가상의 직무 오디션(virtual job auditions)'을 만들기 위해 대화형 비디오 과학기술을 사용한다. 게다가 비디오 기반 역할극을 포함하는 시뮬레이션은 보다 매력적이며 지필검사에 비해 더 높은 수준의 예측 타당도를 보여준다. 다른 사례로는 지원자들은 취업 지원자를 고용주의 장소로 데려와 "직업시험(job tryout)"의 일환으로 짧은 기간 동안 실제로 업무를 수행하게 한다.

또 다른 사례에서는 고용주는 지원자들이 직무와 관련된 문제들에 대해서 서로 경쟁하는 것을 후원하는 것을 볼 수 있다. 이러한 경쟁은 건축학이나 패션디자인과 같은 산업에서는 흔하지만, 경쟁을 이용하는 예는 수많은 다른 사업환경에서도 살펴볼 수 있다. 이러한 경쟁은 많은 관심을 불러일으켜 비용 효과적인 경향이 있으며, 채용을 필요로 하는 조직에서 요구하는 특정한 문제를 해결하기 위해 관련된 재능을 가진 1,000여 명의 지원자를 모집하기도 한다.

작업표본검사의 모든 이점은 세 가지의 약점을 가지고 있다. 첫째, 원래 검사는 제한된 직무에 한정되어 있어서 일반화 가능성이 낮다. 둘째, 표준화되지 않은 형태로 새로운 검사는 각각의 직무를 위해 별도로 개발되어야 하며 이러한 검사들을 개발하는 것은 상대적으로 비용이 많이 소요된다. 그래서 개별 직무에 대한 검사를 별도로 개발하는 것보다 회사 내의 수많은 다른 직무 분류에도 사용이 가능한 일반적인 인지능력검사를 구입하는 것이 비용적으로 효과적이다.

관리직의 선발에 있어서 작업표본검사는 평가센터에서 일반적으로 초석의 역할을 한다. 일반적으로 **평가센터**(assessment center)라는 용어는 잠재적 관리직 지원자나 현재 종업원을 평가하기 위해서 다양한 선발방법을 사용하는 여러 가지 구체적 선발 프로그램을 설명하는 데 사용된다. 평가센터에 참석하는 인력은 일반적으로 인바스켓 테스트(in-basket test)와 일반 능력과 성격에 대한 여러 가지 테스트와 같은 작업표본검사를 경험할 것이다. 평가센터는 다양한 선발방법을 사용하기 때문에 그들의 기준관련 타당성이 꽤 높은 경향이 있다.

평가센터에서는 다양한 특성을 활용하는 것으로 보이지만 문제해결능력과 대인관계 기술은 아마도 이 방법을 통해 활용되는 가장 중요한 두 가지 기술로 두드러진다. 그러나 많은 관찰자들은 평가센터가 일반적인 기본 특성과 기술을 활용하는 능력보다는 평가센터가 그렇게 높은 기준 관련 타당성을 갖는 이유를 설명하는 것은 작업샘플로서 연습 자체라고 주장해 왔다.

## 정직성 검사와 약물검사

사회가 직면한 많은 문제들은 조직 내에도 존재하고, 이는 정직성 검사(honesty tests)와 약물사용검사(drug-use tests)와 같은 새로운 두 가지 유형의 검사의 발전으로 이어졌다. 과거 많은 기업들은 지원자들을 평가하기 위해서 거짓말탐지기(lie detector)를 사용했으나, 1988년 근로자거짓말탐지기보호법(Polygraph Act)이 통과되면서 변화했다. 이 법률은 모든 조직에서 채용심사를 할 때 거짓말탐지기의 사용을 금지했다. 하지만 종업원들에 의한 절도 문제는 없어지지 않았으며 결국 지필 정직성 검사 산업(the paper-and-pencil honesty-testing industry)이 생겨났다.

지필 정직성 검사에는 수많은 다른 유형이 있다. 일부는 직접적으로 과거에 고용주 소유의 것을 훔친 사람들에게 절도와 관련된 질문을 했다. 다른 항목은 덜 직접적이고, 사회적 순응(social conformity)이나 성실성 및 정서적 안정과 같은 기초적인 특성에 관한 것이다. 타당성 연구에 대한 대규모의 독립적인 검토 결과 그들이 절도와 다른 분열성 행동 모두를 예측할 수 있음을 시사한다. 성격 측정항목에서 어떤 사람들은 정직성 검사에 직면한 사람들이 통과 점수를 위조할 수 있다는 점을 염려한다. 고득점을 위해 그들의 점수를 위조하도록 지시받은 사람들은 실제 그렇게 할 수 있다는 것을 암시한다. 반면에 낮은 점수는 누군가가 그러한 검사에서 정직함을 가장할 수조차 없다는 것을 암시하는 의미에서 꽤 진단적이다.

절도와 마찬가지로 마약 사용으로 인한 문제에 대한 직원들의 인식도 높아지고 있다. 미국에는 이러한 테스트의 필요성을 높이는 세 가지 사회적 추세가 있다. 첫째, 기록적인 약물 과다복용 사망자 수를 기록하면서 전국적으로 계속 확산되고 있는 오피오이드 전염병(opioid epidemic)이 있다. 2015년부터 2020년까지 오피오이드에 의한 사망자 수는 연간 42,000명에서 82,000명으로 늘어났다. 예상할 수 있듯이 낙진의 대부분이 작업장, 특히 건설현장, 공장, 창고 및 백오피스로 점점 더 많이 퍼지고 있다.

노동통계국(Bureau of Labor Statistics)에 따르면 2016년 최소 217명의 근로자가 직장에서 의도하지 않은 약물이나 알코올 과다복용으로 사망했으며 이는 2015년보다 32% 증가한 수치이다. 직장 내 과다복용 사망자는 2010년 이후 매년 25% 이상 증가하고 있다. 이 숫자에는 부분적으로 약물 장애로 인해 발생하는 사망이나 사고로 끝나지 않는 더 많은 과다복용은 포함되지 않는다.

앞서 언급했듯이 미국에서 고용주가 인식해야 할 두 번째 변화는 많은 주에서 마리화나의 법적 지위가 변화하고 있다는 것이다. 마리화나는 현재 많은 주에서 의약 및 오락용으로 합법화되어 있으며 일부 고용주는 가능한 경우 마리화나와 관련된 요구사항을 철회하고 있지만 모든 사람이 그렇게 할 수 있는 것은 아니다. 실제로 마리화나가 의학적 목적으로 사용되는 경우 일부 주 법원에서는 고용주가 이를 장애로 취급하고 합리적인 편의를 제공해야 할 수도 있다는 결론을 내렸다. 그러나 주 차원에서 무슨 일이 일어나고 있는지에 관계없이 트럭 운전사, 조종사, 선장, 철도 엔지니어 등 교통부에서 규제하는 "안전에 민감한(safety sensitive)" 직업으로 분류된 많은 직종에 대해 연방법에 따라 약물검사가 의무화되어 있다. 2002년에 이러한 직업 범주에서 불법 약물 양성 판정을 받은 사람의 수는 2% 미만이었다. 그러나 2017년에는 5%로 증가했다. 더욱이 이 비율은 국가의 특정 직업과 지역에서 더 높다. 광산업과 건설업에 종사하는 비율은 18%로 콜로라도주와 워싱턴주가 전국에서 가장 높은 것으로 나타났다.

직장에서의 약물과 관련된 세 번째 추세는 소위 "스마트 약물(smart drugs)"의 사용 증가와 관련이 있다. 많은 청년 취업준비생들은 고등학교와 대학교에서 애더럴(Adderall)과 같은 집중력 강화 약물을 사용하는 습관을 키웠으며 이러한 습관은 졸업 후에도 거의 끝나는 경우가 거의 없다. 이러한 약물은 확실히 불법이 아니며 어떤 경우에는 실제로 일부 직원이 성과수준을 향상시키거나 업무량 급증에 대한 단기적인 대응으로 감독자로부터 약물을 사용하도록 권장되기도 했다. 처방대로 사용하면 안전하지만, 그러한 약물을 사용하라는 압력으로 인해 과다복용이 발생하면 정신병적 에피소드로 이어질 수 있으며, 이로 인해 개인은 훨씬 더 강력한 약물로 치료를 받아야 하는 입원을 초래할 수도 있다. 분명히, 본 장에서 볼 수 있듯이 성과를 향상시키는 약물에 의존하지 않고도 직무를 수행할 수 있도록 하는 훨씬 더 나은 방법이 있다.

## 요약

본 장에서는 인력 선발에 있어서 반드시 따라야 하는 신뢰성, 타당성, 일반화 가능성, 유용성 및 합법성의 다섯 가지 핵심 기준을 살펴보았다. 또한 현재 조직에서 사용되고 있는 9가지의 서로 다른 선발방법을 살펴보고 이 5가지 기준과 관련하여 각각을 평가하였다. 비록 우리가 각각의 시험 유형을 개별적으로 논의했지만, 마지막으로 주의할 점은 어느 한 직무에 한 가지 유형의 시험만을 사용할 필요가 없다는 것이다. 실제로 관리평가센터는 중요한 임원 자리의 후보군의 적합성에 대해 가능한 한 많이 알기 위해 2~3일의 기간에 걸쳐 다양한 방식의 테스트를 활용한다. 그 결과 고도로 정확한 예측이 이루어지는 경우가 많으며, 이러한 타당성은 제한된 측정방법을 고수하는 것이 아닌 다양한 테스트의 적절한 사용과 관련이 있다.

## 주요 용어

**내용 타당성**(Content validation)
**상황면접**(Situational interview)
**신뢰성**(Reliability)
**예측 타당성**(Predictive validation)
**인지능력검사**(Cognitive ability tests)
**준거 관련 타당성**(Criterion-related validity)
**타당성**(Validity)
**동시 타당성**(Concurrent validation)
**수리능력**(Quantitative ability)
**언어이해력**(Verbal comprehension)
**유용성**(Utility)
**일반화**(Generalizability)
**추론능력**(Reasoning ability)
**평가센터**(Assessment center)

## 토의과제

01. 우리는 이 장에서 9가지 유형의 선택방법을 살펴보았다. 당신이 이 방법들 중 단지 하나에 기초하여 취업에 불합격되었다고 가정하자. 분명히 당신은 어떤 방법을 사용하여 이 결정을 내렸는지에 관계없이 실망하고 화가 날 수 있지만, 당신은 당신을 가장 괴롭게 할 수 있는 두세 가지 방법을 생각할 수 있는가? 일반적으로 지원자에 대한 테스트 수용가능성이 이 장에서 논의한 5가지 표준에 추가하는 표준이 될 수 있는 이유는 무엇인가?

02. 면접에서 비디오를 녹화하는 지원자들은 다양한 관점에서 해당 개인에 대한 다중 평가를 얻는 수단으로 점점 더 인기를 얻고 있다. 당신은 비디오 녹화 인터뷰가 면접관을

평가하는 데 있어서도 유용한 몇 가지 이유를 생각해 낼 수 있는가? 만약 당신이 비디오로 면접관을 평가한다면 당신은 면접관에게서 무엇을 찾으려고 노력하겠는가?

03. 동시 타당성과 예측 타당성을 구별하고, 왜 후자가 전자보다 선호되는지 논의한다. 본 장에서 논의되었던 9개의 선발방법들을 각각 살펴보고, 이 중에서 어떠한 것이 더욱 타당성을 가지고 있는지를 결정하고, 적용된 타당성 디자인의 유형에서 최대한 및 최소한 영향을 받는지에 대해서 생각해 보자.

04. 결정의 타당성을 높이기 위해서 엄격한 선발방법을 사용하는 것은 기업에서 상징적 가치를 갖는다고 추측해 왔다. 채용 절차에서 기업이 지원자에게 보내는 메시지는 어떠한 것이며, 선발 전 채용 프로그램과 선발 후에 발생하는 교육훈련 프로그램에 의해 어떻게 이 메시지가 강화되는지 생각해 보자.

사례연구

## 인천국제공항공사 – 기관 맞춤형 블라인드 적용으로 인재 변별력 대폭 강화

### 공사 체질에 맞는 블라인드 적용방법 놓고 고민 깊어져

인천국제공항공사는 인천국제공항을 건설 · 관리 · 운영하는 일을 전담하는 공공기관으로, 지난 1999년 설립됐다. 2001년 인천국제공항의 개항으로 새로운 하늘길이 열리면서 공사는 지금껏 숨 가쁜 여정을 이어왔다. 더 나은 도약을 위해 반드시 짚고 넘어가야 할 것 중의 하나는 바로 채용제도였다. 채용제도 개선을 요구하는 목소리는 대내외에서 지속적으로 있어 왔다.

먼저, 내부에서는 급변하는 현장직무에 적합한 면접도구가 없고, 수년간 누적된 지원자들의 면접 학습효과와 짧은 면접시간 등으로 인해 인재 변별력이 떨어진다는 지적이 강하게 제기됐다. 공공기관이다 보니 정부에서 내려오는 개선 권고도 가벼이 여길 수 없는 입장이었다. 지난 2016년 국무조정실이 공항보안강화대책을 내놓으면서 협력사에 아웃소싱을 주던 폭발물 처리 등 보안업무를 공사에서 직접 수행할 것을 요청한 것이 대표적이다. 보안 핵심업무 직영화에 따른 채용도구 마련이 시급해진 것이다.

이어 지난해 7월 정부의 공공기관 블라인드 채용 가이드라인이 발표되면서 인천국제공항공사는 채용절차의 공정성과 투명성을 강화해야 하는 숙제도 떠안게 됐다. 관건은 정부 가이드라인을 최대한 준수하되, 공사의 특성과 경영환경에 맞는 채용제도를 설계하는 것이었다. 공사는 지난 2015년부터 국가직무능력표준(NCS) 기반의 직무능력중심 채용제도를 시행해 왔으나 여전히 학력, 연령, 성별 등 개인정보를 요구하고 있었다. 이들 정보는 면접위원에게 제공되진 않았지만 지원자 입장에서는 스펙으로 인한 차별이 있을 거라는 의구심을 가질 수 있는 대목이었다. 이에 공사는 모든 전형단계에서 편견요인을 없애고, 공정하고 투명한 절차를 거쳐 직무능력을 충분히 검증할 수 있는 새로운 채용제도 구축에 돌입했다.

### '채용형 인턴제' 도입해 블라인드 채용 보완

기존보다 강화된 블라인드 방식을 적용하면서 전형단계에는 많은 변화가 있었다. 우선, 인천국제공항공사는 홈페이지와 채용공고문에 블라인드 채용절차, 직무기술서 등을 상세히 공개했다. 응시자격에는 학력 및 전공, 연령, 성별, 경력 등에 관계없이 지원 가능하다는 설명을 달아 모든 지원자에게 평등한 기회를 제공하고자 했다. 입사지원서상에서 개인정보 기재란 대부분이 삭제됐음은 물론이다. 다만, 특수직무(기록물관리 분야) 등 관련법상 학력사항이 자격요건인 경우에만 예외로 했다. 달라진 채용방식 가운데 눈에 띄는 것은 채용형 인턴제(일반직)를 도입했다는 점이다. 개인정보 제한 등으로 인한 블라인드 채용의 한계를 보완하기 위해 도입한 이 제도는 약 3개월 동안 인턴으로 근무한 뒤 조직적합인재 여부를 다각도로 재검증한 후 정규직으로 임용하는 방식이다. 이는 공사 업무의 특성을 감안할 때 불가피한 조치로 풀이된다. 또한 공사는 정규직, 비정규직 등 고용형태나 직무를 불문하고 블라인드 방식을 적용했다. 일례로 전문계약직 변호사를 채용하면서도 일체의 개인정보를 묻지 않고 변호사 자격증, 실무경력, 공사 사업관련 경험(건설, 조세 등) 등으로만 구성된 경험·경력기술서 및 직무수행계획서를 토대로 평가를 실시했다.

### 직무상황기반 '롤 플레이(Role Play)' 면접 신규 도입

면접전형은 기존 면접도구에 대한 지원자의 학습효과를 방지하고, 효과적인 면접도구를 통해 평가 변별력을 강화하는 데 초점을 맞춰 개선했다.

이를 위해 공사는 롤 플레이(Role Play) 면접을 신규로 도입하고 특수경력직(폭발물처리반)에 대해 실기면접을 실시하는 등 직무능력중심 평가체계를 단단히 구축했다. 특히, 공사는 2017년 하반기 채용을 시작하면서 롤 플레이 면접 개발에 역점을 뒀다. 롤 플레이 면접이란 1:1의 구체적인 직무기반 상황하에서 상대 연기자의 리드에 따라 대응을 하는 역할연기 면접이다. 지원자의 꾸며진 연기나 천편일률적인 대응을 방지하고자 연기상황을 최대한 구체화했고, 실제 TV 드라마에 조연으로 출연했던 연기자를 섭외하여 지원자의 몰입도를 강화했다. 실제로 연기자의 실감나는 연기 덕분에 지원자들 사이에서도 반응이 뜨거웠고, 직무나 조직생활에 기반한 상황이 실감났다는 평이 많았다.

이 면접도구를 통해서 공사는 지원자의 몰입도와 직무역량, 대인관계능력, 의사소통능력 등을 종합적으로 평가할 수 있었다.

또 면접시간을 기존보다 두 배 이상 늘려 지원자가 역량을 충분히 발휘할 수 있는 기회를 보장하는가 하면, 경영진 면접 시 외부전문가를 참여토록 해 평가의 전문성과 공정성을 강화하고자 했다.

### 철저한 직무능력중심 블라인드 채용으로 높은 채용 만족도까지

인천국제공항공사는 블라인드 채용을 통해 2017년 한 해 동안 174명(하반기에만 91명)을 신규 채용했는데, 이는 전체 정원의 12%에 달하는 역대 최대 규모였다. 과거 아웃소싱하던 직무를 직영화하면서 채용인원이 늘어난 것도 있지만, 일자리 창출에 기여하려는 공사의 책임 있는 자세도 한몫했다는 평가가 지배적이다. 공사는 특히, 보안 핵심업무를 직영으로 전환하여 공개경쟁채용을 실시함으로써 고용의 질을 높이고 조직의 보안역량을 키우는 일거양득의 효과를 거둘 수 있었다. 직무에 관계없이 블라인드 채용을 선도적으로 도입함으로써 채용절차의 공정성과 투명성, 신뢰성을 강화한 것은 크나큰 성과다. 편견이 개입할 수 있는 차별적 항목이 전무하다시피 한 채용절차와 직무능력중심 평가도구를 통해 입사자 만족도 및 조직 로열티를 높인 것도 빼놓을 수 없다. 실제로 블라인드 채용으로 입사한 직원들을 관찰한 결과 직무만족도와 현업 적응도가 높아졌다.

한편, 지난해 하반기 블라인드 채용으로 입사한 직원의 93%는 전반적인 채용절차에 만족하는 것으로 조사됐다. 또 블라인드 채용에 가장 충실했던 전형단계로는 1차 면접을 지목했다. 신입사원들은 '차별을 야기할 수 있는 기준이 없었다', '차별적 항목에 대한 질문이 전혀 없었다', '임원들이 답답하다고 느낄 만큼 완전한 블라인드였다고 생각한다' 등을 이유로 들며 블라인드 채용에 커다란 만족감을 표시했다. 이 밖에도 블라인드 채용은 나이, 학력, 성별 등에서 어느 한쪽으로의 쏠림현상 없이 폭넓고 다양한 인재선발을 가능케 함으로써 조직원의 다양성을 제고했다는 자체 분석결과를 발표했다.

출처: 한국산업인력공단(2018). NCS기반 블라인드 채용 공공부문 우수사례(인천국제공항공사) 중 일부를 발췌함.

CHAPTER 06

# 훈 련

**학습목표** **이 장을 읽고 나면 다음을 수행할 수 있어야 한다.**

01 훈련, 비공식학습, 지식경영이 어떻게 지속학습 및 경영전략에 기여하는지를 논할 수 있다.

02 훈련요구와 직무훈련 지원에 있어 관리자의 역할을 설명할 수 있다.

03 요구분석을 수행할 수 있다.

04 종업원의 훈련 준비도를 평가할 수 있다.

05 발표, 현장훈련, 집단훈련 방법의 장단점을 논할 수 있다.

06 이러닝(e-Learning) 훈련의 잠재적 이점을 설명할 수 있다.

07 학습을 극대화할 수 있는 훈련과정을 설계할 수 있다.

08 훈련목표 및 제약분석에 근거하여 적절한 평가설계방법을 선택할 수 있다.

09 이문화 준비 프로그램(cross-cultural preparation program)을 설계할 수 있다.

10 효과적인 다양성 관리 프로그램을 개발할 수 있다.

# 도입

훈련, 사업전략 및 목표는 직·간접적으로 연결되어 있으며 훈련을 통해 종업원들은 사업에 직접적으로 영향을 미치는 직무수행에 필요한 기술을 습득할 수 있다. 종업원들에게 배우고 개발할 수 있는 기회를 제공하는 것은 긍정적인 작업환경을 조성하게 한다. 이는 종업원들을 동기부여하고 유지하는 것뿐 아니라 우수한 인재를 유인하는 데에도 효과적이다.

왜 많은 기업들이 훈련에 대한 투자가 기업의 경쟁력을 높일 수 있다고 생각할까? 이는 다음과 같은 훈련의 이점 때문이다.

- 해외 경쟁업체와 문화에 대한 지식을 기를 수 있다. 이는 해외시장에서의 성공에 중요한 요소이다.
- 종업원들이 로봇, 컴퓨터 기반 생산과 같은 신기술을 통한 업무의 기초 지식을 쌓을 수 있도록 돕는다.
- 종업원들이 제품과 서비스 품질에 어떻게 효과적으로 기여할 수 있는지에 대해 이해시킨다.
- 기업문화가 혁신, 창의성, 학습을 강조하게 된다.
- 종업원들의 업무가 변화하거나 그들의 기술이 쓸모없어지게 될 때 기업에 기여할 수 있는 새로운 방법을 제공함으로써 고용을 보장해준다.
- 종업원들이 서로를 인정하고 더욱 효율적으로 일할 수 있게끔 준비시킨다.

# 훈련: 지속학습과 경쟁우위에서의 역할

인적자본, 고객자본, 사회적자본, 지적자본을 포함하는 무형의 자산은 기업의 경쟁우위 확보에 도움을 준다. 공식훈련, 비공식학습, 지식경영은 무형자산 개발에 중요한 원천이다. 따라서 많은 기업들은 지속적인 학습에 대해 관심을 가지고 있다. 〈그림 6.1〉은 공식훈련과 개발, 비공식학습, 지식경영이 기업의 성과 향상과 사업전략에 있어 핵심적인 요소임을 보여준다.

**그림 6.1 지속학습의 주요 요소**

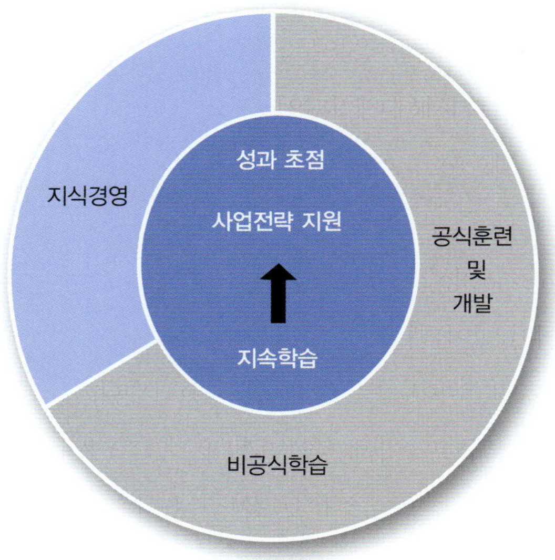


**지속학습**(continuous learning)이란 종업원들이 작업 시스템을 완벽하게 이해하고, 새로운 기술을 습득하고, 습득된 기술을 직무에 적용하고, 습득한 기술을 동료들과 공유할 것을 요구하는 하나의 학습 시스템이다. **훈련**(training)은 기업이 계획적으로 종업원들에게 직무와 관련된 역량, 지식, 기술, 행동에 대한 학습을 촉진하는 것으로서 훈련의 목적은 훈련에서 강조하는 지식, 기술, 행동을 완벽히 숙지하고, 이를 일상적인 업무활동에 적용하도록 하는 것이다. 전통적으로 기업들은 공식적인 훈련에 의존해 왔다. **공식적 훈련**(formal training)이란 기업에 의해 개발되고 조직화된 프로그램, 과정 또는 이벤트를 말한다. 종업원들은 일반적으로 교수자(instructor)가 주도하는 면대면(face-to-face) 프로그램이나 온라인(online) 프로그램에 참여하게 된다.

기업들이 공식적 훈련 및 개발에 막대한 자금을 투자하지만 **비공식학습**(informal learning) 또한 지식 및 기술 습득의 주요한 원천이 되고 있다. 비공식학습은 공식훈련 상황에서 발생하지 않고 학습자에 의해 주도된다. 비공식학습은 교수자가 없이 이뤄지며, 학습자에 의해 통제 및 조정된다. 또한 비공식학습은 필요에 의해 일어나는데, 학습자 혼자 또는 타인과의 면대면 상황에서 일어날 수 있다. 비공식학습은 다양한 방법에 의해 일어날 수 있다. 예를 들면, 동료와의 비계획적인 상호작용, 이메일 교환, 비공식 멘토링 및 코칭, 트위터와 페이스북 같은 소셜 네트워킹 웹사이트를 통해서도 가능하다. 일반적으로 조직 내 학습의 75%는 비공식학습 방법에 의해 이루어진다.

공식 및 비공식학습은 모두 인적자본과 같은 무형자산의 축적에 기여한다. 인적자본은 지식, 기술, 시스템 이해 및 창의성, 고품질 제품과 서비스 전달의 동기를 포함한다. 비공식학습은 **암묵적 지식**(tacit knowledge)의 효과적인 개발방식인데, 암묵적 지식은 정형화하기 어려운 개인의 경험에 근거한 지식을 말한다. 암묵적 지식의 습득을 위해서는 동료 및 전문가와의 상호작용이 중요하다. 그러나 교육장에서의 학습 및 제한된 실습의 기회와 같은 공식훈련의 특성은 암묵적 지식의 습득을 저해할 수 있다. 반면에 **형식적 지식**(explicit knowledge)은 문서화되어 있고, 쉽게 조정할 수 있으며 타인에게 전이될 수 있는 지식을 말한다. 효과적으로 설계된 공식훈련 같은 경우 형식적 지식의 습득을 돕는다.

**지식경영**(knowledge management)은 종업원의 창의성을 향상시키고 지식의 활용을 극대화할 수 있도록 기업 내 도구, 프로세스, 시스템, 구조, 문화를 설계 및 구현함으로써 기업의 성과를 향상시키는 프로세스를 말한다.

지속학습은 위와 같은 훈련, 지식경영, 비공식학습을 포함하며, 전략을 지원하는 데에 있어 매우 중요한 역할을 한다. 지속학습은 사업 목적을 달성할 수 있는 성과 이슈와 연결되어야 한다. 지속학습을 위해서는 경영층으로부터 지원을 받아야 하고, 학습을 촉진하는 문화와 작업환경을 조성하고, 학습의 기회를 제공하며, 학습의 영향력과 효과를 측정할 수 있어야 한다.

## 효과적인 공식훈련 활동의 설계

기업 경쟁력에 기여할 수 있는 효과적인 훈련 활동의 특징 중의 하나는 교수설계(instructional design)과정이다. **훈련설계과정**(training design process)은 훈련 프로그램을 개발하는 시스템적인 접근을 말하는데, 교수시스템 설계(instructional system design: ISD)와 ADDIE 모델(analysis, design, development, implementation, evaluation)이 대표적이다. 〈그림 6.2〉는 훈련설계과정의 6단계를 보여주고 있다.

1단계는 훈련이 필요한지 아닌지를 결정하는 것이다. 2단계는 훈련생들이 훈련 내

**그림 6.2** 훈련설계과정

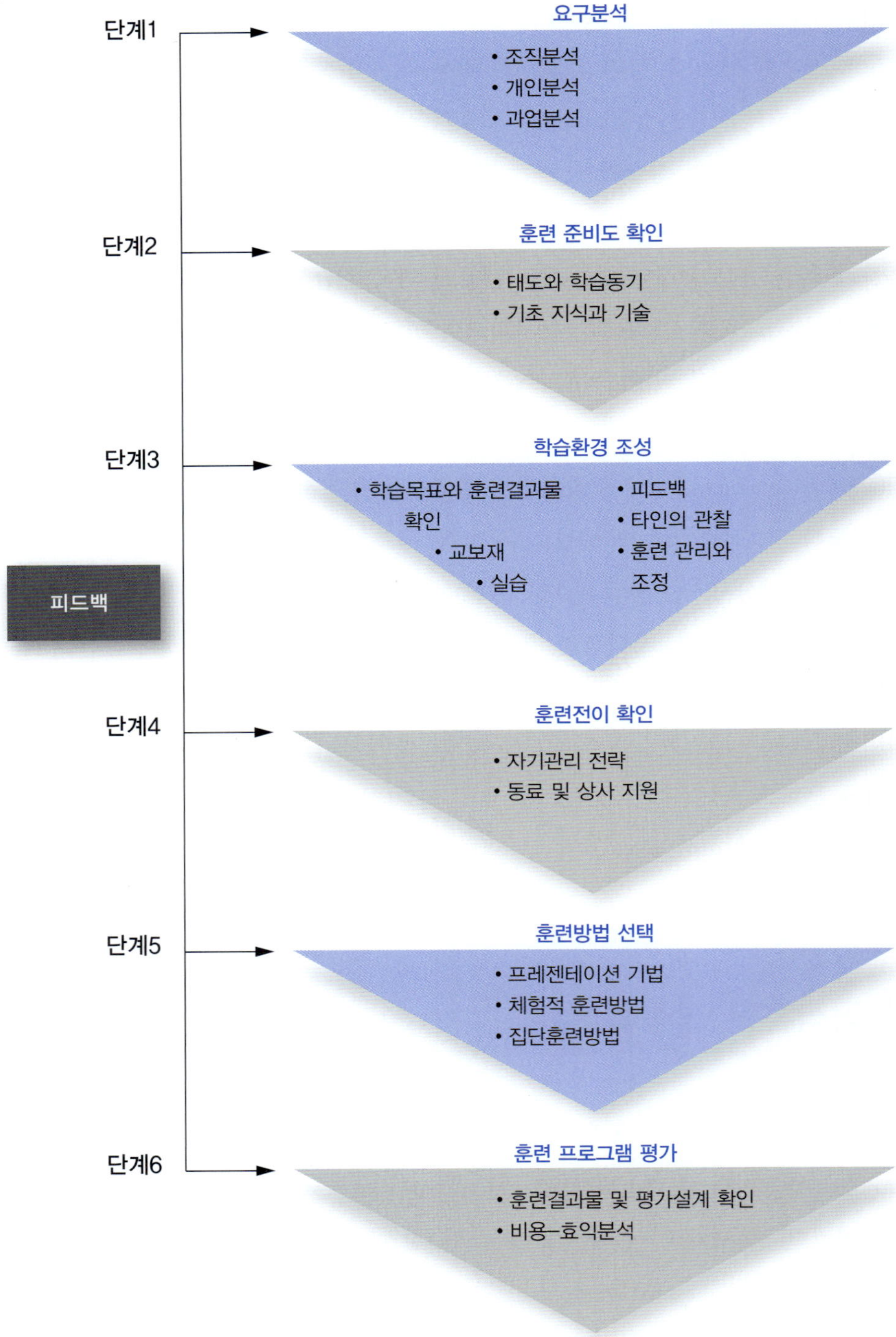
단계1
요구분석
• 조직분석
• 개인분석
• 과업분석
단계2
훈련 준비도 확인
• 태도와 학습동기
• 기초 지식과 기술
단계3
학습환경 조성
• 학습목표와 훈련결과물 확인
• 교보재
• 실습
• 피드백
• 타인의 관찰
• 훈련 관리와 조정
피드백
단계4
훈련전이 확인
• 자기관리 전략
• 동료 및 상사 지원
단계5
훈련방법 선택
• 프레젠테이션 기법
• 체험적 훈련방법
• 집단훈련방법
단계6
훈련 프로그램 평가
• 훈련결과물 및 평가설계 확인
• 비용–효익분석

용을 숙지하려는 동기와 기본적인 기술을 가지고 있는지를 확인하는 것이다. 3단계는 학습이 일어날 수 있는 환경과 조건을 갖추고 있는지를 확인하는 것이다. 4단계는 훈련생들이 훈련 내용을 직무에 적용했는지를 확인하는 것이다. 이 단계에서는 훈련생들이 기술 향상에 대한 책임감을 갖도록 하고 경영층 및 동료로부터의 지원을 확보하는 것이 필요하다. 5단계는 훈련방법을 선택하는 것이다. 훈련방법 선택에서 가장 중요하게 고려해야 할 점은 훈련목표를 달성할 수 있는 적절한 학습환경을 제공할 수 있는지를 확인하는 것이다. 6단계는 평가로서, 즉 훈련을 통해 기대하는 학습 결과를 달성했는지를 확인하는 것이다.

훈련설계과정은 시스템적이어야 하며, 동시에 사업적 요구를 반영할 수 있도록 유연해야 한다. 여섯 단계는 순차적으로 또는 동시에 진행될 수 있다. 그러나 체계적이지 않은 훈련설계는 훈련의 성과를 저해할 수 있다는 점을 기억해야 한다.

## 요구분석

교수설계과정의 첫 단계인 **요구분석**(need assessment)은 훈련이 필요한지 또는 그렇지 않은지를 결정하는 과정이다. 〈그림 6.3〉은 요구분석의 이유와 결과를 보여준다. 훈련이 필요한 이유는 사업전략의 지원뿐 아니라 성과 문제, 신기술, 고객의 요구, 직무재설계, 고객 선호의 변화, 신제품, 종업원의 기술 부족 등이다. 그러나 훈련은 기업이 처한 압력에 대한 최적의 해법 중에 하나일 뿐이며, 모든 문제가 훈련에 의해 해결되는 것은 아니라는 점이다.

요구분석은 일반적으로 조직분석, 개인분석, 과업분석을 포함한다. **조직분석**(organizational analysis)은 주어진 사업전략하에서 훈련의 적절성을 결정한다. 또한 훈련을 위해 필요한 자원과 훈련 활동을 위한 경영층과 동료들의 지원 정도를 결정한다. **개인분석**(person analysis)은 훈련이 필요한 대상자를 확인하는 것으로서 1) 성과의 부족이 지식, 기술, 능력에 기인하는지 2) 훈련 대상자가 누구인지 3) 종업원이 훈련을 위한 준비가 되어 있는지를 확인한다. **과업분석**(task analysis)은 종업원들이 과업을 효과적으로 완수하기 위해 훈련과정에 포함되어야 할 중요한 과업, 지식, 기술, 행동이 무엇인지를 확인한다.

세 가지 분석에 순서가 정해져 있는 것은 아니지만, 일반적으로 조직분석이 가장

**그림 6.3 요구분석 과정**

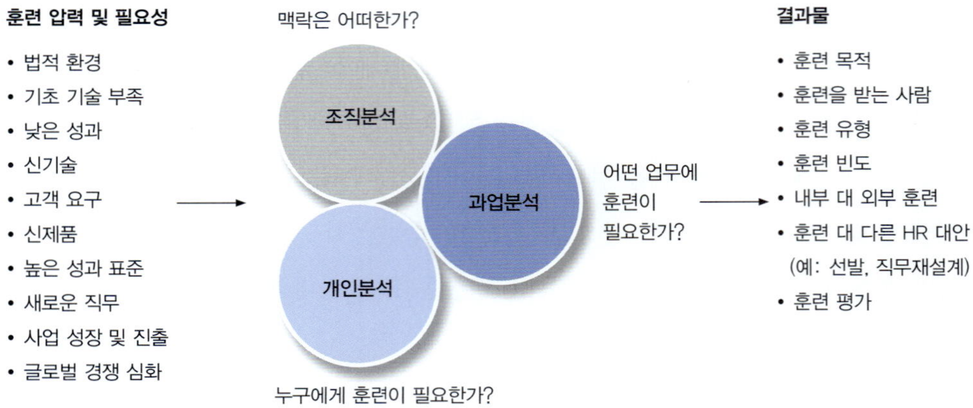


먼저 수행된다. 조직분석의 목적이 훈련이 기업의 전략 과제와 잘 맞는지와 기업이 훈련을 위해 시간과 예산을 투입할 의사가 있는지를 확인하는 것이기 때문이다. 개인분석과 과업분석은 종종 동시에 수행되는데, 이는 종업원의 부족한 성과가 단순히 훈련의 문제인지 또는 과업과 업무환경을 이해하지 못해서인지 확인하는 것이 어렵기 때문이다.

## 조직분석

훈련이 사업 과제에 대한 하나의 해답이라고 결정하기에 앞서 고려되어야 할 것들은 기업의 전략방향, 가용한 자원, 훈련을 위한 관리자와 동료들의 지원이다.

### 관리자와 동료의 지원

훈련이 성공적으로 이루어지기 위해서는 관리자와 동료들로부터의 긍정적인 태도를 이끌어내는 것이 중요하다. 즉, 훈련생이 습득한 지식, 기술, 행위를 직무현장에 어떻게 적용할 수 있는지를 관리자와 동료들이 조언해 줄 수 있다. 또한 훈련생들이 습득한 내용을 직무에 적용할 수 있는 기회를 제공해 줄 수 있다. 만약 관리자와 동료들이 긍정적인 태도를 가지고 있지 않을 경우, 훈련생들은 훈련 내용을 직무현장에 적용하려고 하지 않을 것이다.

### 사업전략

〈그림 6.1〉에서 제시된 바와 같이 훈련은 사업전략 목표 달성을 도와야 한다. 전략

**표 6.1 전략적 훈련 및 개발계획과 시사점**

| 전략적 훈련 및 개발계획 | 시사점 |
|---|---|
| 고객 서비스 향상 | • 직원들이 제품 및 서비스 지식을 갖추었는지 확인하라.<br>• 직원들이 고객을 응대하는 데 필요한 지식을 갖추었는지 확인하라.<br>• 직원들이 역할과 의사결정권한을 이해하고 있는지를 확인하라. |
| 종업원 참여(engagement) 향상 | • 직원들이 개발기회를 가지고 있는지를 확인하라.<br>• 직원들이 경력기회와 개인성장기회를 이해하고 있는지를 확인하라.<br>• 훈련과 개발이 성장기회뿐 아니라 직원 요구에 맞는지 확인하라. |
| 혁신 및 창의성 향상 | • 지식이 많은 직원들에게 통찰력과 정보를 얻어라.<br>• 정보를 논리적으로 구성하고 보관하라.<br>• 정보를 활용가능하게 만드는 방법을 구상하라(예: 자원 가이드, 웹사이트).<br>• 팀워크, 협력, 창의성, 지식공유를 촉진할 수 있는 물리적 공간을 제공하라. |
| 글로벌 시장에서의 성장 | • 글로벌 시장에서 리더로서 역할을 할 수 있는 높은 잠재력을 가진 관리자를 키워라.<br>• 다문화적 기능을 이해하는 국외거주 직원을 준비하라.<br>• 기업의 문화에 맞춰 해당 지역 직원을 훈련시켜라. |

출처: Based on S. Tannenbaum, "A Strategic View of Organizational Training and Learning," in *Creating, Implementing and Managing Effective Training and Development*, ed. K. Kraiger(San Francisco: Jossey-Bass, 2002), pp.10-52.

적 훈련 및 개발은 기업이 사업전략 목표를 달성하는 데에 도움을 줄 수 있는 학습 관련 행동이다. 이는 기업에게 특정한 훈련과 개발활동을 안내하는 로드맵(road map)을 제공해 준다.

〈표 6.1〉은 전략적 훈련 및 개발계획과 시사점을 보여주고 있다. 또한 전략적 훈련 및 개발(strategic training and development initiatives)은 기업이 목적을 달성하고 가치를 추가하는 데에 도움을 준다. 기업이 전략적 과제를 달성하기 위해 선택한 계획과 목적은 자원이 훈련을 위해 활용될 수 있는지를 결정한다. 조직이 훈련을 위해 충분한 예산을 할당하는 것, 종업원들이 필요한 훈련을 받는 것, 종업원들이 충분한 훈련을 받는 것 등은 사업전략과 목적을 어떻게 정하느냐에 따라 결정될 수 있다.

### 훈련 자원

회사가 훈련을 위한 예산, 시간, 전문성을 가지고 있는지를 확인하는 것은 중요하다. 만약 회사가 새로운 컴퓨터 기반의 제조장비를 도입한다고 가정할 때, 종업원들에게 장비 활용을 위한 기법을 훈련시키는 방법은 크게 세 가지로 생각해 볼 수 있다. 첫째, 회사에서 내부 컨설턴트 또는 교수자를 선발하고 훈련시켜서 해당 종업원들을 직접 훈련시키는 방법이다. 둘째, 새로운 컴퓨터 기반 제조장비를 효과적으로 다룰 수

**표 6.2 컨설턴트 또는 훈련전문업체 평가 질문**

- 귀사의 훈련 프로그램은 우리 회사의 요구와 얼마나 잘 맞는가?
- 귀사는 개발과 강의에 얼마나 오랫동안 종사하고 있는가? 그리고 어떠한 유형의 훈련을 제공하고 있는가?
- 귀사의 직원들의 자질과 경험은 어떻게 되는가?
- 귀사의 훈련 프로그램을 보여줄 수 있는가?
- 귀사의 기존 고객들은 어떤 회사인가?
- 귀사의 훈련 프로그램의 효과를 어떻게 입증할 수 있는가?
- 훈련 프로그램을 개발하는 데 얼마의 기간이 필요한가?
- 귀사의 서비스 제공에 따른 비용은 얼마인가?
- 귀사는 어떠한 교수설계방법을 사용하는가?
- 관리, 업데이트, 보수비용과 같은 지속적 비용은 어떻게 되는가?
- 기술적 지원을 제공하는가?

출처: K. Smith-Jentsch, "Making Smart Investments in Training: The Devil is in the Details," *Organizational Dynamics* 49 (2020), pp.1-7; C. Anderson, "Do You Have the Right Business Partners?" *Chief Learning Officer*, March 2014, pp.48-50; R. Zemke and J. Armstrong, "Evaluating Multimedia Developers," *training*, November 1996, pp.33-38; B. Chapman, "How to Create the Ideal RFP," *training*, January 2004, pp.40-43; M. Weinstein, "What Vendors Wished You Knew," *training*, February 2010, pp.122-125.

있는 종업원들을 시험 등을 통해 평가하고, 그들에게만 작업을 하도록 배정하는 방법이다. 이는 훈련보다는 선별이나 배치를 결정하는 데에 더욱 유용한 방법이 될 수 있다. 셋째, 만약 회사가 시간이나 전문성이 부족하다면, 외부 컨설턴트 또는 훈련전문업체에 의뢰하여 종업원들을 훈련시키는 방법이다. 〈표 6.2〉는 회사가 외부 컨설턴트 또는 훈련전문업체를 평가하는 데에 적용될 수 있는 기준을 제시하고 있다.

### 개인분석

개인분석은 관리자들로 하여금 어떤 훈련이 적절한지와 누가 훈련을 받아야 하는지를 결정하는 데에 도움을 준다. 예를 들어, 새로운 장비가 회사에 도입되었을 때, 모든 종업원들에게 훈련이 필요할 수도 있다. 그러나 때로는 훈련이 최선의 방법이 아닐 수도 있다.

훈련은 종업원들의 낮은 성과를 개선하기 위해서 필요하다. 즉, 종업원들의 현재 성과와 기대되는 성과 간의 차이가 훈련의 목표가 된다. 낮은 성과란 고객의 불만, 낮은 성과 평점, 작업상의 사고, 불안전한 행위 등이다. 또한 종업원들이 수행하는 작업의 내용이 바뀌는 때와 새로운 지식과 기술이 요구되는 경우에 발생한다. 관리자의 관점에서 훈련이 최적의 해답이 될 수 있는지를 스스로 확인하기 위해서는 아래의 내용을 확인해야 한다.

1) 성과문제는 중요하며, 회사는 생산성과 고객의 손실로부터 잠재적으로 많은 비용을 지불해야 하는가?
2) 종업원들이 효과적으로 업무를 수행하는 방법을 모르고 있는가? 이는 종업원들이 지금까지 충분한 훈련을 받지 못했기 때문일 수 있다.
3) 종업원들이 정확하게 지식과 기술을 설명할 수 있는가? 아마도 종업원들은 지금까지 훈련받은 내용을 실제 업무에 적용하지 못했거나 하지 않을 수도 있다.
4) 성과 기대치는 명확하고, 업무 수행에 장애물은 없는가?
5) 종업원들은 뛰어난 성과에 대해 보상을 받고 있는가? 만약 종업원들이 보상에 만족하지 못한다면, 업무에 소홀해질 수 있다.
6) 종업원들은 그들의 업무에 대해 적절하고, 관련 있고, 정확하고, 건설적이고, 구체적인 피드백을 받고 있는가?
7) 직무재설계 또는 배치와 같은 다른 해법은 비용이 많이 들거나 현실적인 어려움이 있는가?

만약 종업원들이 업무 수행을 위한 지식과 기술이 부족하고, 다른 요인들이 크게 영향을 미치지 않는다면 훈련은 효과적인 해법이 될 수 있다. 그러나 종업원들이 충분한 지식과 기술을 가지고 있지만, 다른 요인들(예: 목표, 보상, 피드백)이 적절하지 않다면 훈련은 최적의 해법이 아닐 수 있다. 즉, 낮은 성과가 부적절한 피드백이나 보상에 의해 발생할 수 있다는 점을 기억해야 한다.

### 과업분석

과업분석은 특정 과업이 수행되는 데에 필요한 조건을 확인하는 것을 말한다. 조건들은 장비와 환경, 시간제약, 안전기준, 성과표준 등을 포함한다. 과업분석은 지식, 기술, 종업원에 의해 수행된 과업, 과업을 성공적으로 해내는 데 필요한 능력과 같은 작업활동의 명세서를 만들어낸다. **직무**(job)란 구체적인 과업(task)을 완수하는 데 있어서 필요한 구체적인 직위(position)를 말하며, **과업**(task)은 구체적인 직무 안에 포함된 종업원들의 작업활동을 말한다. 과업분석은 네 단계를 포함한다. 즉, 1) 분석될 직무를 규정하는 것, 2) 직무에서 수행되는 과업의 목록을 개발하는 것, 3) 과업을 확인하는 것, 4) 각각의 과업을 효과적으로 수행하는 데에 필요한 지식, 기술, 능력, 기타 요인(예: 장비, 환경)들을 규정하는 것이다.

## 훈련 준비도 확인하기

훈련설계의 두 번째 단계는 훈련생들이 학습에 동기부여가 되어 있는지를 확인하는 것이다. **학습동기**(motivation to learn)란 훈련 프로그램의 내용을 학습하고자 하는 열망을 말하는데, 이는 학습을 위한 에너지를 가지는 것, 학습을 향한 에너지를 정렬하는 것, 어려움이 있더라도 학습을 위한 노력을 지속하는 것을 포함한다. 또한 학습동기는 훈련 프로그램에서 지식 습득, 행위 변화, 기술 습득과 긍정적인 관계가 있다. 〈표 6.3〉은 학습동기에 영향을 미치는 요인들을 보여준다. 학습동기는 훈련 내용의 숙달에 영향을 미치기 때문에 관리자들은 학습자들의 학습동기를 극대화하도록 신경을 써야 한다. 이는 종업원들의 자기효능감을 높이고, 훈련의 혜택에 대해 설명하고, 훈련의 요구사항 및 경력 목적에 대해 설명하고, 업무환경에 대해 설명하는 것과 같은 노력을 통해 가능하다.

**표 6.3 학습동기에 영향을 미치는 요인들**

| 요인 | 설명 | 실천행동 |
|---|---|---|
| 자기효능감 | 훈련 프로그램의 내용을 성공적으로 학습할 수 있다는 자신에 대한 믿음 | 훈련을 통해 발전한 동료를 보여주어라. 훈련의 목적이 부족한 부분을 규명하는 것이 아니라는 사실을 분명히 이해시켜라. 훈련의 목적과 활용을 이해시켜라. 학습은 개인의 통제 범위 안에 있다는 것을 강조하라. |
| 훈련의 혜택 및 결과물 | 훈련에 참여함으로써 생기는 직무, 개인, 경력과 관련된 혜택 | 훈련의 단기 및 장기 혜택에 대한 현실적인 대화를 나누어라. |
| 훈련요구의 인식 | 자신의 역량에 대한 강·약점 파악 | 훈련 참여의 이유에 대해 설명하라. 성과평가정보를 공유하라. 훈련생 스스로 자신의 강·약점을 평가하도록 하라. 훈련생이 원하는 프로그램을 선택하도록 기회를 주어라. |
| 업무환경 | 적절한 학습도구, 설비, 재료, 예산, 시간 및 관리자와 동료의 피드백 제공 의지 | 훈련에서 습득한 지식과 기술을 적용할 수 있는 기회를 제공하라. 각각에 대해 피드백을 제공하라. 훈련내용이 어떻게 업무에 도움이 되는지를 알려주어라. 훈련내용의 업무 적용에 대해 칭찬하라. 훈련내용의 업무 적용시 필요한 자원들을 제공하라. |
| 기본 기술 | 인지능력, 문예능력 | 훈련내용 이해와 학습에 필요한 선행지식을 규명하라. 보충 훈련을 제공하라. 비디오 등 훈련 도구를 활용하라. 훈련 프로그램을 훈련생의 기본 기술 수준에 맞게 조정하라. |
| 목표지향성 | 학습상황에서 직원들이 가지는 목표 | 훈련생 간의 경쟁을 제거하여 학습목표지향성을 조성하라. 훈련생에게 새로운 지식, 기술, 행동에 기반한 실수를 허락하라. |
| 성실성 | 정직하고, 열심히 일하고, 적절하게 행동하고, 지속하는 성향 | 학습요구에 대해 대화를 나누어라. |

출처: Based on J. Colquitt, J. LePine, and R. Noe, "Toward an Integrative Theory of Training Motivation: A Meta-Analytic Path Analysis of 20 Years of Research," *Journal of Applied Psychology* 85 (2000), pp.678-707; R. Noe and J. Colquitt, "Planning for Impact Training: Principles of Training Effectiveness," in K. Kraiger (ed.), *Creating, Implementing, and Managing Effective Training and Development* (San Francisco: Jossey-Bass, 2002), pp.53-79.

## 학습환경의 조성

궁극적으로 학습은 행위를 변화시킨다. 종업원들이 훈련 프로그램을 통해 지식이나 기술을 습득하게 하고 이를 각자의 업무에 적용시키게끔 하기 위해서는 훈련 프로그램이 특정한 학습원칙을 포함해야 한다. 교육 및 산업 심리학자와 교수설계 전문가들은 종업원 학습의 최적 조건들을 제시해 왔다. 〈표 6.4〉는 훈련 프로그램에서 학습이 일어나는 사건들과 교육(instruction)을 위한 시사점을 제시하고 있다.

**표 6.4 학습의 조건 및 적용시 유의점**

| 학습의 조건 | 적용시 유의점 |
|---|---|
| 학습목적의 이해 | 훈련생은 훈련이 왜 필요하고, 무엇을 위한 것인지에 대해 명확하게 이해해야 한다. |
| 의미있는 훈련내용 | 훈련이 학습자들의 업무나 능력향상에 직접적으로 연결될 때 학습동기가 향상된다.<br>훈련맥락은 업무환경과 유사해야 한다. |
| 실습의 기회 | 훈련생은 배운 것을 실습할 수 있어야 한다. |
| 피드백 | 피드백은 학습자들의 행동 및 기술을 조정하는 데에 유용하다.<br>비디오 녹화, 동료, 교수자는 피드백의 좋은 방법이다. |
| 관찰, 경험, 상호작용 | 성인은 일을 하면서 배운다. 타인과 일을 하면서 새로운 관점과 직관을 얻어나간다.<br>타인의 행동을 관찰하고, 경험을 공유하면서 배워나간다.<br>새로운 아이디어와 문제해결 방법을 습득하기 위해 워크시트와 온라인 상호작용을 촉진하라. |
| 훈련과정의 조정과 실행 | 학습을 방해하는 휴대전화사용 등을 제한하라.<br>훈련장소가 적절하게 준비되었는지를 확인하라.<br>훈련생들은 훈련목표, 장소, 시간, 사전 자료들을 미리 받아야 한다. |
| 훈련내용의 기억 | 훈련종료 후 훈련내용을 회상하도록 유도하라.<br>훈련내용들 간의 관계도, 리뷰를 위한 시간, 핵심단어 회상, 이미지 제공 등이 효과적이다.<br>학습내용이 지나치게 길어져서, 학습자의 기억을 저해하지 않도록 적절한 분량으로 설계하라. |

출처: Based on R. M. Gagne, "Learning Processes and Instruction," *Training Research Journal* 1(1995/1996), pp.17–28; M. Knowles, *The Adult Learner*, 4th ed. (Houston: Gulf, 1990); A. Bandura, *Social Foundations of Thought and Action* (Englewood Cliffs, NJ: Prentice Hall, 1986); E. A. Locke and G. D. Latham, *A Theory of Goal Setting and Task Performance* (Englewood Cliffs, NJ: Prentice Hall, 1990); B. Mager, *Preparing Instructional Objectives*, 2nd ed. (Belmont, CA: Lake, 1984); B. J. Smith and B. L. Delahaye, *How to Be an Effective Trainer*, 2nd ed. (New York: Wiley, 1987); K. A. Smith-Jentsch, F. G. Jentsch, S. C. Payne, and E. Salas, "Can Pretraining Experience Explain Individual Differences in Learning?" *Journal of Applied Psychology* 81(1996), pp.110–116; H. Nuriddin, "Building the Right Interaction," *T + D*, March 2011, pp.32–35; R. Feloni, "This Simple Daily Exercise Boosts Employee Performance," *Business Insider India*, www.businessinsider.in.com; G. Di Stefano, F. Gino, G. Pisano, and B. Staats, "Learning by Thinking: How Reflection Aids Performance," Harvard Business School Working Paper, 14-093 (March 25, 2014); M. Plater, "Three Trends Shaping Learning," *Chief Learning Officer*, June 2014, pp.44–47; A. Kohn, "Use It or Lose It," *T + D*, February 2015, pp.56–61; J. Karpicke and Henry Roediger III, "The Critical Importance of Retrieval for Learning," *Science*, February 2008, pp.966–968; A. Paul, "Microlearning 101", *HR Magazine* (May 2016): 36–42.

## 훈련전이의 확인

**훈련전이**(transfer of training)란 훈련에서 학습한 지식, 기술, 행위를 업무현장에 적용하는 것을 말한다. 〈그림 6.4〉에서 제시하고 있는 것처럼 훈련전이는 관리자 지원, 동료 지원, 활용기회, 기술적 지원, 자기관리기술 등에 의해 영향을 받는다. 학습은 학습환경과 학습 준비도에 의해 영향을 받는다. 만약 훈련 프로그램에서 학습이 이루어지지 않는다면, 전이 역시 일어나지 않는다.

**그림 6.4 훈련전이에 영향을 주는 업무환경 특성 등**

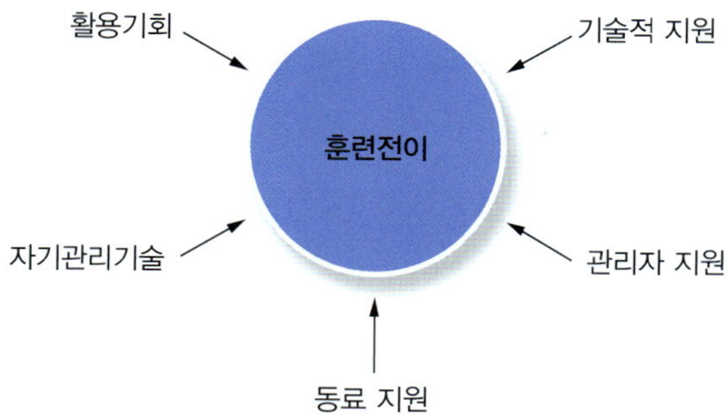


## 관리자 지원

**관리자 지원**(manager support)은 관리자가 1) 훈련 프로그램 참여의 중요성을 강조하고, 2) 직무에 훈련 내용의 적용을 강조하는 정도를 말한다. 〈표 6.5〉는 관리자가 훈련을 어떻게 지원해야 하는지를 보여준다.

관리자의 지원이 많을수록 훈련전이는 더욱 많이 일어날 것이다. 관리자가 훈련전이를 위해 할 수 있는 가장 기본적인 수준은 훈련생의 훈련 참여를 허용하는 것이며, 가장 높은 수준은 관리자가 교수자(교육자)가 되는 것이다. 교수자로서 관리자들은 새

**표 6.5 관리자 지원**

- 학습내용을 이해시킨다.
- 훈련이 직원의 업무와 어떻게 연결되는지를 이해시킨다.
- 직원들이 훈련내용을 업무에 적용했는지를 성과평가에 반영한다.
- 훈련을 마치고 업무에 복귀하였을 때, 훈련내용을 적용하도록 지원한다.
- 직원들이 훈련전이를 위해 필요한 장비와 도구를 가지고 있는지를 확인한다.
- 훈련에 앞서, 어떻게 훈련내용을 사용할지를 토의한다.
- 새로운 훈련내용을 적용한 직원들을 인정하고 칭찬한다.
- 직원들이 훈련에 참여할 수 있는 시간적 여유를 제공한다.
- 직원들이 왜 훈련에 참여해야 하는지에 대해 설명한다.
- 직원들이 개발해야 할 기술이나 행동에 대한 피드백을 제공한다.
- 만약 가능하다면, 교수자로서 훈련에 참여한다.

출처: Based on S. Bailey, "The Answer to Transfer," *Chief Learning Officer*, November 2014, pp.33-41; R. Hewes, "Step by Step," *T + D*, February 2014, pp.56-61; R. Bates, "Managers as Transfer Agents," in E. Holton III and T. Baldwin (eds.), *Improving Learning Transfer in Organizations* (San Francisco: Jossey-Bass, 2003), pp.243-270; A. Rossett, "That Was a Great Class, but..." *Training and Development*, July 1997, p.21.

롭게 학습된 내용을 강화할 수 있으며, 훈련생과 토론하고, 실습의 기회를 제공할 수 있다. 또한 관리자는 **액션플랜**(action plan)의 사용을 통해 전이를 촉진할 수 있다. 액션플랜은 1) 훈련내용은 무엇이며, 어떻게 사용될 것인지를 규정하는 목적, 2) 목적 달성을 위한 전략, 3) 피드백을 얻기 위한 전략, 4) 기대되는 결과물을 포함한다. 더욱이 액션플랜은 구체적인 일자와 시간에 대한 일정표를 포함한다.

### 동료 지원

훈련전이는 훈련생들 간의 상호지원 네트워크를 구축함으로써 강화될 수 있다. **지원 네트워크**(support network)는 직무에서 학습된 역량을 활용하는 과정에서 만나고 토론하는 집단을 말한다. 이것은 면대면 모임이나 이메일, 트위터 및 다른 사회적 네트워킹 도구(SNS)와 같은 의사소통 수단을 포함한다. 또한 훈련생은 직무에 훈련내용을 활용하면서 얻은 경험을 공유할 수 있고, 이를 위해 웹사이트나 뉴스레터는 훈련생이 어떻게 훈련전이를 하고 있는지를 보여주는 데에 사용될 수 있다. 이러한 도구들은 새로운 기술을 활용하는 데 유용한 팁(tip)을 제공할 수 있다.

### 학습된 역량의 활용기회

**학습된 역량의 활용기회**(opportunity to perform)는 훈련생이 훈련 프로그램으로부터 새롭게 학습된 내용을 직무에 적용할 수 있는 정도를 말한다. 이는 업무환경과 훈련생의 동기 수준에 의해 영향을 받는다. 훈련생이 학습된 역량을 사용할 수 있는 하나의 방법은 지정된 업무경험(문제 상황 또는 업무)을 통해 가능하다. 관리자는 업무과제를 결정하는 데에 중요한 역할을 한다. 활용의 기회는 훈련생이 주어진 과제와 책임을 얼마나 수용하는지에 따라 달라진다. 활용의 기회가 많은 훈련생은 그렇지 않은 훈련생에 비해 학습된 역량을 더욱 잘 유지한다.

### 기술적 지원: 전자성과지원시스템과 지식경영시스템

**전자성과지원시스템**(Electronic Performance Support System: EPSS)은 기술 훈련, 정보 접근, 전문가 조언을 제공하는 컴퓨터 애플리케이션이다. EPSS는 훈련생에게 전자정보원천을 제공함으로써 훈련전이를 높인다.

많은 기업들은 지식의 창출, 공유, 활용을 지원하는 **지식경영시스템**(knowledge management system: KMS)을 활용하고 있다. 지식경영시스템은 종종 **실천공동체**(communities of practice)를 포함하는데, 실천공동체는 함께 작업하고, 서로에게 배우고, 업무가 어떻게 완수되는지에 대한 공동의 이해도를 높이는 종업원들의 집단을 말한다.

#### 자기관리기술

훈련 프로그램은 종업원들이 직무에 새로운 기술과 행위를 스스로 적용할 수 있는 자기관리능력을 개발시켜야 한다. 특히 훈련과정에서 훈련생은 기술과 행위를 사용하려는 목적을 세워야 한다. 또한 훈련생은 훈련전이가 실패할 수 있는 조건을 찾아내고, 긍정적 또는 부정적인 결과를 확인하며, 일련의 과정을 모니터링해야 한다. 훈련생들은 훈련전이의 어려움을 이해하고, 과거의 행위나 습관이 재발할 수 있다는 것을 기억해야 한다. 더욱이 훈련생이 새로운 지식, 기술, 행위를 업무에 적용하더라도 관리자나 동료로부터 긍정적 보상이나 평가를 받지 못할 수 있다는 점도 이해해야 한다. 따라서 훈련생은 본인 스스로의 보상 시스템을 조성하고, 동료나 관리자로부터의 피드백을 적극적으로 요청해야 한다.

### 훈련방법의 선택

다양한 훈련방법들은 종업원들이 새로운 지식, 기술, 행동을 습득하는 데 도움을 줄 수 있다. 〈그림 6.5〉는 다양한 훈련방법을 제시하고 있다. 강의실 교육은 가장 많이 활용되는 훈련방법이다. 그러나 온라인 학습, 모바일 학습, 사회적 네트워킹의 사용은 꾸준히 증가하고 있으며, 이러한 추세는 계속될 것으로 전망된다.

#### 프레젠테이션 방법

**프레젠테이션 방법**(presentation method)은 훈련생이 정보의 수동적 수용자가 되는 방법을 말한다. 프레젠테이션 방법은 전통적인 강의실 교육(classroom instruction), 원격학습(distance learning), 시청각 기법(audiovisual techniques), 모바일 기술 등을 포함한다. 이러한 방법은 새로운 사실 및 정보를 전달하는 데에 효과적이다.

##### 강의실 교육

**강의실 교육**(instructor-led classroom instruction)은 전형적으로 교수자가 집단에게

**그림 6.5 훈련방법의 활용비율**

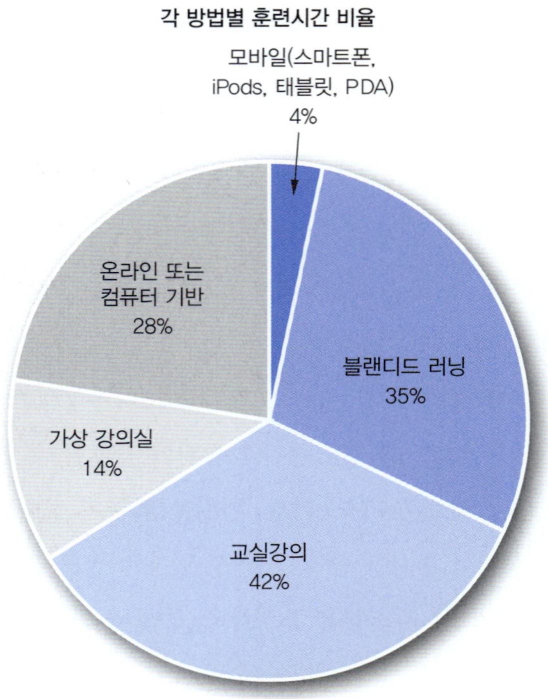


출처: "2020 Training Industry Report," *training*, November-December 2020, pp.22-37.

강의를 전달하는 방식이다. 일반적으로 강의실 교육은 질문-대답, 토론, 사례연구 형식으로 진행된다. 강의실 교육은 컴퓨터 기반 교육과 같은 신기술의 출현에도 불구하고 대중적인 훈련방법으로 채택되고 있으며, 전통적인 강의실 교육은 가장 적은 비용과 시간을 소비하며 많은 훈련생들을 대상으로 특정 주제에 대해 강의할 수 있다.

### 원격학습

**원격학습**(distance learning)은 지리적으로 떨어져 있는 훈련생에게 기술 훈련과 전문가 강의뿐 아니라 새로운 제품, 정책, 절차에 대한 정보를 제공하는 데 활용될 수 있다. 원격학습은 크게 두 가지로 구분된다. 첫째로 **원격회의시스템**(teleconferencing)이다. 이는 다양한 위치에 있는 여러 사람들이 동시에 오디오, 비디오, 텍스트를 교환하는 것을 말한다. 훈련생은 교수자 및 다른 훈련생들과 의사소통을 할 수 있다. 둘째로 개인용 컴퓨터 기반 훈련이다. 훈련생은 어디에서나 개인용 컴퓨터에 접속해서 훈련에 참여할 수 있다. 수업 교재나 과제는 회사의 인트라넷, 비디오, CD-ROM을 통해 전달되며,

교수자와 훈련생은 이메일, 전자게시판 등을 통해 의사소통을 한다.

원격학습의 장점은 기업이 훈련참여를 위한 여행비용을 절감할 수 있다는 것이다. 지리적으로 떨어져 있는 훈련생들을 한곳으로 불러들이는 데에 소요되는 비용을 지불하지 않아도 되는 것이다. 최근에는 가상 강의실 훈련(virtual classroom training)도 사용되고 있다. 반면에 원격학습 방법 중 하나인 온라인 교육은 훈련생이 스스로 많은 양의 내용을 학습해야 하기 때문에 학습효과가 떨어지는 단점을 가지고 있다. 이를 보완하기 위해 **웹캐스팅**(webcasting) 방법이 사용된다. 웹캐스팅은 생방송을 통해 강의실 교육의 내용을 전달한다. 그러나 원격학습은 교수자와 훈련생 간의 상호작용이 부족하다는 단점이 있기 때문에 교수자와 훈련생 간의 상호작용을 촉진하는 방법을 포함해야 한다.

#### 시청각 기법

**시청각 기법**(audiovisual training)은 표제, 슬라이드, 비디오를 포함한다. 이것은 커뮤니케이션 기술, 인터뷰 기술, 고객서비스 기술 향상을 위해 사용되며, 작업공정이 어떻게 진행되는지 보여주기 위해 사용되기도 한다. iPod과 태블릿 PC를 이용한 모바일 기법은 작업 시간과 가정 등 어디에서나 훈련과 학습이 이루어질 수 있도록 하며, 학습자들은 자신의 교재를 가지고 각자의 공간에서 학습한다.

### 체험적 훈련방법

**체험적 훈련방법**(hands-on methods)은 훈련생에게 직접 학습에 참여하도록 만드는 훈련방법이다. 이는 현장훈련(OJT), 시뮬레이션, 비즈니스 게임, 사례연구, 행위모델링, 웹기반 훈련 등을 포함한다. 이는 특정한 기술을 개발하고, 기술과 행위가 직무에 어떻게 전이되는지를 이해시키고, 과업완수를 위한 모든 절차를 경험하게 하며, 직무상의 대인관계 이슈들을 다루는 능력을 개발하는 데에 효과적이다.

#### 직무현장훈련

**직무현장훈련**(On-the-job training: OJT)은 미숙련 훈련생이 숙련된 관리자나 동료들을 관찰하고 그들의 행위를 따라하는 방법이다. 직무현장훈련은 새롭게 고용된 종업원을 훈련시키는 데에 효과적이며, 새로운 기술이 도입되었을 때 기존 종업원들의 기술을 업그레이드하는 데에 효과적이다. 또한 한 부서나 작업단위에서 종업원 간 상호

**표 6.6 직무현장훈련(OJT)의 원칙**

| 훈련 준비 |
|---|
| 1. 해당 직무를 중요한 단계로 세분화한다. |
| 2. 필요한 장비, 교보재, 도구 등을 준비한다. |
| 3. 어느 정도의 시간을 투입할 것이며, 언제 훈련생이 기대하는 수준에 도달할 것인지를 결정한다. |
| **실제 훈련** |
| 1. 과업의 목적을 물어보고, 훈련생이 이를 반복하도록 하라. |
| 2. 훈련생들에게 설명 없이 행동으로 보여주어라. |
| 3. 앞선 행동의 핵심적인 사항을 설명하라. |
| 4. 훈련생들에게 다시 한번 행동으로 보여주어라. |
| 5. 훈련생들이 각각의 행동을 제대로 하고 있는지를 확인한다. 만약 잘했다면 칭찬하라. |
| 6. 훈련생들이 일련의 행동을 모두 제대로 하는지를 확인한다. 만약 잘했다면 칭찬하라. |
| 7. 잘하지 못하면, 정확하게 할 때까지 실습하게 해라. |
| 8. 훈련생이 업무를 완벽하게 습득하면 칭찬하라. |

출처: W. J. Rothwell and H. C. Kazanas, "Planned OJT Is Productive OJT," *Training and Development Journal*, October 1990, pp.53-55; P. J. Decker and B. R. Nathan, *Behavior Modeling Training*(New York: Praeger Scientific, 1985).

훈련을 하는 데에 유용하고, 새로운 직무에 배치된 종업원들에게 업무를 소개하는 데에 많이 활용된다. 직무현장훈련은 시간과 비용에 있어 효과적이기 때문에 매력적인 훈련방법이다. 보통 직무 전문가인 관리자나 동료가 교수자가 된다. 〈표 6.6〉은 구조화된 직무현장훈련(structured OJT)의 원칙을 보여준다.

### 도제

**도제**(apprenticeship)는 직무현장훈련과 강의장 훈련을 혼합한 훈련방법이며, 개별 기업 또는 노동조합에 의해 지원될 수 있다. 도제 훈련의 장점은 학습자가 그들이 배우는 기간 동안 임금을 받을 수 있다는 점이다. 보통 도제 훈련은 몇 년간 지속되기 때문에 학습자들에게는 매우 중요한 부분이다. 또한 도제 훈련은 고등학교, 전문대학, 기술훈련원 등에서 제공되는 강의실 훈련의 내용이 어떻게 실제 직무와 연결되는지를 학습하게 된다. 도제 훈련이 끝나는 시점에서 정식적으로 고용이 되는 것이 일반적이다. 기업의 입장에서도 준비된 인재를 유인하여 선발할 수 있는 장점을 가지고 있다.

반면 도제 훈련의 단점은 도제 훈련이 끝나는 시점에서 직무가 이용가능한지를 보증할 수 없다는 점이다. 이는 기업환경의 변화로 인해, 직무 역시 끊임없이 변화하기 때문이다. 또 다른 단점으로는 고용주가 견습생(apprentices)이 하나의 특화된 직무를 배우기 때문에 새로운 기술을 습득하기 어렵거나 작업장에서의 변화에 맞춘 기술 적용이 힘들 것이라고 판단하여 견습생을 고용하지 않을 수도 있다는 것이다.

### 인턴십

**인턴십**(internship)은 교육기관 또는 학문적 프로그램을 통해 이루어지는 직무현장 훈련이다. 학생들은 본인이 배우고 있는 분야와 관련된 직무를 맡아 이를 경험하게 된다. 인턴으로서 성과가 좋으면, 많은 기업들이 졸업 후 정규직 전환을 권한다.

### 시뮬레이션

**시뮬레이션**(simulation)은 실제 직무에서 무슨 업무를 수행하고 어떠한 상황이 발생하는지 볼 수 있도록 하는 훈련방법이다. 시뮬레이션은 인공적이고 위험이 없는 상황에서 훈련생의 의사결정에 따라 어떠한 일이 발생하는지 확인할 수 있게 한다. 이는 경영 및 대인관계 기술뿐 아니라 생산과 프로세스 기법을 훈련시키는 데에 활용된다. 미국 IBM은 보안팀에게 사이버공격(cyberattacks)에 대처하는 방법을 시뮬레이션을 통해 교육시키고 있다.

좀 더 발전된 형태의 훈련방법으로서 **가상현실**(virtual reality)은 훈련생에게 3차원 학습 경험을 제공하는 컴퓨터 기반의 훈련방법이다. 특별한 장치를 사용하고 컴퓨터 스크린으로 가상 모델을 보면서, 훈련생은 조작된 환경과 구성요소들과 상호작용을 하면서 훈련을 받는다. 가상현실은 훈련생의 다중감각을 자극하는 데에 사용된다.

시뮬레이션은 다양한 이유로 효과적이다. 첫째, 훈련생이 자신의 컴퓨터를 활용하여 물리적 한계를 없앨 수 있다. 둘째, 시뮬레이션은 유의미한 경험이 가능하기 때문에 훈련생의 능동적 참여를 이끌 수 있다. 셋째, 시뮬레이터(simulator)가 배워야 할 것이 무엇인지 계속해서 제공해준다. 넷째, 종업원들이 가상훈련을 통해 실제 상황에서의 위험을 잘 대처할 수 있도록 만든다. 다섯째, 다른 전통적 교육방법보다 단기간에 교육이 끝나며 투자대비 좋은 결과물이 나타난다. 단점은 지속적인 업데이트로 인한 비용이다. 급속한 업무환경 변화에 맞추어 시뮬레이션의 환경 또한 변경이 필요하기 때문이다.

### 아바타

**아바타**(Avatar)는 상상의 코치, 동료, 고객을 통해 인간을 묘사하여 가상의 현실에서 진행되는 훈련방법이다. 일반적으로 훈련생은 훈련기간 동안 아바타를 보며 상상 현실을 통해 현실에서의 능력을 배양하는 방법이다.

### 경영게임과 사례연구

훈련생은 경영게임과 사례연구에서 정보를 수집하고, 분석하고, 의사결정을 내리면서 경영기법을 개발한다. **게임**(games)은 참가자들이 사업의 경쟁적 상황을 모방하고 적극적으로 참여하기 때문에 학습을 촉진한다. 경영게임에서 참여자들이 내리는 의사결정은 노사관계, 마케팅, 재무, 생산, 인사관리와 같은 경영실무의 모든 영역을 포함한다. 또한 팀 단위로 경영게임에 참여할 때, 경영게임은 정보의 프레임을 빠르게 개발할 수 있게 만들고, 팀 응집력을 기르는 데에 도움을 준다.

**사례연구**(case studies)는 분석, 통합, 평가와 같은 지적 능력을 개발하는 데에 더욱 적절하다. 이러한 능력은 관리자, 물리학자, 전문가 등에 요구되는 능력이다. 또한 사례는 참여자들에게 불확실한 결과물에 대한 위험을 감수하려는 의지를 길러준다. 효과적인 사례연구가 되기 위해서는 참여자들이 사례에 대해 분석하고 토론할 수 있는 기회가 주어져야 한다. 사례연구에서는 의사소통이 매우 중요한 요소이기 때문에 각자의 직위에 맞는 역할을 수행하고 이를 종합적으로 토의하는 과정이 필수적이다.

### 행위모델링

**행위모델링**(behavior modeling)은 대인관계기술을 향상시키는 데에 가장 효과적인 방법으로 알려져 있다. 행위모델링은 코칭이나 커뮤니케이션과 같은 대인관계기술에 초점을 두고 있다. 훈련내용은 각각의 행위에 대한 합리적 근거를 제시한다. 또한 직무현장에서 핵심적인 행위가 어떻게 활용되는지를 설명하고, 역할 모델을 사용하여 실습하는 기회를 제공하고, 비디오테이프를 통해 자신의 행동을 평가할 수 있는 기회가 주어진다. 훈련생은 실제 행위에 대한 피드백을 통해 자신의 행동을 수정 및 보완해 나갈 수 있다.

### 이러닝

**이러닝**(e-Learning), 컴퓨터 기반 훈련, 온라인 러닝, 웹기반 훈련은 인트라넷 또는 인터넷을 통해 훈련의 내용을 전달하는 방법을 말한다. 이러닝의 학습효과를 높이기 위해서 텍스트(text)는 시뮬레이션과 게임을 활용하고 영상(video)은 블로그, 위키백과, 소셜 네트워크를 활용하며, 추가적인 자원은 하이퍼링크를 활용한다. 인터넷 연결이 필요 없이 독립된 소프트웨어를 활용하는 컴퓨터 기반 훈련도 있다. 이러닝은 공용 인터넷 또는 회사 내의 인트라넷을 통해 패스워드를 이용하여 접근할 수 있다. 이러닝은 훈련생들이 훈련을 함과 동시에 훈련을 자신의 일에 적용시킬 수 있게 해준다. 예를 들어, 영상(video)을 활용한 훈련 프로그램일 경우, 훈련생들은 영상을 보고 특정한 상황에 어떻게 대응할지에 대해 키보드와 스크린 터치를 사용해 답할 수 있다.

효과적인 이러닝은 요구분석과 완벽한 학습목표를 통해 완성된다. **용도변경**(re-purposing)은 직접적으로 교수자 주도 학습 및 면대면 학습을 이러닝 프로그램으로 전환하는 것을 말한다. 단순히 용도만 변경한 이러닝 프로그램은 학습효과성을 떨어뜨린다. 그럼에도 불구하고, 현재까지 많은 기업들이 용도변경을 통한 이러닝 프로그램 개발을 해오고 있다. 최선의 이러닝 프로그램은 효과적인 학습환경 구축의 이론과 인터넷 기반의 효율성을 접목하는 것이 되어야 한다. 즉, 효과적인 이러닝 프로그램은 웹기반의 역동성과 함께 하이퍼링크를 통한 학습장소와 콘텐츠를 다른 프로그램과 연결하고, 이를 통해 학습자들 간의 협력학습이 가능하도록 하는 것이다. 또한 이러닝 프로그램은 학습자들이 학습과 경험을 스스로 통제할 수 있도록 돕는다. 따라서 이러닝 프로그램은 교수자 주도의 학습을 통한 발표, 동영상, 슬라이드 등을 가능하게 하며, 학습자 간 토론과 질의응답을 가능하게 하고, 장소에 구애받지 않고 교수자 또는 학습자 간의 토론을 가능하게 한다. 더욱이 학습자들은 문제, 실습, 과제, 테스트 등을 통해 실천하고 피드백을 받을 수 있다.

대규모 온라인 강좌를 의미하는 **무크**(massive open online courses: MOOCs)는 새로운 형식의 이러닝이다. 대규모의 교육생이 등록하게끔 설계된 무크는 인터넷을 사용하는 모든 사람들에게 무료로 온라인 영상이 제공되며 화학, 수학, 물리학 등 과학 분야에서부터 철학, 정치학 등 인문학과 사회과학 분야까지 다양한 분야를 다룬다. 강의에 특정 시간 및 기일이 존재하며 퀴즈, 과제, 시험도 있다. 무크는 비용이 적게 들고 쌍방향으로 학습이 가능하고 접근이 쉬우며 다양한 주제를 다룬다는 장점이 있지만 학생들의 참여가 저조하다는 단점이 있다.

### 블렌디드 러닝

이러닝은 느린 인터넷 접속 시간 등 기술적인 문제를 가질 수 있으며, 훈련생은 면대면 훈련을 선호할 수 있고, 인터넷에 접속하기 어려운 종업원들이 있기 때문에 혼합형 및 하이브리드 형태의 학습방법이 사용되기도 한다. **블렌디드 러닝**(blended learning)은 학습내용을 전달하기 위해 이러닝, 모바일 러닝, 면대면 학습과 같은 방법을 통합하는 학습방법이다. 이러한 블렌디드 러닝은 학습내용의 전달과 훈련에 있어 이러닝과 면대면 학습의 장점을 접목한 방법이다.

### 학습관리시스템

**학습관리시스템**(learning management system: LMS)은 기업의 훈련 프로그램을 관리, 개발, 전달하는 모든 것을 자동화하는 데 사용되는 기술 플랫폼을 말한다. 학습관리시스템은 여행 등 훈련과 관련된 경비를 줄일 수 있게 만들며, 훈련 프로그램에 접속하는 데에 소요되는 시간을 단축시키고, 훈련생들의 훈련과정을 관리하는 데에 효율성을 높인다.

## 팀빌딩 방법

**팀빌딩 방법**(team-building method)은 팀효과성을 증진시키기 위해 설계된 훈련방법이다. 동시에 훈련생 개인의 기술 향상도 가능하다. 팀빌딩 방법에서 훈련생은 아이디어와 경험을 공유하고, 팀 정체성을 확립하고, 대인관계의 역동성을 이해하게 된다. 또한 자신과 팀원들의 장단점을 알아가게 된다. 팀 기술은 효율적 팀워크를 위한 팀의 기술력을 높이는 역할을 한다. 팀원 전부는 팀 기능에 대한 느낌, 지각, 신념에 대해 확인하고 팀의 성과를 위해 어떠한 팀 훈련이 필요할지 토론 및 계획한다.

### 모험학습

**모험학습**(adventure learning)은 구조화된 야외활동을 통해 팀워크와 리더십 기술을 개발시키는 방법이다. 모험학습은 자기인식, 문제해결, 갈등관리, 위험감수와 같은 집단 효과성과 관련된 기술을 개발하는 데에 적합하다. 모험학습은 암벽등반, 사다리 오르기, 강 건너기와 같은 도전적인 신체적 활동을 수반한다. 효과적인 모험학습이 되기 위해서는 실습이 참가자들이 개발해야 할 기술과 연결이 되어 있어야 한다. 실습이 끝난 후에, 교수자는 훈련생들에게 실습과정에서 어떠한 일이 발생하였는지, 무엇을 배웠는지, 직무상황과는 어떻게 연결될 수 있는지, 어떻게 목표를 세우고, 직무에 적용할지에 대해 물어보고 함께 토의해야 한다.

### 팀 훈련

**팀 훈련**(team training)은 공동의 목적을 달성하기 위해서 함께 일하는 개인들의 성과를 조정한다. 이는 모든 정보가 공유되고, 개인의 성과가 팀 성과 전반에 영향을 미칠 때에 특히 효과적인 방법이다. 군사훈련과 같이 팀원 개인의 역할이 팀 전체와 상호 유기적으로 연결되어 있는 경우가 좋은 예이다.

팀 훈련은 교차훈련(cross-training)과 조정훈련(coordination training)을 포함한다. **교차훈련**에서 팀 구성원들은 다른 팀원들의 역할을 이해하고 다른 사람의 역할을 수행하게 된다. **조정훈련**에서는 팀 성과를 극대화하기 위해서 어떻게 정보를 공유하고 의사결정을 하는지를 훈련한다. 조정훈련은 특히 환자와 관련된 효과적인 의사결정이 필요한 의학수술팀과 항공기 조정팀에 효과적인 훈련방법이다.

**팀 리더 훈련**(team leader training)은 팀 관리자를 훈련시키는 것을 말한다. 이는 팀 리더가 팀 내의 갈등을 어떻게 해결하는지와 팀 구성원들이 활동을 조정하고 다른 팀과 협업할 수 있도록 훈련시킨다.

### 액션러닝

**액션러닝**(action learning)에서 팀은 실제 사업과제를 가지고, 액션플랜을 수립하고, 계획을 실천에 옮기는 책임을 갖게 된다. 일반적으로 액션러닝은 6~30명 정도로 구성되며, 종종 고객과 협력업체 종업원들이 포함되기도 한다. 또한 회사 내에서 서로 다른 팀의 구성원들이 함께 액션러닝에 참여하여 공동의 문제를 해결할 수도 있다. 액션러닝은 식스시그마 훈련(Six Sigma training)이나 카이젠(Kaizen)과 같은 품질 향상 프로세스의 일환으로 여겨지기도 한다.

## 훈련방법 선택을 위한 조언

효과적인 훈련방법을 선택하기 위해서는 개별 훈련방법의 장단점을 비교하는 것이 중요하다. 첫 번째 단계는 학습의 결과물의 유형에 대해 규정하는 것이다. 학습의 결과물은 언어적 정보, 지적 능력, 인지능력, 태도, 행동 등 다양하다. 훈련은 하나 또는 두 개 이상의 학습 결과물을 가져올 수 있다. 일단 학습 결과물이 규정되고 나면, 해당 방법이 얼마나 학습 및 학습전이를 가져올 수 있는지를 검토하고, 개발과 관련된 비용, 효과성을 검토해야 한다.

## 훈련방법의 평가

훈련 프로그램의 결과물을 검토하는 것은 효과성을 평가하는 데에 도움이 된다. **훈련 결과물**(training outcomes)은 프로그램의 목적과 연결되어야 한다. 훈련 목적은 인지적 결과, 기술기반 결과, 정서적 결과, 성과, 투자수익률로 구분될 수 있다. 〈표 6.7〉은 훈련 프로그램 평가에 사용되는 결과물의 유형은 무엇이며, 무엇이 측정되고, 어떻게 측정되는지를 보여주고 있다.

어떤 훈련 결과물의 측정치가 최선인지는 훈련의 목적에 따라 달라진다. 만약 훈련의 목적이 고객만족 및 제품 품질과 같은 사업관련 성과와 연결되어 있다면, 이러한 결과물이 훈련 프로그램 평가에 포함되어야 한다.

또한 훈련에 대한 반응과 인지능력 측정은 훈련생이 훈련장소를 떠나기 전에 수집

**표 6.7 훈련 프로그램 평가에 사용되는 결과물**

| 결과물 | 측정대상 | 측정방법 | 예(example) |
|---|---|---|---|
| 인지능력 | • 지식습득 | • 지필시험<br>• 작업표본 | • 안전 규칙<br>• 전기 원리(electrical principles)<br>• 평가 인터뷰 절차 |
| 기술 | • 행동<br>• 기술 | • 관찰<br>• 작업표본<br>• 등급 구분 | • 톱질<br>• 언어 청취력<br>• 코칭 기술<br>• 항공기 착륙 |
| 정서 | • 동기<br>• 반응<br>• 태도 | • 인터뷰<br>• 포커스 그룹<br>• 태도 서베이 | • 훈련 만족도<br>• 다른 문화에 대한 믿음 |
| 결과물 | • 임금수준 | • 관찰<br>• 데이터 | • 결근율<br>• 사고<br>• 특허 |
| 투자수익률 | • 경제적 가치 | • 비용-효익 비교 | • 금전적 수익 |

표 6.8 평가 설계의 비교

| 설계 | 집단 | 측정 | | | | |
|---|---|---|---|---|---|---|
| | | 훈련 전 | 훈련 후 | 비용 | 시간 | 강도 |
| 사후 평가 | 훈련생 | 아니오 | 예 | 낮음 | 낮음 | 낮음 |
| 사전 및 사후 평가 | 훈련생 | 예 | 예 | 낮음 | 낮음 | 중간 |
| 비교집단 사후 평가 | 훈련생과 비교집단 | 아니오 | 예 | 중간 | 중간 | 중간 |
| 비교집단 사전 및 사후 평가 | 훈련생과 비교집단 | 예 | 예 | 중간 | 중간 | 높음 |
| 시계열 | 훈련생 | 예 | 예 | 중간 | 중간 | 중간 |

된다. 이 측정방법은 훈련생이 실제로 자신의 직무에 훈련 내용을 적용하는 정도를 알기 어렵다. 따라서 훈련 후에 측정된 기술, 정서, 결과 측정이 훈련전이를 측정하는 데 사용될 수 있다.

### 평가 설계

〈표 6.8〉은 각각의 평가 설계를 비교해 놓았다. 참가 대상이 누구인지(훈련생/훈련을 받지 않은 그룹), 결과 측정이 이루어진 시기(훈련 전/훈련 후), 평가에 들어가는 비용 및 시간, 설계의 강도(평가 결과 대체 불가능 정도)를 살펴볼 수 있다.

### 훈련에 따른 재무적 이익의 확인

훈련과 관련된 **투자수익률**(return on investment: ROI)을 산출하기 위해서는 아래와 같은 절차를 따라야 한다.

1) 훈련 결과물을 규정한다.
2) 훈련 결과물에 가치를 부여한다.
3) 훈련 결과에 대한 잠재적 영향요인을 제거한 후에 성과의 변화를 확인한다.
4) 훈련 전후의 성과를 비교한다.
5) 훈련과 관련된 직접비, 간접비, 개발비, 운영비, 기타 비용을 계산한다.
6) 비용 대비 혜택을 계산한다.
7) 투자수익률을 계산한다.

# 그 외 훈련 이슈들

## 이문화 훈련

오늘날 기업들은 글로벌 경쟁 환경에 직면하고 있다. 따라서 종업원들은 다른 나라에서 근무를 하게 된다. **해외파견근로자**(expatriate)는 모국이 아닌 다른 나라에서 근무하는 사람을 말한다. 글로벌 경쟁 환경의 가속화는 해외파견근로자의 증가로 이어지고 있다. **이문화 훈련**(cross-cultural preparation)은 해외파견근로자에게 해외에서 효과적인 업무수행을 위해 글로벌 시장에 대한 이해, 파견국의 사업 관행에 대한 이해, 문화적 이해를 높이기 위해 실시된다.

### 이문화 훈련의 단계

성공적인 해외파견근로자가 되기 위해 준비해야 할 내용은 아래와 같다.

1) 해당 직무에 대한 전문성
2) 현지국 언어 및 비언어 의사소통 능력
3) 문화적 차이에 대한 민감성, 유연성, 모호함에 대한 인내
4) 성공에 대한 동기, 다른 나라에서 근무하는 도전에 대한 흥미, 새로운 문화, 언어, 관습을 배우려는 의지
5) 가족의 지원

해외파견근로자가 현지국에서 기대하는 만큼의 성과를 내지 못하고 돌아오는 이유는 기업이 훈련생들에게 현지국에 대한 적응이나 이해보다는 기술 및 전문적 기술에 초점을 두어 근로자를 선발하고 배치하기 때문이다. 또한 해외파견근로자의 개인 특성 역시 업무성과에 영향을 미친다. 외향적이고, 협력적이며, 성실한 근로자들이 그렇지 않은 근로자들보다 더 높은 성과를 보인다. 또한 해외파견근로자들의 경우 근로자 본인뿐 아니라 가족과 함께하는 훈련 및 경력관리의 조합이 필요하다.

### 출발 전 단계

출국 전 해외파견근로자는 새로운 국가의 언어에 대한 교육뿐 아니라 문화 및 관

습에 대한 예비교육을 받아야 한다. 이때 해외에서 함께 생활하는 가족들도 함께 교육을 받는 것이 매우 중요하다. 해외파견근로자와 가족들은 생활할 지역의 숙소, 학교, 여가, 쇼핑, 의료시설 등에 대한 정보가 필요하다. 또한 해외파견근로자는 해외업무가 어떻게 자신의 경력관리와 연결될 수 있는지에 대해 논의하고, 귀국하였을 때 어떠한 직위나 직무를 맡게 될지에 대해서도 사전에 확인해야 한다.

이때 고려해야 할 점은 본국과 현지국 간의 문화적 차이 정도, 개별 국민들의 상호작용의 정도, 수행해야 할 직무의 차이점 등이 이문화 훈련방법이나 설계에 반영되어야 하며, 훈련의 성과로 연결되어야 한다는 점이다.

### 현지국 단계

현지국 훈련은 정규 프로그램 또는 멘토링을 통해 현지국의 문화와 관습에 대한 지속적인 오리엔테이션을 포함한다. 파견근로자는 직장 내외로 사회적 관계를 발전시키는 것이 중요하다. 현지에 도착하면, 현지의 직원이 해당 국가의 새로운 업무환경 및 생활환경에 대해 설명해 줄 수 있지만 개인 또한 웹사이트 등을 통해 실시간 정보를 입수하는 것 역시 필요하다. 종업원들이 해외에서 근무하는 것을 꺼리는 이유 중 하나는 배우자의 수입 상실 및 경력이 단절될 수 있기 때문이다. 해외파견에 동행한 배우자들은 새로운 국가, 지역, 언어, 문화 등에 대한 교육기회를 가질 수 있다. 예를 들어, 미국의 GM(General Motors)은 파견기간 동안 매년 배우자에게 2,500달러를 제공하여 전문 자격증을 취득 및 유지할 수 있는 경력 유지 서비스를 제공한다.

### 복귀 단계

**복귀**(repatriation) 단계는 해외파견근로자들에게 본국으로 복귀할 수 있도록 준비시키는 단계이다. 해외파견근로자와 가족들은 출국 이후 발생한 본국에서의 변화로 인해 복귀해야 할 시점에서 스트레스와 걱정을 경험하게 된다. 해외에서 근무하는 동안 회사의 구조, 상사, 동료 등에 많은 변화가 있을 수 있기 때문에 복귀 시점에서 회사와 관련 업무에 대한 정보를 지속적으로 수집해야 한다. 복귀에 대한 준비가 제대로 이루어지지 않으면 현지국에 파견되었을 때 이상의 충격을 경험하게 될 수도 있다. 따라서 회사의 뉴스레터, 웹사이트, 보고서 등을 지속적으로 검토해야 한다. 많은 해외파견근로자들은 해외에서 근무했을 때보다 본국으로 복귀해서 수행해야 할 직무에서 낮은 책임감, 낮은 도전, 낮은 지위 등으로 인해 회사를 떠나는 경우가 많다.

## 다양성 관리와 포용

기업은 연령, 민족, 교육수준, 성적 지향성(sexual orientation), 업무 유형, 인종, 성별 등 다양한 인력으로 구성되어 있다. **포용**(inclusion)은 함께 근무하는 동료들 간의 소속감, 상호 존중, 타인에 대한 몰입의 감정을 공유하며, 이를 통해 최선의 성과를 이끌어낼 수 있도록 한다.

**다양성 훈련**(diversity training)은 다양한 인력으로 구성된 조직에서 다양성에 대한 개방적인 태도를 형성하고, 다양성을 통해 조직성과를 극대화하는 학습방법을 말한다. **다양성 관리와 포용**(managing diversity and inclusion)은 모든 구성원들이 조직 목표에 기여할 수 있는 기회를 제공하고, 개인적인 성장을 경험할 수 있는 업무환경을 조성하는 것이다. 이때 기업은 다양한 민족, 인종, 종교적 배경을 가진 사람들과 편하게 일할 수 있도록 종업원들을 개발해야 한다. 다양성 관리는 기업문화의 변화를 요구할 수 있는데, 이는 종업원들이 어떻게 대우받아야 하는지에 대한 기준과 규범, 경쟁, 결과 지향성, 혁신, 위험 감수와 같은 내용들을 포함한다.

조직은 다양성으로부터 학습을 촉진하는 환경을 조성할 때 성과향상에 기여할 수 있다. 성공적인 다양성 관리가 되기 위해서는 1) 동료들이 어떻게 업무를 효과적으로 수행하는지에 대해 학습할 수 있어야 하며, 2) 지원적이고 협력적인 조직문화를 만들어야 하며, 3) 효과적인 팀 기능을 유도하는 리더십 기술이 습득될 수 있어야 한다.

〈표 6.9〉는 성공적인 다양성 관리를 위한 핵심구성요소를 제시하고 있다. 성공적인 다양성 프로그램을 위해서는 효율적인 훈련 프로그램, 최고경영층 지원, 고용에 대한 정책 및 규정, 관리 구조 등 여러 부분에서 문화적 변화를 계속 이끌어내야 한다. 나아가 조직 내에 국한되는 것이 아니라 조직이 운영되는 지역사회, 협력업체, 고객을 포함해야 한다.

**표 6.9 성공적인 다양성 관리 프로그램의 핵심구성요소**

| | |
|---|---|
| 최고경영층의 지원 | • 다양성을 위한 경영사례를 발굴한다.<br>• 사업전략과 회사 목표의 한 부분으로 다양성을 포함시킨다.<br>• 모든 관리자들이 다양성 프로그램에 참여하도록 독려한다.<br>• 최고경영층을 다양한 인력으로 구성한다. |
| 모집과 채용 | • 다양한 지원자들을 모집한다.<br>• 관리자들에게 인터뷰, 선발, 채용 과정에 필요한 기법을 전달한다.<br>• 소수자들이 집중적으로 분포된 지역 및 학교를 탐색한다. |
| 핵심인재의 발굴과 개발 | • 소수자들을 위한 인턴십을 제공한다.<br>• 멘토링 프로세스를 구축한다.<br>• 핵심인재를 정의하는 데에 글로벌 승계계획을 적용한다.<br>• 팀 성과를 극대화할 수 있는 관리자 및 리더를 선발하고 개발한다.<br>• 소수자들이 경영 및 리더십 개발 프로그램에 참여하는 데에 있어 차별받지 않도록 한다. |
| 종업원 지원 | • 유사한 관심사를 가진 집단을 형성하게 한다.<br>• 문화적 전통, 축제, 휴일 등을 축하한다.<br>• 일과 삶의 균형을 유지할 수 있는 제도를 마련한다. |
| 공정한 대우 | • 다양성 훈련을 제공한다.<br>• 분쟁조정 프로세스를 실행한다.<br>• 회사의 모든 위원회에 소수자들을 참여시킨다. |
| 관리자 책임 강화 | • 관리자의 다양성 관리능력을 그들의 보상과 연결시킨다.<br>• 직원들의 공정성, 개발기회 제공, 이문화 수용 등의 태도와 참여를 측정하기 위한 정기적인 설문조사를 실시한다.<br>• 모든 관리자들을 위한 360도 피드백 조사를 실시한다. |
| 외부 이해관계자들과의 관계 개선 | • 다양한 커뮤니티와 연결한다.<br>• 다양한 언어로 고객 서비스를 제공한다.<br>• 소수자들에 의해 경영되는 협력업체와의 거래를 확대한다.<br>• 소수자 및 다양한 커뮤니티에 장학금 등을 제공한다. |

출처: Based on F. Dobbins and A. Kalev, "Why Diversity Programs Fail," *Harvard Business Review*, July/August 2016, pp.52–60; B. Groysberg and K. Connolly, "Great Leaders Who Make the Mix Work," *Harvard Business Review*, September 2013, pp.68–76; K. Bezrvkova, K. Jehn, and C. Spell, "Reviewing Diversity Training: Where Have We Been and Where Should We Go?" *Academy of Management Learning & Education* 11(2012), pp.207–227; R. Anand and M. Winters, "A Retrospective View of Corporate Diversity Training from 1964 to the Present," *Academy of Management Learning & Education* 7(2008), pp.356–372; C. Chavez and J. Weisinger, "Beyond Diversity Training: A Social Infusion for Cultural Inclusion," *Human Resource Management* 47(2008), pp.331–350.

## 온보딩(Onboarding) 및 사회화

**온보딩**(onboarding) 및 사회화는 신입사원이 자신의 새로운 일에 대한 사회적, 성과적 측면에 적응하도록 도와주는 과정이다. 이 과정은 신입사원이 조직 내에서 사회적 관계를 형성하고, 목표와 기대치를 명확하게 이해하고, 성과에 대한 피드백을 받을 수

**그림 6.6 온보딩의 4단계**

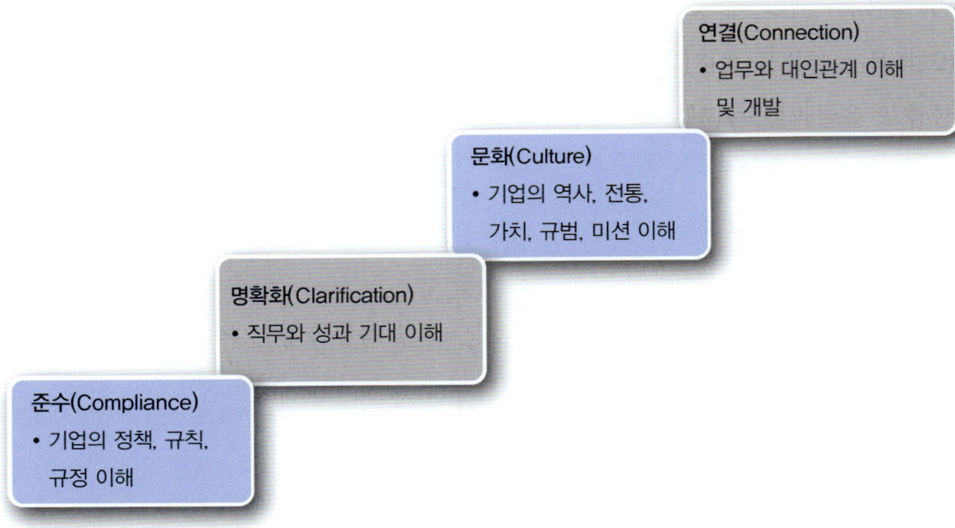


출처: Based on T. Allen, L. Eby, G. Chao, and T. Bauer, "Taking Stock of Two Relational Aspects of Organizational Life: Tracing the History and Shaping the Future of Socialization and Mentoring Research," *Journal of Applied Psychology* 102(2017), pp.324-337; T. Bauer, *Onboarding New Employees: Maximizing Success* (Alexandria, VA: SHRM Foundation, 2010); G. Chao, A. O'Leary-Kelly, S. Wolf, H. Klein, and P. Gardner, "Organizational Socialization: Its Content and Consequences," *Journal of Applied Psychology* 79(1994), pp.730-743.

있게 함으로써 신입사원의 만족도와 성과를 높이는 데에 도움이 된다. 온보딩 프로그램은 기업마다 매우 다양하지만 효과적인 온보딩 프로그램을 위한 네 단계가 〈그림 6.6〉에 제시되어 있다.

효과적인 온보딩은 다양한 내용을 포함하고 있다. 첫째, 신입사원에게 세금계산서 작성, 근무표 작성, 여행환급비용 청구와 같은 일상적인 업무를 이해하게끔 도와주는 것이다. 둘째, 신입사원에게 자신감과 동료 및 상사로부터 인정받는 사회적 안정감을 심어주고 그들의 역할, 직무에 대한 책임감, 요구 성과에 대해 인지시켜 기업문화를 이해하고 적응하게 도와주는 것이다. 셋째, 효과적인 온보딩이 더 높은 직무만족, 조직몰입(organizational commitment), 낮은 이직률, 더 높은 성과, 낮은 스트레스, 경력관리와 같은 사원과 기업에게 모두 중요한 결과와 연관되어 있다는 것을 알고 있어야 한다.

〈표 6.10〉은 효과적인 온보딩 프로그램의 특징을 보여준다. 특히 효과적인 온보딩 프로그램은 신입사원을 활발히 개입시킨다. 다양한 기업들이 이러한 특성을 활용한 온보딩 프로그램을 제공한다. 예를 들어, 젠스케이프(Genscape)는 신입사원이 서류작

**표 6.10 효과적인 온보딩 프로그램의 특징**

- 직원들은 편안하게 질문을 한다.
- 프로그램은 직무와 관련된 기술적인 면뿐 아니라 사회적인 면에 대한 정보를 포함한다.
- 오리엔테이션의 성공에 대한 책임은 해당 신입사원의 관리자에게 있다.
- 신입사원을 당황스럽게 하는 것은 피해야 한다.
- 관리자 및 동료들과 공식적이고 비공식적인 상호작용이 일어난다.
- 프로그램은 신입사원의 생활(예: 집, 쇼핑 등)과 관련된 정보를 제공한다.
- 신입사원들이 회사의 제품, 서비스, 고객에 대해 이해할 수 있도록 한다.

성에 너무 많은 시간을 소비하여 서로 간의 대화 및 상호작용이 부족하다고 판단하였다. 이에 따라 새로운 온라인 포털 시스템을 개발 및 활용하여 서류작성 업무를 줄이고 대인간의 좋은 관계를 형성할 수 있게 하였다.

## 요약

기술혁신, 신제품 시장, 다양한 노동력은 기업들이 기존의 훈련 시스템과 프로그램이 어떻게 종업원들의 학습에 기여하고 있는지를 재검토하게 만들고 있다. 본 장에서는 요구분석, 학습환경 설계, 훈련준비도, 훈련전이를 포함하는 체계적인 훈련에 대해 설명하였다. 훈련목적을 달성하기 위해서는 가장 적절한 훈련방법을 선택해야 한다. 또한 훈련은 기업전략과 연계되어야 하며, 비용-효익 분석을 통해 조직효과성에 기여해야 한다는 점을 강조하였다. 이문화 훈련과 다양성 관리는 글로벌 시장과 다양한 노동력의 이슈와 관련이 있다. 온보딩과 사회화는 신입사원이 낯선 업무환경에 적응하게 함으로써 성과를 제고하는 데에 도움이 된다.

## 주요 용어

**가상현실**(Virtual reality)
**개인분석**(Person analysis)
**공식훈련**(Formal training)
**과업분석**(Task analysis)
**교차훈련**(Cross-training)
**강의실 교육**(Instructor-led classroom instruction)
**게임**(Game)
**과업**(Task)
**관리자 지원**(Manager support)
**다양성 관리와 포용**(Managing diversity and inclusion)

다양성 훈련(Diversity training)
도제(Apprenticeship)
복귀(Repatriation)
비공식학습(Informal learning)
시뮬레이션(Simulation)
실천공동체(Communities of practice)
암묵적 지식(Tacit knowledge)
액션플랜(Action plan)
요구분석(Needs assessment)
원격회의시스템(Teleconferencing)
이러닝(E-learning)
인턴십(Internship)
조정훈련(Coordination training)
지속학습(Continuous learning)
지원 네트워크(Support network)
직무현장훈련(On-the-job training: OJT)
투자수익률(Return on investment: ROI)
팀빌딩 방법(Team-building methods)
프레젠테이션 방법(Presentation methods)
학습동기(Motivation to learn)
행위모델링(Behavior modeling)
활용기회(Opportunity to perform)
훈련(Training)
훈련전이(Transfer of training)
대규모 온라인 강좌(MOOCs)
모험학습(Adventure learning)
블렌디드 러닝(Blended learning)
사례연구(Case studies)
시청각기법(Audiovisual training)
아바타(Avatar)
액션러닝(Action learning)
온보딩(Onboarding)
용도변경(Repurposing)
웹캐스팅(Webcasting)
이문화 훈련(Cross-cultural preparation)
전자성과지원시스템(EPSS)
조직분석(Organizational analysis)
지식경영(Knowledge management)
직무(Job)
체험적 훈련방법(Hands-on methods)
팀 리더 훈련(Team leader training)
포용(Inclusion)
학습관리시스템(Learning management system: LMS)
해외파견근로자(Expatriate)
형식적 지식(Explicit knowledge)
훈련 결과물(Training outcomes)
훈련설계과정(Training design process)

## 토의과제

01. 최근에 H백화점은 고객 서비스를 개선하기 위해서 판매직원들의 훈련에 많은 예산을 투자하였다. 훈련에서 다루는 내용은 고객들에게 어떻게 인사를 해야 하며, 어떻게 고객들의 요구를 알아내고, 제품 또는 상품의 편의성을 강조할 것인지에 대한 내용이다. H백화점은 이 훈련이 효과적인지 그렇지 않은지를 결정해야 한다. 이를 위해서 어떤 자료가 필요하겠는가? 훈련평가는 어떻게 설계해야 하는가?

02. 홍길동 인사팀장이 김봉수 대리를 불렀다. "김대리, 우리 공장 직원들은 서로 잡아먹을 듯이 싸우기만 하고, 서로 도움을 주거나 받지 않고 각자의 일만 하고 있어요. 이런 문제를 어떻게 해결해야 할까요?" 김봉수 대리가 답한다. "훈련을 통해 해결할 수 있지 않을까요?" 홍길동 팀장이 말한다. "좋아요. 그럼 다음 주 월요일까지 어떤 훈련을 통해 해결할 수 있는지 계획서를 가지고 오세요." 이런 경우는 회사 내에서 종종 발생한다. 만약 여러분이 김봉수 대리라면 어떤 내용으로 훈련계획서를 작성하겠는가? 인간관계훈련 또는 다른 해결책이 도움이 될 수 있는가?

03. 여러분이 중소 규모 해산물 유통회사의 인사팀장이라고 가정해 보자. 대부분의 훈련은 구조화되어 있지 않고, 필요하면 작업현장에서 실시하고 있다. 현재는 신입사원이 들어오면 선배들이 업무에 대해 알려주고 있다. 그러나 최근에 고객들로부터 해산물이 제대로 손질되지 않았다는 불만과 불평을 많이 받고 있다. 이런 상황에서 당신은 훈련을 어떻게 설계하고 실행하겠는가?

04. L사는 제품의 품질제고를 위해서 컴퓨터 기반의 제조공정을 여러 제조라인 중에서 한 곳에 도입했다. 새로운 제조공정은 생산라인에 있는 직원들의 업무절차와 내용에 많은 변화를 가져올 것이다. 또한 직원들은 통계프로세스 기법을 배워야 한다. 그러나 통계에 대한 지식을 가지고 있는 직원들은 전혀 없는 상황이다. 어떻게 하면 직원들에게 통계프로세스 기법을 효과적으로 훈련시킬 수 있을까?

사례연구

## 리더십 개발과 경영성과

자동차 부품 제조 전문업체 A사는 매년 임원급과 팀장급 리더십 개발 워크숍을 진행한다. 벌써 10여 년이 넘게 매년 봄·가을 연 2회 2일간 교육이 진행된다. 이때는 해외 지사의 임원과 팀장들도 모두 참석한다. 현재 미국, 중국, 캐나다에 지사를 두고 있다. 회사는 리더십 개발 워크숍에 관심과 예산을 투자하고 있다.

그러나 최근 기업의 성과는 기대에 미치지 못하고 있다. 매출액은 최근 3년간 매년 －9%씩 하락하고 있고, 수익률 역시 －5%씩 하락하고 있다. 이런 상황이다 보니 임직원들은 매년 2회씩 진행되는 리더십 개발 워크숍에 대한 부정적 의견이 많아지고 있다. 리더십 개발 워크숍을 한다고 해서 매출액이나 수익률과 같은 회사의 경영성과가 높아지지 않는데, 왜 계속하는지 모르겠다는 것이다.

하지만 대표이사 사장은 리더십 워크숍은 회사가 어려울 때일수록 회사의 비전과 전략을 공유하고 'One Team' 마인드를 갖게 하기 때문에 내년에는 더욱 확대할 계획이라고 말한다.

**토의과제**

1. 만약 당신이 대표이사 회장이라면 리더십 개발 워크숍에 대한 필요성을 어떻게 전달할 것인지 논하시오.
2. 리더십 워크숍에 포함되어야 할 학습내용이 무엇인지 자신의 견해를 밝히시오.

PART

# 3

Human
Resource
Management
GAINING A COMPETITIVE ADVANTAGE

# 인적자원의 측정과 개발

## 제3부 개요

제3부는 기업이 어떻게 직원 가치를 평가하고, 종업원 유지와 개발전략을 통해 자산화하는지를 다룬다. 제7장 성과관리는 성과평정, 객관적 수치 또는 행동관찰 등을 통한 성과관리방법의 장단점을 살펴본다.

제8장 직원 개발은 직원의 역량개발을 위해 사용되는 진단방법, 직무경험, 공식훈련 프로그램, 멘토링 등에 대해 소개한다.

제9장 직원 분리 및 유지는 종업원 결근과 이직을 낮추면서 관리자가 어떻게 생산성과 만족도를 높일 수 있는지를 살펴본다. 이 장에서는 종업원 만족과 유지에 영향을 미치는 직무와 조직특성에 관한 종업원 설문조사 활용을 중요하게 다룬다.

CHAPTER 07

# 성과관리

학습목표

**이 장을 읽고 나면 다음을 수행할 수 있어야 한다.**

01 전통적인 성과관리과정의 주요 내용과 한계를 파악할 수 있다.

02 지속적인 성과관리과정의 특성과 기업들이 이러한 제도를 도입하는 이유를 토론할 수 있다.

03 성과관리의 6가지 목적에 대해 논할 수 있다.

04 효과적인 성과관리시스템의 5가지 기준을 파악할 수 있다.

05 성과관리를 위한 5개 접근방식과 각 접근방식에서 사용되는 특정 방법을 이해하고, 효과적인 성과관리시스템을 위해 각 접근방식의 기준을 비교할 수 있다.

06 주어진 상황에서 가장 효과적인 성과측정 접근방식을 선택할 수 있다.

07 성과정보와 관련된 자료원천의 장점과 단점을 논의할 수 있다.

08 특정 상황에 맞는 가장 효과적인 성과정보의 원천을 찾아 선택할 수 있다.

09 사회적 성과관리와 성과관리에 대한 전자 모니터링의 잠재적 장점을 토의할 수 있다.

10 평가오류의 유형을 구분하고, 성과평가에서 실수를 최소화할 수 있는 방법을 설명할 수 있다.

11 효과적인 성과 피드백 회의를 수행할 수 있다.

12 성과부진의 원인을 파악할 수 있다.

HUMAN RESOURCES

# 도입

기업이 종업원을 통한 경쟁우위를 추구하려면 종업원의 활동과 결과를 관리할 수 있어야 한다. **성과관리**(performance management)는 부서장들이 종업원들의 활동과 그 결과가 조직의 목표에 부합되도록 관리하는 과정 혹은 시스템이다. 성과관리시스템은 세 부분으로 구성된다: 성과에 대한 정의, 성과의 측정, 성과 정보에 대한 피드백.

첫째, 성과관리시스템은 어떠한 성과지표가 조직과 연관되는지 주로 직무분석(제3장에서 다루어짐)을 통해 구체화한다. 두 번째로, 성과관리시스템은 종업원의 성과를 관리할 수 있는 유일한 방법인 **성과평가**(performance appraisal)를 통해 이러한 성과지표를 측정한다. 세 번째로, 성과관리시스템은 **성과 피드백**(performance feedback) 회의를 통해 종업원들이 그들의 성과를 조직의 목표에 맞추어 수정할 수 있도록 피드백을 제공한다. 성과 피드백은 기본급 차등 인상 혹은 보너스 등 보상체계를 통해 성과와 보상을 연계함으로써 실현되며, 이는 제10장과 제11장에서 다루어진다.

전통적으로 성과평가는 인사부서와 부서장에 의해 수행되는 조직관리의 의무로서만 이해되는 것이 일반적이다. 부서장들은 성과평가를 연례행사로 간주한다. 즉, 재빨리 서류를 작성해 해당 종업원에 대해 지난 1년 동안 수집했던 각종 부정적인 정보를 채워 넣는다. 일부 부서장들은 종업원과 대립을 원치 않고, 효과적인 평가방법을 모르기 때문에 종업원 피드백에 거의 시간을 투자하지 않는다. 당연한 일이지만 대다수 부서장과 종업원은 성과평가를 싫어한다. 시간 낭비, 좌절, 두려움, 부담, 그리고 고통이란 단어들이 성과 리뷰(performance review)를 하거나 받는 경우 종업원들의 마음에 떠오르는 단어일 것이다. 여러 조사에 따르면 50% 이상의 부서장들이 그들의 성과관리 프로세스가 종업원 혹은 기업의 성과에 긍정적인 영향을 미치지 않는다고 믿고 있음을 보여준다(그리고 70%의 기업들은 그들의 성과관리 관행을 개선해야 한다고 믿고 있다!). 50%의 종업원들은 그들이 받은 평가에 놀라고, 이들 중 90%는 좀 더 긍정적인 결과를 기대했었기 때문에 불만을 가진다. 성과평가에 대한 이러한 부정적 견해는 평가결과 활용에 대한 회사의 일관성 부족, 성과수준 차이를 구분하지 못하는 지표 문제, 종업원 자신의 스킬과 역량을 쌓도록 지원하지 못하는 평가시스템의 문제, 평가에 소요되는 부서장의 지나친 시간부담, 1년에 한 번 또는 두 번 정도밖에 실시되지 않는 평가관련 면담, 그리고 미래지향적이 아닌 과거지향적 면담의 경향에서 비롯된다.

어떤 사람들은 성과평가는 기계적이고, 권한을 남용하고, 권위주의적이며 역기능적이라는 점에서 모두 잘못됐다고 주장해 왔다. 여하튼, 평상시에 평가와 관련된 세부적인 내용검토를 멀리하게 되면, 부서장은 종업원과 평가에 대한 질 낮은 형식적인 대화를 하게 되고, 결국 종업원의 업무몰입을 감소시킨다. 부서장은 평가대상 직원과 관련된 세밀한 검토를 하지 않았기 때문에, 종업원에게 그들이 무엇을 성취했고 무엇을 개선시켜야 하는지 설명하지 못하는 곤혹스러운 상황을 겪어야 한다. 성과에 대한 비판이 종업원 성과평가의 목적이 아님을 이해하는 것이 중요하다. 그보다는 전체적인 성과관리시스템이 어떻게 도입되고 활용되는지 운영에 관한 문제인 것이다. 성과평가가 제대로만 이뤄진다면 종업원들이나 기업 모두에게 큰 도움이 될 수 있다. 결과적으로, 많은 기업들이 그들의 성과관리시스템을 변화시켜 왔다. 한 조사에 의하면 미국 기업의 3분의 1 이상이 성과평가에 중점을 두는 성과평가시스템으로 변화를 진행하고 있다. 보다 잦은 부서장과 종업원 성과면담을 독려하고, 형식적인 평가회의를 줄이거나 제거하고, 부서장이 각 종업원의 성과에 대한 전체 평점을 매기는 관례적 평가제도를 탈피하고 있는 것이다. 새로운 제도의 특성은 종업원들이 원하는 피드백, 코칭, 그리고 자기개발 기회 욕구를 충족시키기 위해 노력한다는 점이다.

이 장에서 우리는 성과관리의 다양한 접근법을 살펴볼 것이며, 우선 현재의 성과관리제도에 대해 간략하게 정리할 것이다. 그 후에 시스템의 목적을 살펴보는 데 도움이 되는 성과모델을 제시하고자 한다. 이어 구체적인 성과관리 방법과 장・단점을 논의할 것이다. 물론 성과와 관련된 정보를 수집하기 위한 다양한 정보 원천에 관해서도 살펴볼 것이다. 주관적인 성과평가에서 비롯되는 오류와 오류를 줄이는 방법도 제시할 예정이며, 이어서 성과 피드백의 효과성 증진을 위한 몇 개의 요소를 논의하고자 한다. 마지막으로 성과관리시스템의 법적 보호장치를 살펴보면서 끝을 맺을 예정이다.

## 성과관리과정

성과관리를 위해 1년에 한두 번 정도 성과평가나 성과면담을 한다고 하지만, 효과적인 성과관리는 과정이지 깜짝 행사가 아니다. 〈그림 7.1〉은 전형적인 성과관리과정을 보여주고 있다. 그림에서 보듯이 성과관리모델은 피드백 제공과 공식적 성과평가가 대단히 중요하다. 그러나 이것도 기업 경쟁우위 확보를 위한 효과적인 성과관리의 한 부분에 지나지 않는다. 성과관리시스템은 최고경영자와 임원들의 확실한 지원이 필수적인데, 그 이유는 이를 통해 성과관리시스템의 일관성을 유지할 수 있기 때문이다. 경영진의 지원을 통해 평가는 정해진 시기에 정확하게 이뤄지며, 성과 피드백을 주고받는 일이 기업문화의 일부로 정착하게 된다.

**그림 7.1 전통적인 성과관리 프로세스**

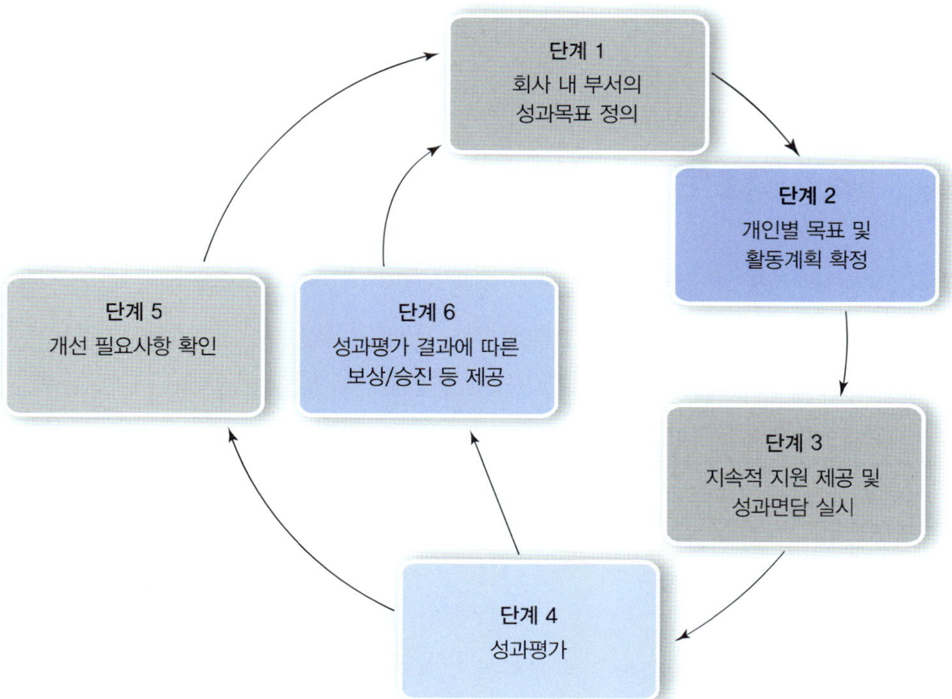


출처: E. Pulakos, R. Hanson, S. Arad, and N. Moye, "Performance Management Can Be Fixed: An On-the-Job Experiential Learning Approach for Complex Behavior Change," *Industrial and Organizational Psychology*, March 2015, pp.51–76; E. Pulakos, R. Mueller-Hanson, R. O'Leary, and M. Meyrowitz, *Building a High-Performance Culture: A Fresh Look at Performance Management*(Alexandria, VA: SHRM Foundation, 2012); H. Aguinis, "An Expanded View of Performance Management," in J. W. Smith and M. London(eds.), *Performance Management*(San Francisco: Jossey-Bass, 2009), pp.1–43; J. Russell and L. Russell, "Talk Me through It: The Next Level of Performance Management," *T + D*, April 2010, pp.42–48.

전형적인 성과관리과정은 〈그림 7.1〉에 나와 있듯이 여섯 단계로 이루어진다. 성과관리과정의 초기 두 단계는 회사가 무엇을 성취하려고 하는지, 즉 목표에 영향을 미치는 핵심 요소와 관련된 주요 성과지표를 확인한 다음 이것을 측정할 측정수단을 개발하는 일이다.

성과관리의 첫 번째 단계는 주요 성과목표(결과)를 이해하고 확인하는 데에서 시작된다. 대개 이 결과물은 고객, 종업원, 동료나 팀, 그리고 조직 자체에 혜택을 가져다준다. 회사나 부서 또는 팀의 전략과 미션, 그리고 핵심가치가 결과물을 결정하는 데 중요한 역할을 한다. 제2장에서 확인할 수 있듯이 대부분의 기업은 매출, 이익, 그리고 시장점유율 등 목표를 달성하기 위한 특정 유형의 전략을 추구한다. 사업부, 부서, 팀, 그리고 종업원은 조직의 목표에 맞춰 그들의 목표와 행동을 일치시켜야 하며, 조직의 전략과 목표 달성에 공헌할 수 있는 활동들을 선택해야 한다.

성과관리과정의 두 번째 단계는 첫 번째 단계에서 수립된 목표를 달성하기 위한 구체적인 방법을 이해하는 과정이다. 여기에는 종업원들 개별의 성과목표를 달성하기 위해 도움이 되는 구체적이며 측정가능한 목표, 행동, 그리고 활동들을 확인하는 일이 포함된다. 목표, 행동, 그리고 활동들은 부서장과 종업원이 달성 여부를 확인할 수 있도록 측정가능해야 하고, 목표, 활동, 그리고 행동들은 종업원의 직무기술서에 적시되어 있어야 한다.

세 번째 단계는 회사 차원의 지원체계이며, 이는 종업원들에게 교육훈련 및 필요한 자원과 도구를 제공하고 종업원과 부서장이 성과달성 여부뿐만 아니라 과제 자체에 대해 서로 빈번한 피드백을 주고받는 단계를 의미한다. 효과적인 성과관리를 위해서는 부서장과 종업원은 피드백을 중요시하고 정기적으로 실시해야 한다. 부서장은 피드백을 주고받는 방법에 대해 훈련받아야 하며, 피드백을 제공할 시간을 확보할 필요가 있다.

네 번째 단계는 성과평가 단계이며, 부서장과 종업원이 성과 목표치와 지원활동을 실제 결과와 검토하고 비교하는 단계이다. 성과평가는 일반적으로 연 1회 또는 연 2회 공식적 고과기간을 통해 진행된다.

성과관리과정의 마지막 단계는 종업원과 부서장이 종업원의 장점을 강화하고 약점을 보완하기 위해 부서장의 도움을 받아 무엇을 할 수 있는지(5단계)를 파악하고, 그리고 성과목표 달성 또는 실패 여부를 알려주는 일(6단계)이다. 이를 위해선 교육훈련 필요성 파악, 피드백 방식 및 빈도 조정, 성과 결과물 명확화 또는 수정 등이 필요하다. 개선이 필요하거나, 조직 및 부서 목표의 변화 또는 새로운 분야 등장으로 우선순위가 변한 경우 관련된 행동이나 활동에 관한 논의도 포함된다.

성과달성 여부는 급여인상과 현금 보너스 같은 보상, 인정, 승진, 자기개발 기회, 고용연장 등에 연계된다. 이러한 성과평가의 구체적인 활용방안은 각각의 회사들이 성과평가를 통해 추구하는 목적에 따라 달라질 수 있다(성과관리 목적 참고).

종업원의 목표 달성 또는 실패 여부는 조직의 사업전략과 성과목표 그리고 지속적인 성과관리과정의 변화를 유도하는 데 도움이 된다. 성과관리시스템 효과성 평가는 변화의 필요성을 결정하는 데 필수적이다. 이를 위해선 시스템에 대한 부서장과 종업원의 관심사항을 수집하고, 사람들에게 영향을 미치는 평가오류를 확인하기 위해 평가자료를 분석하며, 목표의 질을 점검하고, 종업원들이 달성하는 목표와 부서 및 조직의 실적 사이의 관계를 확인하고 검토해야 한다.

최근 많은 기업들은 전형적인 성과관리시스템이 아닌 지속적 성과관리과정으로 변모를 꾀하고 있다. **지속적 성과관리과정**(continuous performance management process)이란 부서장, 상사 및 종업원들이 상호 업무 진척상황에 대해 지속적으로 토론하고, 피드백, 목표의 변화 내용과 개인의 개발 필요성에 대한 정보를 제공하는 과정을 의미한다. 여기에는 종업원들의 상사와 동료들이 속해 있는 사회적 네트워크(social network) 내에서 유의미한 성과 피드백의 데이터를 확보하는 과정을 포함한다. 이러한 성과 피드백 데이터들은 다양한 애플리케이션(앱)과 웹사이트 등을 통해 손쉽게 접속할 수 있도록 제공되고 있다.

〈표 7.1〉은 최근 기업들이 이러한 지속적 성과관리과정을 도입하는 이유를 제시하고 있다. 빠르게 변화하는 경영환경에 대응하기 위하여 기업들은 시시각각 조직의 목표를 조정할 필요가 있다. 전통적인 성과관리체계에서는 구성원들이 해당 조직과 회사의 목표를 설정하는 단계에서 이미 시대에 뒤쳐진 정보를 활용해야 하는 경우가 많으며, 이로 인해 구체적인 성과목표를 설정하는 데에 어려움을 겪는 경우가 많다. 또한 종업원들은 자신의 업무에 대한 주인의식을 갖고자 하기에 그들이 어떻게 일하고 있는지에 대해 알고 싶어 하며, 이를 통해 어떻게 업무를 수행해야 하며 향후 필요한 업무조정에 대한 의사결정을 필요로 한다.

| 표 7.1 지속적 성과관리 도입 이유 |
|---|
| 종업원들이 좀 더 빈번한 피드백을 원하고 있으며, 그들이 수행하는 업무에 대한 투명성, 명확성, 그리고 정확한 책임에 대해 이해하고자 함. |
| 부서장들은 종업원들의 일상 업무를 근거리에서 관리감독하기 어려우며, 최근 업무들은 팀 단위로 수행되거나 또는 원격근무로 수행되는 경우가 많음. 이에 따라 부서장이 아닌 동료 또는 고객이 성과에 대한 정보를 제공해야 하는 경우가 발생함. |
| 부서장들의 부하 직원에 대한 코칭 및 능력개발 책임이 더 커지고 있음. |
| 빠르게 변화하는 경영환경에 대응하기 위하여 연 2회, 분기 1회 또는 매주 1회 수준의 잦은 목표조정 활동이 요구되고 있음. |
| 스마트폰, 태블릿 및 노트북 등의 기기가 활용되면서, 다양한 애플리케이션과 소프트웨어를 통해 구성원들에 대한 피드백과 인정에 대한 의사표현을 즉시 제공할 수 있게 되었음. |

출처: E. Pulakos, R. Mueller-Hanson, and S. Arad, "The Evolution of Performance Management: Searching for Value," *Annual Review of Organizational Psychology and Organizational Behavior* 6(2019), pp.249–271; A. Colquitt, *Next Generation Performance Management*(Charlotte, NC: Information Age Publishing, 2017); Deloitte Development LLC, "Continuous Performance Management," 2017, http://marketing.bersin.com, accessed January 22, 2019.

〈표 7.2〉는 전통적인 성과관리와 지속적 성과관리의 차이점을 제시하고 있다. 전통적 성과관리와 지속적 성과관리는 여러 측면에서 차이점을 나타내고 있는데, 지속적 성과관리에서는 성과관리가 단순히 연말 또는 연중 1회 실시되는 공식적인 인사고과가 아닌 주 1회, 월 1회 또는 분기 1회 등 보다 빈번한 지속적 성과면담 및 피드백 제공 과정을 의미하고 있다. 이를 통해 부서장, 동료, 직속상사, 심지어 고객들도 포함되어 개인의 성과에 대한 피드백을 제공한다. 전통적 성과관리는 보통 연말 1회 수행되며, 지난 1년 동안 구성원이 어떻게 업무를 수행해 내었는지를 평가하는 "과거지향적" 성격을 가지고 있다. 그러나 지속적 성과관리는 종업원들이 성과에 대한 피드백을 수시로 제공받으며, 필요한 경우에는 즉시 목표와 행동의 조정이 가능하기에 "미래지향적" 성격을 가지고 있다. 성과관리과정은 단순 평가가 아닌 좀 더 종업원의 역량개발에 초점을 맞추고 있으며 부서장들은 종업원들의 성과 향상을 위한 코치로서의 역할도 수행하게 된다.

최근 많은 기업들이 전통적인 연 1~2회의 공식적 성과평가가 아닌 지속적 성과관리로 이행하고 있음을 이해할 필요가 있다. 최근 조사결과에 따르면 75% 이상의 기업 임원들이 성과관리체계의 개편을 높은 우선순위의 개선 항목으로 지목하고 있다. 사실 많은 기업들이 이러한 지속적 성과관리의 다양한 요소들 중 일부 요소들을 이미

**표 7.2 전통적 성과관리와 지속적 성과관리의 차이**

| 특징 | 전통적 성과관리 | 지속적 성과관리 |
|---|---|---|
| 언제 수행하나? | 연중 1회 또는 반기 1회 | 수시 수행<br>분기, 반기 및 연중평가와 연계 |
| 누가 수행하나? | 부서장 | 부서장, 동료, 직속상사 |
| 성과관리 초점은? | 과거지향적<br>(지난 고과기간의 목표/행동) | 미래지향적(목표달성 및 행동변화의 지원 제공에 초점), 목표는 유동적이며 필요에 따라 조정됨. |
| 어떻게 수행되나? | 공식적인 고과표를 토대로 측정 | 대면 성과면담을 강조하며, 다양한 소셜 미디어를 활용함. |
| 투명성 수준은? | 부서장과의 개별적인 성과목표 설정 과정을 통해 목표가 설정되고 진척도가 관리됨. | 피드백, 인정, 목표설정, 진도관리, 그리고 성과달성도가 공개적이고 투명하게 관리됨. |

출처: K. Murphy, "Performance Evaluation Will Not Die, But It Should," *Human Resource Management Journal* 30(2020), pp.13-31; Deloitte Development LLC, "Continuous Performance Management," 2017, http://marketing.bersin.com, accessed January 22, 2019; N. Sloan, D. Agarwal, S. Garr, and K. Pastakia, "Performance Management: Playing a Winning Hand," December 28, 2017, https://www2.deloitte.com/insights/us/en/focus/human-capital-trends/2017/redesigning-performance-management.html, accessed January 22, 2019; E. Pulakos, R. Mueller-Hanson, and S. Arad, "The Evolution of Performance Management: Searching for Value," *Annual Review of Organizational Psychology and Organizational Behavior* 6(2019), pp.249-271; A. Colquitt, *Next Generation Performance Management* (Charlotte, North Carolina: Information Age Publishing, 2017).

도입하고 있다. 그러나 부서장과 조직 구성원들이 상시적인 피드백 과정에 익숙해지고, 긍정적 또는 부정적 정보의 제공에 대해 불편함을 느끼지 않게 되기까지는 꽤 많은 시간이 소요될 것이다.

지속적 성과관리와 관련하여 페이코(Paycor)의 성과관리체계 개편 사례를 검토할 수 있다. 페이코는 회사의 비즈니스 주기와 일관성을 확보하기 위해 12주 단위 성과면담 주기를 설정하였다. 12주의 주기 내에서 부서장과 종업원들은 현재의 업무 진척상황, 목표 재조정의 필요성, 그리고 향후 개선요소에 대하여 빈번한 점검활동을 수행한다. 페이코는 이러한 성과면담 과정에 대해 부서장뿐 아니라 종업원의 적극적 참여도 강조하고 있다. 이를 통해 종업원의 긍정적 또는 부정적 성과 수준에 대하여 보다 빈번하고 비공식적인 과정을 활용한 자유로운 면담이 진행될 수 있도록 지원하게 된다.

## 성과관리 목적

〈표 7.3〉은 6개의 성과관리 목적을 제시하고 있다: 전략 목적, 관리 목적, 개발 목적, 의사소통 목적, 조직유지 목적, 문서화 목적. 6개의 성과관리 목적이 모두 중요하지만 이를 모두 달성하는 것은 쉽지 않다. 한 가지 이유는 부서장들이 이러한 역할을 수행하는 데에 거부감을 느끼기 때문이다. 예를 들어, 부서장들은 다른 사람들을 평가하고 피드백을 제공하는 것에 대해 불편하게 느낄 수 있다. 이로 인해 많은 부서장들은 피평가자들에 대해 모두 높은 점수를 부여하거나 모두 비슷한 점수를 부여하여 전반적인 성과평가를 의미 없게 만들기 일쑤이다.

또 다른 이유로는 성과관리를 활용하는 사람들이 서로 다른 목적과 기대를 가지고 있기 때문이다. 종업원들은 성과평가를 통해 성과 수준에 대한 피드백과 성과에 대한 인정을 받고자 하며, 적절한 급여 상승과 승진을 기대하게 된다. 그러나 부서장들과 조직의 관리자들은 보상을 차등지급하기 위한 성과의 명확한 차등을 원한다. 이로 인해 낮은 보상과 인정을 받은 종업원들은 성과관리가 공정하지 않다고 느끼게 되며, 부서장들은 이러한 현상을 최소화하기 위해 가급적 구성원들의 성과평가를 부풀리기 위해 노력하게 된다. 이러한 문제를 해결하기 위하여 지속적 성과관리과정에서는 일상적 성과면담을 강조하고 있으며, 이해하기 어렵고 복잡한 성과지표를 최소화하고,

**표 7.3 성과관리 목적**

| 목적 | 내용 |
|---|---|
| 전략 목적 | 종업원의 행동 및 예상되는 업무성과를 조직의 목표와 연계함. |
| 관리 목적 | 종업원 보상 의사결정(급여 인상), 승진, 유지-퇴직, 대량해고, 성과 인정 등에 활용 |
| 개발 목적 | 부서장들이 종업원의 경력개발을 위하여 피드백 제공, 코칭 및 경력계획에 활용하기 위한 적절한 정보(구성원의 강점 및 약점) 제공 |
| 의사소통 목적 | 종업원들이 어떤 업무를 수행해야 하며, 현재 어떻게 수행하고 있는지, 그리고 무엇을 개선해야 하는지에 대한 정보를 제공하고, 회사의 중요한 가치와 정책을 명시함. |
| 조직유지 목적 | 인적자원 전반의 성과 수준, 훈련 및 개발 수준을 확인하고, 향후 필요한 인재 수요를 명시화 |
| 문서화 목적 | 소송 및 감사 등을 대비하기 위하여 중요한 인사관리 의사결정 사항과 정보를 축적 |

출처: A. Colquitt, *Next Generation Performance Management* (Charlotte, North Carolina: Information Age Publishing, 2017); H. Aguinis, *Performance Management*, 4th ed. (Chicago: Chicago, University Press, 2019); J. Cleveland, K. Murphy, and R. Williams, "Multiple Uses of Performance Appraisal: Prevalence and Correlates," *Journal of Applied Psychology* 74 (1989, pp. 130–135).

핵심 성과목표를 개인의 보상과 인사 의사결정의 기초요소로 활용하고 있다.

TD Bank의 개인 성과평가 및 개발 사례를 통해 성과관리 목적 중 전략 목적, 개발 목적 및 의사소통 목적의 수행 사례를 확인할 수 있다. 통상적으로 부서장과 종업원들은 공동의 업무수행 과정에서 적절한 성과목표와 기대수준에 대한 공감대를 형성한다. 부서장들은 구성원 개인의 성과달성이 어떻게 은행 전체의 성과에 연계되는지 설명을 제공한다. 부서장들은 구성원에게 공식적, 그리고 비공식적 피드백을 제공할 의무를 가진다. 부서장들은 구성원들이 업무를 통해 성장할 수 있도록 하기 위하여 그들이 강점과 약점에 대한 정보를 제공하고, 필요한 코칭활동을 수행하도록 기대된다. 이러한 성과관리시스템을 기반으로 TD Bank는 구성원들의 성장을 위하여 대학 학자금 지원, 온라인과정 지원, 그리고 회사에서의 학습과정 및 워크숍 등을 제공한다.

이러한 성과관리과정에서 중요한 또 다른 요소는 구체적인 성과 수준을 확인하기 위한 성과지표의 도출이다. 다음 절에서는 성과측정을 위한 성과지표의 도출과 활용에 대하여 살펴본다.

## 성과측정 기준

제3장에서는 직무분석 과정을 통하여 각각의 직무들에 있어 요구되는 효과적인 성과가 무엇인지 분석하였다. 직무분석과 직무설계를 통해 종업원에게 기대하는 바가 무엇인지를 일단 결정하고 나면 성과를 측정할 방법을 개발할 필요가 있다. 이번 절에서는 직무성과를 측정하는 기준을 설명하고, 이어서 성과측정 방법, 그리고 평가를 위한 정보 원천, 오류 등에 대해 논의하고자 한다.

성과관리시스템을 통해 평가하는 방식의 기준은 다양할 수 있지만, 본서에서 성과관리시스템을 평가하기 위해 사용하는 기준은 다음의 다섯 가지이다: **전략적 적합성**, **타당성**, **신뢰성**, **수용성**, **구체성**.

## 전략적 적합성

**전략적 적합성**(strategic congruence)이란 성과관리시스템이 조직의 전략, 목표, 그리고 문화와 직무성과를 잘 연계하는 정도를 의미한다. 회사가 고객 서비스를 강조하면 성과관리시스템도 종업원이 고객에게 서비스를 얼마나 잘 제공하고 있는지를 평가해야만 한다. 성과관리시스템을 전략과 일치시키는 이유는 조직 성공에 기여할 수 있게 종업원을 이끌어나갈 필요성을 강조하기 때문이다. 따라서 성과관리시스템이 회사의 전략 변화에 항상 적합하도록 충분한 유연성을 가져야 한다.

많은 기업은 성과관리시스템에서 이른바 핵심성공요인(critical success factors: CSF) 또는 핵심성과지표(key performance indicators: KPI)를 사용한다. 핵심성공요인(CSF)은 기업의 핵심 경쟁우위를 제공하는 전략요소이다. 기업은 이러한 핵심성공요인과 직결된 구성원의 행동 특성을 측정하고자 하며, 이를 통해 구성원의 이러한 행동에 대한 중요성을 강조할 수 있다. 기업의 핵심성공요인을 확보하는 데에 관련된 행동들은 구성원의 책임으로 설정되며 이에 대해 보상이 주어진다.

구글(Googld)의 성과관리는 개인, 부서 및 조직 전체 차원에서 진행되는 OKR (objective and key results) 시스템으로 잘 알려져 있다. 구글의 종업원들은 간결하고, 관련성이 높으며 동시에 도전적인 성과목표 리스트를 부여받는다. 통상적으로 종업원들은 4 내지 5개의 OKR을 가진다. 이러한 OKR은 연 1회 또는 반기 1회의 주기로 설정된다. 연간 OKR은 변경이 가능하나, 분기 OKR은 변경이 불가능하다. 매 분기의 마지막 시점에서는 핵심 결과들에 대해 0~1 척도를 활용한 측정이 이루어진다. 1의 점수가 많이 부여되지는 못하는데, 만약 그러한 결과가 나온다면 지나치게 쉬운 목표를 설정한 것으로 해석되기 때문이다. 모든 목표와 결과(OKR)는 조직 내 공개되며, 동료 뿐 아니라 CEO의 평가결과에 대해서도 모든 종업원들이 확인할 수 있다.

기업이 성과관리에 있어 어려움을 겪는 부분 중 하나는 고객 충성도, 종업원 만족도, 그리고 회사 성과에 영향을 미칠 수 있는 다양한 비재무적 성과요소를 어떻게 측정할 것인가에 있다. 이러한 비재무적 성과지표를 효과적으로 활용하기 위한 접근방식은 다음과 같이 구성된다. 첫째, 회사 전략목표와 연계되는 비재무적 성과지표 모델을 개발하고, 성공에 핵심적인 업무영역을 파악한다. 둘째, 고객만족, 종업원 만족도 조사 등 기존 데이터베이스를 활용해 주요 성과지표상 존재하는 데이터를 파악하고 데이터를 구할 수 없다면, 회사 전략과 성과에 영향을 미치는 업무영역을 파악하고, 이들 업무영역을 위한 측정방법을 개발한다. 셋째 통계적이고 정성적 방법을 사용해서 성과지표와 재무적 성과를 검증하고, 회귀분석과 상관관계 분석뿐만 아니라 표적집단 면접, 직원 인터뷰 등도 사용할 수 있다. 예를 들어, 관련 연구에 의하면 종업원 참여, 만족도, 그리고 업무 열정 등이 고객만족, 생산성, 수익성 등과 같은 회사의 성과와 깊은 관련이 있다.

마지막으로 비재무적 성과지표가 적절한지 모델을 점검해 보고 새로운 지표를 발굴한다. 재무적 성과의 원동력을 이해하고, 이 모델이 회사의 경영전략과 경영환경 등이 급변해도 적절할 것인지 확인하는 것도 중요하다.

기업의 경쟁전략이 바뀐다면 성과관리체계도 이에 따라 검토되고 필요한 경우 보완되어야 한다. 이를 통해 기업의 전략 달성을 위해 요구되는 종업원들의 행동과 성과를 유도할 수 있기 때문이다. 만약 성과관리체계가 적절히 수정되지 않는다면, 부서장들의 입장에서 성과관리체계는 기업의 효과성에 별반 영향을 미치지 않는 것으로 이해될 수도 있다.

## 타당성

**타당성**(validity)이란 측정결과가 실제 성과를 얼마나 제대로 평가했는지 정도를 말한다. 흔히 내용 타당성이라고 불린다. 성과측정이 타당하기 위해선 부족하거나 오염되지 말아야 한다. 〈그림 7.2〉에서 보듯이 원의 우측 면은 업무성공과 관련된 모든 성과, 즉 실제 직무성과를 나타낸다.

한편, 회사는 특정 차원에 대한 감독자의 성과평가나, 업무상 객관적 실적지표 등과 같은 성과측정치를 사용한다(앞서 논의된 OKR 사례 참조). 타당성이란 실제 직무성과와 측정결과 사이의 겹친 부분으로 〈그림 7.2〉의 가운데 부분을 말한다.

〈그림 7.2〉의 우측 면과 같이 측정결과가 모든 성과를 측정하지 못하면 결손이 발생한다. 한 예로, 대학교에서 교수 평가를 하면서 교수의 성과평가를 수업보다 연구결과에 바탕을 두고 평가했다면 상대적으로 대학교수 성과평가에서 성과와 관련된 일부분을 무시한 것이 된다.

〈그림 7.2〉의 좌측 면은 성과측정에서 오염과 관련된 사항으로, 성과와 관련 없는

그림 7.2 직무성과 측정의 오염과 결핍

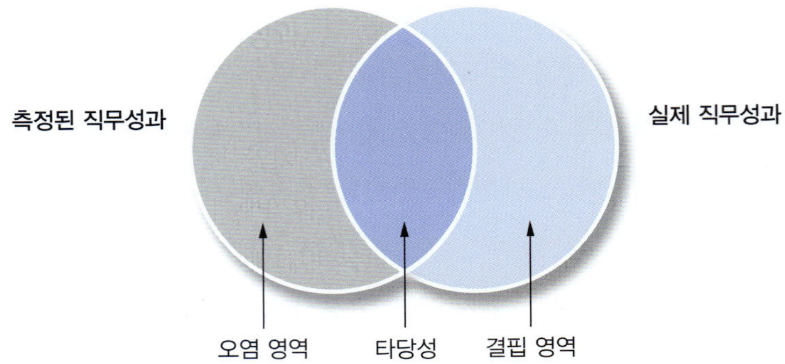


부분을 평가하거나 관련된 업무를 평가하지 않은 것을 의미한다. 성과측정은 오염을 최소화해야 하지만 이를 완전하게 제거하는 것은 거의 불가능하다. 오염된 성과측정의 한 가지 사례는 여러 지역의 영업사원을 평가하기 위해 일괄적으로 판매실적치를 사용하는 경우다. 흔히 판매실적은 지역의 잠재고객의 수, 경쟁자의 수, 경제여건과 같은 다양한 조건에 영향을 받기 때문에 단순히 판매수치가 영업사원의 실제 성과라고 보기 어렵다. 다른 사람들보다 열심히 일한 영업사원이라고 해도 담당지역이 다른 지역보다 시장 잠재력이 높지 않다면 최고의 판매실적을 거두기 힘들다. 따라서 이 숫자는 종업원 개인의 통제범위를 넘어서는 요인들에 의해 강하게 영향을 받을 수 있는 측정결과일 뿐이다.

## 신뢰성

**신뢰성**(reliability)이란 성과측정의 일관성을 말한다. 신뢰성에서 중요한 유형 중 하나는 평가자 사이의 신뢰성, 즉 종업원 성과를 평가하는 사람들 사이의 일관성이다. 한 사람의 직무성과에 대해 두 사람의 평가자가 동일하거나 근접한 평가를 한 경우 성과지표는 평가자 사이에 신뢰성을 갖는다. 대부분의 주관적인 감독자에 의한 직무성과 측정은 낮은 신뢰성을 보인다는 연구결과가 있다. 다양한 측정방법을 사용해도 모든 평가항목이 내부적으로 일관성을 유지하는 것은 중요하다. 즉, 신뢰도는 내적 일관성을 보여야 한다.

또한 성과측정은 시간이 지나도 신뢰성이 있어야 한다. 즉, 평가-재평가 신뢰성이 필요하다. 측정시기에 따라 평가결과가 심하게 상이한 경우 평가-재평가 신뢰성이 부족한 것이다. 예를 들어, 특정 기간 중의 실제 판매량을 근거로 판매사원을 평가하려면 월별 판매량이 일정한지를 먼저 살펴봐야 한다. 백화점의 평가자가 오직 5월에만 판매실적을 조사한다면 어찌 될까? 원예용품을 파는 종업원은 아마 가장 판매실적이 좋겠지만, 남성의류를 파는 종업원은 판매실적이 좋지 않을 것이다. 5월의 남성의류 판매는 일반적으로 최악으로 저조하다. 따라서 시기별로 일정한 성과를 측정할 필요가 있다.

## 수용성

**수용성**(acceptability)이란 측정결과를 사용하는 사람이 이를 수용하는 정도를 말한다. 타당성과 신뢰성이 높은 정교한 측정방법이 많이 있지만, 부서장의 시간을 너무 많이 빼앗기 때문에 사용하길 거부하는 경우도 많다. 평가를 받는 사람도 이를 받아들이길 거부할 수 있다.

수용성은 성과관리시스템이 공정하다고 종업원이 믿는 정도에 의해 영향을 받는다. 〈표 7.4〉에서 보듯이 공정성 인식은 세 가지 유형으로 구분할 수 있다. 절차, 관계, 결과 공정성이다. 〈표 7.4〉는 성과관리시스템의 개발 및 활용, 그리고 결과가 공정성 인식에 어떻게 영향을 미치는지를 보여주고 있다. 성과관리시스템을 개발하고 활용하기 위해서 부서장은 시스템이 공정하다고 인식되고 있는지를 확인하기 위해 〈표 7.4〉 시사점 부분에서 제시한 절차들을 밟아야 한다. 관련 연구에 따르면 성과관리시스템의 공정성 인식이 낮은 경우, 법적 다툼을 발생시키고, 평가제도가 부정확하게 사용되며, 종업원의 개선의욕을 감퇴시킬 수 있다.

예를 들어, 페이스북(Facebook)의 성과관리시스템이 투명성과 공정성을 제고하고, 종업원의 개발에 대한 초점을 강화하기 위해 취했던 접근방법을 사례로 살펴볼 수 있다. 페이스북은 매 6개월 단위로 개인의 자기평가(self-evaluation)와 상사 및 동료의 평가를 취합하여 성과점검을 실시한다. 이러한 성과점검을 6개월마다 실시하는 것은 경영환경의 변화에 대응하기 위한 것이며, 평가자들은 개별적인 성과지표 항목(예를 들어 기술적 기여도)에 대해 구체적인 점수를 부여하고 이후 종합평가결과를 도출한다. 동료 평가결과는 다른 동료와 부서장에게도 공개된다. 부서장들은 부서원들의 프로젝트 진행 상황에 대해 항시 파악하고 있어야 하며, 필요할 경우 즉각적인 지원과 피드백을 제공하도록 훈련된다. 부서장들은 차상위 부서장과의 면담을 통해 부서원들의

**표 7.4 인지된 공정성의 유형과 성과관리시스템의 시사점**

| 공정성 구분 | 성과관리시스템상 중요성 | 시사점 |
|---|---|---|
| 절차 공정성 | 개발 | • 부서장과 종업원들에게 시스템 개발에 참여 기회 제공<br>• 여러 종업원을 평가할 때 일관된 기준 적용<br>• 평가오류 및 편견 최소화 |
| 관계 공정성 | 활용 | • 적기에 완벽한 피드백 제공<br>• 종업원들에게 평가에 대한 의견 제기 허용<br>• 존경과 예의를 갖춰 피드백 제공 |
| 결과 공정성 | 결과 | • 성과평가와 기준에 대한 기대감 협의<br>• 보상에 대한 기대감 협의 |

출처: Adapted from S. W. Gilliland and J. C. Langdon, "Creating Performance Management Systems That Promote Perceptions of Fairness," in *Performance Appraisal: State of the Art in Practice*, ed. J. W. Smither. Copyright © 1998 by Jossey-Bass, Inc. his material is used by permission of John Wiley & Sons, Inc.

평가와 동료 평가결과를 변호하고 지지하는 과정을 거친다. 이러한 과정은 각 부서장들이 지나치게 관대하거나 혹독한 평가를 내리지 않도록 방지하기 위한 것이다. 면담 이후 부서장들은 성과평가보고서를 작성하며, 평가오류 여부를 점검한다(예, 혹시 여성 부하직원에 대해 좀 더 공격적이고 거친 묘사들이 자주 활용되었는지 여부 등). 종합평가결과는 일정한 공식을 토대로 자동으로 계산되어 보상 의사결정에 반영된다. 이를 통해 부서장들이 고통스러운 보상결정의 과정보다는 성과평가에 집중할 수 있도록 지원한다. 페이스북은 구성원들을 구분짓는 탁월－우수－미흡의 평가결과 분류를 사용하는 대신에 도전적 목표(stretch golas), 소위 50-50목표를 사용하여 문제를 해결하였다. 모든 목표는 도전적이기에 달성 가능성이 50% 수준으로 이해된다. 따라서 구성원들은 목표를 달성할 수도 있고 그렇지 못할 수도 있다. 결과적으로 동일한 종업원이 전년도와 동일한 성과평가를 받을 가능성도 1/3 수준으로 낮아졌다(기존의 경우 한번 낮은 평가를 받는 경우 해당 평가결과가 연도가 바뀌어도 지속되는 경향이 있었음).

## 구체성

**구체성**(specificity)이란 성과측정을 통해 회사가 종업원에게 무엇을 요구하고 있는지, 그리고 회사의 요구를 어떻게 하면 종업원이 충족시킬 수 있는지를 말해주는 정도를 말한다. 구체성은 성과관리시스템의 전략과 개발 목적과 관련이 있다. 측정지표가 회사의 전략목표를 달성하기 위해 종업원이 무엇을 해야 하는지를 명확하게 명시하지 못한다면 전략적 목적을 제대로 전달하지 못한 것이다. 게다가 측정결과가 종업원의 성과달성과 관련된 문제를 제대로 지적하지 못한다면, 종업원은 회사가 요구하는 방향으로 성과개선 노력을 수정하는 것은 거의 불가능하다.

프로젝트 팀을 위한 딜로이트(Deloitte)의 성과관리시스템은 대부분의 기준을 충족하고 있다. 딜로이트 성과평가의 목적은 연말의 연봉 책정, 프로젝트 팀의 순간순간 실적, 그리고 주간 단위 성과면담 등을 통해 성과평가를 올바르게 인식하고, 모니터링하며, 구성원을 동기부여시키는 것이다. 종업원이 업무수행을 위한 전문성을 제대로 확보하고 있는지를 점검하기 위해서 회사에 사업을 의뢰한 의뢰인들이 장·단기 프로젝트에 참여하여 평가에 관여할 필요가 있었다. 고객의 요구를 충족시키기 위해서는 종업원으로 구성된 팀이 중요한 역할을 수행한다. 그리고 이런 팀들은 각자 다른 특성이 있는 리더와 종업원으로 구성된다.

팀의 각 구성원 성과를 평가하기 위해 딜로이트는 팀 리더에게 4개의 질문에 대한 답변을 요청한다. 즉, 전반적 성과와 조직에 기여한 독특한 가치 측정을 위해 연봉과 보너스 인상 가능성이 제일 높은 사람은 누구인가, 타인과 협업능력을 측정하기 위해 팀에서 항상 원하는 사람은 누구인가, 고객에게 손해를 끼칠 잠재성을 찾기 위해 누가 가장 낮은 성과를 보일 가능성이 있는가, 그리고 잠재능력 측정을 위해 지금 당장 승진시켜도 될 사람은 누구인가에 대해 리더에게 물어본다. 4개의 질문은 딜로이트 프로젝트 팀과 관련된 임금, 팀워크, 낮은 성과, 승진에 대한 구체적 성과를 대표하는 질문이다. 팀 리더가 평가자가 되는 이유는 팀 구성원의 성과를 제일 잘 볼 수 있는 위치에 있기 때문이며, 가장 본인의 생각을 제대로 표현할 수 있는 역할에 있기 때문이다. 이런 질문들은 팀의 비효율성을 초래하는지 아니면 다른 성과측정 결과와 관련성이 있는지 확인한 후에 문제가 없다고 판단되면 그때 사용한다.

단기 프로젝트의 경우 팀 구성원 평가는 프로젝트 후반에 실시한다. 그리고 장기 프로젝트의 경우 분기별로 평가가 실시된다. 팀 성과를 유도하고, 팀 구성원들이 수용하는 평가가 되기 위해서는 모든 팀 리더들은 일주일에 한 번쯤은 점검과정을 가져야 한다. 성과면담 동안에 팀 리더는 구성원 기대사항, 업무 우선순위, 그리고 최근 업무에 대한 피드백을 제공해야 한다. 그리고 팀 구성원에게는 적극적으로 팀 리더와 이런 확인과정을 가지라고 독려한다. 그 이유는 팀 리더는 다양한 업무로 시간이 부족하기에 종종 팀 구성원과의 면담을 잊어버리기 때문이다. 분기별로 딜로이트 사업 리더는 종업원에게 필요한 중요한 기술과 관련된 능력이나 승진 준비가 되어 있는지 검토를 하면서 회사에서 개발할 필요가 있는 사항들에 대해 구성원과 토론을 하기도 한다. 이런 질문 결과들은 프로젝트 할당의 난이도를 고려하고, 딜로이트가 수행한 다른 프로젝트에 대한 공헌도 등을 고려하여 사업 리더가 연말에 구성원의 연봉 결정을 할 수 있는 자료로 제공된다.

## 성과측정 방법

효과적인 성과관리를 위해 중요한 것은 어떻게 성과평가를 할지 결정하는 것이다. 업무성과는 복잡하기 때문에 결코 쉬운 일은 아니다. 업무성과 측정을 위해서는 팀에 대한 기여와 동료와 회사에서 지지되는 행동양식, 그리고 개인의 과업과 관련된 성과 등이 포함되어야 한다. 효과적인 성과관리를 위한 고려사항이 무엇인지, 언제, 그리고 어떻게 측정할 것인지는 종업원의 지위에 따라 달라진다. 예를 들어, 종업원이 관리자이거나 전문직(exempt)인 경우와 그렇지 않은 계약직 등의 경우에 평가지표가 달라질 것이다. 계약직 등 비면제직원(non-exempt)을 평가하기 위한 대표적 평가지표는 업무품질(quality of work)이지만, 관리자나 전문직의 경우 의사소통, 의사결정, 리더십, 문제해결, 직무 전문성 등의 평가항목들이 적용된다.

본 절에서는 성과평가를 위한 다양한 방법들을 살펴보고자 한다. 즉, 상대평가법, 속성접근법, 행동접근법, 결과접근법, 그리고 품질접근법이 있다. 우리는 또한 전략적 적합성, 타당성, 신뢰성, 수용성, 그리고 구체성이라는 기준에 의해 이 방법들을 평가하고자 한다. 이 방법들은 모두 장점과 단점이 있다. 그래서 종합적인 성과평가 방법을 사용하는 기업들이 많다.

조직의 사업전략과 목표달성을 지원하고 종업원의 동기부여를 제고하기 위해서는 성과평가체계를 통해 무엇을 달성해야 하며(목표), 이를 어떻게 달성할 것인지(행동)를 모두 평가할 수 있어야 한다.

물론 어떠한 접근방법을 취하든 간에 성과관리체계를 통해 성과에 대한 정확하고 시의적절한 피드백을 제공하며, 부서장과 구성원 간의 일방적 하달이 아닌 수시 성과면담을 독려하고, 복잡한 성과평가 방식을 단순화하는 것은 매우 중요하다.

예를 들어, 어도비(Adobe)의 성과관리체계인 "체크인(The Check-In)"은 지속적 피드백에 초점을 맞추고 있다. 체크인 제도는 최소 2달에 한 번의 비공식적 성과토의를 가지도록 하고 있으며, 이러한 성과토의 과정에서 부서장들은 구성원들의 성과목표와 이를 달성하기 위해 필요한 자원에 대한 면담을 진행하게 된다. 또한 구성원의 경력개발에 대한 주제도 이에 포함된다. 얼마나 자주 면담을 진행할지, 성과목표의 설정방법과 피드백 제공 방법은 전적으로 부서장에게 일임되어 있다. 성과면담은 미래지향적으로 이루어지며, 이는 향후 성과개선을 위한 방법을 찾는 데에 노력을 할애하도록 구성되었다는 의미이다. 설문결과에 따르면 80%의 종업원들이 부서장들과 주기적인 면담을 실시하고 있으며, 부서장들로부터 적절한 지원을 받고 있다고 응답하였다. 체크인 제도가 도입된 이후 자발적 이직률도 25% 낮아진 것으로 나타났다.

〈그림 7.3〉은 구성원의 행동과 성과를 평가하는 성과관리체계의 사례를 보여준다. 성과(프로젝트 개발)는 비즈니스 목표와 연계되어 있다. 성과기준(performance standard)은 성과목표를 달성하기 위한 종업원들의 요구 행동을 제시하고 있다. 이러한 제도는 종업원에게 피드백을 제공함과 동시에 종업원과 부서장에게 공동의 성과향상 책임을 부여하고 있다.

**그림 7.3 행동과 결과를 포함하는 성과관리시스템의 사례**

| 책임감과 주요 결과 | 성과기준 | 중간 피드백 | 실제 결과 | 성과평가 | 개발영역 | 행동 |
|---|---|---|---|---|---|---|
| 종업원이 점검기간 중 달성해야 할 실적, 기업가치, 경영목표, 직무기술서와 일치해야 함. | 주요 실적을 어떻게 측정할 것인가? 작업방법과 성취도에 중점 | 종업원과 부서장이 성과에 대해 지속적으로 논의 | 실제 결과별 성과검토 | 실적별 성과평가<br>1. 탁월<br>2. 우수<br>3. 수용 가능<br>4. 불만족 | 종업원의 실적달성을 위해 개발해야 할 특정 지식, 기능, 행동 | 종업원과 부서장이 개발욕구 충족을 위해 해야 할 일 |
| 프로젝트 개발<br>프로젝트 규모, 비용산정, 연구 그리고 승인에 대비한 스케줄 관리 | 프로젝트 규모를 통보받은 4주 안에 승인을 위한 프로젝트 준비 자료 정리.<br>신규 프로젝트 80% 승인을 받음.<br>초기비용 추정치는 최종 측정의 5% 범위에 있음. | 적기에 프로젝트에서 필요한 자원 확보 | 연말에 75% 수준에서 프로젝트 승인 완료, 기준보다 5% 감액 | 3. 수용 가능 | 프로젝트 관리 소프트웨어에 대한 지식 증가 | 논문과 보고서 읽기, 소프트웨어 판매업자 미팅 |

## 상대평가법

**상대평가 접근방식**(comparative approach)은 성과측정을 위해서 평가자가 개인의 성과를 다른 사람과 비교하는 것이다. 이 방법은 한 개인에 대한 종합평가결과 또는 가치를 활용해 작업집단 내 개인들을 서열화한다. 상대평가법에는 적어도 3개의 기법이 있다. 서열화, 정규분포(비율강제배분), 1대1 비교 등이다.

### 서열화

**단순서열화**(simple ranking)는 부서 내의 종업원을 최고 실적자부터 최하 실적자까지 서열을 매기는 것이다. 반면 **교체서열화**(alternation ranking)는 부서장이 종업원 명단을 놓고 최고 실적자를 결정해 명단에서 제외하는 방식이다. 남아 있는 명단에서 부서장은 최저 실적자를 선정해 명단에서 제외하는 과정을 반복한다. 서열화는 법원에서 특별한 관심을 가지는 사항이다. 과거 미국 법원의 앨버말 vs. 무디(Albermarle vs. Moody) 사건에서 성과측정방법으로서 서열화의 타당성 여부가 논란이 되었던 적이 있다. 법원은 "감독자가 생각한 직무성과 기준이 정확하게 무엇이었는지, 감독자마다 동일한 기준을 사용했는지, 특정 감독자는 특정한 기준을 적용했는지를 알아낼 방법이 없다"고 판시했다.

### 비율강제배분

**비율강제배분**(forced distribution)은 서열화 방법을 활용하지만, 종업원은 등급 안에서 서열화된다. 이 방식은 부서장으로 하여금 등급별 종업원 비율을 먼저 정하게 한다. 대개 종업원들은 최고, 최저, 그리고 그 중간에 등급을 나누기 때문에 세 개, 네 개, 다섯 개 등의 등급으로 나눠지게 된다. 〈표 7.5〉에서 부서장이 할당해야 하는 4개의 평가등급과 각각에 해당하는 배분율(%)을 나타내고 있다.

비율강제배분 방법을 지지하는 사람들은 이 제도가 집중적으로 훈련을 제공하고, 승진 기회를 부여하며, 높은 보상을 제공해야 하는 우수성과자를 확인할 수 있고, 성과향상을 위한 지원이 필요하거나 심지어는 해고가 필요한 저성과자를 확인하기 위한 가장 우수한 제도라고 주장한다. 기업의 최고경영자들은 기업의 실적이 악화되는 상황에서도 인건비가 지속적으로 상승하고 인사고과 점수 역시 높게 나타나는 상황

**표 7.5 비율강제배분을 활용한 성과평가 및 개발계획**

| 서열 및 배분 기준 | 성과 및 개발계획 |
|---|---|
| A 평균 이상<br>예외적<br>A1 성과자<br>구성원의 15% | • 도전적 직무기회 제공을 통한 역량개발 가속화<br>• 임원진 중 멘토 배정<br>• 공헌에 대한 보상 및 인정<br>• 강점에 대한 칭찬<br>• 리더십 잠재역량 검토<br>• 리더 육성 프로그램 제공 |
| B 평균<br>기대수준 충족<br>꾸준한 성과자<br>구성원의 60% | • 보통 성과자가 고성과자로 성장할 수 있는 피드백 제공<br>• 강점의 강화와 약점의 보완<br>• 공헌에 대한 보상 및 인정<br>• 직무 확대 기회 제공 |
| C 기대 미만<br>구성원의 15% | • 업무 성과도출을 위한 구체적인 일정계획과 함께 개선이 필요한 스킬 및 행동에 대한 구체적인 피드백 제공<br>• 직무 적합성이 높은 직무로 재배치 |
| D 저성과<br>구성원의 10% | • 성과 개선 프로그램 참여<br>• 해고 |

출처: B. Axelrod, H. Handfield-Jones, and E. Michaels, "A New Game Plan for C Players," *HBR*, January 2002, pp.80-88; A. Walker, "Is Performance Management as Simple as ABC?" *T + D*, February 2007, pp.54-57; T. De Long and V. Vijayaraghavan, "Let's Hear It for B Players," *HBR*, June 2003, pp.96-102.

을 종종 맞이한다. 따라서 경영자들은 어떻게 조직의 성과와 구성원의 평가/보상이 분리되는 것인지에 대해 의문을 품을 수밖에 없다. 비율강재배분 방법은 기업의 성과와 구성원의 성과/보상을 연결할 수 있는 방법을 제공하게 된다. 경영자들은 낮은 성과등급의 종업원들이 조직 전반의 성과 기준을 낮추고 있으며, 이로 인해 우수 성과자들이 조직을 떠나고 조직 외부의 우수 인재가 조직에 합류하는 것을 막게 된다고 주장한다.

비율강제배분 방법은 부서장들이 성과를 기준으로 종업원의 활동을 조정할 수 있게 도와준다. 예를 들어, 〈표 7.5〉에서 볼 수 있듯이 실적이 저조한 근로자들에겐 업무에 있어서 무엇을 개선해야 할지에 대한 구체적인 피드백과 실적개선 일정을 제공한다. 개선을 못하면 그들은 해고된다. 실적이 좋은 근로자는 직무체험, 멘토링, 승진을 준비할 수 있는 리더십 프로그램 이수 등과 같은 개발활동에 참여하도록 장려된다.

비율강제배분 방법은 기업들이 성과를 향상하고 종업원에게 동기를 부여하며 실적이 저조한 근로자를 대신해 인재가 회사에 입사할 기회를 열어주는 방법이라고 할 수 있다. 지지자들은 이 제도에서 부서장들은 종업원 평가에 관대할 수 없고, 종업원 성과에 대해 업무관련 기준에 의한 냉정한 의사결정을 해야 한다고 말한다. 반면 비판론자들은 정규분포 방식을 통해 종업원 성과를 최적화할 수 있다고 가정하는 것은 오류가 있는 임의적 제도이며, 법 위반 소지와 함께 종업원 사기저하를 초래할 수 있다고 말한다. 예를 들어, 한 작업집단 내에 20% 정도의 실적이 저조한 근로자가 있을 수도 있고 반대로 실적이 좋은 근로자만 존재할 수도 있지만, 이 제도는 10%의 종업원을 의무적으로 내보내야 한다고 규정하고 있다는 점이다. 법적인 문제는 나중에 다시 논의하겠지만, 강제배분 방법에서는 의도치 않게 하위 10%에 소수인종, 여자, 40세 이상의 연장자로만 구성되어 차별금지법 위반 논란에 휩싸일 가능성도 있다.

마지막으로 기준 자체가 주관적이며, 팀워크나 화합능력 등의 기준을 강제로 등급화하여 구분하기 어렵다는 문제가 있다. 강제배분 제도의 특징과 자발적 이직률, 선정방법의 타당성 등과 같은 회사 성과에 영향을 주는 요인에 대한 모의실험 연구결과, 비율에 의한 강제배분은 회사 작업자들의 잠재적 성과를 향상시킨다고 말하고 있다. 실적이 저조한 종업원 상당수가 파악되고, 해고되기 때문에 제도 도입 이후 최초 몇 년간 성과가 개선되는 경향이 있다. 의사소통만 명확하다면, 이 체계는 혁신과 지속적 개선 등과 같은 기업문화에 긍정적 측면으로 자리 잡을 수 있고, 종업원에게 의사결정 과정에 이의를 제기할 수 있는 기회가 제공되는 경우 비율강제배분 제도는 윤리적일 수 있다.

그러나 직원의 성과를 향상시키는 등 비율강제배분 제도의 잠재력에도 불구하고, 이 제도를 실시하기 전에 도덕성, 팀워크, 신규채용 등에 미치는 잠재적 부정적 영향을 충분히 감안해야 한다. 많은 기업은 강제배분 방법을 사용하지 않으면서도 종업원 성과와 개발계획을 연계시키는 방법을 추진하고 있다. 예를 들어, 마이크로소프트는 더 이상 종업원이 싫어하는 평가를 하지 않으며, 종업원을 1부터 5까지 서열을 매기지 않는다. 이런 평가체계는 포기했다. 포기한 이유는 종업원으로부터 불공정한 순위가 도출되었다는 불평이 발생하고, 부서장에게 더 좋은 순위를 받기 위해 종업원 사이에 발생하는 공격과 경쟁에 따른 권력갈등이 발생했기 때문이다. 이런 결과는 팀워크를 강조하는 마이크로소프트의 전략과 맞지 않았다.

### 1대1 비교(쌍대 비교)

**1대1 비교**(paired comparison) 방법은 부서장이 종업원 한 명에 대해 작업집단 내의 모든 종업원과 한 명씩 비교함으로써 그 중 성과가 우수하다고 여겨지는 종업원에게 1점의 점수를 부여하는 것이다. 모든 사람에 대한 1대1 비교가 일단 끝나면 각 종업원은 긍정적 판정을 받았던 횟수를 집계하고 이것은 바로 해당 종업원의 성과점수가 된다. 1대1 비교 방법은 부서장으로선 시간소모가 많고, 특히 조직규모가 커질수록 시간소비가 더 커질 가능성이 높다. 예를 들어, 10명의 종업원을 거느리고 있는 부서장은 45번(10×9/2)의 비교를 해야 한다. 그러나 이 집단이 15명으로 늘어나면 105번의 비교를 해야 한다.

### 상대평가법에 대한 평가

상대평가법은 종업원 성과를 구분하는 데 효과적인 도구다. 이 방법은 실제로 관대화 효과, 중심화 경향, 그리고 엄격화 효과 등을 제거해 준다. 측정의 결과가 급여인상과 승진 등과 같은 관리적 의사결정에 사용되는 경우 특히 의미가 있다. 게다가 이런 제도는 개발하기도 쉽고, 사용하기도 쉬워서 사용자의 수용성도 높다. 그러나 한 가지 문제는 조직의 전략목표와 연계되지 않는 경우가 많다는 점이다. 평가들이 개인성과와 전략과의 부합 정도를 평가할 수는 있지만, 그 연결고리가 명확한 경우는 거의 없기 때문이다.

게다가 평가란 원래 주관적이어서 실제적인 타당성과 신뢰성이 평가자 본인에게 달려 있다. 일부 기업은 개인의 편견을 줄이기 위해 다수 평가자를 활용하지만, 대다수 기업은 그렇게 하지 않는다. 이 경우 그 신뢰성과 타당성이 별로일 게 뻔하다. 상대평가에 의한 측정방법은 피드백을 주기에는 구체성이 부족하다. 상대적인 서열에 근거하는 한 개인은 서열을 높이기 위해 무엇을 해야 하는지 전혀 알 길이 없다.

또한 부서장은 평가도구에서 밝혀주지 못하는 사항을 별도로 피드백해야 한다는 부담을 갖게 된다. 마지막으로 많은 종업원과 부서장이 상대평가법에 의한 평가를 수용하길 거부할 가능성이 크다. 평가는 절대적 기준이 되는 최우수, 우수, 보통, 미달에 의해서가 아니라 오로지 그룹이나 팀 또는 부서 내의 다른 종업원과의 상대적 관련성을 통해 정해지기 때문이다.

## 속성접근법

**속성접근법**(attribute approach)에 의한 성과관리는 개인이 회사의 성공에 바람직한 것으로 여겨지는 특성이나 자질과 같은 특정한 속성을 보유하고 있는 정도에 초점을 맞춘다. 이 접근법을 사용하는 측정방법들은 진취성, 리더십, 경쟁력 등 일련의 특질을 정의하고 이를 근거로 사람들을 평가한다.

### 그래픽 등급 척도법

가장 흔한 속성접근법은 **그래픽 등급 척도법**(graphic rating scale)이다. 〈표 7.6〉은 제조회사에서 사용되는 그래픽 등급 척도법을 보여주고 있다. 표에서 보듯이, 5단계 척도(혹은 다른 점수 이용)에 의해 자질을 평가한다. 부서장은 한 번에 한 명의 종업원씩 검토해 그 개인이 그 자질을 얼마나 보유하고 있는지를 평가해 그 숫자에 동그라미를 친다. 그래픽 등급 척도는 다수의 상이한 점수를 제시하거나 평가자가 그냥 체크만 하는 연속선일 수도 있다.

**표 7.6 그래픽 등급 척도법 예시**

다음의 성과 차원은 대부분의 업무에 중요하다. 각 차원별 성과 결과를 해당 점수에 동그라미 하시오.

| 성과 차원 | 등급 | | | | |
|---|---|---|---|---|---|
| | 탁월 | 우수 | 추천가능 | 적합 | 취약 |
| 지식 | 5 | 4 | 3 | 2 | 1 |
| 의사소통 | 5 | 4 | 3 | 2 | 1 |
| 판단 | 5 | 4 | 3 | 2 | 1 |
| 관리기술 | 5 | 4 | 3 | 2 | 1 |
| 품질 성과 | 5 | 4 | 3 | 2 | 1 |
| 팀워크 | 5 | 4 | 3 | 2 | 1 |
| 대인관계 | 5 | 4 | 3 | 2 | 1 |
| 진취성 | 5 | 4 | 3 | 2 | 1 |
| 창의성 | 5 | 4 | 3 | 2 | 1 |
| 문제해결 | 5 | 4 | 3 | 2 | 1 |

### 혼합기준 척도법

**혼합기준 척도법**(mixed-standard scale)은 그래픽 등급 척도법이 가지고 있는 문제점을 극복하기 위해 개발됐다. 혼합기준 척도를 만들어내기 위해 우리는 관련된 성과 차원을 정의하고 이 속성에 대해 좋음, 보통, 나쁨 성과를 표시하는 설명문을 개발한다. 이 설명문들은 실제 평가도구의 다른 속성 설명문과 섞여 있다. 혼합기준 척도의 예시는 〈표 7.7〉에 제시되어 있다.

**표 7.7 혼합기준 척도 예시**

| 측정해야 할 3가지 특질 | 성과 수준 정의 |
|---|---|
| 주도성 | High(H) |
| 지적역량 | Medium(M) |
| 관계관리 | Low(L) |

작성방법: 아래 제시되는 항목에 대해 해당 직원이 상위(+), 보통(0), 하위(−) 중 어디에 해당하는지 체크하시오.

| | | | |
|---|---|---|---|
| 주도성 | H | 1. 해당 직원은 스스로 일을 찾아서 추진한다. 항상 주도적으로 업무를 수행하며 상사의 관리가 필요 없다. | + |
| 지적역량 | M | 2. 해당 직원이 비록 천재는 아니지만, 보통 사람들에 비해서는 충분히 탁월한 지적 역량을 보유하고 있다. | + |
| 관계관리 | L | 3. 다른 직원들과 종종 필요 없는 갈등 상황을 야기하곤 한다. | 0 |
| 주도성 | M | 4. 대부분 직원 스스로가 주도적으로 업무를 수행하지만, 가끔 상사의 가이드가 필요한 경우가 있다. | + |
| 지적역량 | L | 5. 새로운 지식을 습득하거나 사물을 이해하는 데에 어려움을 느끼곤 하지만, 대체로 평범한 수준의 지적 역량을 나타낸다. | + |
| 관계관리 | H | 6. 대부분의 직원들과 잘 지내며, 의견이 일치하지 않는 경우에도 잘 대처한다. | − |
| 주도성 | L | 7. 상사나 타인의 지도에 의존하는 경향이다. | + |
| 지적역량 | H | 8. 매우 지적이며 새로운 것을 학습하는 데에 능하다. | − |
| 관계관리 | M | 9. 대부분의 사람들과 잘 지낸다. 때때로 충돌이 있지만 항상 있는 것은 아니다. | − |

평가기준:

| | 평가 의견 | | | 점수 |
|---|---|---|---|---|
| | High | Medium | Low | |
| | + | + | + | 7 |
| | + | + | + | 6 |
| | + | + | + | 5 |
| | − | 0 | + | 4 |
| | − | − | + | 3 |
| | − | − | 0 | 2 |
| | − | − | − | 1 |

평가기준 활용 사례:

| | 평가 의견 | | | 점수 |
|---|---|---|---|---|
| | High | Medium | Low | |
| 주도성 | + | + | + | 7 |
| 지적역량 | 0 | + | + | 6 |
| 관계관리 | − | − | 0 | 2 |

표에서 보듯이 평가자는 종업원의 성과가 설명문에 비해 보통이상(+)인지, 보통(0)인지 아니면 보통이하(−)인지를 평가해야 한다. 이때 각 속성별로 종업원의 성과 점수를 내기 위해 특별한 점수산정 공식이 사용된다. 따라서 세 가지 속성 모두에서 설명서보다 높은 성과를 보이면 종업원은 7점을 받는다. 종업원이 설명문과 관련하여 보통이상(+), 보통(0), 보통이하(−)를 하나씩 받으면 4점을 받는다. 세 가지 모든 설명문과 관련하여 보통이하(−)를 받으면 1점을 부여한다. 이러한 점수산정은 전체 성과 점수를 결정하는 모든 속성 차원에 적용된다.

혼합기준 척도법은 원래 특성을 측정하기 위해 개발되었다는 사실을 주목할 필요가 있다. 어쨌든, 이 방법은 성과평가 실수를 줄이기 위한 방법으로 특성보다는 행동을 측정하기 위한 도구로 발전해 왔다.

### 속성접근법 평가

속성접근법은 다양한 직무, 전략, 그리고 조직에서 개발하고 일반화하기 쉬운 방법이다. 게다가 주의 깊게 직무성과와 관련된 속성을 밝혀내고, 사려 깊게 이들을 평가도구로 활용한다면 신뢰할 만하고 타당하며 정교한 측정기술이 될 수 있다.

그러나 이 방법은 효과적인 성과관리의 요건을 일부 충족하지 못한다. 일반적으로 평가 측정기술과 기업전략을 완벽하게 일치시키는 방법은 존재하기 힘들지만, 이 방법은 개발의 용이성과 함께 전반적인 조직과 전략에 관한 특성과 비교대상을 다른 조직과 전략에서도 일반화하기 쉽기에 사용된다. 그리고 이 방법은 일반적으로 평가자마다 다른 해석이 가능한 막연한 성과기준을 가지고 있다. 이런 이유로 평가자마다 종종 극단적으로 다른 평가결과와 순위를 만들곤 한다. 그 결과 이 방법을 활용하는 것은 낮은 타당성과 신뢰성을 보일 수 있다. 그리고 그 결과는 법률적 소송으로 이어질 수 있다. 예를 들어, 그래픽 등급 척도법의 타당성은 브리토 vs. 지아 소송(Brito vs. Zia)에서 문제가 제기되었다. 이 재판은 성과평가 결과 스페인어를 사용하는 종업원이 모두 해고된 사건에 대한 것이었다. 감독자가 직원의 작업량, 업무지식, 의존성, 협동심 등에 관한 다수의 막연한 속성을 평가한 결과였다. 법원은 주관적 평가를 비판하면서 평가가 실제 작업행동과 연관이 있다는 실증적 자료를 제시할 것을 판결했다.

실제로 이 방법은 종업원에게 회사 목표달성을 어떻게 지원하고, 성과결핍을 어떻게 교정하라는 구체적 안내를 제공하지 않는다. 게다가 평가자가 피드백을 줄 때, 이 방법은 종업원에게 방어적 형태를 취하게 만든다. 예를 들어, 5점 척도에서 2점을 받는다면 어떤 느낌일까? 확실히 이런 질문에 대한 피평가자 감정은 판단에 대해 방어적이게 만들고, 결과를 받아들이기 힘들게 하며, 피드백 또한 마찬가지 감정일 것이다. 그리고 2점을 받았다는 사실이 성과점수를 개선하기 위한 방법을 알려주지 않는다.

## 행동접근법

**행동접근법**(behavioral approach)은 일을 효과적으로 하기 위해 종업원이 나타내야 할 행동을 정의한다. 이 행동들을 정의하기 위해 다양한 기법이 동원되며 부서장은 종업원들이 이 행동들을 나타내는 정도를 평가한다. 이 절에서는 행동접근법에 관한 3개의 기술을 소개하고자 한다.

### 행동기준 척도법

**행동기준 척도법**(behaviorally anchored rating scale: BARS)은 상이한 평가 수준과 관련된 행동기준을 개발함으로써 성과 차원을 구체적으로 정의하기 위해 설계되었다. BARS의 예는 〈그림 7.4〉에서 볼 수 있다. 보다시피 성과 차원은 차원별 성과 수준을 나타내는 다수의 행위 사례를 포함하고 있다.

BARS를 개발하기 위해 우선 업무에서 효과적 성과와 비효과적 성과를 나타내는 수많은 중요 사건을 수집할 필요가 있다. 이 사건들은 성과 차원으로 분류되고, 특정 성과 수준을 명확히 나타내고 있다고 전문가들이 인정하는 차원들이 평가자들을 위한 지침이 될 행동 사례 또는 기준으로 사용된다. 부서장의 임무는 각 차원에 따라 종업원의 성과를 평가하고, 행동기준을 지침으로 활용해 종업원 성과가 차원상 어느 지점에 해당하는지를 결정해야 한다. 이러한 평가는 해당 차원에 대한 종업원의 점수가 된다.

행동기준은 장・단점이 있다. 행동기준은 평가차원에 대한 정교하고 완벽한 정의를 통해 평가자 간 신뢰도를 높일 수 있다는 게 장점이다. 단점은 정보회상, 즉 기준과 가장 근접한 행동이 다른 행동에 비해 보다 쉽게 회상되어 평가가 왜곡될 수 있다는 단점이 있다. 연구에 의하면 부서장과 부하들이 행동기준(BARS)과 자질척도를 구분하지 못한다는 결과도 있다.

**그림 7.4 교통경찰의 행동기준 척도법**

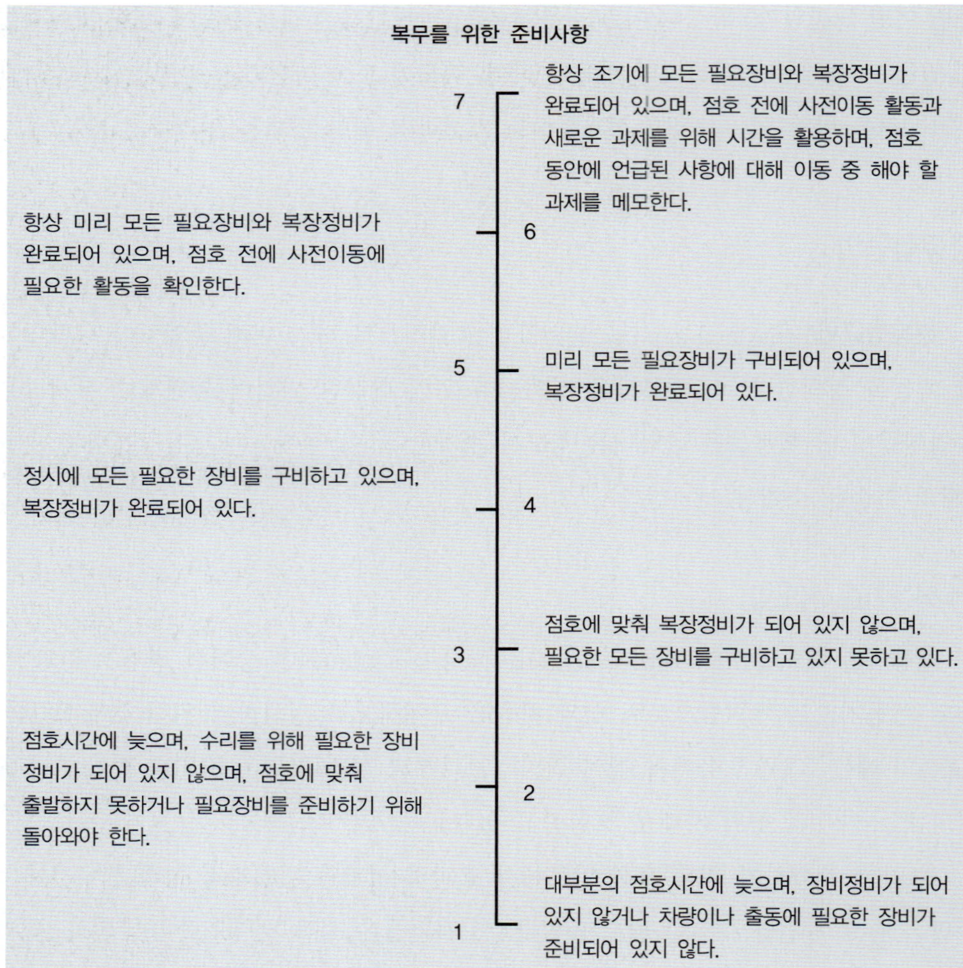


출처: Adapted from R. Harvey, "Job Analysis," in *Handbook of Industrial & Organizational Psychology*, 2nd ed., ed. M. Dunnette and L. Hough(Palo Alto, CA: Consulting Psychologists Press, 1991), p.138.

## 행동관찰 척도법

**행동관찰 척도법**(behavioral observation scale: BOS)은 BARS의 변형이다. BARS와 마찬가지로 BOS는 주요 사건의 수집을 통해 개발되었다. 그러나 BOS는 BARS와 근본적으로 두 가지 측면에서 다르다. 첫째, BOS는 성과에 반드시 필요한(또는 비효과적인) 행동들을 구체적으로 정의하기 위해 지표별 다양한 행동사례들을 제시한다. 말하자면 BOS는 특정 차원에서 네 가지 수준의 성과를 정의하는 데 네 가지 행동이 아니라 15가지의 행동을 사용할 수도 있다. BOS의 예는 〈표 7.8〉을 참고하기 바란다.

**표 7.8 직무성과평가를 위한 행동관찰 척도법(BOS) 사례**

| 팀워크 | | | | | | |
|---|---|---|---|---|---|---|
| **(1) 팀 구성원과 공동의 목적을 위해 일한다.** | | | | | | |
| 거의 하지 않는다. | 1 | 2 | 3 | 4 | 5 | 항상 그렇게 한다. |
| **(2) 팀 구성원에게서 배우려 한다.** | | | | | | |
| 거의 하지 않는다. | 1 | 2 | 3 | 4 | 5 | 항상 그렇게 한다. |
| **(3) 팀 구성원과 일정변화를 상의한다.** | | | | | | |
| 거의 하지 않는다. | 1 | 2 | 3 | 4 | 5 | 항상 그렇게 한다. |
| **(4) 팀 구성원의 관심사를 경청한다.** | | | | | | |
| 거의 하지 않는다. | 1 | 2 | 3 | 4 | 5 | 항상 그렇게 한다. |
| **(5) 팀 회의에 참석한다.** | | | | | | |
| 거의 하지 않는다. | 1 | 2 | 3 | 4 | 5 | 항상 그렇게 한다. |
| **(6) 팀 구성원의 업무를 도와준다.** | | | | | | |
| 거의 하지 않는다. | 1 | 2 | 3 | 4 | 5 | 항상 그렇게 한다. |
| **합계 = ________** | | | | | | |
| **평균 이하 6-10** | **적정 11-15** | **평균 이상 16-20** | **우수 21-25** | **대단히 우수 26-30** | | |

점수는 상사에 의해 작성되어야 함.

두 번째 차이는 어느 행동이 개인성과를 가장 잘 반영하는지를 평가하는 게 아니라 BOS 하에서 부서장은 종업원이 평가대상 기간 중 각 행동을 보인 빈도를 평가해야 한다는 것이다. 이러한 평가들을 평균해 전체 성과평가를 산출하게 된다.

BOS의 주된 단점은 대부분의 부서장이 처리하거나 기억할 수 있는 정보보다 많은 정보를 요구할 수도 있다는 점이다. 통상 BOS에는 80개 이상의 행위가 있으며, 부서장은 6개월 내지 12개월의 평가기간 중 종업원이 각 행위를 얼마나 자주 보였는지를 기억해야만 한다. 종업원 한 명에게는 충분한 가치가 있는 것이지만, 부서장은 10명 또는 그 이상의 종업원을 평가해야 하는 문제가 있다.

BOS, BARS, 그리고 그래픽 등급 척도법을 직접 비교해 보면, 부서장이나 종업원 모두 우수 성과자와 하위 성과자를 구별하고, 객관성을 유지하면서 피드백을 제공하고, 교육 필요성을 파악할 수 있고, 쉽게 사용할 수 있는 방법으로 BOS를 선호하는 것으로 나타났다.

### 역량모델

**역량**(competencies)은 종업원이 자신의 일을 성공적으로 수행할 수 있도록 해주는 일련의 기술, 지식, 능력, 그리고 개인적 특성의 합을 말한다. **역량모델**(competency model)은 모든 직종, 조직, 직군 또는 특정 업무에 필요한 공통적인 역량을 파악하여 서술해 주는 것을 의미한다. 역량모델은 성과관리에 활용될 수 있다. 그리고 역량모델의 장점 중 하나는 채용, 선발, 교육훈련, 그리고 개발 등과 같은 다양한 인적자원관리 제도에 활용될 수 있다는 점이다 역량모델을 활용하여 채용이 필요한 직무에 최적의 종업원을 확보할 수 있고, 종업원이나 부서장들에게 요구되는 특정한 장점 영역이나 개발 분야에 대한 역량개발계획의 기초로 활용될 수 있다.

〈표 7.9〉는 퇴직관리 및 연금분야 전문 회사인 보야 파이낸셜(Voya Financial)의 역량모델을 보여준다. 해당 역량모델을 활용하여 구성원들이 업무성과를 창출하는 과정에 대한 평가를 실시하며, 평가결과를 회사의 리더십 개발 프로그램에 활용하고 있다.

프로비던스 성 요한 의료원(Providence St. Joseph Health)은 신입 간호사의 역량진단을 위해 표준화된 역량모형을 활용하고 있다. 이전의 경우 프로비던스 성 요한 의료원 산하의 각 개별 병원들은 각각의 전문분야에 특화된 역량모델을 활용하고 있었다. 새롭게 개발된 역량모델은 14개의 공통 역량요소로 구성되어 있고, 신입 간호사의 관리자에 의해 진단이 실시된다. 해당 역량모델은 신입 간호사의 오리엔테이션 기간 동안 각각의 역량이 얼마나 증진되었는지 확인하기 위해서도 활용된다.

역량모델이 성과관리에 효과적으로 활용되기 위해서는 항상 최신의 내용으로 업

**표 7.9 Voya Financial의 역량모델**

| | |
|---|---|
| Demonstrate Integrity | 신의성실의 모범을 보이다 |
| Focus on the Customer | 고객에 초점을 맞추다 |
| Build a Strong Organization | 강한 조직을 형성하다 |
| Create & Lead Change | 변화를 만들고 이끌다 |
| Deliver Results | 결과를 이끌어내다 |
| Excel at Execution | 실행에 능숙하다 |
| Lead With Passion and Clarity | 열정과 투명성으로 이끌다 |
| Develop People & Self | 자신과 구성원을 개발하다 |
| Work as One Company | 한 회사의 소속감으로 일하다 |

출처: "Voya's Leadership Model," https://www.voya.com/page/why-voya#:~:text=Leadership%20development%20plays%20an%20integral,transition%20to%20a%20managerial%20role, accessed March 22, 2021.

데이트되어야 하며, 비즈니스 성과의 향상을 지원할 수 있어야 하고, 직무와 연계되어야 하며(타당성), 회사 내 모든 조직에 적용될 수 있어야 하고, 종업원의 성과를 측정할 수 있도록 상세하게 정의되어야 한다.

### 행동접근법 평가

행동접근법은 매우 효과적일 수 있다. 전략 실행에 필요한 특정 행동과 회사의 전략을 연계시킬 수 있기 때문이다. 종업원에겐 성과에 대해 구체적인 지침과 피드백도 제공할 수 있으며, 상세한 직무분석 결과를 활용하기 때문에 행동지표들이 매우 높은 타당성을 나타낸다. 시스템을 사용할 사람들이 측정방법을 개발하기 때문에 수용성도 높은 편이다. 마지막으로 평가자의 평가역량 향상을 위해 투자를 많이 할수록 평가의 신뢰성을 높일 수 있다.

행동접근법의 단점은 조직의 상황에 관련된 문제이다. 행동접근법을 활용한 역량요소들이 조직의 전략과 잘 연계될 수는 있지만, 그러한 행동들이 전략과 지속적으로 연계되어 있는지 확인하기 위해서는 지속적으로 측정되고 수정되어야 한다. 또한 행동접근법은 업무를 수행하기 위한 "유일한 최선의 방법"이 존재하고 이를 사전에 확인할 수 있다는 가정을 전제로 한다. 관련 연구에 따르면 관리자들은 행동과 결과 간의 관계가 명확하다고 생각할 때 행동에 대한 통제를 수행하지만, 이러한 관계가 명확하지 않다고 느낄 때는 오직 결과에 대해서만 집중한다고 밝혔다. 따라서 행동접근법은 다소 복잡하지 않은 직무(직무 수행을 위한 최선의 방법이 어느 정도 명확한)에 적절하고, 복잡한 직무(성공을 위한 방법이 다양한 경우)에 대해서는 부적절하다고 할 수 있다.

## 결과접근법

**결과접근법**(results approach)은 업무 중에서 측정가능한 결과에만 목표를 정하고 관리하는 데 중점을 둔다. 이 방법은 측정과정에서 주관적 판단을 배제할 수 있으며, 결과는 조직목표 달성에 대한 기여 수준을 가장 잘 나타낸다고 가정한다. 우리는 결과를 활용하는 3개의 성과관리시스템을 살펴볼 예정인데, 목표활용법, 균형성과표와 생산성 측정 및 평가시스템이다.

### 목표활용법

목표활용법(use of objectives)을 적용하기 위해서 최고경영진은 먼저 다음 연도의 전략목표를 정의한다. 이 목표는 바로 아래 단계의 부서장들에게 전달되고 이 부서장들은 자신들이 회사가 목표를 달성하기 위해 해야 하는 목표를 정의한다. 이 같은 목표설정(goal-setting) 과정이 조직 전체로 폭포수처럼 흘러내리는(cascading) 과정 속에서 부서장은 회사의 목표 달성에 도움이 되는 해당 조직의 목표를 정한다. 이 목표들은 개인별 성과를 평가하는 기준으로 활용된다. 예를 들어, 기업의 목표는 내년도에 6% 매출 증가를 이루는 것이라 해보자. 해당 목표는 50만 달러 신규 매출을 달성해야 하는 팀 목표와 연계되어 있다. 이런 팀 목표설정 결과로 인해 개별 영업사원의 목표는 올해에 10만 달러의 신규 매출을 달성하는 것으로 설정될 수 있다. 이런 목표는 전년 대비 10% 판매실적 개선을 의미하게 된다.

결과접근법에는 효과적 목표설정을 위한 세 가지 공통 요소가 있다. 가장 효과적인 목표는 SMART 목표이다. 즉, 목표는 명확히 기술되고, 달성해야 할 결과를 잘 정의하여 구체적(specific)이고, 기준과 비교할 수 있게 측정가능(measurable)하고, 어렵지만 성취가능한 수준으로 달성가능(attainable)하며, 조직의 성공요인과 연관되어 조직목표와 관련(relevant)되며, 적시에 측정될 수 있어야 한다(timely). 예를 들면, 12시간 내에 지시 이행과 같은 적시성, 수정이 필요 없는 명백한 보고서와 같은 품질, 매출 25% 증대와 같은 수량, 구매비용 10% 감소 등과 같은 재무지표 등과 같은 다양한 유형의 측정지표를 목표로 사용할 수도 있다. 〈표 7.10〉은 금융서비스 회사에서 사용한 목표의 예시로 목표는 경영진이 일방적으로 정하는 게 아니라 부서장과 부하들의 참여 속에서 설정된다. 그리고 부서장은 평가기간 내내 목표달성 진척 현황을 점검할 수 있도록 객관적인 피드백을 제공한다.

소프트웨어 회사인 아사나(Asana)는 종업원들에게 매우 명확한 목표와 책임을 부

**표 7.10 직무성과의 목표측정 사례**

| 핵심 실적 영역 | 목표치 | 진척도 | 실제성과 |
|---|---|---|---|
| 대출 포트폴리오 관리 | 1년간 포트폴리오 가치 10% 증대 | 90% | 1년간 포트폴리오 가치 9% 증대 |
| 판매 | 1년간 수수료 수입 3만 달러 달성 | 150% | 1년간 수수료 수입 4만 5천 달러 창출 |

여하고 있으며, 이를 수행하기 위한 높은 수준의 권한을 위임하고 있다. 또한 지속적인 관찰과 학습, 그리고 개선의 조직 분위기를 가지고 있다. 이러한 상황에서 성과관리는 조직과 개인이 같이 성장할 수 있도록 운영되고 있다. 목표설정은 끊임없는 개선에 초점을 맞추고 있다. 아사나는 회사의 목적을 피라미드의 형태로 제시한다. 가장 상층부는 미션으로 "모든 팀이 함께 수월하게 일하면서 이를 통해 인간성이 고양될 수 있게 한다"로 제시된다. 그 아래에는 3개의 전략이 있으며, 이는 힘들이지 않고 수월하게 일하도록 지원할 수 있는 소프트웨어의 개발, 개발된 소프트웨어를 모든 구성원에게 전달하는 것, 마지막으로 이러한 두 가지 전략을 다른 모든 회사들보다 더 뛰어나게 수행하는 것으로 제시된다. 이러한 전략을 수행하기 위하여 아사나는 매년도 사업, 제품, 그리고 각 조직의 12개 정도 목표를 설정한다. 모든 팀은 이러한 목표달성을 위한 개별적인 결과지표를 가지며, 각 팀 구성원들은 이러한 결과 달성을 위해 일하게 된다. 교차기능팀(cross-functional team)의 경우 상위 수준의 목표를 설정하고 매해 2번 성과점검회의를 개최한다. 매해 개별 구성원들은 이러한 회사 전체의 목표 피라미드와 연계된 개인 목표를 설정한다. 각 구성원들의 업무는 각각의 기한과 함께 상세하게 정의된다. 각각의 업무들은 역할범위(area of responsibility: AOR)로 지칭되며 종업원 개인의 전문성 수준을 고려하여 적절히 할당된다. 모든 AOR 수행자들은 동료들과의 자유로운 토론을 통해 문제를 해결할 수 있으며, 각각의 업무수행 범위 내에서는 완전한 수준의 자율성을 가진다.

목표활용법에 대한 연구에 의하면 목표의 효과성에 대한 중요한 시사점이 제시되고 있다. 조사대상 70개 회사 가운데 68개 회사에서 생산성 증가 효과가 확인되었고 불과 2개 회사에서 생산성 저하가 나타났기 때문에, 목표가 생산성을 높일 수 있음을 시사하고 있다. 또한 최고경영진이 목표 프로그램을 적극 지원하는 경우 생산성 향상이 가장 높은 것으로 나타났다. 최고경영진의 지원이 있는 경우 평균 56% 증가, 지원이 보통인 경우 33% 증가, 그리고 지원이 저조한 경우 6% 증가였다.

목표시스템을 사용할 경우 조직성과에 매우 긍정적인 영향을 미친다는 것은 명백하다. 담당직원이 참여하는 목표설정 과정은 개별 종업원 성과와 회사의 전략목표를 효과적으로 연계시킨다. 결과 또는 사업관련 지표에 근거한 목표 평가는 평과과정상 종업원이 목표를 달성했는지 못했는지 판단하는 주관성을 배제한다.

〈표 7.11〉은 성과관리에서 목적과 목표를 설정하는 가장 바람직한 방법을 제시하

**표 7.11 목표설정의 바람직한 방법**

1. 상사와 부하가 대화를 통해 목표를 설정해야 하며, 목표는 3-5개 수준을 넘지 말아야 한다.
2. 목표는 간결하고, 의미가 있어야 하며, 도전적이어야 하고, 구성원들이 달성할 수 있을 것으로 예상될 수 있어야 한다.
3. 목표 달성을 위한 시간계획이 명확히 제시되어야 한다.
4. 목표 달성과 그에 대한 보상이 적절히 연계되어야 한다.
5. 목표는 하향식이 아니라 상향식으로 설정되어야 한다. 이는 조직의 세부 기능, 팀, 그리고 구성원들이 조직 전체의 목표에 연계된 각자의 목표를 설정해야 한다는 것이다.
6. 종업원이 자신의 목표를 상대적으로 조직 내 상위계층(상사 또는 멘토 등)에 공유하는 경우 목표 달성과 성과가 더욱 높아질 것이다.

출처: H. Klein, R. Lount Jr., H. Park, and B. Linford, "When Goals Are Known: The Effects of Audience Relative Status on Goal Commitment and Performance," *Journal of Applied Psychology* 105(2020), pp.372–389; R. Hanson and E. Pulakos, *Putting the "Performance" Back in Performance Management* (Alexandria, VA: Society for Human Resource Management, 2015); R. Noe and L. Inks, *It's about People: How Performance Management Helps Middle Market Companies Grow Faster*(Columbus, OH: National Center for the Middle Market, Ohio State University Fisher College of Business, GE Capital, 2014); D. Grote, *How to Be Good at Performance Appraisals*(Boston, MA: Harvard University Press, 2011); A. Fox, "Put Plans into Action," *HR Magazine*, April 2013, pp.27–31.

고 있다. 만약 목표가 회사 경영진, 부문, 각 기능 및 소속 부서로 차례대로 내려오는 것을 기다린다면 목표설정에 시간이 너무 오래 소요되고, 종업원들은 자신의 목표와 회사 전체의 목표가 어떻게 연결되는지 이해하기 어렵게 된다. 따라서 종업원들은 회사 전체의 목표를 고려하여 가급적 스스로 목표를 설정해야 한다. 이렇게 설정되는 목표는 SMART 원칙을 따라야 하고 의미가 있어야 한다. 목표가 명확히 측정가능하고 통제가 가능할 경우 보상과 인센티브가 더 큰 동기부여의 효과를 가지게 된다.

기업에서의 목표설정은 흔히 종업원의 행동, 핵심가치, 그리고 어떻게 업무를 수행해야 하는가가 아닌 결과에 초점을 맞추는 경우가 많다. 만약 종업원이 특정한 방식으로 업무를 수행하기 원한다면 성과관리시스템에 이러한 행동과 핵심가치를 평가할 수 있도록 지표를 포함시켜야 한다. 웰스파고(Wells-Fargo) 은행의 사례를 제시해볼 수 있다. 은행의 직원들이 고객 몰래 2백만 달러의 체크카드를 개설하였고, 거짓 계좌를 생성하기도 하였으며 심지어 허구의 개인 주민번호를 생성하고, 고객 동의 없이 계좌간 현금을 이체하기도 하였다. 종업원과 관리자들이 고객의 계좌를 개설하고 체크카드를 생성하는 데에 성과목표를 집중하고 이에 대해 보상과 인센티브를 제공하였기에 은행 전체에서 교차판매 행태가 확산되었다. 이러한 성과목표는 웰스파고 은행 전체의 목표가 신규계좌를 생성하고 체크카드 발행을 확대하는 데에 맞춰져 있기 때문에 발생하였다. 이러한 부정행위로 웰스파고 은행은 6억 달러 이상의 징벌적 배상의 판결을 받았고, 은행의 명성에 치명적 타격을 입었으며, 잠재고객을 놓친 것뿐 아니라 관련된 종업원과 관리자들은 모두 해고되었다.

### 균형성과표

제1장에서 균형성과표 활용을 논의한 바 있듯이 어떤 회사들은 성과를 측정하기 위해 **균형성과표**(balanced scorecard: BSC) 제도를 사용한다. 균형성과표는 재무, 고객, 내부 또는 운영, 그리고 학습과 성장이라는 네 가지 관점에서 성과를 바라본다. 재무적 관점은 주주가치의 지속가능한 성장에, 고객 관점은 서비스나 품질과 같은 고객의 가치에, 내부 또는 운영 관점은 고객만족에 영향을 미치는 과정에, 그리고 학습 및 성장 관점은 회사 혁신 및 지속적인 개선에 중점을 각각 둔다. 이러한 관점들은 회사 전략을 조직, 중간 부서장, 그리고 개별 종업원 목표에 투입하는 데 활용된다.

종업원과의 의사소통과 균형성과표에 대한 교육, 회사의 전략적 목적을 부서와 개인별 측정지표로 투입, 그리고 성과측정에 따른 보상 연계 등의 방식을 통해 종업원 성과는 회사 전략과 연계된다. 종업원은 회사 목표와 이에 따른 사업단위별 목표를 알아야 하며, 사업단위 및 회사 목표와 일치하는 개인별, 팀별 목표를 개발해야 한다. 효과적인 균형성과표(BSC) 관리를 통해 종업원은 성과표(scorecard)와 전략지도(strategy map)만 보면 측정지표 간 인과관계 등 회사의 전략을 이해할 수 있다. 예를 들어, 고객 관점의 균형성과표 제도하에서 항공사는 정시 이착륙을 핵심성공요소(key success factor)로 설정할 수 있을 것이다. 출입구 관리, 지상근무, 유지보수, 그리고 운항관리는 정시 이착륙 성과에 영향을 미칠 수 있는 직책이다. 출입구 관리요원들은 탑승 속도에 영향을 미칠 수 있는 네 가지 역할이 있다. 정시 체크인, 연결노선 처리, 운항서류 작성, 그리고 탑승 절차 등이다. 이 네 가지 역할에서 출입구 관리요원의 성과를 평가해야 한다. 이 네 가지 역할이 원가절감, 고객만족, 고객 감소, 운영비용 등을 포함해 정시 이착륙 성과와 관련된 핵심성과지표(Key Performance Indicator: KPI)에 영향을 주는 요인이기 때문이다.

### 생산성 측정과 평가 시스템(ProMES)

생산성 측정과 평가 시스템(Productivity Measurement and Evaluation System: ProMES)의 주요 목표는 종업원에게 팀 또는 회사의 생산성을 향상시키도록 동기를 부여하는 것이다. 이는 생산성을 측정하고 그 정보를 종업원에게 피드백하는 수단이 될 수 있다.

팀 구성원은 구체적인 결과와 생산성 사이의 관계와 효과성과 업무수행 방식, 업무수행 방식과 결과, 그리고 결과와 종업원 욕구 충족 사이의 관계성을 도식화하려고 노력한다. ProMES는 네 단계로 이루어져 있다. 첫째, 조직 내의 사람들은 제품 또는 조직이 달성하려고 하는 일련의 활동 또는 목표를 파악한다. 조직의 생산성은 이 제품들을 얼마나 잘 생산하느냐에 달려 있다. 예를 들어, 수리점의 경우 제품 수선의 품질이 지표가 될 수 있다. 둘째, 직원은 제품의 측정지표를 정의한다. 측정지표란 조직이 제품을 얼마나 잘 생산하느냐의 기준이다. 수선의 품질은 1) 수선 후 작동불량으로 되돌아오는 제품의 비율과 같은 반품률, 2) 품질검사 통과 비율 등에 의해 표시된다. 셋째, 직원은 측정지표의 총량과 이와 관련된 평가수준과 관련된 표를 만든다. 넷째,

**그림 7.5** ProMES 측정을 사용한 수리점의 생산성 증가율

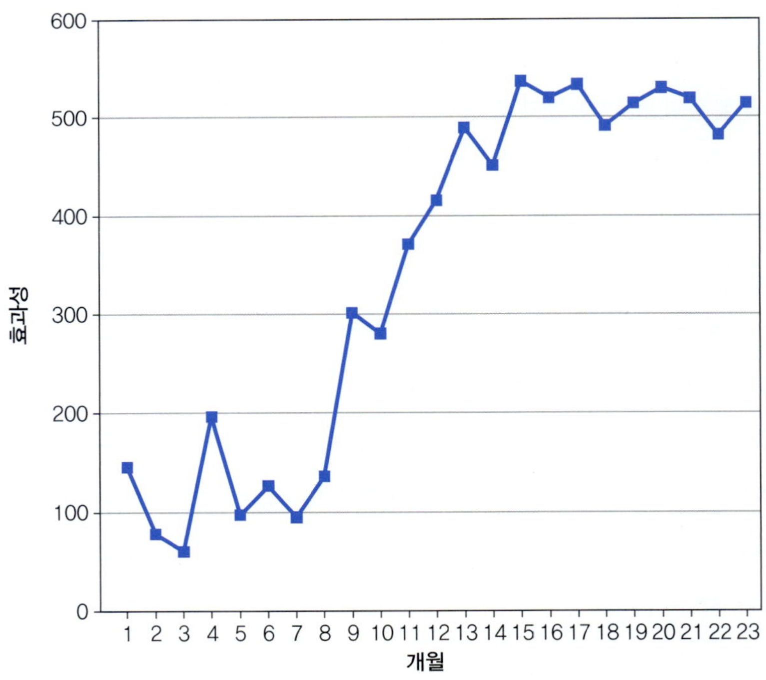


출처: P. Pritchard, S. Jones, P. Roth, K. Stuebing, and S. Ekeberg, "The Evaluation of an Integrated Approach to Measuring Organizational Productivity," *Personnel Psychology*, 42,(1989), pp.69–115.

종업원과 작업그룹에게 구체적인 성과수준 정보를 제공할 피드백 시스템을 개발한다. 종합적인 생산성 점수는 여러 성과지표별 목표달성 점수를 집계함으로써 산출될 수 있다.

기존 연구에 의하면 이 방법은 생산성 증대에 매우 효과적이다. 〈그림 7.5〉는 수리점에서의 생산성 증가를 보여준다. 관련 연구는 이 시스템이 효과적인 피드백 도구임을 시사한다. 그러나 시스템을 처음 만들 때 시간이 너무 많이 걸린다는 단점이 있다.

### 결과접근법 평가

결과접근법은 주관적 판단을 최소화하기 위해 객관적이고 계량화된 성과지표를 활용한다. 따라서 부서장이나 종업원 모두에게 수용성이 높다. 또 다른 장점은 개인 결과를 조직의 전략 및 목표와 연계시킨다는 점이다.

그러나 객관적 성과지표를 활용하는 경우 해결해야 할 수많은 숙제가 있다. 객관적 지표는 오염되기 쉽고 부족할 수 있다. 종업원이 통제할 수 없는 일에 의해 영향을 받기 때문에 오염될 수 있으며, 직무성과의 중요한 측면을 모두 객관화할 수 없다는 점에서 부족하다. 예를 들어, 경기침체로 판매목표에 영향이 나타나거나, 선생님의 경우 학부모의 지원이 학생의 학업성취도에 영향을 줄 수 있다. 다른 단점은 개인들이 측정되는 성과에만 집중하고 그렇지 않은 부분은 경시할 수 있다는 점이다. 예를 들어, 종업원 목표의 대부분이 생산성과 관련이 있는 경우 고객 서비스에 관심을 둘 가능성은 별로 없다. 한 연구에 의하면 객관적 성과목표는 높은 성과를 유도하지만 동료를 도와줄 가능성을 떨어뜨린다. 목표를 개인, 팀 또는 부서별로 설정해야 하는지를 파악하는 것도 중요하다. 작업이 팀별로 이뤄지는 경우 종업원별 목표를 설정하는 것은 부적절하다. 개인별 목표는 정보공유와 협업 등과 같은 팀의 성공에 필요한 행동을 방해할 수도 있다. 마지막 단점은 결과지표가 객관적 피드백을 제공하지만, 피드백이 종업원에게 성과 향상을 위해서 자신의 행동을 어떻게 변화시켜야 하는지에 대해 알려주지는 않는다는 점이다. 야구선수가 타격에 슬럼프가 왔는데 타율이 0.19라고 이야기해 준다고 해서 타율을 향상시킬 동기를 부여하는 것은 아니다. 볼에서 눈을 뗀다든지 어깨를 떨군다든지 변화할 필요가 있는 정확한 행동에 중점을 둔 피드백을 하는 편이 더욱 도움이 될 것이다.

킴벌리-클락(Kimberly-Clark)과 유통업체 줄릴리(Zulily)는 목표를 활용하면서 특별한 과정을 적용한다. 킴벌리-클락의 경우 영업사원은 목표달성 과정에서 온라인 시스템을 활용한다. 그들은 과정을 정리하고, 성공과 실수를 기록하며 자신의 상급자나 부하 또는 동료에게 피드백을 요청하거나 피드백을 해준다. 온라인을 통해 피드백 자료를 수집하고 상급자는 자료를 검토할 수 있다. 또한 종업원의 강점과 개발 필요성, 그리고 평가점수와 이직 가능성 평가결과 등을 보관한다. 최고경영자는 매년 회사 경영진들의 성과계획 목표가 회사의 사업목표와 일관되어 있는지 검토한다. 줄릴리의 경우 종업원은 스스로 자신의 목표를 설정할 수 있으며, 그들의 상급자와 임원들의 목표가 무엇에 중점을 두고 있는지 분기별로 검토하며 질의하여 자신의 목표가 회사의 진행방향과 일치할 수 있도록 도움을 받는다.

## 품질접근법

**품질접근법**(quality approach)의 근본적인 특징은 소비자 중심주의로서, 오류방지와 지속적 품질 향상에 중점을 둔다. 고객만족도 향상은 품질접근법의 주된 목표다. 고객은 조직 내부고객과 외부고객이 있다. 품질에 중점을 두고 설계된 성과관리시스템은 다음 역할을 할 수 있다.

- 측정시스템에서의 인적 요소와 시스템 요소의 평가를 강조
- 종업원과 상급자의 공동작업을 통해 성과문제를 해결
- 성과기준을 설정하고 측정함에 있어서 내부고객과 외부고객의 참여
- 인적 요소와 시스템 요소를 평가할 다중자원 사용

이 장 초반부에서 효과적인 성과관리시스템에 대한 논의를 통해 이러한 특징들이 품질접근법만의 특징이 아니라 효과적인 평가제도 전반의 특징임을 이해할 수 있다. 품질접근법의 지지자들은 대부분의 미국 기업 성과관리시스템이 다음과 같은 이유 때문에 품질 중시의 철학과 공존하기 어렵다고 믿는다.

1. 대다수의 기존 시스템은 품질이 아니라 양을 중심으로 성과를 측정한다.
2. 종업원은 자신들이 관여하고 있기 때문에 결과가 좋든 나쁘든 책임을 지긴 하지만, 업무를 완전하게 통제하지 못하는 것이 현실이다.
3. 기업은 경제적 보상을 종업원이 공헌한 만큼 제공하지 않는다.

4. 보상이 사업결과와 연결되지 않는다.

품질접근법에 대한 지지자들은 성과평가가 구성원들의 성과 향상이 요구되는 부분에 대한 피드백의 제공에 초점을 맞추어야 한다고 제시한다. 이러한 피드백의 종류는 크게 두 가지이다. 1) 업무 수행자의 품질에 대한 고객, 동료 및 상사의 주관적 피드백이고, 2) 통계적 통제방법에 따른 업무 수준에 대한 객관적 피드백이다.

여러 종류의 사탕을 생산하는 회사 저스트 본(Just Born)에서 성과관리과정은 품질중시에 역점을 두고 설계됐다. 성과관리시스템은 종업원이 한 해 동안 무엇을 달성했는지에 초점을 맞추기보다는 미래지향적 접근법을 통해 종업원의 개선을 촉진하도록 설계됐다. 종업원과 그의 상급자는 함께 문제를 해결하기 위해 작업하도록 장려되었다. 성과관리시스템은 회사의 인적자원개발시스템(people development system: PDS)의 일부로서 학습과 개발을 회사 전략과 일치시키고 추진동력을 만드는 동시에 종업원이 현재 업무와 미래 업무를 성공적으로 수행할 수 있는 기능을 갖추도록 하는 데 목적을 둔다. 따라서 PDS에는 성과관리과정, 학습 및 경력관리과정, 그리고 승계계획 등이 포함된다. 각각의 시스템으로부터의 정보는 종업원이 현재 업무에 필요한 기능을 교육훈련과 업무 중 경험을 통해 개발할 뿐만 아니라 향후 필요한 경력을 준비할 수 있도록 해준다.

저스트 본의 성과관리시스템은 종업원과 상급자가 성과관리계획 면담을 하면서 시작한다. 이 면담에서 종업원의 역할과 부서별 전략목표가 논의되고, 부서 목표를 달성하면서 종업원의 직무기술서에 명시된 구체적인 사항을 충족시킬 수 있는 최대 네 가지의 개인 목표를 부서장과 종업원이 합의한다. 그러면서 종업원이 가지고 있거나 향후 향상시켜야 할 두 개의 역량도 확인하고, 역량 확보를 위한 학습계획 수립을 종업원과 상급자가 함께 협의한다. 그리고 1년 동안 종업원과 그의 상사는 역량을 유지하고 개선시키기 위한 지속적인 면담을 통해 진척 정도를 확인한다. 연말의 보상 의사결정은 성과목표와 학습목표 달성에 기초한다. 저스트 본은 '와우! 이제 개선(Wow, Now improvement)' 과정을 사용한다. 업무과정과 결과를 향상시킬 수 있는 주문형 카이젠(Kaizen - 개선) 과정이다. '와우! 이제 개선' 프로그램을 통해 종업원은 개선가능성 파악, 자료수집, 개선안 실행, 결과측정, 결과에 근거한 제도 수정 등의 방법을 배울 수 있다. 개선을 뜻하는 일본어 **카이젠**(改善)은 린(lean) 경영과 전사적품질관리의 기본

원리 중의 하나다. 카이젠은 회사 전체 종업원이 참여하는 제도로 업무절차의 지속적 개선에 중점을 둔다. '와우! 이제 개선' 과정에서 볼 수 있듯이 카이젠은 계획, 실행, 점검, 그리고 행동을 포함하는 연속활동이다. 통계적인 과정통제기법은 품질접근법에서 중요한데, 이 기술을 통해 종업원들은 문제의 원인과 잠재적 해결책을 인지할 수 있게 하는 객관적 도구가 되기 때문이다.

이 기술은 과정흐름 분석, 인과관계 도표, 파레토 차트, 관리 차트, 히스토그램, 그리고 산포도 등의 통계기법을 포함하고 있다. **과정흐름 분석**(process-flow analysis)은 고객의 대기시간이나 텔레비전 조립과 같은 각 행동과 업무를 완수하기 위해 필요한 의사결정을 식별해 낸다. 과정흐름 분석은 제조과정이나 서비스 시간의 중복을 찾아내는 데 유용하다. **인과관계 도표**(cause-and-effect diagrams)의 경우 바람직하지 않은 결과를 초래하는 사건이나 원인을 찾아낸다. 종업원은 문제의 원인이 되는 모든 가능성을 찾아낼 수 있다. 원인의 발생가능성은 평가되지 않는다. 다만, 인과관계 도표를 통해 발생가능한 전반적인 원인을 찾아내는 것이다.

**파레토 차트**(Pareto chart)는 문제의 가장 중요한 원인을 부각시켜준다. 파레토 차트에서 원인들은 중요한 순서로 열거된다. 여기서 중요성이란 그 원인이 문제를 초래한

**그림 7.6 파레토 차트**

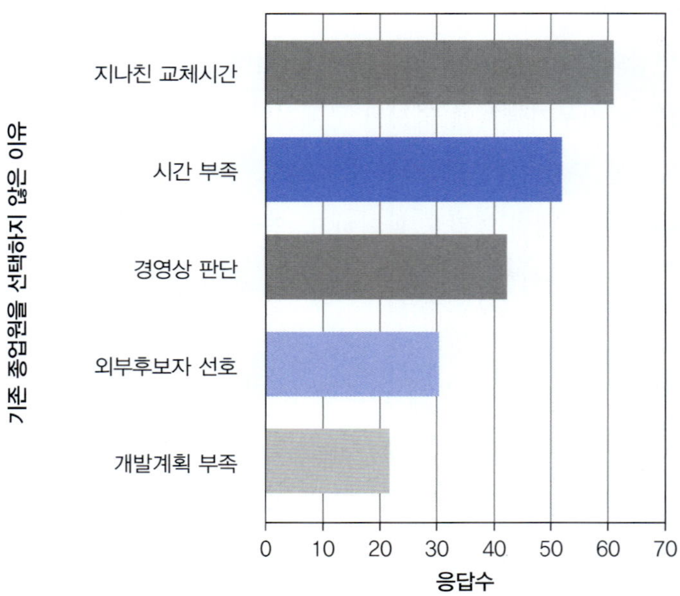


출처: From Clara Carter, *HR Magazine*. Copyright 1992. Reprinted with permission of Society for Human Resource Management.

**그림 7.7** 관리 차트

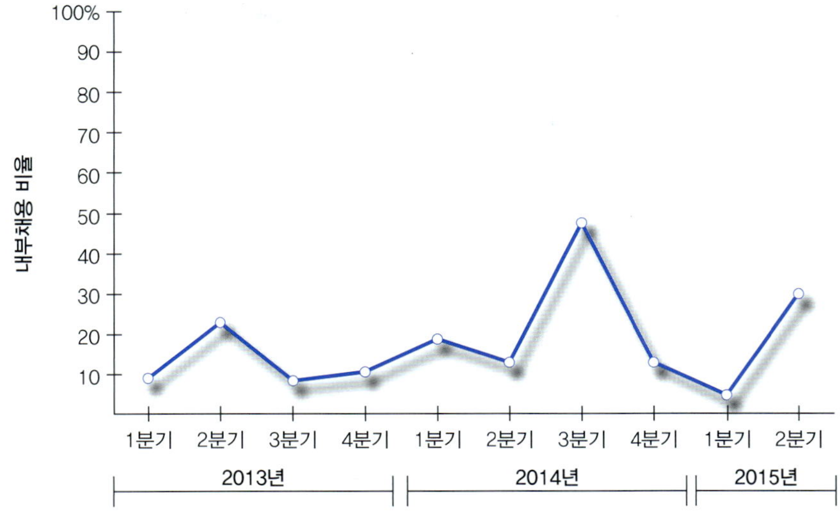


출처: Based on Clara Carter, *HR Magazine*. Copyright 1992.

빈도수로 정의된다. 파레토 분석은 대부분의 문제는 소수 원인의 결과라고 가정한다. 〈그림 7.6〉은 파레토 차트를 통해 부서장에게 어떤 자리에 사내 종업원을 선발하지 않고 공석으로 남겨둔 이유를 보여주고 있다. **관리 차트**(control chart)는 여러 시점에서의 자료수집을 골자로 한다. 다른 시점에 자료를 수집함으로써 종업원은 어떤 요소들이 결과에 기여했는지, 언제 그랬는지를 파악할 수 있다.

〈그림 7.7〉은 2013년부터 2015년의 기간 중 분기별 사내채용 종업원의 비율을 보여준다. 사내채용은 2014년 3분기에 급증했다. 관리 차트 활용을 통해 종업원은 매년 고용될 수 있는 사내 후보자의 숫자를 알 수 있다. 또한 관리 차트는 2014년 3분기 중 이뤄진 사내채용 규모가 정상보다 훨씬 크다는 점을 말해준다. **막대그래프**(histograms)를 통해선 다량의 자료집합의 분포도를 볼 수 있다. 자료는 구분이나 등급으로 그룹화된다. 막대그래프는 결과와 기댓값 또는 평균, 분산의 양을 이해하는 데 유용하다. **산포도**(scattergrams)는 두 변수, 사건 또는 상이한 자료 사이의 관계를 보여준다. 산포도를 통해 종업원들은 두 가지 변수 또는 사건 간의 관계가 긍정적 관계인지 부정적 관계인지 또는 아무 관계도 아닌지를 결정한다.

## 품질접근법 평가

품질접근법은 성과측정을 위해 속성접근법과 결과접근법을 종합한 것이다. 그러

**표 7.12 성과측정을 위한 평가방법**

| 방법 | 기준 | | | | |
|---|---|---|---|---|---|
| | 전략적 적합성 | 타당성 | 신뢰성 | 수용성 | 구체성 |
| 상대비교법 | 빈약함.<br>부서장이 연계시켜야 함. | 주의 깊은 평가를 통해 확보 가능. | 평가자에 달려 있지만 합의된 측정지표는 없음. | 보통.<br>개발 및 사용하기 쉽지만 평가표준에 대한 저항 가능. | 매우 낮음. |
| 속성접근법 | 대체로 낮음.<br>부서장이 연계시켜야 함. | 대체로 낮음.<br>주의 깊게 개발하면 개선가능. | 대체로 낮음.<br>속성을 구체적으로 정의함으로써 개선 가능. | 높음.<br>개발 및 사용 용이. | 매우 낮음. |
| 행동접근법 | 대체로 매우 높음. | 대체로 높음.<br>오염과 결손 최소화. | 대체로 높음. | 보통.<br>개발 곤란하지만 수용성 높음. | 매우 높음. |
| 결과접근법 | 매우 높음. | 대체로 높음.<br>오염되거나 결손될 수 있음. | 높음.<br>주요 문제는 검사-재검사가 측정 시점에 달려 있음. | 높음.<br>대개 평가대상자들이 개발함. | 결과에 대한 관심은 높지만 이를 달성하기 위한 행동에 대한 관심은 부족. |
| 품질접근법 | 매우 높음. | 높지만 오염되거나 결손될 수 있음. | 높음. | 높음.<br>대개 평가대상자들이 개발함. | 결과에 대한 관심은 높지만 이를 달성하기 위한 행동에 대한 관심은 부족. |

나 기존의 성과평가시스템이 개별 종업원의 성과를 중시한 반면, 품질접근법은 시스템에 중점을 둔다. 많은 기업은 기존의 성과관리시스템을 포기하고 새로운 성과관리시스템을 도입하는 것을 꺼리게 마련이다. 채용의 타당성 확보, 교육훈련 수요 파악 또는 보상결정의 기초로서 활용되어 왔기 때문이다. 품질접근법 지지자들은 협동심과 같은 개인 자질의 평가를 주장한다. 그러나 회사가 팀 단위 작업으로 구조화되어 있지 않으면, 협동심과 같은 개인 자질을 직무성과와 연결하는 것은 어렵다. 요약하자면, 조직이 성과측정에 사용할 수 있는 방법은 다섯 가지가 있다. 상대평가법, 속성접근법, 행동접근법, 결과접근법, 그리고 품질접근법이다. 〈표 7.12〉는 앞에서 설명한 평가방법의 기준에 의거하여 여러 성과측정 방법을 요약하고, 각 방법의 장단점을 비교한 것이다. 성과측정이 효과적이려면 목표와 행동을 함께 평가하고, 여러 평가방법을 종합해야 한다.

# 성과정보 자료 선택

어떤 성과관리 방법을 쓰든 성과측정을 누가 할 것인지를 결정하는 것은 중요하다. 각 주체마다 구체적인 장단점이 있다. 성과측정을 위한 다섯 가지 주요한 원천, 즉 부서장, 동료, 부하, 본인, 그리고 고객 등을 살펴보고자 한다. 성과관리시스템의 효과를 높이기 위해 기업은 상급자와 본인 평가를 포함시키는 경우가 많은데, 그 이유는 이렇게 하면 성과평가 면담에서 서로 대화를 촉진시키며, 대화의 빈도도 늘어나기 때문이다.

## 부서장

부서장(manager)은 가장 널리 활용되는 성과정보의 원천이다. 감독자는 직무요건에 대해 잘 알고 있고, 자신의 종업원을 제대로 관찰할 기회가 있다고 생각하는 것이 상식적이다. 달리 표현하자면, 부서장은 종업원을 가장 잘 평가할 능력이 있다는 가정이다. 게다가 부서장은 종업원의 고성과로 득을 보고, 저성과로 손해를 볼 수도 있기에 그들은 부하직원에 대한 정확한 평가의 동기가 있다. 상급자가 종업원 행동을 관찰하거나 피드백 기간에 성과에 대해 상담하게 되면, 상급자의 피드백은 성과와 강력하게 연동되고, 평가 정확성에 대한 종업원 인식에 강한 영향을 미친다.

월풀(Whirlpool)의 성과관리시스템은 사업전략과 목표를 연계하고 있으며, 피드백을 제공하고, 성과면담을 독려하며, 목표를 향한 진척상황을 평가하도록 되어 있다. 월풀은 부서장이 성과관리과정에서 가장 중요한 부분인 목표를 기업전략과 연계하거나 피드백을 제공하고, 성과면담을 하기보다는 너무 많은 시간을 목표 진척상황을 평가하는 데 소비하고 있다는 사실을 알게 되었다. 회사는 부서장의 이런 시간낭비를 재정비할 수 있도록 돕기 위해, 그들에게 코칭과 능력개발을 위한 자원을 제공하였다. 월풀의 리더들이 제공하는 팁과 충고, 그리고 종업원 성과를 잘 관리하는 부서장이 되기 위한 이야기들을 비디오, 블로그, 그리고 포럼 등을 통해 '부서장 시간(Manager Minute)'이란 프로그램을 만들었고, 직원의 성과관리를 위해 부서장의 73%가 이 프로그램을 활용했다.

성과정보의 원천으로서 부서장을 활용할 경우 특별한 상황에서 문제점이 발생할 수 있다. 어떤 업무의 경우 업무 감독자는 종업원이 일을 하는 모습을 제대로 관찰할 기회가 없는 경우가 있다. 예를 들어, 외부 판매직의 경우 감독자는 판매사원이 일하는 시간의 대부분을 관할할 수 없다. 그래서 부서장은 판매사원과 함께 하루 정도는 업무를 같이 해볼 필요가 있다. 그러나 이 경우에도 종업원은 그날은 자신이 할 수 있는 최선의 행동을 할 게 뻔해 그날 하루만의 성과가 부서장이 없는 평상시 성과를 반영하고 있다는 보장은 없다. 또한 어떤 감독자는 특정 종업원에 대해 편견을 가지고 있기에 감독자를 유일한 정보의 원천으로 사용하는 것은 정확하지 않은 측정이 될 수 있다. 특정 직원에 대한 편애는 조직생활의 현실이며, 성과관리에선 최소화해야 한다. 따라서 성과평가시스템은 편애가 평가에 미치는 영향을 최소화하도록 해야 한다. 그러기 위한 유일한 방법은 종업원 성과를 감독자 평가에만 의존하지 않는 것이다.

## 동료

또 다른 성과정보의 원천은 종업원의 동료 작업자들이다. 동료는 법 집행업무 등과 같이 감독자가 종업원을 항상 관찰하지 못하는 경우 훌륭한 정보 원천이다. 동료는 직무 자격요건에 대한 전문지식을 갖고 있으며 일상 활동 속에서 해당 종업원을 관찰할 최상의 기회를 가지는 것이 보통이다. 동료평가는 상급자평가보다 더 동기부여를 발생시킬 수 있는데, 그 이유는 상급자와 달리 동료로부터의 피드백은 흔하지 않기 때문이다.

예를 들면, 핸드메이드 온라인 쇼핑업체 엣지(Etsy)의 경우 종업원은 동료와 부하에게 피드백을 요청할 수 있다. 피드백 제공자는 무기명으로 자신의 의견을 줄 수 있으며, 피드백을 받은 사람은 인사담당 파트너나 부서장에게 그에 따른 훈련이나 코칭을 요청할 수 있다.

시스템은 종업원이 자신의 동료나 상사로부터 피드백을 받거나 주기 편하게 만들어져 있다. 앱을 이용할 수도 있으며, 동료는 또한 평가과정에 상이한 관점을 제시함으로써 개인의 종합적인 평가에 중요한 역할을 한다. 사실동료는 어떤 상황에서도 매우 타당한 성과평가를 제공한다고 알려져 있다. 동료평가의 한 가지 단점은 동료애 때문에 평가에 편견이 생길 수 있다는 점이다. 그러나 현실에서 문제가 되는 경우는 별로 없다. 또 다른 단점은 관리적 의사결정 목적으로 평가를 하는 경우 동료는 평가자와 피평가자가 되는 상황을 모두 불편하게 여긴다. 그러나 평가가 단지 개발 목적으로 사용되는 경우 동료들은 호의적으로 반응한다.

## 직속 부하(하급자)

직속부하는 부서장에게 보고하는 사람을 의미한다. 즉, 부서장의 부하를 의미한다. 부서장을 평가할 경우 부하직원의 평가는 중요한 성과정보의 원천이 된다. 직속부하는 종종 부서장이 종업원을 얼마만큼 잘 다루고 있는지 평가할 수 있는 최적의 기회를 제공한다. **상향식 피드백**(upward feedback)은 부서장의 행위나 기술에 대한 부하직원의 평가결과를 수집하는 것을 의미한다. 재능있는 직원을 끌어들이고, 유지하기 위해 텍사스에 위치한 컴퓨터 회사 델(Dell)은 최근 재무적 목표뿐만 아니라, 좋은 직장 만들기 작업에 착수했다. 델은 조직문화를 개선하고 회사의 리더를 개발하기 위하여 상향식 피드백을 사용한다. 델에서 성공적인 리더가 되기 위해서는 자신의 능력을 신뢰하고, 과감히 도전하지만, 항상 피드백을 환영하는 인간성을 필요로 한다. 부서장은 한 해 두 번 종업원에 의해 '델에 말한다(Tell Dell)'라는 설문조사를 통해 평가받는다. 다섯 가지 질문에 대해 우호적인 점수가 50% 미달인 부서장은 보상, 보너스, 승진기회에서 불이익을 받으며 추가교육을 받아야 한다.

〈표 7.13〉은 다섯 가지 설문의 내용이다. 부서장은 자신의 점수를 개선하기 위해 지속적으로 노력해야 한다. 다섯 가지 설문에 대해 긍정적인 평가를 최소 75% 이상 받는 게 그들의 목표다. 한 조사에 의하면 부서장은 부하직원으로부터의 기명(記名)식 상향 피드백을 받는 경우 긍정적으로 반응하는 반면 부하직원은 익명 피드백을 선호하는 것으로 나타났다. 기명 피드백인 경우 부하직원은 부서장에 대해 과대평가를 했

**표 7.13 델(Dell)의 상향식 피드백 설문 사례**

- 다른 회사로부터 급여와 복리후생이 비슷한 자리를 제안받더라도 나는 델에 남을 것이다.
- 성과 향상에 도움이 되는 피드백을 지속적으로 받는다.
- 부서장/감독자는 내가 일과 생활을 조화시킬 수 있도록 지원해 준다.
- 부서장/감독자는 사람을 관리하는 데 유능하다.
- 나는 나 자신의 개성을 유지하면서 델에서 성공할 수 있다.

출처: Based on A. Pomeroy, "Agent of Change," *HR Magazine*, May 2005, pp.52-56.

다. 부하직원 평가의 문제는 부하직원에게 부서장을 지배할 수 있는 힘을 부여하여 부서장을 어려운 상황으로 몰아넣을 수 있다는 점이다. 이로 인해 업무에 있어 부서장에게 생산성보다는 종업원 만족을 강조할 수도 있다. 어쨌든, 이런 현상은 평가를 단지 관리를 위한 의사결정에 사용하는 경우에 발생한다. 동료평가와 마찬가지로 부하직원에 의한 평가는 단지 개발 목적을 위해 사용하는 것이 좋다. 종업원이 부서장의 보복을 두려워하지 않도록 익명 평가를 사용하고 부서장 한 명당 세 명 이상의 부하직원 평가를 할당할 필요가 있다.

## 본인

본인평가는 성과정보의 유일한 원천으로 자주 사용되지는 않지만 이 또한 중요하다. 개인은 스스로 자신의 행동을 관찰할 수 있고 해당 업무실적에 관한 정보를 접할 수 있기 때문이다. 로펌, 일반 기업, 그리고 정부조직 등에 대해 경제, 재무 및 전략 컨설팅을 제공하는 애널리시스 그룹(Analysis Group)은 모든 파트너들이 자기평가를 수행하는 것으로 유명하다. 자기평가에는 연간 매출결과뿐 아니라 채용하고 관리한 구성원들에 대한 정보를 포함한다. 이러한 자기평가시스템은 당면하고 있는 비즈니스 성장에 대한 관점뿐 아니라 미래성장을 위한 역량 확보를 동시에 강조한다. 자기평가에 대한 검토 회의는 연중 수시로 진행된다.

그러나 본인평가의 한 가지 문제는 과대평가 경향이 존재한다는 것이다. 연구결과에 의하면 종합평가뿐만 아니라 개인 자질에 대한 본인평가는 다른 평가방식에 비해 관대화 경향을 나타낸다. 이는 두 가지의 원인에서 비롯된다. 평가가 급여인상과 같은 관리를 위한 의사결정 목적으로 사용된다면 종업원은 과대평가를 하는 게 당연하다. 그리고 사회심리학 연구에 의하면 개인은 자신의 성과부진을 동료의 정보 제공 부족 등과 같은 외부요인 탓으로 돌린다는 경우가 많다. 감독자가 성과에 대해 자주 피드백을 제공할 경우 본인평가가 덜 부풀려지긴 해도 보상 등 관리 목적으로 자기평가 결과를 사용하지 않는 게 바람직하다. 본인평가를 가장 잘 활용하는 방법은 성과 피드백 기간 중 종업원에게 자신의 성과에 대해 생각해 보게 하고, 의견이 다를 수 있는 부분에 대해 중점적으로 논의할 수 있게 하는 준비작업으로 활용하는 것이다.

## 고객

많은 기업이 평가시스템에 고객을 참여시키고 있다. 서비스는 다음과 같이 묘사되기도 한다. "서비스는 사고팔 수 있지만, 버릴 수는 없다." 서비스는 현장에서 생산되고 즉시 소비되는 특성을 지닌다. 감독자, 동료, 그리고 부하직원은 종업원 행동을 관찰할 기회가 많지 않은 반면, 고객은 종업원의 성과를 관찰할 수 있는 유일한 존재인 경우가 많다는 점에서 성과정보의 좋은 원천이 된다.

서비스 산업의 많은 기업에서 종업원 성과평가에 대해 고객이 참여하는 추세다. 메리어트(Marriott) 호텔은 각 객실마다 고객만족카드를 비치하고, 숙박했던 고객 중 표본을 추출해 설문조사를 한다. 월풀(Whirlpool)의 소비자 서비스 부문은 공장의 서비스 기술자가 서비스를 한 뒤 서비스 기술자의 휴대용 컴퓨터를 활용하여 현장에서 즉석에서 설문을 실시한다. 우마미 버거(Umami Burger)는 고객에게 레스토랑 만족도를 평가하도록 3개의 단지를 제공하는데, 녹색은 서비스에 만족한다는 의미이며, 노랑은 평균이고, 빨간색 단지는 기대 이하를 의미한다. 고객은 자신의 경험에 맞춰 3단지 중 하나에 칩을 집어넣는다. 이런 고객의 선택을 통해 매장 매니저는 하루 동안 누적된 고객반응과 함께 매시간 고객반응에 대한 피드백을 즉각적으로 받는다. 이런 결과를 바탕으로 매장 매니저는 레스토랑 팀원들과 함께 자신들의 작업방식을 협의하고, 무엇을 개선해야 하는지 알게 된다.

종업원 성과에 대해 고객의 평가를 활용하는 것은 두 가지 상황에서 적합하다. 첫째, 종업원의 업무가 고객에게 직접 서비스를 하는 경우나 고객을 회사 내 다른 서비스에 연결시켜 줘야 하는 경우다. 둘째, 고객들이 어떤 상품이나 서비스를 원하는지에 관한 정보를 기업이 수집하고 싶은 경우 고객평가가 적합하다. 즉, 고객평가는 마케팅 전략을 인적자원 활동 및 정책과 통합함으로써 전략목표에 기여하는 것이다. 이런 목적을 위해 수집된 고객평가는 종업원 평가에 유용하며, 고객 서비스를 개선하려면 교육훈련이나 보상체계 등 어떤 인적자원관리 활동 변화가 필요한지를 결정하는 데 유용하다.

고객설문의 단점은 비용이 과다할 수 있다는 점이다. 특히 인쇄, 우편발송, 전화, 추가 인력이 들어가는 경우가 그렇다. 휴대용 컴퓨터를 사용해서 현장 설문을 한다면 비용을 줄일 수 있다.

결론적으로 최상의 성과정보 원천은 업무별로 다르다. 따라서 종업원 행동과 실적을 가장 잘 관찰할 수 있는 정보원천을 선택해야 한다. 다양한 원천으로부터 성과정보를 추출하는 경우 성과관리과정이 보다 정확하고 효과적일 수 있다. 실제로 최근 조직들 사이에선 **360도 평가**(360-degree appraisal)가 인기를 끌고 있다. 이 방법은 상사, 동료, 부하, 고객 등 다수의 평가자가 부서장 평가에 참여하는 것이다. 다른 주관적인 평가방법에서의 편견을 최소화하는 수단을 제공한다는 게 이 방법의 주요 장점이다. 예를 들어, 회계법인인 PwC는 관리자의 평가지표에 리더십, 사업적 기민함, 기술적 역량, 글로벌 역량, 그리고 관계관리의 지표를 포함하고 있다. 이러한 평가를 위한 부하직원, 동료, 그리고 상사의 평가를 포함한 360도 평가를 활용하고 있다. 평가를 위한 자료는 설문, 보고서, 그리고 다양한 육성 프로그램의 활용 자료를 통해 확보된다. 블루진스(BlueJeans)는 구성원의 성과평가 정보는 동료평가를 통해 수행하고, 개인의 강점 및 개발 요구 영역에 대한 정보는 상사로부터 확보한다. 360도 평가과정을 통해 구성원들은 상사에게 자신이 팀의 성과 향상을 위해 기여할 수 있는 부분에 대한 정보를 제공할 수 있다. 360도 평가는 평가과정에서 발생할 수 있는 다양한 평가오류들을 최소화할 수 있다는 장점을 가진다. 이 방법은 또한 인사관리의 전략적 목적과 구성원 개발 목적으로 사용돼 왔는데 다음 장에서 상세히 설명할 것이다.

## 성과관리에서의 IT기술 활용

IT기술은 성과관리시스템에 세 가지 측면에서 영향을 미치고 있다. 첫째, 많은 기업이 웹 기반의 온라인 성과관리시스템을 도입하고 있다. 이 시스템들을 통해 기업은 회사 전체의 성과목표를 일치시키고, 부서장과 종업원에게 성과정보와 도구에 접근해 성과관리과정에 대한 이해와 활용을 할 수 있게 한다.

둘째, 페이스북, 트위터(현재는 X로 명칭 변경) 등과 같은 SNS가 적기에 피드백을 제공하는 수단으로 점점 폭넓게 활용되고 있다. **사회적 성과관리**(social performance management)란 종업원이 신속한 정보교환과 대화, 그리고 코칭, 자료 등을 받기 위해 페이스북, 링크드인(LinkedIn), 그리고 얌머(Yammer)나 기타 앱 등과 같은 시스템 사용을 의미한다. 사회적 성과관리는 특히 밀레니엄 세대나 Z세대와 같이 자신의 성과에 대해 빈번한 피드백을 원하는 세대에게 가치 있는 방식이다. 이런 선호도가 커진 이유는 이들 세대가 스마트폰이나 컴퓨터 등을 기반으로 한 사회관계망을 통해 타인과 연결하는 것에 익숙하면서 성장했기 때문이다.

예를 들어, GE는 관리자와 종업원들에게 성과개발(PD) 앱을 제공하고 있다. 피드백을 누가 제공하였는지 확인할 수 있기에 투명하고 긍정적 문화 형성에 기여하고 있다. PD 앱을 통한 피드백은 제공자와 받는 사람만 확인할 수 있다. 종업원들은 필요에 따라 피드백을 상사 또는 동료와 공유할 수도 있다. 관리자와 종업원은 이러한 피드백들을 종합하여 성과평가를 진행한다. 성과평가는 크게 두 가지 항목으로 제시되는데, 첫째 "지속적 인사이트(continue insights)" 항목은 구성원이 수행한 의미 있는 기여를 제시하며, "고려적 인사이트(consider insights)" 항목은 종업원의 성과를 향상시킬 수 있는 제안을 담고 있다. 두 가지의 내용 모두 구성원의 훈련, 개발 및 직무이동 의사결정에 활용된다.

셋째, 기업은 종업원이 언제 일하고 있고 어떻게 일해야 하는지를 파악하는 동시에 포르노 사이트 등과 같은 특정 웹사이트의 접근을 막기 위해 전자추적 및 모니터링 장치와 소프트웨어를 사용하고 있다. 이러한 시스템들 중에는 지문인식 시스템, GPS, 휴대폰 및 휴대 컴퓨터를 추적할 수 있는 시스템이 포함된다.

예를 들어, 자산감정평가기업인 사이트테크 시스템(SiteTech System)은 종업원들의 근무시간을 확인하기 위하여 노트북에 ActivTrak 소프트웨어를 설치하고 있다. 이러한 소프트웨어를 통해 종업원들이 업무를 위해 엑셀(Excel) 등을 활용하는 시간과 업무와 관련 없는 인터넷 서핑 시간을 체크한다. 코로나 상황에서 유연근무를 적용하는 종업원들에게 유용하게 활용되기도 하였다. 종업원들은 개인의 근무시간에 대한 정보를 수시로 확인할 수 있다.

운송산업에서 트럭 운전기사들은 지속으로 모니터링을 받는다. 탑재된 컴퓨터를 통해 운전기사가 작업 중이든 휴무이든 관계없이 운전기사가 사용한 운행거리를 기록하고, 어디서 주유를 해야 하는지를 말해준다. 만일 운전기사가 운행시간에 트럭을 멈춘다면, 운전기사는 트럭을 멈춘 이유를 설명해야 한다. 컴퓨터에 내장된 모니터링 시스템은 운전기사에게 어떤 길로 가야 하는지 말해주며, 교통체증이나 사고로 인해 정해진 길에서 조금이라도 이탈하면 그것조차 기록된다. UPS는 운송기사를 관리하기 위해 컴퓨터 분석 프로그램을 활용한다. 프로그램은 시간낭비를 피하는 방법을 도와주고, 얼마나 연료가 남아 있는지 확인하며, 어떤 길을 가야 하는지 도움을 준다. 이것은 또한 안전벨트 사용 여부와 위험한 주행 중에 얼마나 후진해야 하는지 등을 확인해 줌으로써 운전의 안전을 확보해 준다. 셔틀 익스프레스(Shuttle Express)의 밴 차량은 카메라가 장착되어 있어서 차량사고가 운전자 과실에 의한 것인지 회사가 확인할 수 있게 되어 있다.

코로나19 팬데믹 상황에서 종업원들이 감염예방 관련 원칙을 준수하고 있는지 확인하기 위해서도 다양한 모니터링 기기를 활용하였다. 예를 들어, 뉴욕시의 직원들은 출근 시 체온측정장치를 지나가게 되어 있다. 또한 AI를 통해 구성원들이 서로 사회적 거리를 유지하고 있는지 실시간으로 확인한다. 관리자들은 스마트폰 앱을 통해 사회적 거리 준수 상황을 실시간으로 확인할 수 있고, 지나치게 과밀화된 상황이 발생하면(예, 6피트 이내의 접촉 등) 즉시 알람이 울린다.

회사는 종업원의 컴퓨터와 문서들을 분석하기 위해 소프트웨어를 사용한다. 시간이 지나면서 소프트웨어는 종업원이 컴퓨터를 켜고, 무슨 프로그램과 어떤 데이터를 활용하며, 그들의 브라우저에 외부 어떤 사이트를 방문하고 있는지를 포함하여 종업원의 일반적 행동양식을 분석해 낼 수 있다. 또한 회사 데이터나 신제품 디자인을 훔치거나 포르노 사이트를 검색하는 등 회사에 유해할 수 있는 위험행동을 바탕으로 컴퓨터 사용자 위험지수를 제공한다. 이른바 스카우트(Scout)라고 불리는 소프트웨어는 종업원의 이메일과 타인과의 대화 내용을 평가하는 데 사용할 수 있다. 소프트웨어는 종업원이 사용하는 이메일의 언어사용 변동성, 즉 종업원이 어떤 범죄와 관련성이 증가했다는 암시를 주는 문장이 될 수 있는 '의료청구서' 또는 '미지급금'과 같은 단어가 포함된 문장 사용 증가를 조사한다. 휴대용 장치는 종업원이 잠을 자는지, 걷고 있는지, 운동을 하고 있는지를 추적하기도 한다.

요즘 많이 쓰이는 웨어러블 기기들은 개인의 수면, 걸음수 및 운동수준을 측정할 수 있다. 예를 들어, 플로리다 의료원(Florida Hospital Celebration Health)은 간호사와 의료기 담당자들이 환자의 입원실 및 간호 준비실 방문 빈도를 체크할 수 있는 배지를 착용하고 있다. 센서를 통한 정보를 활용하여 간호사들이 의약품을 찾기 위해 너무 많은 시간을 할애하고 있다는 점을 확인할 수 있었으며, 의약품 재고관리 측면에서 개선작업을 추진할 수 있었다.

IT 시스템을 통한 생산성과 효율성 증가에도 불구하고, 시스템 도입은 여러 가지 잠재적 문제점을 안고 있다. 예를 들어 IT 시스템은 매순간 작업장에서 종업원을 감시하고, 최대한의 생산성을 추구하기 위해 작업현장은 종업원을 로봇처럼 취급하는 IT 기반 노동착취 현장으로 변하고 있다고 비판받고 있다. 또한 감시시스템은 누군가의 통제 없이 일할 권리와 인간 존엄성을 위협한다. 개인의 근무시간 관리 시스템은 종종 부정확한 경우가 있다. 아메리칸 항공(American Airlines)과 크로거(Kroger) 등의 회사가 연방정부와 주정부로부터 소송을 당한 사례가 있다. 요약하면 근무시간 관리 소프트웨어가 부정확하게 작동하여 종업원들이 급여 일부를 받지 못했다는 소송이다. 7시간 15분 일한 종업원의 근무시간이 반올림을 적용하여 7시간으로 체크된 경우 등이다. 이러한 오차가 누적되어 종업원들은 많게는 수천달러의 급여를 적게 지급받기도 하였다는 것이다.

일부 비평가들은 이러한 관리시스템이 특별히 필요치 않은 경우에도 종업원을 감시하고 추적한다고 말하고 있다. 훌륭한 부서장은 자신의 부하들이 무엇을 하고 있는지 알고 있으며, IT 시스템은 인간의 현명한 관리력을 대체할 수 없다. 또한 이런 시스템은 결국 생산성과 구성원의 동기부여를 저하시키고, 도덕성을 격감시키며, 불필요한 스트레스를 만들어 낼 것이라고 주장된다. 관리시스템이 있으면 종업원들은 자신의 책상에 붙어 있어야 한다는 생각을 하게 된다. 웨어러블 기기들은 지금까지의 다른 모니터링 기술보다 더 광범위한 정보를 모을 수 있는 잠재력을 가지고 있다. 그러나 대부분의 종업원은 자신의 데이터가 수집되고 있는지 알지 못하며, 웨어러블 기기를 통해 수집된 종업원의 건강과 사생활 자료는 꼭 필요하지 않으며 안전하지도 않다.

그러나 이러한 잠재적 문제점들이 존재함에도 IT기반 모니터링 시스템은 여러 가지 장점을 가진다. 시간낭비를 줄여주고, 스케줄 관리를 개선시키며, 직장 내 사이버 괴롭힘과 성희롱 예방에도 도움을 준다. 또한 자료의 무단반출을 방지할 수 있으며 종업원의 동기부여와 업무성과를 개선시켜 주는 데 도움이 될 수 있다. 모니터링 시스템이 내재하고 있는 부정적 효과를 피하기 위해서는 부서장은 종업원과 모니터링하는 이유에 대한 대화를 필연적으로 나눠야 한다. 모니터링은 또한 숙련된 종업원들이 비숙련 종업원들을 코칭하기 위한 방법 중 한 가지 방법으로 사용되어질 수 있다. 종업원들은 자신의 행동을 기록하는 관리시스템에 접근권한을 가지고 있어야 한다. 이를 통해 종업원들이 자신의 성과를 개선하고 효율적인 근무시간 관리가 가능하다.

## 평가자 오류와 정치적 행위 줄이기 그리고 신뢰성과 타당성 높이기

인간의 정보처리능력에는 한계가 있다. 이러한 제약이 있기에 우리는 투자 의사결정 또는 사람에 대한 판단을 위해 휴리스틱스(heuristics) 또는 간편 메커니즘을 사용한다. 이러한 편의적인 정보처리 메커니즘으로 인해, 특히 주관적 평가를 실시하는 경우 다양한 평가오류를 초래하고 평가결과에 대한 원인을 잘못 해석하게 된다. 종업원에 대해 기존에 가지고 있는 정보가 새로운 평가과정에서 영향을 미치는 확증 편향(confirmation bias)이 발생할 수 있으며, 자신이 친하게 지내는 집단(ingroup)에 속한 종업원을 소외된 집단(outgroup)의 종업원에 비해 관대하게 평가하는 오류가 발생하기도 한다.

제6장에서 살펴보았듯이 **무의식적 편향**(unconscious bias)을 초래할 수도 있다. 무의식적 편향이란 배경과 문화, 그리고 개인적 경험 등을 기초하여 의사결정에 영향을 미치는 인간의 의식을 벗어난 판단을 의미한다. 우리는 이런 무의식적 편견이 있다. 성과관리에 관련된 연구에 따르면 여성 종업원에 대한 서면평가서는 남성에 비해 정확한 정보나 개선 사항을 담지 않고 모호하게 기술되는 경향이 발견되었다. 반면 남성 종업원에 대해서는 좀 더 직접적인 사업성과를 피드백으로 제공하였다. 예를 들어, 여성 종업원에 대해서는 구체적인 내용 없이 “좀 더 적극적으로 업무에 임하라”와 같은 피드백이 제공되는 것이다. 부서장이 성과평가를 수행함에 있어 상대가 남자이든 여자이든 성별은 중요한 문제가 아니다. 또한 여성 종업원들에게는 주로 의사소통 스킬과 관련된 짧은 피드백이 제공되는 반면, 남성 종업원들에게는 업무수행 스킬에 대한 상세한 피드백이 제공되는 경향이 발견되었다.

〈표 7.14〉는 다양한 유형의 평가오류를 보여준다. 유사성 오류는 평가자가 어떤 특성을 가지고 있는 개인은 어떤 방식으로 일을 해야 한다고 생각하는 고정관념을 의미한다. 관대화 경향, 엄격화 오류, 중심화 경향은 평가자가 평가척도 중 한 가지만을 사용한다는 점에서 분포 오류로 알려져 있다.

**평가의 정치**(appraisal politics)는 평가자가 개인 또는 회사 목표 달성에 대한 평가를 의도적으로 왜곡시키는 경우를 말한다. 연구에 의하면 평가의 정치를 부추기는 몇 가지 요인들이 있다. 이 요인들은 평가시스템과 기업문화에 자리 잡고 있다. 평가의 정치는 평가자들이 평가대상인 종업원에 대한 책임을 지고 있고, 상이한 평가목표가 존

**표 7.14 대표적인 평가자 오류**

| 평가자 오류 | 내용 |
|---|---|
| 자기유사성 | 인종, 성별, 배경, 관심, 종교 등에서 나와 비슷한 사람들이 그렇지 않은 사람들에 비해 높은 점수를 받음 |
| 대비 | 객관적인 기준 대신에 개인들 간의 비교에 의해 영향을 받는 평가(뛰어난 동료와 비교대상이 되는 종업원이 원래보다 낮은 평가를 받는 경우) |
| 관대화 | 성과에 관계없이 모든 종업원들에게 높은 평가점수를 주는 것 |
| 엄격화 | 성과에 관계없이 모든 종업원들에게 낮은 평가점수를 주는 것 |
| 중심화 경향 | 성과에 관계없이 모든 종업원들에게 중간 또는 평균적인 평가점수를 주는 것 |
| 후광효과 | 해당 종업원에 대한 긍정적인 인상 때문에 모든 성과에 대해 높은 평가점수를 주는 것 |
| 경적효과 | 해당 종업원에 대한 부정적인 인상 때문에 모든 성과에 대해 낮은 평가점수를 주는 것 |

재하며, 성과평가와 바람직한 보상이 직접 연계되는 경우 발생하는 경향이 있다. 최고경영자가 평가의 왜곡을 용인하거나 관대한 경우와 의도적 왜곡이 회사 문화의 일부로 여겨지는 경우 정치적 평가가 이뤄질 가능성이 크다.

평가오류를 감소시키기 위해서는 4개의 접근방법이 존재하는데, 이는 각각 평가자 오류 훈련, 기준 틀 훈련, 무의식 편견 훈련, 그리고 눈금조정회의 방식이다. **평가자 오류 훈련**(rater error training)은 부서장에게 평가오류를 인식하게 하고, 오류를 최소화하기 위한 전략 개발을 장려한다. 이 프로그램들은 참여자들에게 대조효과 등과 같은 평가오류를 유도하도록 고안된 짧은 영상을 보여주고, 참가자들에게 평가 후에 오류가 평가결과에 어떻게 영향을 미쳤는지를 논의하도록 구성되어 있으며, 오류에 빠지지 않기 위한 팁을 제공한다. 이런 접근방식은 평가오류를 줄이는 데 대단히 효과적인 방식이다. 그러나 평가오류 감소만큼 정확성도 감소되는 것은 명확하다.

**평가자 정확성 훈련**(rater accuracy training)은 **기준 틀 훈련**(frame-of-reference training)이라고도 불리며, 성과의 다면적 측면을 강조하고 평가자들에게 평가 시 높은, 중간, 낮은 성과에 대한 느낌을 공유하게 하는 것이다. 이를 위해선 성과의 각 측면별 사례를 보여주고, 이 사례가 보여주는 실제 또는 정확한 성과 수준을 논의하게 한다. 평가자들이 평가에 책임감을 갖도록 하고, 업무 관련 평가척도를 사용하고, 평가자의 행동을 관찰한 기록을 제공하면 정확성 훈련을 통해 실제 평가의 정확성도 증가한다.

마이크로소프트, 구글, 페이스북, 그리고 다우케미컬과 같은 많은 회사에서 이런 접근방식과 함께 성과평가와 승진과 같은 업무에서 **무의식적 편향**(unconscious bias)의 잠재적 위험을 감소시키기 위해 종업원에게 훈련 프로그램에 참여하는 것을 독려한다. 이들이 참여하는 훈련 프로그램을 통해 종업원은 무의식적 편향을 깨닫게 되고, 의사결정에 미치는 영향력을 점진적으로 감소시키며, 판단에서 사용되는 언어 뒷면의 이성적 논리를 주의 깊게 고려하게 된다.

부서장에게 일관성 있는 성과평가를 하게 하고, 무의식적 편향의 영향력을 감소시키며, 평가오류와 평가의 정치적 행위를 감소시키기 위해서는 **눈금조정회의**(calibration meetings)를 가질 필요가 있다. 눈금조정회의를 통해 종업원 성과목표 측정에서 비슷한 평가기준을 사용하기 위한 논의를 수행한다. 이 회의는 성과평가 책임자인 부서장이 참석하며, 회사의 인적자원관리 담당자나 외부 컨설턴트가 회의에 배석하여 토론을 촉진하는 역할을 수행한다. 회의에서 종업원의 성과평가 내용과 부서장의 측정방식에 대해 논의를 한다. 부서장은 성과평가를 정의하고, 궁금한 사항에 대해서는 질문할 수 있는 기회를 가진다. 눈금조정회의를 통해 부서장은 자신의 평가방식이 너무 긍정적인지 아니면, 너무 부정적인지 인식하게 되고, 평가가 종업원의 최근 성과에 근거하고 있는지를 파악할 수 있게 된다. 눈금조정회의에서 부서장이 자신의 평가결과 정당성을 입증해야 할 필요성이 생기면, 부서장은 평가와 관련된 서류가 잘 정리하고, 정확한 평가를 할 가능성도 높아진다. 또한 눈금조정회의에서 성과평가와 경영실적의 관련성에 대한 논의는 구성원의 정치적 행위도 없앨 수 있다. 평가의 정치적 행위를 최소화하기 위해 부서장은 〈표 7.4〉에서 보여주고 있는 공정한 평가시스템의 특성을 명심해야 한다. 그리고 부서장은 다음과 같은 행동을 해야 한다.

- 평가시스템에 대한 최고경영자의 지지를 확보하고 왜곡을 적극적으로 막아야 한다.
- 평가자에게 성과목표에 대해 재량권을 부여하고 피평가자를 위한 기준을 제시한다.
- 잘 알려지지 않은 종업원 성과를 발견한다.
- 종업원에게 어떤 행동이 현장에서 바람직하고 수용가능한지에 대한 정보를 제공한다.
- 종업원에게 성과향상을 위해 적극적으로 탐색하고 피드백을 활용할 것을 권장

한다.

- 예산 등의 제약요인들이 문제되지 않게 한다.
- 회사 전체에 평가과정의 일관성을 확보한다.
- 종업원이 약점에 대해 정직하게 말할 수 있도록 개방적 분위기를 조성한다.

## 성과 피드백

목표설정과 성과평가를 수행한 이후에는 성과정보를 종업원에게 피드백하여 부족한 점을 보완하도록 하는 게 중요하다. 성과 피드백 과정은 복잡하고 부서장과 종업원 모두에게 불안함을 야기할 수 있다. 타인을 판단하는 자리에서 편안한 사람은 거의 없다. 자신의 결점을 주제로 다른 사람과 대면해야 한다는 생각은 행동을 주저하게 만든다. 부정적 피드백을 주는 일이 괴롭지만 그것을 받는 것은 극도로 고통스럽다. 따라서 성과 피드백 과정이 중요한 것이다.

### 효과적 성과 피드백 과정에서 부서장의 역할

종업원이 자신의 성과가 기대수준을 얼마나 충족시키고 있는지 잘 모른다면 그들의 성과는 향상되지 않을 게 뻔하다. 실제로는 나빠질 수도 있다. 효과적인 부서장이라면 종업원들의 긍정적인 행동 반응을 이끌어 낼 수 있는 구체적인 성과 피드백을 제공한다. 성과관리시스템이 효과적이려면 성과 피드백이 중요하기 때문에 많은 기업은 부서장에게 피드백 방법을 교육시키고 있다. 부서장들의 효과적인 성과 피드백을 위한 권고사항들을 다음과 같이 제시한다.

**피드백은 1년에 한 번이 아니라 자주 해야 한다.**

그렇게 해야 하는 이유는 3가지가 있는데, 첫째 부서장들은 성과 결함을 인지하는 순간에 즉시 수정해야 할 책임을 지닌다. 1월 성과가 평균 이하인데 성과를 평가하기 위해 12월까지 기다리는 것은 11개월간의 생산성 손실을 의미할 수 있다. 둘째, 피드백으로 부하직원이 평가결과에 놀라지 않아야 한다. 빈번한 성과 피드백을 통해 종업원이 공식적인 평가결과가 어떨지 충분히 예측가능하게 만드는 것이 좋은 방법이다. 셋째, 많은 종업원들이 공식적인 1년에 한두 번의 피드백이 아닌, 더욱 자주 그리고 솔직한 성과 피드백을 받기를 원한다.

앞서 살펴봤던 어도비의 체크인(Check-in) 피드백 프로세스를 참고할 수 있다. 체크인을 통해 종업원들은 최소 두 달에 한 번의 피드백을 받을 수 있다. 부서장들은 종업원의 성과향상을 위해 어떠한 지원이 필요한지 확인하고 종업원들의 성과수준에 대해 토론하도록 요구된다. 이러한 토론의 중요한 주제 중 하나는 종업원 개인의 경력개발계획이다. 부서장들은 목표설정과 피드백 제공에 대하여 충분한 권한을 부여받는다. 토론의 내용은 미래지향적이며, 이는 과거의 성과가 아닌 미래의 성과 향상에 초점을 맞춘다는 것이다. 종업원들의 성과평가는 타인과의 비교가 아닌 개인의 목표설정 수준을 기준으로 진행된다.

**토론을 위한 올바른 상황을 조성해야 한다.**

부서장은 피드백 회의를 위해 중립지대를 선택해야 한다. 종업원은 대화 장소로 사무실을 유쾌하지 않게 생각하기 때문에 건설적인 피드백 회의가 되려면 부서장의 사무실이 최적의 장소가 아닐 수 있다. 부서장은 회의를 종업원과 부서장의 역할, 그리고 둘 사이의 관계를 논의할 기회로 삼아야 한다. 그리고 부서장은 회의가 열린 대화가 될 수 있기를 원한다는 것을 밝혀야 한다.

**회의 전 종업원에게 자신의 성과를 평가해 보라고 요청한다.**

피드백 회의 이전에 종업원들에게 본인평가를 하게 하는 것이 매우 유용하다. 이렇게 하면 종업원은 지난 기간의 자신의 성과와 약점에 대해 생각해 보게 된다. 본인평가가 관리 목적으로 사용될 경우 결과가 자주 부풀려지지만, 개발 목적으로 평가가 이뤄지면 본인평가는 상급자평가 결과보다 실제로는 낮은 결과가 나온다는 증거도 있다. 본인평가가 생산적인 또 다른 이유는 의견 불일치가 존재하는 영역에 평가회의를 집중할 수 있게 함으로써 평가회의를 부드럽게 진행할 수 있고, 회의를 효율적으로 만들어주기 때문이다. 마지막으로, 자신의 과거 성과를 생각할 기회를 가진 종업원은 적극적으로 피드백 회의에 참여하게 된다.

예를 들어, USANA 의료과학(USANA Health Sciences Inc.)에서는 매 분기마다 실행되

는 종업원 피드백 회의에 앞서 3가지의 질문을 제공한다. 1) 지난 3개월간 잘한 점은 무엇인가? 2) 더 잘할 수 있었던 것은 무엇인가? 3) 다음 3개월의 목표는 무엇인가?

### 지속적, 협력적 대화를 진행한다.

부서장은 서로 존중하고 격려하는 분위기에서 종업원과 함께 성과문제를 해결하는 협력적 접근방식을 사용해야 한다. 피드백 회의에서 종업원 참여가 가능할 때, 종업원들은 지속적으로 피드백 과정에 만족하게 된다. 이 장의 앞부분에서 거론했던 공정성에 대해 내용을 생각해 본다면, 참여가 성과의 목적과 개발 필요성에 대한 진지한 토론과 함께 종업원에게 평가에 관한 자신의 의견을 제시하게 만든다는 것을 깨닫게 될 것이다. 협력적 관계에서 성과면담을 하기 위해서는 필수적으로 종업원이 가질 수 있는 걱정과 불확실성, 그리고 공정성 부족 등과 같은 감정을 줄여 주어야 하며, 단순히 부서장이 말하고 듣기만 하거나 무엇인가를 강요하는 전형적으로 부서장 중심의 접근방식의 강압을 줄이는 것이 필수적이다. 한 연구에 의하면 참여는 자신의 감독자에 대한 만족감을 증대시키고, 피드백 회의에 만족하게 하는 가장 큰 예측요인이다. 〈표 7.15〉는 부서장이 협력적 관계에서 종업원과 성과면담을 하기 위해 사용할 수 있는 몇 개의 질문사례를 보여주고 있다.

**표 7.15 협력적 관계의 성과면담을 위한 질문 사례**

- 일은 잘 되고 있나요?
- 뭐가 일을 힘들게 합니까?
- 뭘 도와드려야 할까요?
- 지금까지 배우고 있는 것은 무엇인가요?
- 다음엔 뭐가 달라져야 할까요?
- 자신을 위해 어떤 역량을 키우고 싶나요?
- 오늘 저랑 이야기하고 싶은 것은 무엇인가요?
- 다음 단계는 어때야 한다고 생각하나요?
- 다음 회의를 언제쯤 잡을까요?

출처: Based on M. Buckingham, "Out With the Old In With…," *TD*, August 2016, pp.44-48; "Goodyear Performance Management Optimization Case Study," presented on September 6, 2016, to MHR 4328 Performance Management class, The Ohio State University.

### 성과를 인정하기 위해 칭찬을 활용한다.

일반적으로 사람들은 성과 피드백 회의는 종업원의 성과문제에 중점을 두어야 한다고 생각하지만, 결코 그것이 능사는 아니다. 회의의 목적은 정확한 성과 피드백을 주는 것이다. 저조한 성과뿐만 아니라 효과적으로 수행하고 있는 업무수행 현황도 알려주는 것이 필수적이다. 효과적인 업무수행에 대한 칭찬은 행위를 강화시키는 효과가 있다. 또한 부서장이 성과문제에만 관심을 가지고 있지 않다는 것을 명확히 해주어 피드백에 대한 신뢰를 증가시킨다.

### 문제해결에 집중한다.

부서장이 성과 피드백을 할 때 가장 흔한 실수는 성과가 저조한 근로자들에게 성과가 얼마나 엉망인지를 얘기함으로써 이들을 처벌할 수 있는 기회로 삼으려 한다는 것이다. 이는 종업원의 자존심만 무너뜨리고 방어본능만 유발할 뿐 성과개선에 전혀 도움이 안 된다. 성과를 개선하려면 부서장은 성과가 저조한 이유를 파악하고 문제를 해결하려고 노력해야 한다. 이를 위해선 종업원과 함께 실제 원인을 찾아내고 해결방법에 대해 종업원과 동의해야 한다. 예를 들어, 영업사원의 판매목표 미달은 영업추진력 부족, 제품지식 부족일 수도 있고, 다른 판매사원의 새치기에 따른 결과일 수도 있다. 원인별로 상이한 해결책이 필요하다. 문제해결 중심의 접근법을 사용하지 않고는 정확한 해결책을 결코 찾을 수 없다.

### 사람이 아니라 행동과 결과 중심의 피드백을 한다.

부정적 피드백을 할 때 가장 중요한 일 중의 하나는 사람으로서 종업원의 가치에 대해 묻지 않는 것이다. 이는 종업원에 대해 사람이 아니라 행동이나 결과에 논의를 집중함으로써 달성될 수 있다. "당신이 망치고 있어! 당신은 의욕이 없어."라고 말하는 경우 방어본능과 불편한 느낌만을 부추길 뿐이다. "당신은 다른 프로젝트에 너무 많은 시간을 썼기 때문에 약속한 날짜를 지키지 못했어."라고 말하는 게 낫다.

### 비판을 최소화한다.

개인성과가 기준 미달인 경우 비판이 생겨나기 마련이다. 그러나 효과적인 부서장은 장황한 공격 욕구를 이겨내야 한다. 성과문제에 직면할 경우 종업원은 변화가 필요하다는 점을 이미 알고 있다. 그러나 부서장이 성과가 나쁜 사실을 자꾸 거론할 경우 종업원은 더 방어적이 될 뿐이다.

**구체적인 목표를 합의하고 기한을 정하라.**

목표설정의 중요성은 아무리 강조해도 지나침이 없다. 성과동기 요인으로서 가장 효과적인 방법 중 하나이다. 연구결과 목표설정은 만족도 제고, 개선 동기, 그리고 성과 향상을 가져오는 것으로 나타났다. 목표설정 이외에 부서장은 목표달성 진도를 점검할 구체적인 날짜를 정해야 한다. 이는 종업원이 목표를 진지하게 받아들이고 이를 달성하기 위해 노력해야 할 동기를 증가시킨다.

수제 이탈리안 샌드위치(submarine sandwich), 프라이 및 수제 레모네이드를 판매하는 펜 스테이션(Penn Station)은 다음 〈표 7.16〉에서 보여주고 있는 피드백 모델을 관리자 대상으로 교육하고 있다. 여기에서 제시하고 있는 STEAKS 모델은 위에서 제시된 다양한 제안들을 대부분 포함하고 있다.

**표 7.16 펜 스테이션 피드백 모델(STEAKS)**

| | |
|---|---|
| 토론 준비<br>(**S**: Set up the conversation) | 성과 토론의 목적을 종업원들에게 설명하여, 토론에 따른 효과를 예측할 수 있게 한다. |
| 자기평가<br>(**T**: Take turns evaluating behavior) | 종업원 개인의 업무 성과/행동에 대한 의견 제시의 기회를 제공한다. 이를 통해 종업원들이 지나치게 방어적이 되지 않도록 하며, 필요 없는 갈등을 사전에 방지하고 건설적 토론을 진행할 수 있도록 한다. |
| 성과 영향 토의<br>(**E**: Communicate the effect of the performance) | 종업원 개인의 성과가 고객, 동료, 그리고 회사 전반에 어떠한 영향을 미쳤는지 이해하도록 돕는다. |
| 기준 정렬<br>(**A**: Align with standards) | 업무 정책과 표준을 설명하고, 이러한 지침의 필요성을 제시한다. 또한 종업원 개개인의 성과와 이러한 표준 간의 격차를 명확히 한다. |
| 향상 초점<br>(**K**: Focus on specific improvements) | 향후 변화가 필요한 종업원의 행동을 강조한다. |
| 토론 요약<br>(**S**: Summarize the conversation) | 토론된 내용에 대해 합의에 이르고, 향후 필요한 행동변화를 확인하며 다음 단계의 일정을 정한다. |

## 부서장이 할 수 있는 성과 관련 문제진단과 종업원 성과관리

앞에서 강조한 대로 종업원들의 직무성과를 향상시키려면 성과 피드백이 필수적이다. 피드백은 향후 종업원의 지식과 기술개발을 위해서도 필요하다. 부서장이 종업원에게 효과적인 피드백을 주기 위해서는 성과문제 원인을 진단하고, 종업원 성과를 개선 또는 유지하기 위한 행동을 취할 필요가 있다. 성과가 부진한 종업원에 대해서는 단순히 성과에 대한 피드백을 제공하는 것으로는 충분치 않을 것이다.

### 저성과 원인 진단

종업원의 저성과를 초래하는 원인은 매우 많다. 예를 들면, 저성과는 종업원의 능력부족, 성과목표에 대한 이해부족, 피드백 부족일 수 있고, 성과기준을 충족할 만한 지식과 기능을 보유하지 못한 종업원을 훈련시켜야 할 필요 때문일 수도 있다. 저성과 원인을 진단할 때 중요한 것은 저성과가 회사의 비즈니스에 부정적 영향을 미치는지 확인하는 것이다. 만약 해악을 끼친다면 다음 단계는 저성과 원인을 찾아내기 위해 성과분석을 실시해야 한다. 저성과 분석 시 고려해야 할 다양한 요소들은 〈그림 7.8〉에 제시되어 있다. 예를 들어, 어느 종업원이 기대성과 수준을 이해하고 있고, 충분한 피드백도 주어지며 결과도 잘 이해하고 있지만, 성과기준을 충족시키는 데 필요한 지식과 기능이 부족하다면, 부서장은 성과 향상을 위한 교육훈련, 기능에 맞는 다른 자리로의 이동 또는 해당 종업원 해고, 그리고 그 일에 필요한 지식 및 기능 수준을 파악할 수 있는 새로운 선발방법 찾기 등을 고려해야 할 것이다.

성과분석 실시 후 부서장은 해당 종업원과 만나 실적에 대해 논의하고 성과 향상을 위해 해야 할 다음 단계에 합의해야 하며, 실적향상에 실패할 경우의 결과에 대해 논의해야 한다. 이러한 논의는 분기나 연간 성과평가보다 빈번하게 이뤄지면 가장 좋다. 회사와 종업원에게 부정적 영향을 미치기 전에 성과문제를 신속하게 다룰 수 있기 때문이다. 다음 부분에서 다양한 유형의 종업원들에 대해 고려해야 할 행동을 논의하고자 한다.

**그림 7.8 저성과 분석을 위해 필요한 고려요인**

**투 입**

- 종업원은 자신이 무엇을 해야 하는지 인지하고 있는가?
- 업무 흐름과 절차가 논리적인가?
- 종업원은 도구, 장비, 기술, 시간 등 업무를 성공시키기 위한 자원을 가지고 있는가?
- 다른 업무에 대한 수요가 이 영역에서의 좋은 성과를 창출하는 데 방해가 되는가?

**종업원 특성**

- 종업원은 필수적인 기술과 지식을 가지고 있는가?
- 종업원은 바람직한 성과 수준 설정이 왜 중요한지 알고 있는가?
- 종업원은 정신적으로, 신체적으로, 그리고 정서적으로 기대수준의 성과를 할 수 있는 능력이 있는가?

**피드백**

- 종업원은 자신의 업무성과에 대한 정보를 받았는가?
- 성과 피드백은 관련된 내용을 시기적절하게, 그리고 정확하며 구체적으로 이해할 수 있게 실시되었는가?

**성과기준/목표**

- 업무성과 기준은 존재하는가?
- 종업원은 바람직한 업무성과 수준이 어느 정도인지 알고 있는가?
- 종업원은 성과기준에 도달할 수 있다고 믿고 있는가?

**결 과**

- 좋은 업무성과에 따른 보상, 인센티브 등의 결과가 잘 연동되어 있는가?
- 업무성과의 결과는 종업원에게 가치 있는 일인가?
- 업무성과에 대한 보상 등은 시기적절하게 제공되고 있는가?
- 작업집단 또는 팀 규범이 종업원의 성과기준에 도달하는 것을 방해하는가?

출처: Based on G. Rummler, "In Search of the Holy Performance Grail," *Training and Development*, April 1996, pp.26–31; C. Reinhart, "How to Leap over Barriers to Performance," *Training and Development*, January 2000, pp.20–24; F. Wilmouth, C. Prigmore, and M. Bray, "HPT Models: An Overview of the Major Models in the Field," *Performance Improvement* 41 (2002), pp.14–21.

## 종업원 성과를 관리하기 위한 행동

〈표 7.17〉은 4개 유형의 종업원에 대해 부서장이 취해야 할 행동을 보여준다. 표에서 보듯이 부서장은 성과향상 방법을 검토하기 위해 종업원의 능력, 동기를 모두 고려해야 한다. 종업원의 능력을 판단하기 위해 부서장은 종업원이 이 일을 제대로 할 수 있는 지식, 기능, 또는 능력을 보유하고 있는지를 고려해야 한다. 신입사원이나 최근에 업무가 변경된 종업원의 경우 능력 부족의 문제가 생길 수 있다. 종업원의 동기수준을 정하기 위해선 부서장은 종업원이 원하는 일을 하고 있는지와 적절한 급여를 받고 있는지를 고려해야 한다. 종업원 성과의 급작스런 변동은 개인 신상의 문제일 수 있다.

**표 7.17 종업원 성과관리 방법들**

| | | 능력 | |
|---|---|---|---|
| | | 고 | 저 |
| 동기부여 | 고 | **우수실적자**<br>• 좋은 성과 보상<br>• 개발기회 발굴<br>• 정직하고 직접적인 피드백 제공 | **잘못된 방향**<br>• 지도(coaching)<br>• 빈번한 성과 피드백<br>• 목표설정<br>• 교육훈련 또는 기능개발을 위한 파견<br>• 업무내용 조정 |
| | 저 | **의욕상실자**<br>• 정직하고 직접적인 피드백 제공<br>• 상담 제공<br>• 팀 구축과 갈등해결<br>• 성과와 보상 연계<br>• 필요한 지식이나 기능 교육 제안<br>• 스트레스 관리 | **골칫거리**<br>• 급여인상 보류<br>• 강등<br>• 전환배치<br>• 해고<br>• 구체적이고 직접적인 성과 피드백 |

출처: Based on M. London, *Job Feedback*(Mahwah, NJ: Lawrence Erlbaum Associates, 1997), pp.96–97; H. Aguinis and E. O'Boyle, Jr., "Star Performers in the Twenty-First Century," *Personnel Psychology* 67(2014), pp.313–350; D. Grote, *How to Be Good at Performance Appraisals* (Boston: Harvard University Press, 2011); J. Conger and A. Church, "The 3 Types of C Players and What to Do About Them," February 1, 2018, https://hbr.org, accessed January 10, 2019.

능력과 의욕을 모두 갖춘 종업원은 훌륭하고 탁월한 사람들이다. 〈표 7.17〉은 능력과 의욕이 많은 종업원은 그냥 넘어가지 말아야 한다고 강조하고 있다. 부서장은 그들이 계속 만족하고 효과적일 수 있도록 개발기회를 제공해야 한다. 뛰어난 개인들이나 실적이 좋은 근로자들은 회사 내에서 리더 후보가 될 수 있다. 이들에겐 개발기회와 다양한 경력 축적이 필요하다. 경력개발에 대한 주제는 다른 장에서 논의하고 있지만, 어떤 종업원은 책임을 져야 하는 자리에 있는 것을 원하지 않을 수도 있다. 이런 종업원들은 자신의 업무에 대한 몰입을 유지하면서, 퇴화되지 않도록 개발기회를 가질 필요가 있다.

마지막으로, 〈표 7.17〉을 보면 성과가 낮다고 판단되는 종업원은 그럴만한 다른 이유가 있음을 알 수 있다. 의욕이 아닌 능력 부족에서 비롯된 저조한 성과의 경우 교육훈련과 파견 등과 같은 기능향상 활동에 의해 성과가 향상될 수 있다. 능력은 있으나 의욕이 없는 종업원을 두고 있는 부서장은 대인관계나 인센티브에 중점을 두고 행동할 필요가 있다. 종업원이 중시하는 인센티브나 보상 등이 성과와 연동돼 있다는 점을 알려주거나 종업원의 신상 문제 또는 업무불만을 해결할 수 있게 도와주는 상담 등이 이런 조치에 해당한다. 능력도 의욕도 없는 만성적인 성과가 저조한 근로자에 대해선 전출이나 해고가 최고의 해결책으로 지적된다.

많은 기업이 성과가 저조한 근로자를 개선시키기 위해 성과개선계획을 사용한다. 이른바 **성과개선계획**(Performance Improvement Plan: PIP)은 저성과를 회복할 수 있는 일정한 시간을 주거나 해고에 직면한 저성과 종업원에게 성과를 변화시킬 계획을 설명할 수 있는 기회를 제공하는 것을 의미한다. 성과개선계획에는 종업원이 변화시키겠다는 변화내용과 그에 따른 소요시간에 대한 부서장의 구체적 요구사항이 포함되어 있다. 부서장은 코칭, 훈련 피드백을 통해 종업원의 성과개선을 도와준다. 만일 정해진 기간 안에 바람직한 변화가 발생하지 않는다면, 전형적으로 30~60일의 또 다른 제공기간 안에 성과가 개선되지 않는다면 해고될 것이라고 종업원에게 통보된다.

업무성과는 과업, 업무순환, 그리고 사업목표의 변화로 시간이 지나면 변화하는 경향이 있다. 따라서 부서장은 〈표 7.17〉에서 보여주고 있는 범주들을 고려해야 하며, 종업원에게 변화의 기회를 제공해 주어야 한다. PIP를 실행하는 한 가지 방법은 종업원과 자주 성과면담을 실시하여 종업원이 자신의 성과변화나 유지의 필요성을 인식하게 도와주는 것이다. 기대수준을 설정하고 종업원의 능력과 관심을 기초로 하여 프로젝트를 할당하고, 업무성과에 대한 책임을 묻는 등의 적극적인 관리는 차이를 만들어 낸다.

## 법률 준수를 위한 시스템 개발과 운영

본 절에서는 성과관리에 영향을 미치는 법률적 이슈나 제약사항에 대해 논의하고자 한다. 성과평가는 승진, 임금인상, 그리고 교육훈련을 결정하는 핵심적 역할을 수행하기 때문에 이런 의사결정에 반발하여 회사를 고소한 종업원은 회사의 인사 관련 시스템에 대해 극단적인 공격을 할 수 있다. 두 개 유형의 소송이 일반적인데, 차별과 부당해고이다.

차별(discrimination) 소송의 경우 원고(종업원)는 시스템이 부당하게 연령, 인종, 성별이나 국적 등의 이유로 원고를 차별하였다고 혐의를 제기한다. 많은 성과측정은 주관적이며, 개인에 대한 편견은 성과측정에 영향을 미칠 수 있다. 인종편견이나 성별에 대한 고정관념이 있을 때 특히 그러하다. 브리토 vs. 지아 소송(Brito vs. Zia)에서 대법원은 인종문제가 포함된 성과평가의 결과를 받아들였다. 종업원 성과평가에 대한 일관된 규칙은 적절한 성과평가 도구를 활용하여 평가하는 것이다. 그러나 이런 규칙은 현재 새로운 성과측정 방법을 개발해야 하는 도전에 직면하게 되었다. 그 이유는 성과측정 과정에서 인종차별에 관한 엄청나게 많은 연구결과를 통해 백인과 흑인 평가자들은 자신과 같은 인종집단에 더 높은 점수를 준다는 것이 발견되고 있는 것이다. 평가왜곡을 해소하기 위한 평가자 교육도 도움이 되지 못했다. 어떤 특정 집단이 소수집단인 경우 차별적 성과측정은 더 심화된다는 증거들이 있다. 작업집단에서 남자가 다수이면, 여성은 낮은 평점을 받는다. 반대로 남성이 소수일 경우에는 남자가 낮은 평점을 받는다.

두 번째 소송의 경우는 부당해고(unjust dismissal)이다. 사업주 주장과는 다른 이유에서 원고는 부당하게 해고당했다고 주장한다. 예를 들어, 국가방위산업과 관련된 일을 하는 어떤 근로자가 정부를 상대로 사기행동을 한 사업주를 내부고발했다고 가정해 본다면, 회사는 낮은 성과 때문에 종업원을 해고했다고 주장한다. 그러나 사실 종업원 해고의 원인은 내부고발 때문이기에 부당하다고 주장할 것이다. 법원 판례는 종업원 성과가 저조했다는 주장에 대하여 성과평가시스템이 편견을 가지고 실시됐는지에 집중하는 경향이 있다.

과거 호의적인 성과면담과 임금상승 경험이 있는 종업원에게 성과가 저조하다는 이유로 해고하는 경우도 또한 부당해고에 해당한다. 이런 경우는 새로운 평가시스템이 도입되면서 연장자들이 상대적으로 불만족스런 성과면담 결과를 받도록 설계되어 있을 때 특히 잘 발생한다. 성과와 관련된 이슈가 직면하고 있는 불쾌함은 성과가 저조한 근로자에게 더 좋은 보상을 하거나 성과가 저조한 사람에게 좋은 평가를 주는 행위이며, 이것은 성과관리시스템에 대한 신뢰성을 무너뜨린다. 이런 경우 성과평가시스템의 결과를 기반으로 해고 의사결정이 이뤄진 것에 대한 방어논리가 어렵다.

예를 들어, 보안서비스 회사인 MVM은 인종차별과 관련된 소송으로 160만 달러의 벌금을 내었다. MVM은 아프리카계 흑인들에 대해 차별적 처우를 제공하였고 불만이 많은 직원을 해고하였다고 판결되었다. MVM은 국가의료협회(National Institute of Health)의 연구기관들에 경비보안 서비스를 제공하였다. 해당 프로젝트를 담당했던 프로젝트 매니저는 400명 정도의 보안인력을 관리하고 있었는데, 그 중 절반 이상이 아프리카계 흑인이며 이들이 너무 많기에 해당 인력들을 해고해야 한다는 이야기를 그들의 우스꽝스러운 억양을 흉내내며 말하곤 했다. 결과적으로 MVM은 아프리카계 흑인 종업원들에게 종종 회사를 떠날 것을 강요하고, 휴일근무를 억지로 시켰으며, 낮은 성과에 대해 가혹한 처우를 제공하기도 하며, 특별한 이유 없는 해고를 자행하였다.

또 다른 사례로 에릭슨 연금관리(Erickson Living Management) 회사는 불법 해고 소송으로 15만 1천 달러의 합의금을 지불한 바 있다. 에릭슨의 한 임원은 회사가 자신의 부하직원인 장애인에 대해 부적절한 처우를 제공하고 있다는 이유로 인사담당 임원에게 불만을 제기하였다. 인사담당 임원은 성과관리 전반의 문제로 이어져서 본인의 고용이 불안정해질 것을 우려하였으며, 문제를 제기하였던 임원과 장애인 부하직원을 모두 해고하였다.

차별과 부당해고 소송의 잠재적 비용 때문에 회사들은 정확히 법정에서 활용될 수 있는 합법적 성과관리시스템을 구비해야 한다. 법정의 의사결정 사항을 검토해 보면, 법률적 면밀한 조사를 방어하기 위해 시스템은 다음과 같은 특성이 있어야 한다.

1. 시스템은 직무성과의 중요한 측면을 확신할 수 있는 타당성 있는 직무분석을 통해 개발되어야 한다. 그리고 성공적인 직무수행의 요구사항은 종업원과 명확하게 의사소통되어야 한다.
2. 시스템은 행위나 결과를 기반으로 해야 한다. 모호한 특성 평가는 피해야 한다. 성과면담은 신체적으로나 정신적 장애 등과 같은 잠재적 행위와 결과의 근원적 이유가 아니라 업무수행 행위나 결과에 집중해서 이뤄져야 한다.
3. 평가자는 단순히 주어진 자원을 사용하거나 평가하는 방법을 자의적으로 해석할 여지를 남기지 않게 시스템 사용법에 대해 훈련받아야 한다.
4. 모든 성과평가는 부서장의 부서장, 즉 차상위 부서장을 통해 평가결과가 검토될 수 있는 일정한 형태를 구비해야 한다. 그리고 종업원에게 자신의 평가결과의 부당성을 이의제기할 수 있는 시스템을 구비해야 한다.
5. 회사는 성과가 저조한 근로자를 해고 전에 자신의 성과를 개선시킬 수 있도록 일정한 형태의 성과면담이나 성과 교정안내를 제공해야 한다. 그리고 여기에는 장·단기적 성과목표도 포함되어 있어야 한다.

6. 다면평가가 실시되어야 한다. 특히 종업원 성과는 부서장이나 고객 단독으로 평가로 이뤄져서는 안 된다. 최소한 종업원은 자신의 평가결과에 대한 조언을 받을 수 있어야 한다. 그리고 당연히 부서장과 종업원 사이에 성과 관련 대화가 실시되어야 한다.
7. 성과평가는 문서화되어야 한다.

## 요약


성과의 측정과 관리는 기업의 도전과제이며, 경쟁력 확보를 위한 주요 과제 중 하나다. 성과관리시스템은 전략, 관리, 그리고 개발 목적에 기여하며 그 중요성은 매우 크다. 성과측정시스템은 전략적 적합성, 타당성, 신뢰성, 수용성, 그리고 구체성이라는 기준에 맞춰 평가돼야 한다. 이러한 기준으로 측정하는 경우 상대평가법, 속성접근법, 행동접근법, 결과접근법, 품질접근법 등은 각각 그들만의 장·단점이 있다. 따라서 어떤 방법과 어떤 성과정보의 원천을 택할지는 해당 업무 특성에 달려 있다.

효과적인 경영자는 최선의 방법 또는 여러 방법을 결합하여 사용하는 경우 그들이 처한 상황에서 발생할 수 있는 이슈들에 대해 잘 알고 있어야 한다. 게다가 일단 성과를 측정하고 나면 공식적 피드백과 함께 비공식적으로 자주 성과정보를 종업원들에게 피드백하는 것이 부서장의 주된 임무다. 이때 피드백은 종업원에게 방어본능과 의욕저하를 초래하지 않고 성과향상에 기여할 수 있어야 한다.

IT기술은 잠재적으로는 성과관리과정을 효율적으로 운영하게 만들어 줄 수 있다. 그리고 종업원에게 피드백과 다른 정보들을 제공해 줄 수 있다. 이런 정보와 피드백은 종업원들이 효과적으로 업무성과를 이룰 수 있게 동기부여를 제공해 줄 수도 있다. 부서장은 능력, 동기부여 또는 이 둘 모두 등 저성과의 원인을 기반으로 행동해야 한다. 또한 부서장은 그들의 성과관리시스템의 법률적 안정성을 확신해야 하며, 특히 훈련이나 저성과자 해고 등에 활용될 때 면밀히 검토되어야 한다.


## 주요 용어

**구체성**(Specificity)
**무의식적 편향**(Unconscious bias)
**상향식 피드백**(Upward feedback)
**성과관리**(Performance management)
**성과피드백**(Performance feedback)
**신뢰성**(Reliability)
**눈금조정회의**(Calibration meetings)
**사회적 평가관리**(Social performance management)
**성과개선계획**(Performance improvement plan: PIP)
**성과평가**(Performance appraisal)
**수용성**(Acceptability)
**역량**(Competencies)

**역량모델**(Competency model)
**카이젠**(Kaizen)
**평가의 정치**(Appraisal politics)
**전략적 적합성**(Strategic congruence)
**타당성**(Validity)
360**도 평가**(360-degree appraisal)

## 토의과제

01. 대학교수의 성과를 관리하는 데 있어서 해야 할 관리적 의사결정의 예는 무엇일까? 개발 목적의 의사결정의 경우는?

02. 본인이 재학 중인 대학의 연구, 학부 강의, 대학원 강의 등의 전략을 검토해 보시오. 그리고 전략상 필요한 교직원의 행동유형과 결과를 성과관리시스템을 활용해 유도할 수 있다고 생각하는가?

03. 전통적인 성과관리 방식과 지속적(continuous) 성과관리의 차이점을 설명하시오.

04. 교직원들의 성과평가를 위해 성과정보의 원천 가운데 어느 것을 사용하는 게 좋을까?

05. 회사에서 성과관리시스템을 변경하는 이유는 무엇인가? 그리고 변경하는 것이 좋은가? 그 이유는?

06. 다른 사람과 갈등을 빚었던 최근 사례를 생각해 보고, 성과 피드백 지침을 사용해 그 사람에게 어떻게 효과적인 성과 피드백을 제공할 수 있는가?

07. 성과관리와 공정성이 어떤 관계가 있는지를 설명하시오.

08. 부서장이 의도와 다르게 평가결과를 왜곡하는 이유는 무엇일까? 이 문제를 최소화하기 위해 어떤 조언을 할 수 있는가?

09. 성과를 컴퓨터를 통해 모니터링하는 경우 종업원들이 받아들일 수 있을까? 그 이유를 설명하시오.

10. 고객만족 설문은 서비스 콜 뒤에 실시되는데, 콜센터 담당자는 고객의 휴대폰 사용료 민원에 대응하는 것에 곤란을 겪고 있다. 이 문제의 원인을 어떻게 진단할 것인가? 그리고 그 이유를 설명하시오.

11. 성과관리과정에 앱을 사용하는 것이 이익이 되는가? 앱을 통해 사람을 비방하는 것은 어떻게 이뤄지는가?

12. 성과관리를 결과나 목적에 두고 운영하는 것이 효과적이라고 생각하는가?

## 사례연구

### SK텔레콤의 성과관리 실험

대부분의 우리나라 기업은 1년에 한 번 인사고과를 하면서 S, A, B, C 같은 상대등급을 부여한다. 이는 대학교에서의 성적부여와 비슷한 구조이다. 만약 성과등급에서 일정한 비율을 사전에 정해두지 않으면 관대화 오류가 발생할 수 있기에, 많은 기업들은 S 5% 이내, A 20%, B 50%, C 15% 등 등급별 인원을 사전에 정해주는 경우가 많다. 본서에서 학습하였던 상대평가 등급화 제도인 것이다. 이러한 강제할당식 상대등급 시스템은 미국의 GE가 활력곡선(vital curve)이라는 개념으로 활용하여 널리 확산된 제도이다. 성과평가 결과는 이후 보상과 승진 의사결정에 직접적으로 활용되기에 결과적으로 회사의 직원들은 동료와 치열한 경쟁구조에 놓이게 된다.

부서장들은 누군가에게 좋은 점수를 주기 위해서는 누군가에게 나쁜 점수를 줘야 하는 어려운 문제에 매번 직면하게 된다. 결과적으로 팀 전체가 높은 성과를 내더라도 누군가는 나쁜 평가를 받아야 하는 딜레마에 봉착하게 된다.

이러한 문제를 해소하기 위하여 SK텔레콤은 2018년 상대평가 폐지를 선언하였다. AI, 빅데이터, 미디어 등 4차 산업혁명의 핵심 기술을 활용하는 신사업이 중시되는데, 직원 간 경쟁을 부추기는 상대평가제도가 부적절하다는 판단에서이다.

제도의 도입과정에서 많은 우려가 있었고, 대부분의 우려는 평가자들이 절대평가제도를 남용하여 지나친 관대화 경향을 나타낼 것이라는 우려였다. 2018년 상대등급 폐지 이후 실시된 첫 성과평가에서 인사부서 담당자들은 내심 매우 불안한 심정이었을 수밖에 없었다. 평가자들이 과연 제대로 구성원들의 성과평가를 실시할 것인가 확신을 하기 어려웠던 것이다. 결과적으로, 2019년 성과평가 결과 나타난 전반적인 결과 분포는 이전의 성과분포와 유의미한 차이를 나타내지 않았고, 우려했던 평가자의 관대화 경향은 거의 발견되지 않았다.

해당 성과관리제도의 변화에 대한 평가자와 피평가자 모두 매우 긍정적 의견을 나타내었다는 점에서 더욱 고무적이었으며, 이러한 성과관리 실험은 SK그룹 내 다른 계열사에도 확산되기 시작하였다. 상대평가제도의 폐지는 2019년 이후 SK그룹이 아닌 삼성그룹과 현대자동차그룹에서도 참여하며 새로운 성과관리시스템으로 기틀을 잡아가는 상황이다.

#### 토의과제

1. SK텔레콤의 인사부서에서는 최초 어떠한 문제를 해결하기 위하여 새로운 평가제도의 도입을 검토하였다고 보는가?
2. 절대평가와 상대평가의 특징은 각각 무엇인가? 개인적인 관점에서 어떠한 성과평가가 더 적절하다고 판단하는가? 그 이유는?
3. SK텔레콤의 성과관리제도 개선이 성공적으로 진행된 데에는 어떠한 원인이 있다고 보는가? 본 사례에서 구체적으로 설명하지 않은 인사부서의 노력이 있었다면 그것은 무엇이었겠는가?

출처: 김지수, 2018, 비등급 절대평가 체계 도입: SK텔레콤, 『월간 인사관리』 6월호, pp.38-41.

CHAPTER 08

# 직원 개발

학습목표

**이 장을 읽고 나면 다음을 수행할 수 있어야 한다.**

01 직원 개발이 직원 유지, 지적자본 개발 및 사업성장에 관한 전략에 어떻게 기여하는지 설명할 수 있다.

02 개발계획 프로세스의 단계에 대해 논의할 수 있다.

03 개발을 계획하는 과정에서 직원과 기업에게 요구되는 책임이 무엇인지 설명할 수 있다.

04 개발 목적의 공식교육을 효과적으로 활용하기 위한 최신 동향이 무엇인지 논의할 수 있다.

05 성격유형, 작업행동, 직무성과에 대한 평가가 직원 개발에 어떻게 사용될 수 있는지 설명할 수 있다.

06 직무경험이 기술 개발에 어떻게 활용되는지 설명할 수 있다.

07 성공적인 멘토링 프로그램을 개발할 수 있다.

08 직원들을 코치할 수 있도록 관리자들을 훈련시키는 방법을 설명할 수 있다.

09 유리천장을 깨기 위해 기업이 취할 수 있는 조치가 무엇인지 논의할 수 있다.

10 승계계획 구축 시 직원을 적재적소에 배치하고, 그들에게 가장 적합한 개발계획을 수립하기 위해서 나인-박스 그리드(9-box grid) 접근법을 활용할 수 있다.

# 도입

직원 개발은 기업의 인재경영 노력에 필요한 구성요소이다. 재능있는 직원은 개발을 위한 지원을 기대하며, 그렇지 않으면 다른 기업에서 기회를 찾게 될 것이다. 직원 개발은 직원이 개인의 성장 욕구를 충족시키기 위해 경력을 발전시키고 그들이 추구할 수도 있는 경영 역할에 필요한 기술을 얻을 수 있도록 도와줌으로써 기업의 경쟁우위에 핵심적인 기여를 한다. 이는 그렇지 않으면 고객이나 경쟁사에 합류하기 위해 떠날지도 모르는 소중한 직원을 유인하고 유지하는 데 도움이 된다. 직원 개발은 직원이 고객을 응대하고 새로운 제품과 고객 솔루션을 창출하는 데 필요한 역량을 갖추도록 보장하는 데 필수적이다. 제1장에서 언급하였듯이, 직원몰입과 유지는 관리자들이 직원들을 어떻게 대하는지와 직접적으로 관련이 있다.

이 장에서는 개발, 훈련, 경력 간의 관계에 대한 논의로 시작한다. 접근방법을 선택하는 것도 개발계획의 한 부분이다. 직원들이 개발활동을 선택하기 전에 직원과 회사는 직원의 개발 요구와 개발 목적을 알아야 한다. 개발의 요구와 목적을 파악하는 것은 계획단계의 한 부분이며, 이 장에서 상세하게 설명할 것이다. 또한 각 단계별로 직원과 회사의 책임이 무엇인지 강조할 것이다. 이 장에서는 또한 각 개발 방법에 의해 강화되는 기술, 지식 및 행동의 유형을 중점으로 공식적인 교육, 평가, 직무경험 및 대인관계를 포함한 개발 접근방법에 대해 살펴본다. 이 장에서는 승계계획과 여성 및 소수자의 상위 관리직으로의 이동(이하 "유리천장 녹이기"라 함)을 돕기 위한 개발을 포함한 직원 개발의 특별한 이슈에 대한 논의로 마무리한다.

# 개발, 훈련 및 경력 간의 관계

## 개발과 훈련

**개발**(development)은 직원들이 미래를 준비할 수 있도록 도와주는 공식적인 교육, 직업 경험, 대인관계 및 성격과 역량에 대한 평가를 지칭한다. 직원 개발의 중요성을 인식한 회사들은 목표 설정, 개발 대화와 같이 직원들이 성장하기 위해 필요한 과정들을 지원한다. 그러나 개발계획, 활동, 그리고 경력 포부를 형성하는 데에는 직원들이 앞장설 것으로 기대된다. 개발은 미래 지향적이기 때문에 직원의 현재 직무와 관련이 없는 학습을 포함하기도 한다.

전통적으로 **훈련**(training)은 현재 직무에서 직원들의 성과를 돕는 것에 초점을 둔다. 개발은 직원들이 회사의 다른 자리에 갈 수 있도록 준비시키고, 아직 존재하지 않을 수도 있는 직무로 이동할 수 있는 직원들의 능력을 증가시킨다. 개발은 또한 직원들이 새로운 기술, 작업 설계, 새로운 고객 또는 신제품 시장으로부터 야기될 수도 있는 현재 직무의 변화에 대비하도록 돕는다. 〈표 8.1〉은 훈련과 개발의 차이를 보여준다.

**표 8.1 훈련과 개발의 차이점 비교**

| | 훈련 | 개발 |
|---|---|---|
| 초점 | 현재 | 미래 |
| 직무경험의 활용 | 낮음 | 높음 |
| 목표 | 현재 수행하는 직무의 효과적 수행을 위한 준비 | 미래에 수행할 직무, 또는 미래의 변화상황에 대한 준비 |
| 직원 참여 | 필수적 | 자발적 |

개발은 인재 관리, 특히 차・부장급과 리더로서의 잠재력을 지닌 직원들 관리에 매우 중요하다(제1장의 인재 영입과 유지에 대한 논의를 상기하자). 기업이 직면한 인재 관리상 가장 큰 어려움은 기존 인재를 개발하는 것과, 기존 리더십 인재를 유치 및 유지하는 것이다. 또한 개발은 모든 직원들이 기술을 향상시키고 다양한 방식으로 활용하도록 기회를 제공함으로써 직원들의 몰입과 만족도 향상을 가져온다.

제6장에서는 훈련의 전략적 역할이 강조되었다. 훈련이 보다 더 전략적으로(즉, 사업목표와 연계되어) 운영되면서, 훈련과 개발의 차이가 다소 모호해지는 측면이 있다. 훈련과 개발은 모두 필요하며, 현재와 미래의 개인과 기업의 요구에 초점을 맞출 것이다.

## 개발과 경력

오늘날은 프로틴 경력의 시대로 불린다. **프로틴 경력**(protean career)이란 심리적 성공을 목표로 삼고 개인이 주도하는 경력개발을 의미한다. 즉, 경력관리의 책임이 조직이 아니라 개인에게 있다. 예를 들어, 유나이티드 웨이(United Way)에서는 기술직 직원이 자신의 현 직위에서 안식기간을 가지며 1년간 관리직에서 일할 수 있다. 이러한 파견을 통해 해당 직원은 자신이 기술직 업무보다 관리업무에 더 적합한지 여부를 개인적으로 판단할 기회를 가질 수 있을 뿐만 아니라 관리기술을 개발할 수 있다.

프로틴 경력은 직원 개발에 있어서 몇 가지 함의를 가진다. 이 새로운 경력 패러다임의 목표는 **심리적 성공**(psychological success)이다. 심리적 성공은 직장에서의 성취에 국한되지 않고 인생의 목표를 달성하는 데서 오는 자부심과 성취감을 의미하며, 가족을 부양하고 신체적으로 건강한 것도 포함된다. 심리적 성공은 급여 인상이나 승진과 같이 기업으로부터 받는 신호에 의해 결정되는 것이 아니라 자기 결정적이다. 일례로 플로리다의 한 부동산 중개인의 사례를 살펴보자. 이 부동산 중개인은 에버글레이드(Everglades) 습지에서 엄청난 크기와 식욕 때문에 골칫거리가 된 비단뱀을 잡기 위해 부동산 일을 그만두었다. 2미터짜리 악어를 삼켰을 때 폭발하는 뱀에 대해 읽은 그녀는 비단뱀이 침입종으로 여겨졌던 에버글레이드 주변 지역에서 비단뱀을 제거하는 일을 돕겠다고 결심했다. 그녀는 부동산에서 더 많은 돈을 벌었지만, 남부 플로리다 폐기물 관리 지구에서 일하는 최저임금 직업이 더 만족스럽고 자신이 자란 지역사회에 환원할 수 있다고 생각한다. 그녀는 에버글레이드에서 동물과 새들을 보호하는 것을 돕는 일이 부동산을 파는 것보다 더 중요하고 흥미롭다고 믿는다.

직원들은 정적인 지식 기반에 의존하기보다는 새로운 기술 개발을 위해 노력할 필요가 있다. 이는 고객 서비스와 제품에 대한 고객의 요구에 보다 민첩하게 대응해야 하는 기업의 필요로 인해 나타난 현상이다. 제6장에서 강조했듯이 학습은 지속적이고 종종 무형식적이며 지식의 창조와 공유를 수반한다.

지속적인 학습의 중요성이 강조되면서 [**경력 패턴**(career pattern)이라고도 알려진] 경력 내 이동의 방향과 빈도의 변화가 발생하였다. 전통적인 경력 패턴은 선형적인 위계 속에서의 일련의 단계로 이루어지며, 수직적 상승을 하면서 높은 단계에서는 더 많은 권한과 책임 및 보상을 갖게 된다. 전문 경력 패턴은 평생 동안(법률, 의학 또는 경영과 같은) 한 분야 또는 전문적 분야에 몰입하는 것을 의미한다. 이러한 유형의 경력 패턴은 사라지지 않을 것이다. 오히려, 전문분야나 학과의 경계에 얽매이지 않고 이를 넘나드는 경력 패턴(나선형 경력 패턴)이 더 널리 퍼지게 될 것이다. 이러한 새로운 경력 패턴은 기업이 경쟁력을 갖추기 위해서는(자신의 커리어를 관리하는 직원뿐만 아니라) 기업이 직원 개발에 집중해야 한다는 것을 의미한다. 따라서 기업은 (1) 직원들에게 자신의 관심사와 기술의 강점 및 약점이 무엇인지를 확인할 기회를 제공하고, (2) 이러한 정보를 바탕으로 공식교육뿐만 아니라 직무경험과 관계를 수반하는 적절한 개발 경험을 모색할 필요가 있다.

오늘날 경력에 대한 가장 적절한 관점은 '경계가 없고 자주 바뀐다'는 것이다. 직장을 자주 옮기거나[**잡 호핑**(job hopping): 잦은 이직] 다른 종류의 직업으로 전환하는 것도 경력에 포함될 수 있다. 팬데믹이 이에 영향을 미쳤지만 근본적으로 변화시킨 것은 아니다. 설문 결과에 따르면 젊은 직원들은 팬데믹 이전보다 낮은 비율이지만 여전히 어느 시점에 이직할 계획으로 나타났다. 2016년 이후 처음으로 2년 이내에 떠나는 것보다 5년 이상 한 직장에서 일하기를 원하는 밀레니얼 세대가 더 많았다. 2년 이내에 떠날 사람들은 2019년 49%에서 2020년 31%로 줄어든 반면, 장기근속을 선호하는 사람들은 2019년 28%에서 2020년 35%로 급증했다. Z세대는 이직에 더 관심이 있었지만 2년 이내에 이직하고 싶다고 답한 사람은 2019년 61%의 절반에 불과했다.

현실은 직원들이 평생 또는 경력의 오랜 기간 동안 한 직장에서 일할 가능성이 일반적으로 낮다고 할 수 있다. 이는 노사 양측이 서로에게 이익이 되어야 한다는 것을 의미한다. 직원 개발은 직원들이 새로운 기술을 습득하거나 보다 가치있는 직무경험을 쌓기 위해서 이직을 할 필요성을 덜 느끼게 만들어서 잠재적으로 잡 호핑을 감소시킬 수 있다. 직원이 얼마나 장기근속을 하는지에 관계없이, 직업개발은 새로운 기술과 관리 역량을 제공함으로써 기업이 변화하는 경영환경과 전략에 잘 적응하도록 도울 수 있다.

ESL 연방 신협(Federal Credit Union)의 진로상담 서비스는 직원들이 경력 성장을 사전에 관리하도록 장려한다. ESL은 직원들이 부서별 다양한 경력을 탐색하고 직무체험을 등록할 수 있는 셀프 서비스 채널과 이력서 작성, 면접기술 및 경력개발계획을 도울 수 있는 경력 코치와의 일대일 코칭을 포함하여 직원들이 사용할 수 있는 자원을 제공한다. ESL은 직원들이 자신의 기술 역량을 넓히고 잠재적인 미래 직업 기회에 대비할 수 있도록 새로운 역할을 경험할 수 있는 마이크로인턴십(microinternships)을 제공한다. 이러한 자원과 마이크로 인턴십을 제공함으로써 ESL은 4%의 이직률을 유지하고 현재 직원들로 개방형 직위의 73%를 채울 수 있었다.

**무경계**(boundaryless) 경력이란 특정 기업에 소속감을 느끼는 것보다는 특정 직무나 직업과 동일시하는 것을 의미한다. 또한 경력계획이나 목표가 개인이나 가족의 요구와 가치에 의해 영향을 받는다는 점에서 경력이 경계가 없는 것으로 해석되기도 한다. 직원들이 고용관계뿐만 아니라 개인적인 삶의 변화에 대처하는 한 가지 방법은 그들의 역할과 책임을 재정립하는 것이다. 직원들은 스스로의 강점과 약점에 대해 어떻게 자각하고 있는지, 일과 삶의 균형이 얼마나 필요하다고 인식하고 있는지, 도전적이고 흥미로운 일을 얼마나 필요로 하는지 등에 기초하여 일생 동안 자신의 경력을 변화시킬 수 있다. 경력 성공은 반드시 승진과 관련이 있는 것이 아니며, 부모, 동료, 또는 기업에 의해 정해지기보다는 직원 본인에게 개인적으로 의미 있는 목표를 달성하는 것과 관련이 있다. 본 장에서 나중에 논의하겠지만, 경력은 노사 간의 긍정적인 관계를 통해 직원이 조직에 몰입하게 만들고, 노사 양자에게 이롭도록 직원의 경력을 개인이 스스로 통제할 수 있는 노사 간의 파트너십을 통해 가장 잘 관리된다.

지금까지의 논의에서 알 수 있듯이, 직원들을 유지하고 동기부여하기 위해, 회사는 직원의 개발 요구를 파악하고 충족시킬 수 있는 시스템을 제공해야 한다. 이것은 특히 우수성과자와 관리자로서의 잠재력을 가진 우수한 인재를 유지하기 위해 중요하다. 이러한 시스템은 종종 **개발계획시스템**(development planning systems) 또는 **경력관리시스템**(career management systems)으로 알려져 있다. 다음 절에서 이러한 시스템에 대해 논의해보도록 하자.

## 개발계획시스템

기업들의 개발계획시스템은 복잡성의 정도와 프로세스상의 여러 구성요소에 강조점을 두고 있다. 개발계획시스템의 각 단계와 의무는 〈그림 8.1〉에 제시된 바와 같다.

### 자기평가

**자기평가**(self-assessment)는 직원들이 자신의 경력 관심, 가치, 적성 및 행동 경향을 확인하기 위해 정보를 활용하는 것을 지칭한다. 자기평가는 보통 이 장의 뒷부분에 설명된 MBTI 성격유형검사(Myers-Briggs Type Indicator), 스트롱 직업흥미검사(Strong Interest Inventory) 및 진로탐색검사(Self-Directed Search: SDS) 등과 같은 심리검사를 통해 이루어진다. 스트롱 직업흥미검사는 직원들이 자신의 직업과 직무 관심을 파악하게 해주며, 진로탐색검사는 작업환경유형(영업, 상담, 조경 등)에 대한 개인의 선호를 파악하게 해준다. 이런 검사들을 통해 직원들은 일과 여가활동에 자신이 부여하는 상대적 가치를 알 수 있다. 심리검사 또는 다른 유형의 평가를 사용하고 해석하는 트레이너나 컨설턴트는 자격요건과 훈련요건을 충족해야 한다.

이러한 자기평가를 통해 개발 요구가 무엇인지 파악할 수 있다. 이러한 개발 요구는 직원이 현재 보유하고 있는 기술이나 관심과 직원이 향후 담당하기를 원하는 업무

**그림 8.1** 경력관리 프로세스상 주요 단계와 직원 및 회사의 의무

| | 자기평가 → | 현실점검 → | 목표설정 → | 실행계획 |
|---|---|---|---|---|
| **직원 의무** | 자신의 경력개발의 요구 및 기회 파악 | 어떤 경력 요구가 개발하기에 현실적인지 파악 | 경력개발 목표의 진행과정 결정을 위한 목표·방법 파악 | 경력목표 달성을 위한 상세 개발단계 및 시간계획 파악 |
| **회사 의무** | 종업원이 자신의 경력개발상 강점, 약점, 관심, 가치 등을 파악할 수 있는 평가정보 제공 | 종업원 스스로 회사의 장기적 계획, 산업 변화, 전문성 등의 관점에서 자신이 적합한지를 파악할 수 있도록 성과평가정보 전달 | 종업원이 개발목표 달성에 몰입할 수 있도록 SMART(구체적, 측정가능, 달성가능, 적합한, 적시) 관점에서 목표설정 지원 | 종업원이 경력목표 달성을 위해 요구하는 자원(예: 추가적 평가, 교육, 업무경험, 관계 등) 파악 |

나 직위 사이의 간극으로 인해 발생하게 된다. 자동차 소매업체인 카맥스(CarMax)는 신입 관리직에서 성공하기 위해 필요한 역량과 행동을 평가함으로써 동료 직원들이 자신의 개발에 대한 소유권을 갖도록 도와주는 경력 대화 가이드(Career Conversation Guide)를 제공한다. 가이드를 완료한 후, 동료 직원들은 관리자와 경력 대화를 나누도록 권장된다. 평가를 완료한 동료 직원의 83%가 관리자와 경력 대화를 나누었다. 가이드는 동료 직원의 개발 요구와 가능한 경력경로에 대한 정보에 기초하여 논의의 근거를 제공한다.

## 현실점검

**현실점검**(reality check)은 기업이 직원들의 기술과 지식을 어떻게 평가하고 있는지, 기업의 향후 인력계획(잠재적 승진 기회 또는 조직 내 이동)에 부합하는지에 대해 직원들이 받는 정보를 의미한다. 일반적으로 이러한 정보는 성과평가의 일환으로 관리자가 직원에게 제공해 준다. 일부 기업들은 360도 피드백 평가를 활용하여 직원들의 행동 및 역량에 대한 자기평가와 더불어 관리자, 동료, 자기보고, 그리고 고객들의 평가까지 반영한다(360도 피드백에 대해서는 이 장의 뒷부분에서 논의한다). 선진 시스템에서는 관리자가 별도의 성과평가와 개발 논의를 진행하는 것이 흔하다. 개발 논의에서 관리자는 직원들의 가치와 경력 관심, 기술 및 역량의 강점과 약점, 그리고 어떻게 강점을 활용하고 약점을 보완할지에 대해 집중 논의한다.

예를 들어, 안전인증회사인 UL은 내비게이트 마이커리어(Navigate myCareer) 경력탐색 접근법을 통해 직원들에게 현실점검을 제공한다. 내비게이트 마이커리어는 직원, 관리자 및 동료 간에 이루어지는 지속적인 토론과 피드백을 포함한다. 매월 UL의 학습 및 개발 팀은 관리자와 직원이 성공적인 토론을 하는 데 필요한 기술을 얻을 수 있도록 새로운 교육 모듈과 자원을 공개한다. 예를 들어, 일부 월간 제공물은 관리자를 위한 코칭 프로그램과 관리자와 직원이 효과적인 개발논의를 할 수 있도록 도와주는 대화 가이드를 제공한다.

## 목표설정

**목표설정**(goal setting)이란 직원들이 장단기 개발목표를 수립하는 과정을 지칭한다. 이러한 목표들은 대부분 희망하는 직위(예: 3년 내에 영업팀장이 되기), 기술적용 수준(예: 예산편성 기술을 활용하여 부서의 현금흐름 문제를 개선하기), 업무배치(예: 2년 내에 기업 마케팅부서로 이동하기), 기술 습득(예: 인적자원정보시스템 활용법 학습하기) 등과 관련이 있다. 이러한 목표들은 대체로 관리자들과의 논의를 통하여 개발계획서에 명시된다. 제품 관리자를 위한 개발계획 예시는 〈그림 8.2〉에 제시된 바와 같다. 개발계획은 일반적으로 강점과 약점, 경력목표 및 이를 달성하기 위한 개발활동 등의 내용을 포함한다. 효과적인 개발계획은 단순 명료하고 현실적이며, 개인의 경력과 조직의 전략적 목표를 동시에 추구할 수 있는 개발요구에 초점을 둔다.

프록터 & 갬블(Procter & Gamble)의 내부승진 정책은 모든 직원들이 완성한 개발계획으로 인해 가능한 제도이다. 이러한 경력개발계획은 직원이 미래 직무를 위해 어떤 유형의 경험이 필요한지, 그리고 직원이 미래에 어떤 직무를 수행할 수 있는지 찾아준다. 직원들은 온라인상에 이력서를 올려서 관리자들에게 자신이 개발하고 있는 기술이 무엇인지를 보여주고, 다른 직무를 수행하고자 하는 의사가 있는지 소통한다. 월례회의에서 각 사업부는 직원들의 경력경로와 이력서를 검토한다.

## 실행계획

이 단계에서는 직원들은 실행계획을 완성한다. **실행계획**(action plan)이란 장단기 경력목표를 어떻게 달성할 것인지 구체적으로 명시한 전략을 의미한다. 실행계획은 세미나 참여, 추가적인 평가 실시, 새로운 직무경험 획득, 멘토나 코치 찾기 등의 개발 접근법을 단독으로 혹은 조합하여 활용한다(직원 개발 접근법 섹션 참조). 활용되는 개발 접근법은 개발요구와 목표에 따라 다르다. 웰스파고(Wells Fargo) 은행의 아이디벨롭(iDevelop)이라는 사내 온라인 사이트에서는 직원들이 개발요구의 우선순위를 정하고 개발계획을 수립하는 것을 도와준다. 직원들은 역량을 확인하기 위해 해당 사이트를 사용한다. 훈련 프로그램과 온라인 자원을 포함하여 개발활동을 선택하기 위해 직원들은 자신의 강점으로 생각하는 역량을 사용한다.

그림 8.2 개발계획서 예시

**성명 :** **직위 :** 프로젝트 매니저 **직속상사 :**

**역량**
당신의 대표적인 강점 3가지와 개선이 필요한 영역을 파악하여 기술해 보시기 바랍니다.

**강점**
- 전략적 사고와 실행(확신, 통솔력, 실행력)
- 결과 지향(역량, 타인에게 동기부여, 인내심과 끈기)
- 승부근성(팀워크 구축, 고객 지향성, 동료 존중)

**개선분야**
- 참을성(타인이나 프로세스에 대한 인내심, 보조 맞추기)
- 문서로 하는 의사소통(명확하고 간결하게 문서를 작성하는 능력)
- 과도한 야망(프로젝트를 함께 수행하는 사람들과의 원만한 관계 형성보다 프로젝트의 성공에만 지나치게 집중)

**경력 목표**
당신의 전반적인 경력 목표를 서술하기 바랍니다.
- 장기 : 총괄 관리자 또는 그 이상의 책임과 권한을 가지는 사람이 되는 것
  구체적인 관심분야는 제품이나 브랜드 관리에 국한되지 않고 기술과 개발, 전략계획 및 마케팅을 포함
- 단기 : 제품 관리, 전략적 계획, 글로벌 관계에 관한 스킬을 활용함과 동시에 마케팅과 브랜드 관리 스킬의 지속적 개발

**향후 업무**
장기적 경력목표 달성에 도움이 되는 다음 단계의 직무를 찾아보시기 바랍니다.
- 기획, 개발, 제품 및 브랜드 관리분야의 관리자이며 시점은 2023년 가을 정도로 예상

**훈련과 개발 니즈**
현재 업무에서 개발하고 있거나 또는 향후 개발을 위해 필요한 교육훈련, 개발활동에는 무엇이 있는지 기술해 보시기 바랍니다.
- 석사 학위 과정을 이수하는 것이 문서를 통한 커뮤니케이션 스킬 향상에 도움이 될 것으로 예상
- 현재 포지션에서 경험하고 있는 팀플레이, 타인과의 관계에 대한 경험은 내가 추진하게 될 프로젝트의 성공뿐만 아니라 나의 팀원들의 니즈를 효과적으로 충족시키는 데에 유용할 것으로 예상

| | |
|---|---|
| **본 인** | **일시** |
| **직속상사** | **일시** |
| **멘 토** | **일시** |

## 개발계획과 경력관리시스템의 사례

효과적인 개발계획시스템은 몇 가지 중요한 특성을 포함한다(〈표 8.2〉 참조). 예를 들어, 펜 스테이션(Penn Station)과 제넨텍(Genentech)의 경력관리 및 개발시스템을 고려해 보자. 샌드위치를 전문으로 하는 레스토랑 체인인 펜 스테이션은 직원들에게 '나의 펜 경력개발(My Penn Path Development) 도구'를 제공한다. 직원들은 나의 펜 경력

**표 8.2 효과적 개발시스템의 설계 요소**

1. 시스템은 사업의 필요에 의해 만들어지며 사업전략을 지원한다.
2. 직원과 관리자가 시스템 개발에 참여한다.
3. 직원들은 경력관리와 개발에 적극적인 역할을 하도록 권장된다.
4. 평가는 지속적으로 진행되며 시스템 개선을 위해 활용된다.
5. 각 사업부는(어느 정도 제약을 두지만) 목적에 맞게 시스템을 변경할 수 있다.
6. 직원들은 개발과 경력정보자원(자문 및 사내채용정보 포함)에 접근할 수 있다.
7. 고위 경영진과 기업문화가 개발시스템에 지원적이다.
8. 개발시스템이 성과관리, 훈련 및 채용 시스템 등 다른 인적자원 업무와 연계되어 있다.
9. 대규모의 다양한 인재풀이 형성되어 있다.
10. 개발계획과 인재 평가정보는 모든 관리자가 이용하고 접근하는 것이 허용된다.

출처: Based on B. Kaye and C. Smith, "Career Development: Shifting from Nicety to Necessity," *T + D*, January 2012, pp.52-55; M. Weinstein, "Paths to Success: Responsibility vs. Promotion," *Training*, July/August 2014, pp.52-54; D. Hall, *Careers in and out of Organizations* (Thousand Oaks, CA: Sage, 2002).

개발 도구를 사용하여 회사의 각 고용 수준에 필요한 기술을 보고 어떻게 그것을 배울 수 있는지 확인한다. 인쇄매체, 비디오 및 온라인 학습, 직무에 대한 경험은 직원들이 필요로 하는 기술을 개발하는 프로그램에 사용된다. 바이오기술 기업인 제넨텍은 직원들이 현 직무를 잘 수행할 수 있도록 도와주고, 직무충실화 및 조직 내 이동 기회를 제공하기 위해 커리어랩(CareerLab)을 개발했다. 커리어랩은 직원들이 자신의 기술적 강·약점과 관심사에 대해 생각해보고 스스로가 경력개발의 주인임을 인식하도록 돕는 물리적이며 가상의 공간이다. 커리어랩에서 직원들은 전문 컨설턴트로부터 경력에 대한 조언을 얻고, 러닝랩(LearningLab)이라는 웨비나(webinar)와 강연에 참여하여 경력 성장을 위한 네트워킹이나 개인 브랜드 관리 등의 다양한 주제에 대해 학습하고, 멘토링을 받고, 커리어 워크숍에 참여할 기회를 얻는다. 또한 커리어랩에서 직원들은 자신의 개인 스타일, 가치, 기술, 강점 및 관심사를 평가할 수 있는 온라인 경력자원을 이용할 수 있다. 제넨텍은 커리어랩을 잘 활용하는 직원들이 직무에 대해 더 높은 몰입도를 보이고, 생산성이 향상되고, 관리자와의 더 나은 경력 대화를 나누며, 회사에 더 오래 남아 있을 확률이 높다는 것을 확인했다.

# 직원 개발에 대한 접근법

직원을 개발하기 위해서 **공식적인 교육**, **평가**, **직무경험** 및 **대인관계** 기법 등의 네 가지 방법이 사용되고 있다. 많은 기업들은 이러한 접근법들을 조합하여 사용하고 있다. 아슈리온(Asurion)은 스마트폰, 태블릿, 가전제품, 위성 수신기 및 보석류에 대한 보험을 제공한다. 아슈리온은 그룹 토론, 동료 관찰, 공식 코칭 및 멘토링, 그리고 공식적인 강의실 교육을 포함한 다양한 개발 접근법을 사용하고 있다. 소매업체 갭(Gap)은 온라인 교육, 코칭, 직무경험 및 월간 개발토론을 포함한 개발 프로그램을 보유하고 있다. 〈그림 8.3〉은 다양한 직원 개발정책의 사용 빈도를 보여준다. 가시성이 높은 업무 배정과 기회의 확장이 모두 중요한 개발직무경험으로 여겨진다.

경력개발활동의 대부분이 관리자를 대상으로 하고 있지만, 모든 직급의 직원들이 개발에 참여할 수 있다. 예를 들어, 대부분의 직원들은 적어도 1년에 한 번은 성과평가에 대한 피드백(평가와 관련된 개발활동)을 받는다. 평가 프로세스(제7장 참조)의 일환

**그림 8.3** 직원 개발방법별 활용 빈도

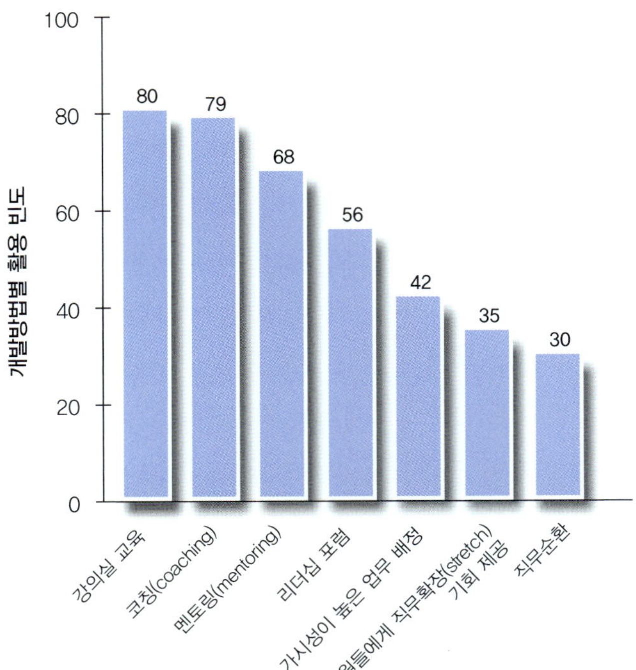


출처: EFMD, Network of Corporate Academies, Society for Human Resource Management, "Leadership Development: The Path to Greater Effectiveness," 2016, www.shrm.org.

으로서, 직원들은 (1) 약점에 대한 개선계획, (2) 희망 직무 또는 지역, 필요한 교육 또는 경험 등에 대한 미래 계획에 대해 작성하도록 요청받는다. 다음으로, 개발 접근법의 각 유형을 살펴보자.

## 공식교육

**공식교육 프로그램**(formal education program)은 직원을 위해 특별히 설계된 기업 내외의 프로그램, 리더십 개발 프로그램, 컨설턴트 또는 대학이 제공하는 단기 교육과정, 최고경영자 MBA 프로그램, 그리고 대학원 학위 프로그램 등을 모두 포함한다. 이러한 프로그램에는 비즈니스 전문가 강의, 비즈니스 게임과 시뮬레이션, 모험학습, 그리고 고객과의 회의가 포함된다.

맥도날드(McDonald's)나 제너럴 일렉트릭(General Electric: GE)과 같은 많은 회사들은 직원을 대학에 위탁교육 보내기보다는 주로 교육 및 개발센터나 사내대학이 제공하는 내부개발 프로그램을 주로 활용한다. 기업은 사내 프로그램이 비즈니스 요구와 직접적으로 연결될 수 있고, 기업지표를 사용하여 쉽게 평가할 수 있으며, 고위 관리자가 개입하기 수월하기 때문에 사내 프로그램을 선호한다.

리더십 개발 프로그램은 일반적인 유형의 공식교육 프로그램이다. 마스텍(MasTec) 유틸리티 서비스에서 제공하는 리더십 개발 프로그램을 살펴보자. "리더십 우수성과 개발(Leadership Excellence and Development: LEAD)" 프로그램은 각각 1년 과정을 포함하여 4개의 단계로 되어 있다. 첫 번째 단계인 직원 개발 프로그램(Employee Development Program: EDP)은 기여자 개인을 위해 설계되었으며, 리더십 훈련과 코칭을 제공하는 기초 교육과정이다. 두 번째 단계인 상사 개발 프로그램(Supervisor Development Program: SDP)은 상사를 위한 EDP 교육과정을 기반으로 하고 사람들을 관리하는 기술을 제공한다. 세 번째 단계인 고급 개발 프로그램(Advanced Development Program: ADP)은 이사나 부사장직에 대한 능력과 잠재력을 가진 관리자들을 위해 설계되었다. 네 번째 단계인 전문 개발 프로그램(Professional Development Program: PDP)은 회사의 승계계획의 일환으로 후원을 받는 리더들을 위한 경쟁 프로그램이다. 이러한 리더들은 향후 1년에서 2년 이내에 임원 자리를 위해 개발되고 있다. LEAD 프로그램 내의 각 단계는 온라인 학습, 강사 주도 교육 및 직무 중에 적용될 실습 연습으로 구성된다.

**표 8.3 델텍(Deltek)의 리더십 프로그램**

| 프로그램 | 레벨 | 프로그램 길이 | 요약 |
|---|---|---|---|
| Leadership Engagement with Awesome People(LEAP) | 관리자 | 4개월(참가자 17명 이내) | 주도적인 전략적 사고와 팀워크에 초점이 맞춰져 있다. 온라인 자기주도 학습, 선배 리더와의 소셜 네트워킹을 포함하며, 선배 리더는 도전 프로젝트를 제공하고 참가자들은 자신의 해결책을 발표한다. |
| Leadership Accelerator Management Program(LAMP) | 부장 | 6개월 | 경영 역량, 채용 실무, 성과관리, 선도 및 팀 구축에 집중한다. 자기주도적 학습, 성찰, 고위 관리자와의 브리핑 등을 포함한다. |
| Leadership Exploration and Discovery(LEAD) | 개인 기여자 | 30일 | 협업, 고객을 위한 성공, 혁신, 결과 도출을 포함한 회사 가치에 초점을 맞춘다. 자기주도적 교육 과정, 성찰 및 목표 설정을 포함한다. |
| LEAD 2 | 팀 리더 | 1년에 2회(소그룹) | 프로젝트 관리 및 코칭을 통해 팀 생산성을 촉진하는 방법을 강조한다. 실전을 위한 역할극, 서로 피드백 공유, 관리자의 멘토링, 연사로서 선임 리더를 포함한다. |

출처: J. Atkinson, "Growth and Leadership," *TD*, June 2020, pp.22-24; "LEAD2019 Recognizes Deltek for the Second Year in a Row for Its Leadership Development Programs," May 8, 2019, https://www.deltezk.com/en/about/media-center, accessed February 2, 2021.

모든 참가자는 프로그램을 안내해줄 멘토를 배정받는다. 참가자들은 한 단계를 완료한 후 다음 단계에 등록할 수 있다.

프로젝트 기반 사업을 위한 솔루션과 서비스를 제공하는 기업인 델텍(Deltek)은 전 세계 22개 지점에 3,000명의 직원을 보유하고 있다. 델텍은 회사의 성공을 위해서는 모든 직원의 발전이 중요하다고 생각한다. 그에 따라 이사와 관리자 및 개인 기여자를 위한 공식적인 교육 프로그램(〈표 8.3〉 참조)을 운영하고 있다.

GE는 컴퓨터 과학, 컴퓨터 공학, 그리고 소프트웨어 공학과 같은 전공에서 학사 학위를 가진 직원들을 위해 2년간의 디지털 기술 리더십 개발 프로그램을 제공한다. 프로그램 참가자들은 다양한 장소에서 전문가들과 함께 GE 사업 내에서 일한다. 그들은 데이터 분석, 정보기술 운영, 그리고 소프트웨어 개발을 포함한 다양한 프로젝트를 다루는 사업 내에서 4개월 또는 6개월의 순환과제를 완수한다. 그들은 또한 사업, 기술, 그리고 리더십 기술에 초점을 맞춘 강사 주도 교육에 참여한다.

일리노이주 시카고에 있는 맥도날드 햄버거대학(Hamburger University)에서는 매년 수천 명의 레스토랑 매니저와 자영업자들이 강의실 교육을 받고 일관된 서비스와 품질, 그리고 청결함을 제공하는 사업을 운영하는 방법에 대한 시뮬레이션에 참여한다.

그들은 또한 대면 및 온라인으로 코칭과 동료 지원을 받는다. 햄버거대학의 리더십 연구소에서는 9개월간 기업의 고성과 임원들이 기업이 직면한 주요 이슈들을 다룬다.

일부 회사들은 맞춤형 리더십 개발 프로그램과 대학원 학위를 설계하기 위해 대학들과 협력하고 있다. 회사들은 대학 교수진이 제공할 수 있는 강점들을 활용하면서 리더십 프로그램 또는 학위가 사업적인 요구들을 충족시키도록 보장하고자 한다. 회계 및 컨설팅 기업인 EY는 경영 학위를 제공하기 위해 헐트 국제경영대학(Hult International Business School)과 협력관계를 맺고 있다. 직원들은 기술 중심 학위를 무료로 이수할 수 있다. EY는 신입 MBA 직원들이 고객들이 원했던 기술과 데이터 과학 기술을 가지고 있지 않다고 느꼈기 때문에 이러한 협력관계에 들어가기로 결정했다. 직원들은 학위를 받기 위해 데이터 과학, 사이버 보안, 리더십, 그리고 다른 사업 주제들의 과정과 최종 프로젝트를 완료함으로써 16개의 배지(badges)들을 받아야 한다. 온라인 학습과 그 과정에서의 학습을 적용하고 시연하는 학위를 마치는 데 대략 300시간이 소요된다.

한편, 하버드(Harvard), 스탠포드(Stanford), 컬럼비아(Columbia), INSEAD, 미시간(Michigan), 오하이오 주립대학(Ohio State University)을 포함한 미국과 해외의 유수 교육기관에서는 최고경영자 교육과정을 운영하고 있다. 최고경영자 교육과정은 리더십, 기업가정신, 변화, 혁신 및 글로벌 비즈니스 등의 주제에 대한 전문 커리큘럼뿐만 아니라 최고경영자 MBA 프로그램을 제공한다. 최고경영자 교육과정은 전형적으로 혼합형 학습(blended learning) 접근법을 포함한다(혼합형 학습은 제6장에서 논의되었다). 혼합형 학습이란 관리자들이 대면수업을 위해 캠퍼스를 방문하고 세션 사이에 팀 프로젝트와 사례 또는 읽기 등의 과제를 온라인으로 작업한다는 것을 의미한다.

창의적 리더십 센터(Center for Creative Leadership)는 50년 이상 개인, 팀, 관리자 및 최고경영자들을 위한 리더십 개발과 최고경영자 교육과정을 운영해 왔다. 창의적 리더십 센터의 관리자들은 개발과정에 참석하여 심리검사를 받고, 관리자, 동료로부터 피드백을 받고, 직접 보고서를 작성하며, (제6장에서 논의된 모험학습과 같은) 그룹 형성 활동에 참여하고, 상담을 받고, 개선 목표를 설정하고 개발계획을 작성한다.

최고경영자 교육과정 또는 MBA 프로그램에 등록하는 것은 경영 잠재력이 있는 관리자 또는 직원으로 제한된다. 결과적으로, 많은 회사들은 모든 직원들의 발전을 격려하기 위한 혜택으로 등록금 상환을 제공한다. **등록금 상환**(tuition reimbursement)은 대학 및 학위과정에 대한 직원들의 비용을 보상하는 정책을 의미한다. 등록금 상환 프로그램을 평가한 회사들은 이러한 프로그램이 직원유지율을 높이고, 승진준비와 직무성과를 향상시킨다는 것을 확인했다.

## 평가

**평가**(assessment)는 직원들의 행동과 커뮤니케이션 유형 또는 기술에 대한 정보를 수집하고 직원들에게 피드백을 제공하는 것이다. 이 과정에서 직원과 그들의 동료, 관리자 및 고객이 정보 제공의 원천이 된다. 평가는 여러 가지 이유로 사용된다. 첫째, 평가는 직원의 관리 잠재력과 현 관리자의 강·약점을 측정하는 데 가장 자주 사용된다. 평가는 또한 임원직급으로 승진할 잠재력이 있는 관리자를 찾는 데에도 활용된다. 작업팀의 경우에는 개별 구성원의 강·약점과 팀의 생산성을 저해하는 의사결정 과정 또는 의사소통 유형을 파악하는 데 사용될 수 있다. 평가는 직원들이 자신의 성향, 요구, 선호하는 작업환경 유형 및 업무 유형을 이해하는 데 도움을 줄 수 있다. 이러한 정보는 회사로부터 받는 성과평가와 함께 직원에게 가장 적합한 개발목표 유형(예: 리더십 직위, 직무범위 확대 등)을 설정하는 데 참고자료로 활용된다.

기업은 개발평가 목적을 위해 다양한 방법과 정보의 원천을 사용한다. 많은 기업들은 직원의 성과평가를 활용한다. 보다 정교한 개발시스템을 갖춘 기업들은 직원의 기술, 관심사, 성격유형 및 커뮤니케이션 유형을 측정하기 위해 심리검사를 활용하기도 한다. 직원의 대인관계 스타일과 행동에 대한 자기평가, 동료평가, 상사평가를 활용하기도 한다. 인기 있는 평가도구로는 성격검사와 평가센터에서 진행하는 성과평가 및 360도 피드백 등이 있다.

### 성격검사와 검사도구

직원이 특정 관리직무 또는 국제적 직무를 성공적으로 수행하기 위해 필요한 성격특성을 지니고 있는지 판단하기 위해 검사가 활용된다. 성격검사는 일반적으로 성격 5요인 검사를 통해 외향성, 적응성, 우호성, 성실성, 경험에 대한 개방성 등 다섯 가지 주요 성격 차원을 측정한다(제5장의 〈표 5.3〉 참조).

자주 사용되는 세 가지 평가도구는 MBTI, 강점진단(StrengthsFinder), DiSC 검사이다. 이러한 도구는 직원들이 적응하고 변화하는 방법을 더 잘 이해하는 데 도움이 된다. 또한 보다 효과적인 리더 또는 팀원이 되기 위해 자신의 행동을 어떻게 적응하고 변화시켜야 하는지 이해하는 데 도움이 될 수 있다. 이러한 도구를 사용하여 직원을 가장 성공할 수 있는 직무경험에 배치하거나, 행동이나 성격에 적응해야 하는 경험을 제공하거나, 다양한 상황에 적응하는 방법을 배울 수 있는 멘토 또는 코치를 지정할 수 있다.

**마이어스-브릭스 유형지표**(Myers-Briggs Type Inventory: MBTI)는 칼 융(Carl Jung)의 성격유형 이론에 기반한 검사방식이다. 이 이론은 우리가 세상을 이해하고 정보를 처리하며 사회화하는 방식을 형성하는 데 영향을 미치는 근본적인 성격유형이 존재한다고 가정한다. 이 평가를 통해 16개 성격유형 중 어느 것이 자신에게 가장 잘 맞는지를 알 수 있다. 16개의 고유한 성격유형은 내향성(I) 또는 외향성(E), 감각(S) 또는 직관(N), 사고(T) 또는 감정(F), 판단(J) 또는 인식(P)에 대한 개인의 선호에 기초한다. 이 검사도구는 에너지의 방향(내향성 대 외향성), 정보수집(감각 대 직관), 의사결정(사고 대 감정), 라이프스타일(판단 대 인식)에 대한 개인의 선호를 파악한다. 각 성격유형은 업무습관과 대인관계에 대한 시사점을 준다. 예를 들면, 내향적이고 감각형이고 사고형이며 판단형(ISTJ형으로 알려짐)인 개인은 진지하고 조용하고 현실적이고 질서정연하고 논리적인 경향이 있다. 이러한 유형의 사람들은 과업을 체계적으로 정리하고, 결단력이 있으며, 계획과 목표에 따라 행동한다. ISTJ형 사람들은 외향성, 직관, 감정, 인식 등의 반대 성향을 활용하지 못하기 때문에 몇 가지 약점을 지닌다. 이러한 약점에는 예상치 못한 기회를 활용하는 데 어려움이 있다는 것, 지나치게 과업지향적이고 동료에게 인간미가 없어 보이는 점, 지나치게 빠른 결정을 하는 점 등의 약점을 지닌다. 다른 성격유형에 대해서도 유사한 분석이 가능하다. 성격유형에 대해 더 많은 정보를 얻고 싶다면 www.cpp.com 사이트를 참조하라.

**강점진단**은 생각, 감정, 행동의 패턴을 측정하여 개인의 강점을 가장 잘 살릴 수 있는 분야를 파악하는 검사이다. 시그니처 컨설턴트(Signature Consultants)는 모든 직원을 대상으로 강점진단 검사를 사용한다. 직원들은 결과를 이해하고 자신의 강점과 관심사에 부합하는 진로를 찾는 데 도움이 되는 코칭을 받는다.

**DiSC 검사**는 주도형(단도직입적이고 강한 의지를 지니며 강압적임), 사교형(사교적이고 말하기 좋아함), 안정형(온화하고 협조적임), 신중형(개인적이고 분석적임)으로 성격과 행동 유형을 진단한다. DiSC 검사에 대한 자세한 정보를 얻고 싶으면 www.discprofile.com 사이트를 방문하라. 기업 레스토랑 관리 및 캐이터링(catering) 기업인 구켄하이머(Guckenheimer)는 관리자가 자신의 커뮤니케이션 유형을 이해하기 위해 DiSC 검사를 완료하도록 한다. 그런 다음 관리자는 직원들과의 상호작용을 개선하기 위해 커뮤니케이션 유형을 조정하는 기술을 개발하는 교육을 마친다.

오하이오주 데이튼(Dayton, Ohio)의 메디케이드 관리 의료 서비스 제공업체인 케어소스(CareSource)는 성격검사와 검사도구를 사용한다. 케어소스는 강력한 리더이자 효과적인 관리자로서의 잠재력을 지닌 직원을 발견하고 개발하기 위한 제도를 운영하고 있다. 이 제도의 첫 번째 단계는 채용단계이며, 취약계층에 대한 봉사에 중점을 준 조직의 가치와 문화에 지원자가 적합한지를 검증한다. 또한 케어소스는 다양한 검사도구를 활용하여 관리자의 역량을 진단한다(제7장의 역량에 대한 논의를 참조). 이러한 검사수단에는 MBTI, 관리자의 강점을 파악하고 직원 팀과 함께 강점을 활용할 계획을 개발하기 위한 강점진단, 그리고 동료와 상사 및 자기평가를 통해 평가된 리더십 기술에 대한 아이디어를 관리자에게 제공하고 개인 리더십 개발계획을 수립하는 데 사용되는 리더십 실행 검사(Leadership Practices Inventory: LPI)가 포함된다. 또한 케어소스에서는 1년에 두 번 효과적인 리더와 관리자의 주요 특성이라고 여겨지는 역량과 행동(서비스 지향, 조직 인식, 팀워크, 커뮤니케이션, 조직 리더십 등)을 자사의 관리자들이 지니고 있는지에 대해 평가한다. 이러한 평가결과에 따라 리더십 잠재력이 높은 관리자들이 다양한 개발활동에 참가하도록 회사가 지원한다.

## 평가센터

**평가센터**(assessment center)에서는 복수의 평가자들이 다양한 방법으로 직원의 성과를 평가한다. 평가센터는 보통 컨퍼런스 센터와 같이 직장 외부에 위치한다. 통상적으로 6~12명의 직원들이 한 팀을 이루어 평가를 받게 된다. 평가센터는 주로 직원이 관리직에 필요한 성격, 관리기술, 대인관계기술을 보유하고 있는지를 파악하기 위해 활용된다. 또한 직원들이 팀에서 일하기 위해 필요한 기술을 보유하고 있는지를 평가하는 용도로 활용되고 있다.

평가센터에서 사용하는 평가방법에는 리더 없는 그룹토의(leaderless group discussion), 인터뷰(interview), 인-바스켓(in-basket), 역할연기(role-play)가 포함된다. **리더 없는 그룹토의**에서는 5~7명으로 이루어진 팀을 구성하여 정해진 시간 내에 주어진 문제를 해결해야 한다. 문제로는 제품의 구매와 판매, 수상 후보자의 추천, 제품조립 방법 등과 같은 내용이 주어진다. **인터뷰**에서 직원들은 자신의 업무와 개인적 경험, 자신이 가진 기술의 강·약점과 경력계획 등에 대한 질문을 받고 이에 대답하게 된다. **인-바스켓**은 관리자가 수행하는 관리적 과업에 대한 시뮬레이션(모의상황에서의 과제)을 의미한다. 이 방법은 관리자의 책상의 인-바스켓에서 나타날 수 있는 다양한 문서들을 포함한다. 참가자들은 자료를 읽고 나서 관리자로서 주어진 문제를 어떻게 해결해야 할지 결정해야 한다. 문제를 받은 직원들은 업무위임, 회의일정 잡기, 회신하기 또는 심지어 메모를 무시하는 것으로 대처할 수 있다. **역할연기**를 할 때 참가자들은 관리자 또는 직원의 역할을 맡아 과제를 수행한다. 예를 들어, 부하에게 부정적인 성과평가를 피드백해야 하는 관리자의 역할을 맡기도 한다. 관리자 역할을 맡은 참가자는 부하의 성과에 대해 듣고, 부하와 성과문제를 논의하기 위해 45분짜리의 회의를 준비하고 실제로 진행한다. 부하의 역할은 평가센터 설계팀이나 회사의 관리자 등이 수행한다. 평가센터에서는 또한 직원의 어휘력, 일반지능 및 추리능력을 평가하기 위해 흥미검사와 적성검사를 실행할 수도 있다. 성격검사는 직원들이 다른 사람들과 잘 어울릴 수 있는지, 모호한 상황에서 오는 초조함이나 불안을 잘 견딜 수 있는지, 그 외에도 관리자로서의 성공과 관련된 다른 주요 특성들을 지니고 있는지 파악하기 위해 활용된다.

평가센터에서 시행하는 과제들은 직원들의 관리적, 대인적 기술을 측정하기 위해 고안되었다. 대표적으로 측정되는 기술에는 리더십, 구두 및 문서 의사소통, 판단력, 조직적 능력, 스트레스에 대한 감내력 등이 포함된다. 〈표 8.4〉는 평가센터에서 측정되는 기술의 예를 보여준다. 참가자들은 각 과제를 수행하면서 자신이 가지고 있는 다양한 기술을 보여주게 된다. 예를 들어, 납기에 맞추기 위해 생산계획을 수립하는 과제를 수행하는 참가자는 자신이 가진 관리능력과 문제해결능력을 평가받을 수 있다. 리더 없는 토의 과제를 수행하면서 직원들은 타인에 대한 감수성과 같은 대인관계 기술과 스트레스 감내력, 구두 의사소통능력 등을 평가받는다.

조직의 관리자들은 보통 평가센터에서 평가자 역할을 수행하는데, 평가에 앞서 평가하고자 하는 기술과 그와 관련된 행동에 대해 사전교육을 받게 된다. 일반적으로

**표 8.4 평가센터 과제를 통해 측정하는 기술의 예**

| | 과제 | | | | |
|---|---|---|---|---|---|
| | 인-바스켓 | 일정수립 과제 | 리더 없는 그룹토론 | 성격 진단 | 역할연기 |
| 기술(skills) | | | | | |
| 리더십(주도형, 코칭, 영향력, 지략) | × | | × | × | × |
| 문제 해결(판단력) | × | × | × | | × |
| 대인관계(감수성, 갈등해결, 협력, 구두 의사소통) | | | × | × | × |
| 관리적 역량(조직화, 계획수립, 문서 의사소통) | × | × | × | | |
| 개인적 기술(스트레스 인내력, 자신감) | | | × | × | × |

주: ×은 해당 훈련을 통해 측정되는 기술을 의미.

평가자는 각 과제마다 한 명 또는 두 명의 직원의 행동을 관찰하고 기록한다. 평가자는 자신의 기록을 검토하여 각 직원의 기술수준(예: 5= 최고 수준, 1= 최저 수준의 리더십 기술)을 평가한다. 모든 직원이 과제를 완료한 후에 평가자는 각 직원에 대해 자신이 관찰한 내용에 대해 논의하고, 평가를 비교하여 각 직원의 기술에 대한 평가에 대한 합의를 도출한다.

제5장에서 언급했듯이, 평가센터의 평가는 성과, 임금수준 및 승진과 밀접한 관련이 있다. 또한 평가에 참여하는 직원들이 자신의 태도나 기술상의 강·약점에 대한 피드백을 받을 수 있기 때문에 평가센터는 직원 개발에도 유용하게 활용된다. 예를 들어, 미국 미시간주 그랜드 래피즈(Grand Rapids, Michigan)에 본사를 둔 사무용 가구 제조업체인 스틸케이스(Steelcase)는 신입 관리자를 대상으로 평가센터를 활용한다. 평가센터 과제에는 인-바스켓, 인터뷰 모의과제, 정해진 시간 내에 결근으로 인해 생긴 공석을 채우는 일정관리 과제가 포함된다. 관리자들은 또한 직원들이 성과개선에 몰입하도록 동기부여하는 과제를 수행하면서 성과문제로 직원들을 다루는 기술을 평가받는다. 이러한 과제들은 관리자들이 현업에서 수행하는 업무와 밀접한 관련이 있기 때문에, 평가센터에서의 성과에 기반하여 관리자에게 주어지는 피드백은 성공적인 관리자가 되기 위해 어떤 기술이나 역량이 개발되어야 하는지에 대해 중점적으로 진단해준다.

### 성과평가와 360도 피드백 시스템

제7장에서 설명한 바와 같이, **성과평가**(performance appraisal)는 직원의 성과를 측정하는 과정이다. 특정 조건하에서 성과평가 정보는 직원 개발에 활용될 수 있다. 평가시스템을 통해 직원들은 자신의 성과에 어떤 문제가 있는지, 그리고 성과 개선방안이 무엇인지에 대해 알 수 있어야 한다. 즉, 성과평가에는 현재 성과와 목표 성과 간의 차이에 대한 명확한 이해를 제공하고, 성과 차이의 원인을 파악하며, 성과를 향상시키기 위한 액션플랜을 개발하는 것이 포함된다. 관리자는 직원에게 효과적으로 성과 피드백을 제공하기 위한 훈련을 받아야 하며, 성과 개선을 위한 액션플랜을 수행하는 직원들의 진행상황을 점검해야 한다.

기술 솔루션 제공업체인 위프로(Wipro Limited)는 개발을 장려하는 성과검토 과정을 운영하고 있다. 퍼포먼스넥스트(PerformanceNxt) 과정에서는 개발요구에 초점을 맞추어 대화를 강조하는 검토가 일 년에 네 번 진행된다. 대화는 직원이 자신의 경력과 학습목표를 관리자와 논의하고 계획하도록 장려한다. 대화를 위한 주제는 관리자뿐만 아니라 동료, 직접 보고서, 직원과 상호작용할 수 있는 내·외부 고객으로부터 직원에게 제공되는 피드백을 바탕으로 한다.

최근 관리자 개발을 위한 성과평가의 트렌드는 상향 피드백과 360도 피드백 활용을 강조하고 있다. **상향 피드백**(upward feedback)은 관리자의 행동이나 기술에 대해 부하가 평가를 하는 것을 의미한다. **360도 피드백 시스템**(360-degree feedback system)은 상향 피드백의 특수한 경우로, 부하뿐만 아니라 동료, 고객, 상사, 그리고 자기 자신이 피평가자의 행동과 기술에 대해 평가한다. 평가자는 여러 차원에서 다각도로 피평가자에 대해 평가하는 설문에 응답하게 된다. 360도 피드백 설문에서 평가하는 관리자의 성공과 관련된 기술의 유형이 〈표 8.5〉에 제시되어 있다. 일반적으로 평가자는 특정 영역에서 관리자의 강점이나 개발이 필요한지 여부를 평가하도록 요청받는다. 또한 평가자는 관리자의 역량이나 기술이 얼마나 자주(예: 항상, 가끔, 드물게, 전혀) 관찰되는지 보고하도록 요청받을 수 있다.

360도 피드백 시스템의 결과를 통해 관리자가 각 항목에 대해 어떻게 평가되었는지 알 수 있다. 또한 자기평가가 타인의 평가와 어떻게 다른지도 파악할 수 있다. 일반적으로 관리자는 평가결과를 검토하고, 평가자로부터 설명을 구하며, 자신의 강·약점을 바탕으로 구체적인 개발목표를 수립한다. 〈표 8.6〉은 개발 목적으로 360도 피드

**표 8.5 성공적인 관리자가 되는 데 필요한 기술**

| | |
|---|---|
| 지략 | 전략적 사고, 유연한 문제해결능력, 상급 관리자와 효과적인 업무 수행이 가능한가? |
| 추진력 | 어려운 상황에 처하거나 힘든 장애물을 만났을 때, 인내하고 집중할 수 있는가? |
| 학습능력 | 새로운 기술적, 업무적 지식을 빠르게 습득할 수 있는가? |
| 대인관계 수립 및 개선 | 동료 및 외부인과 효율적 업무관계를 수립하고 유지하는 노하우를 보유하고 있는가? |
| 부하에 대한 지도 | 부하에게 권한을 효과적으로 위임하고, 성장기회를 제공하며, 공정하게 대우하는가? |
| 연민과 민감성 | 다른 사람에게 진정한 관심을 가지고 있으며, 부하의 욕구에 얼마나 민감하게 반응하는가? |
| 정직함과 평정심 | 언행에 있어서 정직하고 변함이 없는가? |
| 발전적 분위기 조성 | 부하의 발전을 돕는 도전적 분위기를 제공하는가? |
| 문제 부하에 대한 대응 | 문제 부하를 처리할 때 단호하고도 공정하게 조치하는가? |
| 팀 지향 | 다른 사람을 효과적으로 관리하면서 주어진 과업을 달성하는가? |
| 개인 삶과 일의 균형 | 일과 개인적 삶 중 어느 것도 소홀히 하지 않고 우선순위의 균형을 유지하는가? |
| 결단력 | 다양한 관리상황에서 느리고 정교한 조치보다는 빠르고 즉각적인 조치를 선호하는가? |
| 자기인식 | 자신의 강점과 약점에 대해 정확히 파악하고 개선하려는 의지가 있는가? |
| 유능한 직원 고용 | 팀을 위해 유능한 직원을 고용하고 있는가? |
| 사람들을 편하게 함 | 따뜻함과 유머감각을 가지고 직원들을 대하고 있는가? |
| 유연한 행동 | 기존의 방식과 다른 방식으로 행동하는가? |

출처: Adapted with permission from C. D. McCauley, M. M. Lombardo, and C. J. Usher, "Diagnosing Management Development Needs: An Instrument Based on How Managers Develop," *Journal of Management* 15(1989), pp.389-403.

**표 8.6 개발 목적으로 360도 피드백을 활용할 때 수반되는 활동**

**1. 강점과 약점을 이해한다.**
- 강점과 약점에 대한 평가결과를 확인한다.
- 자신과 타인(상사, 동료, 고객)의 평가 간에 어느 부분이 일치하는지, 또한 어느 부분은 일치하지 않는지 확인한다.

**2. 개발목표를 확인한다.**
- 개발이 필요한 기술이나 행동을 선정한다.
- 개발을 통해 얻고자 하는 최종 성과물을 구체적으로 설정하고, 이를 성취하기 위한 분명하고 구체적인 개발목표를 설정한다.

**3. 목표 달성 정도를 확인할 수 있는 절차를 확인한다.**

**4. 개발목표를 달성할 수 있는 전략을 수립한다.**
- 독서, 직무경험, 학습과정, 관계형성 등의 전략을 수립한다.
- 진행상황에 대해 피드백을 받을 수 있는 전략을 마련한다.
- 새로운 기술 및 행동을 강화시킬 수 있는 전략을 수립한다.

백을 활용하는 것과 관련된 활동유형을 제시한다.

360도 피드백의 강점은 관리자의 성과에 대한 여러 관점을 확인할 수 있고, 직원들이 스스로 평가한 결과와 타인이 평가한 결과의 관점을 비교할 수 있으며, 조직 내·외부에 있는 고객들이 직원의 행동과 기술에 대해 평가한 내용을 공식적으로 의사소통할 수 있다는 점이다. 상향 피드백과 360도 피드백 시스템에 참여한 결과, 성과가 향상되고 행동이 변화한다는 연구결과도 나타나고 있다. 특히 스스로 평가한 것보다 타인으로부터 낮은 평가를 받은 사람들(과대평가자)에게서 가장 많은 변화가 나타난다.

360도 피드백의 잠재적 한계점으로는 평가자가 평가를 완료하기 위해 많은 시간이 소요된다는 점, 관리자가 부정적 평가를 한 평가자를 알아내서 보복하려고 한다는 점, 결과를 해석하는 데 도움이 필요한 점, 관리자가 받은 피드백에 대해 조치할 수 있는 방법(개발계획, 평가자와의 회의, 과정 수강 등)을 회사가 적절히 제공하지 못하는 점이 있다.

효과적인 360도 피드백 시스템에서는 신뢰할 수 있는 일관성 있는 평가가 제공되고, 평가자의 비밀이 보장되고, 평가되는 행동이나 기술이 직무와 관련이 있으며(타당성), 시스템 활용이 용이하고, 관리자가 피드백을 받고 피드백에 기초하여 조치를 취한다.

IT 기술의 발전으로 인해 360도 평가 설문이 평가자에게 온라인으로 전달될 수 있다. 그 결과 설문회수율이 증가했고, 정보처리가 쉬워지고, 관리자에게 피드백되는 속도가 빨라졌다.

360도 피드백에 사용되는 평가방법과 상관없이, 직원 개발을 위해서는 평가정보를 직원들과 공유해야 한다. 평가정보와 더불어, 기술상 약점을 보완하고 이미 학습한 기술을 활용하기 위한 방안도 직원에게 제시되어야 한다. 훈련과정에 참여하거나 새로운 직무경험을 통해 기술을 개발하는 것이 여기에 포함될 수 있다. 평가정보와 유효한 개발기회를 바탕으로 직원은 자기개발을 위해 주도적으로 액션플랜을 수립해야 한다.

미국과 캐나다 전역에 전력을 공급하는 비영리단체인 MISO(Midcontinent Independent System Operator, Inc.)는 경력탐색 과정에서 360도 피드백을 활용한다. 360도 피드백 평가는 프로그램 참가자의 동료와 관리자에게 참가자의 기술을 평가하고 참가자가 기술적 또는 리더의 자리에 적합한지에 대한 의견을 요청한다. 프로그램을 통해 참가자들은 자신의 성공과 조직의 경력사다리에서 성공하기 위해 무엇이 필요한지에 대해 더 많이 배운다. 프로그램에서 배운 것과 피드백은 참가자들이 개인 브랜드를 개발(경력경로 선택, 그 선택에 대한 근거, 향후 개발단계 포함)하기 위해 사용된다.

## 직무경험

대부분의 직원 개발은 **직무경험**(job experience)을 통하여 일어난다. 직무경험에는 직원들이 업무상 직면하게 되는 인간관계, 문제들, 요구사항, 과업 및 기타 다양한 형태의 경험이 포함된다. 직원 개발을 위해서 직무경험을 사용하는 주된 이유는 도전적인 기회를 제공하는 업무를 배정하는 것(stretch assignments)이 가장 개발이 잘 되는 방법이기 때문이다. '**확장업무**(stretch assignment)'는 직원의 기술이나 과거 경험이 직무상 성공하기 위해 요구되는 기술과 불일치가 발생하는 직무과제를 의미한다. 직원들은 직장에서 성공하기 위해 자신의 기술을 확장해야 한다. 즉, 새로운 기술을 배우거나, 보유한 기술과 지식을 새로운 방식으로 적용하거나, 새로운 경험을 쌓아야 한다. 새로운 직무할당은 직원이 기존 보유한 기술, 경험, 인간관계를 잘 활용하는 동시에, 새로운 직무를 개발하는 데 도움을 준다.

스틸 케이스(Steelcase)와 BMO 금융그룹(BMO Financial Group)의 직무할당의 사례를 고려해 보자. 스틸케이스의 직원들은 자신의 팀 이외의 타 프로젝트에 지원할 수 있다. 이는 회사와 직원들 모두에게 도움이 된다. 회사는 프로젝트 팀에 필요한 동기와 기술을 가진 직원을 찾을 수 있고, 직원들은 현재의 일에서 수행하지 않은 새로운 경험을 쌓고, 기술을 개발한다. BMO 금융그룹은 관리자가 단기 프로젝트를 게시할 수 있는 게시판을 제공한다. 이 프로젝트는 직원들에게 현재 기술을 적용할 뿐만 아니라 새로운 기술을 개발하고 개인 네트워크를 구축하고 새로운 경력을 축척할 수 있는 기회를 제공한다. 관리자는 새로운 프로젝트와 새로운 비즈니스를 구축하기 위한 팀을 더 빠르게 구성할 수 있기 때문에 이 프로그램을 활용한다.

직무경험을 통해 개발에 대해 알고 있는 것의 대부분의 내용은 창의적 리더십 센터(Center for Creative Leadership: CCL)에 의해 수행된 일련의 연구에서 비롯된다. 임원에게 그들의 관리스타일에 중요한 영향을 끼친 핵심적인 경력사건이 무엇인지, 그 사건을 통해 학습한 교훈이 무엇인지 기술하도록 했다. 주요 사건들은 직무할당과 관련

**표 8.7 직무요구와 직원 개발이 주는 시사점**

| 직무요구 | 직원 개발에 주는 시사점 |
|---|---|
| 전환 | 이전 직장에서 했던 것과 다른, 또는 더 넓은 책임을 다루는 것 |
| 변화 | 새로운 전략 방향 개발, 조직 개편, 직원 증원 또는 감축 또는 급격한 변화에 대응, 성과가 좋지 않은 직원에 대처 |
| 높은 책임감 | 비즈니스에 영향을 미치는 매우 가시적이고 중요한 의사결정, 여러 그룹, 기능, 제품 또는 부서 관리, 노조, 정부기관, 지역 정치인과 같은 외부 이해관계자와의 거래 |
| 권한 없는 관계 | 동료, 상사 및 외부 이해관계자와 같이 직접적인 권한이 없는 사람에게 영향을 주어 업무를 수행하는 것 |
| 장애물 | 불리한 경영 상황, 최고경영자 또는 동료의 지원과 격려의 부족, 또는 경영능력이 부족하거나 다른 경영 스타일을 가진 상사와 함께 일하는 것 |

출처: C. McCauley and M. McCall Jr.(eds.), *Using Experience to Develop Leadership Talent*(San Francisco: Jossey-Bass, 2014); C. D. McCauley, L. J. Eastman, and J. Ohlott, "LinkingManagement Selection and Development through Stretch Assignments," *Human Resource Management* 84(1995), pp.93-115; W. Macaux, "Making the Most of Stretch Assignments," *TD*, June 14, 2010; G. Morris and K. Rogers, "High Potentials Are Still Your Best Bet," *T + D*, February 2013, pp.58-62.

된 사례(실패한 것을 개선하기), 대인관계 기술 사례(상사들과 잘 어울리기), 특정 유형의 전환이 요구되는 상황(필요한 배경지식이 없는 임원의 상황) 등이 포함된다. 직무요구사항과 그것으로부터 배울 수 있는 내용들은 〈표 8.7〉에 제시된 바와 같다.

직원 개발을 위해 요구되는 직무경험과 관련하여 한 가지 우려되는 점은 그들을 긍정적인 스트레스로 보느냐 부정적인 스트레스로 보느냐 하는 것이다. 긍정적인 스트레스 요인으로 보여지는 직무경험은 직원들에게 학습을 자극하도록 한다. 반면 부정적인 스트레스 요인으로 간주되는 직무는 직원들에게 높은 수준의 유해 스트레스를 발생시킨다. 최근의 연구결과에 의하면, 장애물을 제외한 모든 직무경험은 학습과 관련되어 있는 것으로 나타났다. 창조적 변화와 관련된 장애물과 직무요구는 다른 직무경험보다 부정적인 스트레스로 이어질 가능성이 더 높다고 보고했다. 이는 기업이 장애물을 극복해야 하거나, 변화를 일으키는 개발 과제에 대해 직원을 배치하기 전에 잠재적인 부정적 결과를 신중하게 고려해야 한다. 비록 직무경험을 통한 개발에 관한 연구가 임원들과 관리자들에게 집중되어 있지만, 일선의 직원들 역시 직무경험을 통해 배울 수 있다. 앞서 언급했듯이 작업팀이 성공하기 위해서는 구성원들이 한때 관리자들에게만 필요했던 기술(고객들을 직접 대하고, 제품의 품질을 결정하기 위한 데이터 분석 및 팀원 간의 갈등 해결 등)이 필요하다. 팀을 구성할 때 발생하는 개발 이외에도, 직원들

**그림 8.4 직무경험이 직원 개발에 활용되는 방법**

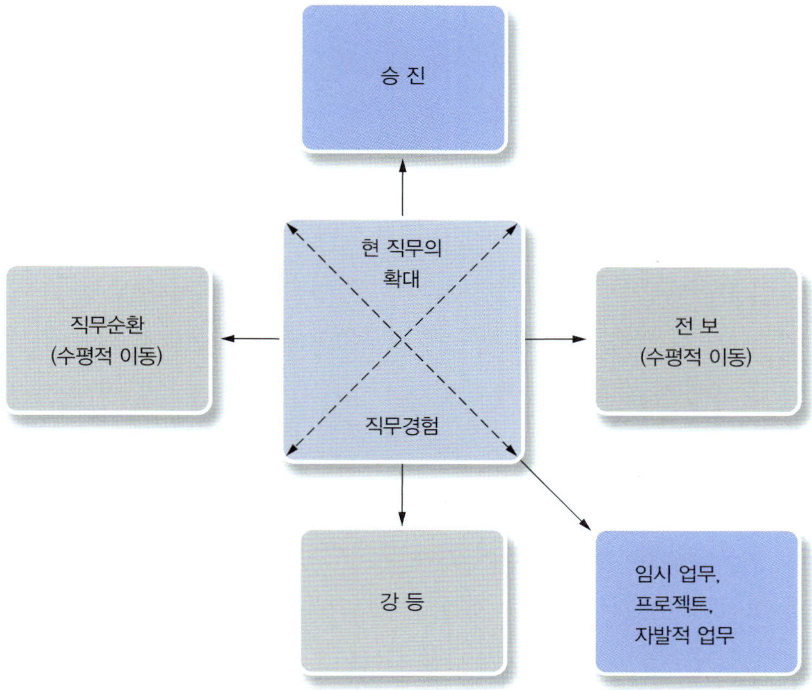


은 팀 내에서 업무 역할을 전환함으로써 자신의 기술을 더욱 발전시킬 수 있다.

〈그림 8.4〉는 직원 개발을 위해 직무경험이 활용되는 다양한 방법을 제시한다. 여기에는 현재 직무의 확대, 직무순환, 전환배치, 승진, 강등, 임시업무 배정 등이 포함된다. 글로벌 회사(다국적기업)의 경우 직원 개발은 잦은 출장과 근무지 이동 시 요구하는 국제업무(international assignment)를 포함한다.

### 직무확대

**직무확대**(job enlargement)는 직원의 현재 직무에 도전적 과제나 새로운 책임을 추가하는 것을 말한다. 여기에는 특별 프로젝트 과제 부여, 작업팀 내에서의 역할 전환 또는 고객에게 서비스를 제공하는 새로운 방법을 연구하는 것이 포함된다. 예를 들어, 엔지니어링 직원은 기술직 직원의 새로운 경력경로 개발을 위한 태스크포스 팀에 엔지니어가 참여할 수 있다. 이 프로젝트 활동을 통해 엔지니어는 경력경로 개발(회사의 경력개발 프로세스 검토)을 주도할 수 있다. 결과적으로 엔지니어는 회사의 경력개발 시스템에 대해 학습할 수 있을 뿐만 아니라 리더십과 조직 운영 기술을 사용하여 태스크포스 팀이 목표에 달성할 수 있도록 한다. 일부 회사에서는 두 명의 관리자에게 동일한 책임과 직책을 부여하고 업무를 분할하도록 허용하여 직무를 확장하고 있다(투인어박스 모델: 2-in-a-box). 이를 통해 관리자는 더 숙련된 직원으로부터 배울 수 있도록 돕고, 회사는 다양한 기술을 필요로 하는 직무를 충원할 수 있도록 지원하며, 잦은 출장이 필요한 직무의 경우 한 명의 직원이 항상 현장에 상주하여 업무 관련 문제를 처리하도록 한다. 예를 들어, 시스코(Cisco)에서는 당초 엔지어니로 훈련을 받았지만 현재는 비즈니스 개발 분야에서 근무하는 시스코 라우팅 그룹의 책임자가 엔지니어와 서로 직무를 공유했다. 각 직원은 서로의 기술을 공유하고 있어 두 직원 모두 업무를 더 잘 수행하는 데 도움이 되었다.

### 직무순환과 이동

**직무순환**(job rotation)은 직원에게 회사의 다양한 영역 또는 단일 영역 등 회사 안에서 직무전환을 제공하는 것을 말한다. 직무순환은 직원이 보유할 것으로 예상되는 일련의 직무를 포함하는 반면, 횡적 이동은 반드시 미리 결정된 작업 또는 직책을 포함하지 않을 수 있다. 직무순환은 직원들이 회사의 목표를 전반적으로 이해하고, 다양한 회사 기능에 대한 이해를 높이며 인맥 네트워크를 개발하고 직원들의 기술을 향상시키는 데 도움이 된다.

의류 소매업체 H&M은 모든 사무실 및 창고 직원, 심지어 임원까지 직원 개발 프로세스의 일부로 직무전환을 실시한다. 신입사원은 채용 후 매장에서 최대 13주 동안 근무해야 한다. 가장 먼저 탈의실에 직원을 배치한 후, 판매직을 거쳐 관리직으로서 매장 및 현금 관리 업무를 수행한다. 이렇게 함으로써 보이지 않는 곳에서 일하는 매장 직원들의 어려움뿐만 아니라 고객 서비스, 매장 환경 및 기타 요인이 회사의 성과에 어떻게 기여하는지를 이해하게 된다. 헤스켈(Haskell)은 애틀랜타에 위치하고 있는 패키징 우수 센터(Packaging Center of Excellence)에서 디자인 엔지니어들이 디자인 팀과 함께 일할 수 있는 직무순환 기회를 제공한다. 또한 프로세스 개선 및 제조 시스템에 대한 시뮬레이션 테스트를 담당하는 시스템 분석 그룹으로 순환할 수 있는 기회를 제공한다. 이를 통해 엔지니어들은 복잡한 테스트를 기반으로 한 데이터 중심 의사결정의 중요성을 이해할 수 있다. 순환으로 인해 제조 오류가 줄어들고, 디자인이 개선되었으며, 프로젝트 완수에 필요한 시간과 비용이 절감되었다. 또한 직무순환을 통해 승진할 준비가 된 엔지니어를 식별할 수 있었다. 애틀랜타 지사 승진의 3분의 2는 직무순환으로 인해 이루어졌다.

직무순환의 장점에도 불구하고 직원과 작업부서 양측에 몇 가지 잠재적인 문제를 초래할 수도 있다. 직무순환은 문제해결 과정에서 단기적인 시각을 채택하게 될 수 있다. 또한 기능적인 전문성을 개발하기 어렵고, 한 자리에서 도전적인 과제를 할 수 있는 충분한 시간을 보내지 못하기 때문에, 직원들의 만족도 동기부여에 악영향을 미칠 수 있다. 직무순환에 의해 직원이 충원된 부서와 훈련요구와 자원 손실로 인해 직원을 잃은 부서 모두에게 생산성 손실 및 업무부담 증가를 초래할 수 있다.

### 전환배치, 승진, 강등

대부분의 회사에서는 직원 개발을 목적으로 상향, 수평, 하향 이동을 허용한다. **전환배치**(transfer)는 직원이 회사의 다른 영역에서 직무를 배정받는 것이다. 전환배치가 반드시 직무책임이나 보상을 증가시키는 것은 아니다. 대부분은 수평이동(비슷한 책임을 가지는 업무로의 이동)이다. **승진**(promotion)은 이전의 직무보다 더 큰 도전, 더 많은 책임, 더 많은 권한을 주는 자리로 진급시키는 것이다. 승진은 보통 급여 인상을 포함한다. 루즈 다마리스 로사리오(Luz Damaris Rosario)는 현재 고야푸드(Goya Foods)의 가장 큰 식품생산공장 중 하나를 담당했다. 입사 2년 후 그녀는 통조림 콩과 토마스 소스를 생산하는 푸에르토리코 공장에서 과학자 팀을 감독하는 실험실 관리직으로 승진했다. 이를 통해 그녀는 회사의 고위 임원들에게 더 접근할 수 있었고, 고야푸드의 운영방식을 더 잘 이해할 수 있게 되었다.

**강등**(downward move)은 책임과 권한의 수준이 낮은 직무로 직원을 이동시키는 것을 말한다. 이것은 같은 수준의 다른 직위로 이동(횡적 강등), 일시적인 교차 이동, 또는 성과 부진으로 인한 강등이 포함된다. 직원들에게 다양한 기능 영역에서 근무한 경험을 제공하는 하위 직위로의 임시 교차기능 이동은 직원 개발에 가장 자주 사용된다. 예를 들어, 관리자로 이동하고자 하는 엔지니어는 경영능력을 개발하기 위해 종종 낮은 수준의 직책(예: 교대 감독관)을 맡는다. 승진이 가져오는 심리적 혹은 유형적 보상(자존감, 임금, 회사 내에서의 지위 상승 등) 때문에 직원들은 수평 또는 하향 이동보다는 승진을 선호한다. 회사가 수익을 내고 성장할 때 승진의 기회는 더 많다. 반면에 회사가 구조조정을 하거나 이익이 정체 또는 감소할 때, 특히 많은 직원이 승진에 관심이 있고, 회사가 외부 노동시장에 의존하여 고위직을 맡기는 경향이 있는 경우 승진 기회는 제한될 수 있다.

전환배치, 직무순환, 승진, 횡적 이동, 강등은 국내 혹은 해외로 재배치 시 적용될 수 있다. 이는 직원의 업무 역할이 변할 뿐만 아니라 직원이 맞벌이 가정일 경우 배우자도 새로운 직업을 찾아야 하기 때문에 스트레스가 발생할 수 있다. 또한 타 지역으로 전환배치가 되면 새로운 지역사회에 적응해야 한다. 따라서 전환배치는 직원의 일상생활, 대인관계, 업무습관을 방해한다. 그리고 직원들은 새로운 주택, 쇼핑, 보건의료서비스, 레저시설을 찾아야 하며, 가족과 친구로부터 받는 정서적 지원에서 멀어질 수 있다. 그들은 새로운 업무 수행에 필요한 업무 규범과 절차를 배워야 하고 새로운 관리자와 동료들과의 대인관계를 구축해야 한다. 그리고 그들이 담당하고 있는 제품, 서비스, 업무 프로세스, 동료들을 잘 알지 못하더라도 이전 업무와 마찬가지로 새 업무에서도 생산성을 발휘하기를 기대된다.

전환배치는 직원들에게 불안감을 유발할 수 있기 때문에, 많은 기업들은 직원을 전환배치를 시행하는 데 어려움을 겪는다. 연구에 따르면 경력에 대한 야망이 크고, 회사에서 자신의 미래가 유망하다는 믿음, 전환배치를 수용하는 것이 회사에서 성공하는 데 필요하다고 생각하는 직원이 전환배치를 적극적으로 수용할 가능성이 높다. 또한 미혼이고 지역사회에서의 활동이 활발하지 않은 직원이 대체로 전환배치를 긍정적으로 수용했다. 기혼 직원의 경우, 배우자의 의사가 직원의 전환배치의 수락 여부에 가장 중요한 영향을 미쳤다.

불행하게도 많은 직원들이 전환배치와 강등을 개발과 연관시키는 데 어려움을 겪고 있다. 이들은 회사에서 장기적인 성공을 달성하는 데 도움이 될 기술을 개발할 기회라기보다는 처벌로 간주한다. 많은 직원들이 전환배치를 받아들이기보다는 회사를 떠나려고 결정한다. 회사는 직원 교체비용뿐만 아니라 전환배치에 직접 비용도 발생하기 때문에 전환배치를 성공적으로 관리해야 한다. 예를 들어, 집을 소유한 직원과 가족이 이동하는 데 대략 6만~8만 달러 사이가 발생한다. 직원들의 이전비용을 줄이도록 장려하고, 필요에 따라 자금을 활용할 수 있도록 많은 기업들은 이를 일시불로 지급한다. 즉, 직원들은 재배치 수당을 일시불로 받고, 지출 내역을 회사에 제출할 필요가 없다. 또한 일부 회사는 직원들이 업체를 식별하는 부담을 줄일 수 있도록 직원에게 이전서비스를 수행할 책임감 있는 업체를 추천한다.

직원들이 전환배치, 승진, 강등을 개발기회로 받아들이도록, 회사는 다음의 사항들을 제공할 수 있다.

- 새로운 직무와 지역에 대한 정보 및 잠재적인 혜택에 대한 정보
- 새로 근무할 곳을 사전방문하도록 지원하고, 지역사회에 대한 정보
- 과업목표를 명확히 제시하고 성과에 대한 초기 피드백
- 새로운 지역사회와 직장에 적응하도록 지역 후원자와 연결
- 새로운 근무지가 직원들의 임금, 세금, 주택담보대출금 및 기타 비용에 미칠 영향에 관한 정보
- 집 매매나 임대와 관련한 재정지원
- 새로운 지역 및 직무를 위한 오리엔테이션 프로그램 시행
- 새로운 직무경험이 직원의 경력을 어떻게 지원할지에 대한 정보
- 학교 및 양육, 노인부양 등의 부양가족을 위한 지원
- 배우자에 대한 구직 지원

### 임시업무, 프로젝트, 자원업무, 안식휴가

**임시업무**(temporary assignments)는 직원들이 새로운 역할에 대한 관심이 있는지 결정하도록 직책을 맡기거나, 직원 교환, 안식년 및 자발적 배치와 같은 직무 시도를 말한다. 모든 임시업무는 사전에 정해진 종료일이 있다 예를 들어, 10만 명의 직원을 보유한 스넥회사인 몬델레즈 인터내셔널(Mondelez International)은 관리자가 모바일 기기로 제품을 마케팅하는 기법을 배우도록 지원한다. 9개의 소규모 모바일 기술회사에 며칠 동안 관리자들을 파견하여 그 회사의 기업가정신을 이해하고 어떻게 이 회사들이 빠른 속도로 아이디어를 창출하고, 새로운 마케팅 노력의 결과물을 구축하고 테스트하는지를 이해하도록 했다. 펩시코(PepsiCo) 뉴욕 본사의 한 브랜드 매니저는 샌프란시스코에 기반을 둔 온라인 여행 숙소 대여업체인 에어비앤비(Airbnb)에서 일주일을 보냈다. 두 회사의 매니저들은 서로의 브랜드 관리 관행을 배우기를 원했다. 두 회사는 격식 없고 협력적인 근무환경을 가지고 있으나 펩시코의 브랜드 관리에 비해 에어비앤비의 브랜드 관리는 마케팅사의 데이터 분석 및 아이디어에 기반하기보다는 직관적으로(on instinct) 처리된다. 반면 에어비앤비의 마케팅 관리자는 펩시코가 시장조

사 데이터를 구축하는 방법에 대해 관심이 있었다. 사업에 대해 보다 폭넓은 이해를 개발하기 위해 제넨테크(Genentech Inc.)의 이사들은 6~9개월간 업무시간의 10%를 특별한 프로젝트에서 일하거나, 태스크포스에 참여하고, 비즈니스 리더를 벤치마킹하는 데 사용한다.

**직원교환**(employee exchange)은 또 다른 형태의 임시업무이다. 프록터 & 갬블(P&G)과 구글(Google)은 두 회사의 직원을 교환했다. 두 회사의 직원들은 서로의 교육 프로그램에 참여하고 사업계획을 논의하는 회의에 참석했다. 두 회사는 직원교환을 통해 이익을 얻기를 희망했다. P&G는 TV보다 온라인에서 더 많은 시간을 보내는 새로운 세대에게 자사의 세탁세제, 화장지, 피부크림 제품을 마케팅하기 위한 방법을 노력했다. 구글은 고객사들이 TV보다는 유튜브 같은 비디오 공유 사이트에서 전환하도록 설득해서 더 많은 광고수익을 얻기를 원했다.

안식휴가(sabbatical) 또는 자원업무(volunteer assignment)도 임시업무에 해당한다. 안식휴가와 자원봉사 과제는 스트레스를 줄이고, 번아웃을 피하며, 새로운 에너지를 제공함으로써 직원들의 행복을 증진하는 데 도움을 준다. 또한 직원들이 새로운 기술을 습득하고 관점을 넓히는 데 도움을 준다. **안식년**(sabbatical)은 새로운 기술을 갱신하거나 개발하기 위해 회사를 실질적으로 떠나는 휴가이다. 안식년에 있는 직원들은 회사로부터 종종 급여와 각종 혜택을 받는다. 안식년은 또한 직원들이 책을 쓰거나 어린 아이들과 더 많은 시간을 보내는 것과 같은 개인적인 일을 위해 더 많은 시간을 허용한다. 안식년은 컨설팅 회사부터 패스트푸드 산업에 이르기까지 다양한 산업에서 보편적으로 활용되는 제도이다. 예를 들어, 수제 맥주 양조장인 브루독(BrewDog)은 직원들에게 5년마다 4주간의 유급 안식년을 제공한다. 아웃도어 의류회사인 파타고니아(Patagonia)는 직원들에게 2달간의 유급 안식년을 제공한다. 직원들은 환경친화적인 단체를 선택하고 안식년 동안 그들을 위해 일해야 안식년 자격을 얻을 수 있다. PwC는 새로 승진한 모든 고위 관리자들이 재충전할 수 있도록 안식년을 제공한다. 이 회사는 직원들에게 평생의 목표를 추구하거나, 자원봉사를 하거나, 아무것도 하지 않을 기회를 주기 위해 4주의 휴가를 제공하고 3주의 급여를 지급한다.

**자원업무**(volunteer assignment)는 직원들이 공공 또는 민간 비영리 이사회 회원 자격을 통해 지역 또는 글로벌 커뮤니티에 봉사하고 전문협회 또는 클럽의 리더 역할을 맡거나 컨퍼런스 또는 포럼에서 연설하거나 조직하는 데 동의함으로써 기술을 개발할 수 있다. 자원봉사자 배정은 직원들에게 변화를 관리하고, 가르치고, 높은 수준의 책임감을 가지며, 앞서 〈그림 8.4〉에서 보여준 다른 직무 요구에 노출될 수 있는 기회를 줄 수 있다. 예를 들어, 엘러간(Allergan)의 전 회장이자 CEO는 경력 내내 제약산업 외부의 회사 이사회에서 근무했다. 이를 통해 상업적 파트너를 만나며 트렌드를 더 잘 파악하고, 잠재적인 제품시장에 대한 새로운 관점을 얻을 수 있었다.

## 대인관계

직원들은 더 경험이 많은 조직 구성원과 상호작용함으로써 기술을 개발하고 회사와 고객에 대한 지식을 넓힐 수 있다. 멘토링(mentoring)과 코칭(coaching)은 직원을 개발하는 데 사용되는 두 가지 유형의 대인관계이다.

### 멘토링(mentoring)

**멘토**(mentor)는 경험이 많고 유능한 선배 직원으로 경험이 적은 직원을 개발하는 데 도움을 준다. 잠재적인 멘토가 부족하고 직원들이 동료와의 관계로부터 이익을 얻을 수 있다는 인식 때문에 일부 회사는 그룹 및 동료 멘토링을 시행한다. 대부분의 멘토링 관계는 멘토와 멘티(mentee or protégé)가 공유하는 관심이나 가치를 기반으로 비공식적으로 발전한다. 연구에 따르면 특정 성격특성(정서적 안정성, 상황에 따라 행동을 적응하는 능력, 힘과 성취에 대한 높은 요구 등)을 가진 직원들은 멘토를 찾고, 매력적인 멘티가 될 가능성이 가장 높다고 밝혔다. 멘토링 관계는 또한 공식 멘토링 프로그램의 일부, 즉 성공적인 고위 직원과 경험이 적은 직원을 하나로 모으기 위해 계획된 회사 노력의 일환으로 발전할 수 있다. 〈표 8.8〉은 기업이 공식 멘토링 프로그램을 어떻게 사용하고 있는지에 대한 예를 보여준다. 멘토링 프로그램은 신입 직원들을 사교하고 관리자를 개발하며 여성과 대표성이 낮은 소수 민족 및 인종 그룹 구성원들이 경험을 공유하고 관리직으로 이동하는 데 필요한 기술과 경험을 얻을 수 있는 기회를 제공하기 위한 목적을 가지고 운영된다.

**표 8.8 멘토링 프로그램의 예시**

| 기업 | 멘토링 프로그램 |
|---|---|
| 시스코 (Cisco Systems) | 신규 이사회 구성원들이 효과를 발휘하는 데 걸리는 시간을 줄이기 위해 멘토 역할을 하는 보다 경험 많은 이사회 이사와 한 팀을 형성하며, 멘토는 이사회 회의 규범을 이해할 수 있도록 돕고, 구성원들이 신념을 가질 수 있는 내용을 제공하며, 브리핑 자료에서 사용하는 용어를 설명하며, 이사회 회의실에 앉을 수 있는 적절한 장소에 대한 조언을 해준다. |
| 마이크로소프트 (Microsoft) | 멘토링 프로그램은 경력개발 멘토링과 동료 멘토링으로 이루어져 있다. 경력개발 멘토링은 잘 짜여진 1년간에 걸친 그룹 간의 멘토링을 통해 경력 및 전문성 개발에 초점을 둔다. 동료 멘토링은 비교적 덜 구조화되어 있으며 팀 동료들 간에 업무와 관련한 지식 공유에 초점을 둔다. |
| 소덱소 (Sodexo) | 동료 대 동료 멘토링 프로그램은 소덱소가 직접 관리하는 프로그램이다. 네트워크는 다양성이라는 공통 차원을 기준으로 조직되며, 소덱소에서 자신의 정체성을 명확히 인식하고 싶어 하는 직원들에 의해 만들어진다. 국적, 인종, 성적 지향성, 군복무, 세대 간 교류 등 다양성에 기초하여 네트워크 그룹을 형성한다. 또한 The Spirit of Mentoring Bridge Program은 신입사원과 일선의 관리자들을 매칭시켜서 신입사원 및 관리자의 전문성을 개발하고 다양한 소덱소의 경영방식에 대한 이해를 높이자는 취지로 운영되는 비공식적인 프로그램이다. |
| 마리너 파이낸스 (Mariner Finance) | 회사가 대화 기능, 비디오, 특정 웹사이트와 같은 기술을 활용하여 멘토링 프로그램에 참가하는 모든 직원들 간에 그리고 멘토와 멘티 사이에 보다 시의적절하게 커뮤니케이션이 이루어지도록 해준다. |
| 미시건 의료 (Michigan Medicine) | 초기 및 중간 경력의 신흥 리더에게 연봉 협상, 중단 없는 직원 관리 및 경력개발과 같은 중요한 문제를 논의하는 멘토와 함께 최대 60분의 중단 없는 시간을 보낼 수 있는 기회를 제공한다. |
| 비스티지 월드와이드 (Vistage Worldwide) | 15~20명의 직원들로 팀을 구성해서 개인적 어려움이나 직업적 도전에 대해 조언을 받을 기회를 제공한다. 당면 이슈나 잠재적인 해결책에 대해 새로운 관점을 제공하기 위해, 잘 훈련된 동료그룹 조력자가 토론을 가이드하고, 팀원들이 경청하고, 다른 말로 바꾸어 표현하고, 질문을 하도록 돕는다. |
| 유나이티드 쇼어의 융자심사관 멘토링 프로그램(United Shore's Underwriter Mentoring Program) | 보험 교육 후 바로 시작되며, 단 3주 만에 참가자(멘티)가 35개의 현장 스킬 역량으로 숙련도를 입증해야 하며, 또한 매주 6개의 대출을 인수해야 졸업할 수 있다. |

출처: M. Weinstein, "Training Ensures United Shore's Success," *training*, March/April 2020, pp.38–40; J. Lublin, "New in Boardrooms: Buddy System," *The Wall Street Journal*, September 20, 2017, p.B7; C. Elton and A. Gostick, "Impact and Learning Span the Generations," *Chief Learning Officer*, December 2018, p.62; "Training Top 125: Aditya Birla Minacs," *training*, January/February 2014, p.101; Sodexo, Inc., www.sodexousa.com, accessed March 26, 2017; "Training Top 125: Vistage Worldwide," *training*, January/February 2017, p.69; M. Weinstein, "Mentoring in the Digital Age," *training*, September/October 2016, pp.28–31; R. Emelo, "Shift Your Focus with Modern Mentoring," *TD*, September 2015, pp.36–41; R. Emelo, "Conversations with Mentoring Leaders," *T + D*, June 2011, pp.32–37.

### 성공적인 멘토링 프로그램 개발

공식적 멘토링 프로그램의 가장 중요한 장점 중 하나는 성별과 인종에 관계없이 멘토를 만날 수 있다는 점이다. 또한 멘토링 관계에 참가하는 멘토와 멘티는 회사가 자신에게 무엇을 기대하는지를 알고 있다는 것이다. 반면, 공식 멘토링 프로그램은 회사가 인위적으로 만든 관계에서 상담과 코칭을 제공하지 못할 수 있다는 한계점도 있

**표 8.9 성공적인 공식적 멘토링 프로그램의 특징**

1. 멘토와 멘티의 참여는 자발적이다. 멘토 또는 멘티는 언제든지 처벌의 두려움 없이 종료할 수 있다.
2. 멘토-멘티의 매칭 프로세스는 비공식 관계의 발전 가능성을 제한하지 않는다. 예를 들어, 멘토 풀(pool)을 마련해 둠으로써, 멘티가 다양한 멘토 중에서 자유롭게 선정할 수 있다.
3. 멘토는 직원 개발에 대한 과거의 경험기록, 멘토 역할을 하고자 하는 의지, 긍정적인 코칭, 의사소통 및 경청 기술에 기초하여 선정된다.
4. 멘토-멘티의 연결은 멘토의 기술이 멘티의 요구를 어떻게 충족시킬 수 있는지를 기반으로 한다.
5. 멘토링 프로그램의 목적을 명확히 이해하고 멘토와 멘티가 완료해야 할 프로젝트와 활동이 명시된다.
6. 멘토링 기간을 명확히 설정한다. 그러나 공식적인 멘토링 기간 이후에도 관계를 지속할 것을 권장한다.
7. 멘토와 멘티가 얼마나 자주 만나야 하는지에 대한 최소한의 가이드를 제시한다. 즉, 언제, 얼마나 자주 만나고 어떻게 소통할 것인지 결정해야 한다.
8. 멘티는 자신이 직면한 문제점를 논의하고 성공 스토리를 공유하기 위해 서로 연락하도록 권장한다.
9. 멘토링을 평가한다. 멘토와 멘티의 인터뷰는 불만족한 부분에 관해 즉각적인 피드백을 제공한다. 설문조사는 프로그램에 참여함으로써 얻은 혜택에 대한 정보를 수집한다.
10. 직원 개발의 성과에 대해서 보상을 받으며, 이는 멘토링 및 개발활동이 시간과 노력을 기울일 가치가 있음을 관리자에게 알려준다.

다. 이 점을 극복하기 위해서는 멘토와 멘티가 함께 업무 형태, 서로의 성격, 배경에 대해 충분히 논의하는 시간을 가지는 것이 중요하다. 이는 서로가 멘토링 관계에 대해 편안함을 느끼게 하고 신뢰감을 형성하는 데에 도움을 준다. 도시바 아메리카 메디컬 시스템(Toshiba America Medical Systems)은 비록 공식 멘토링 프로그램을 가지고 있지 않지만, 직원들이 채용되는 순간부터 비공식적인 멘토링을 받을 수 있도록 한다. 회사의 관리자들과 인사담당자들은 신입사원들이 동료 직원들을 만나서 일터를 소개받고 회사에 잘 적응할 수 있도록 돕고 있다. 〈표 8.9〉는 성공적인 공식적 멘토링 프로그램의 주요 특징을 보여주고 있다.

성공적인 멘토링 프로그램의 핵심은 멘토와 멘티가 잘 어울리고, 대면, 가상 또는 소셜 미디어를 사용하여 상호작용을 할 수 있다는 것이다. 매칭 시스템은 멘토와 멘티를 매칭하고 계발계획을 수립하고 미팅 일정을 잡는 데 사용된다.

멘토는 대인관계와 전문적인 기술을 가진 사람이 선정되어야 한다. 또한 멘토는 훈련을 받아야 한다. 멘토, 멘티, 그리고 회사가 멘토링 프로그램의 효과를 최대한으로 얻기 위해서는 각 주체들의 적극적인 지원과 협조가 필요하다. 성공적인 멘토링 프로그램의 핵심은 멘토와 멘티가 서로 잘 맞아야 하고 자주 만남을 가지면서 서로 얼굴을 보면서 대화를 하고, 그 외에도 가상의, 또는 소셜 미디어를 사용해서 원활하게 상호작용할 수 있어야 한다.

### 멘토링의 이점

멘토링 관계는 멘토와 멘티 모두에게 혜택을 받을 수 있다. 연구에 따르면 멘토는 멘티에게 경력 및 심리사회적 지원을 제공해 준다. **경력지원**(career support)은 코칭, 보호, 스폰서십, 도전적인 과제, 노출 및 가시성 제공 등이 포함한다. **심리사회적 지원**(psychosocial support)은 멘토가 멘티의 친구 및 역할모델 수행, 긍정적인 관심과 수용 제공, 멘티가 불안과 두려움에 대해 이야기할 수 있는 출구를 만들어 주는 것이 포함된다. 멘티의 다른 혜택은 더 높은 승진률, 급여 및 조직 영향력의 증대가 포함된다.

멘티는 여러 가지 방법으로 멘토를 도울 수 있다. 호세 얀스(Jose Yanes)는 포드자동차 회사에서 몇몇 직원들의 멘토로 일했다. 그는 멘토로 일하며 의사소통 기술을 향상시키고 타인과의 신뢰를 형성하는 것을 도와줌으로써 개인적인 발전이 되었다는 것을 발견했다. 또한 멘토는 소셜 미디어를 사용하는 방법과 같은 디지털 기술을 배울 수 있고, 다양성이 무엇을 의미하는지 완벽한 관점을 얻을 수 있으며, 젊은 직원들의 필요와 동기를 더 잘 이해할 수 있다. 멘토 역할은 그들의 경력을 배우고 발전시키는 데 필요한 노출과 가시성을 얻도록 더 많은 선배 직원과 네트워킹 하고 가치를 느끼고자 하는 젊은 직원들의 요구를 충족시켜 주는 데 도움을 준다. 특히 역 멘토링 프로그램이 그렇다.

**역 멘토링**(reverse mentoring)은 젊은 직원이 선배 직원의 멘토가 되어 주는 것을 말한다. 비엔와이 멜론스 펄싱(BNY Mellon's Pershing)의 역 멘토링 프로그램은 직장에서 소셜 미디어 사용 기술과 같은 선배들의 디지털 역량을 개발하고, 젊은 직원들이 회사 문화를 어떻게 보는지에 대한 이해를 얻는 등 많은 이점을 가지고 있다. 멘토링 관계는 멘토가 대인관계 기술을 개발하고 조직에 대한 자부심과 가치를 높일 수 있는 기회를 제공한다. 공학 또는 보건 서비스와 같은 기술 분야의 개인을 위해 멘티는 멘토가 해당 분야에서 중요한 새로운 과학 발전에 대한 지식을 얻도록 도울 수 있다(따라서 기술적으로 쓸모없게 되는 것을 방지할 수 있다).

### 코칭(coaching)

**코치**(coach)는 직원들을 동기부여하고 기술을 개발할 수 있도록 지원하며, 강화와 피드백을 제공하는 동료나 관리자를 말한다. 코치는 다음의 세 가지 역할을 수행하게 된다. 코칭은 직원과 일대일로 이루어진다(예: 피드백 제공). 또한 직원들이 스스로 학습할 수 있도록 돕는다. 이것은 직원들이 문제해결의 도움을 줄 수 있는 전문가를 찾도록 돕고 다른 사람들로부터 피드백을 얻는 방법을 가르치는 것을 포함한다. 셋째, 코칭은 직원들이 코치의 도움 없이 접근할 수 없는 멘토, 강의과정, 직업 경험과 같은 자원을 제공한다.

펩시코(PepsiCO)와 카이저 펄머넌트(Kaiser Permanente)가 코칭제도를 어떻게 활용했는지 고려해볼 필요가 있다. 펩시코는 리더십 개발의 일환으로 경험이 있고 인증된 코치는 평가결과를 보고하고 직원들이 개발계획을 수립할 수 있도록 돕는다. 펩시코는 또한 관리자를 위한 코칭 스킬 과정을 운영하고 있다. 건강관리 서비스를 제공하는 회사인 카이저 퍼머넌트(KP)에서는 관리자에게 코칭 스킬은 필수이다. 관리자는 코칭 스킬 과정을 수강하고 실기 평가를 완료하여 공인 코치가 된다. 실기 평가는 직원코칭과 두 번의 코칭 시연을 완료하는 것을 관찰하는 것을 포함한다. 인증을 받으면 관리자로부터 코칭을 받은 직원에게 설문조사를 완료하도록 요청하여 관리자의 코칭 스킬을 평가한다. 관리자의 코칭 스킬을 강화하고 지속적인 개발을 돕기 위해 KP는 챗봇을 사용한다. 챗봇은 코칭을 위한 다양한 자료를 제공하고, 코칭 스킬 과정에서 학습한 코칭원칙들을 점검하고 확인한다.

연구에 따르면 코칭은 개선점을 확인하고 목표를 수립함으로써 직원들의 개선을 돕는다. 코칭 관계에서 좋은 결과를 얻으려면 최소 6개월의 주간 또는 월간회의가 필요할 수 있다. 효과적인 코치가 되기 위해서는 평가를 수행하고, 목표와 동기에 대해 직원이 깊이 있게 생각하도록 도전적인 질문을 하고, 실행계획을 수립하도록 돕고, 정기적으로 후속 조치를 취한다. 또한 이러한 후속 조치들을 통하여 순환적인 평가와 점검이 필요하다. 직원들은 실행계획에서 규명된 행동을 지속적으로 실천할 때 코칭의 성공에 기여한다.

# 직원 개발에 대한 특별한 이슈

## 유리천장 녹이기

오늘날 기업이 직면하는 주요 개발 이슈 중의 하나는 회사 내의 여성과 소외된 소수 집단 및 인종을 어떻게 상위 관리직으로 전환할 것인가 하는 것이다. 즉, **유리천장**(glass ceiling)을 어떻게 녹일 것인가 하는 것이다.

연구에 따르면 특히 여성은 CEO 직위 및 승진에서 과소평가되고 있다. 포춘(Fortune) 100대 기업에서 여성의 비율은 최고경영진 중 25%에 불과하다. 여성 CEO 승진 및 이사회 채용(CEO, CFO 및 P&L 리더 등) 중 여성이 차지하는 비율은 13%에 불과하다. 반면 승진 가능성이 낮은 직책(일반 변호사, 인사담당자, 최고위험책임자 등)은 38%를 차지한다.

딜레마 중 하나는 기업이 경영진이나 멘토가 부족하고, 경험이 부족하며, 더 나은 일과 삶의 균형이 필요하다는 것을 인정함에도 불구하고 리더십 개발 관점에서 여성을 남성과 다르게 대우하는 것을 꺼린다는 것이다. 이러한 장벽은 여성 또는 소수 민족 및 인종 그룹의 구성원의 개발에 부정적인 영향을 미치는 고정관념 또는 회사 시스템 때문일 수 있다. 따라서 유리천장은 교육 프로그램에 대한 접근성 부족, 적절한 개발 작업 경험 및 개발 관계(멘토링 등)에 의해 발생할 수 있다.

예를 들어, 아드타렘(Adtalem)의 CEO인 리사 워델(Lisa Wardell)은 상장회사를 이끄는 몇 안 되는 흑인여성 중 한 명이다. 그녀가 CEO 자리에 오르는 길은 흑인 소유 회사인 알제이엘(RJL) 회사에서 12년 동안 수행한 손익 역할에 의해 도움을 받았다. 제록스 홀딩 코퍼레이션(Xerox Holding Corporation)의 전 CEO이자 포춘 500 회사를 운영한 최초의 흑인여성인 울스라 번스(Ursla Burns)는 그녀의 경력 발전이 회사의 부사장과 CEO의 임원 보좌관으로 근무했던 직책에 의해 도움을 받았다고 믿는다. 그러나 55%의 여성은 변호사, 재무책임자 또는 인사담당자와 같은 기능적인 역할에 종사하고 있어 CEO가 되기 위한 경력경로에 큰 도움이 되지 못할 수 있다. 또한 여성과 소수민족은 일선의 직원보다 비슷한 지위의 다른 남자 관리자들과 상호작용하기를 선호하고, 여성 및 소수민족 그룹 구성원의 능력, 동기 및 직업 선호도에 부정적인 고정관념을 가진 관리자들이 의도적으로 배제하는 "올드보이 네트워크(Old Boy Network)"

때문에 멘토를 찾는 데 종종 어려움을 겪고 있다.

연구에 따르면 직무전환이나 변화를 수반하는 직무경험에 있어 남녀 차이가 발견되지 않았다. 그러나 남성 관리자는 유사한 능력과 관리 수준을 가진 여성 관리자에 비해 더 많은 권한과 책임을 갖는 업무(높은 이해관계, 다양한 사업을 관리, 외부의 압력 처리 등)를 수행할 기회를 더 많이 가지게 된다. 또한 여성 관리자는 남성 관리자에 비해 개인적인 지원 부족(스트레스에 대처하는 것을 더 어렵게 함)과 그들의 기여에 대한 지원 부족으로 인해 더 많은 어려움을 겪고 있다. 이러한 면에서 동료들과 상급 관리자들로부터의 격려는 여성이 더 높은 관리직으로 승진하는 데에 도움이 된다. 따라서 직원 개발 프로그램을 수행하는 담당자들은 성별에 대한 편견이나 고정관념이 여성과 남성에게 주어지는 과제 할당에 영향을 미치는지 신중하게 고려할 필요가 있다.

다양성과 포용성을 추구하는 과정에서 조직은 남성뿐만 아니라 여성 직원의 기여에 전적으로 활용하는 일터를 유지하기 위해 관리자의 역할을 강조했다. 동료 및 고위 관리자들의 경력 장려는 여성들이 더 높은 관리직으로 승진하는 데 도움을 줄 수 있다. 발전적인 과제를 수행하는 남자 관리자는 성별 편견이나 고정관념이 남자 직원에 비해 여성과 소수민족 그룹 구성원에게 할당하는 과제의 종류에 영향을 미치는지 신중하게 조사해야 한다. 관리자의 의도는 좋았지만 팀 멘토링 관계에서 어색함을 유발하거나 의욕을 꺾는 행동을 유념해야 한다. 직원들의 재능을 완벽하게 끌어내기 위해, 일부 관리자들은 회의 중 방해에 대한 규칙을 부과하고(남성들이 방해하기 더 쉽기 때문

**표 8.10 유리천장 제거 방안**

- 최고경영층의 지원과 프로그램 참여를 유도한다.
- 변화에 대한 비즈니스 사례를 만든다.
- 변화된 사항을 공개한다.
- 유리천정을 유발하는 문제에 대해 설문지를 만들고 데이터를 수집한다.
- 성별에 따른 태도 및 경영 관행이 회사의 문화 및 행동 기대에 어떤 영향을 미치는지 인식하도록 한다.
- 승진 및 업무 배치 등 공정한 인사관리 및 운영을 통해 책임감을 부여한다.
- 모든 직원을 위한 개발을 촉진한다.
- 휴가 및 육아휴직 후에도 직원의 일과 삶의 균형을 지원하고 지속적인 개발의 기회를 제공한다.

출처: R. Gunther McGrath, "Eight Simple Ways to Keep More Women in the Executive Pipeline," *The Wall Street Journal*, February 22, 2018, https://blogs.wsj.com; B. Groysberg and K. Connolly, "Great Leaders Who Make the Mix Work," *Harvard Business Review*, September 2013, pp.68–76; D. McCracken, "Winning the Talent War for Women," *Harvard Business Review*, November/December 2000, pp.159–167.

예), 회의실에 있는 모든 사람들이 회의에 참여할 기회를 갖도록 의식적인 관행을 시행하고 있다. 이러한 종류의 관리 관행은 여성과 소수민족 그룹의 구성원들의 아이디어를 이끌어낼 뿐만 아니라 다른 사람들보다 더 조용한 경향이 있는 모든 직원들의 아이디어를 창출하도록 독려한다. 〈표 8.10〉은 유리천장을 녹이고 재능 있는 여성을 유지하기 위한 권장사항을 제공한다.

## 승계계획

**승계계획**(succession planning)이란 이직, 승진 또는 사업 성장으로 인해 계획되거나 계획되지 않은 채용으로 인해 회사에서 다른 직책으로 이동할 수 있는 능력 있는 직원을 확인하고 추적하는 프로세스를 말한다. 승계계획은 종종 회사의 관리자 또는 최고관리자를 고려할 때 논의되지만, 어떤 직무에서든 중요한 고려사항이다. 승계계획은 여러 가지 방법으로 조직에게 도움이 된다. 최고경영층에게 회사의 리더십 인재를 체계적으로 검토하도록 요구하며 관리자가 최고경영층으로 가기 위한 일련의 개발 경험을 제공하고 준비되지 않은 관리자의 조기 승진을 방지한다. 또한 승계계획은 관리자들이 최고경영층의 자리에 오르기 위해 사전에 경험해야 할 직무나 역할을 제공하며 관리자 직원을 유치하고 유지하는 데 도움이 된다. 예를 들어, 소프트웨어 회사인 메디데잇 솔루션(Medidate Solutions)은 매년 2회 유능있는 인재를 검토하는 프로세스를 실시한다. 인재 검토에는 승계계획과 직원의 강점, 관심사 및 비즈니스 요구에 맞는 개별 계획 수립이 포함된다.

**핵심인재**(high-potential employees)는 높은 잠재력을 가진 직원에게 초점을 맞춘다. 잠재력이 높은 직원은 전략사업부의 총괄 관리자, 마케팅 이사와 같은 더 높은 수준의 관리직에서 성공할 수 있다고 믿는 사람들이다. 높은 잠재력을 가진 직원들은 일반적으로 교육, 임원 멘토링 및 코칭, 그리고 직무 할당을 통해 순환을 포함한 개별 개발 프로그램을 이수한다. 직무 할당은 잠재력이 높은 직원이 대체할 준비가 되어 있는 관리자의 성공적인 경력경로(career path)를 기반으로 한다. 또한 경영진에게 프레젠테이션을 하거나 위원회 및 태스크포스에서 경험을 쌓는 등 특별한 임무를 부여받는다.

승계계획이 중요함에도 불구하고 많은 기업들은 이를 제대로 수행하지 않고 있다. 회사 이사들을 대상으로 한 설문조사결과 절반 미만이 승계계획에 충분한 시간을 할

애하고 있다고 생각한 반면, 18%는 **벤치 파워**(bench strength)에 필요한 충분한 역량을 가지고 있지 않다고 밝혔다. 벤치 파워란 필요할 때를 대비해 미리 유능한 핵심인재 풀을 보유하는 것을 의미한다. 기업은 승계계획 프로세스를 따르는 것을 어려워한다. 한 가지 문제는 오늘날의 비즈니스 환경이 너무 빨리 변화하여 승계계획이 이를 따라잡기에 역부족이라는 것이다. 임원진을 확보하기 위해 몇 년 전부터 후보자를 선출했다고 가정해보자. 하지만 그 사이 중요한 핵심 직무 요구사항이 변경될 수 있다. 이런 문제를 해결하기 위해 펩시코(PepsiCo)를 비롯한 회사는 더 빠르게 승계계획을 수행했다. 또 다른 문제는 잠재력이 높은 사람을 선정하는 것이다. 사람들은 때때로 "잠재력이 뛰어난" 사람이 어떤 사람인지에 대해 무의식적으로 생각하기도 하고, 그러한 기준을 특정 연령, 성별, 또는 외모로 간주할 수 있다. 또한 관리자는 잠재력 이외의 이유로 직원을 선택하거나 거부할 수 있다.

〈표 8.11〉에서는 승계계획을 수립하기 위해 사용되는 프로세스를 보여준다. 첫 번째 단계는 회사 내에서 어떤 포지션이 승계계획에 포함되는지를 확인하는 것이다. 두 번째 단계는 어떤 직원이 승계계획에 포함되는지 확인하는 것이다. 예를 들어, 일부 회사에서는 잠재력이 높은 직원만 승계계획에 포함한다. 세 번째 단계는 회사가 승계계획의 대상이 되는 직책을 평가하는 방법을 결정해야 한다. 예를 들어, 해당 직책에 필요한 역량에 초점을 둘 것인지, 사전경험에 초점을 둘 것인지를 결정해야 한다. 넷

**표 8.11 승계계획 수립 프로세스**

1. 승계계획에 포함된 직책을 확인한다.
2. 승계계획에 포함되어 있는 직원이 누구인지를 확인한다.
3. 직책을 평가하기 위한 표준을 개발한다(예: 역량, 요구되는 경험·지식, 가치 등).
4. 직원의 잠재력을 평가하는 방법을 결정한다(예: 현재의 직무성과 및 잠재적 성과).
5. 승계계획 시에 논의할 이슈 및 과정 등 제반사항을 개발한다.
6. 승계계획 시스템을 다른 인적자원관리 시스템(교육훈련, 보상, 성과관리, 인력배치 시스템 등)과 연계한다.
7. 직원에게 제공할 피드백을 결정한다.
8. 승계계획의 효과성을 측정한다.

출처: A. Cremo and T. Bux, "Creating a Vibrant Organizational Leadership Pipeline," *TD*, July 2016, pp.76–77; W. Rothwell, "The Future of Succession Planning," *T+D*, September 2010, pp.51–54; B. Dowell, "Succession Planning," in *Implementing Organizational Interventions*, ed. J. Hedge and E. Pulaskos (San Francisco: Jossey-Bass, 2002), pp.78–109; R. Barnett and S. Davis, "Creating Greater Success in Succession Planning," *Advances in Developing Human Resources* 10(2008), pp.721–739.

째, 직원들의 잠재력을 측정하는 방법을 결정해야 한다. 가능한 한 관리자의 직관보다는 측정가능한 기준을 적용한다. 예를 들어, 현재 직무에서의 성과에 초점을 둘 것인지, 아니면 미래에 창출할 성과나 잠재력까지도 평가할 것인지를 고려해야 한다. 또한 직원들의 관심 직위나 경력목표도 반영하여 선정할 것인지도 고려해야 한다. 다섯째, 승계계획 검토 프로세스를 개발해야 한다. 일반적으로 승계계획 검토는 우선 직원의 직속 상사와 인사부서 담당자가 맡는다. 이때 인재 평가는 전사적 차원에서 리더십 인재에 대한 전반적인 평가 및 잠재력이 높은 직원을 식별, 핵심 인재가 이직하지 않도록 하는 방안 등이 포함된다.

많은 기업들이 승계계획 검토를 실시하기 위해 **나인-박스 그리드**(9-box grid)를 사용한다. 나인-박스 그리드는 하나의 부서, 기능, 사업부, 또는 기업 전체의 직원들을 비교하기 위해 관리자와 임원 집단에 의해 사용되는 3*3 매트릭스이다. 이는 핵심 인재를 위한 논의와 분석, 효과적인 개발 플랜 수립에 도움이 되며 회사 내 최고관리직에 적합한 인재 발굴 등에 사용된다. 〈그림 8.5〉에서 볼 수 있듯이, 매트릭스의 한 축은 성과평가를 기반으로 하고, 다른 한 축은 잠재력 또는 승진 가능성에 근거한다. 대

**그림 8.5** 나인-박스 그리드 예시

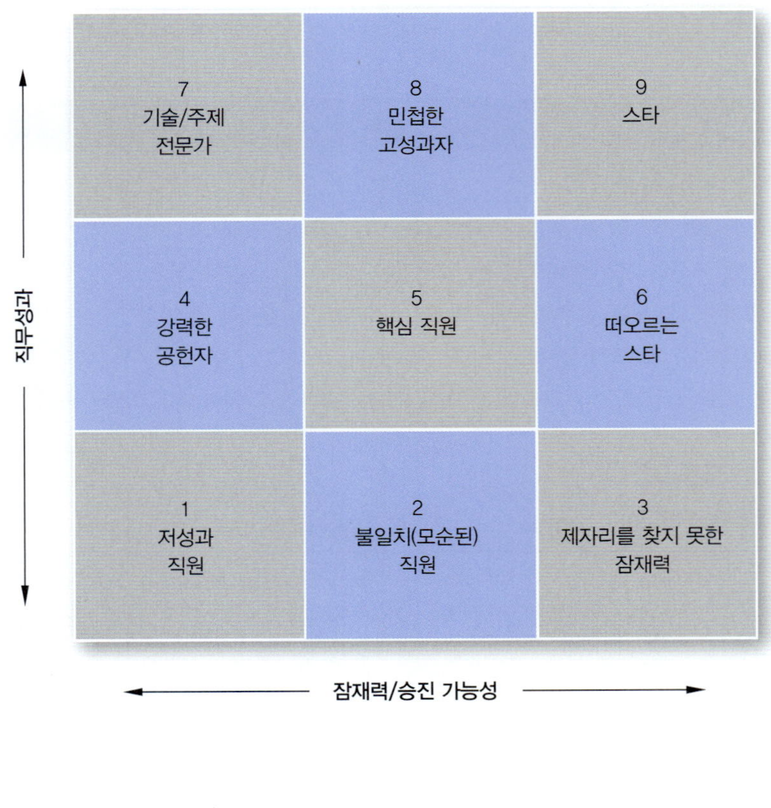

체로 관리자의 성과평가와 직원의 잠재력은 개발계획에 영향을 미친다. 예를 들어, 〈그림 8.5〉와 같이 회사의 리더십 직책을 위해, 스타(Star)는 회사의 리더 직위로 올라갈 수 있도록 개발되어야 한다.

데이터 보호 및 정보관리 솔루션 제공업체인 컴발트(Commvault)는 보다 복잡한 16박스 그리드를 사용한다. 매년 두 번 관리자와 직원이 성과에 대한 대화를 위해 만난다. 관리자는 직원이 회사의 가치, 잠재력 및 승진 기준에 부합할 경우 직원이 영향력 있는 성과를 제공하는 정도에 따라 등급을 매긴다. 인재관리 소프트웨어를 사용하여 이 데이터는 16박스 그리드에 표시되며, 직원의 성과 수준을 회사의 주요 목표 및 가치와 비교한다. 관리자는 데이터를 사용하여 개별 직원, 비즈니스 단위 또는 전체 직원을 검토할 수 있다. 이를 통해 전체 직원 중에서 성과가 높은 직원의 위치와 부족한 특정 기술을 파악할 수 있다. 또한 이 그리드를 통해 교육 요구, 승진 후보자 및 확장 과제 및 멘토링을 통해 혜택을 받을 수 있는 직원을 식별하는 데 사용된다.

"스타"와 그리드상의 다른 영역에 위치한 직원들의 개발계획을 비교해 보라. "저성과 직원"을 위한 개발계획은 새로운 직무경험에 도전하는 것보다는 현재 위치에서의 성과 향상을 강조한다. 만약 현 직위에서 개선되지 않으면 해고될 가능성이 높다. "기술/주제 전문가"는 고성과자이지만 리더로서의 잠재력은 낮은 직원이다. 이들의 개발계획은 지식, 기술, 역량을 최신 상태로 유지하고 지속적으로 동기를 부여하고, 창의성과 혁신을 촉진하도록 강조한다. "제자리를 찾지 못한 잠재력"은 새로운 직위를 맡게 되었지만 아직 높은 성과를 입증할 시간이 없었거나, 보유한 지식, 기술, 역량이 직무 요구사항과 적합하지 않을 수 있다. 이들의 개발계획은 보유한 기술에 부합한 위치로 이동하거나, 이제 막 옮긴 경우 높은 성과 수준을 달성하는 데 필요한 교육 및 개발 기회와 리소스를 제공하도록 한다. "핵심 직원"은 견실하지만 중간 수준의 잠재력을 가진 뛰어난 성과를 내는 직원은 아니다. 이 직원들을 위한 개발계획은 탄탄한 성과가 지속할 수 있도록 설계된 교육과 개발을 동시에 제공하는 것이다. 또한 그들이 기술을 성장시키는 데 필요한 경험과 다른 스킬과 책임이 필요한 직책을 수행하기 위한 그들의 관심과 역량을 파악한다.

또한 업무, 과제, 업무 목표 등의 변화로 인해 시간이 지남에 따라 성과가 가변적인 경향이 있음을 염두에 두어야 한다. 직원의 성과를 관리할 때 〈그림 8.5〉에 제시된 범주를 고려하되 직원에게 변화의 기회를 제공하는 것이다. 이를 수행하는 한 가지 방법은 직원과 자주 성과 대화를 나누는 것인데, 이를 통해 직원이 성과를 변경하거나 유지해야 할 필요성을 인식하는 데 도움이 된다. 기대치를 설정하고, 기술과 관심사에 따라 프로젝트를 할당하며, 직원에게 성과에 대한 책임을 지도록 하는 방식으로 적극적으로 관리하는 것이 중요하다.

승계 개발의 여섯째 단계는 보상, 교육훈련 및 개발, 인력 배치를 포함한 등 인적자원관리시스템과 밀접하게 관련되어 있다. 교육과정, 직무경험, 멘토링 및 360도 피드백 등은 잠재력이 높은 직원의 개발계획에 포함되어야 한다. 예를 들어, 회사는 시간이 지남에 따라 개선 가능성과 경험이 적은 관리자로 직책을 채울 것인지 아니면 결과를 즉시 제공할 수 있는 회사 외부 관리자를 영입할 것인지 결정해야 한다.

일곱째, 직원들에게 향후 이동, 예상되는 경력경로, 개발목표 및 경험에 대한 피드백을 제공해야 한다. 마지막으로, 승계계획 프로세스에 대한 평가가 필요하다. 적절한 결과(예: 관리직 충원 시간 단축, 내부승진 활용 증가)를 식별하고 측정하는 것은 물론 직원 및 관리자로부터 프로세스 만족도(반응 결과)를 수집하여 이를 승계계획 프로세스에 수정 사항을 확인, 논의 및 반영해야 한다. 미시간주 블루 크로스 블루 쉴드(Blue Cross Blue Shield of Michigan: BCBSM)는 회사의 차세대 리더이자 인재를 식별하고 개발한다. 105명의 경영진은 공식적인 승계계획을 가지고 있다. 경영진이 수행하는 잠재적인 후계자 평가의 경우, 예를 들어 현재 준비가 되었는지 또는 3~5년 후에 준비할 수 있는지 등 새로운 직책에 대한 준비 상태 평가를 포함한다. 이로 인해 경영진 자리에 대한 벤치 파워(bench strength)가 구축된다. 모든 경영진 직책에는 적어도 한 명의 후임자를 확보하며, 후임자의 75%는 현재 그 직책을 맡을 준비가 된 것으로 평가된다. 뿐만 아니라 BCBSM은 조직의 모든 계층에서 승계계획 및 인재 검토를 지원한다. BCBSM은 9박스 그리드를 사용하여 현재 및 미래의 기술 장단점을 확인하고, 전사적인 인재 검토를 수행하기 위해 성과와 잠재력을 평가한다. 경영진은 개별적으로 또는 그룹으로 9박스 그리드 결과에 대해 논의하고자 미팅을 시행한다. 이를 통해 관리자들이 직원의 성과와 미래의 승진 가능성을 평가하기 위해 유사한 기준을 사용하고 있는지 확인한다. BCBSM은 인재 검토를 완료한 후, 모든 부서의 관리자들이 회사의 인재상과 개발 요구를 이해하고, 부서 간의 채용계획 및 인재상의 장단점을 파악할 수 있도록 회의를 개최한다. 이 프로세스를 지원하기 위해 BCBSM은 연례 인재재고조사(annual talent inventory)를 시행한다. 직원들은 자신의 경력 관심사와 기술에 대한 질문을 요청받는다. 이 정보는 BCBSM의 인재상과 개인 개발계획, 경력 목표 및 개발활동에 대한 "관리자-직원" 토론에 사용된다.

인쇄 및 제조에 사용되는 흡수제를 제공하는 회사인 ITU 앱솔브테크(ITU Absorb-Tech)의 승계계획은 인력의 고령화로 인해 경영의 최우선 관심사이다. 2년 동안 직원들의 성과와 잠재력을 측정하고 높은 성과를 확인하는 것을 포함한다. 직원들은 장단기적으로 그들이 경험할 수 있는 잠재적인 직책을 확인하는 데 도움이 되는 경력개발계획을 작성한다. 또한 직원들이 직무 준비에 도움을 줄 수 있는 멘토링과 같은 활동을 개발했다. 각 직책을 검토하여 은퇴를 하거나 새로운 업무로 이동할 수 있기 때문에 잠재적인 공석이 발생할 수 있는지 확인한다.

승계계획에 있어서 중요한 이슈 중의 하나는 회사가 잠재력이 높은 후보자들에게 그들이 후보자군에 속하는지를 알려줄 것인지의 여부를 결정하는 것이다. 이와 관련하여 고려해야 할 몇 가지 장점과 단점이 있다. 후보자 명단을 공개하거나 대상 직원에게 알리는 것의 한 가지 이점은 그들이 새로운 경력기회를 가질 것을 이해하기 때문에 회사에 남을 가능성이 더 높다. 또한 다른 직책에 관심이 없는 잠재적인 직원들의 의도를 파악하여 이들에게 비용과 리스스를 투자하지 않고, 높은 잠재적인 관리자를 선별하여 효과적으로 집중관리할 수 있다.

반면에 후보군 공개의 단점은 비록 잠재력이 높은 직원이지만 자신이 후보자군에 포함되지 않았다는 사실을 알게 될 경우, 업무에 대한 의욕과 회사에 대한 애착이 없어져서 다른 회사로 이직할 수 있거나 사업전략이나 직원들의 성과에 부정적 변화가 있을 수 있다. 또한 잠재적인 후보자 목록이 작성되었다는 것을 이미 알고 있다면 그들이 리더 자리를 위해 경쟁할 공정한 기회를 가졌다고 믿지 않을 수 있다. 이러한 단점을 해결하기 위한 방법 중의 하나는 회사가 후보자 본인에게 승계계획 후보군 속에 포함되어 있다는 것을 알리되, 어느 직책에 올라갈 수 있는지에 대해서는 논의하지 않는 것이다. 또 다른 방법으로는 후보자 명단을 수시로 검토하고 승계계획의 목적이나 프로세스에 대해 직원들에게 명확하게 전달하는 것이다. 오하이오주 버세일즈에 본사를 둔 의료장비 제조업체인 미드마크(Midmark) 회사의 관리자들은 회사의 성과검토 프로세스의 일환으로 6개월마다 후임자를 확인하고 잠재적인 후보 명단을 작성한다. 또한 일부 직원들은 잠재력이 높은 직원으로 분류되거나 리더 자리에 대한 잠재력이 높은 것으로 분류된다. 특히 리더 자리에 대한 잠재력이 높은 직원들은 해외이전과 관련된 어려운 개발 수행 시 고려된다. 회사는 인터뷰를 통해 후보자 목록에 있는 직원들이 리더 자리에 관심이 있고 자격이 있는지 판단한다.

## 요약

기업은 공식적인 교육, 평가, 직무경험 및 대인관계를 포함한 다양한 직원 개발 방법을 사용한다. 대부분의 기업은 직원을 개발하기 위해 이러한 접근방식 중 하나 이상을 사용한다. 형식적인 교육은 회사 또는 교육기관에서 제공하는 강좌 또는 세미나에 직원을 등록하는 것을 포함한다. 평가는 직원의 성과, 행동, 기술 또는 성격 특성을 측정하는 것을 말한다. 직무경험은 직무확대, 새로운 직무로의 전환, 승진, 전보 또는 일시적인 할당을 포함한다. 더 경험이 많은 고위 직원(멘토)은 직원들이 회사를 더 잘 이해하고 조직의 주요 인사들에 대한 노출과 가시성을 얻을 수 있도록 도울 수 있다.

관리자의 직무 책임의 일부는 직원을 코칭하는 것이다. 사용되는 개발 접근방식과 상관없이 직원은 (1) 필요한 개발 유형, (2) 개발 목표, (3) 최선의 개발 접근방식 및 (4) 개발 목표 달성 여부를 확인할 수 있는 개발계획을 확보해야 한다.

개발계획이 효과적이기 위해서는 직원과 회사 모두 수행되어야 할 책임이 있다. 회사는 직원 개발에서 두 가지 특수한 과제를 해결해야 한다. 기업이 해결해야 할 한 가지 과제는 유리천장을 어떻게 녹이느냐 하는 것이다. 즉, 개발을 사용하여 여성 및 소수 민족 및 인종 그룹이 리더십 위치를 확보하도록 독려하는 것이다. 두 번째 과제는 성공자를 계획하거나 현재 직책 등에서 다른 위치로 이동할 수 있는 직원을 확인하고 추적하는 것이다.

## 주요 용어

**강등**(Downward move)
**개발**(Development)
**개발계획시스템**(Development planning system)
**경력지원**(Career support)
**공식교육 프로그램**(Formal education programs)
**나인-박스 그리드**(9-box grid)
**등록금 상환제**(Tuition reimbursement)
**리더 없는 그룹토의**(Leaderless group discussion)
**마이어-브릭스 유형지표**(Myers-Briggs Type Inventory: MBTI)
**멘토**(Mentor)
**벤치 파워**(Bench strength)
**상향 피드백**(Upward feedback)
**승계계획**(Succession planning)
**승진**(Promotions)
**실행계획**(Action plan)
**심리적 성공**(Psychological success)
**심리적 지원**(Psychosocial support)
**안식휴가**(Sabbatical)
**역 멘토링**(Reverse mentoring)
**역할연기**(Role-plays)
**유리천장**(Glass ceiling)

**인-바스켓**(In-basket)
**자원업무**(Volunteer assignments)
**직무경험**(Job experiences)
**직무확대**(Job enlargement)
**파견근무**(Temporary assignment)
**평가센터**(Assessment center)
**핵심인재**(High-potential employees)
360**도 피드백 시스템**(360-degree feedback systems)
**인터뷰**(Interview)
**전환배치**(Transfer)
**직무순환**(Job rotation)
**코치**(Coach)
**평가**(Assessment)
**프로틴 경력**(Protean career)
**확장업무**(Stretch assignments)

## 토의과제

01. 생산적인 작업 팀을 만드는 데 성과평가가 어떻게 사용될 수 있는가?

02. 효과적인 360도 피드백 시스템의 특징을 나열하고 설명해 보시오.

03. 기업이 왜 공식적 멘토링 프로그램을 개발하는가? 멘토와 멘티가 멘토링 프로그램을 통해 얻는 이점들은 무엇인가?

04. 당신의 상사는 현재 패스트푸드점의 직원 중 관리자로서의 성장잠재력을 갖고 있는 직원을 선별하기 위해 컨설턴트를 고용하려 한다. 관리자의 임무는 고객들이 기다리는 것을 돕고, 피크 시간에 음식을 준비하며, 레스토랑 사업(스케줄링, 유지 보수, 현장 훈련, 식품 구매를 포함)의 모든 측면을 감독하며 고품질 서비스를 제공하기 위해 직원에게 동기를 부여를 하는 것이다. 관리자는 직원들 사이에 발생하는 갈등을 해결하는 것에도 책임이 있다. 이 포지션은 상당한 스트레스를 수반한다. 패스트푸드점의 상사는 컨설턴트에게 성공적인 관리자가 될 수 있는 직원을 선별하는 데 활용할 수 있는 평가 프로그램에 대해 설명해 보라고 한다. 당신이 컨설턴트라면 어떻게 대답하겠는가?

05. 많은 직원들은 자신의 현재 거주하고 있는 지역사회를 좋아하고, 배우자와 아이들이 이사하는 것을 원치 않기 때문에 다른 지역으로 배치되는 것을 싫어한다. 그러나 직원들은 관리자로 승진하기 위해 새로운 기술을 개발해야 하고, 자신의 기술상의 단점을 보완해야 하며, 새로운 업무경험도 쌓아야 한다. 새로운 관리기술을 개발하기 위해 어떻게 현재의 업무에서 다른 업무로 전환배치하도록 하겠는가?

06. 회사 외부에서 겪은 관리자의 경험이 개발에 도움이 되는가? 경험의 유형을 찾아보고 왜 도움이 되는지 설명하시오.

07. 안식휴가의 사례에는 어떤 것이 있는가? 왜 안식휴가가 도움이 되는가?

08. 코칭은 무엇인가? 코칭의 유형은 한 가지인가? 설명하시오.

09. 왜 관리자들은 자신의 직원을 코치하는 것을 주저할까?

10. 기업은 직원들의 개발계획을 도와주어야 하는가? 기업이 얻을 수 있는 이점은 무엇인가? 그에 대한 위험은 없는가?

11. 개발 시스템에서 관리자의 역할은 무엇인가? 당신은 일반적인 관리자의 업무 중 가장 어려운 역할이 무엇이라고 생각하는가? 가장 쉬운 역할은 무엇인가? 관리자가 직원들의 경력관리에 소극적으로 관여하는 이유를 설명해 보시오.

12. 나인-박스 그리드를 그리시오. 이것이 승계계획에 어떻게 유용하게 활용될 수 있는가?

13. 오하이오 콜럼버스에 본사가 있고 5,000명의 직원이 있는 생명보험회사 네이션와이드 파이낸셜(Nationwide Financial)은 관리개발 프로그램에서 몇 가지 유형의 관리자를 포함한다고 한다. 첫 번째 유형은 알 수 없는 지도자로, 적절한 기술은 가지고 있지만 최고경영진에게 알려져 있지 않은 경우다. 다른 그룹은 오만한 지도자로, 그들은 자신들이 필요한 능력을 모두 가지고 있다고 믿는 유형이다. 당신은 이 관리자들에게 어떤 종류의 개발 프로그램을 권할 것인가?

14. 개발이 유리천장을 녹이는 데 어떻게 도움이 될 수 있을까? 여성과 소수 민족 및 인종의 구성원들이 관리직을 수행할 수 있도록 돕기 위해 어떤 개발활동이 중요한가?

## 사례연구

### [직원관리]
### 코카콜라(Coca-Cola)의 유리천장 깨기

코카콜라는 다양성 노력에 활기를 불어넣고자 했다. 20년 이상 전 이 회사는 인종차별 소송을 해결하기 위해 1억 9천만 달러 이상을 지불하기로 합의했다. 2000년에 코카콜라는 공정하고 평등하며 비차별적인 일터를 만들기 위해 채용, 승진 및 급여 관행에 변화를 주었다. 10년 후인 2010년에 흑인 직원들은 소송 이전의 2%에 비해 미국에서 15%의 임원 자리를 차지했지만 2020년에 흑인들은 8%의 임원 자리만 차지했다. 코카콜라의 많은 사람들은 임원 자리에서 흑인의 대표성이 상실된 것은 회사의 다양성 노력이 성별 및 다른 인종과 대표성이 낮은 그룹을 포함하도록 확장되었기 때문이라고 믿었다. 이후 회사가 다양성 수치를 보고하는 방식에도 변화가 있었다. 예를 들어, 코카콜라는 인종별 데이터 공개를 중단한 대신 백인이나 히스패닉이 아닌 직원을 포함한 다문화 직원의 비율을 제공했다. 2017년 회사의 구조조정은 다른 회사에서 채용한 흑인 가용 인재의 급격한 감소를 초래했다. 또한 흑인 핵심인재들은 발전이 너무 느리거나 영향력이 제한적이라고 생각하여 회사를 이직했다. 또한 회사는 임원 급여를 다양성 증가와 연결시키는 것을 중단했다. 채용 노력은 흑인 핵심인재를 포함한 더 다양한 인력의 성장에 기여했지만, 많은 사람들은 회사 내에서 전문적인 네트워크를 개발하는 데 필요한 문화를 환영하거나 코칭과 지원을 받지 못했다. 코카콜라는 여전히 임원 및 고위 관리직의 성과는 다른 회사에 비해 월등하다. 경쟁사인 펩시코(PepsiCo)의 미국 임원의 6.3%가 흑인이다. 모든 회사 중에서 흑인 직원들은 임원 및 고위 관리자 역할의 4% 미만을 차지한다.

**토의과제**

1. 코카콜라는 흑인 핵심인재와 임원의 대표성을 높이기 위해 어떤 전략을 취해야 하는가? 개발활동에 대한 권장 사항과 제안하는 이유에 대한 근거를 제공하시오.
2. 제안하는 개발활동의 진행과 성공을 어떻게 결정하는가?

출처: J. Maloney and L. Weber, "Coke's Elusive Goal: Boosting Its Black Employees," *The Wall Street Journal*, December 17, 2020, pp.A1, A10; P. Newkirk, "Diversity Inc.: The Failed Promise of a Billion-Dollar Business," *strategy+business*, Spring 2020, strategy-business.com, accessed February 8, 2021; M. Kempner, "Coke's Former Go-to Executive on Race Sees Diversity Gap at Company," *The Atlanta Journal-Constitution*, November 23, 2019, ajc.com, accessed February 8, 2021.

## [중소기업의 인사관리(HR)]
## 컨덕틱스 왐플러(Conductix-Wampfler) "누구나 멘토를 가질 수 있다"

오늘날 다른 제조업체와 마찬가지로 컨덕틱스 왐플러는 자격을 갖춘 근로자를 찾고 유지하기 위해 고군분투하고 있다. 에너지와 데이터를 모바일 기계와 장비로 전송하는 시스템 제조업체는 네브래스카에 2곳, 아이오와에 1개 총 3개의 제조시설을 보유하고 있다. 컨덕틱스의 학습관리 코디네이터인 예수시카 존스의 덕분에 이러한 제조공장 환경임에도 불구하고 직원의 이직률은 업계 평균보다 7% 낮다. 해당 프로그램에는 중간 관리자를 위한 리더십 개발과 전체 직원에게 경력개발 기회를 전파하는 멘토링 프로그램이 포함된다.

컨덕틱스 왐플러에서는 모든 신입 직원은 멘토와 연결된다. 기존 직원은 새 직책으로 이동했거나, 추가적인 업무를 맡거나, 추가적인 경력 성장을 원할 때 멘토를 별도로 요청할 수 있다. 멘토는 멘티가 목표를 달성하는 데 가장 도움을 줄 수 있는 직원을 파악하여 선정된다. 멘토는 같은 부서 또는 다른 부서 직원일 수 있다. 또는 멘티가 새로운 또는 다른 관점에서 자신의 상황을 이해할 수 있도록 돕기 위해 다른 소속의 멘토와 매칭될 수 있다. 컨덕틱스는 단순히 멘토를 배정하지 않는다. 그들이 역할에서 성공하는 데 필요한 기술을 개발한다. 회사는 멘토링 관계를 시작하는 방법에 대해 일대일 코칭을 제공한다. 멘토는 목표를 설정하고, 피드백을 주고, 비밀 정보를 다루는 방법을 알기 위해 온라인 교육에 참여한다. 멘티 역시 회의와 목표를 설정하는 데 효과적으로 참여함으로써 프로그램을 최대한 활용하는 방법에 대한 교육을 받는다. 멘토는 멘티와의 관계를 시작하는 데 책임감을 갖고 있다. 하지만 일단 멘토링이 시작되면 회사는 멘티가 자신의 니즈를 멘토에게 전달하고 미팅을 요청할 것으로 기대한다. 멘토를 유치하고 프로그램의 중요성을 강화하기 위해 컨덕틱스는 멘토십 프로그램에 참여한 멘토에게 보상을 제공한다. 이 역할의 요건을 충족하는 멘토는 90일 후에 500달러의 보너스를 받게 되며, 2년마다 수행 평가를 통해 추가 보너스를 받을 수 있다. 또한 회사 뉴스레터의 스포트라이트 기사로 인정을 받을 수도 있다.

멘토, 멘티 및 회사 모두 멘토링 프로그램의 혜택을 받는다. 멘토 역할을 하는 것은 직원들에게 리더십 경험을 제공하고, 코칭 및 피드백 기술을 향상시키며, 다른 기능에서 경영진 및 동료들과 상호작용할 수 있는 기회를 제공하며 이는 승진으로 이어질 수 있다. 멘티는 자신의 직무와 회사 전반에 대해 더 잘 이해함으로써 혜택을 받음으로써 그들의 기술을 향상시키고 새로운 직책에 대한 기회를 확인하는 데 도움이 된다. 컨덕틱스 왐플러는 충성직원, 더 안전한 근무환경 및 내부에서 열린 직책을 확보할 수 있는 인재풀을 얻을 수 있다.

### 토의과제

1. 효과적인 평가가 컨덕틱스 왐플러의 멘토링 프로그램의 성공에 기여할 수 있는 몇 가지 방법

을 제안하라.

2. 이 회사의 멘토링 프로그램의 어떤 특징이 멘토, 멘티 및 회사의 이익에 기여하는가? 그 특징을 파악하고 프로그램의 성공에 기여하는 이유를 설명하라.

출처: "Company & Career," https://www.conductix.us, accessed April 17, 2020; Jessica Jones, "Manufacturing Meets Mentoring," *TD*, September 2019, pp.34-39; "Honing Management and Leadership Skills," interview of Jessica Jones, *Leadership Excellence*, October 2018, pp.12-13.

CHAPTER 09

# 직원 분리 및 유지

**학습목표**

**이 장을 읽고 나면 다음을 수행할 수 있어야 한다.**

01 비자발적 이직과 자발적 이직을 구분하고, 이러한 각 형태의 이직이 경쟁우위를 위해 어떻게 활용될 수 있는지에 대해 토론할 수 있다.

02 정의(justice)에 대한 인식에 기여하는 주요 요소와 징계 및 해고와 관련된 조직 상황에서 이를 적용하는 방법을 나열할 수 있다.

03 직무만족도와 다양한 형태의 이직 사이의 관계를 명시하고, 업무 상황에서 직무만족의 주요 원천을 파악한다.

04 설문조사 피드백 개입 프로그램을 설계하고, 이를 활용하여 조직의 핵심 인력의 유지를 촉진할 수 있다.

# 도입

모든 경영진은 만족스럽고 충성도가 높은 고객의 필요성을 인식하고 있다. 상장 기업이라면 모든 경영진이 만족스럽고 충성도가 높은 투자자의 필요성을 인식하고 있다고 가정해도 무방하다. 고객과 투자자는 조직이 생존할 수 있는 재정적 자원을 제공한다. 그러나 모든 경영진이 직원들의 만족도와 충성도를 높여야 할 필요성을 이해하는 것은 아닌 것 같다. 그러나 한편으로는 직원 만족도와 충성도, 다른 한편으로는 조직의 중요한 성과 사이에는 밀접한 연관성이 있다. 이는 경쟁시장에서 승자와 패자를 가르는 결정적인 요인이 될 수도 있다. 연구에 따르면 직원 유지율과 매출 성장 사이에는 직접적인 연관성이 있으며, '일하기 좋은 100대 기업'에 선정된 기업은 다른 여러 재무지표에서 경쟁사보다 우수한 성과를 거두는 경우가 많다. 특히 직원과 고객 간의 직접적인 접촉이 직원 만족도와 고객 만족도의 관계를 구체화하는 서비스 산업의 경우 더욱 그러하다.

핵심 인력을 유지하는 것 외에도 성공적인 기업의 또 다른 특징은 비생산적인 행동이나 다른 직원을 위협하는 행동을 하는 직원을 해고할 수 있는 능력과 의지가 있다는 것이다. 조직의 HR부서가 이러한 원칙에 따라 직원을 지원하는 데 앞장서야 한다고 주장할 수도 있지만, 항상 그런 것은 아니다. 미투 운동(#MeToo Movement)은 많은 기업이 상사나 동료로부터 피해를 입은 하위 직원을 보호하지 못했고, 가해자를 처벌하기는커녕 오히려 가해자의 은폐를 도운 경우도 있다는 사실을 분명히 드러냈다. 실제로 많은 기업이 은폐과정의 일환으로 가해자에게 호화로운 퇴직 패키지를 제공하기도 했다. 예를 들어, CBS는 다수의 성희롱 의혹이 제기된 레스 문브스(Les Moonves) 전 CEO에게 1억 2천만 달러의 퇴직금을 제공했다. 불과 2년 후, 다른 두 명의 CBS 임원도 비슷한 혐의로 정직 처분을 받아야 했다.

많은 경우 피해자는 인사부서의 관심을 끌기 위해 인사부서를 우회해야 했다. 예를 들어, 나이키(Nike)에서는 성 편견 및 성희롱 문제와 관련하여 인사부에 수많은 불만사항이 접수되었지만 인사부는 이러한 불만사항이 사장되는 곳이었다. 지휘체계를 따르는 것이 효과적이지 않는다는 사실에 좌절감을 느낀 많은 여성들이 모여 매우 상세한 문서와 함께 불만사항의 총합을 CEO 마크 파커(Mark Parker)에게 직접 전달했다.

고발 건수가 워낙 많았기 때문에 결국 2018년에는 12명에 가까운 최고위급 임원이 해고되었다. 사실, 불만을 무시하고 직원을 전혀 보호하지 않는 것보다 더 심각한 것은 몇몇 기술 기업의 인사담당자가 괴롭힘과 성차별에 대해 불만을 제기한 직원들에게 실제로 보복을 가하는 데 연루되었다는 것이다. 이는 인사담당자가 연루된 것으로 그 자체로 처벌을 받아야 마땅하다.

따라서 효과적인 경쟁을 위해 조직은 우수한 성과를 내는 직원이 조직에 계속 머물도록 동기를 부여하는 한편, 만성적으로 성과가 저조하거나 위법행위에 연루된 직원은 퇴사를 허용하거나 장려하고, 필요한 경우 강제 퇴사를 유도하는 조치를 취해야 한다. 인사담당자는 인재 확보 전쟁에서 '자연감원－해고' 전장의 최전선에 서야 한다. 미투 운동에 자극을 받은 인사부서는 지위가 높은 다른 직원으로부터 직원을 보호하는 것을 포함하더라도 조직의 모든 직급에 있는 직원을 보호하고 지원하는 데 다시 집중해야 할 것이다.

이 장에서는 직원 분리 및 유지에 중점을 두고 있다. 제7장과 제8장에 제시된 자료는 현재 효과적인 성과를 내는 직원과 향후 개발 기회에 잘 대응할 수 있는 직원을 파악하는 데 도움이 될 수 있다. 이 장에서는 추가 개발이 필요한 고성과 직원을 유지하기 위해 할 수 있는 일과 개발 기회에 잘 반응하지 않는 저성과 직원을 위한 분리 프로세스를 관리하는 방법에 대해 논의함으로써 3부를 마무리한다.

직원을 유지하기 위해 수행해야 하는 작업의 대부분은 보상 및 복리후생과 관련이 있으므로 이 장은 이러한 문제를 더 자세히 다루는 4부로 연결되는 다리 역할을 한다. 이 장은 두 섹션으로 나뉜다. 첫 번째 섹션에서는 **비자발적 이직**(involuntary turnover), 즉 조직에 의해 시작된 이직(종종 잔류를 원하는 직원들 사이에서)에 대해 살펴본다. 두 번째 섹션에서는 **자발적 이직**(voluntary turnover), 즉 회사에서 계속 근무하기를 원하는 직원에 의해 시작된 이직에 대해 다룬다. 두 가지 유형의 이직 모두 직원의 이직을 반영하지만, 분명히 다른 현상이므로 별도로 살펴볼 필요가 있다.

## 비자발적 이직 관리

회사가 직원 선발, 교육, 보상 시스템 설계 분야에서 최선의 노력을 기울이고 있음에도 불구하고 일부 직원은 업무 중 성과 요건을 충족하지 못하거나 회사 정책을 위반하는 경우가 있다. 예를 들어, 최근의 한 사례로, 2018년에 아마존(Amazon)의 여러 직원이 뇌물을 받고 판매자와 고객에 대한 데이터를 평판이 좋지 않은 판매자나 사기꾼에게 유출한 것으로 밝혀졌다. 뇌물을 제공한 업체는 이 정보를 사용하여 위조 제품을 판매하고, 상표권을 침해하고, 다른 판매자를 방해하고, 고객 데이터를 사용하여 허위 주문을 하는 데 사용했다. 이는 아마존의 비즈니스 모델에 대한 존립의 위협이었기 때문에 아마존은 신속하고 단호하게 대처해야 했다. 아마존의 인사책임자는 "악의적인 행위자가 시스템을 악용하는 경우 고용 및 판매자 계정 해지, 리뷰 삭제, 자금 보류, 법적 조치, 법 집행기관과의 협력 등 신속한 조치를 취한다"고 강조했다.

직원의 위법행위가 발생했을 때 시정조치를 취하지 않으면 해당 행위가 지속되어 인명 또는 재산 피해가 발생할 경우 잠재적인 재앙의 단초가 될 수 있다. 예를 들어, 조지 플로이드(George Floyd)의 사망사건으로 기소된 미니애폴리스 경찰관 데릭 쇼빈(Derek Chauvin)은 경찰 내부에서 지나치게 공격적인 것으로 잘 알려져 있었다. 그는 조지 플로이드를 살해하기 전 재임기간 동안 20건 이상의 고소를 당했고 그의 행동에 대한 내부조사가 진행 중이었다. 그 중 징계로 이어진 유일한 사건은 경범죄 용의자를 연행해 경찰 순찰차에 강제로 태우고 협박하는 등 폭력적인 행동을 일삼았다는 것이었다. 실제로 20달러 위조지폐를 전달한 혐의를 받았던 조지 플로이드에게 이런 일이 벌어졌다. 플로이드는 경찰차에 태워지는 것에 저항했고, 그 결과 몸싸움으로 인해 사망에 이르렀다. 이 사건은 비극적인 인명 손실 외에도 뉴욕시를 상대로 2,700만 달러의 합의를 이끌어냈고, 미국 내에서 인종 관계와 경찰의 재정 지원 필요성을 둘러싼 문화적 전쟁을 촉발시켰다.

하지만 단호한 조치가 절실히 필요한 경우가 많지만, 직원의 고용을 해지하는 것은 세심한 주의와 관심을 기울여 처리해야 하는 어려운 작업일 수 있다. 고용주를 고소하려는 사람들의 증가와 전례 없는 수준의 직장 내 폭력으로 인해 직원을 해고하는 것은 개인적으로 위험하고 법적으로도 복잡해졌다.

위험과 관련하여 최근 데이터에 따르면 매년 25,000건 이상의 업무상 폭행 상해가 스트레스가 극에 달했다고 주장하는 직원들의 손에 의해 발생한다고 한다. 예를 들어, 2019년에는 일리노이주 오로라의 한 공장에서 15년간 근무하다 해고된 직원이 부당한 대우에 대한 보복으로 동료 5명을 총격하여 살해하고 경찰관 5명에게 부상을 입힌 사건이 발생했다. 크리스틴 지만(Kristen Ziman) 경찰청장은 “전형적인 직장 내 총격 사건이라는 용어를 사용하기는 싫지만, 이 사건이 바로 그런 사건이었다”고 말했다. 살인 유형에 전형적이라는 단어를 붙이는 것은 슬픈 일이지만, 이 문제가 얼마나 흔한지를 보여준다. 이 성명이 발표된 지 1년도 채 지나지 않아 밀워키의 몰슨 브루어리 공장에서 5명의 근로자가 사망하는 유사한 사건이 발생하여 이러한 현상이 비극적으로 반복되고 있음이 다시 한번 강조되었다.

유독한 근무환경도 근로자를 자살로 이끌 수 있다. 예를 들어, 프랑스에서는 최고운영책임자(COO)와 인사책임자 등 고위 경영진의 괴롭힘을 수년간 겪은 후 35명의 직원이 직장에서 자살했다. 경영진은 사업규모를 축소하려고 했지만, 근로자들은 정부 시민 서비스 규정(government civil service regulations)에 따라 해고되지 않도록 보호받고 있었다. 따라서 회사는 근로자들이 자발적으로 그만두도록 하기 위해 근로자들의 삶을 비참하게 만들려고 했다. 한 법률 분석가의 말에 따르면 “경영진은 직원들의 퇴사를 촉진하기 위해 의식적으로 직원들의 근무조건을 악화시키고 불안한 분위기를 조성하여 자살로 이어지게 했다”고 한다. 최고경영진은 재판을 받았고 3명은 ‘조직적 살인’ 혐의로 유죄 판결을 받아 감옥에 갇혔다.

법적으로 복잡하다는 점에서 이 결정의 법적 측면은 조직에 중요한 영향을 미칠 수 있다. 지금까지는 명시된 계약이 없는 경우 고용주나 직원 모두 언제든지 고용관계를 종료할 수 있었다. 이러한 관계의 단절은 “정당한 사유”, “사유 없음” 또는 “나쁜 사유”로 인한 것일 수 있다. 시간이 지남에 따라 이 정책을 **임의고용 원칙**(employment-at-will doctrine)이라고 불렀다. 그러나 이러한 임의고용 원칙은 시간이 지남에 따라 크게 약화되었다. 오늘날에는 해고된 직원이 고용주를 부당해고로 고소하기도 한다.

**부당해고 소송**은 일반적으로 (1) 묵시적 계약 또는 약정을 위반했거나(즉, 고용주가 불공정하게 행동했거나) (2) 공공정책을 위반(즉, 직원이 불법, 비윤리적 또는 안전하지 않은 일을 거부)했기 때문에 해고되었음을 입증하기 위해 시도한다. 매우 유명한 한 사례에서는 마이크로소프트(Microsoft)의 하청업체인 라이온브릿지 소프트웨어(Lionbridge Software)에서 근무하던 다수의 계약직 근로자가 노조를 결성한 후 일자리가 모두 해고되자 부당해고 소송을 제기했다. 직원들은 회사가 합법적인 단체교섭단위를 만든 것에 대한 보복이라고 주장했지만, 고용주는 노동 수요 감소로 인한 해고라고 주장했다. 그러나 증거에 따르면 라이온브릿지가 마이크로소프트에 청구하는 비용청구가능시간(billable hours)의 양은 해고 전후로 변경되지 않았으며, 결국 회사는 2018년에 비공개 금액으로 법정 외 합의를 하기로 결정했다.

부당해고 주장의 또 다른 최근 사례는 월마트(Walmart)와 내부 변호사 중 한 명이 연루된 사건이다. 전직 월마트 윤리책임자였던 셰인 페리(Shane Perry)는 회사가 멕시코에서 뇌물수수 혐의를 조사하는 자신의 업무를 방해하기 위해 부적절한 직장 내 행동에 대한 허위 주장을 조작했다고 고발했다. 페리는 뇌물수수 혐의를 조사하기 위해 멕시코로 파견되었고, 일주일간의 조사 끝에 자신의 조사결과가 인기가 없을 것이라는 것을 알면서도 고위 경영진에게 조사결과를 요약한 메모를 작성했다. 이 고소장에서 페리는 월마트가 멕시코에서 빠르게 사업을 확장하는 과정에서 미국 해외부패방지법을 위반했다는 혐의에 대한 조사결과를 변경하라는 압력을 받았다고 말했다. 페리는 변경을 거부했으며 그 이유만으로 해고되었다고 주장했다.

부당해고 소송은 해고된 사람이 보호대상 그룹의 구성원인 경우 민권(civil rights) 침해로 제기될 수도 있다. 예를 들어, 2015년에 맥도날드의 아프리카계 미국인 직원 10명이 인종 때문에 해고되었다고 주장하며 회사를 상대로 소송을 제기했다. 실제로 이 프랜차이즈의 매니저는 "매장에서 게토(ghetto)를 없애야 한다"는 발언을 한 것으로 알려졌다. 맥도날드 코퍼레이션은 이 매니저를 옹호할 의도는 없었지만, 이 문제는 "프랜차이즈"(즉, 법인)가 아닌 직원과 "가맹점"(즉, 현지 매니저) 간의 문제라고 주장했다. 전국노동관계위원회는 그렇게 보지 않았고 법인에 불리한 판결을 내렸다.

이러한 보호대상에는 소수인종 그룹, 여성, 고령 근로자(40세 이상), 성소수자 커뮤니티 구성원, 장애인 근로자(비만자 포함), 내부고발자, 산재보상 청구를 제기한 사람, 그리고 역차별 청구까지 포함하면 백인 등 그 수가 매우 많다. 사실 보호대상자 지위를 주장할 수 있는 능력이 없는 사람을 찾기는 사실상 어렵다. 즉, 성과가 좋지 않아 해고된 경우 거의 모든 경우에 그 사람이 차별의 피해자일 가능성이 제기될 수 있다.

당연히 이로 인해 소송이 증가했다. 연구에 따르면 부당해고 소송에서 원고가 패소하는 경우가 대부분이지만, 소송에 드는 높은 비용 때문에 일부 고용주는 저성과자라도 직원을 해고하는 것을 꺼린다. 이런 경우, 고용주가 단기적으로 강조하는 법정 소송을 피하는 것이 경쟁력 있는 인력을 육성하고 성장해야 하는 장기적인 필요와 충돌하게 된다. 극단적인 예로, 과거에 고객을 상대로 사기를 저지른 직원들의 법적, 윤리적 관행을 모니터링하는 데 실패한 웰스파고 은행은 정부 규제당국으로부터 회사 규모에 상한선을 설정하는 처벌을 받았다. 그 결과 5,000개가 넘는 은행 지점이 폐쇄되고 향후 성장에 대한 엄격한 제한을 받게 되었다. 실제로 최초 사기 신고가 접수된 지 몇 년이 지난 지금도 불법행위에 가담한 직원을 감독한 것으로 추정되는 지역 관리자를 해고하는 절차를 진행 중이다.

이러한 딜레마에 대한 한 가지 반응은 부정적인 조치를 뒷받침할 수 있는 광범위한 '문서 추적(paper trail)'을 만들기 위해 오랜 기간 동안의 저조한 성과를 견디는 것이다. HR 전문가는 종종 과거의 성과 문제를 성실히 문서화하지 않은 상사에게 비난의 화살을 돌리지만, 상사는 종종 돌아서서 HR이 상사가 제공한 증거에 만족하지 않는 겁쟁이라고 비난한다. 게다가 저성과자를 계속 업무에 투입하는 것은 HR 전문가에게 직접적인 영향을 미치지는 않지만, 나머지 직원들의 사기가 저하되는 것을 무기력하게 지켜봐야 하는 상사에게는 매일매일 직접적인 영향을 미친다. 팀 기반 구조에서 구성원 간의 노력과 성과에 큰 편차가 있는 것만큼 조직을 부식시키는 것은 없다.

예를 들어, 한때 킴벌리 클라크(Kimberly-Clark)는 종신고용을 원칙으로 하는 가부장적인 조직으로 여겨졌다. 하지만 특정 개인과 관련된 성과 문제가 점점 더 심각해지면서 수익성에 심각한 타격을 입게 되었다. 30년 경력의 한 베테랑 직원은 "우리는 모두 최고의 팀이 성과를 좌우하는 가장 중요한 요소라고 이야기하지만, 이를 지속가능하게 만드는 지원 프로세스가 없었다."라고 지적했다. 2015년에 성과 관리에 중점을 둔 새로운 프로세스를 도입한 결과, 킴벌리 클라크는 최고 성과자의 95%를 유지하면서 성과가 기대에 미치지 못하거나 일관성이 없는 것으로 평가된 직원의 45%를 해고할 수 있었다.

앞서 프랑스 자살 사건에서 보았듯이 또 다른 의심스러운 반응은 직원이 스스로 그만두도록 하기 위해 해고에 앞서 징벌적 조치를 취하는 것이다. 이러한 반응은 종종 인사규정 때문에 직원을 해고할 수 없는 상사가 좌절한 나머지 다른 방법으로 직원을 처벌하는 데 의존하는 결과이다. 여기에는 낮은 수준의 업무 배정, 사무실 축소 또는

기타 다른 형태의 바람직하지 않은 대우가 포함될 수 있다. 그러나 이러한 접근방식의 문제점은 '보복'으로 해석될 수 있으며, 원래의 차별 소송이 기각되더라도 고용주가 이에 대해 소송을 당할 수 있다는 것이다.

마지막으로, 세 번째로 지속불가능한 반응은 부당해고에 대한 소송을 포기하는 대가로 수천 달러의 초과 퇴직금을 직원에게 지급하는 것이다. 즉, 고용주는 소송이 부당하다고 생각하더라도 소송을 피하기 위해 해고된 직원에게 2만 달러 이상을 주고 소송을 포기할 것을 제안할 수 있다. 이 전략의 문제점은 저성과자나 잘못을 저지른 모든 직원이 퇴사할 때 보상을 받을 자격이 있다는 기대감을 조성하여 결국 경솔한 고소에 대한 보상으로 향후 소송 가능성을 높인다는 점이다. 결국에는 비즈니스를 운영해야 하므로 모든 소송을 피하기 위해 열악한 인력을 용인할 수는 없다.

어떤 경우에는 인력 부족 문제가 결국 외부의 힘으로 해결되기도 한다. 예를 들어, 워렌 버핏(Warren Buffet)이 사모펀드인 3G 캐피탈(3G Capital)과 협력하여 케첩 제조업체인 하인즈(Heinz)를 인수했을 때, 경영진의 90%가 한 달도 안 되어 축출되었다. 3G는 결국 인력의 20%를 감원했고, 1년 후 하인즈의 조정 수익은 40% 증가했다. 가혹해 보일 수도 있지만, 워렌 버핏은 "자본주의에서 효율성은 시간이 지남에 따라 요구되며 3G 직원들이 해낸 일에 경의를 표한다"고 솔직하게 말했다.

저성과자를 조직에 계속 고용하는 데 드는 비용은 무시할 수 없다. 저성과자를 체계적으로 식별하고 필요한 경우 급여에서 제외하는 강제분배등급 시스템을 도입한 조직은 종종 40% 범위의 빠른 개선 효과를 경험한다. 이러한 개선 효과는 시간이 지남에 따라 감소하는 경우가 많지만, 이는 얼마나 많은 조직이 모든 직원을 높은 기준에 맞추기 위해 필요한 규율을 잃고 있는지를 보여준다. 직원 해고와 관련된 중대한 재정적, 개인적 위험을 고려하면 징계 및 해고에 대한 표준화되고 체계적인 접근방식을 개발하는 것이 모든 조직에 중요한 이유를 쉽게 알 수 있다. 이러한 결정은 개별 관리자나 감독자의 재량에만 맡겨서는 안 된다. 다음 절에서는 효과적인 징계 및 퇴사 정책의 측면을 살펴본다.

## 정의의 원칙

효과적인 징계 시스템의 핵심은 징계 대상자를 포함한 모든 직원이 징계 시스템을 "공정하다"고 인식하는 것이다. 이러한 맥락에서 관리해야 할 정의(justice) 또는 공정성(fairness) 인식에는 세 가지 구체적인 유형이 있다. 첫 번째 유형의 정의는 '**분배적 정의**(distributive justice)'라고도 하는 결과 정의(outcome justice)로, (1) 자신의 투입에 비해 받는 결과와 (2) 그 비율을 다른 기준 인물의 어떤 비율과 비교하는 것을 고려한다. 이 기준 인물의 신원은 결과의 공정성 또는 불공정성을 판단하는 데 매우 중요한데, 이는 모든 사람을 동일하게 대우할 필요가 없다는 것을 의미하기 때문이다. 오히려 누군가의 결과가 더 높지만 그 사람의 투입도 더 높고, 그 사람이 반드시 기준이 되는 사람이 아니라면 불평등이나 불공평에 대한 인식으로 이어지지 않는 상당한 불평등이 있을 수 있다.

따라서 일반 근로자는 CEO가 회사의 성과에 막대한 영향을 미치고, 일반 근로자가 "내 급여가 공정한가?"라고 질문할 때 CEO가 직접적인 기준이 되지 않는다고 생각할 수 있기 때문에 일반 근로자가 반드시 CEO와 동일한 급여를 받을 것으로 기대하지는 않는다. 실제로 CEO의 성과와 일반 직원의 성과 사이에는 상당한 차이가 있을 수 있으며, 이는 생각만큼 불공정성에 대한 광범위한 인식으로 이어지지는 않는 것으로 보인다.

해고 결정과 관련하여 결과의 정의는 매우 중요한데, 해고된 개인이 받는 끔찍한 결과가 (1) 해당 개인의 행동(투입)에 의해 정당화되어야 하고 (2) 동일한 위반행위를 한 다른 개인이 대우받은 방식과 일관성이 있어야 하기 때문이다. 따라서 직원이 자신이 잘못한 것이 없다고 느끼거나, 자신이 잘못을 저질렀지만 같은 일을 한 다른 참고인이 해고되지 않았다고 인식하는 경우, 이는 결과의 불공정성에 대한 인식을 불러일으키고 부당해고 소송을 유발할 수 있다.

이러한 인식은 특히 현재 직장을 잃는 것 외에도 다른 곳에서 비슷한 직업을 구하지 못할 수 있을 때 더욱 두드러진다. 예를 들어, 고용주들은 채용서류에 경업금지조항(noncompete clauses)에 서명하도록 채용 예정자에게 요청하는 경우가 점점 더 많아지고 있다. 경업금지조항은 직원이 해고되거나 자발적으로 퇴사할 경우 동종업계의 회사에서 새로운 일자리를 구할 수 없다는 것을 의미한다. 전통적으로 이러한 조항은 직책상 회사의 전략이나 기술에 대한 중요한 독점지식에 접근할 수 있는 최고위급 임원이나 고위 기술인력 등 고임금 직종을 대상으로 했다. 이러한 계약은 전통적으로 힘 있는 두 당사자가 공동으로 협상하여 체결했으며 일반적으로 "공정한" 계약으로 간주되었다.

그러나 오늘날 이러한 계약은 협상이 거의 없고 권력 비대칭이 심한 저임금 초급 직원에게까지 영향을 미치고 있다. 예를 들어, 인턴십(internships)은 오랫동안 젊고 경험이 부족한 근로자가 다양한 산업을 경험하고 기술을 개발하며 중요한 인맥을 쌓을 수 있는 기회였다. 기업 입장에서는 인턴을 고용하는 것이 값싼 노동력을 수입하고 미래의 인재를 유치할 수 있는 방법이다. 그러나 점점 더 많은 인턴들이 경업금지, 기밀유지, 강제중재계약에 서명하도록 요구받고 있으며, 이는 과거에는 고위급 직원에게만 적용되던 제한 사항이다. 많은 사람들이 이를 불공정한 교환으로 간주하는데, 이는 청년의 짧은 회사 근무가 향후 취업 기회에 지속적인 제약이 될 수 있기 때문이다.

예를 들어, 노스캐롤라이나의 한 회사에서 시간당 10달러를 받고 수업 학점을 이수하는 인턴십에 참여했던 델라니 던(Delaney Dunn)은 그러한 양식에 서명한 후 이듬해 졸업식 날 회사로부터 해당 업계에서 일하는 것을 제한하는 경업금지계약서(non-compete agreement)에 서명했음을 상기시키는 편지를 받았다. 당시 22세였던 던은 "대학 졸업을 몇 시간 앞두고 눈물을 흘렸고, 20살 때 서명한 경업금지계약서가 아직도 나를 괴롭히고 있다."고 말한다.

일반적으로 소송을 당한 경우 법원은 독점정보, 영업비밀 또는 저작권이 있는 공식을 보호하기 위한 목적이 아닌 경업금지계약을 거의 인정하지 않는다. 한 법률전문가는 "상대방이 그만두는 것을 원하지 않는다고 해서 경업금지계약을 맺을 수는 없다."라고 지적한다. 실제로 최근 일부 주에서는 경업금지계약을 강제할 수 없도록 하는 법안이 통과되었다. 예를 들어, 캘리포니아의 의원들은 실리콘밸리와 같은 곳에서 근로자가 한 고용주에서 다른 고용주로 이직할 수 있는 능력이 실제로 창의성을 촉진하고 주 전체의 경쟁우위를 더한다고 생각한다. 따라서 이러한 직원들을 자유롭게 하는 것이 캘리포니아주에 가장 큰 이익이 된다고 믿는다.

결과 정의가 목적에 초점을 맞추는 반면, 다른 두 가지 유형의 정의 또는 공정성 인식인 절차적 정의와 상호작용적 정의는 수단에 초점을 맞춘다. 직원에게 부정적인 영향을 미치는 결정을 내리고 실행하는 데 사용된 방법과 절차가 공정하다고 여겨지

**표 9.1 절차적 정의의 6가지 결정 요인**

| | |
|---|---|
| 1. 일관성 | 절차는 시간과 사람에 관계없이 일관되게 적용된다. |
| 2. 편견의 억제 | 절차는 결과에 대한 기득권이 없고 개인에 대한 사전 편견이 없는 사람이 적용한다. |
| 3. 정보의 정확성 | 절차는 사실로 인식되는 정보를 기반으로 한다. |
| 4. 정정 가능성 | 절차에는 실수나 잘못된 결정에 대해 이의를 제기할 수 있는 안전장치가 내장되어 있다. |
| 5. 대표성 | 절차는 해고대상자를 포함하여 결정에 영향을 받는 모든 그룹 또는 이해관계자(동료, 고객, 소유주)의 우려를 반영한다. |
| 6. 윤리성 | 절차는 사생활 침해 또는 기만과 같은 문제와 관련된 일반적인 도덕적 기준에 부합한다. |

면 그렇지 않은 경우보다 훨씬 더 긍정적인 반응을 보일 가능성이 높다. **절차적 정의**(procedural justice)는 특히 결과를 결정하는 데 사용되는 방법에 중점을 둔다. 〈표 9.1〉에는 사람들이 절차가 공정하다고 인식하는지를 결정하는 6가지 핵심 원칙이 자세히 나와 있다. 해고로 인한 모든 부정적인 결과를 고려하더라도 해고된 사람은 결정에 도달하는 데 사용된 절차가 일관되고, 편견이 없고, 정확하고, 수정 가능하고, 대표적이며, 윤리적이라면 분노를 최소화하면서 결정을 받아들일 수 있다. 이러한 방식으로 결정에 이르게 된 절차가 인식될 때 개인은 부당하게 배제되었다고 느끼지 않는다. 이는 시스템에 의해 촉발된 특정 결정에 불만이 있더라도 시스템 전체에 대한 믿음을 유지하는 데 도움이 된다.

이것이 사실이 아닐 경우 편견에 대한 인식이 생길 수 있다. 한 흑인 직원이 다른 직원들도 저지르는 일상적인 실수 때문에 해고되었다는 통보를 받은 JP모건 은행의 사례를 예로 들 수 있다. 다른 직원들은 같은 실수를 저질렀지만 해고되지 않았는데 자신만 해고 대상으로 지목된 것 같아서 그는 차별 소송을 제기했다. 조사과정에서 은행은 그가 처음 들었던 해고 사유와 다른 이유를 제시했다. 그러나 은행은 그가 첫 번째 회의를 몰래 녹음했다는 사실을 알지 못했고, 이는 실제로 그가 해고되지 않은 다른 사람들이 저지른 실수로 인해 해고되었다는 것을 보여주었다. 이는 명백한 절차적 불공정의 사례였으며, 은행은 재빨리 입장을 번복하고 법정 밖에서 합의를 했다.

절차적 정의가 어떤 결정이 내려졌는지를 다루는 것이라면, **상호작용적 정의**(interactional justice)는 그 결과가 어떻게 실행되었는지에 대한 대인관계적 특성을 말한다. 예를 들어, 많은 문서화된 사례에서 고용주는 직원에게 해고 통보를 한 후 즉시 경비원

**표 9.2 상호작용 정의의 네 가지 결정 요인**

| | |
|---|---|
| 1. 설명 | 결정을 정당화하는 절차적 공정성의 측면을 강조한다. |
| 2. 사회적 민감성 | 상대방을 존엄하고 존중하는 태도로 대한다. |
| 3. 배려 | 상대방의 우려사항에 귀를 기울인다. |
| 4. 공감 | 상대방의 감정과 동일시한다. |

에게 직원들의 다양한 개인 물품을 골판지 상자에 아무렇게나 담아 건물 밖으로 내보내도록 지시한다. 이는 직원들의 존엄성과 직업을 박탈하는 행위이며, 동료에게 이런 일이 일어나는 것을 목격한 직원들은 그날부터 조직에 대한 헌신도가 현저히 낮아진다.

〈표 9.2〉에는 상호작용 정의의 네 가지 주요 결정 요인이 나와 있다. 사회적으로 민감하고 배려하며 공감할 수 있는 방식으로 결정이 잘 설명되고 실행되면 직원 해고 결정으로 인해 발생할 수 있는 분노를 해소하는 데 도움이 된다. 항상 어려운 일이지만, 코로나19 팬데믹 기간 동안 많은 사람들이 일면식도 없는 인사담당자로부터 비인격적인 대규모 줌(Zoom) 통화를 통해 해고 통보를 받았을 때 이는 큰 문제가 되었다. 이 기간 동안 대면회의는 확실히 불가능했지만, 에어비앤비(Airbnb)와 같은 일부 회사에서는 일대일 또는 소규모 그룹 줌으로 회의를 진행하여 각자의 상사에게 보고하도록 했다.

모든 해고 결정은 결과적, 절차적, 상호작용적 정의의 테스트를 통과해야 하지만, 고용주가 이러한 관행을 일상적으로 행하고 실제로 새로운 직원을 채용할 때 이를 광고하는 경우 특히 그렇다. 예를 들어, 넷플릭스(Netflix)는 자사의 문화가 잦은 해고로 특징지어지는 문화이며, 모든 직급의 직원들이 성과를 내지 못하거나 회사의 기준에 부합하지 못했을 때 서로에게 솔직한(혹자는 잔인하다고 표현하기도 한다) 피드백을 제공하도록 권장한다고 공개적으로 밝히고 있다.

넷플릭스의 가치 선언문에는 모든 직원에게 다른 직원을 계속 고용할 이유를 변호할 수 있는지 묻는 '키퍼 테스트(keeper test)'가 있다. 그런 다음 직원이 해고되면 해당 직원과 함께 일했던 모든 사람이 모여 해고가 공정하거나 불공정하다고 생각하는 이유와 이 사건에서 모두가 배워야 할 점에 대해 논의하는 그룹 개입이 있다. 물론 이러한 문화가 모든 사람에게 적합한 것은 아니지만, 넷플릭스는 그 가치에 대해 매우 솔직하고 투명하게 이야기한다.

## 점진적 징계 및 대체 분쟁 해결 방법

가장 극단적인 경우를 제외하고는 일반적으로 첫 번째 위반으로 직원을 해고해서는 안 된다. 그보다는 체계적인 징계 프로그램이 끝난 후에 해고해야 한다. 효과적인 징계 프로그램에는 문서화(징계를 시행하기 전에 마련해야 하는 취업규칙 및 직무설명서의 구체적인 게시 포함)와 점진적 처벌조치라는 두 가지 핵심 요소가 있다. 따라서 〈표 9.3〉에 표시된 바와 같이 징벌조치는 단계적으로 그 강도를 높여야 하며, 명확하게 문서화된 후에만 시행해야 한다.

**표 9.3 점진적 징계 프로그램의 예시**

| 위반 빈도 | 조직 대응 | 문서화 |
|---|---|---|
| 첫 번째 위반 | 비공식 구두 경고 | 증인 출석 |
| 두 번째 위반 | 공식 서면 경고 | 문서 제출 |
| 세 번째 위반 | 두 번째 공식 경고, 일시 정직 위협 포함 | 문서 제출 |
| 네 번째 위반 | 일시 정직 및 '마지막 기회 통지' | 문서 제출 |
| 다섯 번째 위반 | 해고(중재에 회부할 권리 포함) | 문서 제출 |

첫 번째 위반 시에는 비공식 경고로 시작하여 추가 위반 시에는 서면 견책으로 이어질 수 있다. 이후 위반이 계속되면 일시 정직으로 이어질 수도 있다. 회사에서 직원을 정직시키기 전에 다음 위반 시 해고할 수 있음을 알리는 '마지막 기회 통지'를 할 수도 있다. 이러한 절차는 매우 느리게 보일 수 있으며, 신속하고 만족스러운 보복을 원하는 직원의 감정적 욕구를 충족시키지 못할 수도 있다. 그러나 결국에는 문제 직원이 해고될 때 정당한 사유로 해고되었음을 증명할 수 있는 기회를 최소화할 수 있다.

징계 절차의 여러 단계에서 개인이나 조직은 의견 불일치나 갈등을 해결하기 위해 외부의 도움을 받기를 원할 수 있다. 최후의 수단으로 개인은 이러한 유형의 갈등을 해결하기 위해 법적 시스템을 호출할 수 있지만, 이를 피하기 위해 점점 더 많은 기업이 **대체 분쟁 해결**(alternative dispute resolution: ADR)에 눈을 돌리고 있다. 대체적 분쟁 해결은 다양한 형태를 취할 수 있지만 일반적으로 〈표 9.4〉에 표시된 네 가지 단계를 거쳐 진행된다. 각 단계는 다양한 사람들이 다소 광범위하게 참여하는 것을 반영하며, 초기 단계에서 갈등이 해결되기를 희망한다. 그러나 마지막 단계에는 필요한 경우 합의된 중립적인 당사자가 일방적으로 갈등을 해결하는 구속력 있는 중재

**표 9.4 대체 분쟁 해결의 단계**

| | |
|---|---|
| **1단계: 개방적인 정책** | 갈등을 겪고 있는 두 사람(예: 상사와 부하직원)이 함께 합의에 도달하려고 시도한다. 합의에 도달하지 못하면 다음 단계로 진행한다. |
| **2단계: 동료 검토** | 분쟁 당사자와 같은 직급에 있는 조직 내 대표들로 구성된 패널이 사건을 심리하고 당사자들이 합의에 도달할 수 있도록 도와준다. 합의에 도달할 수 없는 경우 다음 단계로 진행한다. |
| **3단계: 조정(Mediation)** | 조직 외부의 중립적인 제3자가 사건을 심리하고 구속력이 없는 절차를 통해 분쟁 당사자들이 합의에 도달할 수 있도록 돕는다. 합의에 도달할 수 없는 경우, 당사자들은 다음 단계로 진행한다. |
| **4단계: 중재(Arbitration)** | 조직 외부의 전문 중재인이 사건을 심리하고 구체적인 결정 또는 판정을 내림으로써 일방적으로 사건을 해결한다. 대부분의 중재자는 경험이 풍부한 고용 변호사 또는 은퇴한 판사이다. |

가 포함될 수 있다.

고용주들 사이에서 ADR의 사용은 빠르게 증가했다. 2012년에는 고용주의 16%만이 근로자에게 고용주를 상대로 소송을 제기할 수 있는 법적 권리를 포기한다는 서명을 요구했지만, 2014년에는 이 수치가 43%까지 증가했다. 이러한 추세의 일부는 2011년 대법원이 고용 전 ADR 동의서의 법적 지위를 인정한 판결에 기인한다. 이 판결 이전에는 많은 하급 법원에서 ADR 판결을 무효화하거나 취소하는 경우가 많았는데, 이는 ADR이 분쟁을 법정에서 해결하지 않고 절차에 또 다른 계층을 추가한다는 것을 의미했다. 대법원은 이 층을 제거하고 직원들이 자발적으로 계약에 서명했다고 판결했다. 따라서 직원들이 서명을 하지 않았다면 고용될 수 없었을지라도 계약에 구속된다. 이는 고용주에게 ADR을 매우 매력적으로 만든다. 집단소송과 관련된 소송비용은 2011년과 2014년 사이에 약 1억 5천만 달러 감소했다.

하지만 2018년으로 넘어가면 미투 운동의 영향으로 ADR의 인기가 시들해지기 시작한다. 고용주들은 기밀유지계약(nondisclosure agreements: NDA)과 함께 의무적인 ADR을 사용하여 피해자를 침묵시키고 가해자를 보호하는 사례가 잇따랐다. 예를 들어, 비디오게임업계의 한 회사에서는 회사를 상대로 12건의 개별 합의가 이루어졌지만 ADR과 NDA로 인해 아무도 문제의 규모를 알지 못했다. 따라서 일부에서는 투명성이 부족하고 권력자(및 공범으로 일하는 인사)가 피해자를 법적 권리로부터 분리하는 데 사용하는 방식 때문에 의무적 ADR의 미래에 대해 의문을 제기하기도 했다.

## 직원 지원 및 건강 프로그램

조직에서 개인의 고용 해지를 고려하게 되는 많은 문제는 약물 또는 알코올 남용과 관련이 있다. 이러한 경우 조직의 징계 및 해고 프로그램에는 직원 지원 프로그램도 포함되어야 한다.

**직원 지원 프로그램**(employee assistance program: EAP)은 감독자나 직원이 다양한 문제에 대한 전문적인 치료를 받을 수 있는 추천 서비스이다. EAP는 매우 다양하지만 대부분 몇 가지 기본 요소를 공유한다. 첫째, 프로그램은 일반적으로 고용주가 발행하는 공식 문서(예: 직원 핸드북)에서 확인할 수 있다. 감독자(및 해당되는 경우 노조 대표)는 건강 관련 문제가 의심되는 직원을 위해 의뢰 서비스(referral service)를 사용하도록 교육을 받는다. 직원들은 또한 필요한 경우 시스템을 사용하여 스스로 의뢰할 수 있도록 교육을 받는다.

원래는 불법 약물 사용을 대상으로 했지만, 많은 EAP에서 처방약, 특히 진통제로 인한 문제가 있는 직원을 처리해야 하는 경우가 점점 더 많아지고 있다. 불법 약물 양성 반응을 보인 근로자의 비율은 1988년 14%에서 2013년 3%로 꾸준히 감소했다. 그러나 옥시콘틴(Oxycontin)이나 바이코딘(Vicodin)과 같은 진통제 양성 반응은 지난 몇 년 동안 급격히 증가했다. 2020년 5월까지 12개월 동안 미국에서 약물과다복용으로 인한 사망자 수는 81,000명을 넘어섰으며, 이는 12개월 동안 기록한 사상 최고 수치이다. 이 중 일부는 코로나19 팬데믹으로 인해 사람들이 스트레스를 받고 실직 시 EAP가 제공하던 안전망이 제거되었기 때문이다. 또한 이러한 약물과다복용의 대부분은 유효한 처방전을 소지한 사람들 사이에서 발생했다.

물론 처방약을 복용하는 근로자가 약물의 영향을 받는 상태에서도 다른 근로자나 고객에게 안전을 위협할 수 있다. 따라서 많은 조직은 불법 약물에 대한 정책만큼이나 엄격한 처방약에 대한 무관용 정책을 시행하고 있다. 또한 기업이 사업을 영위하는 한 국가에서는 진통제가 합법이라 하더라도 다른 국가에서는 합법적이지 않을 수 있다. 예를 들어, 2015년 도요타(Toyota)의 최고위 여성 임원이었던 줄리 햄프(Julie Hamp)는 강력한 진통제인 옥시코돈(Oxycodone)을 소지한 혐의로 체포되어 사임해야 했는데, 마침 일본에서는 이 약물이 불법이었다.

일부 주에서는 직원 지원 프로그램에서 불법 약물과 처방 약물을 모두 고려하는 것 외에도 합법적인 비처방 약물도 다루어야 한다. 제5장에서 언급했듯이 미국의 많은 주에서는 마리화나의 기호용 사용을 허용하고 있다. 그러나 주정부가 직원의 약물 사용을 무시하는 것은 괜찮을지 모르지만, 안전에 민감한 직종에 종사하는 직원이 마리화나 양성 반응을 보이면 사고나 범죄에 대한 책임을 져야 할 수 있는 고용주 입장에서는 훨씬 더 어려운 일이다. 또한 음주측정기를 통해 최근 음주 여부를 확인할 수 있는 알코올과 달리 마리화나 약물검사는 몇 주 후에 양성 반응이 나올 수 있다. 따라서 이는 EAP에서 해결해야 하는 문제이다.

EAP 효과의 핵심은 직원의 건강을 증진하는 데 사용할 수 있는 정보 수집과 직원의 프라이버시 권리 사이에서 적절한 균형을 맞추는 것이다. 많은 직원이 자신의 경력을 손상시킬 수 있다고 생각되는 정보를 제공하는 것을 두려워하기 때문에 정보를 기밀로 유지하고 상담 및 재활을 통해 자진신고하는 직원을 지원하는 것이 고용주에게 가장 큰 이익이 된다. 그러나 알코올 또는 약물 중독 근로자의 재활률은 100%에 미치지 못하므로 고용주는 이러한 근로자가 다른 사람에게 안전을 위협하지 않도록 진행 상황을 모니터링해야 할 의무가 있다. 예를 들어, EEOC는 최근 근로자가 EAP에 참여하고 알코올 중독 치료를 받고 있는 경우, 이를 알고 있는 관리자는 이 근로자가 사무실 파티에서 술을 마시는 것을 목격하면 이를 EAP에 보고할 의무가 있다고 판결한 바 있다. 다시 말하지만, 이는 사생활 침해로 보일 수 있지만 이 권리는 안전한 직장에 대한 다른 직원의 권리와 비교하여 고려해야 한다.

다시 진통제 이야기로 돌아와서, EEOC는 고용주가 처방 진통제를 불법적으로 사용하는 직원에 대해 조치를 취할 수 있음을 분명히 했다. 그러나 직원이 합법적으로 진통제를 사용하는 경우, 고용주는 직원이 안전하고 효과적으로 업무를 수행할 수 있는 방법이 있는지 고려하지 않고 직원을 자동으로 실격 처리할 수 없다. 진통제 중독은 인정된 장애이므로 고용주는 이를 합리적으로 수용해야 할 의무가 있다. 고용주는 안전상의 이유로 직원을 업무에서 배제할 수 있지만, 이는 해당 직원이 다른 사람에게 중대하고 실질적인 위해를 가할 위험이 있다는 증거가 있는 경우에만 가능하다.

EAP는 건강 관련 문제로 인해 직장에서 문제가 발생한 직원을 처리하는 반면, 직원 건강 프로그램(employee wellness programs)은 건강 관련 문제를 사전에 예방하는 데 중점을 둔다. 2019년 고용주가 제공하는 의료 서비스 비용은 직원 1인당 약 24,000달러였으며, 비용은 매년 5%씩 상승하고 있다. 따라서 건강한 직원을 보유하는 것이 고용주의 이익에 부합하는 것은 분명하며, 이것이 바로 직원 건강 프로그램이 필요한 이유이다.

직원 건강 프로그램은 규모와 종류가 매우 다양하기 때문에 비용과 효과에 대해 일반적으로 말하기는 어렵다. 일부 회사에서는 단순히 더 나은 건강을 유지하는 방법에 대한 팸플릿을 배포하고 이를 건강 프로그램이라고 부르기도 한다. 다른 프로그램에서는 직원들이 핏빗(Fitbits)과 같은 웨어러블 센서를 사용하여 건강상태를 지속적으로 모니터링하고, 회사가 후원하는 시설과 의료진을 제공하여 더 나은 건강을 지원하며, 건강 관련 목표를 달성한 직원에게 금전적 보상을 제공하기도 한다.

실제로 핏빗 제조업체는 원래 비즈니스 모델이 주로 개인 대상 판매에 중점을 두었기 때문에 처음에는 기업에서 수백 개의 트래커(trackers)를 대량으로 구매하는 것에 놀랐다. 그러나 그들은 빠르게 비즈니스 모델을 조정하여 개인을 대상으로 한 피트니스 애플리케이션(fitness applications)뿐만 아니라 기업을 대상으로 한 건강 애플리케이션(wellness applications)에 훨씬 더 집중했다. 가장 최신 버전의 디바이스에는 사람들의 신체적 스트레스, 심방세동의 조기 징후를 감지하는 심장 지표, 호흡수, 혈중 산소 포화도, 안정 시 심박수, 체온 감지 등과 관련된 전극활동센서가 포함되어 있다. 실제로 이러한 새로운 디바이스는 단순히 걸음 수를 세는 것에서 한 걸음 더 나아갔다.

자발적 건강 프로그램의 효과에 대한 증거는 결과의 변화와 관련하여 강력하지 않다. 연구에 따르면 회사의 자발적 건강 센터를 이용하는 직원과 이용하지 않는 직원을 직접 비교했을 때 두 그룹은 (a) 자가보고된 건강 행동, (b) 10가지 건강 측정 결과, (c) 사내 의료자원 이용, (d) 결근 및 업무성과 측면에서 차이가 없는 것으로 나타났다. 따라서 조직은 일반적으로 리소스를 제공하는 것 이상의 조치를 취하고 직원에게 보상 또는 불이익을 주어 변화에 대한 동기를 부여해야 한다. 건강을 직원과 연결할 때 건강한 라이프스타일을 유지하는 직원에게 보상을 제공할 것인지, 그렇지 않은 직원에게 불이익을 줄 것인지가 관건이다.

많은 고용주들은 사람들이 이익에 대한 약속보다 손실에 대한 위협에 더 강하게 반응하며, 건강 증진에 대한 인센티브를 제공하는 회사의 보상 프로그램은 효과가 없는 것으로 나타났다. 이와 대조적으로 처벌 기반 프로그램은 확실히 사람들의 주의를 끌 수 있다. 처벌 프로그램이 효과가 있는 한 가지 이유는 훨씬 적은 수의 사람들을 대상으로 하기 때문이다. 증거에 따르면 의료비용의 약 80%가 20%의 근로자에 의해 발생하고, 1%의 근로자가 전체 비용의 33%를 발생시킨다고 한다. 이러한 특정 개인을 목표로 하는 것은 비용을 관리하는 효율적인 방법임이 입증되었지만, 고용주가 이러한 종류의 벌금을 부과할 수 있는 범위에는 법적 제한이 있으며, 일부에서는 이러한 프로그램이 미국 장애인법을 위반한다고 주장하고 있다.

직원 건강 프로그램의 성과를 좌우하는 주요 결정 요인 중 하나는 직원의 건강이 업무 수행에 얼마나 중요한 요소인지 여부이다. 일반적으로 체질량 지수(BMI)가 30 이상인 경우를 비만으로 정의한다면 미국에서는 비만이 유행하고 있는 것이다. 미국인의 비만율은 1993년과 2012년 사이에 두 배로 증가했으며, 일부 조직에서는 이러한 비만이 업무 수행능력에 위협이 되고 있다. 예를 들어, 미국 연방수사국(FBI)은 요원들이 1년에 한 번씩 체력 테스트를 통과해야 하며, 이를 통과하지 못하면 연례 성과 평가 및 승진 절차에 포함된다는 새로운 요건을 발표했다. 한때 FBI의 거의 모든 요원은 범죄자를 추적하고 체포하는 현장에서 매우 활동적인 업무를 수행했다. 하지만 테러, 사이버 보안, 대규모 사기의 위협으로 인해 많은 직원이 장시간 컴퓨터 앞에 앉아 있는 사무실로 밀려났다. 이는 기관 내 비만율에 예측 가능한 영향을 미쳤다. 이 문제를 해결하기 위해 이제 상담원들은 쉬지 않고 팔굽혀펴기를 24회, 윗몸일으키기를 1분 동안 35회 할 수 있어야 한다. 또한 상담원들은 300야드를 1분 이내에 전력 질주하고 1마일을 12분 이내에 달릴 수 있어야 한다.

## 전직 상담

영구적인 해고는 당사자에게 분노를 불러일으킬 뿐만 아니라 어떻게 대응해야 할지 혼란스러워하고 다음 단계에 대해 난감해한다. 당사자가 더 이상 잃을 것도 없고 기댈 곳도 없다고 느끼면 폭력이나 소송이 발생할 가능성이 대부분의 조직이 용인하는 것보다 높다. 따라서 많은 조직에서 **전직 상담**(outplacement counseling)을 제공하여 해고된 직원이 다른 직장으로의 전환을 관리할 수 있도록 돕는다. 전직 지원 프로그램을 통해 제공되는 서비스에는 일반적으로 경력 상담, 구직 지원, 이력서 비평, 면접교육, 네트워킹 기회 제공 등 매우 다양한 종류가 있다. 비용 절감과 대부분의 구직활동이 온라인에서 이루어지고 있다는 점을 인식하여 이러한 프로그램을 온라인으로 전환하는 경우가 점점 더 많아지고 있다. 상담사와 고객 간의 대면회의는 대부분 웹 기반 도구로 대체되면서 과거의 일이 되어 가고 있다.

많은 전문가들이 전직 지원 프로그램이 전직자들이 실제로 새로운 일자리를 찾는 데 도움이 되는지에 대해 비판하고 있다. 많은 프로그램이 고객과 업계의 특정 요구에 맞지 않는 표준화된 교육 프로그램과 거의 동일한 문서를 여러 근로자에게 발송하는 상용구 이력서 서비스를 통해 '천편일률적인' 접근방식을 취하고 있기 때문이다. 이러한 서비스를 제공받은 근로자의 40%는 한 번도 출석하지 않았고, 나머지 30%는 한두 번의 세션 후에 서비스 이용을 중단한 것으로 나타났다.

그럼에도 불구하고 많은 고용주가 전직 지원 프로그램에 전념하고 있으며, 전직 지원 활동의 비즈니스 사례를 뒷받침하는 증거는 직원이 새로운 일자리를 찾는 것 이외의 다른 성과에 대한 것이다. 특히 직원 소송과 관련하여 전직 지원 활동을 제공하는 고용주는 이러한 서비스를 제공하지 않는 회사에 비해 전직 직원이 소송을 제기할 가능성이 10% 낮다. 또한 전직 지원 활동을 실시한 고용주 중 약 20%가 전직 지원 프로그램 시작 후 잔류한 직원의 이직률이 감소했다고 응답했다. 또한 이러한 종류의 직원 지원을 제공한 기업의 경우 신입 직원 채용 비용이 24% 더 낮은 것으로 보고되었다. 마지막으로, 전직 지원 서비스를 제공한 고용주의 38%는 인력 감축 후 1년이 지난 후 직원 만족도가 증가한 반면, 서비스를 제공하지 않은 고용주는 14%에 불과했다.

이러한 이유로 일부 기업에서는 실직한 직원을 다른 회사의 더 좋은 일자리에 배치할 수 있다고 자랑하기도 한다. 예를 들어, 오라클(Oracle)은 오라클에서 더 이상 성장할 여지가 없었던 전직 임원 12명 이상이 다른 회사의 CEO가 되었다는 사실을 광고하며 경력을 시작하기 좋은 곳이라는 오라클의 명성을 드높이고 있다.

최소한 전직 상담은 실직이 세상의 끝이 아니며 다른 기회가 존재한다는 사실을 깨닫도록 도와줄 수 있다. 예를 들어, 존 모그리지(John Morgridge)는 하니웰(Honeywell)의 지사장으로 일하다 해고당했을 때 자신의 주장과 독립에 대한 욕구만으로는 하니웰과 같은 대규모 관료조직에서 결코 성공할 수 없다는 것을 깨달았다. 모그리지는 자신의 기술을 바탕으로 현재 10억 달러 이상의 가치를 지닌 컴퓨터 네트워크 제조업체인 시스코(Cisco Systems)를 설립했다. 이것은 모그리지에게는 성공 사례이지만, 하니웰과 같은 대기업이 그의 재능을 놓쳤다는 사실은 분명히 하니웰이 기회를 잃었다는 것을 반영한다. 이러한 기여를 할 수 있는 인재를 유지하는 것은 경쟁우위를 확보하고 유지하기 위한 핵심 요소이다. 이 장의 후반부에서는 직원 유지와 관련된 문제를 다룬다.

## 자발적 이직 관리

이 장의 앞부분에서는 회사의 경쟁능력을 보호하는 방식으로 조직의 목표에 기여하지 않는 직원을 돕는 방법과 전직(former) 직원의 대체고용으로의 전환을 지원하는 방법에 중점을 두었다. 이 절에서는 이직 방정식의 다른 측면, 즉 조직에서 높은 가치를 인정받는 직원이 퇴사하거나 경쟁사에 합류하는 것을 방지하는 데 중점을 둔다.

이직비용은 매우 높으며 직원을 잃으면 해당 직원 연봉의 약 2배에 달하는 비용이 발생할 수 있는 것으로 추정된다. 개인의 연차에 따라 재정적 부담은 달라진다. 시간제 근로자의 경우 직원당 평균 1,500달러의 비용이 든다. 기술직의 경우 급여의 100~150%까지 비용이 급증한다. 최고경영진의 이직률은 200%가 넘을 수도 있다. 이직은 시간적인 측면에서도 비용이 많이 드는데, 고용주는 신입사원 채용, 온보딩, 교육에 시간과 리소스를 투입해야 하는 동시에 해당 직책이 채워지지 않아 내부적으로도 비즈니스에 타격을 입게 된다. 이직률은 기업의 평판에도 영향을 미치며 주주들에게 기업이 얼마나 잘 관리되고 있는지를 보여주는 지표로 간주된다. 실제로 새로운 재무공시규정에서는 이직률이 경영진의 강점과 약점을 나타내는 매우 중요한 정보라는 우려 때문에 이직률에 대한 정보를 요구하고 있다.

또한 성공적이라는 평판이 있는 조직은 인재를 훔치려는 외부세력에게 특히 매력적인 표적이 될 수 있다. 예를 들어, 애플(Apple)은 긍정적인 평판 때문에 항상 소중한 직원들을 붙잡기 위해 열심히 노력해야 하는 회사였다. 테슬라(Tesla Motors)는 지난 몇 년 동안에만 150명 이상의 전직 애플 임원, 디자이너, 엔지니어를 고용했다. 테슬라의 경쟁전략 중 하나는 소프트웨어가 자동차 가치의 10%에서 60%로 증가했다는 사실을 활용하는 것이다. 따라서 전직 애플 직원의 기술과 방향성은 테슬라의 비즈니스 모델에 잘 맞다. 이러한 채용 패턴은 테슬라에게는 좋은 소식일 수 있지만, 직원들이 자신의 업무에 더 애착을 갖기를 바라는 애플에게는 나쁜 소식일 수 있다.

나중에 자세히 살펴보겠지만, 직원은 여러 가지 이유로 직장에 애착을 가질 수 있으며, 고용주는 근로자를 유지하기 위한 노력에서 이러한 점을 인식해야 한다. 예를 들어, 예전에는 임금과 고용 안정이 이전 세대의 근로자를 유지하는 주요 동인이었지만, 오늘날에는 그렇지 않다. 젊은 직원들은 현금보다 복리후생을 선호하며, 일반적으로 재미있고 협력적이며 즉각적인 피드백과 발전의 기회를 많이 제공하는 환경에서 일하기를 원한다는 증거가 있다. 이 세대의 직원들은 기술적으로 숙련되어 있고, 인종적으로 다양하며, 사회적으로 상호 연결되어 있고, 기꺼이 협업하고자 하는 등 고용주에게 제공할 수 있는 것이 많다.

또한 일부 고정관념과는 달리 밀레니얼 세대는 조건만 맞으면 이전 세대보다 이직할 확률이 높지 않다. 최근 설문조사에 따르면 밀레니얼 세대로 불리는 22~37세 사이의 근로자 중 70%가 현재 고용주 밑에서 13개월 이상 근무한 경험이 있는 것으로 나타났다. 이에 비해 2002년에 같은 연령대에 속하는 근로자, 즉 X세대의 경우 이 수치는 69%였다.

## 직무이탈 절차

**직무이탈**(job withdrawal)은 불만족스러운 개인이 업무 상황을 피하기 위해 취하는 일련의 행동이다. 〈그림 9.1〉의 오른쪽에는 전체 행동 집합을 행동 변화, 신체적 직무이탈, 심리적 직무이탈의 세 가지 범주로 분류한 모델이 나와 있다.

마치 개인이 이전 범주가 실패하거나 실행이 불가능한 경우에만 다음 범주를 시도하는 것처럼 다양한 형태의 이탈 증상을 점진적으로 제시한다. 이 **이탈진행이론**(theory

그림 9.1 직무불만족-이직 프로세스의 전체 모델

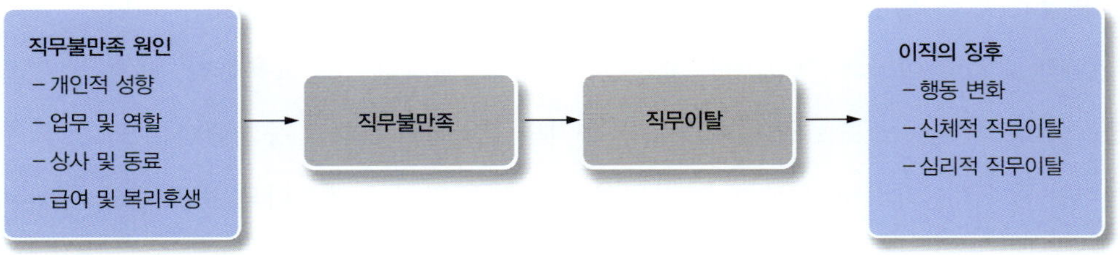

of progression of withdrawal)은 오랜 역사를 가지고 있으며 많은 지지자를 보유하고 있다. 예를 들어, 직장이나 조직에 불만이 있는 사람은 당장 다른 직장으로 옮기지 못하고 적절한 기회가 올 때까지 일시적으로(결근이나 지각을 통해) 또는 심리적으로(업무 몰입도 및 조직에 대한 헌신도가 낮아짐으로써) 이직을 시도할 수 있다.

실제로 이직 과정의 이 단계에서 좋은 예측 지표는 직원이 사용하는 언어에서 알 수 있듯이 직원이 조직문화에 동화되고 있는지 여부이다. 신입사원의 이메일 1,000만 건을 조사한 한 연구에 따르면, 결국 회사에서 성공하고 회사에 남는 신입사원은 욕설, 긍정적 감정 표현, 이미지와 같은 관행에 있어 베테랑 직원의 언어 패턴을 빠르게 받아들이는 것으로 나타났다. 자발적 또는 비자발적 이유로 퇴사할 가능성이 높은 직원들은 입사 전의 언어 스타일을 유지하는 경향이 있었다.

다른 이론에서는 어느 한 범주가 다른 범주를 보완할 수 있으며, 사람들은 특정 불만족의 원인을 해결할 가능성이 가장 높은 범주를 선택한다는 점에서 긴밀한 진행이 없다고 제안했다. 또 다른 이론에서는 이직이 일반적인 수준의 지속적인 불만에 의해 설정된 다음 직장에서 직원을 밀어내거나(상사 또는 동료와의 분쟁 등) 직원을 끌어내는(대체고용 기회 등) 단일 파괴적인 사건에 의해 갑작스럽게 촉발된다고 주장한다. 이 모델은 "낙타의 등을 부러뜨리는 지푸라기"에 초점을 맞추고 있지만, 이직의 필요하지만 불충분한 원인으로서 직무불만족을 강조한다는 점에서 다른 모든 이론과 공통점을 가지고 있다. 어떤 특정 이론을 지지하든 이직 행동은 서로 분명히 관련이 있으며, 적어도 부분적으로는 직무불만족이 원인이라는 데는 대체로 동의하고 있다.

### 행동 변화

불만족에 대한 직원의 첫 번째 반응은 불만족을 유발하는 조건을 바꾸려고 노력하는 것이라고 예상할 수 있다. 불만족스러운 직원이 정책이나 상급자의 인사에 변화를 가져오려고 시도하면서 상사와 부하직원의 대립, 심지어 갈등으로 이어질 수 있다. 처음에는 이러한 유형의 갈등이 관리자에게 위협적으로 느껴질 수 있지만, 자세히 살펴보면 이는 관리자가 중요한 문제에 대해 배우고 해결할 수 있는 기회이다. 안정적이고 지지적인 리더가 하위 직원의 의견을 적절히 수렴하면 조직을 크게 개선하고 몰입도가 높은 직원들의 이직을 방지할 수 있다.

건설적이지 않은 경우, 직원들은 **내부고발**(whistle-blowing; 언론을 통해 불만사항을 공개하는 것)을 통해 변화를 시작할 수 있다. 내부고발자는 내부에서 변화를 이끌어내지 못하는 불만족스러운 개인인 경우가 많으며, 헌신적인 마음이나 좌절감으로 인해 자신의 문제를 외부에 알린다. 예를 들어, 에드워드 스노든(Edward Snowden)은 다른 사람들이 그를 어떻게 생각하든 자신의 마음속에서는 옳은 일을 하고 있다고 생각했다. 미국 국가안보국이 천만 건이 넘는 전화통화정보를 수집하여 미국 시민을 점점 더 많이 감시하고 있다는 사실을 우려한 그는 이 정보를 공개했다. 그는 당시 미국에서 벌어지고 있던 '보안과 프라이버시'의 균형에 대한 전국적인 논쟁을 불러일으키기 위해 시민으로서의 의무를 다하고 있다고 생각했다. 그는 또한 "내 행동으로 인해 고통을 받게 될 것이라는 것을 알고 있지만, 내가 사랑하는 세상을 지배하는 비밀법, 불평등 사면, 저항할 수 없는 행정권력의 연합이 단 한순간이라도 밝혀진다면 만족할 것이다"라고 말하며 자신의 행동의 심각성을 인식하고 있었다.

미국 정부 내 많은 사람들의 눈에 에드워드 스노든은 반역자였다. 전 세계 테러리즘을 막기 위한 노력의 일환으로 진행된 이 프로그램은 누가 누구와 대화했는지에 대한 데이터만 수집했을 뿐 대화 내용은 수집하지 않았다. 이 프로그램은 단순히 전 세계 테러리스트들의 소셜 네트워크를 파악하기 위한 것이었으며, 그 중 일부는 국경 내에 거주하고 있었다. 이 데이터는 전화 도청에 대한 법적 영장을 확보하는 데 사용될 수 있었지만 불법적으로 도청된 전화는 없었다. 그러나 스노든은 이 프로그램을 공개함으로써 잠재적 테러리스트들에게 이전에 알려지지 않은 위험에 대한 정보를 제공함으로써 테러리스트들이 탐지를 피할 수 있도록 방조한 혐의를 받고 있다. 에드워드 스노든이 내부고발자인지 배신자인지는 역사가 판단할 일이지만, 윤리학자들에게 이 사례는 직원이 기꺼이 서명한 특정 계약에 따라 특정 업무를 수행하도록 돈을 지불하는 고용주에 대한 신뢰와 불량 기업이나 과도한 정부기관으로부터 시민을 보호해야 하는 더 큰 사회에 대한 신뢰라는 두 가지 핵심 신뢰 사이에서 균형을 잡아야 한다는 것을 보여준다.

경우에 따라서는 직원들이 개인적인 감정을 공개적으로 드러내 외국 정부로부터 검열을 받을 수도 있다. 국제 비즈니스에서 강력한 기득권을 가진 조직에서는 이러한 상황이 큰 긴장감을 조성할 수 있다. 시간이 지남에 따라 내부고발 활동이 증가하고 있지만, 이는 재택근무가 보편화되면서 미국 근로자들은 전례 없이 고용주에게 내부고발을 하고 있다. 예를 들어, 미국 증권거래위원회(SEC)는 2020년에 사무직 부정행위를 고발하는 7,000건의 제보가 접수되었다. SEC는 성공적인 조사로 이어지는 정보에 대해 내부고발자에게 포상금을 지급하고 있으며, 기관의 대표자들은 코로나19로 인해 수백만 명이 사무실에서 자택으로 이동해야 했던 3월에 기록적인 급증세를 보이기 시작했다고 말한다. 공동작업공간에서 분리된 고립감으로 인해 많은 직원이 고용주에게 얼마나 헌신적인지 의문을 갖게 되었다. 또한 관리자와 동료들이 어깨 너머로 지켜보고 있지 않을 때 직원들은 과감하게 발언할 수 있다고 느낀다. 결국, 재택근무 중에는 복사기를 사용하는 모습을 지켜볼 수 없고 회의 내용을 녹음하기가 그 어느 때보다 쉬워졌다.

### 신체적 직무이탈

근무조건을 변경할 수 없는 경우 불만족스러운 근로자는 이직을 통해 문제를 해결할 수 있다. 불만족이 직무에 국한된 경우(예: 불공정한 상사나 불쾌한 근무조건으로 인한 것) 내부 전근의 형태를 취할 수 있다. 그러나 불만의 원인이 조직 전반의 정책(고용안정성이 부족하거나 시장보다 낮은 급여 수준)과 관련된 것이라면 조직 이직이 발생할 가능성이 높다. 앞서 언급했듯이 이직률과 조직성과 사이에는 음의 관계가 있으며, 일반적으로 근로자, 특히 숙련된 직무의 고성과자를 교체하는 데는 많은 비용이 든다.

불만족스러운 업무에서 물리적으로 멀어지는 또 다른 방법은 완전히 그만두는 것이 아니라 결근하는 것이다. 결근은 직원이 직장을 그만두는 것에 비해 재정적으로 덜 혼란스럽지만, 많은 고용주, 특히 한 사람의 결근을 보충하기가 더 어려운 소규모 회사에서는 여전히 비용이 많이 든다. 결근율이 높으면 어느 순간 생산이 완전히 중단될 수도 있다. 미국 노동부에 따르면 2020년 4월, 코로나19 확산으로 인해 200만 명이 결근한 것으로 기록된 것은 많은 고용주에게 해당되는 사례이다.

직원의 결근으로 인한 직접비용은 급여의 약 2%에 해당하는 것으로 추정되지만, 결근으로 인한 간접비용도 있다. 예를 들어, 고용주는 결근한 직원을 보충하기 위해 대체인력을 고용하거나 다른 직원에게 초과근무수당을 지급해야 할 수 있다. 또한 생산량이 감소하고 고객이 서비스를 더 오래 기다려야 할 수도 있다. 이러한 간접비용을 더하면 결근으로 인한 비용은 급여의 4%에 육박한다.

### 심리적 직무이탈

불만족스러운 직원이 상황을 바꿀 수 없거나 물리적으로 업무에서 벗어날 수 없는 경우, 심리적으로 업무에서 이탈할 수 있다. 물리적으로는 업무에 종사하고 있지만 마음은 다른 곳에 있을 수 있다.

이러한 심리적 이탈은 여러 가지 형태로 나타날 수 있다. 첫째, 주된 불만족이 직무 자체와 관련이 있는 경우 직원의 직무몰입도가 매우 낮을 수 있다. **직무몰입도**(job involvement)는 사람들이 자신의 직무와 자신을 동일시하는 정도이다. 직무몰입도가 낮은 직원은 자신의 업무가 자신의 삶에서 중요하지 않은 부분이라고 생각한다. 고용주 전체에 대한 불만이 있을 때 발생할 수 있는 두 번째 형태의 심리적 이탈은 낮은 수준의 조직몰입이다. **조직몰입**(organizational commitment)은 직원이 조직과 동일시하고 조직을 위해 기꺼이 노력하는 정도를 말한다. 고용주로부터 부당한 대우를 받았다고 느끼는 개인은 헌신 수준을 낮추는 방식으로 대응하는 경우가 많으며, 직장을 그만둘 수 있는 좋은 기회를 찾는 경우가 많다. 반면, 자신의 업무에 몰입하고 고용주에게 헌신하는 직원은 문제를 제기하고 우려를 표명하며 나쁜 상황이라고 생각되는 것을 바꾸려고 노력함으로써 문제에 대응할 가능성이 훨씬 더 높다. 아이러니하게도 대부분의 내부고발자는 직장을 떠나는 순간 직장을 잊어버리는 사람이 아니라 자신의 업무나 조직에 헌신하는 사람인 경향이 있다.

## 직무만족도 및 이직률

〈그림 9.1〉에서 살펴본 바와 같이, 모든 다양한 형태의 이직의 핵심 원동력은 직무만족도이며, **직무만족도**(job satisfaction)는 자신의 직업이 자신의 중요한 직업적 가치를 충족시키거나 충족시킬 수 있다는 인식에서 비롯되는 즐거운 감정으로 정의한다. 이 정의에는 직무만족의 세 가지 중요한 측면이 반영되어 있다. 첫째, 직무만족도는 "사람이 의식적 또는 무의식적으로 얻고자 하는 것"으로 정의되는 **가치**(values)의 함수이다. 둘째, 이 정의는 직원마다 어떤 가치가 중요한지에 대한 견해가 다르며, 이는 직무만족도의 성격과 정도를 결정하는 데 매우 중요하다는 점을 강조한다. 직무만족의 세 번째 중요한 측면은 **지각**(perception)이다. 개인의 인식은 현실을 완전히 정확하게 반영하지 못할 수 있으며, 사람마다 같은 상황을 다르게 볼 수 있다.

특히 사람들의 인식은 기준 프레임에 의해 크게 영향을 받는 경우가 많다. **기준 프레임**(frame of reference)은 다른 점과 비교하여 의미를 부여하는 기준점이다. 예를 들어, MBA 학위를 취득한 남성과 여성 간의 임금 격차가 큰 것으로 나타났다. 지난 8년 동안 MBA를 취득한 12,000명 이상을 대상으로 한 설문조사에 따르면, 남성과 여성 학위 취득자 모두 거의 동일한 수준(여성은 약 $98,000, 남성은 $105,000)에서 시작하는 것으로 나타났다. 그러나 8년이 지나면 남성은 17만 5천 달러, 여성은 14만 달러로 격차가 더 벌어진다. 남성과 여성이 근무하는 산업(남성은 금융업에 더 많이 종사하는 경향이 있음)과 업무의 성격(예: 설문조사에 따르면 남성은 평균 5명을 감독하는 반면 여성은 3명을 감독함)이 다르기 때문에 이것이 편견을 반영하는 것인지 알기는 어렵지만, 일부 여성에게는 여전히 받아들이기 어려운 사회적 비교임에는 틀림없다.

많은 사람들은 이러한 불평등이 최근 전문직 여성이 남성에 비해 더 높은 비율로 직장을 떠나는 추세에 기인한다고 지적한다. 지난 10년간의 연구에 따르면 전문직 남성과 전문직 여성의 퇴사율은 함께 증가했지만, 2020년에는 약 86만 명의 여성이 직장을 떠난 반면 남성은 22만 명에 그쳤다. 이는 코로나19 팬데믹으로 인한 낮은 급여와 압박이 급여뿐만 아니라 여성의 경제활동 참여율에도 불균형적으로 영향을 미친 것으로 보인다.

이러한 종류의 기준 프레임 효과는 강력하기 때문에 많은 회사에서 급여 수준을 비밀로 하여 사회적 비교의 영향을 줄이려고 노력한다. 실제로 일부 고용주들은 불공정하다는 항의가 만연할 것을 우려해 직원들의 급여 공개를 금지하는 규정을 두고 있다. 그러나 노동조합에 가입하지 않은 직원도 해고나 문책에 대한 두려움 없이 급여 정보를 공유할 권리가 있다고 오랫동안 노동관계법이 해석되어 왔다. 따라서 급여 논의를 금지하는 정책이 반드시 엄격하게 합법적인 것은 아닐 수 있다.

또한 많은 사람들은 급여비밀유지정책이 의도치 않게(또는 의도적으로) 임금차별 소송을 방지하고 여성과 소수 민족 및 인종 그룹의 구성원들이 자신의 지위조차 알지 못하도록 하기 위해 시행되고 있다고 생각한다. 따라서 급여비밀규정을 없애는 것이 급여 형평성을 높이기 위한 첫걸음이 될 수 있다. 연구결과에 따르면 임금 수준이 공개되면 고임금 직원의 만족도는 높아지고 저임금 직원의 만족도는 낮아지며, 임금 수준을 공개하면 전반적으로 임금의 범위가 축소되는 경향이 있다고 한다.

## 직무불만족의 원인

사람과 조직의 여러 측면이 직원들의 불만족을 유발할 수 있다. 이러한 요소는 직무만족도를 높이고 직원의 이직률을 낮출 수 있는 지렛대이므로 관리자와 HR 전문가는 이를 인지하고 있어야 한다.

### 안전하지 않은 근무환경

이 장의 앞부분에서는 약물 중독 및 알코올 의존과 같은 특정 문제에 대한 직원 지원 프로그램을 통해 직원이 건강을 유지할 수 있도록 돕는 고용주의 역할에 대해 설명했다. 고용주가 직원들이 업무 외적으로 노출되는 위험에 대해 이 정도로 신경을 쓴다면 업무 중에 발생하는 위험 노출에 대해서도 더욱 강조해야 할 필요가 있다.

물론 모든 직원은 안전한 근무환경을 누릴 권리가 있다. 근무조건에 대한 조직 자체 직원들의 인식과 반응은 단순히 법적 요건을 충족하는 것 이상의 만족도, 유지율, 경쟁우위에 영향을 미친다. 즉, 지원자나 현직자가 해당 직무로 인해 자신의 건강이나 생명이 위험하다고 판단하면 근로자를 유치하고 유지하는 것이 불가능해진다.

모든 직업이 안전 위험을 초래하는 것은 아니지만, 많은 직업의 업무 특성상 안전 관련 인식을 관리하는 것이 매우 중요하다. 여기에는 어선 선원, 목재 절단공, 항공사 조종사/승무원, 구조물 금속 노동자, 쓰레기 수거원, 택시 기사/운전사와 같은 직업이 포함되며, 이들은 모두 사망사고가 발생할 가능성이 가장 높은 직업으로 확인되었다. 실제로 이러한 직종에서만 매년 1,000명에 가까운 사람들이 사망하고 있다.

역사적으로 사망사고율이 낮았던 다른 직종은 비사망사고율이 높았으며, 여기에는 식당, 병원, 요양원, 편의점, 장거리 트럭 운송업에 종사하는 많은 직업이 포함된다. 그러나 이러한 직종에 종사하는 많은 사람들이 코로나19 팬데믹 기간 동안 '필수 근로자'로 간주되어 치명적일 수 있는 질병에 감염될 위험이 실제로 증가했다. 이러한 근로자 중 일부는 위험에도 불구하고 출근하지 않으면 해고 또는 실업보험을 해지당할 수 있다는 위협을 받았기 때문에 선택의 여지가 없었다.

또한 위기 초기에는 많은 고용주가 이러한 근로자에게 제공할 개인보호장비가 부족했기 때문에 안전에 대한 신뢰가 거의 구축되지 않은 임시방편적인 노력에 그쳤다. 당연히 직장을 떠날 수 있는 사람들이 직장을 떠났고, 여기에는 많은 의료 전문가가 포함되어 수요가 최고조에 달했을 때 의료 공급이 급감했다. 또한 코로나19 환자와 직접 접촉하지는 않았지만 준비가 부족하고 과잉된 코로나19 검사시스템의 일부로 일하는 실험실 기술자들도 팬데믹 기간 동안 큰 고통을 겪었다. 인력 부족으로 인해 기술자들은 10~12시간 교대근무를 해야 했고, 자신을 보호하기 위해 전신 가운, 소매 덮개, 장갑 두 켤레, N-95 마스크, 고글을 착용하고 근무하는 경우가 많았다. 작업 자체가 매우 까다롭고 결과가 모호할 수 있는 상황에서는 정확성과 중요한 판단을 내릴 수 있는 능력이 필요하다. 또한 테스트의 기반이 되는 기술이 24시간 연중무휴로 작동하도록 개발된 적이 없었기 때문에 기계가 계속 고장 나면서 프로세스가 더욱 느려지고 있었다.

장시간 근무는 특히 야간에 근무할 때 안전하지 않다. 최근 항공업계에서 야간에 근무하던 항공교통관제사가 근무시간 연장으로 인해 잠을 자고 있는 것으로 밝혀진 몇 가지 사례에서 이 점이 강조되었다. 예를 들어, 한 관제사는 지난 24시간 동안 2시간도 채 자지 못한 채 근무했으며, 이는 켄터키주 렉싱턴에서 발생한 컴에어(Comair) 191편 추락 사고의 원인이 되었다. 일반적으로 야간근무는 인체의 기본 생리에 반하고 자연적인 일주기 리듬(circadian rhythm)을 방해하여 여러 가지 신체적 문제를 일으킨다. 따라서 야간근무가 업무 요건인 모든 직업에서 야간근무는 안전문제로 간주되어야 한다.

해외 사업장을 관리할 때 근로자를 보호하고 안전을 보장하는 것은 특히 어려운 일이다. 예를 들어, 패션업계에서는 방글라데시에서 작업하던 낡고 오래된 건물이 붕괴되어 1,000명 이상의 의류 근로자가 사망한 사건으로 인해 H&M, 갭(Gap), 자라(Zara)와 같은 기업이 비난을 받았다. 이 참사 이후 서방 기업들은 방글라데시의 시설 안전 개선을 돕겠다고 약속했다. 그러나 3년이 지난 지금도 안전하지 않은 것으로 확인된 1,600개 건물 중 80%는 손도 대지 않은 상태이다. 노동운동가인 콜 길(Kohl Gill)은 "이 문제에 너무 많은 관심이 쏠렸기 때문에 진전이 거의 없었다는 사실이 놀랍다"고 말한다.

### 개인 성향

불만족은 궁극적으로 개인의 내면에 존재하는 감정이기 때문에 이러한 결과를 연구한 많은 연구자들이 개인차에 초점을 맞춘 것은 놀라운 일이 아니다. 예를 들어, **부**

**정적 정서**(negative affectivity)는 삶의 모든 측면에 대한 만족도에 만연한 개인차를 반영하는 성향적 차원을 설명하는 데 사용되는 용어이다. 부정적 정서가 높은 사람은 모든 상황(업무 및 비업무)에서 분노, 경멸, 혐오, 죄책감, 두려움, 긴장감 등 혐오스러운 기분 상태를 더 많이 느낀다고 보고한다. 부정적 정서가 높은 사람은 자신과 타인의 부정적인 측면에 지나치게 집중하는 경향이 있다. 또한 일반적으로 다른 사람들의 만족도를 높이는 임금 수준 인상과 같은 조직의 개입에도 불구하고 부정적인 태도를 지속하는 경향이 있다.

이 모든 것은 일부 개인이 직장에 대한 만족도가 낮은 경향이 있음을 의미한다. 따라서 이러한 사람들은 조직이나 관리자가 어떤 조치를 취하든 상대적으로 불만족스러울 수 있다. 반대로 긍정적인 사람은 더 열심히 일하고, 조직에 헌신할 가능성이 높으며, 더 많은 급여를 받고, 더 자주 승진하는 경향이 있다는 연구결과가 있다. 그러나 모든 것이 그렇듯이 좋은 것은 지나치게 많이 얻을 수 있으며, 긍정적인 영향력이 높은 사람들로만 구성된 작업 그룹은 지나치게 낙관적이어서 계획이나 프로젝트에서 잘못될 수 있는 부분에 대해 충분한 수준의 비판적 사고를 하지 못하는 경우가 종종 있다. 따라서 팀 구성에 있어 '악마의 옹호자(devil's advocate)'는 매우 중요한 구성원이 될 수 있다.

이러한 특성과 직무만족도 간의 연관성에 대한 증거는 전반적인 직원만족도를 높이기 위한 방법으로 인재 선발의 중요성을 시사한다. 부정적 정서와 같은 특성으로 인해 직무만족도가 시간과 직무에 걸쳐 상대적으로 안정적으로 유지되는 경우, 시간이 지나면 일반적으로 '성향' 또는 적응 수준으로 되돌아가는 이러한 개인의 경우 직무만족도의 일시적인 변화를 지속하기 어렵다는 것을 시사한다. 따라서 일부 고용주는 구직자를 선발할 때 이러한 특성을 선별하려고 노력한다.

### 작업 및 역할

직무불만족을 예측하는 요인으로 업무 자체의 특성을 능가하는 것은 없다. 업무의 여러 측면이 불만족과 연관되어 있다. 업무 특성과 작업자 반응에 관한 몇 가지 정교한 이론이 공식화되고 광범위하게 테스트되었다. 이 중 몇 가지에 대해서는 제3장에서 논의했다. 이 섹션에서는 업무만족도에 영향을 미치는 업무의 세 가지 주요 측면, 즉 업무의 복잡성, 업무 수행 장소와 시간에 대한 유연성, 마지막으로 직원이 업무에 부여하는 가치에 초점을 맞춘다.

몇 가지 예외를 제외하면 업무 복잡성(task complexity)과 직무만족도 사이에는 강한 양의 관계가 있다. 즉, 근로자에게 정신적 도전을 주지 않는 단순하고 반복적인 업무로 인해 발생하는 지루함은 좌절과 불만족으로 이어진다. 많은 관찰자들은 최근 중국에서 발생한 노동 불안의 상당 부분이 이러한 업무의 특정 측면에 기인한다고 지적한다. 예를 들어, 한호이(Han Hoi) 폭동은 두 명의 젊은 노동자 간의 사소한 다툼으로 시작되었지만 곧 2,000명이 넘는 직원과 5,000명의 준군사력이 참여한 대규모 전투로 확대되었다. 이 폭동은 중국 공장과 중국에서 사업을 하는 미국 기반 기업을 집중 조명한 수많은 폭동 중 하나에 불과했으며, 폭스콘(Foxconn)의 작업설계 관행은 애플에게 끊임없는 조사와 곤혹을 안겨주었다.

직무의 복잡성을 높여 직무불만족도를 낮추기 위한 주요 개입 중 하나는 **직무강화**(job enrichment)이다. 용어에서 알 수 있듯이 이 개입은 반복적인 성격이나 낮은 범위로 인해 "빈곤"하거나 지루한 직무를 대상으로 한다. 많은 직무강화 프로그램은 제3장 앞부분에서 설명한 직무 특성 이론을 기반으로 한다. 또 다른 직무 기반 개입은 **직무순환**(job rotation)이다. 직무순환은 한 개인을 시간이 지남에 따라 체계적으로 한 직무에서 다른 직무로 이동시키는 과정이다. 직원들은 특정 직무의 불만족스러운 측면을 무한정 참을 수 없다고 느낄 수 있지만, 일시적으로는 참을 수 있다고 느끼는 경우가 많다.

직무순환은 단순히 특정 직무의 불만족스러운 측면을 분산시키는 것 이상의 역할을 할 수 있다. 직무순환은 직원의 업무 복잡성을 높이고 직무 간 교류를 통해 직원들이 다양한 직무를 이해할 수 있도록 한다. 이를 통해 보다 유연한 인력을 확보하고 조직이 미션을 완수하기 위해 수행해야 하는 다른 업무에 대한 직원의 이해도를 높일 수 있다. 예를 들어, 월마트(Walmart)는 최근 하위 직급 직원을 중간급 관리자로 육성하기 위해 직무순환과 직무강화의 조합인 업스킬링(Upskilling)이라는 새로운 프로그램을 도입했다.

업무 외 역할이 업무 역할에 영향을 미치거나 그 반대의 경우도 종종 발생하기 때문에 업무의 만족도와 유지에 영향을 미치는 두 번째 중요한 측면은 스케줄링(scheduling)의 유연성(flexibility)이다. 물론 유연하지 못한 일정보다 더 나쁜 것은 예측할 수 없는 일정이며, 불규칙한 일정은 가족관리에 혼란을 일으키고 수면장애에 파급 효과를 가져온다. 이는 소매업이나 서비스업에 종사하는 많은 사람들이 직장에서 불만을 느끼는 주요 원인이다. 직원들은 임박해서, 특히 주말에 호출을 받거나 지정된 교대근무를 마치기 훨씬 전에 일찍 퇴근하는 것을 싫어한다.

실제로 패스트푸드 레스토랑인 칙필레(Chick-fil-A)의 핵심 가치 중 하나는 일요일에 휴무하여 직원들이 가족 및 친구들과 함께 시간을 보낼 수 있도록 보장하는 것이다. 이를 통해 업계 평균 이직률이 150%인 것에 비해 연간 4%에 불과한 이직률을 유지할 수 있었다. 일요일 매출 손실로 인해 직원 유지의 가치가 상쇄되지 않을까 우려할 수도 있지만, 칙필레의 인사담당자는 다른 요일에도 칙필레에서 필요한 것을 충족하는 데 익숙해진 충성도가 높은 고객이 있기 때문에 실질적인 손실은 없다고 말한다. 일반적으로 일요일은 가장 선호하지 않는 근무일이며, 여기에는 월요일에 일할 기회를 잡기 위해 일요일 밤에 한 주를 시작해야 한다고 생각하는 지친 직장인들도 포함된다. 모든 기업이 일요일에 문을 닫을 수 있는 여유가 있는 것은 아니지만 일부 고용주는 주 4일 근무를 실험하고 있다.

또한 회사는 가족친화적인 정책을 통해 직원들이 다양한 역할을 관리할 수 있도록 지원할 수 있다. 이러한 정책에는 육아, 노인돌봄, 일자리 공유, 재택근무, 출산휴가 및 육아휴직 연장에 대한 조항이 포함될 수 있다. 그러나 출산휴가 및 육아휴직과 관련하여 미국의 대부분의 고용주는 다른 나라에 비해 훨씬 적은 수의 휴가를 제공한다. 가족 및 의료 휴가법에 따라 고용주는 출산 후 부모에게 12주의 휴가를 제공해야 하지만, 이는 무급휴가이기 때문에 많은 직원이 특히 출산 후 무급으로 그 긴 시간을 보낼 여유가 없다. 국제 순위에서 미국은 라이베리아, 파푸아뉴기니, 수리남과 함께 공동 꼴찌를 차지했으며, 이는 새로운 부모에게 유급휴가를 제공하지 않는 4개국 중 하나이다.

만족도를 창출하는 데 있어 업무의 가장 중요한 측면은 업무가 근로자의 핵심 가치와 의미 있게 연관되어 있는 정도이다. **친사회적 동기**(prosocial motivation)라는 용어는 사람들이 다른 사람을 돕고자 하는 동기를 포착하기 위해 명시적으로 사용되는 경우가 많다. 자신의 업무가 다른 사람들에게 중요한 영향을 미친다고 믿는 사람들은 더 오래 일할 의향이 훨씬 더 높다. 이러한 형태의 동기는 자신의 업무가 고객이나 클라이언트와 같이 자신의 서비스를 통해 혜택을 받는 사람들에게 긍정적인 영향을 미친다는 것을 인식함으로써 촉발될 수도 있다. 반대로 사람들의 사회적 욕구가 좌절

되면 사람들은 종종 부정적이고 자기패배적인 방식으로 반응하여 사람들로부터 멀어지게 된다.

예를 들어, 코로나19 위기 동안 비교적 일상적인 업무를 수행하던 라이솔(Lysol) 제조공정에서 일하던 근로자들은 자신의 제품이 바이러스와의 싸움에서 생명을 구할 수 있다는 사실이 알려지자 직무만족도가 크게 향상되었다. 반면, 이민 위기 동안 이민세관단속국(ICE)에서 일하던 많은 직원은 국경에서 마약 밀수범을 체포하는 업무에서 빈곤과 박해를 피해 탈출하는 가족을 막는 업무로 업무가 바뀌자 직무만족도가 현저히 감소한 것으로 나타났다. 영장이 있든 없든, 이 부대가 미국 남부 국경에서 가족을 분리하고 아이들을 철창에 가둔다는 대중의 인식은 분명했다. 한 장교는 "사람들이 우리에 대해 잘 알지 못하던 곳에서 미움을 받는 곳으로 바뀌는 것은 매우 어려운 일이며, 많은 사람들이 그만두고 싶어 한다."라고 말했다. 이처럼 다른 사람들이 자신의 업무를 어떻게 바라보는지는 해당 직원의 업무만족도에 큰 영향을 미친다.

친사회적 동기 외에도 사람들은 일을 삶의 목적을 부여하는 소명으로 여기기 때문에 일에 의미를 부여할 수 있다. 이 경우 업무에 투입되는 정확한 과업은 중요하지 않을 수 있다. 오히려 모든 것이 일의 결과에 달려 있다. 예를 들어, 일의 의미를 광범위하게 연구한 연구자 마이클 프랫(Michael Pratt)은 같은 현장에서 일하는 벽돌공들에게 무슨 일을 하느냐고 묻는 질문에 대한 우화를 자주 이야기한다. 한 사람은 슬프게 한숨을 쉬며 "벽돌 한 장을 다른 벽돌 위에 얹고 있다."라고 말한다. 두 번째는 "시간당 6펜스를 벌고 있다."고 무관심한 표정으로 말한다. 세 번째는 "성당을 짓고 있어요!"라고 신나게 대답한다. 세 명의 직원 모두 같은 일을 하고 있지만 한 사람은 그 일에서 의미를 찾는 반면 다른 사람은 그렇지 않기 때문에 업무만족도에 있어 큰 차이가 난다.

### 상사 및 동료

조직에서 직무만족도에 영향을 미치는 두 가지 주요 집단은 동료와 상사이다. 직원은 두 가지 이유 중 하나로 인해 상사에 만족할 수 있다.

첫째, 직장인들은 상사가 '따뜻함', 즉 진정으로 직원을 배려하고 인격체로서 존중하는 것으로 생각할 수 있다. 따라서 사람들이 일반적으로 예의 바르고 공손한 문화에 속해 있으면 사람들은 업무에 대한 기여도를 넘어 자신의 존엄성과 가치를 느끼게 된다. 무례한 태도는 스트레스를 유발하며, 연구에 따르면 무례한 대우를 받은 사람은 업무에 집중하기 어렵고, 대신 자신의 열악한 처우에 대해 반추하며 어떻게 하면 보상을 받을 수 있을지 고민하는 것으로 나타났다. 또한 퇴사할 가능성이 높으며, 경우에 따라서는 대규모로 퇴사하기도 한다. 예를 들어, 소프트웨어 회사인 태니엄(Tanium)에서는 오리온 힌다위(Orion Hindawi) CEO의 부당한 감독에 대한 보복으로 고위 임원 12명 이상이 한꺼번에 사임했다. 여기에는 사장뿐만 아니라 마케팅, 회계, 운영, 재무 최고책임자가 포함되어 있어 사실상 전략적 차원에서 회사가 문을 닫게 되었다.

둘째, 상사가 자신의 목표를 달성하는 데 도움이 되는 지원을 제공하기 때문에 사람들은 상사에 만족할 수 있다. 즉, 따뜻한 상사와 동료가 있는 것도 좋지만, 이들이 직원과 팀이 임무를 완수할 수 있도록 돕는 '유능한' 사람이어야 한다는 점도 중요한다. 실제로 따뜻하지만 무능한 리더와 냉철하지만 유능한 리더 중 하나를 선택하도록 했을 때 70%가 냉철하고 유능한 리더를 선택했다.

하지만 냉정하지만 유능한 리더에게는 한 가지 중요한 단점이 있는데, 바로 부하가 리더와의 관계에서 심리적으로 안전하다고 느끼지 못하면 자신의 의견, 특히 반대 의견을 표현하는 데 소극적이라는 점이다. 많은 경우, 이는 사람들이 자유롭고 자신감 있게 의견을 말할 수 있었다면 피할 수 있었던 제대로 검증되지 않은 의사결정과 의사결정 오류로 이어질 수 있다. 따라서 리더에게 높은 따뜻함과 높은 유능함의 조합을 능가하는 것은 없으며, 지지적이고 유능하다고 여겨지는 상사가 이끄는 직원들은 열심히 일하면 언젠가는 좋은 결과가 있을 것이라고 믿고 더 오래 일하고 보상 측면에서 만족감을 늦출 것이다.

상사만이 사회적 따뜻함과 지지를 받을 수 있는 유일한 잠재적 원천은 아니며, 많은 경우 동료의 학대가 직무만족도에 훨씬 더 심각한 부정적인 영향을 미칠 수 있다. 예를 들어, 최근 설문조사에 따르면 응답자의 20%가 직장 동료로부터 괴롭힘을 당한 적이 있다고 답했다. **직장 내 괴롭힘**(workplace bullying)은 직장에서 한 명 이상의 가해자가 업무 수행을 방해할 정도로 위협적, 모욕적이거나 협박하는 언어폭력 및 공격적인 행동의 형태를 취하는, 건강에 해로운 반복적인 학대로 정의된다. 특정 업무가 완료되면 종종 포기하는 학대적인 상사와 달리 동료에 의한 괴롭힘은 지속적이고 가차없이 이루어지는 경향이 있다.

예를 들어, 뉴욕타임즈 기자 바리 와이스(Bari Weiss)는 퇴사하면서 "동료들의 괴롭힘"을 퇴사의 주된 이유로 꼽았다. 바리 와이스는 자유주의적이지 않은 관점에 대해 신문사에 다양성을 더하기 위해 채용되었지만, 이러한 견해를 표명하자 동료들로부터 공격을 받았다. 특히 사회정의 운동의 측면에 의문을 제기하고 타임즈 직원과 회사 경영진에 대해 신랄한 비판을 가하는 것으로 유명했다. 그녀는 기본적으로 트위터와 사내 커뮤니케이션에서 동료들이 자신을 모욕하거나 해고를 요구하는 '적대적인 업무 환경'을 묘사했다. 이 비평에서 그녀는 신문사 내부의 혼란을 "(대부분 젊은) 보수파"와 "(대부분 40대 이상의) 진보파" 사이의 "내전"으로 묘사했다. 그러나 양측의 직원들은 그녀의 발언이 부정확하거나 자신들의 우려를 잘못 표현했다며 이의를 제기했고, 결국 그녀는 동료들로부터 고립되어 더 이상 회사를 유지하는 것이 거의 불가능할 정도로 고립되었다.

서로를 지지하는 환경은 불만을 줄여주기 때문에 많은 조직에서 소프트볼이나 볼링 리그 등을 통해 업무 안팎에서 팀 빌딩을 장려한다. 그룹 구성원들이 서로를 노출하고 공동의 노력을 기울임으로써 그룹의 응집력과 개별 그룹 구성원에 대한 지원이 향상될 것이라는 생각에서이다. 경영진이 스트레스를 받는 직원 개개인이 친구를 사귈 수 있도록 보장할 수는 없지만, 우정과 친밀감을 쌓는 데 필수적인 조건인 직원 간의 상호작용을 더 쉽게 만들 수는 있다.

### 급여 및 복리후생

직업만족도에 영향을 미치는 데 있어 현직자, 직업 자체, 주변 사람들의 영향력을 무시해서는 안 되지만, 대부분의 사람들에게 직장은 주요 수입원이며 재정적 안정의 원천이다. 또한 급여는 조직 내에서뿐만 아니라 사회 전반에서 지위를 나타내는 지표로 간주된다. 따라서 사람들이 집 안에 갇혀 있던 코로나19 팬데믹 기간 동안 아마존 근로자들은 자신들이 회사와 사회 전체에 얼마나 중요한 존재인지 깨닫고 노조 결성을 위협했다. 이 어려운 시기에 많은 돈을 벌고 있던 아마존은 결국 이해를 하고 거의 모든 직군의 구성원에게 임금을 인상하고 일회성 보너스를 제공함으로써 부를 공유했다. 따라서 많은 개인에게는 임금 수준 자체보다 조직 내 다른 직원과 비교한 임금 수준 또는 다른 고용주에서 비슷한 일을 하는 다른 직원과 비교한 임금 수준이 훨씬 더 중요해졌다.

급여와 복리후생이 차지하는 역할이 매우 커서 이 책의 다음 부분 전체를 이 주제에 할애했다. 이 장에서는 주로 급여의 두 가지 측면(급여 수준과 복리후생)에 대한 만족도와 조직 내에서 이를 평가하는 방법에 초점을 맞춘다. 이러한 문제를 해결하기 위한 방법도 이 책의 4부에서 설명한다.

급여 만족도의 주요 차원 중 하나는 시장 임금 대비 급여 수준과 관련이 있다. 직원유지와 관련하여, 한 조직에서 다른 조직으로 이직하는 직원은 종종 더 높은 급여 수준의 약속에 유혹을 받는다. 실제로 조직을 떠난 고성과 직원을 대상으로 한 퇴사 설문조사에 따르면 70% 이상이 "더 나은 급여"를 그 이유로 꼽은 반면, "더 나은 기회"를 꼽은 비율은 33%에 불과했다. 아이러니하게도 같은 직원의 관리자를 대상으로 설문조사를 실시한 결과, 68%가 "더 나은 기회"를 꼽은 반면 "더 나은 급여"라고 답한 비율은 45%에 그쳐 상당한 의견 차이를 드러냈다.

최근 몇 년 동안 노동시장이 긴축되기 시작하면서 많은 고용주들은 인력 이탈을 막기 위해 임금 수준을 인상해야 할 필요성을 인식했다. 전체 비즈니스 모델을 비용 절감에 기반을 둔 월마트도 숙련된 인력을 유지하고 신규 인력을 채용하고 교육할 필요성을 줄이기 위해 2015년에 많은 직원의 임금을 최저임금보다 훨씬 높은 시간당 10달러로 인상했다. 또한 월마트는 근로자가 급여일 전에 자신이 받은 임금의 일부를 사용할 수 있는 프로그램을 시작했다. 임금 인상을 주도한 CEO 더그 맥밀런(Doug McMillon)은 "우리는 회사를 아끼고 비즈니스에 대한 몰입도가 높은 직원을 원한다"고 말했다. 이는 국한된 사례가 아니며, 전국적인 데이터에 따르면 2016년과 2017년 사이에 임금이 약 3% 상승한 것으로 나타났다.

복리후생에 대한 만족도는 전반적인 급여 만족도의 또 다른 중요한 측면이다. 복리후생 지출을 통해 경쟁우위를 확보하려면 직원들의 만족도가 높을 뿐만 아니라 조직의 전략적 방향과도 연계하는 것이 중요하다. 예를 들어, 스타벅스(Starbucks)는 똑똑하고 교육을 중시하는 직원을 유치하고 싶었지만 대학 학력을 가진 직원을 고용할 여력이 없었다. 그래서 스타벅스는 애리조나 주립대학교에서 학사 학위를 취득한 직원에게 학비를 지원하는 등록금 상환 프로그램을 시작했다. 이 프로그램의 비용은 4년 동안 직원 1인당 약 45,000달러에 달했지만, 스타벅스는 이 프로그램이 비즈니스 모델에 맞는 직원을 유치하고 유지할 수 있는 좋은 방법이라고 생각했다. 점점 인기를 얻고 있는 또 다른 혜택은 신입 직원이 이미 발생한 학자금 부채를 갚을 수 있도록 지원하는 것이다.

## 직무만족도 측정 및 모니터링

직무만족도를 측정하려는 대부분의 시도는 근로자의 자기보고에 의존한다. 기존의 많은 척도의 신뢰성과 타당성에 대한 방대한 양의 데이터와 이러한 척도를 사용한 기업의 풍부한 데이터가 있어 기업 간 비교가 가능하다. 고용주가 직원의 만족도를 평가하고자 하는 경우 기존 척도는 훌륭한 출발점이 될 수 있다. 고용주가 이러한 광범위한 구성에 대한 자체 버전의 척도를 생성하여 "쓸데없이 시간을 낭비하는(reinvent the wheel)" 것은 어리석은 일이다. 물론 어떤 조직에서는 특정 건강보험에 대한 만족도 등 해당 조직에 특화된 업무 측면에 대한 직원들의 만족도를 측정하고자 하는 경우도 있다. 이러한 상황에서는 조직이 자체 척도를 만들어야 할 수도 있지만, 이는 규칙이 아니라 예외일 것이다.

표준화되어 널리 사용되는 직무만족도 측정방법 중 하나는 **직무기술지수**(Job Descriptive Index: JDI)이다. JDI는 급여, 업무 자체, 감독, 동료, 승진 등 다양한 측면의 만족도를 강조한다. 〈표 9.5〉에는 JDI 척도의 몇 가지 항목이 나와 있다. 만족도의 다양한 측면을 보다 구체적으로 파악하고자 하는 사람들을 위한 다른 척도도 존재한다. 예를 들어, JDI는 급여에 대한 만족도를 평가하지만 급여를 여러 차원으로 세분화하지는 않는다. 급여 만족도 설문조사(Pay Satisfaction Questionnaire: PSQ)는 이러한 보다 구체적인 차원(급여 수준, 복리후생, 급여 구조, 급여 인상)에 초점을 맞추기 때문에 이 척도를 통해 급여의 어떤 측면이 가장 만족스럽거나 가장 만족스럽지 않은지 더 자세히 파악할 수 있다.

만족도 설문조사는 1년에 한 번 실시하는 것이 일반적이었지만, 점점 더 많은 기술이 기업과 관리자가 보다 신속하게 피드백을 받을 수 있는 기회를 만들어내고 있다. 펄스 설문조사(pulse surveys)는 매일 또는 일주일에 한 번 실시하는 매우 짧은 설문조사로, 회사가 장기적으로 추적하고자 하는 몇 가지 특정 질문(단 한 가지 질문일 수도 있음)에 초점을 맞추는 매우 짧은 설문조사이다. 이러한 단발성 설문조사의 목적은 문제가 곪아 터질 수 있는 연말까지 기다리기보다는 문제가 발생했을 때 더 빨리 문제를 파악하기 위한 것이다. 또한 이러한 설문조사는 1년에 한 번 실시하는 설문조사의 가치를 떨어뜨리는 장기 기억력 문제를 피하는 경향이 있다. 하지만 이러한 짧은 설문조사조차도 자진신고에 의존하고 있으며, 자진신고와 관련하여 사람들이 진실을 말할

**표 9.5 표준화된 직무만족도 척도(JDI)의 샘플 항목**

**지시사항:** 현재 업무에 대해 생각해 보세요. 대부분의 시간은 어떤가요? 아래에 제시된 각 단어 옆의 빈칸에 다음을 기입합니다.

_Y_ 해당 단어가 귀하의 업무를 설명하는 경우
_N_ 해당하지 않는 경우
_?_ 결정할 수 없는 경우

| 직무 자체 | 임금 | 승진 기회 |
|---|---|---|
| _____ 일상반복적 | _____ 마땅히 받아야 할 금액보다 적음 | _____ 기회가 거의 없음 |
| _____ 만족스러운 | _____ 높은 급여 | _____ 불공정한 정책 |
| _____ 좋음 | _____ 안전하지 않음 | _____ 능력에 기반 |

| 감독 | 동료 |
|---|---|
| _____ 무례한 | _____ 지적인 |
| _____ 잘한 일에 칭찬함 | _____ 책임감 있는 |
| _____ 감독을 충분히 하지 않음 | _____ 지루함 |

출처: W. K. Balzar, D. C. Smith, D. E. Kravitz, S. E. Lovell, K. B. Paul, B. A. Reilly, and C. E. Reilly, *User's Manual for the Job Descriptive Index(JDI)* (Bowling Green, OH: Bowling Green State University, 1990).

수 있는 능력과 의지가 있는지 의문이 제기되고 있다.

따라서 일부 고용주들은 길든 짧든 자체 보고 설문조사를 넘어 "디지털 추적"을 통한 눈에 거슬리지 않는 조치에 의존하고 있다. **디지털 추적**(digital traces)이란 웹 크롤러(Web crawlers)를 사용하여 연구자가 액세스할 수 있는 데이터베이스 또는 로그 파일에 저장된 모든 종류의 기록을 말한다. 예를 들어, 웹 크롤러는 이메일 흔적이나 슬랙(Slack) 메시지로 이동하여 다양한 기분과 관련된 단어의 수와 시간 경과에 따른 추세를 계산할 수 있다. 따라서 직원들이 선택한 단어를 중심으로 빅 데이터 분석을 통해 조직의 '분위기'를 파악할 수 있다. 아직은 새로운 기술이고 연구결과에 따르면 이 기술이 얼마나 예측력이 있는지는 밝혀지지 않았지만, 이 기술을 검증할 수 있다면 대표성이 떨어지거나 솔직함이 결여되는 등 자기보고식 설문조사의 한계점을 피할 수 있다.

## 설문조사 피드백 개입

어떤 측정방법을 사용하든, 얼마나 많은 측면의 만족도를 평가하든, 체계적이고 지속적인 직원 설문조사 프로그램은 여러 가지 이유로 모든 HRM 전략에서 중요한 부분을 차지해야 한다. 첫째, 시간이 지남에 따라 추세를 모니터링하여 자발적 이직과 관련된 문제를 사전에 예방할 수 있다. 전국적으로 이러한 유형의 종단적 추세 조사 데이터에 따르면 2017년 미국 근로자의 직무만족도는 2005년 이후 가장 높은 수준을 기록했다. 이 조사에 따르면 미국 근로자의 51%가 자신의 직업에 전반적으로 만족한다고 답했다. 그러나 업무의 특정 요소에 대해서는 큰 편차가 있었으며, 승진 기회에 대한 만족도는 30%에 불과했다.

이러한 질문을 염두에 두고 〈그림 9.2〉는 2016년, 2018년, 2020년의 가상의 회사에서 다양한 측면에 대한 만족도의 평균 프로필을 보여주는 가상의 예이다. 그림에서 알 수 있듯이 이 회사의 승진 기회에 대한 만족도는 시간이 지남에 따라 하락한 반면, 동료에 대한 만족도는 향상되었다. 만약 승진 기회에 대한 만족도와 고성과자의 자발적 이직 사이에 밀접한 관계가 있다면, 이는 제8장에서 논의한 직원 개발기법 중 일부를 통해 조직이 해결해야 할 위협으로 간주될 수 있다.

**그림 9.2** 시간 경과에 따른 만족도 측면별 평균 프로파일

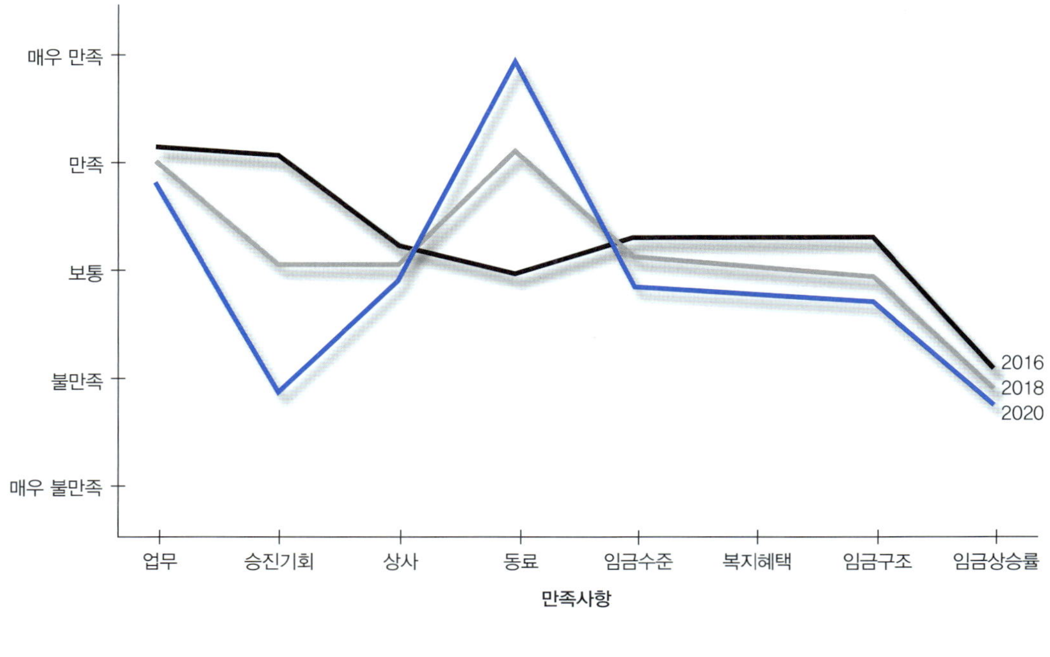

**그림 9.3 주요 사건 전후 만족도 측면별 평균 프로파일**

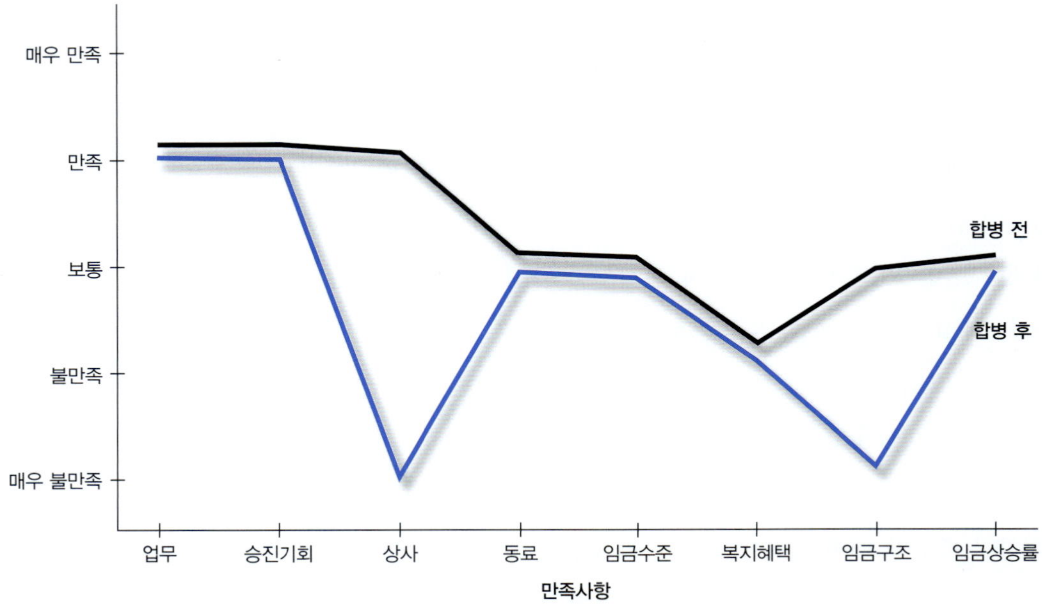


지속적인 직원 만족도 조사 프로그램에 참여하는 두 번째 이유는 정책(예: 새로운 성과평가시스템 도입) 또는 인사(예: 새로운 CEO 부임)의 변화가 직원 태도에 미치는 영향을 실증적으로 평가할 수 있는 수단을 제공하기 때문이다. 〈그림 9.3〉은 합병 1년 전과 합병 1년 후의 가상의 조직에 대한 다양한 만족도 측면의 평균 프로파일을 보여준다. 이 프로파일을 살펴보면 합병 이후 감독 및 급여 구조에 대한 만족도가 급격히 감소했으며, 이는 다른 측면에서의 만족도 증가로 상쇄되지 않았음을 알 수 있다. 이는 제6장에서 논의한 것과 같은 상사를 위한 교육 프로그램이나 제10장에서 논의되는 것과 같은 급여체계의 변경이 필요하다는 것을 시사한다.

이러한 유형의 효과에 대한 실제 사례는 홀푸드(Whole Foods)에서 근무하는 직원들의 경험에서 찾을 수 있다. 이 소매업체가 아마존(Amazon)에 인수된 후 직원들의 직무만족도는 크게 떨어졌으며, 특히 급여에 대한 만족도가 현저하게 떨어졌다. 아마존은 홀푸드의 모든 직원에게 적용되던 이익공유제도를 없애고 임원에게만 적용되는 새로운 프로그램을 도입했다. 이로 인해 2018년 근로자들이 단체교섭단위를 결성하는 계기가 되었으며, 근로자들은 이전에 비해 손실을 초래하는 임금 변화에 매우 민감하다는 일반적인 원칙을 보여준다.

**그림 9.4 만족도 측면별 평균 프로필과 업계 평균 비교**

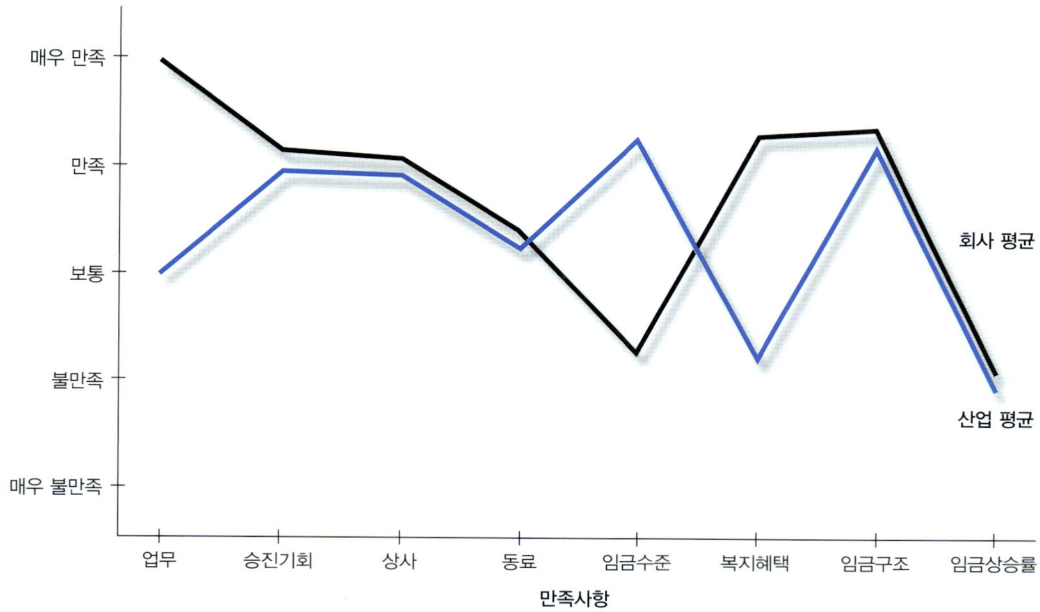


셋째, 이러한 설문조사에 JDI와 같은 표준화된 척도가 포함된 경우, 이러한 척도에 따라 같은 업계의 다른 기업들과 비교할 수 있다. 예를 들어, 〈그림 9.4〉는 가상의 조직에 대한 다양한 만족도 측면에 대한 평균 프로파일을 보여주고 이를 업계 평균과 비교한다. 다시 말하지만, 한 조직과 업계 전체(예: 전체 급여 수준)에서 큰 차이를 발견하면 경쟁사로 대규모 이탈이 발생하기 전에 회사가 이에 대응하고 정책을 변경할 수 있다.

〈그림 9.4〉에 따르면 급여 수준에 대한 만족도는 업계에 비해 낮지만, 이는 복리후생과 업무 자체에 대한 만족도가 업계 평균보다 높기 때문에 상쇄할 수 있다. 제5장에서 살펴본 바와 같이, 조직은 이 정보를 사용하여 체계적으로 인재를 선별할 수 있다. 즉, 업무의 성격과 복리후생에 가장 관심이 많다고 답한 지원자를 선발하고 임금 수준에만 관심이 있는 지원자는 탈락시키는 것이 개인과 조직 간의 적합성을 높이는 데 가장 효과적일 수 있다.

또한 조직 내에서 체계적인 설문조사 프로그램을 통해 부서 간 차이를 확인하고, 이를 통해 여러 부서에 일반화할 수 있는 '모범사례'를 벤치마킹할 수 있다. 예를 들어, 〈그림 9.5〉는 가상의 한 회사에서 5개 지역 부서의 평균 프로필을 보여준다. 이

**그림 9.5 지역 사업부별 만족도 측면별 평균 프로필**

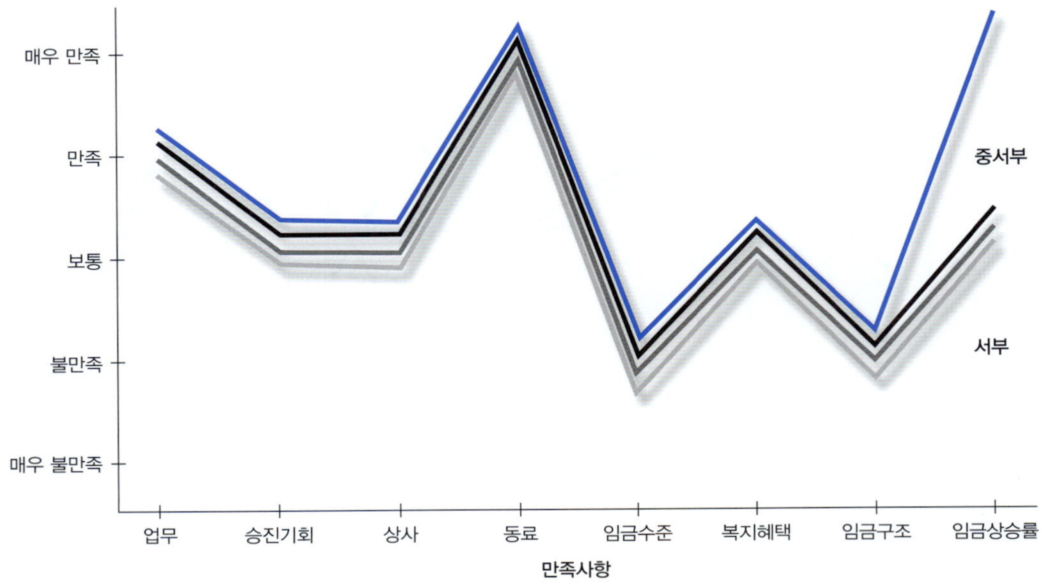


그림은 임금 인상에 대한 만족도가 다른 지역에 비해 한 지역에서 훨씬 높다는 것을 보여준다. 회사 전체에서 임금 인상에 할당된 전체 금액이 동일하다면, 이는 중서부 지역에서 임금 인상이 할당되거나 전달되는 방식을 다른 지역에서도 참고해야 할 사항일 수 있음을 시사한다.

마지막으로, 이 섹션에서는 현직 직원을 대상으로 한 설문조사에 중점을 두었지만, 전략적 유지 정책을 수립할 때는 퇴사를 앞둔 직원을 대상으로 한 설문조사도 고려해야 한다. 퇴사 직원을 대상으로 한 **퇴사 인터뷰**(exit interviews)는 유지율 문제를 야기하는 체계적인 문제를 파악하는 데 유용한 도구가 될 수 있다.

퇴사 인터뷰는 간단한 대화가 아니며, 여러 가지 이유(보복에 대한 두려움, 동기부여 부족 등)로 인해 사람들은 종종 퇴사 이유에 대해 솔직하게 말하지 않는다. 특히 상사나 동료에 대해 물어볼 때 아이러니하게도 상황이 나쁠수록 사람들이 이를 보고할 가능성이 낮아진다. 전 상사나 동료는 새로운 직장을 찾고 있는 직원에게 큰 피해를 줄 수 있다. 따라서 평판에 대한 위험은 퇴사 인터뷰에서 거짓말을 할 충분한 이유가 되며, 특히 현재 직장 외부에 강력한 네트워크가 없는 하위 직급 직원의 경우 더욱 그렇다. 하지만 퇴사 인터뷰를 제대로 실시하면 퇴사 이유를 파악할 수 있다.

예를 들어, 최근 직원들을 대상으로 실시한 퇴사 인터뷰 결과에 따르면, 직장을 떠나는 사람들 중에는 근무시간이 충분하지 않은 근로자 그룹과 근무시간이 너무 많은 근로자 그룹이 뚜렷하게 구분되는 것으로 나타났다. 이는 아이러니하고 직관적이지 않은 것처럼 보일 수 있지만, 시간제 근로자와 급여 근로자로 구분되는 두 부류의 근로자를 중심으로 업무가 점점 더 구조화되고 있다는 점을 고려하면 어느 정도 이해가 되는 부분이다. 물론 이러한 노동력 과잉 및 과소 수요를 완화하는 것이 모든 근로자에게 도움이 되겠지만, 이는 4부의 주제인 임금 및 급여 구조에 관한 규칙이 얼마나 널리 퍼져 있는지를 보여준다.

## 요약

이 장에서는 직원의 이직 및 고용 유지와 관련된 문제를 살펴보았다. 비자발적 이직은 조직에 의해서 시작된 이직으로, 종종 개인이 조직에 남기를 원할 때 발생한다. 자발적 이직은 개인이 자발적으로 이직을 신청한 경우로, 조직이 해당 직원이 조직원으로 남아 있기를 원할 때 주로 발생한다. 조직은 비자발적 이직이 보복을 유발하지 않는 방식으로 이루어지고 고성과자의 자발적 이직이 최소화되도록 이직 프로세스를 전략적으로 관리함으로써 경쟁우위를 확보할 수 있다. 조직의 징계 및 해고 결정에 대한 보복성 반응은 절차적 및 상호작용적 정의를 증진하는 방식으로 이러한 결정을 시행함으로써 최소화할 수 있다. 설문조사를 통해 직무 및 조직의 중요한 측면에 대한 직원의 만족도를 측정하고 모니터링한 다음, 설문조사를 통해 확인된 문제를 해결함으로써 자발적 이직을 최소화할 수 있다.

## 주요 용어

**기준 프레임**(Frame of reference)
**대체 분쟁 해결**(ADR)
**비자발적 이직**(Involuntary turnover)
**임의고용 원칙**(Employment-at-will doctrine)
**전직 상담**(Outplacement counseling)
**조직몰입**(Organizational commitment)
**직무몰입도**(Job involvement)
**직무이탈 진행 절차**(Progression of withdrawal)
**친사회적 동기**(Prosocial motivation)
**내부고발**(Whistle-blowing)
**부정적 정서**(Negative affectivity)
**상호작용적 정의**(Interactional justice)
**자발적 이직**(Voluntary turnover)
**절차적 정의**(Procedural justice)
**직무만족도**(Job satisfaction)
**직무순환**(Job rotation)
**직원 지원 프로그램**(EAP)

## 토론과제

01. 이 장에서 설명하는 징계 및 해고 절차는 체계적이지만 다소 느리다. 당신의 의견으로는 어떤 위반행위는 즉각적인 해고로 이어져야 한다고 생각하는가? 그렇다면 부당해고로 소송을 당할 경우 이를 법원에 어떻게 정당화할 수 있을까?

02. 조직의 이직률은 일반적으로 부정적인 결과로 간주되며, 많은 조직이 이직률을 낮추기 위해 많은 시간과 비용을 투자한다. 어떤 상황에서 이직률 증가가 조직에 필요한 것일 수 있다고 생각할 수 있을까? 직원을 해고하는 것이 어렵다는 점을 감안할 때, 성과가 높은 직원을 유지하는 동시에 성과가 낮은 직원의 이직률을 높이기 위해 어떤 조직 정책을 사용할 수 있을까?

03. 직원 만족도를 높이기 위한 세 가지 인기 있는 개입방법에는 직무강화, 직무순환, 역할 분석이 있다. 이러한 개입방법들 간의 중요한 차이점은 무엇이며, 어떤 조건에서 어떤 방법이 다른 방법보다 선호될 수 있는가?

04. 업무 외적인 스트레스와 불만이 업무상 문제를 일으키기 시작하는 경우, 직원이 이러한 문제를 극복할 수 있도록 돕는 인사관리자의 권리와 책임은 무엇인가? 이러한 영역에 대한 개입은 사생활 침해인가, 자비롭고 이타적인 고용주의 관행인가, 아니면 단순히 회사의 투자를 보호하기 위해 취한 신중한 재정적 조치인가?

05. 직원태도조사에서 발표된 표준화된 척도를 사용할 때의 장점에 대해 토론하라. 고용주가 이러한 설문조사를 위해 자체적으로 측정방법을 개발해야 하는 경우가 있을까? 이를 위한 방법을 배우려면 어디를 찾아야 하는가?

## 사례연구

### [중소기업의 인사관리(HR)]
### 왜 직원들은 홀리데이 인 마트 플라자(Holiday Inn Mart Plaza)에 남는가

홀리데이 인 시카고 마트 플라자 리버 노스(Holiday Inn Chicago Mart Plaza River North)는 시카고 강과 상가 근처에 위치해 방문하기 좋은 곳이지만, 일하기에도 좋은 곳일까? 521개의 객실을 보유한 이 호텔은 200명 이상의 직원이 투표를 통해 시카고 트리뷴(*Chicago Tribune*)이 선정한 최고의 직장 목록에서 소규모 고용주 부문 1위에 올랐을 정도로 직원들은 그렇게 생각한다.

트리뷴 조사에서 호텔에 대해 설명한 직원들은 특히 개인적인 관계에 중점을 두었다. 호텔의 인사책임자인 티나 베벌리(Tina Beverly)는 직장을 팀워크를 강조하는 "가족적인 환경"이라고 설명한다. 룸서비스 직원인 프란신 존슨(Francine Johnson)은 직원들이 모두 "서로를 존중하고" 서로에게서 배운다며 구체적인 예를 들었다. 그녀는 계산원, 호스티스, 바 직원 등 다른 직원의 역할을 대신하는 법을 배우는 것을 즐기고 있다. 프런트 오피스를 관리하는 캐롤리나 다이아몬드(Karolina Diamond)는 직원들을 하나의 팀으로 보고 있다. 그녀는 문제가 발생하면 "우리는 함께 협력하여 문제를 해결하는 방법을 찾아낸다."라고 말한다.

존슨은 업무환경도 높이 평가한다. 그녀는 트리뷴과의 인터뷰에서 "항상 흥미로운 일이 벌어지고 있기 때문에" 출근하는 것을 좋아한다고 말했다. 다이아몬드도 그런 태도를 공유하며, 그녀는 2년 이내로 호텔에 머물 계획이었지만 업무환경이 너무 좋아서 6년이 지난 지금도 계속 근무하고 있다고 했다.

또한 이 호텔은 목표를 공유하고 경영진과의 정기적인 커뮤니케이션을 통해 직원들의 참여를 유도하고 있다. 존슨의 말처럼 "주요 목표는 고객을 만족시키는 것이다." 직원들은 인근 로널드 맥도날드 하우스(Ronald Mc-Donald House) 주민들에게 식사를 제공하고 지역 초등학교와 협력하는 등 지역사회 봉사 프로그램에 참여하도록 초대받는다. 이러한 프로젝트는 참여자들 간에 긍정적인 관계를 구축한다. 커뮤니케이션은 매일 부서별 회의를 통해 활동의 개요를 파악하고, 분기별 타운홀 미팅을 통해 경영진이 모든 직원에게 계획을 발표하는 것을 포함한다. HR 리더는 매월 소규모 직원 그룹과 만나 질문과 아이디어를 수렴한다. 또한 휴대폰 앱을 통해 직원들이 쉽게 소통할 수 있다. HR 책임자인 베벌리는 매일 호텔 곳곳을 돌아다니며 직원들이 근무하는 곳을 방문하기도 한다. 이러한 노력은 "직원들이 행복하고 즐겁게 일할 수 있는 환경"을 조성하는 것을 목표로 하는 호텔의 모기업인 인터컨티넨탈 호텔 그룹(InterConti-nental Hotels Group; IHG)의 전략과 일치하고 있다. (호텔 소유주는 홀리데이 인을 비롯한 다양한 브랜드의 개별 호텔을 IHG로부터 구매한다.)

홀리데이 인 마트 플라자는 매력적인 업무 환경을 조성하기 위한 노력으로 성공을 거두었다. 호텔업계의 평균 직원 이직률은 약 2년이지만, 이 호텔 직원의 3분의 1이 20년 이상 근무하고 있다. 또한 이 호텔은 매출 성장도 호조를 보이고 있다.

### 토의과제

1. 주어진 정보에 따르면 홀리데이 인 마트 플라자가 현재 직원의 직무만족도를 높이는 요인은 무엇인가?
2. 호텔 경영진이 직원 유지에 기여할 수 있는 다른 조치 한 가지를 제안해 보자.

출처: Suzanne Cosgrove, "No. 1: At Holiday Inn Mart Plaza There's an App to Aid Communication, But the Hotel's Family Spirit Is the Real Key," *Chicago Tribune*, November 8, 2019, https://www.chicagotribune.com; "Top Workplaces: Holiday Inn Chicago Mart Plaza River North," *Chicago Tribune*, https://topworkplaces.com, accessed April 29, 2020; InterContinental Hotels Group home page and careers page, https://www.ihgplc.com and https://www.careers.ihg.com, accessed April 29, 2020.

PART 4

Human
Resource
Management
GAINING A COMPETITIVE ADVANTAGE

# 인적자원의 보상

## 제4부 개요

제4부에서는 임금구조 의사결정(제10장), 직원 기여에 따른 보상(제11장)을 포함하여 인적자원관리의 임금과 보상을 다룬다.

여기에서는 회사의 보상전략과 직업의 가치를 고려하여 관리자가 다양한 직업에 대한 임금률을 어떻게 결정해야 하는지 알아본다. 또한 성과급, 이익분배, 역량 기반 급여의 장점과 단점에 대해 논의한다.

CHAPTER 10

# 임금구조 의사결정

**학습목표**

**이 장을 읽고 나면 다음을 수행할 수 있어야 한다.**

01 종업원 보상관리의 주요 의사결정 영역 및 개념들을 열거할 수 있다.

02 종업원 보상관리에 사용되는 주요 관리도구들을 기술할 수 있다.

03 보상 의사결정에 있어서의 경쟁노동시장과 제품시장의 중요성에 대해 설명할 수 있다.

04 커뮤니케이션 등 보상 프로세스 관련 이슈들의 중요성에 대해 논의할 수 있다.

05 임금체계 설계에 대한 새로운 접근법들을 제시할 수 있다.

06 국제사회 관점에서 바라본 미국의 임금 이슈들에 대해 설명할 수 있다.

07 임원임금이 논란이 되는 이유를 설명할 수 있다.

08 종업원 보상에 대한 법과 규제 프레임워크를 기술할 수 있다.

# 도입

고용주의 관점에서 임금은 조직의 전략적 목표를 달성하기 위한 강력한 도구이다. 첫째, 임금은 종업원들의 행동과 태도에 큰 영향을 미친다. 예를 들어, 임금은 종업원들을 유치하거나 유지하는 데 영향을 미친다. 미국에서 코로나19 팬데믹 동안 벌어진 낮은 실업률을 극복하고 더 많은 직원들을 채용하기 위해, 소매업체인 월마트(Walmart), 타겟(Target), 코스트코(Costco)를 비롯한 많은 기업들은 임금을 인상했다. 이와 마찬가지로 일부 기업들은 직원들을 채용하고 그들이 회사를 떠나지 않게 하기 위해, 더 나은 복리후생제도(예, 유급 육아휴직)를 제공하는 등 다양한 노력을 시도하고 있다. 임금인상의 또 다른 주요 원인은 기업 운영전략의 실행이다. 몇 년 전 월마트는 더 나은 고객경험을 제공할 수 있는, 즉 더 나은 서비스를 제공할 수 있는 종업원들을 유치하고 유지하기 위해 보상 수준을 높이기로 결정했다(월마트의 직원 수는 약 150만 명으로 미국 내 사기업 중 그 규모가 가장 크기 때문에, 월마트의 채용제도는 늘 주목을 받는다). 임금은 또한 조직의 이익/목표와 종업원의 이익/목표를 하나의 방향으로 정렬시키는 강력한 동기부여 도구이다(이 내용은 제11장에서 좀 더 구체적으로 논의될 예정임).

둘째, 직원 보상은 일반적으로 업계 평균 전체 수익의 30% 정도를 차지하는 기업의 주요 비용이기 때문에 면밀한 검토가 필요하다. 〈표 10.1〉을 보면 노동집약적인 기업일수록 임금, 즉 인건비의 비중이 높다는 것을 알 수 있다. 예를 들어, 의료서비스 회사인 HCA 헬스케어(HCA HealthCare Inc.)와 커뮤니티 헬스 시스템즈(Community

**표 10.1 운영비 및 매출액에서 차지하는 임금의 비율 – 각 회사별**

| 회사 | 전체 보상비용/운영비 | 전체 보상비용/매출액 |
|---|---|---|
| HCA 헬스케어(HCA HealthCare Inc.) | 52 | 46 |
| 커뮤니티 헬스 시스템즈 (Community Health Systems) | 51 | 46 |
| 골드만 삭스(Goldman Sachs) | 50 | 34 |
| 뱅크 오브 아메리카(Bank of America) | 58 | 35 |
| 유나이티드 항공(United Airlines) | 31 | 28 |
| 아메리칸 항공(American Airlines) | 30 | 28 |

출처: 해당 기업의 최근 연차보고서(Form 10-K) – 각 사 홈페이지 혹은 www.sec.gov 참조.

Health Systems)에서 보상과 관련된 비용은 총 매출의 46%, 총 운영비의 51~52% 수준이다. 금융회사인 골드만 삭스(Goldman Sachs)의 경우 34% 정도이다. 이를 통해 의사나 간호사, 투자은행가들이나 브로커 등 가치 있는 인적자원은 기업이 경쟁하는 데 있어 핵심 요소라는 것을 알 수 있다. 상대적으로 자본집약적인 항공사들에서는 인건비가 기업의 운영비와 매출액에서 차지하는 비중이 낮다.

월마트와 아마존(Amazon) 같은 경우 과거에는 단지 노동시장의 압력이 발생할 때와 다른 정책요인이 생기는 경우에만 임금을 인상하고, 고객에게 낮은 가격정책을 유지하기 위해 임금 수준을 낮게 유지해왔다. 하지만 월마트는 위에서 언급한 것처럼 비용을 통제하기 위해 임금과 종업원 수를 너무 줄이는 것은 결국 자사의 비즈니스 전략을 방해하여, 즉 고객에게 매장에서 쇼핑에 대한 불편한 경험을 초래하게 하여 결과적으로 매출과 이익을 감소시킨다는 것을 깨달았다. 이렇게 모든 기업은 비용 통제와 전략의 실행 사이에서 균형을 잡아야 한다.

또한 기업은 경기와 노동시장의 변화에 따른 경제순환고리에 맞춰서 보상을 관리해야 한다. 기업경기가 둔화될 때 일부 기업은 인원 수를 줄이거나, 특히 장기적인 경기하락이 예상되는 경우에는 이익분배제도나 회사가 적립하는 종업원퇴직연금 등 다양한 종업원보상제도를 줄이면서 인건비를 절감한다. 일부 기업들은 코로나19 팬데믹이나 2008년 세계금융위기와 같은 더 극단적인 상황에서 기본급을 줄이거나 인상을 동결하기도 했지만, 대개의 경우 한시적이었다. 기업은 경기가 침체되었을 때 비용을 절감할 필요성도 있지만 추후에 다시 제품에 대한 수요가 회복될 것을 대비해서, 매출을 늘리기 위해 회사의 자본을 활용할 수 있는 효율적인 인력 역시 확보하여 균형을 맞출 필요가 있다. 팬데믹과 같은 극단적인 상황을 통해, 우리는 이러한 노력이 단기간에 일어나야 한다는 것을 알게 되었다(예: 급여 삭감이나 동결 조치 후 바로 몇 달 뒤 폐지).

경제상황이 좀 더 정상적일 때 임금계획은 불확실성이 적은 상태에서 진행될 수 있다. 예를 들어, 도요타(Toyota)는 미국에서 낮은 판매율을 보이자 미국 자동차 공장에서 종업원 정리해고를 하지 않고, 조업을 중지하고 종업원에게 근속연수별 2주간의 추가 임금과 함께 10주간의 임금을 주기로 하는 희망퇴직(voluntary buyout) 계획을 제안했다. 종업원들은 주당 40시간보다는 주당 36시간을 일하게 되었고, 나머지 시간을 추가 교육과 비용절감에 대한 새로운 방법을 찾도록 재배치하였다. 자동차 판매량이 회복되었을 때, 도요타와 그 종업원들은 다시 생산량을 늘릴 준비가 되어 있었던 것이다.

근로자의 관점에서 임금과 관련된 정책들은 삶의 전반적 생활수준에 영향을 미친다. 임금 수준이 타인과 비교하여 공정하다고 느껴지는 것은 대단히 중요하다. 임금은 사회적 위상과 성공의 신호로 보이기 때문이다. 종업원은 자신의 임금 수준을 통해 회사와 자신의 관계를 평가하기 때문에 임금결정에 큰 의미를 부여한다. 따라서 임금결정은 주의 깊은 관리와 커뮤니케이션을 필요로 한다.

종업원에게 지급되는 총 임금은 현금보상(월급, 성과급, 보너스, 스톡옵션, 기타 인센티브)과 각종 복지혜택(건강보험, 유급휴가, 회사에서 제공하는 실업급여 등)으로 구성된다. 이 장은 임금 수준에 대한 의사결정을 주로 다룰 것이며, 다른 장에서 성과급과 인센티브에 관한 주요 이슈 그리고 종업원 복지와 관련된 보장제도에 대해 면밀히 검토할 예정이다. 기업으로부터 받는 전체 보상은 임금보상과 함께 고용관계에서 발생하는 흥미나 성취감을 주는 직무, 좋은 동료, 자기개발 기회, 회사로부터의 인정 등 비재무적 보상이 있다. 이런 비재무적 보상과 관련된 내용은 다른 장에서 설명하고 있는 내용을 참조하기 바라며, 이 장에서 중요하게 다루는 내용은 기업은 항상 종업원에게 제공할 재무적 보상능력과 사용가능한 보상요인을 통해 전체 보상 정도를 결정하는 보상전략을 선택해야 한다는 사실이다.

임금 수준을 결정하는 요인은 임금구조와 개별임금(individual pay) 두 개로 세분화할 수 있다. 이 장에서는 주로 임금구조에 중점을 두고 있는데, **임금구조**(pay structure)는 필연적으로 임금 수준과 직무구조를 고려해야 한다. 여기서 말하는 **임금 수준**(pay level)은 주급, 월급, 보너스 등을 모두 포함하는 평균 임금으로 정의된다. **직무구조**(job structure)는 조직 내부에서 직무 간 상대적 임금격차와 관련되는데, 같은 직무와 관련해서 두 회사의 다른 정책을 생각하면 이해하기 쉽다. 예를 들어, 기업 1에서는 직무 A와 B에게 각각 40,000달러와 60,000달러를 지급하고, 기업 2에서는 45,000달러와 55,000달러를 지급한다면 기업 1과 2는 같은 임금 수준(50,000달러)이지만, 상대적 임금비율로 인해 다른 직무구조를 가지고 있는 것이다.

조직의 임금 수준과 직무구조는 모두 개별 종업원보다는 직무에 대한 조직의 특성과 의사결정에서 차이가 난다. 그리고 여기서는 직무와 관련된 임금정책과 관련된 이유와 방법에 대해 자세히 다루고, 다른 장을 통해 동일한 직무를 수행하는 개별 종업원의 임금을 결정하는 다른 접근법의 장점과 단점에 대해 토의하고자 한다.

어떤 이유로 임금구조를 만들어 내는 직무에 관심을 가져야 하는가? 조직의 종업원 증가는 많은 인적자원관리를 위한 의사결정도 증가시킨다. 예를 들면, 조직의 보상 결정은 고용주가 감당할 수 있는 범위 내에서 종업원의 외적·내적 공정성과 함께 개별 구성원이 느끼는 주관적 공정성도 충족시킬 수 있는 임금 수준 비율에서 결정해야 한다. 개별 종업원은 자신의 독특함과 차별성에 맞춰 자신만의 개별적인 처우 수준을 요구하겠지만, 유사한 직무를 수행하는 유사한 종업원 처우에 대한 표준은 더욱더 공정성을 유지하는 것이 경영관리를 위한 보상 의사결정에 도움이 된다. 그래서 임금정책은 개인에게 맞춰지기보다는 직무와 연계되곤 한다.

## 공정성 이론과 공평성

임금 의사결정의 결과를 토론하기 위해서는 우선 종업원의 임금 수준은 동료 직원의 임금 수준과 비교해서 평가된다는 것을 알아야 한다. 평등하다는 것과 공정하다는 것은 다르다. 두 직원 중 한 명이 훨씬 많은 조직 기여가 있음에도 불구하고, 회사에 대한 기여도가 같지 않은 두 직원에게 같은 임금(공정성 이론의 투입)이 지불됐다는 사실이 알려지면 사람들은 불공정하다고 인식할 것이다. 따라서 공정성 이론(equity theory)은 사람들은 타인의 상황과 비교하여 자신의 처우가 공정한지를 평가해야 한다는 것을 제안하고 있다. 공정성 이론에 따르면 사람은($p$) 자신이 인지하고 있는 결과 $O$(임금, 복지혜택, 작업환경)를 얻기 위해 인지하고 있는 투입 $I$(노력, 능력, 경험)를 다른 사람($o$)과 비교해야 한다는 것이다.

$$O_p/I_p <, >, \text{ 또는 } = O_o/I_o \ ?$$

만일 $p$의 비율($O_p/I_p$)이 비교대상의 비율($O_o/I_o$)과 비교하여 작다고 인지하게 되면 작은 보상은 불공정하다고 인식하게 된다. $p$의 비율이 커지게 되면, 과대보상은 불공정한 결과라고 인식해야 하지만 이런 형태의 불공정은 더 적게 발생하게 되는데 그 이유는 $p$는 자신의 결과를 과소하게 평가하든지, 본인의 가치 등과 같은 자신의 투입을 호의적으로 재평가하여 그 상황을 합리화하기 때문이다. $p$의 비교 결과는 공정성 인식에 영향을 미치게 되어 공정하다고 인식하게 되면, $p$에게 기대되는 태도나 행동의 변화는 발생하지 않는다. 대조적으로 인지된 불공정성은 $p$로 하여금 공정성을 찾고자 하는 복원력을 가지게 되어 공정함을 회복하기 위해 의도와 반대되는 부산물을 산출하게 된다. 즉, (1) 노력 등과 같은 자신의 투입을 감소시키거나, (2) 절도 등의 부정적 방법으로 자신의 결과를 증가시키거나, (3) 직장을 그만두거나 작업을 거부하고 과대보상받았다고 생각하는 사람과 협력을 거부하는 방식으로 불공정하다고 인지하는 상황을 피하게 된다.

공정성 이론이 종업원 임금관리에 주는 주요 시사점은 자신의 임금을 타인의 임금과 비교하여 평가하며, 작업태도 및 행동 등에 영향을 미친다는 것이다. 예를 들어, 현재 뉴욕 양키스에서 활동하는 유격수 로드리게스(Alex Rodriguez)가 텍사스 레인저스와 계약할 때 시즌 동안 있었던 규정 하나는 다른 구단의 유격수보다 최소 2백만 달러 많은 연봉을 지급해야 한다는 것이었으며, 또 다른 규정은 그의 임금이 다른 구단 선수보다 최소 1백만 달러 더 많지 않으면, 구단에서 방출하거나 현재 팀을 떠날 수 있는 자유를 주어야 한다는 것이었다. 로드리게스의 연봉을 다른 선수 연봉과 연계시켜 놓은 이런 규정은 연봉조건에 있어 상대적 문구의 중요성을 제공해 주고 있다.

또 다른 시사점은 종업원의 주관적 인식이 임금 수준에 대한 평가를 결정한다는 것이다. 다른 기업과 비교하여 좋은 임금을 받고 있다는 사실이 항상 종업원까지 확산되는 것은 아닌 것이다. 종업원은 비교대상에 대한 다른 정보를 가지고 있을 수도 있고, 다른 비교대상을 만들 수도 있다. 예를 들면, 최근 도요타(Toyota)의 임금기준은 미국 자동차산업의 평균 임금에서 임금 수준이 낮은 각 공장이 위치한 지역 평균 임금으로 그 기준을 전환하려는 목표를 설정하였다. 하지만 이를 위해서 도요타는 부서장들과 종업원들이 그 변화를 이해하고 수용할 수 있도록 납득시켜야 하는 과제를 해결해야 한다.

두 가지 형태의 임금에 대한 비교는 임금 수준과 직무구조를 결정하게 된다(〈표 10.2〉 참조). 첫째, 외부 공정성을 기반으로 하는 임금 비교는 종업원이 동일 직무에 종사하는 외부 조직의 종업원과의 임금 비교를 의미하며, 이런 비교를 통해 지금 직장에 계속 근무할 것인지 아니면 다른 직업을 선택할 것인지에 대한 종업원 태도와 의사결정에 영향을 미치며, 회사에 지원하는 신규 지원자로 하여금 직장의 구인요청에 응할 것인가를 결정하도록 하는 의사결정에 영향을 미친다(제4장과 제9장 참조). 기업의 임금 수준 결정은 구성원의 외부 임금 비교와 그 결과에 영향을 미치며, 시장임금조사

**표 10.2 임금구조 개념과 결과**

| 임금구조 의사결정 영역 | 관리도구 | 임금 비교기준 | 공정성 지각의 결과 |
|---|---|---|---|
| 임금 수준 | 시장임금조사 | 외부 공정성 | 외부인력 이동(유능한 종업원 유치 또는 유지); 인건비; 종업원 태도 |
| 직무구조 | 직무평가 | 내부 공정성 | 내부인력 이동(승진, 전보(이전), 직무순환); 종업원 간 협력; 종업원 태도 |

(market pay survey)는 회사가 임금 수준을 선택할 수 있게 하는 좋은 도구가 된다.

둘째, 내부 공정성에 따른 임금 비교는 종업원이 같은 직장에 근무하는 다른 일을 하는 동료와의 비교를 의미한다. 종업원들은 다른 기술 영역이나 다른 사업부 등에 존재하는 낮거나 비슷한 또는 높은 수준의 직무수행자와 자신의 임금을 비교할 수 있다. 그리고 그 비교결과는 그들의 근무태도, 다른 직무로 이전할 의사, 승진이나 다른 직무와의 협력, 회사에 대한 몰입 등에 영향을 미친다. 기업의 직무구조 설계는 종업원의 내부 공정성 비교와 그 결과에 영향을 미치게 되는데 직무평가는 회사가 직무구조를 설계하는 좋은 수단이 된다.

이와 더불어 종업원은 같은 직무를 수행하는 동료 성과를 비교함으로써 임금에 대한 내부 공정성을 인식하게 되는데 임금을 통해 개인의 공헌과 차이를 인정하게 하는 것이 중요하다. 임금 수준과 임금구조를 선택하고 개발하는 방법은 두 가지가 존재하는데, 하나는 시장임금조사이며, 다른 하나는 직무평가이다. 이 두 방법은 임금결정에 도움을 줄 수 있다.

## 임금 수준 개발

### 시장의 압력

모든 회사는 종업원 임금을 결정하는 데 있어서 두 개의 경쟁시장 도전을 받게 되는데, 하나는 제품시장 경쟁이며 다른 하나는 노동시장 경쟁이다.

### 제품시장 경쟁

먼저 회사는 효과적으로 제품시장에서 경쟁해야 한다. 즉, 적정한 양과 가격으로 투자 대비 충분한 수입을 가져다 줄 수 있도록 자신의 상품과 서비스를 제공할 수 있어야 한다는 의미이다. 기업은 상품 품질과 서비스 등을 통해 다차원 측면에서 제품시장에서 경쟁해야 하며, 상품가격은 가장 중요한 요인 중 하나가 될 것이다. 가격에 가장 중요한 영향을 미치는 것은 생산비용이며, 제품시장에서 경쟁사보다 더 큰 인건비를 부담해야 기업은 경쟁기업과 유사한 상품 품질을 제공하면서도 평균보다 더 비싼 가격을 부담해야 한다. 그 한 예로 A기업과 B기업 매출비용의 30%가 인건비인데 A기업이 B기업의 인건비보다 20% 더 높다면 A기업의 제품가격은 6%(0.30×0.20) 더 비싸다는 것을 예측할 수 있다. 따라서 A기업은 더 높은 가격부담을 가지게 되고 더 싼 가격을 제공하는 B기업과의 경쟁에서 사업 손실을 감수해야 할 것이다.

최근까지도 자동차산업에서 미국의 3대 자동차 회사[크라이슬러(Chrysler), GM (General Motors), 포드(Ford)]의 시간당 인건비(월급과 은퇴자 및 현직 근로자 건강보험과 같은 복지혜택 등 포함)는 75달러인 반면, 경쟁사인 도요타와 혼다(Honda)는 52달러이다. 평균적으로 한 대의 자동차를 출고하는 데 대략 30시간이 소요되는 것을 감안하면 미국의 3대 자동차회사의 대당 인건비는 30시간×75달러=2,250달러이며, 경쟁사인 도요타와 혼다는 30시간×52달러=1,560달러인 것이다. 인건비 열위를 극복하기 위해서는 월등한 자동차 품질 등을 통해 이익을 상쇄해야 하지만 이미 부도 처리된 크라이슬러와 GM에서는 그것이 불가능하다는 것을 알 수 있다. 최근 미국의 3대 자동차 회사들은 저임금노동자 고용과 복지혜택 감소를 통해 인건비를 크라이슬러는 시간당 47달러, GM은 시간당 55달러, 포드는 시간당 57달러까지 감소시켰다. 이런 엄청난 변화는 괄목할 만한 개선을 보여주면서 혼다와 도요타의 시간당 인건비 52달러에 가깝게 접근하고 있고, 결과적으로 미국 자동차회사들은 보다 경쟁력을 확보하면서 재무적 성과도 극적으로 개선되고 있다. 미국에 있는 도요타 인건비도 시간이 지나면서 상승하고 있는데 그 이유는 피할 수 없는 공장의 노쇠화와 증가되는 건강보험료와 은퇴수당 상승에 기인한다. 이 말은 곧 도요타도 미국 자동차 3사의 길을 겪게 될 것이라는 것을 의미한다.

하지만 상황은 다시 변하고 있다. 지난 2019년 전미 자동차노동조합(United Auto Workers: UAW) 주도의 GM 장기 파업 이후 미국 자동차 3사는 UAW와의 새로운 임금

협상에 합의했다. 그 결과 2019년에는 평균 시간당 임금이 55달러에서 63달러로, 2023년에는 66달러에서 71달러로 인상되었다. 하지만 2023년을 기준으로 노동조합에 가입되어 있지 않은 해외 자동차 기업들의 미국 내 공장에서의 평균 시간당 임금은 약 44달러이며, 도요타와 혼다는 약 54달러 수준이다. 미국 자동차 3사는 여전히 임금에 있어 극복해야 할 도전과제를 가지고 있는 셈이다.

최근에 지은 미국 테네시주의 폭스바겐(Volkswagen) 공장 초기 인건비는 시간당 27달러까지 하락하였으며, 테네시의 폭스바겐 파사트(Passat) 공정에서의 시간당 27달러 인건비는 독일에서의 폭스바겐 자동차 공정의 시간당 100달러(인건비 차이의 주요 원인은 유로화 강세로 인한 환율 차이)보다 훨씬 낮은 비용이다. 더욱이 최근 테네시 폭스바겐 공장은 낮은 부품비, 운송비 등을 통해 인건비를 절감하여 세계에서 제조업 인건비가 제일 싼 멕시코 인건비보다도 낮은 시간당 38달러로 책정되었고, 결국 파사트의 가격을 28,000달러에서 20,000달러까지 줄일 수 있었다. 아우디(Audi), 혼다, 마쓰다(Mazda) 그리고 닛산(Nissan) 모두 북아메리카에 공장을 개설할 것이라고 발표했었지만, 이들 모두는 결국 멕시코에 공장을 짓기로 결정했다. 최근 중국 기업이 인수한 볼보(Volvo)는 미국에서 노조결성 비율이 가장 낮은 사우스캐롤라이나에 공장을 지을 것이라고 발표했다. 참고로 2019년 UAW는 테네시 폭스바겐 공장의 노조화를 시도했으나 실패했다.

이렇게 인건비는 자동차가격에 직접적으로 반영되는 요소이다. 따라서 제품시장 경쟁에서 인건비와 보상에 대한 상한선이 존재해야 한다. 인건비가 전체 비용에서 큰 비중을 차지하거나, 수요탄력적인 가격변화에 민감한 제품인 경우 인건비 상한선은 보다 엄격해야 한다. 만일 높은 인건비로 인해 높은 작업 생산성이 상쇄된다거나, 비싼 가격에 걸맞는 제품의 품질이 보장되지 못한다면 제품시장에서 상대적으로 고비용 구조를 지속하기 어려울 것이다. 폭스바겐의 경우 독일 현지보다 싸고, 미국의 경쟁사보다 낮은 인건비를 통해 파사트의 가격을 낮출 수 있었다. 기업들의 인건비 절감 노력은 계속되고 있다. 낮은 임금을 좇아 기업들은 공장을 옮기지만, 결국 임금은 다시 상승하고 때로는 기업들은 다시 여전히 낮은 임금 국가로 공장을 이전하게 된다.

인건비는 어떻게 구성될까? 인건비 주요 구성요인은 종업원들에게 지급되는 임금의 평균이다. 이는 주로 주급, 월급, 보너스 등과 같은 직접 보상과 건강보험, 사회보장제도, 회사에서 지급하는 실업보험급여 등과 같은 간접 보상으로 구성된다. 인건비의 두 번째 주요 구성요인은 총 직원 수이다. 따라서 재무적으로 어려움을 겪는 기업이 이런 주요 구성요인들을 제거하려고 노력하는 것은 놀라운 일이 아니다. 정원감축과 채용동결, 임금동결과 복리후생비용의 종업원 분담 등을 통해 제품시장에서 기업은 경쟁력을 제고할 수 있게 된다.

그럼에도 불구하고, 성공적인 조직들은 인건비에도 신경을 쓴다. 애플(Apple)은 비용 통제를 위해 아이폰 등 제품들의 생산을 생산비용이 적은 국가들에 위치한 업체를 통해 아웃소싱한다. 구글(Google)은 전체 직원 수보다도 더 많은 독립적인 컨트랙터(Contractors), 즉 계약직들을 가지고 있다고 한다. 이 컨트랙터들은 낮은 임금과 더 낮은 혜택을 받기 때문에 비용이 적게 든다. 노동을 위한 자본을 대체하는 것, 즉 직원들을 자동화/기술로 대체하는 것은 인건비를 통제하거나 줄일 수 있는 또 다른 방법이다. 예를 들어, 쇼핑시즌에 아마존의 매출이 급격하게 증가하고 있음에도 불구하고 같은 시기의 임시직원 채용은 그다지 급격하게 늘어나지 않았다. 이는 아마존이 자동화를 통해 문제를 해결하고 있기 때문이다. 아마존은 매출 증가에 따라 인건비 역시 증가하는 것을 원치 않았기 때문에 로봇을 이용한 자동화는 이를 해결하기 위한 좋은 전략이었다. 아마존은 로봇 회사인 키바 시스템즈(Kiva Systems)를 7억 7천 5백만 달러에 인수했고 얼마 지나지 않아 자사 창고에 로봇을 배치하기 시작했다. 이 로봇들은 분류, 선택, 포장, 배송과 같은 전통적인 창고업무를 수행하고 있으며 사람이 60분 정도 걸리는 일을 15분 안에 끝낼 수 있다. 아마존은 더 많은 창고에 이와 같은 로봇 시스템을 구현함에 따라, 높아진 수요를 충족시키기 위해 더 많은 직원을 고용할 필요가 없게 되었다. 아마존의 주요 경쟁자이자 소매유통업인 월마트 또한 효율성을 높이고 더 많은 고객을 유치하기 위해 자동화를 추진하고 있다. 월마트는 주로 온라인 판매를 높이기 위한 노력에 집중하긴 했지만, 인건비를 줄이기 위한 자동화와 로봇의 활용 역시 고려하고 있다. 예를 들어, 아마존의 무인점포인 스캔 앤 고(Scan & Go)와 같은 계산원이 없는 점포와 자동결제 로봇을 위한 투자를 진행 중이다.

### 노동시장 경쟁

두 번째 중요한 경쟁시장은 기업에서 실행되는 업무에 맞춰 필요한 종업원의 인원 수를 맞추는 것을 의미하는 노동시장 경쟁이다. 종업원 부족과 잉여 여부는 임금 수준에 영향을 미친다. 예를 들면, 회사에서 필요로 하는 종업원 수가 부족하게 되면 이는 임금상승 압력을 가중시키고, 기업들은 다른 기업들과 경쟁하기 위하여 종업원 고용에 더 많은 임금을 지불해야 한다. 노동시장에서의 경쟁자는 전형적으로 유사한 제품을 생산하는 기업뿐만 아니라 유사한 수준의 능력을 보유한 종업원을 채용해야 하는 다른 기업들도 포함된다. 만일 기업이 노동시장에서 경쟁력을 잃게 된다면 자질을 갖춘 충분한 인력들을 유인하거나 유지하기 힘들게 된다. 컴퓨터 제조회사가 최근에 졸업한 전기 엔지니어를 채용하기 위해 경쟁 컴퓨터 제조회사와 동일한 임금을 제안했는데, 컴퓨터 제조회사와 다른 업종인 자동차 제조업체에서 전기 엔지니어 채용을 위해 5,000달러 이상 임금을 제안한다면 컴퓨터 회사는 자질을 갖춘 전기 엔지니어를 채용하지 못하게 될 것이다. 따라서 노동시장 경쟁은 임금 수준의 최저기준을 만들어 준다.

## 자원으로서의 종업원

기업은 노동시장에서 경쟁해야 하기 때문에 종업원을 비용이 아닌 수익을 창출해 줄 자원으로 간주하고 투자해야 한다. 직접적인 비용통제를 통해 기업조직의 능력은 제품시장에서 경쟁력을 가질지라도 종업원의 생산성과 품질을 통해 비용을 통제할 수 있을 때 비로소 경쟁우위를 얻게 된다. 경쟁자보다 높은 인건비를 지출하고 있더라도 보다 효율적이고 우수한 품질의 제품을 생산할 수 있는 최적의 작업현장을 보유하고 있다면 인건비는 그리 큰 문제가 되지 않는다. 최근 들어 일부 기업들은 직원들, 특히 임금이 낮은 직원들이 재정적 불안을 피할 수 있도록 돕는 것이 중요하다는 알게 되었다.

임금 정책과 프로그램은 바람직한 종업원 행동을 격려하고 바람직하지 않은 행동을 통제할 수 있는 가장 중요한 인적자원관리 도구 중 하나이다. 따라서 임금은 비용이 아닌 인적자원을 유인하고 유지하며, 최적의 작업현장을 통해 동기부여를 발생시킬 수 있는 수익의 관점에서 평가되어야 한다. 만일 기업 A의 평균 매출이 기업 B보다 20% 높다면, 기업 A의 인건비가 기업 B보다 10% 높은 것은 중요하지 않다.

## 임금범위 결정

기업이 노동시장과 제품시장에서 임금 수준 결정에 대한 압력을 받더라도 임금범위를 신중하게 결정해야만 한다. 기업이 직면한 경쟁환경에 따라 임금범위는 결정되는데, 전략적 의사결정은 시장평균을 중심으로 높거나, 낮거나 혹은 시장평균에 맞추는 선택을 하는 것이다. 시장평균보다 높게 설정된 임금은 활용가능한 최고의 인재를 유인하고 유지시킬 수 있으며, 직무만족 등 긍정적 직무태도를 발생시키기 때문에 효과적이고 생산적인 종업원을 보유할 수 있다는 장점이 있다. 하지만 비용이 높아진다는 명백한 단점이 있다.

그렇다면 어떤 상황이 고임금의 혜택이 그 단점을 상쇄하고 효과적일 수 있을까? **효율적 임금이론**(efficiency wage theory)에 따르면 기업이 대단히 숙련된 종업원에게 의존하는 기술과 구조 환경을 가지고 있는 경우가 이에 해당된다고 한다. 예를 들어, 분권화된 의사결정이 필요한 조직은 더 높은 역량을 가진 직원들을 필요로 한다. 대단히 능력 있는 종업원을 필요로 하고, 종업원에게 시장평균을 상회하는 고임금을 보장하게 되는 경우는 종업원의 성과를 관찰하고 측정하기 어려운 환경에 직면해 있기 때문이다. 더 높은 급여가 보장되는 또 다른 상황은 조직이 종업원들의 성과를 관찰하고 모니터링하는 데 어려움을 겪는 경우다. 이 경우 그들이 최대한 열심히 일하게 만들기 위해 시장평균치보다 높은 급여를 제공할 가능성도 있다. 효율적 임금이론은 다른 기업에 비해 더 많은 임금을 받는 종업원들은 현재의 좋은 직장에 계속 남아 있고 싶어하기 때문에 업무태만을 하지 않는다고 설명하고 있다. 흥미롭게도 자포스(Zappos)와 아마존 같은 몇몇 회사는 때로는 직원이 더 적성에 맞는 회사가 있음에도 불구하고 단지 급여 때문에 머물러 있다고 판단하면, 회사를 떠나라고 돈을 지불하는 경우도 있다.

## 시장임금 설문

우수 인재를 확보하기 위해서 기업들은 경쟁사와 자사의 제도를 비교하는 **벤치마킹**(benchmarking)을 활용한다. 임금관리 측면에서 제품시장과 노동시장에서 경쟁사를 대상으로 한 벤치마킹은 전형적으로 경쟁사가 지불하는 임금에 대한 정보를 얻기 위한 임금조사 설문을 통해 실시된다.

임금조사 설문에서 활용하는 몇 가지 중요 질문은 다음과 같다.

1. 어떤 회사들이 설문에 반드시 포함되어야 하는가? 이상적으로는 노동시장과 제품시장의 주요 경쟁자가 포함되어야 한다.
2. 어떤 직무가 설문에 포함되어 있는가? 일반적인 단순업무가 설문 표본으로 사용될 수 있기 때문에 설문에 활용될 직무의 수준, 기능 등이 제품시장을 대표할 수 있도록 주의할 필요가 있으며, 설정된 직무의 내용이 충분히 유사성을 보유해야 한다.
3. 복수의 설문을 활용한다면, 임금비율에 대한 가중치와 조합을 어떻게 할 것인가? 특정 종업원 집단(노동시장)에 맞춰진 설문이 종종 있기 때문에 회사는 임금비율의 가중치와 조합을 조정하는 경우가 있다. 기업은 설정된 임금을 노동시장과 제품시장 경쟁자와 비교하여 상대적 가중치를 어떻게 줄 것인가를 결정해야만 한다.

설문 조합에 영향을 미치는 몇 가지 요인이 존재하는데, 제품시장 비교에서는 (1) 전체 매출 중 인건비 비중, (2) 제품가격 변화에 따른 제품 수요 탄력성, (3) 노동공급 비탄력성, (4) 제품시장에서 종업원 기술의 특수성 등이 인건비 조사를 가치 있게 하는 요인이다. 대조적으로 노동시장 비교에서는 (1) 능력 있는 종업원 구인과 유지의 어려움, (2) 채용관리 및 붕괴 등에 따른 대체비용 등이 인건비 조사에 가치 있는 요인이며, 다른 기업의 임금 수준을 아는 것은 임금설계를 위한 단지 전체의 한 부분일 뿐이다.

다른 회사들이 얼마나 임금을 지불하는지는 시장임금을 통해 얻을 수 있는 일부의 정보일 뿐이며, 파악이 가능하다면 다른 회사들의 종업원에 대한 투자 대비 수익률, 즉 매출/종업원 수, 매출/인건비 등과 같은 비율을 조사해야 한다.

매출 대비 종업원 수 비율(매출/종업원 수)은 종업원 채용규모 요소를 포함하고 있지만, 종업원당 평균 비용은 포함되어 있지 않다. 반면 매출 대비 인건비 비율(매출/인건비)은 두 가지 요소를 모두 포함하고 있다. 하지만 기업들 간 이런 비율을 비교할 때 주의해야 할 것들이 있다. 예를 들어, 서로 다른 산업은 각기 다른 형태의 노동자원과 자본자원에 의존한다. 따라서 자본집약적 산업인 석유화학산업에서 매출 대비 인건비 비율을 노동집약적 산업인 병원과 비교하는 것은 다소 무리가 있다. 하지만 동일 산업 내 비교는 유용할 수 있다. 매출뿐 아니라 제품의 품질, 고객만족 그리고 평균 교육 수준과 숙련 정도에 기반한 인력 수준 등을 포함한 투자 대비 수익률에 관한 자료는 유익한 정보를 제공해 줄 수 있다.

### 변동급여

시장임금 현황자료를 획득하는 것은 수많은 주제와 관련된 복잡한 과업이기 때문에 일종의 예술이거나 과학적 측면이 상존한다. 일단 조사할 시장임금 대상이 결정되면 회사 임금구조에 어떻게 접목시킬 것인가? 일반적으로 사무직 업무(white-collar jobs)인 경우 조사된 임금등급의 중간에 맞춘다. 임금조사는 임금 수준의 최소값과 최대값 자료 역시 같이 수집한다. 최대값과 최소값을 포함한 **변동급여**(rate ranges)를 사용하는 것은 종업원의 성과, 연공서열, 훈련 정도 등과 같은 차이에 따른 개별 종업원 차이를 수용할 수 있게 한다. 그러나 일부 현장업무(blue-collar jobs)의 경우 단체협상에 따른 임금계약에 의해 임금차이가 매몰되기 때문에 동일 직무에 대해 모든 종업원이 같은 임금비율이 적용되기도 한다.

### 핵심직무와 비핵심직무

임금조사 자료를 활용하는 데 있어 일반적으로 두 개의 업무 형태에 따라 임금 차이를 두는데, 그것은 **핵심직무**(key jobs)와 **비핵심직무**(nonkey jobs)이다. 핵심직무는 많은 조직에서 상대적으로 안정적이고 가장 중요한 업무이며 시장임금조사를 통해 자료를 획득할 수 있다. 그러나 지나친 관리부담이 되는 것을 피해야 하며, 기업은 시장임금조사를 통해 모든 핵심직무 자료를 획득하는 것은 불가능하다는 점에 유의해야 한다. 이와는 반대로, 비핵심직무는 비록 같은 직무명을 가지고 있더라도 각 조직마다 하는 일이 다를 수 있기 때문에 직접적으로 그 가치를 확인하거나 시장임금조사 방법 등을 통해 비교할 수는 없다. 따라서 다른 방식의 임금 수준 결정과정이 필요하다.

## 직무구조 개발

바로 위에서 살펴본 임금에 대한 외부비교가 중요하긴 하나, 종업원들은 내부비교를 통해 임금을 비교하기도 한다. 예를 들어, 마케팅 담당 부사장은 아마도 정보시스템 담당 부사장과 비슷한 임금을 기대할 것이다. 그 이유는 비슷한 수준의 책임과 조직성과에 영향을 미치는 같은 수준의 직급에 있기 때문이다. 직무구조는 직무형태를 기준으로 조직 안에서 다양한 직무의 상대적 가치로 정의된다. 여기에서는 그 직무의 상대적 가치에 관한 의사결정 과정을 살펴보고자 한다.

### 직무평가

내부 직무가치를 측정하는 일반적인 방법으로 **직무평가**(job evaluation)라는 관리절차가 있다. 직무평가 체계는 조직 내 중요성을 바탕으로 보상의 대상이 되는 요인과 그 중요도로 구성된다. 여기서 **보상요인**(compensable factor)은 기업이 대가를 지불할 의사가 있는 직무특성이라고 할 수 있으며, 이런 특성은 직무 복잡성, 작업환경, 필요로 하는 교육 수준과 경력, 책임 등을 포함하고 있다. 대부분의 직무평가시스템은 여러 가지 보상요인을 사용하는데, **직무분석**(job analysis)은 직무특성에 대한 기본적인 정보 및 각각의 보상요인에 값을 할당하는 직무평가를 제공한다. 이때 보상요인에 대한 값, 즉 평가점수는 다양한 방식으로 산출될 수 있는데, 일반적으로는 여러 사람을 통해 얻어진다. 여러 사람으로 구성된 직무평가위원회(job evaluation committee)는 일반적으로 직무 간 상대적 척도를 결정한다. 직무평가 방식에는 수많은 방법들이 있지만, 대체로 각각의 보상요인에 점수를 부여하는 요소점수법(point-factor system)이 가장 널리 사용되고 있다.

### 요소점수법(point-factor system)

개별 직무에 대한 보상요인별 점수를 만든 후 직무평가는 조직에서 요구되어지는 요인별 중요도 차이에 따라 가중치를 적용한다. 두 가지 방식으로 가중치를 적용할 수 있는데, 첫 번째는 요인별 중요도를 전문가 판단을 통해 우선순위를 결정하는 방식이 있을 수 있으며, 두 번째는 노동시장 임금결정 방식을 바탕으로 실증통계 방식을 적용하여 가중치를 결정할 수 있다(다중회귀분석 같은 통계적 방법을 여기에 적용할 수 있

**표 10.3 요소점수법 사례**

| 직무명 | 보상요인 | | | |
|---|---|---|---|---|
| | 경험 | 교육 | 복잡성 | 합계 |
| 컴퓨터 운영 | 40 | 30 | 40 | 110 |
| 컴퓨터 개발 | 40 | 50 | 65 | 155 |
| 시스템 분석 | 65 | 60 | 85 | 210 |

음). 단순하게 적용하고 싶으면 동등한 요인별 점수를 단순히 합산하는 방식으로 가중치 우선순위를 결정할 수도 있다.

〈표 10.3〉은 3개 직무에 대한 3개 요인별 평가를 적용한 예시이다. 주목할 것은 직무는 요구되는 경험, 교육 수준, 복잡성이 다르다는 것이다. 3개 요인점수 합산은 조직 내부에서 상대적 직무가치 평가결과를 제공하게 되어 컴퓨터 개발은 컴퓨터 운영보다 41%(155/110－1) 더 가치를 지니고 있고, 시스템 분석은 컴퓨터 운영보다 91%(210/110－1) 더 가치 있다는 결과를 얻을 수 있다. 벤치마킹과 경쟁전략을 기반으로 선택된 임금 수준은 다소 이런 백분율 결과를 따르지만, 실제 임금결정은 백분율 결과와 다소 차이가 있기를 사람들은 기대한다. 그 이유는 내부 직무평가와 외부 설문 결과 가치가 다르기 때문이다.

## 임금구조 개발

〈표 10.4〉의 경우를 살펴보면 15개 직무 중 10개가 핵심직무이며, 이들 직무 모두 임금조사와 직무평가자료 활용이 가능하다. 5개의 비핵심직무의 경우 이용가능한 조사자료가 존재하지 않으며, 단지 직무평가자료만 활용가능한 상황이다. 자료 활용이 가능한 두 개의 임금조사를 편의상 조사1에 2/3의 가중치를 주고, 조사2에 1/3의 가중치를 부여하여 사용하면 조사결과를 바탕으로 단일한 임금구조를 만들 수 있게 된다. 그러나 많은 기업의 경우 사무직, 기술직 그리고 전문직과 같은 다른 직군이나 사업부서에 맞게 복합적인 임금구조를 가지고 있다.

그렇다면 〈표 10.4〉의 자료를 바탕으로 임금구조를 개발할 수 있을까? 우선 보상결정은 내부와 외부 비교 모두가 고려되는 것이 중요하다. 왜냐하면 내부비교와 외부비교 결과가 항상 일치하지는 않기 때문에 고용주는 두 비교 결과의 균형을 유지해야

**표 10.4 직무평가와 임금조사 자료**

| 직무 | 핵심직무 여부 | 직무명 | 직무평가 | 조사1 (S1) | 조사2 (S2) | 조사결과 합계 (2/3*S1+1/3*S2) |
|---|---|---|---|---|---|---|
| A | 예 | 컴퓨터 운영 | 110 | $3,219 | $2,770 | $3,070 |
| B | 예 | 엔지니어 I | 115 | 3,530 | 3,053 | 3,370 |
| C | 예 | 프로그래머 | 155 | 4,666 | 4,142 | 4,491 |
| D | 아니오 | 산업 엔지니어 | 165 | – | – | – |
| E | 아니오 | 보상 분석가 | 170 | – | – | – |
| F | 예 | 회계사 | 190 | 5,781 | 4,958 | 5,507 |
| G | 예 | 시스템 분석가 | 210 | 6,840 | 6,166 | 6,614 |
| H | 아니오 | 인사담당 이사 | 225 | – | – | – |
| I | 예 | 소프트웨어 기술자 | 245 | 7,971 | 7,210 | 7,717 |
| J | 예 | 시스템 분석가 (선임) | 255 | 8,328 | 6,832 | 7,829 |
| K | 예 | 회계관리자 | 270 | 9,389 | 9,043 | 9.274 |
| L | 예 | 전기기술자 (선임) | 275 | 8,794 | 7,670 | 8,419 |
| M | 아니오 | 회계담당 이사 | 315 | – | – | – |
| N | 예 | 엔지니어 이사 | 320 | 11,242 | 10,515 | 11,000 |
| O | 아니오 | 선임 과학자 | 330 | – | – | – |

출처: S. Rynes, B. Gerhart, G. T. Milkovich, and J. Boudreau, *Current Compensation Professional Institute* (Scottsdale, AZ: American Compensation Association, 1988); G. T. Milkovich and B. Gerhart, *Cases in Compensation*, Version 11.1e(2013).

한다. 임금구조 설계에서 내부자료 또는 외부자료의 우선순위 결정은 경영자에 따라 상당히 많은 차이를 보이는 것으로 기존 연구는 밝히고 있다. 상대적으로 외부와 내부 비교에 따라 최소 3개의 임금 수준 결정방법이 존재한다. (1) 시장조사자료, (2) 임금정책선, (3) 임금등급을 사용하는 것이다.

## 시장조사자료

시장조사자료와 같은 외부비교를 강조하는 접근방식은 회사의 많은 핵심직무를 직접적인 시장조사결과를 바탕으로 임금을 지불할 수 있다는 장점이 있다. 예를 들어, 〈표 10.5〉의 직무 B가 3,370달러, 직무 C가 4,491달러인 반면, 직무 A에 대한 임금은 3,070달러이다. 그러나 직무 D, E, H, M 그리고 O와 같은 비핵심직무는 임금조사자료를 이용할 수 없다. 따라서 다른 방식의 접근이 필요한데, 근본적으로 직무평가점수와 시장임금조사자료를 이용한 핵심직무를 기초로 하여 시장 **임금정책선**(pay policy line)

**표 10.5 직무평가와 임금조사 자료**

| 직무 | 핵심직무 여부 | 직무명 | 직무평가 | (1) 조사+정책 | (2) 임금정책 | (3) 등급 |
|---|---|---|---|---|---|---|
| A | 예 | 컴퓨터 운영 | 110 | $3,070 | $2,936 | $3,480 |
| B | 예 | 엔지니어 I | 115 | 3,370 | 3,117 | 3,480 |
| C | 예 | 프로그래머 | 155 | 4,491 | 4,570 | 5,296 |
| D | 아니오 | 산업 엔지니어 | 165 | 4,933 | 4,933 | 5,296 |
| E | 아니오 | 보상 분석가 | 170 | 5,114 | 5,114 | 5,296 |
| F | 예 | 회계사 | 190 | 5,507 | 5,840 | 5,296 |
| G | 예 | 시스템 분석가 | 210 | 6,614 | 6,566 | 7,110 |
| H | 아니오 | 인사담당 이사 | 225 | 7,110 | 7,110 | 7,110 |
| I | 예 | 소프트웨어 기술자 | 245 | 7,717 | 7,837 | 7,110 |
| J | 예 | 시스템 분석가 (선임) | 255 | 7,828 | 8,200 | 8,926 |
| K | 예 | 회계관리자 | 270 | 9,274 | 8,744 | 8,926 |
| L | 예 | 전기기술자 (선임) | 275 | 8,419 | 8,926 | 8,926 |
| M | 아니오 | 회계담당 이사 | 315 | 10,377 | 10,377 | 10,741 |
| N | 예 | 엔지니어 이사 | 320 | 11,000 | 10,560 | 10,741 |
| O | 아니오 | 선임 과학자 | 330 | 10,922 | 10,922 | 10,741 |

출처: S. Rynes, B. Gerhart, G. T. Milkovich, and J. Boudreau, *Current Compensation Professional Institute* (Scottsdale, AZ: American Compensation Association, 1988); G. T. Milkovich and B. Gerhart, *Cases in Compensation*, Version 11.1e(2013).

을 개발해야 한다. 〈그림 10.1〉을 보면 데이터는 가장 최적이라 평가되는 선을 따라 분포하는 것을 확인할 수 있다. 이 선은 회귀분석과 같은 통계적 절차를 통해 만들 수 있다. 〈표 10.4〉에 있는 직무평가와 조사결과 합계 관련성에 대한 회귀분석을 실시하면 다음과 같은 방정식을 만들 수 있다.

$$-1{,}058\text{달러} + 36.30\text{달러} \times \text{직무평가점수}$$

이것을 다른 말로 표현하면, 월급 예측은 주요 직무 데이터를 통해 만들어진 방정식에 직무평가점수를 적용한 것이다. 예를 들어, 비핵심직무 M의 월급은 −1,058달러 +36.30달러×315=10,377달러로 예측할 수 있다.

〈그림 10.1〉을 보면 일부 임금구조의 경우 외부시장 임금이나 조직 목표와 일치시키기 위해 직무평가와 임금조사 데이터 수준을 정확히 일치시키지 않고, 금전적 보상을 증가시켜 주는 경우를 볼 수 있다. 예를 들어, 조직가치 실현에 필수적인 상위수준

**그림 10.1 선형과 자연로그함수를 통한 임금정책선**

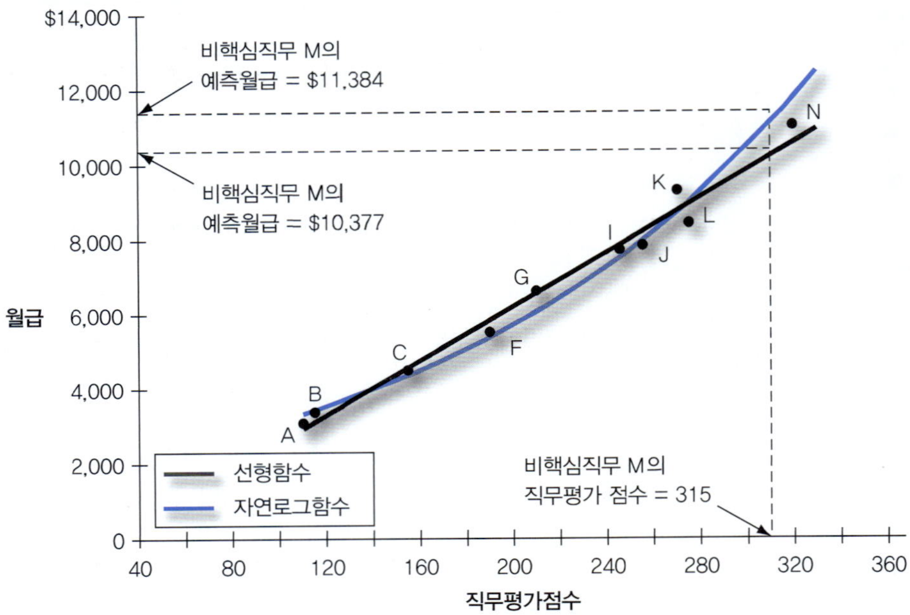


직무이며, 이런 직무성과를 창출하는 적임자가 희귀하다면, 시장 임금정책선을 따르지 않고, 보다 많은 임금을 지급하는 것이 적절한 행동일 것이다. 〈그림 10.1〉의 선형함수는 이 같은 방식을 통해 만들어진 것이며, 임금조사 데이터를 직무평가점수와 회귀분석하기 전에 자연로그로 전환한 다음에 엑셀의 EXP함수 등을 이용하면 예측월급을 달러 단위로 환산할 수 있는데, 그 방정식은 다음과 같다.

임금의 자연로그=7.446달러+(0.006×직무평가점수)

## 임금정책선

두 번째 임금정책 접근방식은 외부와 내부 비교 자료조합을 통해 핵심직무와 비핵심직무에 대한 임금배분비율을 결정하는 임금정책선을 사용하는 방식이다. 이 방식은 첫 번째 방식에서 적용한 핵심직무에 대한 실제 시장임금 반영 방식과는 차이가 있다. 조직의 모든 직무는 직무평가점수와 직접적으로 연결하여 임금 수준이 결정되기 때문에 조직구조의 내적 일관성이 중요하다.

**표 10.6 임금등급구조 예시**

| 임금등급 | 직무평가점수 범위 | | 임금등급 범위 | | |
|---|---|---|---|---|---|
| | 최소값 | 최대값 | 최소값 | 중간값 | 최대값 |
| 1 | 100 | 150 | $2,784 | $3,480 | $4,176 |
| 2 | 150 | 200 | 4,237 | 5,296 | 6,354 |
| 3 | 200 | 250 | 5,688 | 7,110 | 8,533 |
| 4 | 250 | 300 | 7,141 | 8,926 | 10,710 |
| 5 | 300 | 350 | 8,592 | 10,741 | 12,906 |

## 임금등급

세 번째 접근방식은 직무평가 집단을 보다 소수의 **임금계층** 또는 **임금등급**(pay grades)으로 구분하는 방식이다. 예를 들어, 〈표 10.6〉을 살펴보면(추가로 〈표 10.5〉의 마지막 열을 참조하기 바람), 5단계의 등급구조로 구성되어 있음을 확인할 수 있는데, 각각의 직무는 모든 최소값, 최대값 그리고 중간값을 공유하는 특정 단계의 임금등급에 포함되어 있음을 확인할 수 있다. 예를 들어, 직무평가점수 범위의 중간값을 구하고 [(100+150)/2=125], 이를 위의 방정식 중 하나에 대입해 보면 급여 등급 1의 중간값을 도출할 수 있다. 위의 선형방정식의 경우, 월 급여 범위의 중간값은 −1058+36.30 ×125=3,480달러로 계산된다. 이런 접근방식의 장점은 직무에 따른 수백 또는 수천의 임금등급비율을 축소하여 관리부담을 경감시켜 줄 수 있다. 또한 직무평가 230점 직무담당자를 임금변동 없이 215점 직무로 전환배치할 수 있는 유연성을 제공한다는 장점이 있다. 완벽한 직무중심체계에서 강등은 임금등급 이슈가 되지 않지만, 다만 상위 직무성과가 조직에 미치는 여파가 크다는 인식하에 〈그림 10.2〉처럼 **급여의 폭**(range spread; 최소값에서 최대값의 거리)은 상위단계로 올라갈수록 크다는 점에 주목해야 한다. 그리고 임금등급체계의 단점은 일부 직무의 경우 저평가되거나 고평가되어 임금을 지불해야 한다는 것이다.

그 예로 직무 C와 직무 F 모두 같은 등급에 있지만, 직무 C가 속한 임금등급의 중간값은 5,296달러로 위에서 살펴본 〈표 10.5〉의 다른 두 접근방식에 비해 700~800달러 정도 더 지불해야 한다. 이것은 명백히 제품시장 경쟁에서 높은 임금비용 부담을 초래하여 잠재적으로 어려움을 줄 수 있는 구조가 될 수 있다. 이때 만일 임금비용 증가에 대한 대안을 생각하지 않는다면 문제가 될 수도 있다. 반대로 직무 F의 경우 다

**그림 10.2 임금등급구조 예시**

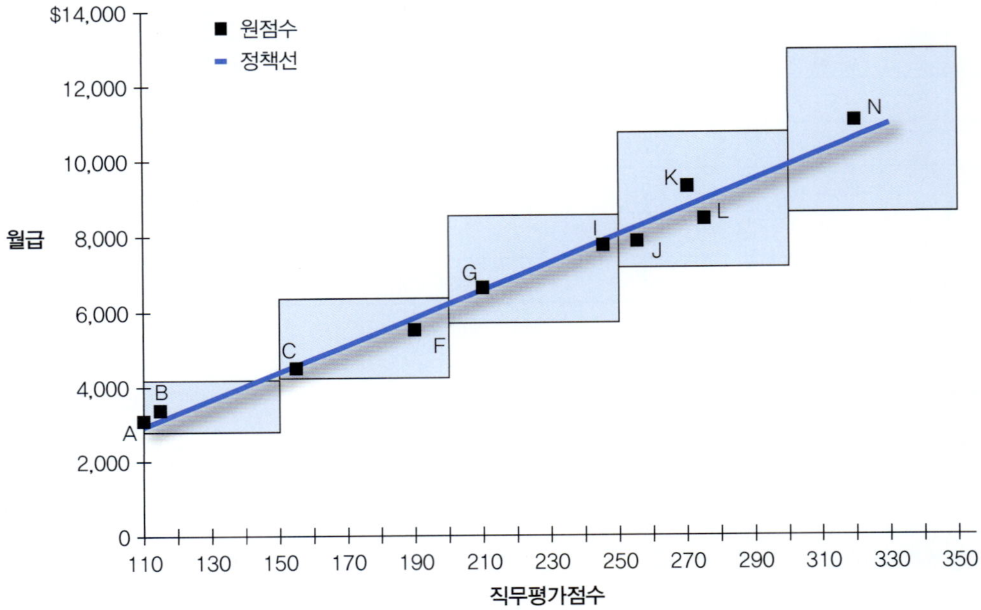


른 임금체계와 비교하여 임금등급이 200~500달러 정도 매달 더 적은 임금을 지불하는 구조이기 때문에 노동시장에서 좋은 인재를 유치하는 데 어려움을 겪을 수도 있다.

## 시장임금조사와 직무평가의 충돌

〈표 10.5〉를 살펴보면 직무평가와 임금조사 자료를 바탕으로 한 직무의 상대적 가치는 전반적으로 유사한 것을 알 수 있다. 하지만 일부 직무의 경우 일관성을 보이지 않는 부분도 발견되는데, 임금정책선을 중심으로 심각한 수준의 위나 아래에 위치하게 되는 평균 임금조사자료의 직무가 대표적인 경우다. 구체적으로 살펴보면 〈표 10.5〉의 직무 L의 경우 임금조사자료와 비교하여 임금정책선에서 심각한 수준으로 평균 아래에 위치해 있다. 그 이유를 설명할 수 있는 대안 중 하나는 이 직무를 수행하기 위해 필요한 인력은 상대적으로 노동시장에서 충분히 공급받을 수 있기 때문에 지금의 저임금 직무평가점수 구조에서도 충분히 인력을 유인할 수 있다고 볼 수 있으며, 일관성을 보이지 않는 또 다른 부분인 직무 K의 경우는 시장조사와 비교하여 임금정책선 상위에 위치해 있다. 이것은 상대적인 공급과 수요의 법칙이 반영될 수 있는데, 고임금을 통한 인재유인으로 설명할 수 있다.

그렇다면 외적 공정성과 내적 공정성의 불일치를 해결하는 방법은 없을까? 마케팅 부사장과 정보통신 부사장의 임금구조 설계 사례가 실무에서 직면하게 되는 임금설계의 전형적인 충돌을 이해하는 데 도움이 될 수 있을 것이다. 마케팅 부사장은 시장조사결과와 같은 직무평가점수를 받았지만, 인력공급이 힘든 정보통신 부사장 직무에 비해 낮은 임금 수준인 것으로 나타난다. 조직은 외부비교 등을 통한 시장조사결과와 내부비교인 직무평가점수 중 어떤 것을 기초로 하여 임금을 결정해야 할까? 내부비교를 중요하게 생각하면 두 부사장의 임금은 같아야 한다. 어쨌든, 두 부사장의 임금을 동등하게 지급함으로써 마케팅 부사장은 과다임금을, 정보통신 부사장은 저임금을 받게 되었다. 따라서 마케팅 부사장 임금은 제품시장에서 인건비 상승 문제를, 정보통신 부사장 임금은 노동시장에서 양질의 인력을 유인하고 유지하는 데 문제를 야기한다.

임금 수준을 결정하기 위해서는 또한 조직전략과 관련성을 고려해야 하는데, 펩시(Pepsi)와 나이키(Nike) 같은 일부 기업은 마케팅 기능이 조직 성공의 핵심적 기능을 수행한다. 따라서 마케팅 부사장의 임금이 정보통신 부사장의 임금보다 낮게 평가되었다 하더라도 조직은 마케팅 부사장에게 정보통신 부사장과 동등한 임금구조를 가지도록 선택(90%의 기업이 이처럼 선택)하며, 단지 정보통신 부사장 지위에 대한 시장수요 문제에 봉착할 경우에만 반대의 경우를 선택한다(아마도 50%의 기업이 선택). 다시 표현하자면, 임금구조 설계는 기업의 중요한 환경에 대처하고, 조직목표 달성의 기회요인을 잘 살릴 수 있도록 신중한 고려가 필요하다.

외부비교에 무게를 둘 경우 무엇을 고려해야 할까? 두 개의 잠재적 문제가 있는데, 우선 마케팅 부사장은 불만을 가질 것이다. 비슷한 수준의 서열과 책임을 맡고 있는 정보통신 부사장과 같은 수준의 임금을 기대하기 때문이다. 두 번째로 정보통신 부사장에게 마케팅 부사장 자리로 순환배치는 강등으로 느낄 수 있기에, 훈련과 개발을 위해 다른 부사장 지위로 사람을 순환배치하는 것은 어려움이 존재하게 된다. 이런 딜레마를 해결할 수 있는 명확한 정답은 없다. 각 기업은 가장 필수적이고 적절한 전략 선택을 위한 목표를 결정할 뿐이다. 다만, 기업이 갈수록 경쟁시장의 압력을 무시하기 어려워지기 시작하면서 외부비교에 더 가치를 두는 경우가 점점 많아지고 있는 것으로 보인다.

## 보상비용에 대한 모니터링

임금구조는 다양한 방식으로 임금비용에 영향을 미치며, 고정된 임금구조에 의한 임금 수준은 명백히 임금비용에 영향을 미친다. 그러나 이것은 단지 전체의 한 부분이며, 임금구조는 조직의 정책의도를 대표한다. 그러나 실제 실행이 꼭 의도와 일치하지 않을 수도 있다. 예를 들어, 앞에서 제시한 임금등급구조를 참조하여 〈표 10.7〉의 개별 종업원 집단의 자료를 살펴보면, 등급1의 중간값은 3,480달러이고 등급2의 중간값은 5,296달러이다. 실제 임금과 의도한 임금의 일치 여부를 확인하기 위해 자주 사용되는 방법은 다음의 산식을 활용하는 **콤파비율**(compa-ratio)이다.

등급 콤파비율(grade compa-ratio)=등급의 실제 평균 임금/등급의 중간값

콤파비율은 직접적으로 실제 임금과 임금정책의 일관성 정도를 평가한다. 콤파비율이 1.00보다 적다는 것은 실제 임금이 정책에 뒤처져 있음을 말하는 것이며, 콤파비율이 1.00보다 클 경우는 정책을 초과해 임금이 지불되고 있음을 가리킨다. 1.00을 기준으로 비교하는 콤파비율 방식이 좋은 시사점을 줄지라도 또한 경영진은 임금구조를 통해서 통제되지 않는 비용이 있는지 고려해야 한다.

**표 10.7 두 등급의 콤파비율**

| 종업원 | 직무 | 임금 | 중간값 | 종업원 콤파비율 |
|---|---|---|---|---|
| | 등급 1 | | | |
| 1 | 엔지니어 I | $3,690 | $3,480 | 1.06 |
| 2 | 컴퓨터 엔지니어 | 3,306 | 3,480 | 0.95 |
| 3 | 엔지니어 I | 4,037 | 3,480 | 1.16 |
| 4 | 엔지니어 I | 3,862 | 3,480 | 1.11 |
| | | | | **평균 1.07** |
| | 등급 2 | | | |
| 5 | 프로그래머 | 6,250 | 5,296 | 1.18 |
| 6 | 회계사 | 6,037 | 5,296 | 1.14 |
| 7 | 회계사 | 5,878 | 5,296 | 1.11 |
| | | | | **평균 1.15** |

## 세계화, 지역특성 그리고 임금구조

〈그림 10.3〉을 보면 시장 임금구조는 직무의 상대적 가치와 임금 모두 국가별로 엄청난 차이가 발생할 수 있다는 것을 알 수 있다. 중국, 인도 그리고 멕시코와 비교해서 미국과 독일 도시의 노동시장은 훨씬 높은 임금을 지불하고 있으며, 기술, 교육 그리고 종업원 특성에 대한 다른 임금지불 형태를 보이고 있다. 이런 차이는 글로벌 기업에게 딜레마를 주게 되는데, 예를 들어 독일 근로자가 베이징에서 근무하게 되면 독일 기준에 맞춰 임금을 지불해야 하는가? 아니면 중국 기준에 따라야 하는가? 만일 독일 기준이 사용된다면, 베이징에 있는 다른 중국 동료가 불공정성을 느낄 것이다. 만일 중국의 노동시장 기준을 사용한다면, 중국에 근무하고자 하는 독일 엔지니어를 찾는 것은 불가능할 것이다. 전형적으로 해외근무에서 제공하는 임금과 주택수당, 세금혜택 등과 같은 복지혜택은 모국의 정책과 깊이 연결되어 있다. 그러나 이런 관련성은 점점 약화되고 있으며, 현재는 파견국가 특성과 체류기간에 따라 좌우되는 경향을 보인다.

미국의 대부분 기업이 공식 또는 비공식적으로 지리적 특성에 따라 차별화하여 임

**그림 10.3** 세계 6대 도시에 근무하는 백화점 매니저와 숙련공의 급여 예시

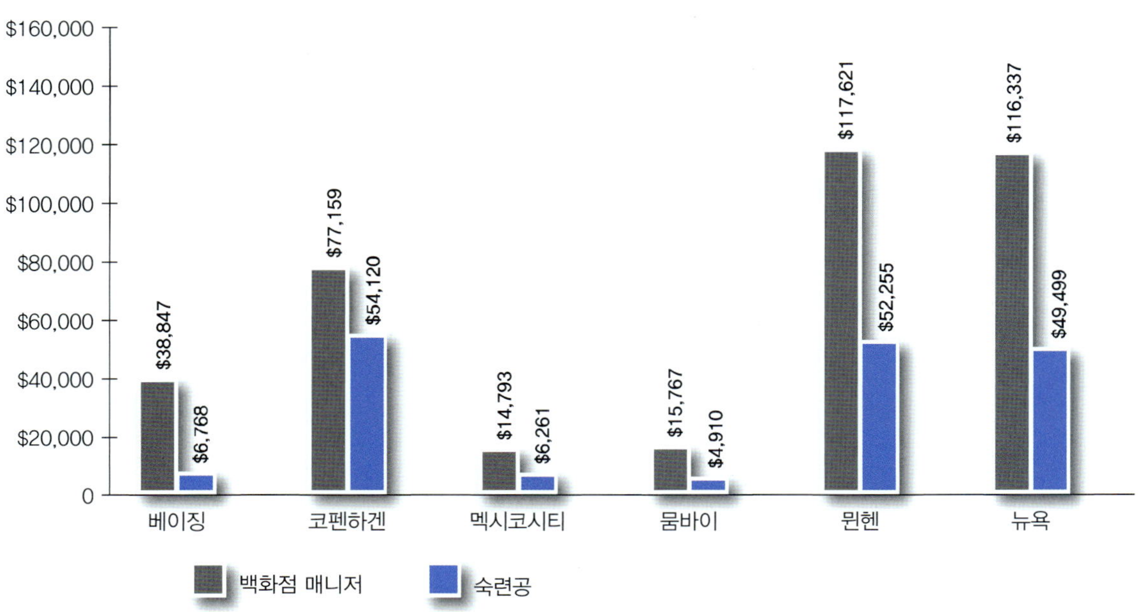


출처: UBS, "Prices and Earnings 2018," Zurich, Switzerland.

지리적 위치는 HR부서가 임금구조를 설정할 때 고려해야 할 중요한 요소이다. 뉴욕시에서의 생활비는 다른 곳보다 비싸며 고용주는 급여를 결정할 때 생활비를 고려해야 유능한 인력을 고용할 수 있다.

Grant V Faint/Photodisc/Getty Images

금을 지불하는 정책을 가지고 있다. 이런 차별성은 보다 생활비가 비싼 국가에서 근무하는 종업원이 가질 수 있는 불공정성 지각을 예방할 의도를 가지고 있다. 예를 들어, 샐러리닷컴(Salary.com)에 따르면 위스콘신주 매디슨(Madison, Wisconsin)에서의 생활비용은 샌프란시스코(San Francisco)보다 43%나 더 낮다. 이런 이유로 메디슨에서 근무하면 연간 57,000달러를 받는 종업원은 같은 구매력을 유지하기 위해 샌프란시스코에는 100,000달러를 필요하게 된다.

대부분의 미국 회사는 지역의 높은 생활비를 감안하여 임금구조를 보다 높게 책정한다. 그러나 이런 접근방식은 지역의 생활비가 낮아지거나 낮은 생활비 지역으로 종업원이 배치될 경우 임금을 하향 적용하기 어렵다는 단점이 있다. 그래서 회사는 변화에 맞춰 임금을 제공하거나, 변화요인이 사라지면 혜택도 사라지는 방식을 선택한다. 이러한 지역에 따른 급여 차이는 코로나19 팬데믹 기간 동안 중요한 이슈가 되었고, 기업들은 일부 직원들이 비슷한 수준의 급여와 경력기회를 제공받으면서도, 다른 지역(예: 생활비 수준이 낮은)에서 근무할 수 있도록 하는 등 다양한 정책을 시도하고 있다.

## 과정의 중요성: 참여와 커뮤니케이션

보상관리는 올바른 기술이 개발된다면, 제대로 된 해답을 찾을 것이라는 단순한 믿음으로 인해 비판받아 왔다. 그러나 실제로 임금결정은 어떠한 기술적 장점이나 이론에 기초하더라도 조직을 형성하는 다양한 집단을 충족시키는 명확한 보상관리 의사결정은 거의 존재하지 않는다. 물론 임금제도에 대한 프로그램과 프로그램 간 조합을 최대한 반영하는 것도 중요하다. 그러나 의사결정을 만들어가는 과정과 그 과정에서 발생하는 커뮤니케이션 방법 또한 대단히 중요하다.

### 참여

보상결정 과정에서 종업원이 참여하는 방법은 다양한 형태로 존재한다. 예를 들어, 종업원은 임금 프로그램 권고와 설계에 일정한 부분 책임이 있는 태스크포스에 참여하여 봉사할 수도 있다. 이들은 이론적 근거와 관련하여 토의하고 설명하는 과정에 도움을 주길 부탁받을 수도 있으며, 직무평가 경우에 특히 참여가 필요하다. 그러나 지금까지 임금 수준 결정과정에 종업원 참여가 적절하게 이루어지는 경우는 드문 것이 사실이다. 정책에 영향을 받는 사람의 참여와 실제로 정책을 실행하는 사람에 대한 구별은 중요하다. 부서장 등은 정책을 실행하는 그룹에 해당되고, 동시에 정책에 영향을 받는 그룹에도 포함된다. 인적자원관리의 다른 영역에서와 마찬가지로 계선조직의 부서장은 전형적으로 정책수립에 책임이 있으며, 기존 임금제도 변화에 대한 부서장의 긴밀한 참여는 필수적이다.

### 커뮤니케이션

커뮤니케이션(communication)의 중요성은 기업이 종업원과 임금동결에 대한 커뮤니케이션, 종업원에 의한 절도비율(theft rates)과 종업원이 인지하는 공정성(equity) 등에 관한 연구를 통해 알 수 있다. 두 개의 조직이 15% 정도의 전반적 임금삭감 통보를 받았고, 통제집단으로 활용된 세 번째 조직은 임금삭감 통보를 받지 않았다. 임금삭감 통보를 받은 두 집단에게 임금삭감에 대한 이유를 설명하는 방식을 다르게 하여 커뮤니케이션을 실시했는데, 임금삭감에 대한 적절한 설명이 제공된 집단에게는 임금이 삭감되는 이유에 대한 충분한 정보를 제공하고, 진정한 양심의 가책 등을 표현하였다. 대조적으로 부적절한 설명이 이루어진 집단에게는 보다 적은 정보를 제공하였으며, 양심의 가책을 암시하는 어떠한 표현도 제공하지 않았다. 통제집단의 경우 임금삭감에 대한 정보제공이 없었으며, 따라서 어떠한 설명도 제공되지 않았다.

통제집단을 포함해서 임금삭감 통보를 받은 두 집단 모두 처음에는 같은 비율의 종업원 절도율과 공정성 지각(equity perceptions)을 보였으나, 임금삭감 후 통제집단과 비교했을 때 적절한 설명을 들은 집단의 종업원 절도율이 54% 더 높았다. 그러나 부적절한 설명을 들은 집단은 통제집단보다 무려 141% 더 높았다.

커뮤니케이션에 관한 이 연구에서 대체로 종업원 태도와 행동에 관한 독립효과를 얻을 수 있었는데, 커뮤니케이션은 중요한 효과성을 지니고 있다. 예를 들어, 우리가 이미 알고 있듯이 공정성 이론에서 강조하고 있는 것은 실제 임금이 아니라 종업원 태도에 영향을 줄 수 있는 비교기준이다. 이중적 임금구조로 인해 같은 직무를 수행하는 종업원이 고용형태에 따라 차별화된 두 개의 다른 임금이 제시된다면, 게다가 낮은 임금을 받는 종업원은 필연적으로 높은 임금을 받는 계층에 진입할 수 없다면, 상식적으로 낮은 임금을 받는 종업원은 직장에 대해 덜 만족할 것이다. 그러나 이런 사실이 꼭 필연적인 것은 아니다. 카펠리와 쉐어(Peter Cappelli and Peter Sherer)의 연구에 따르면, 평균 임금을 받는 집단보다 낮은 임금을 받는 종업원이 더 직장에 만족하고 있음을 발견했는데, 명백한 사실은 낮은 임금을 받는 계층은 높은 임금을 받는 계층과 다른 비교기준을 가지고 있었다. 낮은 임금계층은 자신의 직무를 실업자 또는 자신보다 더 낮은 임금의 직무와 비교하였다. 이런 결과는 같은 일을 하지만 더 적은 임금을 받는 구조임에도 불구하고, 더 만족감을 느낄 수도 있다는 것을 보여준다. 이런 사실이 결코 작업현장이 두 계층적 임금구조를 가져야 한다는 것을 의미하는 것은 아니다. 하지만 종업원이 자신의 임금을 다른 직무와 비교하는 방법에 집중해야 하며, 부서장의 신중한 고려가 필요하다는 공정성 이론을 지지하는 결과이다. 종업원도 점차 임금조사자료에 관심을 가지기 시작했다. 종업원의 자료 접근은 결국 더 많은 비교대상을 양산하고, 더 많은 효과적 커뮤니케이션을 필요로 한다.

매일매일 종업원과 접촉하는 부서장은 가장 중요한 커뮤니케이션 창구의 역할을 수행해야 한다. 그래서 부서장은 현재의 임금구조 설계 이유와 종업원의 관심에 따라 임금구조가 왜 변해야 하는지를 언제든지 설명할 준비가 되어 있어야 한다. 한 가지 일반적 이슈는 상당한 변화로 인해 직무 재분류가 필요하다면 임금구조 변화를 고려해야 한다. 만일 종업원이 많은 책임감을 느끼고 있다면, 그들은 종종 어떤 직무가 임금증가에 도움이 되는지 부서장에게 자문을 요청할 것이다.

# 도전과제들

## 직무급 임금구조의 문제

직무와 그에 따른 책임을 기준으로 임금구조를 설계하는 것은 가장 일반적으로 사용되는 방식이다. 그러나 직무급 임금구조에는 많은 잠재적 한계도 있다. 첫째, 관료제를 강화시킬 수 있다. 현재 업무에 책임을 지고 있는 사람의 세부적인 과업내용과 활동 그리고 암묵적으로는 현직자의 책임이 없는 과업과 활동을 정리한 것이 직무기술이다. 관리자에게 성과평가와 작업통제를 용이하게 만들어 주지만, 이것은 또한 업무 유연성 부족과 종업원의 업무 진취성 부족을 야기할 수 있다. 즉, "내가 왜 이것을 해야 합니까? 내 직무기술에 포함되어 있지 않습니다."라고 말할 수 있다. 둘째, 구조의 위계적 특성은 하향식 의사결정을 강화시키며, 지위의 차별성 때문에 정보의 흐름도 생산과 가장 밀접하게 연결된 종업원들까지 기술과 지식이 잘 흘러가지 않는다. 셋째, 관료제는 직무기술을 작성하고 최신버전으로 개정할 것을 요구하지만, 직무평가는 이런 개정 요구사항에 장애가 될 수 있다. 왜냐하면 직무기술의 대규모 변화는 직무평가에 대한 엄청난 양의 시간과 비용을 수반하기 때문이다. 넷째, 직무급 임금구조는 바람직한 행동에 대해 제대로 보상하지 못할 수도 있다. 특히 급속히 변화하는 환경 속에서 예전에 필요로 했던 지식과 기술 그리고 능력은 지금 그리고 미래에 도움이 되지 않을 수도 있다. 다섯째, 직무 수준과 지위 간 차별을 강조하게 되면 승진추구(promotion-seeking) 행동을 조장하게 되고, 승진기회가 없거나 좌천 위험이 있는 직무로 전보되는 것을 종업원이 꺼려하기 때문에 수평적 이동을 막게 된다.

## 직무급 임금구조 문제점에 대한 대응

### 직급축소와 밴딩(banding)

직무급 임금구조가 야기하는 문제점을 보완하기 위해 일부 기업은 **직급계층을 간소화하거나**(delayering), 직무에 대한 유연성을 확보하고, 능력에 따른 승급이 가능하도록 직급계층을 줄이기도 한다. 예를 들어, 항공기 엔진 제조회사 프랫 & 휘트니(Pratt & Whitney)는 11개 임금등급과 3,000개 직무기술을 가지고 있는 중간관리자 등급을 6개 임금등급과 몇백 개 정도의 직무로 단순화시켰다. 이처럼 직무범위를 넓게 그룹 짓는 것을 이른바 **브로드 밴드**(broad bands)라고 한다. 〈표 10.8〉은 작은 단위의 유사 직무들이 어떻게 묶여지는지를 보여주는 예시이다.

IBM은 시스템의 관료적 특성을 줄이기 위해 5,000개 직무와 24개 임금등급을 단순화하여 1,200개 직무와 10개 임금등급으로 축소하였다. 이러한 브로드 밴드 체계에서는 부서장에게 더 많은 재량권을 부여해서 직원의 고성과를 보상하거나 노동시장에서 경쟁력 있는 임금 수준을 선택할 수 있도록 해야 한다. 계층 간소화와 브로드 밴드 임금체계에서 발생할 수 있는 단점은 승진의 기회가 줄 수 있다는 것이다. 따라서 조직은 종업원에게 이런 승진기회 축소를 대신할 만한 다른 기회를 제공할 수 있는 대안을 고려할 필요가 있다. 그리고 새로운 임금구조가 겉으로 보이는 것과 달리 그렇게 극적인 변화가 없을 수도 있다. 처음의 차별성은 아주 쉽게 예전 시스템으로 복귀할 수 있다. 또한 임금 최소값과 최대값 사이가 더 넓어진 브로드 밴드의 임금체계를 사용하는 것은 예산관리를 취약하게 하거나 인건비 상승을 유도할 수도 있다. 이런 부작용을 예방하기 위해서는 부서장에게 고임금을 받을 고성과자를 식별해 낼 수 있는 권한이 주어져야 하고, 종업원에게는 교육에 대한 보상을 철저히 해줘야 한다.

**표 10.8 임금밴드 예시**

| 전통적 구조 | | 밴드 구조 | |
|---|---|---|---|
| 등급 | 직무명 | 밴드 등급 | 직무명 |
| 10 | 선임 엔지니어 | 5 | 선임 엔지니어 |
| 8 | 엔지니어 II | 4 | 엔지니어 |
| 6 | 엔지니어 I | | |

### 사람에 대한 임금: 기술, 지식 그리고 역량

직무급 임금구조 문제점과 관련된 두 번째 주제는 임금과 직무 연계 그리고 기술, 지식과 같은 개인적 특성을 기반으로 하는 구조설계와 관련 있다. 역량기반 임금체계는 부서장과 같이 유사한 일을 하는 것처럼 보이지만, 예외적 특성이 존재하는 종업원을 평가하기 위해 기획된 것이다. 기본적인 아이디어는 종업원에게 더 많은 기술을 익히도록 하고, 더 많은 직무 유연성을 확보하기 위해 그런 행동을 하는 사람에게 더 많은 임금을 지불하자는 것이다. 종업원은 특정한 시점에 창출해 내는 특정한 성과가 아니라, 현재 그들이 가지고 있는 업무능력 때문에 임금을 받는 것이며, 또한 기능급 체계는 임금체계를 구성하는 근본적 시작이라고 제럴드 레드포드(Gerald Ledford)는 말하고 있다.

**기능급**(skill-based pay) 체계는 기술의 폭과 깊이가 끊임없이 변화하고 있는 현대에 적당한 것처럼 보인다. 예를 들어, 제품 환경에서 기계 작동뿐만 아니라 유지관리와 보수, 품질관리, 게다가 컴퓨터 프로그램 변경 등의 영역도 작업자에게 책임이 떠맡겨지고 있다. 도요타는 몇 년 전에 "실제로 차(car)에 가치를 증대시키기 위해서는 조립작업자를 뛰어넘는 품질검사관, 관리자, 현장감독은 없으며, 조립작업자는 직접적으로 제품생산라인을 알고 있기 때문에 아마도 기능에 대해서 가장 전문가일 것이다."라고 결론지었다.

다른 말로 표현하자면, 기능급 임금의 잠재적 장점은 갈수록 필요성이 증가하고 있는 근로자 유연성에 도움이 되며, 또한 회사의 의사결정이 근로자에게로 분권화되는 것을 촉진시켜 준다. 그리고 종업원의 이직과 결근 등은 현재의 다기능 근로자로 대체될 수 있기에 회사에게 보다 날렵한(lean) 채용수준을 유지할 수 있는 기회를 제공한다. 추가적으로 다른 제조공정에서 제품생산이나 공급부족 등으로 작업과정의 유연성이 요구될 때 다기능 근로자는 대단히 중요한 역할을 수행한다. 최근의 사례에서 보듯이 유연생산과 적시생산(just-in-time) 방식 등은 진보적인 제조환경의 전형적 특징이다. 일반적으로 기능급 임금구조는 종업원에게 학습과 적응, 조직기능에 대한 폭넓은 견해를 가지게 하는 풍토를 만들며, 이런 변화는 회사가 종업원들의 노하우와 아이디어를 더 잘 사용할 수 있도록 도와준다. 지금 주목하고 있는 이런 장점들과 같은 맥락에서, 기능급 임금체계로의 전환은 제조공장에서 더 좋은 품질과 낮은 인건비를 유도한다고 학계는 보고하고 있다.

물론 기능급 임금과 역량기반 접근은 잠재적 단점도 있다. 첫째, 기능급 체계는 기술습득이 강화되는 경향을 보일지라도, 기업은 효과적으로 새로운 기술을 사용하기 위해서는 해결해야 할 새로운 도전에 봉착하게 되는데 주의 깊게 계획하지 않는다면, 증가한 인건비에 비해 성과는 보잘것없음을 발견할 것이다. 다시 말하면, 기술이 변하면, 최대한의 장점을 얻을 수 있도록 작업설계도 신속히 변해야 한다. 둘째, 만일 임금 인상의 원인이 완전히 기술에만 기반한다면, 너무 빨리 모든 기술을 습득하게 되어 향후 임금증가를 위한 여지가 없는 상태에 도달할 수 있다. 즉, 기술 수준이 정점에 도달한 종업원에게 더 이상의 유인책이 없기 때문에 문제가 될 수 있다. 물론 이 문제는 직무급 체계에서도 역시 문제가 되고 있다. 셋째, 다소 아이러니하지만 직무급 체계에서 비판받았던 것처럼 기능급 체계는 대단히 큰 관료제를 양산할 수 있다. 따라서 다양한 교육훈련 프로그램이 개발될 필요가 있으며, 기능은 기술되어지고(described), 측정되며 재무적 가치가 배정되어야만 한다. 그리고 특정한 기술을 종업원이 획득했는지 여부를 확인하기 위한 인증시험 절차가 개발될 필요도 있다. 마지막으로, 직무급 체계와 관련된 시장임금자료 획득이 어려웠듯이, 시장에서 직무 대비 기술을 조합하여 임금을 책정하기 위한 구체적 지식이 거의 없다. 기능급 체계가 보다 보편화되기 전까지 다른 기업의 비교자료를 획득하는 것은 어렵다.

## 미국 노동시장은 경쟁력이 있는가?

미국의 인건비는 너무 높아 미국 기업이 다른 나라 기업과 효과적으로 경쟁하지 못한다는 말을 듣곤 한다. 다른 선진국과 신흥공업국, 미국의 제조업 근로자의 임금과 복지혜택을 포함한 시간당 평균 인건비를 미국 달러로 환산하여 〈표 10.9〉에 제시하고 있다. 기업은 어느 지역에서 제품을 생산할 것인지를 결정하기 위해 인건비와 다른 요인들을 꼼꼼히 따진다. 단지 비용 측면만 본다면, 아마도 많은 형태의 제품생산이 독일과 같은 국가에서 다른 나라로, 특히 신흥공업국으로 옮겨가고자 한다는 것을 알 것이다. 이처럼 옮기는 것이 현명한 판단일까? 결론부터 말하면 꼭 그런 것은 아니다. 몇 가지 고려해 봐야 할 요인들이 있다.

**표 10.9 제조업 생산직 노동자의 시간당 평균 인건비(급여 및 복리후생), 전체 직원의 연봉, 전체 직원의 시급 추정치**

| | 제조업 생산직 노동자의 시간당 평균 인건비 1990 | 시급 (추정치) 2016 | 연봉 2016 | 시급 (추정치) 2019 | 연봉 2019 |
|---|---|---|---|---|---|
| 캐나다 | $16.62 | $30.08 | $51,563 | $31.86 | $53,198 |
| 멕시코 | 1.94 | 3.91 | 16,981 | 8.23 | 17,594 |
| 미 국 | 14.88 | 39.03 | 63,079 | 37.01 | 65,836 |
| 체 코 | | 10.71 | 25,819 | 16.38 | 29,281 |
| 독 일 | 18.05 | 43.18 | 51,623 | 38.70 | 53,638 |
| 중 국[a] | | 5.37[a] | 10,161 | c | 12,430[b] |
| 일 본 | 12.52 | 26.46 | 37,896 | 23.49 | 38,617 |
| 한 국 | 3.79 | 22.98 | 38,617 | 21.50 | 42,285 |

출처: 1990년의 시간당 인건비(급여+복리후생) 데이터는 미국 노동통계국(U.S. Bureau of Labor Statistics)에서, 2016년의 경우 컨퍼런스 보드(Conference Board)에서 제공한 데이터임. 연봉(복리후생비 미포함)과 연간 근로시간 데이터(미포함)는 경제협력개발기구(OECD.org: https://data.oecd.org/earnwage/average-htm, https://data.oecd.org/emp/hours-worked.htm) 데이터를 참고함.

주: 2016년 연봉은 미국 달러로 환산한 수치이며 국가별 구매력의 차이에 따라 조정함.
시간당 급여는 연봉/일년 중 총 근로시간으로 계산함.
시간당 급여의 국가별 차이는 각 나라의 평균 근로시간의 차이로 인해 다를 수 있음. 예를 들어, 독일의 연봉은 체코의 1.83배이지만, 독일의 근로시간(1,386시간)은 체코(1,788시간)보다 상당히 적기 때문에 시간당 급여는 2.36배 높음.

a 중국에 대한 가장 최근의 데이터는 컨퍼런스 보드에서 2014년 발표한 것임. 따라서 2016년 데이터는 중국 통계청의 임금 인플레이션 데이터를 기반으로 추정해서 계산함.

b 중국 통계청의 2019 중국 통계 연보 참조(http://www.stats.gov.cn/tjsj/ndsj/2019/indexeh.htm), 2019년 평균 환율을 사용하여 위안화를 달러로 환산함.

c 경제협력개발기구(OECD)가 중국에 연간 근로시간을 제공하지 않기 때문에 중국의 시급(추정치)을 계산하지 못함.

### 인건비의 국가별 차이 불안정성

첫째, 인건비는 상대적으로 시간경과에 따라 매우 불안정하다는 것을 주목할 필요가 있다. 〈표 10.9〉를 보면 한국의 시간당 인건비(제조업 생산직 기준)는 1990년 미국의 25%(3.79달러/14.88달러) 수준에서 2016년에는 59%(22.98달러/39.03달러)로 높아졌다. 환율 변화로 인해 상대적인 인건비의 계산이 정확하지 않은 경우도 있겠지만, 여기에서 한국의 경우 그 기간 동안 생산성 증가 수준이 매우 빨라졌다는 것을 알 수 있다.

이와는 반대로 독일의 시간당 인건비는 계속해서 미국보다 높게 유지되고 있으며, 〈표 10.9〉에서 볼 수 있듯이 이웃 국가인 체코와 미국의 이웃 국가인 멕시코보다도 훨씬 높은 수준이다. 이러한 사실은 부분적으로 BMW, 벤츠(Mercedes-Benz), 폭스바겐 등이 독일과 비교해서 엄청나게 노동비가 싼 미국의 남부지역인 사우스캐롤라이나,

앨라배마, 테네시에 공장을 짓는 이유를 설명해 주고 있다. 최근에는 독일을 비롯한 여러 나라의 자동차회사가 멕시코에 공장을 짓고 있는데, 그 이유는 독일과 미국보다 훨씬 낮은 멕시코의 인건비 때문이다.

지구 반대편에 위치해 있는 대만 기업 폭스콘(Foxconn)은 애플(Apple)의 아이폰을 생산하는데, 약 백만 명의 종업원이 있으며, 대부분의 공장은 중국 본토에 있고, 중국 본토 선전의 롱화와 관란 지역에 20만 명이 근무한다. 한 통계에 의하면 중국 선전에서의 아이폰 생산에 필요한 인건비는 미국에서의 1/4보다도 적은 수준이다. 일부 국가별 인건비 차이에 대한 측정은 〈표 10.9〉에서 제시한 차이보다 더 큰 경우도 있다. 게다가 애플 제품을 생산하기 위해 낮은 인건비와 유사한 제조과정 공급망은 아시아 지역에 잘 구비되어 있다. 이러한 이유로 애플 제품의 핵심부품들의 제조를 다른 나라들로부터 미국으로 옮기는 것은 어려운 일이다. 그리고 반대로 아이폰과 대비되는 디스플레이 판넬 같은 제품 제조는 아마도 높은 운송비와도 관련이 있으며, 정치적 압력과 관세를 최소화하는 위치로 이동하는 경우가 대부분이다. 애플은 폭스콘과 다른 계약 제조업체들에게 인도 같은 다른 국가들을 포함시켜 위치를 다각화함으로써, 공급망을 포함한 제품생산을 단일 국가에 덜 의존하도록 할 것을 요청했다고 한다.

### 기술 수준

둘째, 국가별 노동력의 품질과 생산성은 대단히 변화무쌍하다. 특히, 미국과 같은 선진국과 멕시코 같은 신흥공업국 인건비 비교에서 특히 중요하게 고려해야 한다. 예를 들어, 미국에서 고등학교 졸업 비율은 77%인 반면, 멕시코는 44%이다. 따라서 값싼 인건비는 평균적으로 작업현장의 낮은 기술 수준(skill level)을 보여주기도 한다. 인건비가 낮은 국가에서는 기업이 필요로 하는 특정 형태의 숙련된 종업원이 적을 수도 있다. 다른 한편으로, 어떤 기업은 회사 운영을 위해 일정한 숙련공의 비율이 절대적일 수 있으며, 어떤 기업은 값싼 인건비가 꼭 고품질 생산을 저해하는 요인이 아닐 수 있다는 것을 알게 될 것이다.

앞서 본 것처럼, 많은 자동차 제조회사가 멕시코를 선택하는 이유는 미국과 가깝기 때문이다. 유럽에서는 폴란드, 슬로바키아 그리고 체코 등이 독일과 비교해서 많은 숙련공을 가지고 있으면서 인건비도 낮은 편이고, 본국의 제조과정 생산성을 높이기 위해 지리적으로 가까운 이곳에 독일은 제조공장을 확대하고 있다.

**그림 10.4** 8개 국가의 1인당 GDP – 구매력을 고려해서 조정됨, 달러 기준

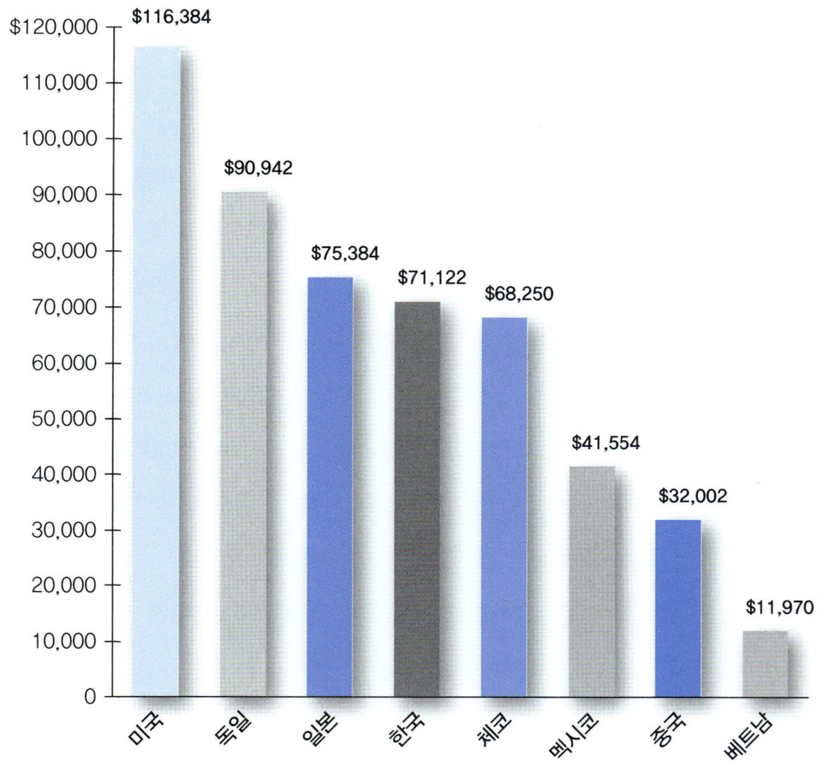


출처: 국제노동기구(International Labor Organization), "Output per Worker(GDP constant 2011 international $ in PPP)," 2019, www.ilo.org/ilostat.

## 생산성

셋째, 직접적으로 관련된 것은 비교생산성(comparative productivity)과 단위당 인건비에 관한 자료이다. 필수적으로 이것은 작업 시간당 생산성을 시간당 인건비로 나눈 것을 의미한다. 생산성에 대한 한 가지 지표는 1인당 국내총생산(GDP)이다. 〈그림 10.4〉를 보면, 낮은 인건비와 높은 생산성 조합은 일본과 서유럽보다 미국이 평균적으로 인건비가 낮은 것으로 해석되고 있다.

## 인건비 이외의 기타 고려사항

넷째, 인건비만 고려하여 생산설비 장소를 결정할 수는 없다. 예를 들어, 평균 시간당 인건비는 A국가의 경우 15달러이고, B국가는 10달러일지라도, 만일 인건비가 전체 운영비용의 30%이고, 대략 기타 제반 운영비는 두 국가가 비슷하다면 그때 전체 운영

비는 A국가는 아마도 65달러(50+15)가 되고, B국가는 60달러(50+10)가 된다. B국가 인건비가 33% 더 적을지라도, 전체 운영비로 계산해 보면 단지 7.7% 더 작은 것뿐이다. 그리고 이 정도 차이는 기술력 차이와 생산성 차이, 고객 대기시간, 교통비, 세금 등을 모두 상쇄시킬 만한 충분한 보상은 되지 못한다. 더욱이 많은 제품에서 직접적인 노동요소 비중은 특히 전자부품 같은 최첨단 제품에서는 5% 이하일 것이다. 따라서 인건비의 제품가격 경쟁력 효과는 미비하다.

공장 위치 선정에 인건비 요소를 고려하던 많은 기업이 고객과의 물리적 밀접성과 같은 다른 요인을 고려하기 시작했다. 제품개발 속도는 공장 위치가 물리적으로 설계 집단과 가깝게 있을 때 빨라진다. 대체상품과 같은 고객에 대한 빠른 대응이 중요한 산업은 생산시설이 다른 나라에 위치할 때 신속한 대응이 어렵다. 재고수준은 즉시생산(just-in-time) 방식과 같은 제조방법의 사용을 통해 극단적으로 감소할 수 있다. 그러나 이것은 공급업자가 물리적으로 근접해 있어야 한다.

다른 한편으로 일부 기업은 인건비 감축을 위해 대단히 전문적인 지식분야까지 공격적으로 해외위탁을 실시하고 있다. 예를 들어, 골드만 삭스와 시티그룹과 같은 금융 서비스 분야는 각종 통계와 연구 등을 수행하기 위해 상당한 인력이 인도에 배치되어 낮은 임금 수준을 유지하며 일하고 있다. 다른 예로, IBM은 시간당 인건비가 미국은 56달러인 것과 비교하여 인건비가 12.50달러인 중국 등과 같은 해외 국가로 수천 명의 프로그래머를 이동시켜 잠재적으로 1년에 1억 달러 이상을 절약하고 있다. 해외의 낮은 인건비를 활용하고 있는 일부 기업의 경우 해외 근로자의 인건비가 기업이 필요로 하는 충분한 인력 확보 유인책이 되도록 임금인상을 결정하기도 한다. 예를 들어, 몇 년 전에 유럽의 의류업체 H&M과 자라(Zara)는 캄보디아 총리에게 캄보디아 의류 납품업체들이 직원에게 더 많은 임금을 지불할 수 있도록 조치하겠다는 서약서를 작성하기도 하였다. 결과적으로, 의류산업의 임금은 50% 이상 증가하였다.

## 임원임금

회사의 임원연봉에 관한 이슈는 언론을 통해 폭넓은 관심을 받고 있다. 어떤 의미에서는 기업에서 일부 최고경영자와 그들에 대한 보상은 기업 전체 인건비 중에 작은 비중을 차지하지만, 그 가치 이상으로 너무 많이 집중되는 것도 사실이다. 다른 한편으로는 최고경영자는 조직성과에 부적절한 영향을 미칠 수 있는 능력을 가지고 있기 때문에 그들에 대한 보상결정은 대단히 중요하며, 그들은 또한 기업의 상징이다. 2007~2008년의 세계 금융위기 동안에 미국 정부의 부실자산구제 프로그램(Troubled Asset Relief Program: TARF)은 정부의 구제금융 지원을 받는 기업의 임원연봉을 더욱 통제하는 것이 적절하다고 결정했다.

최고경영자는 또한 조직의 색깔과 문화 형성에 조력한다. 예를 들어, 만일 최고경

**표 10.10 CEO 보상 실태**

| 연도 | CEO 보상(달러) 연봉 | 보너스(단기 인센티브) | 연봉+보너스 | 스톡옵션(장기 인센티브) | 스톡 그랜트***(장기 인센티브) | 총합 | CEO 임금의 연도별 인상률 | S&P 500 기준 연도별 인상률 | 직원 임금*(달러) | 직원 임금 대비 CEO 임금** |
|---|---|---|---|---|---|---|---|---|---|---|
| 2020 | 110만 | 180만 | 290만 | 0**** | 710만 | 1,270만 | 3% | 16% | ***** | – |
| 2016 | 110만 | 200만 | 310만 | 110만 | 550만 | 1,150만 | 11% | 12% | 38,088 | 302 |
| 2015 | 110만 | 200만 | 310만 | 110만 | 510만 | 1,040만 | 1% | 1% | 37,186 | 280 |
| 2014 | 110만 | 210만 | 320만 | 120만 | 470만 | 1,030만 | 1% | 14% | 36,455 | 283 |
| 2013 | 110만 | 200만 | 310만 | 140만 | 420만 | 1,020만 | 11% | 32% | 35,555 | 287 |
| 2012 | 100만 | 190만 | 290만 | 130만 | 380만 | 920만 | 4% | 16% | 34,519 | 269 |
| 2011 | 100만 | 200만 | 300만 | 170만 | 330만 | 890만 | ***** | 2% | 33,800 | 263 |
| 2010 | | | 300만 | 300만 | 250만 | 850만 | – | – | 33,119 | 258 |
| 2000 | | | 290만 | 450만 | 700만 | 1,430만 | – | – | 25,013 | 573 |

* 직원 임금(연간)은 농업에 종사하지 않는 생산직이나 관리감독직에 있지 않은 개인의 데이터를 미국 노동통계국(U.S. Bureau of Labor Statistics), 고용 및 소득 온라인 정도, 경상 고용통계조사(CES) 데이터, 국가 B-8a, https://www.bls.gov/opub/ee/archive.htm를 기반으로 함. 12월의 평균 주급을 기준으로 52(연간 주수)를 곱해서 계산함.

** 시간당 직원 급여에 대한 CEO 급여의 비율.

*** 2010년까지 "기타" 보상이 이 범주에 포함되었으며, 대부분의 경우 주식 교부금의 가치가 이 범주의 급여의 대부분을 차지함.

**** 중앙값이 0달러였음을 나타냄. 하지만, 2020년 평균은 170만 달러였음.

***** 평균값에서 중위값으로 총보상의 정의가 변경되어 계산되지 않음.

출처: 2010년까지의 CEO 급여는 포브스(Forbes)의 데이터 평균을 이용함. 1999년(여기서는 1995년)까지의 포브스 데이터는 미국 800대 기업에 해당함. 2000년부터 2010년까지의 포브스 데이터는 미국 500대 기업(S&P 500)에 해당함. 2011년부터의 CEO 급여 데이터는 미국 500대 기업(S&P 500)에 해당하며, Equilar, CEO 급여 트렌드(다년간의 평균), Equilar.com 등에서 얻어진 중위값임.

영자의 임금이 조직성과와 관련성이 없어 보인다면, 사업성과는 부실하지만 최고경영자의 임금은 계속 높게 책정되어 있다면, 종업원은 왜 자신의 임금을 감축해야 하는지, 또 조직성과와 자신의 임금이 연계되어야 하는지 납득하지 못할 것이다.

그렇다면 임원은 얼마를 받아야 하는가? 〈표 10.10〉은 임원임금과 관련된 일부 관련 자료를 보여주고 있는데, 최고경영자 임금의 주요 구성요소는 전형적으로 주식을 통한 장기보상이다. 이것은 최고경영자 임금은 기업성과와 주식시장 성과를 따르기 때문이다(S&P 500의 변화를 참조할 것). 〈표 10.11〉은 일부 최고경영자들이 〈표 10.10〉에서 보여주는 평균 이상으로 좋은 임금을 받고 있음을 보여준다.

〈표 10.10〉은 회사의 근로자 평균 임금 대비 최고경영자 임금비율이 최근에 300배 정도 높다는 것을 보여주고 있다(표에 제시된 초기 몇 년의 임금비율이 훨씬 높은 이유는 조사된 최고경영자 임금의 중앙값보다 평균값이 크기 때문이며, 최고경영자 평균 임금이 항상 최고경영자 임금 중앙값보다 크다). 미국의 최고경영자 임금비율이 중국, 일본, 독일 그리고 영국과 같은 무역 강대국 최고경영자 임금 수준보다 높은 편이다. 여하튼, 이런 국제비교 결과가 미국의 최고경영자가 다른 나라의 최고경영자보다 더 큰 회사를 이끌고 있다는 것을 의미하는 것은 아니다. 일반적으로 대기업일수록 임금은 더 높다.

다른 나라에 비해 높은 미국의 최고경영자 임금비율은 종업원에게 경영자에 대한 신뢰에 금이 가게 만든다(trust gap). 즉, 종업원 마음속에 경영자 의도에 대한 불신임과 역량에 대한 의심, 그리고 자화자찬 임금에 대한 분노를 일으킨다. 이런 이슈는 최고경영자 임금이 고임금구조인 많은 기업에서 동시에 대량 해고나 종업원 감축이 발생할 때 점점 더 두드러지게 나타나고 있다. "만일 기업이 비용감축이 필요하다면 왜 우리보다 더 많이 받는 최고경영자의 임금을 삭감하지 않나요?"라고 종업원은 물을 것이다. 이 문제는 지각된 공정성에 관한 이슈 중 하나이다. 한 연구에 의하면 "최고경

**표 10.11 고연봉 임원들**

| | 총보상(달러) |
|---|---|
| 일론 머스크(Elon Musk) – 테슬라(Tesla Inc.) | 595백만 |
| 팀 쿡(Tim Cook) – 애플(Apple Inc.) | 134백만 |
| 탐 러트리지(Tom Rutledge) – 차터 커뮤니케이션즈(Charter Communications Inc.) | 117백만 |

출처: Anders Melin and Cedric Sam, "Wall Street Gets the Flak, But Tech CEOs Get Paid All the Money," *Bloomberg.com*, July 10, 2020.

영자를 비롯한 임원과 일반 종업원 간의 임금차이가 큰 사업부에서는 종업원의 경영자와 종업원 임금에 대한 불공정성 지각이 고객관계로 나타나기 때문에 낮은 고객만족을 보인다."는 결과는 많은 것을 생각하게 한다. 최고경영자가 얼마나 많이 받는가 보다 아마도 종업원의 임금이, 예를 들어 성과를 기반으로 하는 것처럼 어떤 방식에 의해 받는지가 더 중요할 것이다.

## 종업원 임금과 관련된 정부규제

최저임금, 초과근무 그리고 일반적인 임금 관련 법규들 등 종업원의 고용기회평등 조항에 관해 살펴보고자 한다. 그 후에 다른 장에서 최고경영자를 비롯한 임원보상 법규를 살펴볼 것이다.

### 고용기회의 평등

미국에서는 민권법(Civil Rights Act) 7장 등에서 고용기회평등규정(Equal employment opportunity: EEO)을 적시하고 있는데, 이 법에 의하면 사업에 따라 필연적으로 발생하는 직무성과에 따른 임금차이가 아니라면, 성별과 인종에 의한 임금차별을 금지하고 있다. 이런 법규제와 함께 기업이 추가적으로 받고 있는 압박은 노동시장과 인구통계적 특성의 변화이다. 고용기회평등과 관련된 직접적인 변화 두 가지가 있는데, 우선 1960년 전체 종업원 중 여성비율은 33%였지만, 현재는 47%로 변화했다. 두 번째는 1960년 이후 전체 종업원 중 백인비율이 90%에서 78%로 하락하고 있으며, 미국에서 전체 종업원 중 백인 남성 비중은 40%이고, 그 비율은 아마도 지속적으로 하락할 것으로 보이기 때문에 보상에서 고용기회평등 이슈에 관심을 가지는 것은 더욱 더 중요해지고 있다.

임금결정에서 공정한 처우는 무엇을 의미하는가? 전형적인 처우개선 압력은 임금비율에 집중되곤 한다. 예를 들어, 상근 근로자 중 남성 대비 여성 임금비율은 0.82 수준이며(1980년에는 0.60이였음), 백인 대비 흑인 임금비율은 0.75 수준을 보이고, 백인 대비 남미 출신 종업원 임금비율은 0.66 수준이다. 그러나 대조적으로 아시아계 미국인 소득은 백인보다 14% 높다. 주식과 보너스 등 성과급 관련 임금을 덜 받기 때문에 임원 가운데 여성은 남성보다 낮은 임금을 받는 경향이 있다.

임금차이의 일정 부분은 교육과 직장경력, 직업 등과 같은 합리적 요인도 중요하게 작용하기 때문에 세부적인 사항이 확인되지 않은 상태에서 임금격차 백분율을 활용하는 것은 그 자체로 의미가 제한될 수밖에 없다. 그러나 위에서 열거한 요인을 고려해 보면 인종과 성별 그리고 민족 등에 따른 임금차이는 줄어든다. 그래도 임금차이에 대한 의문은 여전히 남는데, 그것은 바로 이런 제반 요인을 고려해도 여전히 소득차이가 발생하는 원인의 절반 이상을 설명하지 못하기 때문이다.

어떤 연구들은 여성의 임금이 남성에 비해 뒤처진다고 지적하고 있다. 한 연구결과는 여성의 경우 기본 급여뿐 아니라 보너스 및 인센티브까지 고려한다면 그 격차는 더욱 크다고 보고하고 있다.

다른 증거는 여성은 채용되는 그 시점에서는 별로지만, 실제로는 얼마 동안 고용되면 일을 더 잘한다는 것이다. 한 가지 해석은 제한적인 지원자에 대한 일반적 정보 활용보다는 실제 직무성과가 의사결정에 반영될 때 여성이 불공정한 처우를 만나게 되는 경향은 더 적어질 것이다. 그러기 위해서는 지원자와 신규 종업원의 공정한 처우를 보장하기 위한 보다 많은 주의가 필요하다.

다른 한편 일부 기업에서는 여성과 소수 민족 및 인종 그룹은 경영의 최고계층을 볼 수는 있지만 그 속으로 들어갈 수 없는 **유리천장**(glass ceiling)이 존재하는 것으로 보인다. 많은 경우, 여성의 이전 직장에서의 낮은 임금은 채용과정에서 지원자들에게 이전 직장에서 얼마나 받았는지를 묻는 회사의 일반적인 관행으로 인해 지속되게 된다. 따라서 일부 회사들은 채용담당자에게 지원자의 이전 임금을 묻는 것을 막고 있으며, 미국 내 일부 지역에서는 아예 그 질문을 못하도록 금지시키기도 했다.

하지만 각각의 회사마다 여성의 임금 불이익이 발생하는 원인과 이유는 다를 가능성이 높다. 예를 들어, 전형적인 백인 남성들의 사교모임이나 비공식적 네트워크의 불공정한 접근으로 인해 여성과 다른 보호집단의 승진기회는 방해받을 수 있다. 그리고 이런 접근 기회의 불공정성은 다시 낮은 임금으로 연결된다. 멘토링 프로그램은 이런 접근의 불공정성을 개선시켜 주는 방법 중 하나로 권장되어 왔다. 실제로 한 연구에서는 멘토링이 성공적일 경우 남성과 여성 모두에게서 임금과 관련하여 의미 있는 긍정적 효과가 발생하였으며, 백분율로만 봐서는 여성은 남성보다 더 많은 임금을 받게 되었다.

또 다른 주장은 역사적으로 여성의 직업은 제한된 직종에 한정되어 있다는 관점이다. 그 결과 여성인력 공급은 수요를 초과하고, 결국 낮은 임금을 받는 구조가 형성될 가능성이 높다는 사실이 이를 뒷받침해준다. 만일 그것이 사실이라면 시장임금조사를 해보면 그 상황은 항상 고착되어 있을 것이다.

### 임금 공정성

**임금 공정성**(pay equity)은 임금차별을 없애기 위한 정책과 관행에 대해 사용되는 광범위한 용어로, 미국 연방 차원에서 행정명령 11246을 시행하는 미 노동부 산하 연방계약 준수 프로그램 사무국(Office of Federal Contracts Compliance: OFCCP)은 인종과 성별에 따른 보상차별을 금지하는 기준과 지침을 정하고 있다. 여기에서는 임금차별을 "교육, 사전 경력, 업무성과, 생산성, 복무기간 등 직무에서의 시간 등 임금에 영향을 미치는 합리적 요인 등을 고려한 다음에도 유사한 위치에 있는 직원들 사이에(회귀분석에 의해 확립된) 통계적으로 유의미한 보상 차이가 있는 상황"으로 정의하고 있다. 행정부와 시간에 따라 그 정의와 선호하는 차별의 증거들에 차이는 일부 있지만, OFCCP는 임금차별을 막는 것을 계속해서 주요 업무로 삼고 있다.

**비교가치**(comparable worth)는 좀 더 구체적인 용어로서, 과소평가 업무에 종사하는 여성에 대한 치유를 목적으로 하는 공공정책이다. 동등한 임금을 받는다는 것은 1963년 임금평등법에 이미 명시한 동등한 내용의 직무뿐만 아니라, 민권법 7장을 기초로 하여 업무에 대한 동등한 가치 부여를 통해 그에 맞는 동등한 임금을 받게 하자는 주장이다. 전형적으로 가치를 측정하기 위해 사용되어지는 방법이 직무평가이다. 〈표 10.12〉는 워싱턴주 자료를 기초로 하여 작성된 것으로 직무에 대한 최초의 비교가치를 보여주는 사례 중 하나로 조직의 내부비교 자료와 시장조사와 같은 외부비교를 기초로 하여 만들어진 직무가치 측정결과를 비교해서 보여주고 있다. 내·외부 측정결과는 상당히 많은 부분에서 불일치하고 있음을 확인할 수 있는데, 내부비교 결과는 여성의 직무가 저임금을 받도록 되어 있는 반면, 외부비교는 이런 주장이 다소 덜 지지되고 있다. 예를 들어, 정규과정을 거친 면허간호사 직무는 173점의 직무평가를 받고, 트럭운전사는 97점을 받았지만, 워싱턴주 고용주가 생각하는 트럭운전사에 대한 시장임금은 월 1,493달러이고, 간호사는 단지 월 1,030달러이다. 트럭운전사는 임

**표 10.12 직무평가점수, 시장조사임금(월급) 그리고 여성의 현직 비율**

| 직무명 | 직무평가점수 | 시장임금 | 시장예측 임금률 | 여성 비율 |
|---|---|---|---|---|
| 창고 작업자 | 97 | $1,286 | 109% | 15% |
| 트럭 운전사 | 97 | 1,493 | 127 | 15 |
| 면허 실무 간호사(준간호사) | 173 | 1,030 | 75 | 90 |
| 유지보수 전담 목수 | 197 | 1,707 | 119 | 2 |
| 토목기사 | 287 | 1,885 | 116 | 0 |
| 공인 간호사 | 348 | 1,368 | 76 | 92 |
| 선임 컴퓨터시스템 분석가 | 384 | 2,080 | 113 | 18 |

주: 예측임금은 직무평가를 기반으로 한 시장임금의 회귀분석 결과로 2.43달러×직무평가점수+936.19, R=0.77.

금정책선이 예측한 것보다 거의 26.6% 더 임금을 받는 반면, 간호사는 임금정책선 예측의 단지 75.3% 수준에서 임금을 받는다. 직무평가점수에 의하면, 간호사의 가치는 시장임금조사에서 확인했던 것처럼 31.0%(1－1,030달러/1,493달러) 더 낮지 않으며, 78.3%(173/97－1) 더 높다.

시장의 독립가치를 활용하기 위해 사용되는 직무평가 방식의 한 가지 잠재적 문제점은 바로 직무평가 과정이 이런 목적을 위해 설계되지 않았다는 점이다. 앞서 설명한 것처럼 직무평가는 시장임금과 균형을 맞출 수 있도록 도움을 주어 시장임금 자료를 사용할 수 없는 비핵심직무에 적용하는 것이 주된 사용목적이다. 다시 말하면 직무평가는 전형적으로 시장임금을 적용하기 위해 사용되어 왔지만 임금구조에서 시장을 대체하는 꽤 반대적 측면에 있었던 것이다.

경제논리에 따르면 시장원리는 가격과 직무에 사람을 할당하는 가장 효율적인 수단을 제공하는데, 다른 규제와 마찬가지로 고용기회평등규정(EEO)이 시장논리를 방해하고 있다는 주장도 있다. 이론에 따르면 시장논리에서 벗어나게 되면 결국 일부 업무는 과다임금을 받게 되어 인력 과다공급을 유도하는 반면, 어떤 업무는 너무 적은 임금으로 인력의 과소공급을 유도할 수 있다는 것이다. 게다가 일부 실증연구에 의하면 비교가치 정책은 민간영역에서 상대적으로 여성 소득에 큰 영향을 미치지 못하고 있다고 말하기도 한다. 이렇게 정책적 한계가 발생하는 이유 중 하나는 남자와 여자가 다른 고용주 밑에서 일하는 경향이 있는데 이것을 무시하고 단순히 단일 고용주를 표적으로 삼기 때문이다. 고용주 철학에 따라 남성과 여성의 임금차이가 발생하기 때문에 일정 부분 비교가치는 효과적이지 않을 수 있다. 다시 말해 성별을 기반으로 하는 임금차이는 결국 다른 임금 수준 체계를 가지고 있는 다른 조직에서 일하는 남자와 여자의 비교 결과이기 때문에 정책이 거의 실효성을 가질 수 없게 되는 것이다.

시장임금에 대한 잠재적 문제점에도 불구하고 가장 중요한 사실 중 하나는 법원이 일관성 있게 비교가치에 대한 소송에서 시장임금 사용을 방어적으로 수용하고 있다는 점이다. 법원의 논리는 기업은 노동시장과 제품시장에서 치열한 경쟁에 직면해 있으며, 시장보다 다소 차이가 있는 임금은 기업이 직면한 경쟁환경에서 약점이 되기 때문이라는 것이다. 따라서 미국 민간영역에서 비교가치에 대한 법적인 구속력은 없다. 하지만, 1990년대 초 미국에서는 거의 절반 정도의 주(州)가 공공영역 종업원 임금에 비교가치 적용을 시작하거나 완료했었다. 게다가, 1988년에 캐나다의 온타리오주에서는 공공과 민간영역 모두 비교가치 적용을 실시했다. 보다 최근 캐나다에서는 2021년부터 시행될 예정인 국가 차원의 급여형평법(Pay Equity Act)을 통과시켰다. 이에 따라 고용주들은 3년 안에 임금형평성을 달성해야 하게 되었다. 이 급여형평법은 급여의 형평성을 비교가치와 동일하게 정의 내리고 있다. 구체적으로는 이 법의 집행을 맡은 캐나다 인권위원회는 "급여형평성은 동등한 가치가 있는 일에 대한 동일한 급여에 관한 것이다"라는 것과 "급여형평성은 동일한 작업에 대한 동일한 급여에 대한 것이 아니다"는 것을 명시하고 있다(이전의 법률은 후자만을 포함함). 앞서 언급한 바와 같이, 바이든 행정부에서는 연방정부의 급여형평성 노력이 높아질 가능성이 크다.

**표 10.13 국가 데이터를 활용한 여성의 임금 수준 및 현직 비율: 1983년과 2020년의 비교**

| | 주급 | | 주급(창고 작업자의 주급과의 비교) | | 여성 비율 | |
|---|---|---|---|---|---|---|
| | 1983* | 2020 | 1983 | 2020 | 1983 | 2020 |
| 토목기사 | $6,550 | $7,863 | 2.9 | 2.9 | 4 | 16 |
| 공인 간호사 | 4,606 | 6,455 | 2.0 | 2.4 | 96 | 87 |
| 토목기사 | 3,693 | 4,404 | 1.6 | 1.6 | 1 | 3 |
| 면허 실무 간호사(준간호사) | 3,198 | 4,042 | 1.4 | 1.5 | 97 | 90 |
| 창고 작업자 | 2,275 | 2,678 | 1.0 | 1.0 | 15 | 21 |

* 인플레이션을 고려한 조정: 2020달러.

출처: Earl F. Mellor, "Weekly Earnings in 1983: A Look at More than 200 Occupations," *Monthly Labor Review*, 1985, www.bls.gov; Occupational Employment Statistics, U.S. Bureau of Labor Statistics, www.bls.gov; Labor Force Statistics from the Current Population Survey, Household Data, Annual Averages, www.bls.gov.

마지막으로 〈표 10.13〉은 〈표 10.12〉를 업데이트한 것으로 대략 1983년과 2020년의 여성의 임금 수준과 현직 비율을 비교해서 보여주고 있다. 여기에서 퍼센티지(포인트) 기준으로는 작지만, 전체 퍼센티지에는 큰 변화가 있었다는 것을 알 수 있다. 예를 들어, 토목기사 중 여성의 비율은 12%포인트 증가했지만 사실 이는 3배(300%)로 늘어난 것과 마찬가지다. 그리고 여성의 비율이 많은 두 직업군-공인 간호사와 면허 실무 간호사-의 상대적인 임금 수준이 높아졌으며, 특히 등록 간호사의 경우 창고 작업자와 비교했을 때 1983년의 2배 수준에서 2020년에는 2.4배 수준으로 높아졌다는 것을 알 수 있다.

## 최저임금, 초과근무 그리고 임금관련법

1938년 **공정노동기준법**(Fair Labor Standards Act: FLSA)은 시간당 7.25달러라는 **최저임금**(minimum wage)에 관한 새로운 기준을 새웠다. 개별 주법(州法)은 이보다 최저임금을 더 높게 명시할 수도 있다. 예를 들어, 워싱턴 D.C.의 최저임금은 15달러이다. 샌프란시스코의 최저임금은 2021년 기준 16.32달러였으며 인플레이션에 따라 매년 조정된다. 공정노동기준법은 또한 고용주는 20세 이하 종업원에게 90일까지 최저임금의 85% 수준에서 임금을 지불할 수 있는 비숙련공 최저임금제도를 허가하고 있다.

또한 FLSA는 주당 40시간을 넘어가는 초과근무의 경우 시간당 1.5배의 임금을 주도록 하고 있다. 초과근무수당은 기본급뿐만 아니라 보너스, 성과수당 같은 다른 요소에도 포함된다. 이 법은 주 40시간을 넘는 초과근무와 관련해서 수당을 지불하도록 하고 있으며, 고용주는 작업장에서 업무수행과 관련하여 명확히 고용주가 요청하였거나 예견되었던 초과근무라 할지라도 고용주가 종업원의 초과근무를 거부 또는 승인할 수 있게 해주고 있다. 만일 고용주가 종업원이 초과근무를 실시하는 것을 알고 있으면서도 중지요청을 하지 않았다면 1.5배의 초과근무수당을 지급해야 한다. 지급하지 않을 경우 법률위반이 된다. 이것과 관련해서 백화점이 소송의 대상이 된 적이 있는데 여러 가지 일 중에서도 종업원은 업무시간 이후 고객에게 감사편지를 작성하도록 독려받았지만 이에 대한 수당은 지급하지 않았다. 회사는 매장근무 이후 초과수당 지급을 거부하였고, 결국 회사는 법정판결을 피하기 위해 750만 달러의 벌금과 함께 합의금으로 1,500만~3,000만 달러를 지난 3년간 근무한 대략 85,000명의 매장판매원에게 돌려주어야 했다.

IT기술은 공유경제 창조에 도움을 주고 있는데, 스마트폰을 터치하면, 우버택시를 부르거나 간편하게 집안 청소를 하고, 무엇인가를 고칠 수 있게 되었다. 여하튼, IT기술은 또한 고용법의 새로운 문제점을 노출시키고 있으며, 근로자와 회사 모두에게 새로운 도전과제를 주고 있다. 공유경제 업종의 근로자는 기존 근로자와 달리 독립적이며 계약관계에 있기 때문이다. 이들은 표준고용법에서 보장하는 일반 근로자의 보호를 받지 못한다. 일부 공유경제 회사 근로자는 자신도 FLSA에서 보장하는 초과근무와 최저임금 대상에 포함되어야 한다고 주장하면서 회사는 이들과 논쟁을 다투는 소송을 해야 할 처지에 있다. 우버의 자체 조사에 의하면 우버 운전기사는 제반 비용을 포함해서 시간당 평균 19달러를 벌고 있다. 그러나 우버 운전기사들은 실제 수입은 시간당 19달러보다 적으며, 순수 임금은 연방정부가 규정하고 있는 최저임금 시간당 7.25달러 수준이기 때문에 회사는 자동차 감각상각비용을 포함해서 자동차 운영경비를 지원해 주어야 한다고 주장한다.

임원, 전문직, 관리직, 외판원과 일부 컴퓨터 업계 종사자 등과 같은 특정 직업은 FLSA의 보호대상에서 제외(exempt)된다. 보호대상 직종은 대부분 시간당 근무를 하는 직업으로, 예외규정 범주에 해당되는 직업군 판단은 업무에 대한 책임성 여부와 임금수준에 의해 결정된다. 외판원을 제외한 모든 예외대상은 주당 684달러(혹은 연봉 $35,568) 이상 임금을 받는 사람들이다.

업무에 대한 책임기준은 상황에 따라 변한다. 예를 들어, 임원의 예외 기준은 두 명 이상의 사람을 관리하는지 여부, 고용과 해고와 관련된 권한의 존재, 종업원 추천 등에서 일정한 비중이 있는지 그리고 종업원 주요 의무 등을 회사의 공식부서에서 관리하는지 여부에 따라 결정된다. 미국 고용노동부의 고용기준관리국 임금과 시간관리부서(www.dol.gov/whd/)와 관련 지방사무소에서는 이런 정의와 관련된 더 자세한 정보를 제공한다. 그리고 이런 정책은 경찰, 소방관, 의료종사자와 응급구조원 등은 해당되지 않는다.

임금과 관련한 법은 2개 더 있는데, 하나는 1931년에 제정된 건설계약법(Davis-Bacon Act)이고, 다른 하나는 1936년의 공공계약법(Walsh-Healey Public Contracts Act)으로 연방정부와 계약하는 사업자는 그 지역 평균 임금 이하로 종업원 임금을 지불하지 못하도록 하고 있다. 건설계약법은 2,000달러 이상 연방정부와 계약하는 건설계약자를 그 대상으로 하고 있으며, 전형적으로 관련업계 노조와 합의된 금액을 통상임금으로 적용한다. 근로자 중 30%는 지역근로자로 할당되어야 하며, 이들의 임금은 지역의 통상임금 수준에서 지급되어야 한다. 공공계약법은 10,000달러 이상 정부와 계약하는 모든 계약자를 대상으로 한다. 마지막으로 고용주는 회사에 근무하는 직원을 종업원인지 독립된 계약자인지를 구분해야 한다.

## 요약

공정성 이론(equity theory)은 사회적 비교는 종업원이 자신의 임금을 평가하는 데 있어 중요한 영향을 미치고 있음을 보여주고 있다. 종업원은 자신의 임금과 다른 기업에서 종업원이 받을 것이라고 믿고 있는 종업원 임금을 비교하는 외부비교를 한다. 이런 비교는 종업원 태도와 종업원 유지에 영향을 미친다. 또한 종업원은 자신이 받는 임금과 그들이 인지하고 있는 조직에서의 다른 사람의 임금을 비교하는 내부비교를 한다. 이런 형태의 비교는 조직에서의 보직이동, 협력, 조직몰입과 같은 태도에 영향을 미친다. 이런 비교는 또한 임원임금에 대한 논쟁을 불러일으키는 중요한 역할을 하는데, 낮은 임금근로자와 비교하여 임원의 임금비율은 비판의 대상이 되고 있다.

임금 수준과 임금구조를 설계하기 위해 가장 널리 사용되는 두 개의 관리도구인 임금에 대한 벤치마킹과 직무평가는 종업원의 사회적 비교에 영향을 미치며, 임금조사는 또한 다른 기업과 비교하여 임금비용을 확인할 수 있는 벤치마킹을 가능하게 한다.

세계화는 기업에게 인건비와 생산성에서 경쟁력을 확보하도록 압박하고 있다. 임금구조의 본질이 많은 기업에서 근본적으로 변화되고 있다. 한 가지 변화는 인건비와 관료제 축소를 위해 보다 단순한 임금 수준을 유지하려 하며, 두 번째는 일부 고용주는 직원에게 협의의 직무에서 벗어나 넓은 책임을 묻고, 필요한 기술을 습득하도록 하는 임금구조로 변화시키고 있다. 새로운 프로그램이 설계되고, 의사결정되며, 집행되고, 커뮤니케이션되는 것은 아마도 그 자체의 특성 변화만큼 중요하다.

## 주요 용어

**공정노동기준법**(Fair Labor Standards Act: FLSA)
**기능급(직능급)**(Skill-based pay)
**변동급**(Rate ranges)
**비교가치**(Comparable worth)
**임금구조**(Pay structure)
**급여의 폭**(Range spread)
**벤치마킹**(Benchmarking)
**보상요인**(Compensable factors)
**비핵심직무**(Nonkey job)
**임금등급**(Pay grades)

**임금 수준**(Pay level)
**직급(관리계층) 축소**(Delayering)
**직무평가**(Job evaluation)
**(초과근무수당)제외근로자**(Exempt)
**핵심직무**(Key jobs)
**임금정책선**(Pay policy line)
**직무구조**(Job structure)
**최저임금**(Minimum wage)
**콤파비율**(Compa-ratio)
**효율적 임금이론**(Efficiency wage theory)

## 토의과제

01. 당신 회사의 현재 임금구조가 경쟁력이 있어 보이는지 평가를 부탁받는다면 어떤 회사와 비교를 하겠는가? 당신 회사의 임금구조는 경쟁기업의 임금구조와 왜 다른가? 당신 회사의 임금구조가 경쟁기업과 방향성이 완전 다를 경우, 그로 인한 잠재적인 부작용에는 어떤 것들이 있나?

02. 최고경영진은 조직이 지나치게 관료화되어 있고 너무 많은 직무계층이 생겨 기업 경쟁력이 떨어진다고 판단했다. 당신은 이를 해결하기 위해 전통적인 직무 중심(job-based)의 보상을 대체할 수 있는 혁신적인 해결책과 그 새로운 접근방식의 장단점이 무엇인지 대해 요구받았다. 이에 대한 당신의 대답은 무엇인가?

03. 만일 앞선 2번 질문의 답처럼 주요 변화가 생긴다면, 이른바 그 과정상 어떤 형태의 이슈를 고려해야 하는가? 임금구조 변화에 대한 종업원의 반응을 이해하는 데 공정성 이론은 어떤 관계가 있는가?

04. 임원의 임금 수준은 불합리한가? 그렇다면 그 이유는 무엇이고, 아니라면 그 이유는 무엇인가?

05. 당신 회사는 새로운 공장건설을 계획 중이며 아직 위치는 결정되지 않았다. 공장설립을 위해 특정 국가나 지역을 선택할 때 어떤 요인을 고려해야만 하는가?

06. 당신은 회사의 임금구조가 여성과 소수자들에게 공정하게 평가되고 있는지 판단해 달라고 부탁을 받았다면, 이 질문에 어떻게 대답할 것인가?

사례연구

## 종업원들에게 높은 임금 주기: 선한 일을 하면 잘 되는가?

아마존(Amazon)과 타겟(Target)과 같은 회사들은 최저임금을 시간당 15달러로 올렸고, 최근 코스트코(Costco)는 시간당 16달러로 인상했다. 심지어 아메리칸 패밀리 인슈어런스(American Family Insurance)는 최저임금을 시간당 20달러로 올렸다. 타코벨(Taco Bell) 역시 매장관리자에게 연간 최대 10만 달러를 지급하는 것을 실험하고 있다. 월마트는 시간당 최저임금을 11달러보다 높게 인상하지는 않았지만 일부 직무들에 대해서는 임금을 인상했다.

일반적으로 이런 임금인상은 기업들이 양질의 근로자를 더 잘 채용하고 유지할 수 있도록 하기 위한 냉철한 사업 결정으로 프레임화되었는데, 이는 팬데믹 이전과 이후의 낮은 실업률로 인해 더욱 경쟁력을 가지게 되었다. 어떤 기업들은 양질의 근로자를 유치하고 유지하기 위해 더 높은 임금을 통해 결국 더 나은 고객 경험을 달성하고자 했다. 그들 중 몇몇은 괄목할 만한 성장을 이루면서 채용과 유지를 더 경쟁적으로 만들기도 했다. 다시 말하지만, 임금을 인상하는 주요 원인은 이익을 증대시키기 위함이다. 코스트코 CEO는 임금인상이 이타주의에서 비롯된 것이 아니라, 직원들에게 높은 급여를 지급함으로써 사업이 타당하고 또 상당한 경쟁우위를 만들어내기 때문이라고 말했다.

반면, 어떤 회사는 이타심, 즉 직원들을 위하는 마음에서 임금을 올렸다고 해서 주목을 받기도 했다. 시애틀에 위치한 신용카드 결제처리 회사인 그래비티 페이먼츠(Gravity Payments)의 설립자이자 CEO인 댄 프라이스(Dan Price)는 지난 2015년, 모든 직원들에게 7만 달러의 최저 연봉(시급 약 37달러)을 지급하기로 결정했다.

왜 그랬을까? 댄의 설명은 다음과 같다. 그는 어느 날 친구 발레리(Valerie)와 함께 산책을 하는 중, 발레리가 사는 집의 주인이 갑자기 월세를 200달러나 인상해서 그 월세를 갚기 위해 고군분투하고 있다는 것을 알았다. 댄은 11년 동안이나 군복무를 하고 두 개의 일을 하며 일주일에 50시간씩 일하는 발레리가 재정적으로 어려움을 겪어야 하는 현실에 화가 났다. 댄은 발레리가 열심히 살아가는데도 불구하고 그렇게 살아야 한다는 것을 이해할 수 없었다. 당시 댄은 31살이었고 매년 백만 달러 이상을 벌고 있었다. 하지만 그는 이 일을 통해 발레리뿐만 아니라 자신의 직원들도, 특히 물가 수준이 높은 시애틀과 같은 곳에서 생계를 유지하기 위해 많은 고생을 하고 있다는 것을 알게 되었다. 댄은 자신이 할 수 있는 일을 생각했고 결국 자신이 결정한 직원들의 연봉 인상(최저 7만 달러)은 많은 변화를 가져왔다. 예를 들어 직원들의 은퇴자금 기여율이 두 배로 높아졌으며, 약 10%의 직원들이(이전에는 1%) 집을 살 수 있었다. 일부 직원들은 회사와 가까운 곳에 집을 구해 통근시간과 스트레스를 줄이고 더 많은 자유시간을 활용할 수 있게 되었다. 비록 댄이 최저 연봉의 인상을 사업적으로 결정한 것은 아니지만, 그의 직원에 대한 처우개선은 이후 5년간 회사의 매출이 세 배로 뛰는 등 고객들에게까지도 영향을 미치게 되었다.

모든 사람들이 댄이 한 일과 그 이유에 대해 찬성한 것은 아니었다. 예를 들어, 라디오 토크쇼 진행자였던 러시 림보(Rush Limbaugh)는 댄을 공산주의자라고 부르면서 그래비티는 결국 실패할 것이고, 이는 MBA 프로그램에서 사회주의의 실패에 대한 사례연구가 될 것이라고 하기도 했다. 그래비티 회사 내부에서도 직원 두 명이 댄의 결정에 동의하지 않는다며 회사를 떠났다. 그리고 몇몇 직원들은 생산성이나 기여도가 높다는 근거 없이 모든 사람에게 높은 임금을 지급하는 것이 불공평하다고 말하기도 했다. 사실 댄은 자신이 만들어 낸 변화가 다른 기업들에게도 영향을 미칠 것을 바랐다. 비록 몇몇 기업은 이를 따라하기도 했지만, 댄의 기대에는 미치지 못했다. 하지만 적어도 회사 차원에서의 효과는 있었다. 직원들의 형편은 나아졌으며 회사의 매출 역시 증가했다.

그 이후 코로나19 팬데믹이 시작되었다. 그래비티 페이먼츠의 매출은 반토막이 났다. 직원회의에서 댄은 극단적인 조치가 없다면 회사는 4개월 안에 파산할지도 모른다고 모두에게 경고해야만 했다. 물론 그는 아무도 해고하지 않을 것이라고 말했지만, 직원 모두는 이 문제를 빠르게 해결해야만 한다는 것을 알았고, 결국 한 직원의 제안을 따라서 전 직원이 어느 수준의 임금을 받을 의향이 있는지를 익명으로 적어 내도록 했다. 98% 직원들이 임금삭감에 동의했으며 10명의 직원들은 무보수로 일하겠다고 했고 수십 명은 현재 연봉의 절반 이하만 받고 일하겠다고 했다. 그래비티가 최종적으로 선택한 해결책은 연봉의 50% 삭감(10만 달러 이하의 직원들은 30% 삭감)이었다. 이 결정은 결국 회사를 다시 기사회생시켰고, 2020년 7월을 기준으로 회사의 상황은 연봉 삭감을 철회할 수 있을 정도로 개선되었다.

**토의과제**

1. '기업이 선한 일을 하면 잘 된다(Company can do well by doing good)'라는 말이 있다. 이 사례의 경우도 이에 해당되는가?
2. 그래비티 페이먼츠가 최저 연봉을 7만 달러로 인상한 동기는 무엇이라고 생각하는가? 이는 이타적인 결정이었나 아니면 사업적인 결정이었나? 그 동기는 한 가지여야 하나, 아니면 여러 가지 이유여도 괜찮은가?
3. 어떤 사람들은 왜 이 생각에 비판적이었을까? 당신은 댄 프라이스의 결정에 동의하는가 아닌가? 그 이유는 무엇인가?
4. 댄 프라이스는 다른 많은 회사들이 그의 본보기를 따르지 않아 실망했다. 왜 많은 회사들이 따르지 않았다고 생각하는가? 최저 연봉을 7만 달러로 올리는 것에 대해 당신이 다른 회사들에게 줄 수 있는 조언은 무엇인가?

출처: Amir Barnea, "Dan Price Announced a Minimum Salary of $70,000 to All of His 120 Employees Back in 2015. It Paid Off Big Time," *Toronto Star*, December 11, 2020; Stephanie Hegarty, "The Boss Who Put Everyone on 70K," BBC.com, February 28, 2020.

CHAPTER 11

# 직원 기여에 따른 보상

**학습목표**

**이 장을 읽고 나면 다음을 수행할 수 있어야 한다.**

01 보상이 직원들에게 미치는 영향과, 보상의 효과에 대한 세 가지 이론을 설명한다.

02 조직의 성공에 있어 직원 기여에 따른 기본 보상 프로그램을 설명한다.

03 보상 프로그램들에 대한 장점과 단점을 기술한다.

04 기업이 균형성과표에서 인센티브제도를 어떻게 연계하는지 설명한다.

05 경영자의 성과기반 보상체계와 관련된 이슈들을 설명한다.

06 보상관리에 있어 의사소통 같은 과정의 중요성을 설명한다.

07 보상전략을 조직전략과 연계할 때에 고려해야 할 주요 요인들을 열거한다.

# 도입

최근 실업률 감소 등의 여파로 조직은 노동시장 경쟁우위를 위해 높은 임금과 복지혜택을 제공해야 한다. 동시에 회사의 제품가격 경쟁력에 영향력을 미치는 인건비는 통제해야 한다. 최근 아마존 같은 몇몇 기업들은 팬데믹 같은 상황으로 사업이 급격히 성장하여 인재유치를 위해 기본급을 높이는 현상이 생기기는 했지만, 대부분의 기업들은 고정비 성격을 가지고 있는 인건비 특성에 주의를 기울이고 있다.

제10장에서는 직무에 대한 임금설계를 배웠다. 이번 장은 개별 직원에 대한 임금설계에 초점을 두고 있다. 즉, 직원 공헌에 대한 인정과 보상으로서의 임금이 조직의 성과에 어떻게 연결되는지 살펴볼 것이다. 직원 임금은 단지 그들의 직무만으로 결정되지 않는다. 개인성과, 팀성과, 조직성과의 차이와 연공서열, 기술 등이 직원 간 임금의 차등을 만들어낸다. 경우에 따라 많은 보상이 달려있을 수도 있다.

직원의 공헌에 따른 보상 프로그램에서 고려해야 할 몇 가지 이슈는 다음과 같다. 첫째, 보상 프로그램을 운영하는 데 드는 비용은 얼마인가? 둘째, 기업이 여기에 투자해서 돌아오는 결과는 무엇인가? 셋째, 보상 프로그램은 조직의 전략이나 인적자원 전략에 적합한가? 넷째, 보상 프로그램과 관련하여 예상치 못한 결과로 문제가 발생하지는 않는가? 예컨대, 보상 프로그램이 단기매출 같은 목표에 초점을 맞추면 고객서비스나 장기매출과 같은 목표 달성이 훼손될 수 있는지를 검토해야 한다.

조직은 전체적인 임금 수준을 어떻게 배분할지에 대해 많은 자율성을 가지고 있다. 즉, 같은 조직에서라도 정해진 보상의 수준을 직원들과 다양한 방법으로 나눌 수 있다. 임금의 분배는 개별 직원성과, 회사의 이익, 연공서열 또는 기타 요인에 의해 결정될 수 있지만, 조직이 감당해야 하는 총보상비용의 크기는 같아야 한다.

비용의 차이와는 별도로, 다양한 보상 프로그램은 생산성과 투자수익률에 중요한 영향을 준다. 실제로 150개 회사를 대상으로 한 연구에 의하면 기업들의 성과는 직원에게 얼마를 보상하느냐보다 어떻게 보상하느냐와 관련이 있었으며, 이러한 차이로 인해 회사의 수익성도 달라짐을 발견했다.

## 보상은 직원들에게 어떠한 영향을 미치는가?

보상계획(pay plan)은 일반적으로 직원의 행위에 활기를 불어넣고, 방향을 제시하고, 통제하기 위한 목적으로 사용해왔다. 보상계획이 직원에 미치는 영향을 **인센티브 효과**(incentive effect)라고 한다(뒤편에 가서는 보상계획이 직원 구성 변화와 이를 통한 행동 변화에 영향을 주는 효과에 대해 설명하고자 한다). 앞 장에서 설명한 공정성이론과도 연관되어 있다. 대부분의 직원은 자신의 임금을 같은 직무를 수행하는 다른 사람과 비교한다. 불공정하다고 인식하면 이를 복원시키기 위해 다양한 행동을 취한다. 그러나 불행하게도 이러한 행동들(퇴사, 태업, 비협조적 행동)은 조직에 도움이 되지 않는다.

다음의 세 이론은 보상효과를 이해하는 데 도움이 될 것이다. 즉, 강화이론(reinforcement theory), 기대이론(expectancy theory), 대리인이론(agency theory)이다.

### 전략적 강화이론의 구성

쏜다이크(E. L. Thorndike)의 **효과 법칙**(law of effect)은 보상이 뒤따르는 행동은 미래에도 동일하게 일어날 것이라고 설명한다. 효과 법칙이 보상관리에 주는 시사점은 직원의 높은 성과에 금전적 보상이 주어지면, 미래에도 더 높은 성과를 만들어내는 경향이 있다는 점이다. 반대로, 높은 성과에 맞춰 금전적 보상이 따르지 않으면, 미래에 성과를 만들어내지 않을 것이다. 이 이론은 보상에 대한 실제 경험의 중요성을 강조한다.

### 기대이론

**기대이론**(expectancy theory)은 보상과 행위의 연결에 초점을 두고 있지만, 주로 과거 보상 경험보다 앞으로 다가올 보상에 대한 기대에 관심을 두고 있다. 즉, 인센티브 효과성에 중점을 두는 것이다. 일반적으로 행동(업무성과)은 직원 능력과 동기부여에 의해 결정된다. 이때 동기부여는 기대(expectancy), 수단성(instrumentality), 유의성(valence)의 세 개의 요인으로 구성된 함수이다. 보상체계는 이 세 가지 동기부여 요인에 따라 달라진다. 일반적으로 보상의 가장 큰 영향 요인은 행위(업무성과)와 보상의 연계 정도를 나타내는 수단성이다. 다시 말해, 나의 업무성과가 더 많은 보상(예: 임금, 더 빠른 승진, 더 많은 자율성)과 잘 연계되었는지가 중요하다. 이때 보상 결과에 대한 유의성은 보상 프로그램이 달라져도 크게 변하지 않아야 한다. 기대(노력-업무성과의 관계)는 보상시스템보다 종업원 선발, 업무설계, 교육훈련과 연계되어 자주 활용된다. 아마도 직능급 임금체계(skill-based pay)가 예외적으로 종업원들의 교육훈련을 직접적으로 강조함으로써 노력-업무성과 기대에 영향을 준다고 할 수 있다.

### 내재적 동기부여와 외재적 동기부여

기대이론은 업무성과에 따른 보상이 증가할수록 동기부여와 업무성과도 증대시킬 것이라고 제시하지만, 일부 학자들은 이 이론에 의문을 제기한다. 즉, 금전적인 보상은 외재적 동기부여는 증가시키지만, 내재적 동기부여는 감소시킨다고 주장하며 인지평가이론(cognitive evaluation theory; 이후 자기결정이론으로 발전함)을 제시하였다. 외재적 동기부여는 임금과 복지혜택과 같은 외재적 보상에 의해 좌우된다. 반면에 내재적 동기부여는 일 자체가 주는 자연스러운 보상(예: 흥미로운 업무)에 의해 좌우된다. 다르게 설명해 보면, 책을 읽는 아이에게 용돈을 주면 아이의 책을 읽고 싶다는 관심, 즉 내재적 동기부여는 감소할 것이다. 향후 아이는 금전적 보상을 주지 않는다면 스스로 책을 읽을 가능성이 낮아진다.

그러나 금전적 보상이 교육 등과 같은 환경에서는 내재적 동기부여를 감소시킬 수 있지만, 금전적 보상이 주를 이루는 업무환경에서 그런 효과는 미비하거나 관련이 없는 경우도 있다. 연구에 의하면 외재적 보상이 발생했을 때 내재적 동기부여는 실제로 더 높아지며, 낮아지지 않는다. 외재적 보상이 내재적 동기부여를 약화시키지 않는 이유 중 하나는 사람들이 보상 선호도(예: 내재적 보상, 외재적 보상)를 포함하여 자신이 선호하는 업무의 직업을 선택하기 때문이다. 더욱이 기존 연구에 의하면 인센티브는 내재적, 외재적 동기부여 모두 성과에 긍정적 효과를 발휘한다. 점점 중요해지는 창의성 관련 연구도 업무성과에 맞는 적절한 보상은 내재적 동기부여와 시너지 효과를 통해 창의성을 높인다고 말한다. 따라서 '돈'이라는 것이 동기부여를 일으키는 유일한 방법도 아니고 동기부여 문제를 항상 해결해 주지는 못한다 할지라도, 업무 현장에서 금전적 보상은 내재적 동기부여를 감소시키지는 않는 것으로 보인다. 앞으로 살펴보겠지만, 업무성과에 따른 외재적 보상체계의 위험성이 있다고 이를 사용하지 않는 것은 더 큰 위험에 빠뜨릴 수 있을 것이다.

## 대리인이론

**대리인이론**(agency theory)은 조직 이해관계자들의 서로 다른 이해관계와 목적에 관심을 두고 있다. 이때 직원 보상은 다양한 이해관계와 목적을 일치시키도록 설계되어야 한다고 주장한다. 이 장에서 대리인이론을 깊게 다루고자 하는 이유는 대리인이론이 보상설계와 관련해서 중요한 시사점을 주기 때문이다.

현대 조직의 중요한 특징 중 하나는 소유권과 경영권의 분리이다. 소유와 경영이 동일했던 초기 자본주의 시기와 달리, 현재는 중소기업 등과 같은 일부 조직을 제외하고는 회사 운영에 주주는 대부분 제외된다. 이러한 소유와 경영의 분리는 재무자본의 유동성을 높이고 투자위험을 분산할 수 있다는 장점을 가지고 있다. 하지만, 동시에 **소유주**(principals, 주주)와 **대리인**(agents, 경영자)의 이해관계가 일치하지 않아 **대리인 비용**(agency cost)을 야기할 수 있다. 즉, 대리인에게 최적인 것이 주주에게도 최적은 아니라는 것을 의미한다.

대리인비용은 크게 두 가지 경우에 발생한다. 첫째, 소유자와 경영자가 다른 목적을 가지고 있는 경우이다(목적 불일치; goal incongruence). 둘째, 경영자가 얼마만큼 주주의 목적을 위해 노력을 기울이고 있는지 소유주가 모두 알지 못하는 경우이다(정보비대칭; information asymmetry).

보상과 관련해서는 세 가지 대리인비용이 발생할 수 있다. 첫째, 주주는 자신의 부를 극대화하기 위해 노력할지라도, 대리인(경영자)은 회사의 가치와 관계없는 불필요한 자산, 즉 비행기 같은 것들을 회사 이름으로 구매해 소유할 수 있다. 또한 경영자 위상을 강화시키거나 자신의 임금 수준을 높이는 인수합병에 관심을 가질 수 있다. 둘째, 경영자와 주주는 위험에 관한 다른 태도를 보일 수 있다. 주주는 다양한 투자를 통해 위험을 분산할 수 있지만, 현재 업무가 주요 수입원인 대리인(경영자)은 위험을 회피하는 성향이 있다. 따라서 위험이 높지만 잠재력이 있는 프로젝트나 인수합병을 추구하지 않을 수 있다. 이런 경영자의 위험회피 성향은 상대적으로 자신이 받을 연봉의 고정급은 강조하면서, 불확실성과 변동성이 높은 보너스 또는 인센티브를 회피하는 경향이 있음을 의미한다. 실제로 연구에 의하면 전문경영인 자신의 보상을 관리하는 기업인 경우 경영자 보상은 이런 방식으로 설계되는 경향이 있었다. 셋째, 의사결정 기준이 다를 수 있다. 예를 들어, 주주가 자신의 투자 기업을 바꾸기보다 경영자가 회사를 옮길 경우가 높다면, 경영자들은 조직의 장기적 성공을 희생하면서 단기적 성과를 극대화하려는 가능성이 높다.

대리인이론은 직원 보상설계에서도 중요한 역할을 한다. 이런 경우에는 주주 역할을 하는 경영자와 대리인 역할을 하는 직원의 이해관계가 서로 달라질 수 있다.

경영자 보상체계나 직원 보상체계를 설계할 때 가장 중요한 질문 중 하나는 '대리인비용을 최소화하는 방법은 무엇인가?'에 있다. 대리인이론에 의하면, 소유주는 대리비용을 절감하기 위해 자신의 이해와 대리인의 이해를 일치시킬 수 있는 계약구조를 만들어야 한다. 이러한 설계방식은 행위기반 보상(예: 성과급)과 결과기반 보상(예: 스톡옵션, 이익분배, 커미션 등)으로 분류할 수 있다. 이러한 설계방식에서 보상을 위한 '성과'는 재무성과 이외에 다양한 방법을 취할 수 있다. 예를 들어, 다양성과 포용성 혹은 보다 광범위하게 ESG 영역에서 성과에 따른 인센티브를 설계할 수 있다.

언뜻 보기에 결과기반 보상이 명확한 해법이 되는 것처럼 보인다. 즉, 이익이 높아지면 보상도 같이 상승하고, 이익이 줄면 보상도 같이 내려가는 방식으로 회사와 직원의 이해관계를 일치시키는 것이다. 그러나 이 방법의 중대한 단점은 대리인의 위험회피 성향을 증가시킨다는 것이다. 대리인은 위험회피 성향이 있어, 보상의 변동성을 보전하기 위해 임금을 더 높게 책정해 줄 것을 요구할 수 있다. 따라서 보상설계에 있어 이런 위험과 인센티브의 트레이드오프(trade-off)를 고려해야 한다. 일반적으로 경영진에 대한 보상구조는 전형적으로 결과기반 보상을 기본으로 한다.

반면에 행위기반 보상체계는 대리인에게 위험을 전가하지 않아 보상의 변동성에 대한 위험성을 보전해주지 않아도 된다. 하지만, 이러한 경우 소유주는 정보비대칭 문제를 극복해야 한다. 이를 위해 소유주는 기업의 임원을 감독하고 정보를 수집해야 하며, 대리인에 대한 보상구조는 최소한이라도 결과기반 계약이 되도록 구조화해야 한다.

그렇다면 어떤 유형의 보상설계를 해야 할까? 적어도 아래 요인들에 의해 좌우된다.

- **위험 회피** : 대리인의 위험회피 성향은 결과기반 계약을 어렵게 한다.
- **결과 불확실성** : 이익은 대표적인 결과지표이다. 대리인은 낮은 이익이 예상되

는 경우 자신의 임금과 연결되는 것을 원치 않는다. 따라서 이들은 임금과 관련해서 행위기반 보상을 선호한다.

- **직무 예측성** : 직무가 덜 예측적일수록(덜 규칙적일수록) 행동에 대한 모니터링은 어려워지기 때문에 결과기반 보상을 선호한다.
- **결과 측정가능성** : 사업 결과에 대한 측정이 용이할수록 결과기반 계약이 선호된다.
- **지불능력** : 위험 프리미엄을 상회하기 위해 결과기반 보상은 더 많은 비용을 초래한다.
- **전통** : 회사의 기존 관행에 따라 행위기반 또는 결과기반 계약이 선호될 수 있다.

요약하면, 강화이론, 기대이론, 대리인이론 모두 행위-보상과 연계된 보상 프로그램이 종업원의 행동에 영향을 줄 수 있다는 사실이다. 그 중에 대리인이론은 보상관리에 있어 특별한 의미가 있다. 그 이유는 대리인이론이 위험과 보상의 트레이드오프에 대한 설명과 함께 변동급 임금체계 설계 시 주의사항들을 보여주고 있기 때문이다.

## 보상설계가 노동생산성에 어떻게 영향을 미칠 수 있을까?

전통적으로 직원의 기여에 따른 보상 지급은 직원들의 행동과 태도에 영향을 미칠 수 있는 방법이라고 여겨졌다. 반면에 임금 수준과 복지혜택은 흔히 말하는 조직 멤버십 행동에 영향을 미치는 방법이라고 생각한다. 즉, 조직에 머무를 것인가 아니면 떠날 것인가에 대한 의사결정에 영향을 미친다. 하지만, 최근에는 보상 프로그램이 조직구성원의 특성과 생산성에도 영향을 미칠 수 있다고 여겨진다. 예를 들어, 업무성과가 보상과 연계될 때 고성과자를 조직으로 유인할 수 있을 것이다. 또한 업무성과에 따른 보상은 인재들이 회사를 떠나지 않고 계속 머무르도록 할 것이다. 보상제도에 따라 인력구성에 미치는 이런 효과를 **분류효과**(sorting effect)라고 부른다.

성과에 따른 차별화된 보상효과는 종업원의 성격과 개인 가치와도 관련성이 있다. 세부적으로 분석해 보면, 차별화된 보상시스템은 개인주의적인 성향이 있거나 도전적 성향을 가진 직원을 조직으로 유도한다. 반면, 팀 중심의 보상에 무게를 두고 있는 조직은 팀 중심의 업무를 선호하는 직원을 조직으로 끌어들이는 경향이 있다. 보상설계 프로그램이 우리에게 주는 시사점은 조직과 인적자원 전략이 대단히 섬세하게 조화를 이룰 필요가 있다는 점이다. 최근에는 미국을 비롯한 전 세계 기업들이 임금과 업무성과를 강하게 연계시키고자 노력하고 있다.

# 성과에 따른 보상 프로그램

## 성과에 따른 보상의 차별

많은 조직이 업무성과에 따라 직원의 임금에 차별을 두려고 노력한다. 특히 고성과자와 저성과자가 조직에게 미치는 영향이 클수록 성과에 따른 급여의 차이는 중요하다. 몇몇 연구에서는 고성과자들이 조직에 상당한 가치를 창출한다고 제시한다. 그렇다면, 고성과자가 공정하다고 느낄 수 있도록 보상을 제공해 동기부여하고, 이러한 인재들을 조직으로 이끌고 유지하는 것은 더욱 중요해진다. 기존의 통념들은 특정한 상황(예: 팀, 집단문화, 창의와 혁신이 요구되는 곳)에서 개인 보상에 차별을 두는 것은 옳지 못한 것이라고 말한다. 하지만 그러한 통념은 연구에서 지지받지 못하고 있다. 오히려 그런 특정 상황에서도 개인 성과에 따른 보상의 차이를 두는 것이 성공의 중요한 요인이라고 설명한다. 그 이유는 직원이 동료들과의 보상 차이가 어디서 기인하며, 이것이 합당한지에 대해 면밀히 살피고, 그것이 공정한지에 대한 판단이 직원 행동에 중요한 영향을 미치기 때문이다. 즉, 공정함(equity)과 공평함(equality)은 다른 개념이라는 것을 알아야 한다. 고성과자는 높은 보상을 기대하고 저성과자보다 더 많은 보상을 받는 것이 공정하다고 느낄 것이다. 이런 보상 차이의 정당성은 업무의 상호의존성 정도와 협력을 요구하는 정도에 따라 달라질 수 있다.

## 인센티브 중심의 차별화 강점: 약속과 위험

업무성과에 따른 임금설계의 핵심은 **인센티브 강도**(incentive intensity)이다. 인센티브 강도는 업무성과와 보상의 관계가 얼마나 강한지를 나타낸다. 예를 들어, 업무성과가 20% 증가하면, 이에 따른 보상은 어느 정도 증가해야 할까? 이때 보상의 상승 폭이 클수록 인센티브 강도가 높다고 할 수 있다. 업무성과가 객관적이고 결과기반의 평가가 가능한 업무(예: 영업, 임원, 대출 담당자 등)는 업무성과가 주관적이고 행동기반 평가를 해야 하는 업무(예: 인사관리 담당자)인 경우보다 인센티브 강도가 더 높게 나타난다. 일반적으로 업무성과가 주관적인 경우 보상을 정확하게 연계하는 것에는 큰 어려움이 있다.

인센티브 강도를 더 높게 가져갈수록 직원들에게 더 많은 동기부여가 되지만, 의도하지 않은 결과가 나타날 수 있다. 예를 들어, 자동차정비센터 매니저의 보상이 매출과 연동되어 있다면, 해당 매니저는 더 많은 매출을 만들어 낼 것이다. 이런 매출의 증가는 고객서비스에 대한 업무효율성과 혁신을 통해 나타나야 한다. 그러나 매출 증가를 위해 자동차정비센터 매니저는 고칠 필요가 없는 고객의 자동차를 수리하는 등의 부작용을 초래할 수 있다는 것을 알아야 한다. 이와 비슷한 사례는 은행 담보대출 담당자의 보상을 담보대출액과 연계하는 것이다. 물론 이런 연계를 통해 회사는 친절한 고객서비스를 의도하였겠지만, 실제로는 상환능력이 없는 사람들에게 담보대출이 발생할 가능성이 높으며, 향후 큰 문제를 야기할 것이다. 또 다른 유사한 사례는 학교 선생님의 보상을 전국단위 시험에서의 학생들 학업성적과 연계하는 것이다. 이런 상황에선 학생을 더 잘 가르치는 것보다 오직 점수만 올릴 방법만 추구하는 부작용이 나타날 수 있으며, 이를 예방하기 위한 조치가 필요할 것이다. 마지막으로, 투자은행의 최고경영자가 정부는 투자은행들이 너무 비대해져서 은행이 파산하게 되면, 주주들이 큰 손해를 보기 때문에 정부가 대규모 구제금융을 단행할 것이라고 믿는 경우라면, 위험할 수도 있는 대규모 투자를 단행할 것이다. 이는 최고경영자가 위험에 대한 인식이 주주와 다르기 때문에 발생하는 위험에 해당한다.

마지막 사례는 폭스바겐(Volkswagen)이다. 폭스바겐은 엔진의 배출가스 검사를 감지하는 소프트웨어를 설치하여 (일시적으로) 검사를 통과할 수 있는 수준으로 배출가스를 줄인 것으로 밝혀졌다. 실제 주행 환경에서 폭스바겐 디젤 엔진은 법적 제한치의 최대 40배에 달하는 배기가스를 배출했다. 폭스바겐의 마케팅 캠페인은 거짓으로 디젤 엔진의 성능과 환경적 이점이 결합된 놀라운 성능을 강조했다. 이 캠페인은 제너럴 모터스와 도요타를 제치고 세계 최대 자동차 제조업체가 되기 위한 폭스바겐의 2018 성장전략의 핵심 부분이었다. 직원들은 이 성장 목표를 달성하기 위해 경영진으로부터 목표 달성을 위해 필요한 것은 무엇이든 해보라는 엄청난 압박을 받았다. 여기에는

"대중을 속이기 위해 기꺼이 범죄를 저지르는" 것도 포함된 것으로 보인다. 이 스캔들로 인해 폭스바겐을 상대로 여러 건의 법적 소송이 제기되었다. 폭스바겐은 법규를 준수하지 않는 차량으로 피해를 입은 운전자들의 민사소송에 대해 합의를 진행했다. 이는 역대 최대 규모의 미국 집단소송으로 여겨졌다. 현재까지 그 비용은 수십억 달러에 달했다. 향후 이러한 문제를 방지하고 (스캔들을 야기했음에도) 거액의 보너스를 받은 경영진에 대한 "투자자들의 분노"를 잠재우기 위해 회사는 보상 지급방식을 변경했다. 앞으로는 특정 재무목표를 달성하지 못하면 보너스를 지급하지 않기로 했다. 기본급은 30% 인상되지만, 임원이 받을 수 있는 기본급과 보너스의 총액은 CEO의 경우 1,000만 달러, 다른 이사회 멤버의 경우 550만 달러로 제한되었다. 또한 임원들에게 회사 주식이 지급될 예정인데, 이는 임원들의 이익과 주주의 이익을 일치시키기 위한 노력의 일환이었다.

## 업무성과에 따른 보상방법의 형태

〈표 11.1〉은 세 가지 차원을 기준으로 직원보상 프로그램을 구분한 것이다. 우선, 보상 프로그램은 지급방식에서 고정급과 변동급으로 구분할 수 있다. 둘째, 보상 결정에 있어 주관적 판단을 통한 성과평가를 하느냐 혹은 객관적 성과평가를 바탕으로 하느냐에 대한 이슈이다. 셋째, 성과평가 단위를 개인, 부서, 조직단위로 측정되어 사용되느냐이다.

직원보상을 위해서 조직은 한 가지 방법만 고수하지 않고 다양한 방법을 조합하여 최적의 해결책을 마련해야 한다. 예를 들어, 어떤 보상방식은 팀워크와 협동심을 촉진하지만 반대로 개인의 진취성을 제약할 수 있다. 다른 보상방식은 반대의 효과를 나타낼 수 있다. 따라서 보상방식별 특성을 조합해 균형을 찾을 필요가 있다. 이러한 보상방식의 균형은 조직 및 인적자원 전략과의 신중한 연계로 의도한 효과를 거두고 동시에 의도하지 않은 결과가 발생하지 않도록 도울 수 있다. 나중에 다루게 될 균형성과표(BSC)가 이런 균형을 맞추기 위한 접근방식의 사례가 될 수 있다. 균형성과표의 경우에도 재무적 결과를 중요하게 다루는 것이 기본 원리이지만, 미래의 재무성과를 어떻게 달성하면 좋을지에 대하여 비재무적 성과도 고려한다. 이런 접근방식은 단기적 관점에 과몰입되지 않도록 돕는다.

**표 11.1 직원 기여에 따른 보상 프로그램**

| 설계 요소 | 성과급 | 성과 보너스 | 인센티브 | 이익공유제 | 주식소유/스톡옵션 | 집단이익 공유제 | 기술역량 기반 |
|---|---|---|---|---|---|---|---|
| 고정(기본급의 일부가 됨) 또는 변동 | 고정급 | 변동급 (보너스) | 변동급 (보너스) | 변동급 (보너스) | 변동급 (주식 변화) | 변동급 (보너스) | 고정급 |
| 성과 측정 (주관적 또는 객관적) | 주관적 (상사의 평가) | 주관적(상사 평가)이나 높은 직급에 대해선 객관적 요소를 포함시킴 | 객관적 (예: 생산성) | 객관적 (이익) | 객관적 (주가) | 객관적 (예: 생산성, 고객만족, 안전) | 객관적/주관적 (필요 기술 역량 증빙) |
| 성과 측정(개인 중심 또는 그룹 중심) | 개인 중심 | 개인 중심이나 높은 직급은 그룹/사업부 성과를 고려 | 개인 중심 | 집단(조직) 중심 | 집단(조직) 중심 | 집단(사업부) 중심 | 개인 중심 |

## 성과급과 성과 보너스

**성과급**(merit pay) 프로그램에서 연봉 상승은 일반적으로 성과평가 등급과 연결되어 있다. 대부분의 조직은 성과급 프로그램을 운영한다. 그러나 일부 기업들은 기본임금을 높이는 것보다 보너스 등과 같은 성과급 형태의 보상 프로그램을 강화하고 있다. 성과급이나 **성과 보너스**(merit bonuses) 같은 변동급 체계가 많이 사용되는 이유 중 하나는 포괄적인 성과기준들을 정의하고 보상할 수 있기 때문이다(〈표 11.2〉 참조). 실제로 성과급이 대단히 일반화되어 있기 때문에 이 장에서도 상당한 부분을 이에 할애할 것이다.

**표 11.2 성과 측정을 위한 예시 척도**

1. 업무를 알고 있는가?
2. 진취성을 가지고 있는가?
3. 판단을 명확하게 하는가?
4. 동료에게 영감을 주고 발전할 수 있게 도와주는가?
5. 대인관계와 팀 기술을 설명할 수 있는가?
6. 결과를 만들어내는가?

**표 11.3 임금인상률표**

| 성과등급과 콤파비율에 의한 권장 임금인상률 | | | |
|---|---|---|---|
| 성과 등급 | 콤파비율* | | |
| | 80-90% | 91-110% | 111-120% |
| 기대 초과 | 7% | 5% | 3% |
| 기대 적정 | 4% | 3% | 2% |
| 기대 미달 | 2% | 0% | 0% |

* 개인임금/임금범위 중간값.

### 기본 특징

성과급 프로그램은 **임금인상률표**(merit increase grid)를 기준으로 실행된다. 〈표 11.3〉에 제시된 바와 같이, 임금인상 규모와 빈도는 두 가지 요인에 의해 결정된다. 하나는 성과가 우수한 개인이 높은 기본급을 받게 하는 개인의 성과등급이고, 다른 하나는 임금범위 안에서의 위치, 즉 개인의 콤파비율(compa-ratio)이다. 예를 들어, 어떤 직원이 성과목표를 초과하고, 120%의 콤파비율에 속한 경우 대략 3%의 임금인상을 기대할 수 있다. 만약 성과목표를 초과하고 85%의 콤파비율에 해당하면 7%의 임금인상을 기대할 수 있다. 일반적으로 〈표 11.3〉에 제시된 임금인상은 물가상승률에 따라 달라진다. 콤파비율을 구분하는 이유는 보상비용을 통제하면서 임금구조의 통합성을 유지하기 위해서다. 만일 120%의 콤파비율에 해당한 어떤 직원이 7%의 임금 인상이 된다면, 곧 임금범위 상한선을 초과하게 될 것이다. 즉, 콤파비율 구간을 사용하지 않게 되면 몇 년 동안 동일한 업무를 수행하는 직원의 임금비용은 통제하지 못할 정도로 증가하게 될 것이다. 이를 방지하기 위해 일부 기업은 종업원 성과 수준을 기준으로 현 임금 수준을 평가하고, 얼마큼이 적정할지를 평가한다.

〈표 11.4〉를 보면 지속적으로 높은 성과를 보이는 직원은 노동시장 임금 수준의 111~120%에 맞추어질 것이다. 기준보다 더 높은 성과를 달성할수록 더 크고 빈번한 임금인상을 통해 적정한 임금 수준으로 이동하게 된다. 반면에 이미 가장 높은 수준에 도달한 개인은 더 작은 폭의 임금인상을 받게 된다. 이는 목표 콤파비율을 통해 적정한 직원 임금인상을 유지하기 위해서다.

임금비용을 통제하기 위해 해야 할 또 다른 요인은 바로 성과등급의 배분이다. 많은 기업에서 60~70% 정도의 종업원들을 상위(예: S, A, B, C, D 중에 S, A 등급)에 배치

**표 11.4 성과등급과 콤파비율 목표**

| 성과 등급 | 콤파비율 목표 |
|---|---|
| 기대 초과 | 111－120 |
| 기대 적정 | 91－110 |
| 기대 미달 | 91 이하 |

한다. 이는 임금비용이 엄청나게 증가한다는 의미이다. 왜냐하면 대부분의 직원의 콤파비율이 100%를 넘게 되고 결국 임금범위의 중간 이상에 위치하게 되기 때문이다. 이를 방지하기 위해 기업은 성과등급의 비율에 대한 가이드라인을 제시하거나 강제배분 방식을 사용한다.

일반적으로 전통적인 성과급 프로그램은 다음과 같은 특징을 가지고 있다. 첫째, 개인의 능력과 동기부여 차이가 반영되어 성과의 차이가 나타난다. 즉, 조직 구조나 시스템으로 인한 성과 차이는 제한적이라고 여긴다. 둘째, 개인성과와 관련된 대부분의 정보는 직속 상사로부터 수집된다. 동료나 부하가 평가를 실시하는 기업은 많지 않으며, 실시한다 하더라도 그 비중은 상사 평가보다 비중이 낮다. 셋째, 성과평가 결과에 따라 임금인상이 결정되는 정책을 가지고 있다. 넷째, 대개의 경우 성과 피드백은 거의 실시되지 않으며, 1년에 한 번 공식적인 성과리뷰 시기에 진행된다. 다섯째, 피드백은 보통 상사로부터 부하에게 단일방향으로 전달된다.

### 성과급에 대한 비판

성과급에 대한 비판은 지속적으로 제기되고 있다. 예를 들어, 전사적자원관리 운동을 주도하고 있는 에드워드 데밍(W. Edwards Deming)은 개인 성과평가는 불공정하다고 주장한다. 그 이유는 대부분의 성과평가 차이는 개인이 아닌 그들이 근무하는 시스템 차이에 기인하기 때문이라는 것이다. 이러한 시스템 요인은 동료, 직무, 자원, 장비, 관습, 경영관행, 상사, 근무환경 등을 말한다. 그리고 이런 것들은 대체로 직원들의 관리책임에 있기보다는 통제 밖에 있다. 데밍에 의하면 성과평가는 필연적으로 복권당첨 확률과 같다. 물론 변호사, 경영컨설턴트, 운동선수, 영업사원과 같은 일부 직종에서는 개인에 따른 성과차이가 발생할 수도 있다.

데밍은 개인 중심 성과급 프로그램은 팀워크를 저해한다고 주장하며 다음과 같이 말했다. “모든 사람은 자신의 목적과 삶을 위해 일하며 노력한다. 그런 측면에서 조직은 실패자다." 예를 들어, 구매부서의 직원이 구매계약 체결 건에 따라 평가받는다면, 그들은 품질에 대해선 관심을 가지지 않을 것이며, 이는 품질 저하로 이어질 수 있다는 것이다. 데밍의 해법은 개인성과와 보상의 연계를 없애라는 것이다. 이런 접근방식은 개인 공헌에 대한 구분을 없애자는 것이다. 이렇게 되면 어떠한 현상이 발생할까? 개인 성취욕구가 강한 직원이 조직으로 유입되거나 남아 있을 가능성은 낮아진다. 한 연구는 탁월한 성과를 내는 직원들의 보상 상승과 업무성과의 관계가 시간이 지날수록 낮아지게 되면, 조직은 탁월한 성과를 창출하는 인재들을 잃을 수 있다고 제시한다. 즉, 회사가 개인의 성과에 맞춰 보상하지 않는다면, 평균 또는 그 이하의 성과 수준을 보이는 사람만 회사에 남게 될 수도 있다. 개인 업무성과만 지나치게 강조할 때의 문제점에 대한 데밍의 우려는 인정한다. 하지만, 이를 해결하기 위해 다른 문제를 야기하지 말아야 한다. 개인과 집단 목적 사이에 적절한 균형을 찾아야 한다. 그런 점에서 강제배분 방식의 평가를 사용할 경우 직원 행동이 너무 개인주의적으로 흐르거나, 경쟁이 심화되지 않도록 배려해야 한다.

성과급에 대한 또 다른 비판은 성과를 측정하는 방법에 있다. 만약 구성원이 성과평가기준이 공정하지 못하고 정확하지도 않다고 믿게 되면 성과평가 프로그램은 붕괴될 것이다. 평가의 정확성을 저해하는 잠재적 장애요인은 동료, 부하직원, 고객이 직속 상사보다 직원 성과에 대한 더 많은 정보를 가지고 있을 수 있음에도 직속 상사에게만 너무 의지한다는 점이다. 360도 평가 피드백 방식은 상사뿐 아니라 동료, 부하직원, 고객으로부터 많은 정보를 모을 수 있다. 하지만 이런 평가 피드백 방식은 주로 직원 개발 목적에 사용해 왔으며, 보상을 결정하는 데 이런 정보를 활용하기를 꺼리고 있다.

일반적으로 성과평가에서 의사소통, 목표설정, 공정성과 같은 프로세스 이슈는 매우 중요하다. 직원은 보상의 결정에 있어 분배적 공정성(내가 받은 것은 공정한가?)과 절차적 공정성(보상 결정에 운영과 절차는 공정한가?)에서 보상제도를 고려한다. 〈표 11.5〉는 절차 공정성에 대한 주요 내용을 보여주고 있다. 이는 직원들은 명확하고 일관성 있는 성과기준뿐만 아니라 그들이 옳지 않다고 생각하는 정책에 문제를 제기하거나 성과에 대해 논의하기를 원한다는 것을 알 수 있다.

**표 11.5 성과급 결정 시 절차적 공정성 사례**

**성과평가 시 직원들은 상사에 대해 아래와 같은 믿음을 가지고 있다.**

- 정직하고 윤리적이며, 공정하려고 노력했다.
- 직원의 실적을 고려하였다.
- 일관된 기준을 적용할 것이다.
- 피드백을 주었다.
- 통제 밖 사항까지 포함해서 직원의 역할과 업무성과에 익숙하기 위해 노력했다.
- 성과급이 결정된 후, 결정(혹은 이의제기)에 대한 토론을 수용하고 향후 실행계획을 개발하기 위해 노력했다.

출처: Adapted from R. Folger and M. A. Konovsky, "Effects of Procedural and Distributive Justice on Reactions to Pay Raise Decisions," *Academy of Management Journal* 32 (1989), p.115.

성과급에 대한 가장 근본적인 비판은 성과급이 실제로는 존재하지 않는다는 것이다. 대부분 고성과자들은 평균 혹은 저성과자들보다 유의미하게 높은 보상을 받고 있지 않고 있다. 예를 들면, 〈표 11.6〉의 근무조사표 결과를 참조해 보면, 평균 성과자는 2.9%의 성과급을 받는 반면, 고성과자는 평균 4.8%의 성과급을 받는다. 연봉 60,000달러를 기준으로 1년 동안의 차이는 단지 1,140달러이며, 매주 21.92달러를 더 받는 것에 불과하다. 이렇게 되면 성과급 차이가 직원의 행위나 태도에 변화를 가져오기 힘들다. 실제로 〈표 11.7〉을 보면, 대다수 종업원은 조직에서 고성과에 대한 합당한 보상을 받는다고 믿지 않는다. 고성과자, 평균 성과자, 저성과자들의 견해가 다를 수도 있지만, 성과에 따른 합당한 보상이 있다고 믿지 않으면 직원들은 유의미한 성과를 창출하려 하지 않을 것이다.

**표 11.6 성과평가 등급비율과 평균 임금증가율**

| | 근로자 비율 | 평균 임금증가율 |
|---|---|---|
| 매우 높음 | 7% | 4.80% |
| 높음 | 30% | 3.80% |
| 중간 | 57% | 2.90% |
| 낮음 | 5% | 1.10% |
| 매우 낮음 | 1% | 0.20% |

주: 5점 척도를 사용하여 평가한 회사 기준임.

출처: Mercer, *2019/2020 US Compensation Planning Survey*, www.mercer.com.

**표 11.7 보상과 성과평가에 대한 종업원 인식 현황**

| | 근로자 인식비율 |
|---|---|
| 일을 잘 하면, 성과에 맞는 좋은 보상을 받는다. | 40% |
| 우리 회사는 업무성과에 다른 적절한 보상을 하고 있다. | 46% |

출처: Mercer, *What's Working™ Survey*, United States, www.mercer.com.

하지만 사실 작은 성과급의 차이가 시간이 지날수록 누적되어 큰 차이가 될 수 있음을 알아야 한다. 만일 연봉 60,000달러를 받는 두 직원의 연봉 인상률이 30년 동안 2.6%와 4.8%인 경우 대략 1,100,000달러의 차이가 발생한다. 직원들은 이런 차이가 발생할 수 있다는 것을 생각하지 않을 가능성이 많다. 이에 회사는 작은 차이의 임금이 시간의 경과에 따라 얼마나 커지게 되는지 직원들에게 충분한 설명을 해야 할 필요가 있다.

물론 이런 누적 효과는 특권의식으로 발동되는 경우 단점이 될 수 있다. 즉, 초기 고성과에 따라 연봉 상승이 결정되면 그것은 향후 발생할 기본급 계산에 '영원히' 포함될 수 있기 때문이다. 이는 매년 연봉협상과 관계없이 발생되며 시간이 지날수록 조직의 인건비 부담을 증가시킬 것이다. 아마도 직원의 성과나 조직 수익률보다 더 많은 인건비 부담이 생길 것이다. 따라서 기업들은 기본급에 포함되지 않고 변동급 형태로 지급되는 성과 보너스(merit bonuses)의 활용을 늘리고 있다. 사실 〈표 11.8〉을 보면 전통적인 기본급 증가보다 성과 보너스 제도의 비중이 더 커지고 있다. 그리고 성과 보너스는 전통적인 고정급 제도와 비교해서 종업원의 업무성과에 긍정적인 영향을 미치는 것으로 나타나는 것으로 보인다. 만약 이것이 사실이라면 성과 보너스 제도는 전반적으로 조직을 건전하게 만들며, 고정비 통제 효과로 인해 많은 조직에 활용되는 경향을 보일 것이다.

**표 11.8 임금에서의 성과 보너스 비율**

| 시급 중심의 직장인 | 직장인 (초과근무가 인정되는) | 직장인 (초과근무가 인정되지 않는) |
|---|---|---|
| 5.6% | 6.8% | 11.0% |

주: 모든 기업이 성과보너스를 사용하지는 않음. 위의 표는 성과보너스 제도를 시행하는 기업에만 적용됨.
출처: Willis Towers Watson. "Most U.S. Employers Planning Raises, Bonuses for 2021." www.willistowerswatson.com.

마지막으로, 고성과 직원들은 높은 임금을 받을 수 있는 업무로 승진하는 경향이 있으며, 이직을 통해 연봉상승의 기회가 많아진다. 즉, 승진이나 이직은 고성과자들이 보너스와 주식옵션 등을 포함하여 자신의 급여 수준을 높이는 주요 방법이다. 동일한 업무를 하면서 단순히 임금만 상승하는 경우는 없다. 직원들이 시간이 지남에 따라 더 높은 직급과 급여 수준으로 올라가는 것이 우연이나 연공서열에 의한 것이 아니라면, 이는 분명 성과의 차이에 의해서일 것이다. 기업은 고성과에 따른 임금 결정 방식에 관한 직원의 이해를 도와야 한다. 또한 업무성과를 높일수록 현재의 직무나 임금을 유지할 가능성도 높아진다.

### 개인 인센티브

**개인 인센티브**(individual incentives)는 성과급과 같은 개인성과에 대한 보상이다. 그러나 개인 인센티브는 성과급과 크게 두 가지에서 차이가 있다. 첫째, 개인 인센티브는 기본급에 근거하지 않는다. 실적에 따라 받게 되는 보상으로 성과가 발생하면 지속적으로 받을 수 있다. 둘째, 개인 인센티브를 위한 성과는 대개 주관적 평가가 아닌 객관적 결과물에 의해 측정된다(예: 수도꼭지 생산량). 따라서 개인 인센티브는 업무성과 향상에 영향을 미치게 된다. 로크(Locke)와 그의 동료들은 금전적 인센티브 지급은 평균 30%의 생산증가를 유발한다는 사실을 발견했는데, 이는 그 어떤 다른 동기부여 보상 도구보다 높은 수치이다.

그럼에도 불구하고, 가장 순수한 형태로서의 개인 인센티브제도는 드물게 실행되고 있다. 미국 근로자의 대략 7% 정도, 영업 이외 직종에선 4% 미만이 이 제도에 적용을 받는다. 사실 학계와 대중매체의 개인 인센티브에 대한 관심에 비해 직장에서의(제한된) 활용은 높지 않다. 그 이유는 무엇일까?

첫째, 조직의 관리자나 전문가들은 대부분 엄격한 객관적 결과물을 산출하지 않는다. 대신에 이들은 지식근로자로 정의된다. 개인 인센티브 활용을 위해 필요한 객관적 측정 대상이 존재할 수도 있고, 없을 수도 있다. 이때 균형성과표(balanced scorecard)는 관리자 등의 객관적 성과지표가 어떤 모습일지를 보여주는 좋은 예라고 할 수 있다.

둘째, 객관적이고 물리적 측정대상이 가능하다 할지라도 수용가능한 기준을 만들어 유지하고 관리하는 것은 또다른 문제이다.

셋째, 개인 인센티브는 쓸모가 없는 일이라도 무엇이든 하게 만드는 데 동기부여할 수 있다. 예를 들면, 만화영화 제작사 딜버트(Dilbert cartoon)의 경우 직원에게 소프트웨어에 무엇이든 문제가 있는 것을 발견하고 수정하면 수당을 주겠다고 공포하자 직원들은 대단히 좋아했다. 그 이유는 고의로 소프트웨어 에러를 만들어내고 수정해서 개인이 받을 수 있는 최대의 수당을 받아갔기 때문이다. 직원들은 개인 인센티브제도에 포함되지 않는 것들을 대부분 신경쓰지 않는다.

넷째, 개인 인센티브란 이름이 말해주고 있듯이 온전히 개인 중심으로 운영되는 인센티브제도는 팀 단위 접근방식에는 적합하지 않다.

다섯째, 다양한 기능을 습득하고, 진취적인 문제해결능력을 요구하는 것과는 거리가 있다. 새로운 기술을 습득하는 과정은 종종 일시적 생산성 둔화나 생산량의 단절을 의미한다. 만일 종업원들이 생산량에 따라 임금을 지급받게 된다면, 이들은 새로운 기술을 습득하는 과정에 발생할 수 있는 일시적 생산성 저하나 생산중단에 따른 손해를 받아들이지 않을 것이다.

이런 종합적인 이유로 개인 인센티브는 잠재적 장점과 긍정적 효과에도 불구하고, 위에서 열거한 위험들을 해결하지 못한다면 조직의 유연성, 진취성, 구성원의 도덕성, 문제해결능력 등의 개발에 저해 요소가 될 수 있다. 단지 하나의 물리적 결과지표를 넘어 보다 포괄적이고 다양한 지표를 활용하는 것이 중요하다. 즉, 결과물만 중요시하는 것이 아니라 조직의 가치에 부합하는 방식으로 성과가 달성되었는지도 중요하다.

## 이익공유제와 주식보상

### 이익공유제

개인-그룹 보상제도 사이의 한쪽 끝에는 이익공유제와 주식보상이 있다. **이익공유제**(profit sharing)를 통해 지급되는 직원 보상은 원칙적으로 회사 성과(예: 매출이익)에 근거하며, 기본급에 포함되지 않는다. 이익공유제는 두 가지 장점을 가지고 있다. 첫째, 이익공유제는 직원이 주인의식을 가질 수 있게 하고, 조직의 효과성에 대해 보다 폭넓은 관점을 가지도록 만든다. 따라서 개인 인센티브제나 성과급 제도에서 발생할 수 있는 자기중심적인 행동은 줄어들고, 협력과 조직시민행동이 증가하게 될 것이다. 둘째, 이익공유제를 통해 지급되는 보상은 기본급에 포함되지 않는 변동급이기 때문에 조직이 저성과 국면에 처했을 때는 인건비를 줄일 수 있고, 호황기에는 이익이 공

**표 11.9 2023년까지 GM과 미국 자동차노조의 이익공유제 체결 현황**

| 이익(단위: 십억 달러) | | | 최대 지불액(단위: 달러) |
|---|---|---|---|
| – | < | 1.25 | 0 |
| 1.25 | < | 1.50 | 1,250 |
| 1.50 | < | 1.75 | 1,500 |
| 1.75 | < | 2.00 | 1,750 |
| 2.00 | < | 2.25 | 2,000 |
| 2.25 | < | 2.50 | 2,250 |
| 수익이 10억 달러가 추가될 때마다 직원당 1,000달러씩 추가로 지급된다. | | | |

주: 연간 1,850시간 이상 근무하는 직원은 최대 지급액을 받는다. 이보다 적은 시간을 근무하는 직원은 근무시간에 따라 비례배분된 금액을 지급받는다. 수익은 북미 영업이익(이자 및 세금차감전이익)으로 정의된다. 2019년부터는 32억 5천만 달러를 초과하는 이익이 10억 달러가 추가로 발생할 때마다 이익공유지급금이 1,000달러씩 증가한다. 2019년 이전에는 이익공유지급액이 12,000달러로 제한되었다.

출처: Contract Summary: Hourly Workers, *UAW*, 2015, 2019, https://uaw.org/wp-content/uploads/2019/10/56100-UAW_hourly-1.pdf.

유된다. 결과적으로 조직은 어려운 시기에 비용을 줄이기 위한 방법으로 정리해고에 의존하지 않을 수 있다.

이익공유제는 조직의 성과에 긍정적인 영향을 주는가? 이에 대한 대답은 확실하지 않다. 몇몇 연구에서는 이익공유제와 조직의 이익 사이에 양(+)의 상관관계가 관찰되고 있으나 원인−결과의 선행관계가 모호하다. 예를 들어, 포드, 크라이슬러, GM 자동차 3사는 미국 자동차노조와 이익공유제와 관련된 계약을 체결했다(예: 〈표 11.9〉 참고). 몇 년 후 포드가 1년 동안 지급한 평균 이익공유금은 직원당 4,000달러이며, GM은 550달러, 크라이슬러는 8,000달러이다. 3사 모두 노조와 체결한 이익공유제 계약 내용은 비슷했지만, 이익공유제가 직원들에게 미친 동기부여 효과는 비슷하지 않았으며, 포드와 크라이슬러가 더 수익을 창출했다. 포드의 경우 신규로 출시한 차의 영향력이 수익을 창출한 주된 이유였으며, 더 많은 이익공유금을 줄 수 있게 된 것이다.

이런 결과는 이익공유제의 근본적인 단점을 설명해주는 사례가 될 것이다. GM 근로자는 크라이슬러 근로자가 받은 이익공유금의 1/15을 받은 이유는 무엇일까? 그렇다면 크라이슬러 근로자는 GM 근로자보다 15배 이상 업무를 더 잘 수행한 것인가? 아마도 아닐 것이다. 미국 근로자들은 경영진들의 생산성, 엔지니어링, 가격, 마케팅 등에 대한 결정이 더 중요하다고 믿는다. 따라서 회사 성공에 관해서 최고경영자 외에 일반 직원의 기여는 아주 미미하다고 생각한다. 대부분의 종업원은 자신의 업무성과와 이익공유제를 통해 얻은 보상의 연관성을 느끼지 못한다. 이는 이익공유제를 통해 직원의 성과동기를 높일 가능성이 적다는 말과 같다. 기대이론에서 언급한 바와 같이, 동기부여는 노력에 대한 성과와 보상의 강한 관계가 있어야 하기 때문이다.

이익공유제가 구성원의 동기부여 촉진에 제대로 역할을 하지 못하는 가장 큰 이유는 이익공유제를 통한 보상이 대부분 뒤늦게 지급되는 형태이기 때문이다. 미국 중견기업 이상의 정규직원 중 대략 16% 정도가 이익공유제 혜택을 받지만 이익공유제 혜택을 받는 구성원의 약 6%, 즉 전체 근로자로 환산하면 단 1% 정도만이 당해 기간에 현금으로 보상을 받고 있다.

이익공유제가 구성원의 업무성과를 촉진하는 동기부여에 실패하고 있을 뿐 아니라, 불경기에는 그 혜택이 아예 사라지기에 이익공유제에 대한 부정적 시각이 커지고 있다. 첫째, 직원들은 자신이 뛰어난 성과를 낸 상황에서 비난의 대상이 되어서는 안 된다고 생각한다. 즉, 경기침체와 같은 외부요인은 결국 일반 직원이 통제할 수 있는 것이 아니다. 그런데 직원이 그에 대한 대가를 치러야 하는 것일까? 둘째, 연간 80,000달러 이상을 받는 고임금 직원에 비해 연간 15,000달러에서 20,000달러 정도의 임금을 받는 저임금 직원들에게 이익공유제 같은 변동성 혜택이 사라지는 것은 경제적으로 고통스러운 것이 현실이다. 이익공유제의 이론적 장점인 인건비 변동에 따른 지급능력 확보가 항상 실현가능한 것은 아니다. 유념해야 할 것은 재정적 압박을 받고 있거나 장기적으로 심각한 경쟁국면에 직면한 기업에서는 인건비 변동성을 높이는 것이 더 적합할 수 있다는 것이다. 미국의 자동차산업이 그 사례가 될 것이다. 최근 미국 자동차산업의 성장으로 직원에 대한 이익공유제 혜택이 높게 이루어졌다. 하지만, 관찰된 바에 따르면, 최근 몇 년 동안 자동차산업에서 고정비인 임금상승은 거의 발생하지 않았다.

듀퐁(Du Pont)의 섬유사업부에서 직원 보상을 사업의 수익과 연계했던 사례를 살펴보자. 이 계획이 시행된 후 직원들의 기본급은 수익 목표(전년도 수익 대비 4% 증가)를 100% 달성하지 않으면 다른 사업부보다 약 4% 낮게 책정되었다. 따라서 이 계획은 손실위험이 크다고 볼 수 있다. 하지만 반대로 이 계획에는 임금상승 기회도 상당히 있었다. 만일 사업부가 목표를 100% 이상 달성했다면, 해당 직원은 다른 사업부의 비슷한 직원보다 더 많은 임금을 받았을 것이다. 예를 들어, 해당 부서가 수익 목표의

150%(수익 6% 성장)를 달성하면, 직원들은 다른 사업부 근로자보다 12% 이상 임금을 더 받았을 것이다.

초기에는 이 제도가 잘 운영되었다. 목표는 초과했으며, 종업원들은 미약하지만 다른 사업부보다 조금 더 보상을 받았다. 그러나 그다음 해에 이익은 26% 하락했으며, 목표는 달성되지 못했다. 종업원들은 이익공유금을 받지 못했으며, 대신에 다른 사업부 직원들과 비교해서 4% 더 적은 임금을 받았다. 이익공유제는 더 이상 좋은 제도가 아닌 것처럼 여겨졌다. 듀퐁 경영진은 이익공유제를 철폐하여 종업원들의 불만에 대응했고, 변동급 요소를 제거한 고정급 임금체계로 전환하였다. 이런 결과는 대리인이론 관점에서 보면 그다지 놀라운 일은 아니다. 왜냐하면 종업원은 늘어난 위험만큼 그에 맞는 보상을 받아야 하기 때문이다.

몇몇 회사가 선택한 한 가지 해결책은 이익공유제를 통해 직원의 손실위험은 없고, 이익의 기회만 발생하도록 설계하는 것이다. 이런 경우 이익공유제가 실시되어도 직원의 고정급은 감소하지 않는다. 즉, 회사 이익이 발생하면 직원은 이익공유금을 받게 되고, 회사 이익이 적자로 전환돼도 직원은 불이익을 받지 않는다. 이는 이익공유제의 주요 장점이었던 경기침체기에 인건비 감소 유인은 사라진다. 반대로 호황기엔 인건비 부담은 증가된다. 이에 이익공유제를 통한 업무성과 개선효과는 확실하지 않은 상태에서 기업은 이익공유제 도입에 따른 이익은 거의 없이 인건비 상승의 위험을 안고 가야 할 수 있다.

요약하면, 이익공유제는 구성원에게 조직의 목표와 동화시킬 수 있는 유용한 보상시스템일 수 있지만, (특히 규모가 큰 조직에서) 개인이나 팀에서 업무성과-보상이 강하게 연계된 다른 보상제도를 통해 보완할 필요가 있다. 이익공유제는 어떻게 설계하느냐에 따라 다를 수 있지만, 직원의 불만족이나 고인건비 부담을 유발할 위험이 있다. 그러나 직원 동기부여 효과와는 별개로, 이익공유제는 매출이나 이익이 감소할 때 조직의 인건비 부담을 고정에서 변동으로 전환시켜주는 장점을 가지고 있다.

#### 주식소유와 스톡옵션(Stock Options)

최근 자료에 의하면 2,000만 명 정도의 미국인이 자신이 일하는 회사의 주식을 소유하고 있는 것으로 나타났다. 조직 구성원의 일원으로 조직의 성공에 관심을 갖게 된다는 측면에서 직원의 주식소유는 이익공유제와 여러 측면에서 유사하다. 사실 직원의 주식소유는 회사에 대한 주인의식을 더 강하게 만들 수 있다. 그러나 조직이 커질수록 이익공유제처럼 구성원의 동기부여 촉진은 다소 덜하다. 또한 주식을 처분할 때까지 실제로 자신의 재정적 이익을 실감하지 못하기 때문에, 보상과 성과의 관계는 이익공유제보다 더 명확하지 않다. 강화이론의 견해에 따르면, 직원들이 주식소유를 하더라도 보상에 대해 실제적으로 체험하지 못하기 때문에 동기부여 효과는 제한적이라는 것이다.

직원이 주식을 소유하는 방법 중의 하나로 **스톡옵션**(stock options) 제도가 있다. 즉, 직원이 일정한 가격에 자사주를 매수하는 기회를 주는 것이다. 직원이 2016년에 주당 10달러에 주식을 매수할 기회를 얻게 되고, 2021년에 주가가 30달러로 상승했다고 하면, 이들은 2021년에 주당 10달러에 주식을 매수할 수 있게 된다. 따라서 주식을 팔게 되면 투자수익을 얻을 수 있다. 만일 주식가격이 2021년에 8달러로 하락한다면 이들에게 재정적 이익은 없다. 따라서 이런 역학관계는 종업원이 회사의 가치를 높일 수 있도록 행동하게 만든다.

지난 몇 년 동안 스톡옵션은 전형적으로 대기업 임원보상제도로 활용되었다. 그러나 시간이 지나면서 점차 하위직 직원에게도 매수기회를 주는 방식으로 진화하였다. 사실, 펩시(PepsiCo), 머크(Merck), 맥도날드(McDonald's), 월마트(Walmart), P&G(Procter & Gamble) 등 대기업은 모든 계층의 직원에게 스톡옵션 기회를 제공하기 시작했다. IT 등 기술산업분야에서는 신생기업도 폭넓은 스톡옵션 프로그램을 활용하는 것이 보편적이며, 스톡옵션 제도의 적절한 활용은 마이크로소프트(Microsoft)나 시스코(Cisco Systems) 같은 회사의 성장과 성공에 도움이 되었다. 일부 연구에 의하면 최고경영층과 중간관리자 집단에게 스톡옵션 등과 같은 장기적 인센티브가 적절히 제공되었을 때 조직 성과는 훨씬 더 높게 나타난다고 제시한다. 이는 대리인이론에서 주장하는 경영층과 같은 대리인 집단이 소유주(주주)와 같은 관점의 사고를 하게 만든다는 논리와 일치한다. 그러나 대기업처럼 일반 직원이 조직 전반의 성과에 영향을 미칠 가능성이 상대적으로 낮은 상황에서 이들에게 적용되는 스톡옵션 프로그램이 조직성과에 긍정적 효과를 주는지에 대한 증거는 명확하지 않다. 스톡옵션에 관한 다른 이슈는 경영층과 직원이 스톡옵션의 위험요인과 비용을 고려할 때에 이에 대한 충분한 가치를 부여하고 있는지에 대한 것이다.

스톡옵션의 황금시대는 지나가고 있다. 투자자들은 지속적으로 직원의 스톡옵션을 통한 세제 혜택 효과에 의문을 가지고 있다. 2004년에 재무회계기준심의회(Financial Accounting Standards Board: FASB)가 발행한 보고서에 일부 기업은 옵션을 비용으로 처리하도록 요구했으며, 이에 일부에서는 순이익의 급격한 감소로 나타났다. 실제로 마이크로소프트의 경우 실제 주식을 부여하는 대신 스톡옵션 제도를 폐지하기로 결정했다. 이런 현상은 새로운 회계기준에 대한 기업의 대응이기도 하고, 마이크로소프트의 주가가 예전처럼 빠르게 상승하지 않을 것이라는 전망과 함께 스톡옵션이 직원의 채용, 유능한 인재의 확보, 종업원 동기부여에 효과성이 떨어진다는 인식 때문이었다. 많은 기업이 스톡옵션 혜택을 줄이기 시작했으며, 특히 일반 직원에 대한 혜택은 눈에 띄게 줄었다.

폭넓게 스톡옵션 제도를 활용해 오던 기업도 지속된 주가하락으로 직원의 동기부여를 유지하는 데 어려움을 겪고 있다. 예를 들면, 2007년 741달러이던 구글(Google) 주가는 2009년 306달러까지 하락했다. 따라서 주가가 스톡옵션 행사가격보다 낮아지는 현상이 발생해 직원들은 전혀 이익을 얻을 수 없었다. 따라서 구글은 스톡옵션 권리를 현재 가격의 주가와 맞교환하는 방식으로 스톡옵션 권한을 행사할 수 있게 조치하였다. 기업들은 구성원의 동기부여 촉진과 우수한 인재 유지가 회복되기를 희망하고 있다. 주식을 기반으로 보상정책을 활용하는 과정에서 겪은 어려움의 또 다른 사례는 페이스북(Facebook)과 네트워크 게임 개발업체 징가(Zynga)의 사례다. 상장 후 이들 두 기업의 주식과 스톡옵션의 가치가 각각 72억 달러와 14억 달러 하락했다. 물론 몇 년이 흐른 뒤 주가는 호전되었다.

**종업원 사주제도**(employee stock ownership plans: ESOPs)는 직원 주식보상의 가장 보편적인 형태이다. 이 혜택을 받는 직원은 미국에서만 1980년 400만 명이었으나 2017년 1,400만 명으로 증가했다. 물론 여기에는 종업원 사주제도에 포함되지 않은 주식구매 옵션과 별도의 주식구매 권리, 주식을 기반으로 만들어진 은퇴연금까지 포함된 것이다. 약 2,800만 명의 미국 근로자가 현재 자신이 일하고 있는 회사의 주식 일부를 소유하고 있으며, 미국에서 발행된 주식의 8% 정도를 소유하고 있다. 일본의 경우 증권시장에 상장하는 대부분의 기업은 종업원 사주제도를 운영하며, 이들 기업은 종업원 사주제도를 시행하지 않는 기업과 비교해 평균적으로 높은 생산성을 보인다. 종업원 사주제도는 다른 보상체계와 다른 독특한 현상들을 수반한다. 일단 부정적 측면으로 종업원 사주제도는 직원에게 심각한 위험을 줄 수 있다. 미국의 경우 종업원 사주제도는 법적으로 회사 주식의 최소 51%를 투자하도록 하고 있어 투자위험 분산효과를 떨어뜨릴 수 있다. 즉, 직원은 재정상태가 좋지 않은 자사주를 매입하거나, 종업원 사주제도를 퇴직연금으로 활용하게 되는 경우가 있다. 이때 회사성과가 계속 좋지 않게 되면 직원들은 심각한 재정위험을 겪게 된다. 이것은 단순히 직원들만의 문제가 아니다. 대리인이론에 의하면 직원들의 이런 불확실성이 높은 위험성을 상쇄하기 위해 회사에 더 높은 수준의 급여를 요구할 가능성이 있다.

종업원 사주제도는 회사 입장에서는 아주 매력적인 제도이다. 그 이유는 세금과 재정부담 완화에 장점이 되기 때문이다. 게다가 직원이 경영진에 우호적이라면 적대적 인수합병에 대한 위험을 막아주는 효과까지 발생할 수 있다. 종업원 사주제도를 통해 직원은 회사 의사결정에 주주로서 투표할 권리도 가지게 된다. 일부 의사결정에서 직원의 의사결정 참여는 법적인 사항이지만, 전반적인 회사 의사결정 참여는 종업원 사주제도를 실행하는 회사마다 차이가 크다. 일부 연구에서는 직원들의 참여도가 높을 때 종업원 사주제도의 긍정적 효과가 더 커질 수 있다고 제시한다. 아마도 그 이유는 직원들의 주식소유가 심리적으로 주인의식을 경험하게 만들기 때문인 것으로 보인다. 하지만, 메타연구에서는 주식소유와 기업성과의 관계는 약한 양의 상관관계만을 보이고 있다.

## 집단성과급, 집단 인센티브, 팀 보상

### 집단성과배분제

**집단성과배분제**(gainsharing)는 직원에게 생산성 수익을 공유하는 방법이다. 집단성과배분제는 이익공유제와 비슷해 보이지만, 두 가지 측면에서 차이가 있다. 첫째, 집단성과배분제는 회사 수익과 같은 조직 전체 차원의 이익공유가 아니라 구성원에 의해 통제가능한 집단이나 사업장 수준의 성과를 측정한다. 둘째, 성과배분금은 지연되지 않고 더 빈번하게 배분된다. 집단성과배분제는 조직 중심의 이익공유제와 개인 중심의 성과급 및 인센티브제도의 장점을 접목한 제도이다. 이익공유제처럼 집단성과배분제는 개인 중심의 목표가 아니라 보다 폭넓은 목표를 추구하도록 유도한다. 반면에 이익공유제와 달리, 집단성과배분제는 개인 중심의 성과제도처럼 개인의 성과동기를 자극한다. 그 이유는 성과측정 대상의 특성 자체가 개인이 통제가능하기 때문이며, 수당 지급 빈도도 더 빈번하기 때문이다. 연구에 의하면 집단성과배분제가 업무성과 개

표 11.10 집단성과배분제(수정된 스캔론 플랜)의 예 (단위: 달러)

| 항 목 | 1분기와 2분기 평균 | 2분기와 3분기 평균 |
|---|---|---|
| 1. 매출액 | $2,000,000 | $2,000,000 |
| 2. 재고변화 | 200,000 | 200,000 |
| 3. 생산의 매출가치 | 2,200,000 | 2,200,000 |
| 4. 허용 비용(85%×3항) | 1,870,000 | 1,870,000 |
| 5. 실제 비용 | 1,700,000 | 1,880,000 |
| 6. 수익(Gain) (4항 - 5항) | 170,000 | - 10,000 |
| 7. 종업원 이익(6항의 55%) | 93,500 | - 5,500 |
| 8. 월 적립금(7항의 20%)* | 18,700 | - 5,500 |
| 9. 배분된 보너스(7항 - 8항) | 74,800 | 0 |
| 10. 회사 수익(6항의 45%) | 76,500 | - 4,500 |
| 11. 임금 | 264,000 | 264,000 |
| 12. 보너스 비율(9항/11항) | 28% | 0% |
| 13. 월 적립금(8항) | 18,700 | - 5,500 |
| 14. 지난달 적립금 | 0 | 18,700 |
| 15. 연말 적립금 | 18,700 | 13,200 |

* 보너스가 없으면 7항의 100%
출처: From *Gainsharing and Goalsharing: Aligning Pay and Strategic Goals*, by K. Mericle and D. O. Kim.

선을 유도한다고 밝히고 있다.

오하이오에 있던 철강회사 지역노조 위원장이던 스캔론(Joseph N. Scanlon)이 1930년대 고안해 냈던 **스캔론 플랜**(Scanlon plan)이 대표적인 집단성과배분제 중 하나이다. 이 제도는 매출액 대비 인건비 비율이 일정 수준 이하로 낮아지면 직원들에게 현금을 보너스로 제공하는 것이다. 〈표 11.10〉은 변형된 형태의 스캔론 플랜 사례를 보여주고 있다. 실제 사용된 비용은 1,700,000달러이고, 허용가능한 비용은 1,870,000달러로 허용비용보다 실제 비용이 적기 때문에 170,000달러의 이익이 발생한다. 실제로 직원 몫의 일부는 다음을 대비해 따로 적립하기는 하지만, 일반적으로 회사는 수익(gain)의 45%를, 직원은 55%를 받게 된다.

일반적으로 스캔론 플랜과 성과보상제도 같은 집단성과배분제는 금전적 보상만 포함하는 것은 아니다. 이런 점 때문에 집단성과배분제는 문제해결 팀과 제안제도를 통해 생산과정 개선에 관한 종업원의 노하우를 활용할 수 있다는 것을 강조한다. 집단

성과배분제가 성공적으로 이루어지기 위해 조직에서 필요한 일반적 권고사항들은 다음과 같다. 1) 경영진의 노력, 2) 변화에 대한 필요 또는 지속적인 개선을 위한 강한 헌신, 3) 직원 노력에 대한 경영층의 인정과 독려, 4) 높은 수준의 협력과 상호작용, 5) 안정적인 고용환경, 6) 생산성과 비용에 관한 정보 공유, 7) 목표설정, 8) 변화와 개선에 대한 모든 구성원 몰입, 9) 공정하고 경영목표와 연계되어 이해가능한 성과표준에 대한 합의가 필요하다.

### 집단 인센티브와 팀 보상

집단성과배분제는 주로 공장과 같은 집단에서 실시되는 반면, **집단 인센티브**(group incentives)와 **팀 보상**(team awards)은 더욱 작은 단위의 조직에 적용된다. 개인 인센티브처럼 집단 인센티브도 성과가 구체적일 때 적용되며, 팀 보상은 비용절감, 제품설계의 성공적 완수나 회의시간 준수 같은 다양한 범위의 성과측정에 적용된다. 개인 인센티브처럼 집단 인센티브도 잠재적 약점이 있다. 조직 내 구성원 간의 경쟁은 감소하지만, 집단이나 팀 간의 경쟁은 증가할 수 있다. 또한 앞에서 다루었던 팀 구성원 개인의 성과 차이를 제대로 인지하고 보상하지 못한다면, 고성과자들의 성과동기가 약화되거나 퇴사하게 만들 수 있다. 마지막으로 인센티브 계획을 수립할 때, 인센티브 지급에 관한 결정 과정은 직원들이 느끼기에 공정하다고 생각되어야 하며, 제품품질과 같은 업무성과의 중요한 측면을 놓치지 않아야 한다.

## 균형성과표(Balanced Scorecard)

앞서 언급한 바와 같이 모든 보상제도는 장점과 단점이 동시에 존재한다. 따라서 하나의 프로그램을 선택하는 것보다는 회사의 상황에 따라 최적의 조합을 찾아가는 것이 중요하다. 성과급제나 개인 인센티브에 지나치게 의존하게 되면 개인 동기부여는 높아지지만 개인주의적 행동과 경쟁행동을 유발하고 조직 목표 같은 폭넓은 관심을 가지기 힘들어진다. 마찬가지로 이익공유제나 집단성과배분제에 대한 의존은 협력을 증진시키고, 회사 전반 관심을 증대시키겠지만, 직원 개인의 동기부여 감소 현상을 겪어야 할 수도 있다. 이때 성과급제, 이익공유제, 집단성과배분제 등의 다양한 보상제도의 균형있는 사용은 대부분의 성과기준들을 만족시키는 데 도움이 될 것이다.

다양한 목표의 균형을 이룰 수 있는 접근방법 중 하나는 **균형성과표**(balanced score-

**표 11.11 균형성과표 인센티브 사례**

| 성과 측정 | 인센티브 계획 | | | | 인센티브 |
|---|---|---|---|---|---|
| | 목표성과 | 성과 | %목표 | 실제성과 | |
| 재무적 관점 | 100달러 | 20% 초과 | 150 | 18% | 100달러 |
| - 자본수익률 | | 16 - 20% | 100 | | |
| | | 12 - 16% | 50 | | |
| | | 12% 미만 | 0 | | |
| 고객 관점 | 40달러 | 1,000개 이상 1개 | 150 | 876 | 20달러 |
| - 제품 반환 | | 900 - 999 | 100 | | |
| | | 800 - 899 | 50 | | |
| | | 800 미만 | 0 | | |
| 내부 프로세스 관점 | 30달러 | 9% 초과 | 150 | 11% | 45달러 |
| - 생산주기 단축(%) | | 6 - 9% | 100 | | |
| | | 3 - 6% | 50 | | |
| | | 0 - 3% | 0 | | |
| 학습과 성장 관점 | 30달러 | 5% 미만 | 150 | 7% | 30달러 |
| - 자발적 퇴직률 | | 5 - 8% | 100 | | |
| | | 8 - 12% | 50 | | |
| 총계 | 200달러 | | | | 195달러 |

출처: From F. C. McKenzie and M. P. Shilling, "Avoiding Performance Traps: Ensuring Effective Incentive Design and Implementation," *Compensation and Benefits Review*, July–August 1998, pp.57–65. *Compensation and Benefits Review* by American Management Association.

card)를 활용하는 것이다. 이는 캐플란(Kaplan)과 노턴(Norton)이 제안한 방법으로 기업에게 재무적 성과를 목표로 하면서 동시에 회사의 역량과 미래성장을 위해 필요한 무형자산을 획득하도록 돕는다. 〈표 11.11〉은 제조업체에서 핵심사업 동력을 확보하기 위해 균형적인 목표설정과 측정을 통한 인센티브 방안을 제시하고 있다.

## 경영자 보상

조직의 성과에서 최고경영층의 역할은 매우 중요하기 때문에 경쟁력 확보 관점에서 최고경영자에 관한 보상은 전략적으로 대단히 중요하다. 그렇다면 이들의 임금은 얼마가 적당한가? 이 절에서는 최고경영자와 임원임금 결정과정에 대해 논하고자 한다.

매체에서는 때때로 최고영경영자 중에서 그들의 보수 대비 최고의 실적과 최악의 실적을 낸 사람들의 명단을 발표한다. 최악의 실적을 낸 경영자들의 보수는 대중의 관심을 많이 받게 된다. 문제는 일부 기업에서 회사의 수익성이나 주가와 관계없이 경영자의 보수가 매년 높다는 데 있다. 한 연구에 따르면 주주자산의 가치가 1,000달러 변할 때마다 최고경영자 보상도 3.25달러 변한다고 보고하고 있다. 이러한 관계는 "최고경영자의 보상은 실제 기업성과와 무관하다"는 의미로 해석될 수 있었지만, 후속 연구에서는 최고경영자의 임금은 대부분 주주의 수익률과 대단히 밀접한 관계가 있다고 밝혀지고 있다.

어떻게 해야 최고경영자의 보상을 조직 성과와 연계할 수 있을까? 대리인이론의 관점에서, 주주는 대리인이 소유주의 관심과 이익을 위해 최선의 행동을 하도록 만들고 싶어 한다. 따라서 고정급과 같이 변동성이 없는 임금체계가 아니라, 기업 수익률이나 주식가치와 같은 결과중심에 기반한 보상설계를 선호하게 된다. 일반적으로 중간관리자 및 최고경영진은 조직성과와 관련해 단기 보너스와 장기 인센티브를 포함한 계약을 한다. 실제로 상당수 최고경영자를 비롯한 회사 중역의 임금은 매각제한조건부 주식(restricted stock), 스톡옵션 그리고 기타 여러 형태의 장기보상으로 구성되어 있다. 그리고 이런 변동성이 높은 위험성이 수반된 보상 구조는 강력한 인센티브 역할을 수행할 수 있게 된다. 대리인이론에 의하면, 위험 보상이 너무 적은 보상체계는 인센티브 효과가 약화될 수 있는 반면, 위험 보상이 지나치게 높은 경우 경영진들이 회사 자산으로 과도한 위험을 감수하는 것도 문제가 될 수 있다. 최근 미국의 은행 및 모기지 산업이 이런 문제의 사례가 될 수 있다.

조직에서 성과기반 임금체계를 활용할 경우 그 결과는 어떻게 될까? 연구에 의하면 기업별로 장기 및 단기 인센티브를 사용하는 정도가 다르며, 최고경영자와 중간

**표 11.12 경영진 임금과 자산수익률**

| 보너스/기본급 비율 | 자산수익률 예상치 | | |
|---|---|---|---|
| | 장기 인센티브 수혜비율 | % | $* |
| 10% | 28% | 5.2% | 250백만 달러 |
| 20% | 28% | 5.6% | 269백만 달러 |
| 10% | 48% | 5.9% | 283백만 달러 |
| 20% | 48% | 7.1% | 341백만 달러 |

*1990년 포춘 500대 기업의 자산을 기준으로 적용한 것임.

출처: B. Gerhart and G. T. Milkovich, "Organizational Differences in Managerial Compensation and Financial Performance," *Academy of Management Journal* 33 (1990), pp.663-691.

임원에게 이런 인센티브를 활용하는 것이 회사 수익성과 연관되어 있다고 한다. 〈표 11.12〉를 보면 고정급 대비 단기 보너스와 장기 인센티브를 더 많이 활용할수록 자산수익률이 크게 개선되는 것을 알 수 있다. 최고경영진의 경우 과거 주주수익률에 맞추어 보상을 연계하는 것은 미래 주주수익률과도 관련이 있다.

균형성과표 접근방식을 제조업 근로자 보상에 적용할 수 있었던 것처럼 회사 경영진의 보상체계에도 똑같이 적용할 수 있다. 〈표 11.13〉은 성과측정치의 선택이 어떻게 주주, 고객, 종업원의 목적에 균형을 가져오는지를 보여주고 있다. 회사의 재무적 성과는 과거 어떤 성과를 거두었는지 알려주는 후행지표가 될 수 있다. 반면 〈표 11.13〉의 아메리칸 익스프레스(American Express)에서 사용하는 고객 및 직원 관련 지표는 미래의 재무적 성과를 알려주는 선행지표가 될 수 있다. 회사의 재무성과를 유도하는 이런 요인들이 타당한지는 개별 기업들에 대한 실증적인 검증이 필요하다. 마지막으로 〈표 11.13〉의 균형성과표는 아메리칸 익스프레스에서 단기 인센티브(보너스) 지급 활용에 사용된다. 일반적 경우처럼 장기 인센티브도 있는데 이는 수익성과 주주수익률에 따라 달라진다.

전 세계 금융위기 사례에서 보았던 것처럼 목표를 어떻게 성취할 것인가에 대한 생각 없이 그저 공격적인 재무적 목표달성만 집중하면, 회사 경영진은 이를 위해 과도한 위험을 감수하거나 비윤리적 행위에 빠질 가능성이 높아진다. 그리고 시간이 갈수록 이런 행동은 회사에 큰 손해를 끼칠 수 있다. 시티그룹(Citigroup)이 최고경영진 50명에게 적용하고 있는 균형성과표는 이익, 비용관리, 자산활용도와 같은 재무적 목표가 70% 비중을 차지하며, 나머지 30%는 비재무적 목표를 설정하고 있다(예: 강한 위기

**표 11.13 아메리칸 익스프레스 경영진의 인센티브를 위한 균형성과표**

| 목표 | 비중 |
|---|---|
| **주주 관점**<br>매출 성장<br>주당순이익<br>자기자본수익률 | 55% |
| **고객 관점**<br>순 추천 고객 점수(고객만족)<br>고객 청구액 증가<br>신규 계정 추가<br>유효한 서비스 지역 | 15% |
| **직원 관점**<br>핵심인재 유지<br>다양성(관리자급에서 여성 및 소외된 인종의 대표성 증가) | 15% |
| **전략적 필수 과제**<br>프리미엄 소비자 영역에서 선도(예: 전 세계 16개 제품 개편)<br>상업 결제분야에서 강점 구축(예: #1 소기업 고객 확보)<br>네트워크 강화(예: 신용카드 가맹점의 99%가 AMEX 카드 수락)<br>디지털화(예: 신규 카드회원의 72%가 디지털 채널을 통해 확보) | 15% |

출처: 2020 Proxy Statement, American Express, https://www.sec.gov/Archives/edgar/data/4962/000119312520083487/d804770ddef14a.htm.

관리능력과 경영통제/인사관리 등과 같은 전략방향 설정, 주주를 포함한 외부 이해관계자와 유대강화 등). 균형성과표의 가장 높은 달성도는 100%, 가장 낮은 달성도는 -40%이었다. 이런 균형성과목표와 최고경영진 임금과의 연계는 과거처럼 단순히 재무적 목표달성만을 목표로 하지 않는다. 균형성과표를 통해 시티그룹은 시간이 흐를수록 더 좋은 재무적 목표를 달성할 것이다. 더불어 위험도 축소될 것이다. 누구도 금융산업이 붕괴되는 것을 원치 않는다. 그리고 이런 산업의 붕괴를 피하기 위한 방법 중 하나가 균형성과표를 사용하는 것이다. 이와 유사한 사례는 바로 폭스바겐(Volkswagen)이다. 이 회사는 과거 발생했던 스캔들이 다시 발생하지 않도록 예방하기 위해 최근 경영진의 보상체계를 변경하였다.

마지막으로 정부와 이해관계자는 회사 경영진 보상과 기업성과에 대해 보다 강력한 연계 요구 압력을 가하고 있다. 미국의 증권거래소(Securities and Exchange Commission: SEC)는 회사 경영진 상위 5명의 보상 수준 및 지난 5년 동안의 경쟁사 대비 회사성과를 보고하도록 요구하고 있다. 더불어 증권거래소는 2006년에 회사 경영진의 부수입과 퇴직급여 혜택에 대해서도 보고하도록 하였다. 2010년에는 금융개혁법(Dodd-Frank Wall Street Reform)과 소비자보호법(Consumer Protection Act)이 미국에서 제정되었다. 이 법들은 주로 금융기관을 대상으로 하고 있지만, 금융개혁법은 새로운 조항을 추가하면서 상장기업에게 새로운 요구조건들을 추가하였다. 예를 들면, 주주가 임원 보수계획에 대해 (구속력이 없는) 투표권을 행사할 수 있는 '급여에 대한 발언권'을 가질 수 있도록 요구하고 있다. 규제당국과 투자자들의 압박으로 기업들은 회사와 국가경제에 유해한 행동을 하거나 관여하여 수혜를 받은 사실이 발견되면 이를 환수하는 정책을 채택하고 있는 추세이다.

많은 나라의 규제당국은 회사 경영진이 과거 좋지 못한 방법이라고 알려진 과도한 위험 감수 등의 행동유인을 제한하기 위해 보너스 지급 규모를 제한하려고 노력하고 있다. 또한 미국 교직원퇴직연금기금(TIAA-CREF)과 캘리포니아 공무원연금기금(CalPERS)과 같은 대형 연금기금투자기관들은 이사회가 경영진에게 휘둘리지 않고 최선의 주주이익을 위해 행동하도록 보장하기 위한 가이드라인을 제안했다. 경영진으로부터 이사회 독립성과 관련되어지는 기업지배구조 제도에 관련한 내용 중 일부는 〈표 11.14〉에 나와 있다. 회사의 미래가 불분명한 시점에 이사회는 경영자들로부터 독립적이며 적극적인 행동을 취해야 한다. 이러한 조치에는 최고경영자의 퇴출까지 포함한다.

## 프로세스와 상황 이슈

이전 제10장에서 의사소통과 종업원 참여와 같은 의사결정 과정에서 발생하는 중요성에 대해 이미 살펴보았다. 이번 장을 시작하면서 분배와 절차 공정성의 중요성에 대해서도 검토하였다. 이런 이슈를 처리하는 방식에 있어 조직 간, 조직 내에서도 상당한 차이가 발견되는데 이는 기업들이 보상정책에 있어 상당한 재량권을 가지고 있음을 나타낸다. 따라서 보상정책은 경쟁기업과 차별화할 수 있는 기업의 전략적 기회를 줄 수 있다.

**표 11.14 이사회 독립성과 리더십 가이드라인**

1. **독립 이사 과반수:** 최소한 이사회의 과반수가 독립적인 사외이사로 구성되어야 하며, 이사회는 이를 위해 적극적으로 노력해야 한다.
2. **독립 임원회의:** 사외이사는 정기적으로(최소 1년에 한 번) CEO 없이 단독으로 임원회의에 모인다. 독립 이사회 의장 또는 수석 사외이사가 이 회의를 주재해야 한다.
3. **독립 이사의 정의:** 이사회가 주관하여 연례 의결권위임장(proxy statement)에 매년 독립성의 개념을 재정의하여 공개한다.
4. **독립 이사회 의장:** 이사회는 사외이사 중에 의장을 선출해야 한다. 최고경영자와 의장 역할은 제한된 범위에서 균형을 이뤄야 한다. 이러한 경우 이사회는 위임장 자료에 겸직이 주주에게 최선의 이익이 되는 이유를 설명하는 진술서를 제공해야 하며, 선임 사외이사를 지명해야 한다.
5. **이사 임기:** 이사의 임기가 길어지면 객관적인 판단능력에 부정적인 영향을 미칠 수 있다. 또한 전략적 목표를 달성을 위해 필요한 이사회 구성원의 능력과 경험이 적절히 조합될 수 있도록 해야 한다.
6. **이사회 의장과 최고경영자의 지위 분리 조사:** 새로운 최고경영자를 선출할 때 이사회는 전통적인 최고경영자와 이사회 의장의 역할 분리가 충실한지 재조사해야 한다.
7. **퇴임 최고경영자의 이사회 역할:** 일반적으로 기업에서 은퇴한 최고경영자는 이사회 이사 직위를 지속할 수 없다. 이사회의 어떠한 지위도 금지되어 있다.
8. **경영진에 대한 이사회의 접근 권한:** 이사회는 모든 이사가 고위 경영진에 접근할 수 있는 프로세스를 마련해야 한다.
9. **독립적인 이사회 위원회:** 기업의 감사, 이사 선임 그리고 임원 보상기능을 위원회가 수행하고 이 업무는 사외이사 전체로 구성되어야 한다.
10. **이사회 감독:** 전체 이사회는 주주를 대신하여 감독 기능을 담당한다. 이사회가 법에서 요구하는 위원회 외에 다른 위원회를 설치하기로 결정한 경우, 해당 위원회의 임무와 구성원을 완전히 공개해야 한다.
11. **이사회 활동을 위한 자원 확보:** 위원회 활동 등을 포함해 이사회는 독립적인 자문 등과 같은 적절한 자원을 제공받아야 한다. 또는 주주를 대신해서 효과적으로 의무를 다하기 위해 다른 도움 등을 제공받을 수 있다.
12. **이사회의 책임:** 신탁의무자(fiduciary)로서 이사는 회사와 주주에 대한 충실의 의무를 진다. 이사회는 기업 전략을 검토, 승인 및 지도할 책임이 있다. 여기에는 주요 실행 계획, 주요 자본지출, 리스크 정책, 사업계획, 성과목표 설정 및 감독, 인수합병 등이 포함된다. 또한 이사회는 기업문화에 대한 책임도 있다.

출처: The California Public Employees Retirement System, "Global Governance Principles," March 16, 2015; and CalPERS' Governance & Sustainability Principles, September 2019, www.calpers.ca.gov.

## 직원 의사결정 참여

의사결정 과정의 직원 참여와 그 잠재적 결과를 생각해 보면, 직원 자신들이 임금 정책의 설계와 실행에 관여했을 때 회사 정책에 대한 이해도가 높아지고, 임금 만족도도 높아진다. 그 이유는 직원이 참여할 때 정책을 더 잘 이해하고 헌신하기 때문인 것으로 보인다.

그렇다면 생산성과는 어떠한 관계가 있을까? 대리인이론은 일부 시사점을 제공해 준다. 소유주가 대리인에게 의사결정 권한을 위임하는 경우 대리인비용이 발생하는데 그 이유는 직원들은 경영진의 이해나 목적과 다른 행동을 할 수 있기 때문이다. 더욱이 대리인이 많을수록 감시비용은 증가한다. 따라서 의사결정 위임은 대단히 많은 비용을 초래할 수 있음을 시사한다.

그러나 동시에 대리인이론은 직원들이 경영자가 갖지 못한 업무지식과 동료들의 행동에 대해 잘 알기 때문에 직원들이 감시업무를 수행하게 한다면 비용도 적게 들고 효과적일 수 있다는 것을 말해준다. 이와 같은 논리로 올바른 보상시스템은 자기감시활동과 동료감시활동을 독려하는 것일 것이다. 연구에 의하면 이와 같은 자기감시활동을 유발하는 요인은 결과기반의 금전적 인센티브와 상호 신뢰하는 조직문화이다. 이는 고용안정, 집단 응집력, 개인 권리를 보호하는 문화의 조성으로 가능해진다. 일부 조사에 의하면 단지 직원의 11%만이 보상설계팀에 참여한 경험이 있다고 답했으며, 관리자들의 참여는 조금 더 많았지만 여전히 32% 수준에 머무르고 있다.

## 의사소통

보상결정 과정과 관련된 이슈 중 하나는 의사소통(communication)이다. 앞서 절차적 공정성과 성과급 효과를 극대화하기 위한 방법으로 성과급 관리의 중요성에 대해 설명하였다. 일반적으로 직원들은 보상시스템의 작은 변화에도 매우 민감하게 반응한다. 보상시스템은 직원들의 경제적 안정과 웰빙에 중요한 요인이기 때문에 불완전한 정보에 기반한 소문과 억측이 항상 발생한다. 따라서 보상과 관련된 어떤 작은 변경일지라도 그 이유에 대해 최선으로 의사소통할 수 있도록 해야 한다. 일부 기업은 최고경영자가 보상제도 변화에 대한 이유를 설명하기 위해 비디오를 만들어 설명자료로 활용하기도 하고, 어떤 기업은 일반 직원을 상대로 시나리오를 작성하여 책자나 웹사이트 방식을 통해 배포하기도 한다. 또한 소규모 직원들의 인터뷰를 통해 보상 관련 의사소통에서 제시될 수 있는 우려사항에 대한 피드백을 얻기도 한다. 기업의 웹사이트나 이메일, 인적자원관리부서의 면담 등의 방법이 있지만, 궁극적으로 보상제도와 관련되어 가장 많이 사용하는 의사소통 방식은 상사와의 개별적인 논의를 통해 이루어진다.

## 보상과 프로세스: 종합 효과들

앞서 보상제도 설계에서 성공을 이끌어 낼 수 있는 요인으로 직원참여 등과 같은 프로세스 이슈를 설명했다. 직원의 성과를 이끌어낼 수 있는 보상제도 설계의 중요한 프로세스에 대해 어떤 이는 다음과 같이 조언한다.

> "직원들의 참여는 새로운 보상설계를 만드는 데 확실히 도움이 된다. 더 잘 작동되며 그 자체로도 유익한 효과가 있음을 알 수 있다. 이는 보상지급방식의 변화보다 종업원을 대하는 방식의 변화가 생산성을 더 촉진시킬 수 있음을 보여준다."

이 말은 더 광범위한 질문을 제기한다. 즉, 다른 인사제도에 비해 보상결정 자체가 얼마나 중요할까? 비록 인사제도들이 밀접하게 얽혀 있어 이를 분리해서 설명하는 것이 그리 유용하지는 않겠지만, 보상제도처럼 강력한 인사제도는 혼자서 작동하지 않는다는 것을 명심해야 한다.

예를 들어, 집단성과배분제에 대해 생각해 보자. 보상은 여러 인적자원제도 중 단순히 하나에 불과할지 모른다. 그렇다면 비금전적인 보상의 효과는 어느 정도일까? 지금까지 연구를 보면, 금전적인 측면에서만 보상을 하는 경우라도, 집단성과배분제는 생산성에 상당한 효과가 있었다. 하지만, 한 자동차부품회사의 경우 집단성과배분제에 직원참여 제도(예: 경영진과 월별 회의를 통한 성과급 계획 및 생산성 향상 방안 논의)를 추가하면 생산성 향상효과가 발생한다고 보고했다. 관련 연구에서는 직원들에게 적극적인 참여(예: 제안제도)를 하도록 동기부여하는 요인에 대해 조사했다. 이때 직원들은 금전적 보너스를 받고자 하는 욕구가 비금전적 요인, 특히 업무에 대한 영향력과 통제력에 대한 욕구보다 훨씬 덜 중요하다고 응답했다. 마지막으로 집단성과배분제 같은 금전적 보상 효과 이외에도 직원참여 제도를 통해 기업의 생산성과 수익성이 더 향상될 수 있음을 보여주고 있다.

## 조직전략과 보상전략: 적합성에 대하여

이번 장에서는 보상제도의 종류와 효과를 살펴보았다. 추가적으로, 보상전략과 조직전략의 정렬은 보상설계의 중요한 고려요소이다. 약물처방을 예로 들면, 증상 및 진단과 관계없이 약을 처방한다는 것은 이상할 수 있다. 이처럼 보상전략을 선택할 때 조직의 전반적인 사업전략과 잘 정렬될 수 있는지를 고려해야 한다. 〈표 11.12〉를 다시 보면, 변동급 범위가 낮은 수준에서 높은 수준으로 보상전략이 바뀔 경우, 자산수익률은 거의 2%, 즉 5.2%에서 7.1%까지 증가할 수 있다. 그러나 일부 기업에서는 그 증가폭이 더 작을 수도 있다. 사실, 급여의 변동성이 커지면 어떤 기업은 자산수익률이 낮아지지만, 다른 기업은 자산수익률이 2% 이상 상승할 수도 있다. 변동급의 효과가 어떨지 가늠할 수 있다면 상당한 결과를 만들어낼 수 있다. 기존 통념에 따르면, 보상을 포함한 경영 관행은 국가(또는 문화)에 따라 달라진다고 한다. 하지만, 각 기업들은 글로벌 경제에서 경쟁하기 위해 때론 국가의 문화와 규범에서 벗어나야 할 수도 있다.

물론 어떤 모범사례(best practice)는 대부분의 상황에서 유익한 결과를 보일 것이다. 다시 의약적 비유 사례를 들어보자. 일반적으로 운동과 적절한 영양섭취 같은 행동은 건강에 도움이 되지만, 흡연, 약물, 음주 등은 건강에 해를 끼친다. 이처럼 보상전략도 모범사례가 있을 것이다. 예를 들면, 임금 수준을 선택할 때 제품시장(예: 제품가격)과 노동시장(예: 임금 수준) 모두에서 경쟁력을 확보할 수 있는 균형점을 찾아야 하는 것, 긍정적인 인센티브 효과를 위해 성과에 따른 보상을 해야 하는 것, 분배 공정성과 절차 공정성에 주의를 기울여야 하는 것, 규제 요건을 준수하는 것이 있다.

이전 제2장에서 다루었던 성장(growth)전략과 집중(concentration)전략에 대해 생각해 보자. 보상전략은 기업의 성장전략이나 집중전략에 따라 어떤 차이가 있을까? 〈표 11.15〉는 적합성에 대한 예시를 보여준다. 성장전략(예: 혁신, 위험감수, 신규시장 진입 강조)과 연계된 보상전략은 직원들과 위험을 공유하면서 기업의 성장에 따른 높은 수익을 함께 누릴 수 있도록 설계된다. 이는 상대적으로 낮은 고정급여를 받지만, 보너스와 스톡옵션 등을 통해 장기적으로는 높은 보상을 받을 수 있다는 것을 의미한다. 스톡옵션은 실리콘밸리를 만들어낸 보상 프로그램이라고 할 수 있다. 애플, 마이크로

**표 11.15 보상전략과 조직전략**

| 보상전략의 차원 | 조직전략 | |
|---|---|---|
| | 집중 | 성장 |
| 위험 감수 (변동급) | 낮음 | 높음 |
| 시간지향성 | 단기 | 장기 |
| 임금 수준 (단기) | 시장보다 높음 | 시장보다 낮음 |
| 임금 수준 (장기) | 시장보다 낮음 | 시장보다 높음 |
| 복지 수준 | 시장보다 높음 | 시장보다 낮음 |
| 보상결정의 중앙화 | 중앙화 | 분권화 |
| 임금분석 단위 | 직무 | 기술 |

출처: L. R. Gomez-Mejia and D. B. Balkin, *Compensation, Organizational Strategy, and Firm Performance* (Cincinnati, OH: South-Western, 1992), Appendix 4b; and L. R. Gomez-Mejia, P. Berrone, and M. Franco-Santos, *Compensation and Organizational Performance* (Armonk, NY: M.E. Sharpe, 2010), Appendix 3.2.

소프트 등 실리콘밸리의 많은 기업이 이 제도를 사용하고 있다. 회사가 큰 성공을 거두면 스톡옵션을 통해 경영진부터 사원들까지 엄청난 부를 얻게 되는 것이다. 성장전략을 추구하는 기업은 보상결정에 있어 직무나 직급에 얽매이지 않고 관료주의적 성향을 탈피하여 개인 능력을 인정한다는 점이 있다. 반면, 집중전략을 추구하는 조직은 낮은 성장률, 안정된 업무환경, 임금 의사결정에 일관성과 표준화를 위한 보상전략이 필요하다. 앞에서 언급했듯이 마이크로소프트는 직원에게 제공하던 스톡옵션을 철회하였다. 그 이유는 예전처럼 더 이상 성장하는 기업이 아니기 때문이다.

## 요약

본 장은 기업의 성공에 대한 직원의 기여를 인정하고 그에 대한 보상설계 및 관리와 관련된 내용을 다루었다. 보상 프로그램은 개인, 집단, 조직의 성과와 어떻게 연계하는지 여부에 따라 방식이 다양하다. 보상 프로그램은 여러 방식 중 한 가지를 선택하는 것이 아니라, 개인, 집단, 조직의 목표에 균형을 추구하기 위한 다양한 프로그램 조합으로 만들어지는 경우가 많다.

임금, 보너스, 보상은 직원의 삶에 중요한 영향을 미친다. 이는 다음 두 가지 중요한 시사점을 제공한다. 첫째, 보상은 강력한 동기요인이다. 효과적인 보상전략은 조직의 성공을 촉진할 수 있다. 반대로, 잘못 고안된 보상전략은 오히려 해로운 영향을 미친다. 둘째, 보상의 중요성은 직원들이 보상결정 프로세스를 중요하게 생각한다는 것을 의미한다. 보상 프로그램은 합리적 기준에 따라 이해될 수 있어야 하며, 직원들이 공정하다고 인식하도록 만들어져야 한다.

조직마다 사업 및 인적자원 전략이 다르다는 것은 가장 효과적인 보상정책도 기업마다 다를 수 있다는 것을 의미한다. 경쟁사로부터의 벤치마킹 정보가 유용할 수 있을지라도, 한 기업의 성공사례가 다른 기업의 성공을 보장하지 않는다. 균형성과표에 의한 성과관리는 기업의 고유한 핵심성과지표를 정의하고, 이것을 실현할 수 있도록 보상전략을 사용할 것을 강조한다.

## 주요 용어

**기대이론**(Expectancy theory)
**분류효과**(Sorting effect)
**성과급**(Merit pay)
**이익공유제**(Profit sharing)
**임금인상률표**(Merit increase grid)
**소유주**(Principal)
**대리인**(Agent)
**성과 보너스**(Merit bonus)
**스톡옵션**(Stock options)
**인센티브 효과**(Incentive effect)
**종업원 사주제도**(Employee stock ownership plan: ESOP)
**집단성과배분제**(Gainsharing)

## 토의과제

01. 경쟁에서 살아남기 위해 당신의 기업은 최근에 직원들의 업무 동기를 유발하고, 주인의식을 고취하기 위한 이익공유제 도입을 고려하고 있다. 이익공유제의 잠재적 장점과 단점은 무엇인가? 이익공유제는 모든 직원에게 동일한 영향을 미칠까? 이익공유제를 고려할 때 당신의 기업 규모는 고려대상이 되어야 한다고 생각하는가? 혹시 다른 보상 프로그램을 고려한다면 무엇이 있겠는가?

02. 집단성과배분제는 주로 제조업체가 사용해왔으나, 서비스업체에서도 사용될 수 있다. 그렇다면 병원, 은행, 보험회사 등에서는 어떻게 성과기준을 개발할 수 있을지 생각해 보라.

03. 당신의 회사는 두 개의 사업부를 두고 있다. 하나는 가격경쟁력이 치열하고 기술 혁신의 영향을 많이 받지 않는 전통적인 제품 제조사업이다. 다른 사업부는 이제 막 시작한 사업으로 아직 제품은 없다. 약물이 사람에게 미치는 효과를 밝히기 위해 오랜 기간을 필요로 하는 임상실험 대신 시뮬레이션을 통해 검증하는 신기술을 개발하고 있다. 당신은 두 사업부가 개인 기여를 인정하기 위해 동일한 보상시스템을 갖추도록 제안할 것인가? 만약 그렇다면(혹은 그렇지 않다면) 그 이유는 무엇인가?

04. 이번 장을 통해 성과에 대한 보상방식을 변경한 여러 기업의 사례를 확인했다. 당신은 예제에 나온 기업들의 변화가 합리적이라고 생각하는가? 새롭게 변화된 보상전략의 잠재적 성공요인과 함정은 무엇일까?

## 사례연구

### 홈즈 베이크하우스(Mr. Holmes Bakehouse)의 달콤한 인센티브

캘리포니아에서는 높은 운영비용으로 많은 중소기업이 어려움을 겪고 있다. 최저임금 근로자를 고용하는 기업의 경우, 캘리포니아 주정부가 2020년부터 2023년까지 최저임금을 1달러씩 인상하면서 문제는 더욱 심각해졌다. 자포자기한 사업주들과는 달리, 아론 캐델(Aaron Caddel)은 자신의 베이커리인 홈즈 베이크하우스가 직원들에게 더 많은 임금을 지급하고도 수익성을 유지할 수 있는 방법을 찾아보기로 했다.

캐델과 경영진은 질적 · 양적 성과에 따라 성과급을 지급하는 방식을 도입했다. 이를 위해 2년 동안 캘리포니아 매장에서 수행하는 업무에 대해 조사했다. 이에 각 직책별로 세 가지 핵심 절차와 각 절차에 대한 세 가지 성과 수준이 있다는 것을 발견하였고, 성과 수준에 따라 급여 수준을 설정했다.

모든 직원은 레벨1에서 근무를 시작한다. 직원이 높은 수준의 업무를 빠르게 완수하면 상위 레벨에서 일할 수 있는 테스트를 통과하여 승급할 수 있다. 테스트를 통과한 직원은 상위 레벨에 따른 높은 급여를 받는다. 대부분 테스트를 통과하지만, 그렇지 못한 직원도 홈즈 베이크하우스에 남고 싶으면 다시 원래 직급에서 계속 일할 수 있다. 6개월마다 직원들은 다음 레벨에 대한 테스트에 응시할 수 있다.

처음에는 신입사원의 급여가 장기근속자의 급여를 능가할 수 있게 되어 새로운 임금구조에 반발하는 직원도 있었다. 하지만 대부분은 급여가 높아질 수 있는 가능성에 고무되었다. 1년이 조금 지난 후, 직원의 3분의 2 이상이 레벨3에 도달하여 시간당 최소 20달러의 급여를 받고 있었다. 이는 최저임금보다 높을 뿐만 아니라 인근의 다른 베이커리보다 많은 급여였다. 캐델의 입장에서는 레벨3 직원들의 생산성이 이전보다 50% 더 높아졌기 때문에 결과적으로는 수익에 긍정적인 영향을 미쳤다고 볼 수 있다. 효율성 증가가 인건비 증가를 초과했기 때문에 실제로 직원들의 급여와 함께 수익 마진도 증가했다.

이러한 변화로 평균 이직률이 75%에 달하는 업계에서 직원 이직률이 13%로 떨어졌다. 게다가 홈즈 베이크하우스에서 시간당 20달러를 받는다는 소문이 나면서 물가가 비싼 샌프란시스코에서 최저임금 일자리를 채우는 어려움이 사라졌다. 캐델은 직원들의 소득을 높이고 사업의 수익도 높이는 윈윈(win-win) 솔루션이라는 목표를 달성했다고 결론지었다.

#### 토의과제

1. 홈즈 베이크하우스에서 인센티브 지급이 성공할 수 있었던 조건은 무엇이라고 생각하는가?
2. 홈즈 베이크하우스에서 직원 의사결정 참여와 소통이 성과급 제도의 효과에 어떻게 기여할 수 있었는가?

출처: Joanna Fantozzi, "Making the (Pay) Grade," *Restaurant Hospitality,* March 2020, pp.16-17; Brian

Amick, "Can Pay-for-Performance Systems Work?" *Bake*, February 10, 2020, https://www.bakemag.com; Chloe Sorvino, "Has Mr. Holmes Bakehouse Unlocked the Key to the Restaurant Industry's Labor Crisis?" *Forbes*, January 3, 2020, https://www.forbes.com.

PART

# 5

Human
Resource
Management
GAINING A COMPETITIVE ADVANTAGE

# 인적자원관리의 특별 이슈

# 제5부 개요

제5부에서는 글로벌 환경에서의 HRM, HRM 기능의 전략적 관리 등 인적자원관리의 특별한 주제를 다룬다.

제12장은 브렉시트와 같은 사회적 · 정치적 변화가 글로벌 인적자원관리에 미치는 영향을 살펴본다. 또한 해외파견 직원의 선발, 준비 및 보상에 대해서도 살펴본다.

제13장에서는 기업이 경영목표를 달성할 수 있도록 HRM 관행들을 어떻게 연계해야 하는지 살펴본다. 이 장에서는 HRM 기능이 효과적이려면 고객 관점을 가져야 함을 강조한다.

CHAPTER 12

# 글로벌 환경에서의 인적자원관리

**학습목표**

**이 장을 읽고 나면 다음을 수행할 수 있어야 한다.**

01 기업들의 세계시장 진출을 유도하는 최근의 변화를 확인할 수 있다.

02 세계시장에서의 인적자원관리에 영향을 미치는 네 가지 주요 요소에 대해 토의할 수 있다.

03 국제 종업원의 유형을 열거할 수 있다.

04 글로벌 참여의 4단계와 각 단계에서 직면할 수 있는 인적자원관리 이슈를 확인할 수 있다.

05 해외주재원의 선발, 훈련, 보상 및 재통합 방안에 대해 토의할 수 있다.

# 도입

비즈니스 경쟁 환경은 빠르게 글로벌화되고 있다. 점점 더 많은 기업들이 해외에 상품을 수출하고, 해외에 공장을 설립하며, 외국 기업들과 제휴를 맺는 등 세계시장에 진입하고 있다. 1980년대 중반으로 돌아가면 상위 100대 기업 중 61개 기업이 본사를 미국에 두고 있었으나, 2004년 다시 조사한 결과 그 숫자는 35개 회사로 줄어들었다. 그리고 〈표 12.1〉에 나타난 바와 같이, 2020년 기준 세계에서 가장 큰 기업 25개 사 중에서 단지 12개 기업만이 미국에 본사를 두고 있었으며, 7개 회사는 아시아에, 6개 회사는 유럽에 본사를 두고 있는 것으로 나타났다. 표에서 볼 수 있듯이, 과거에는 제너럴 모터스가 세계시장점유율을 지배해 왔으나, 2020년에는 도요타(Toyota Motor), 폭스바겐(Volkswagen) 및 다임러(Daimler) 등이 모두 GM보다 매출이 더 큰 것으로 나타났으며, 심지어 제너럴 모터스는 글로벌 500대 기업들 중 상위 20위 내에도 들지 못하게 되었다.

대부분의 기업들은 이제 글로벌 경제 내에서 활동하고 있다. 외국 기업들이 미국 시장에 진입하고 있으며, 마찬가지로 미국 기업들은 세계시장에 진출하고 있다. 또한 머크사(Merck)와 셰링 플라우(Shering-Plough)의 사례, 뉴욕증권거래소(New York Stock Exchange)와 독일증권거래소(Deutsche Börse)의 사례 등 해외 기업과의 합병이 증가하고 있다. 사실 2018년 1사분기부터 3사분기까지 기간에는 글로벌 합병 규모가 3.3조 달러에 이르러 역사적으로 가장 큰 규모를 기록하였다.

글로벌 시장으로의 확장이 확산되게 된 이유는 무엇일까? 기업들은 해외 확장을 통해 경쟁우위를 확보하고자 하고 있으며, 해외 확장은 다양한 방식으로 경쟁우위를 제공할 수 있다. 첫째, 해외 진출은 수많은 잠재적인 소비자를 보유한 새로운 시장을 제공할 수 있다. 특히 생산가동률이 낮은 기업들에게 해외 진출은 매출과 이윤 증대를 위한 수단이 될 수 있다. 둘째, 많은 기업들은 저숙련 직무에 대한 상대적으로 낮은 인건비를 활용하기 위해 생산시설을 해외에 설립하고 있다. 예를 들어, 많은 외국인들이 소유하고 있고, 지역주민을 고용하여 운영되고 있는 멕시코의 마킬라도라(maquiladora) 공장들은 미국에 비해서 상당히 낮은 비용으로 저숙련 노동력을 공급하고 있다. 2016년 기준 멕시코의 시간당 제조업 평균 임금은 3.91달러에 불과하였으나

**표 12.1 2020 포춘 글로벌 기업**

| 순위 | 회사명 | 매출액 ($백만) |
|---|---|---|
| 1 | Walmart | 500,343 |
| 2 | State Grid | 348,903 |
| 3 | Sinopec Group | 326,953 |
| 4 | China National Petroleum | 326,008 |
| 5 | Royal Dutch Shell | 311,870 |
| 6 | Toyota Motor | 265,172 |
| 7 | Volkswagen | 260,028 |
| 8 | BP | 244,582 |
| 9 | ExxonMobil | 244,363 |
| 10 | Berkshire Hathaway | 242,137 |
| 11 | Apple | 229,234 |
| 12 | Samsung Electronics | 211,940 |
| 13 | McKesson | 208,357 |
| 14 | Glencore | 205,476 |
| 15 | United Health Group | 201,159 |
| 16 | Daimler | 185,235 |
| 17 | CVS Health | 184,765 |
| 18 | Amazon.com | 184,765 |
| 19 | Exor Group | 177,866 |
| 20 | AT&T | 161,677 |
| 21 | General Motors | 160,546 |
| 22 | Ford Motor | 156,776 |
| 23 | China State Construction Engineering | 156,071 |
| 24 | Hon Hai Precision Industry | 154,699 |
| 25 | AmericanBergen | 153,144 |

출처: *Fortune*, 2020, Time Inc.

미국에서는 39.03달러에 이르렀다. 셋째, 통신 및 정보기술의 급속한 발전은 언제 어디서든지 업무를 보다 신속하고, 효율적이며, 효과적으로 수행할 수 있는 여건을 조성하였다. 미국에서는 대졸 우수 인력들을 시간당 12~18달러로 고용할 수밖에 없는 반면 인도에서는 단지 시간당 2달러로 고용할 수 있는 사례와 같이, 기업들은 해외에서 낮은 비용으로 성과가 좋은 우수한 인력을 고용할 수 있게 되었다. 또한 미국과 인도는 밤낮이 서로 다르기에, 미국에서 작업된 업무를 인도로 넘겨주어 연속적으로 24시간 연속으로 업무프로세스를 가용할 수도 있게 되었다. (이러한 요소들로 인해 미국의 일자리가 외국으로 이전되었지만, 기술 발전으로 일자리가 사라지는 것은 세계적인 현상일 수 있다.)

그러나 해외시장 진입이나 해외에 공장이나 설비를 투자하는 결정은 간단한 문제가 아니며, 이에 따른 많은 인적자원 관련 이슈가 수반된다. 본 장에서는 글로벌 경쟁환경에서 경쟁우위를 획득하기 위해 반드시 해결해야 할 인적자원 관련 이슈들을 논의하고자 한다. 다만, 본 장은 국경을 넘어 인적자원을 관리하기 위해 기업들이 활용하는 구체적인 인적자원관리 정책이나 프로그램들을 다루는 장은 아니다. 대신에, 본 장에서는 글로벌 환경에서 전략적인 인적자원관리를 위해 반드시 짚어봐야 할 핵심적인 요소들에 대해 중점적으로 살펴보고자 한다. 본 장에서는 지난 몇 년간 기업 경영의 글로벌화를 가속화하게 한 주요 사건들에 대해 논의하고자 하며, 다음으로, 글로벌 환경에서의 인적자원관리에 있어 가장 중요한 몇 가지 요소들을 확인해 보고자 한다. 마지막으로, 본 장에서는 해외주재원관리와 관련한 특별한 이슈들에 관하여 검토하고자 한다. 이러한 주제들에 대한 논의는 기업들이 경쟁우위를 획득하기 위한 특별한 기회를 제공할 것이다.

## 글로벌 환경 변화

최근의 사회적 · 정치적 변화들은 글로벌 경쟁을 가속화시켜 왔다. 이와 같은 변화의 효과는 크고 광범위하였다. 많은 것들이 계속 진화하고 있다. 본 절에서는 기업들이 글로벌 경제하에서 인적자원을 효과적으로 관리함으로써 경쟁우위를 획득해야 할 필요성이 두드러지게 한 주요 변화들에 대해서 논의하고자 한다.

### 유럽연합과 브렉시트

유럽국가들은 오랫동안 그들의 경제를 개별적으로 운영해 왔다. 그러나 국가들의 지리적 인접성에 의해서 그들의 경제권은 서로 뒤엉키게 되었다. 이러한 상황은 국제적인 사업에 있어 많은 문제들을 수반하게 되었다. 예컨대, 프랑스에서의 각종 규제들은 독일과 같은 다른 국가에서의 규제들과 완전히 다를 수 있는 것이다. 이에 대응하여 대부분의 유럽국가들은 1992년 마스트리흐트 조약(Maastricht Treaty)을 통해 유럽연합(European Union: EU)에 참여하기로 하였다. EU는 대부분의 유럽국가들이 참여하는 연합체로, 참여국들은 유럽위원회(European Commission)의 통제하에 국가 상호 간 자유무역을 허용하기로 하였다. EU 회원국들의 법규들은 완벽하게는 아니더라도 보다 통일화되었다. EU 회원국들은 회원국 간 노동, 재화와 서비스, 그리고 자본의 이동이 자유로울 수 있도록 허용하는 공통법규들을 받아들이게 되었다. 게다가, 회원국들은 EU 외부로부터 수입되는 재화들에 동일 관세를 적용하고 EU 내에서는 국가 간 관세 없이 유통될 수 있도록 하였다.

회원국 간의 자유무역을 지향하는 EU의 추세를 가정하였을 때, 유럽은 세계에서 가장 큰 자유시장 중의 하나가 되었다. 더구나 1999년부터 EU 회원국들은 유로(Euro)라는 공동 통화를 사용하게 되었는데, 이로 인해 회원국들의 경제적 운명은 더욱 밀접하게 연계되었다. 또한 기존의 15개국 회원국에 더하여 2004년 5월 1일 기준 불가리아, 키프로스, 체코, 에스토니아, 헝가리, 라트비아, 리투아니아, 몰타, 폴란드, 루마니아, 슬로바키아, 슬로베니아 등 12개국이 유럽연합(EU)에 신규로 합류함에 따라 경제구역이 더욱 확장되었다. 2013년에는 크로아티아가 EU에 가입하였으며, 아이슬란드, 마케도니아, 몬테네그로, 세르비아 및 터키 또한 EU 가입 후보들이다.

EU는 최근 영국의 탈퇴로 인해 위협받고 있다. 영국의 EU 탈퇴를 의미하는 '브렉시트(Brexit)'는 벨기에 브뤼셀에 위치한 EU 집행위원회의 통제로부터 벗어나고자 하는 영국 유권자들의 박빙의 승리로부터 기인하였지만, 유럽이 영국의 가장 큰 수출시장이자 영국에 대한 해외직접투자의 가장 큰 원천이기 때문에 EU 탈퇴는 많은 문제를 야기하고 있다.

첫째, EU 회원국 간에는 노동력, 재화와 서비스, 그리고 자본의 자유로운 이동이 허용되지만, EU 탈퇴로 인해 영국은 EU와 구체적인 통상조약을 협상해야만 한다. 초기에는 영국과 EU 간 상품 무역에 있어 관세나 세금이 없겠지만 만약 어느 일방이 이의를 제기하면 양측은 협상에 임해야 한다.

둘째, 영국인들은 EU 여권을 소지할 수 없게 되었다. 위와 마찬가지로, 초기에는 영국 여권의 소지가 EU 내에서의 자유로운 이동을 보장하는 EU 회원국민의 지위를 유지하겠지만 향후 이러한 지위가 계속해서 유지될지는 불확실하다.

셋째, 영국 경제의 약 80%를 차지하는 금융, 법률, 건축 등 서비스 업종의 타격이

브렉시트가 가져올 가장 큰 악영향으로 예상된다. 예컨대, 브렉시트 이전에는 런던에 있는 은행이 암스테르담이나 파리의 기업에게 여신을 제공할 수 있었으나 현재는 많은 영국 금융기관들이 EU 내 금융서비스 제공이 가능하도록 하기 위해 EU 회원국 내에 신규 개점을 진행하고 있다.

브렉시트를 지지했던 이유들 중에, 지지자들은 EU 탈퇴에 수반된 비용에 비해 부담스런 규제들로부터 자유로워지고 미국, 중국 등 EU 외부의 국가들과 고유한 무역협정들을 체결할 수 있게 됨으로써 얻을 수 있는 이익이 훨씬 클 것으로 기대하였는데, 과연 영국과 EU에게 돌아갈 정확한 손익의 규모가 어떠할지는 향후 몇 년 더 시간이 흘러야 좀 더 명확해질 것으로 보인다.

## 미국 – 멕시코 – 캐나다 간 무역협정

북미자유무역협정(North American Free Trade Agreement: NAFTA)은 캐나다와 미국, 멕시코 간의 조약으로 EU보다 큰 자유무역지대를 형성하게 되었다. 미국과 캐나다는 이미 1989년부터 자유무역조약을 맺고 있었으나, NAFTA는 멕시코까지 포함하게 되었다. 이 조약은 경제성장을 위해 자국의 시장과 설비를 개방하고자 하는 멕시코의 적극적인 의지에 의해 추진되었다. 앞에서 살펴본 마킬라도라(maquiladora) 공장은 이러한 추세를 보여주는 사례이다. 또한 NAFTA 회원국을 칠레 등 다른 라틴아메리카 국가들로 확대하고자 다양한 노력들이 이어지고 있다.

NAFTA는 상당히 저렴한 멕시코 저숙련 노동력의 활용가능성으로 인해 미국의 멕시코에 대한 투자를 증가시켜 왔다. 이와 같은 변화는 미국의 고용에 두 가지 영향을 미치게 되었다. 첫째, 많은 저숙련 직업들이 남부로 이동함에 따라 숙련도가 낮은 자국민들을 위한 고용기회가 감소하게 되었다. 둘째, 높은 기술역량을 가진 미국인들의 고용기회는 증가하게 되었다. 미국-멕시코-캐나다 간 무역협정(United States-Mexico-Canada Agreement: USMCA)은 트럼프 대통령이 “역사상 최악의 무역협정”이라고 했던 25년 된 NAFTA를 업데이트했는데, 세 국가 간 더욱 자유롭고 공정한 무역이 가능하도록 하는 것을 목적으로 다음과 같은 조항들을 포함하였다:

- 자동차에 대한 관세 부과를 면하기 위해서는 세 회원국에서 생산된 부품이 75% 이상 사용되어야 한다.

- 2023년까지, 위 자동차 부품의 40~45%는 시간당 $16 이상의 임금을 받는 근로자가 생산한 부품이어야 한다.
- 멕시코는 근로자 보호를 강화하는 노동법안들을 제정하기로 동의한다.
- 미국의 낙농업자들에게 보다 폭넓은 캐나다 시장 개방을 허용한다.
- 음악과 전자책 등의 디지털 상품에 대한 관세를 금지한다.

이 협정안은 16년 뒤에 소멸하는 일몰조항을 포함하며 매 6년마다 세 회원국들이 평가하는 것을 허용한다. 이 협정은 2020년 7월 1일부터 발효되어 향후 귀추가 주목된다.

### 감세와 고용창출을 위한 법안

글로벌화를 견인하고 있는 또 하나의 동력은 글로벌 세금정책이다. 아일랜드와 같은 국가들은 아일랜드 내 기업 설립을 유치하기 위한 유인책으로 낮은 법인세율(12%)을 제정하였다. 예컨대, 미네아폴리스의 메드트로닉(Medtronic), 시카고의 에센추어(Accenture), 밀워키의 존슨 콘트롤스(Johnson Controls)를 생각해 보면, 여러분은 이러한 기업들의 대부분의 임원들이 이러한 미국 내 도시들에서 근무하기 때문에 이들이 미국 기업들이라고 생각하겠지만, 이들은 모두 법률적으로 아일랜드에 설립된 기업들이다. 왜 그럴까?

트럼프 대통령이 2017년 감세와 고용창출을 위한 법안(Tax Cut and Jobs Act: TCJA)을 통과시키기 전까지 미국의 법인세율은 35%였다. 만약 미국 기업들이 해외에서의 소득을 미국으로 송금하려면 기업들은 미국과 해외 국가 간 법인세율의 차이만큼(예컨대 35%-12% 혹은 23%) 법인세를 지불해야만 했다. 만약 이윤의 50%가 해외에서 확보된다면 법인세율이 낮은 국가에 기업을 설립함으로써 수백만 달러 혹은 경우에 따라서는 수십억 달러의 세금을 절감하게 된다. 사실 이러한 이유로, 미국의 대기업들이, 예컨대 아일랜드와 같은 법인세율이 낮은 국가의 작은 기업을 인수한 뒤 아일랜드를 법인 설립국가로 신고하는, 소위 **기업 역전**(corporate inversion)을 감행하는 기업의 사례가 증가하였다.

TCJA는 다음과 같은 방식으로 글로벌 법인세 제도를 변경하였다. 첫째, 법인세율을 21%로 인하하였다. 둘째, 미국 내 투자를 위한 더 많은 자본을 제공하기 위해 다른 국가에서 발생한 소득을 미국으로 송금할 수 있는 일회성 사면을 제공하였다. 셋째,

해외파생무형자산소득(Foreign-derived intangible income: FDII)과 글로벌 무형자산저세율소득(Global intangible low-tax income: GILTI)에 대한 공제를 신설했다. 이는 특허, 저작권 등과 같은 무형자산으로부터 파생된 소득에 대한 세율을 약 13%로 인하하여 미국을 더욱 매력적인 투자처로 만들기 위한 것이었다. 이러한 변화로 인해 2018년 해외에 잔류하던 약 1조 달러 규모의 이윤 중 7,170억 달러가 미국으로 송금된 것으로 추정된다. 본 장을 집필하는 동안, 바이든 행정부는 법인세율을 21%에서 28%로 인상하고, 해외 소득에 21%의 글로벌 최저 세금을 부과하며 FDII와 GILTI를 모두 폐지할 것을 제안하였다.

## 아시아의 성장

많은 기업들에게 경제적으로 큰 영향을 미치는 글로벌 시장은 아시아에 놓여 있다 할 수 있다. 20년 넘게 일본이 경제를 주도해온 반면, 최근에는 싱가포르, 홍콩, 말레이시아 등의 국가들이 중요한 경제 세력으로 부상하고 있다. 더 중요한 점은, 10억 명 이상의 인구와 더불어 외국인 투자자에 대한 시장 개방 추세에 있는 중국이 엄청난 잠재적 상품시장을 선사하고 있다는 점이다. 일부 관측통들은 중국 경제가 곧 미국 경제보다 더 커질 것이라고 예측하고 있다. 2020년 포춘 글로벌 500대 기업에 포함된 중국 기업의 수(122개)는 미국 기업의 수(121개)보다 많으며, 세계 최대 글로벌 기업 상위 10위권 내에도 중국 기업이 더 많이 포진하고 있다(3개 중국 기업 대 2개 미국 기업).*

## 관세 및 무역에 관한 일반 협정

관세 및 무역에 관한 일반 협정(General Agreement on Tariffs and Trade: GATT)은 전 세계의 국가 간의 무역장벽을 낮추기 위한 규칙과 원칙의 국제적 체제라 볼 수 있으며, 현재 100개 이상의 가맹국들이 참여하고 있다. 가장 최근의 GATT 협상은 40%까지 수입관세를 인하하고, 기업들에 대한 정부보조금을 줄이며, 저작권 및 특허권 등의 지적재산권 보호를 확대하고, 서비스 투자와 무역에 대한 규칙을 수립하는 데에 합의하였다. 또한 GATT 회원국 간의 분쟁을 해결하기 위해 세계무역기구(World Trade

---

* 역자주: 참고로 2023년 포춘 글로벌 500대 기업으로 미국 기업 136개, 중국 기업 135개이며(한국 18개), Top 10 기업으로는 미국 5개, 중국 3개 기업이 포함되어 있다.

Organization: WTO)를 설립하였다.

EU, 브렉시트, USMCA, 아시아의 성장 및 GATT 등의 변화는 모두 역사상 유례없는 방식으로 새로운 시장과 새로운 기술 및 노동의 원천을 제공하여 글로벌 경제에서 기업들이 경쟁하도록 유도하는 사건들의 예시라 할 수 있다. 글로벌 경쟁이 심화되고 있는 이 시대에는 글로벌 시장에서의 경쟁우위 확보를 위한 인적자원관리의 필요성이 강조되고 있으며, 다양한 인적자원관리 관행 및 접근방식들의 효과성을 결정하는 요인들에 대한 이해가 요구되고 있다.

## 글로벌 시장에서의 인적자원관리에 영향을 미치는 요소들

글로벌 시장에 진출하는 기업들은 이러한 시장이 단순히 본국의 복사판이 아니라는 것을 인식해야 한다. 각 국가는 해외직접투자 매력도에 영향을 미치는 여러 측면에서 차이가 있으며, 이러한 차이는 해외 사업장 구축의 경제성을 결정하고, 특히 해외 사업장에서의 인적자원관리에 지대한 영향을 미친다. 〈그림 12.1〉과 같이, 국제경영 연구자들은 글로벌 시장에서 인적자원관리에 영향을 미치는 몇 가지 요소들을 밝혀왔는데, 문화, 교육 및 인적자본, 정치적 · 법적 체제, 그리고 경제체제를 들 수 있다.

그림 12.1 글로벌 시장에서의 인적자원관리에 영향을 미치는 요소들

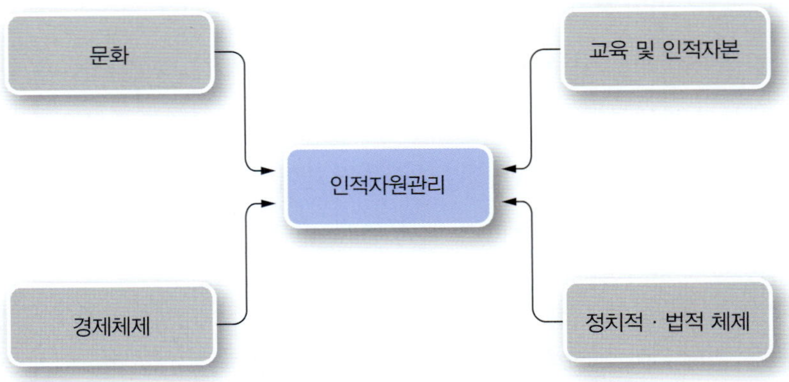

## 문화

무엇보다도 국제 인적자원관리에 영향을 미치는 가장 중요한 요소는 시설이 위치한 국가의 문화이다. 문화(culture)는 "공동체 구성원들이 공유하는 중요한(종종 명시되지 않는) 가정들의 집합"으로 정의된다. 이러한 가정들은 세상과 세상이 움직이는 방식에 대한 신념, 그리고 추구할 가치가 있는 이상들로 구성된다.

문화는 두 가지 이유에서 인적자원관리에 중요하다. 첫째, 문화는 글로벌 시장에서 인적자원관리에 영향을 미치는 다른 세 가지 요인들을 결정하는 경우가 많다. 문화는 법률이 문화적으로 정의된 옳고 그름을 성문화한 것인 경우가 많다는 점에서 한 국가의 법률에 지대한 영향을 미칠 수 있다. 또한 문화는 인적자본에도 영향을 미치는데, 만약 문화적으로 교육이 매우 중요시된다면 그 사회 구성원들은 인적자본을 증대하고자 노력하기 때문이다. 마지막으로, 추후 논의하겠지만, 문화와 경제체제는 밀접하게 얽혀 있다.

그러나 문화가 인적자원관리에서 가장 중요한 이유는 문화가 다양한 인적자원관리 관행들의 효과성을 결정하는 경우가 많기 때문이다. 미국에서 효과적이었던 업무 관행들이 다른 신념과 가치를 가진 문화에서는 그렇지 않을 수 있다. 예를 들어, 미국 기업들은 개인별 성과 평가에 크게 의존하고 보상이 개인 성과에 연계되어 있지만, 일본에서는 개인들이 자신의 희망과 욕구를 더 큰 집단의 희망과 욕구에 종속시키도록 기대한다. 따라서 개인별 평가와 인센티브는 일본에서는 거의 효과가 없으며, 사실 일본 기업들에서는 이러한 관행이 거의 관찰되지 않는다.

본 절에서는 우리는 서로 다른 문화들의 특성에 대한 모델을 살펴본다. 이 모델은 왜 문화가 인적자원관리에 지대한 영향을 미칠 수 있는지를 보여준다.

### 홉스테드의 문화 차원

홉스테드(Geert Hofstede)는 문화에 대한 고전적인 연구를 통해 다양한 문화를 분류할 수 있는 네 가지 차원을 확인하였고, 후속 연구에서 문화를 특징짓는 다섯 번째 차원을 추가하였다. 〈표 12.2〉에는 10개 주요 국가들에 대한 상대 점수가 제시되어 있다. **개인주의**(individualism)-**집단주의**(collectivism)는 개인과 사회 내 다른 개인 간의 관계의 강도를 나타내는데, 즉 사람들이 집단의 일원으로서보다는 개인으로서 행동하

**표 12.2 10개국의 문화 차원 점수**

| | PD[a] | ID | MA | UA | LT |
|---|---|---|---|---|---|
| 미국 | 40L[b] | 91H | 62H | 46L | 29L |
| 독일 | 35L | 67H | 66H | 65M | 31M |
| 일본 | 54M | 45M | 95H | 92H | 80H |
| 프랑스 | 68H | 71H | 43M | 86H | 30[c]L |
| 네덜란드 | 38L | 80H | 14L | 53M | 44M |
| 홍콩 | 68H | 25L | 57H | 29L | 96H |
| 인도네시아 | 78H | 14L | 46M | 48L | 25[c]L |
| 서아프리카 | 77H | 20L | 46M | 54M | 16L |
| 러시아 | 95[c]H | 50[c]M | 40[c]L | 90[c]H | 10[c]L |
| 중국 | 80[c]H | 20[c]L | 50[c]M | 60[c]M | 118H |

[a]PD = power distance; ID = individualism; MA = masculinity; UA = uncertainty avoidance; LT = long-term orientation.

[b]H = top third; M = medium third; L = bottom third(among 53 countries and regions for the first four dimensions; among 23 countries for the fifth).

[c]Estimated.

출처: From "Cultural Constraints in Management Theories," by Geert Hofstede, *Academy of Management Executive*, February 1993, Vol. 7, No. 1, p.91. Reproduced with permission of Academy of Management, via Copyright Clearance Center.

는 정도를 나타낸다. 미국, 영국, 네덜란드 등과 같은 개인주의적 문화권에서는 사람들은 자신의 이익이나 자신의 직계가족들의 이익을 돌볼 것으로 기대된다. 각 개인들은 집단에 의해서 보호받는 것보다 자기 스스로 자립할 것을 기대받는다. 반면 콜롬비아, 파키스탄, 대만과 같은 집단주의적 문화권에서는, 사람들이 더 큰 공동체의 이익을 돌볼 것으로 기대되며, 이러한 공동체는 사람들이 곤경에 처했을 때 그들을 보호해 줄 것으로 기대된다.

두 번째 차원은 **권력거리**(power distance)인데, 이는 문화가 위계적 권력관계, 특히 불평등한 권력분배를 어떻게 다루는가에 관한 것이며, 일반적인 사람들 사이의 불평등의 정도를 설명한다. 덴마크나 이스라엘처럼 권력거리가 작은 문화권에서는 가능한 한 권력과 부의 불평등을 최대한 제거하고자 노력하지만, 반면에 인도나 필리핀과 같이 권력거리가 큰 국가에서는 이러한 차이를 유지하고자 한다.

권력거리의 차이는 흔히 다른 문화권에서 온 사람들 간에 잘못된 의사소통을 초래하거나 갈등을 야기하기도 한다. 예를 들어, 멕시코나 일본에서는 사람들을 각각 "세뇨르 스미스" 혹은 "스미스 상"과 같이 항상 성에 타이틀을 붙여서 호칭하지만, 미국인들은 흔히 그들의 이름을 부르면서 권력거리를 줄일 수 있다고 믿는다. 이는 비록 미국 내에서는 지극히 정상적이고 심지어 권장할 만하다고 여겨지는 행동이지만, 다른 문화권에서는 불쾌감을 주거나 무례함으로 받아들여질 수 있다.

세 번째 차원은 **불확실성 회피**(uncertainty avoidance)로 이는 문화가 어떻게 미래 예측의 불완전성에 대해 대처하는지를 설명한다. 이는 한 문화권 내 사람들이 구조화되지 않은 상황보다 구조화된 상황을 선호하는 정도로 정의된다. 싱가포르나 자메이카와 같은 문화권에서는 불확실성 회피가 약하게 나타난다. 그들은 개인이 불확실성을 받아들이고 하루하루를 있는 그대로 받아들이도록 사회화한다. 이와 같은 문화권의 사람들은 다른 견해에 대해서 느긋하고 유연하게 대처하는 경향이 있다. 이에 반해 그리스나 포르투갈과 같은 문화권에서는 기술, 법률, 종교 등을 통해 안정을 추구하도록 사람들을 사회화한다. 따라서 이들 문화권에서는 개인이 어떻게 행동해야 할지에 대한 명확한 규칙을 제공한다.

네 번째 차원인 **남성성－여성성**(masculinity-femininity)은 사회에서 성적 역할의 구분을 설명한다. 독일이나 일본과 같은 남성적 문화에서는 과시, 눈에 보이는 성취, 돈을 버는 일 등 전통적으로 남성적인 가치로 간주되는 가치들이 사회 전반에 퍼져 있다. 이러한 사회에서는 자기주장, 성과, 성공, 그리고 경쟁이 강조된다. 반면 스웨덴이나 노르웨이와 같은 여성적인 문화권에서는 돈보다 관계를 우선시하고, 다른 사람들을 도우며, 환경을 보호하는 것과 같은 전통적으로 여성적인 것으로 간주되어 온 가치들을 장려한다. 이와 같은 문화권에서는 봉사, 약자에 대한 배려, 그리고 연대를 강조한다.

마지막으로 다섯 번째 차원은 극동지역의 철학으로부터 나오는데 **장기 및 단기 지향**(long-term and short-term orientation)이라고 한다. 장기 지향적인 문화권에서는 미래에 초점을 두며, 현재에도 근검절약(저축)과 끈기 등과 같이 당장 이익이 되지 않을 수 있는 가치를 중시한다. 홉스테드는 중국이나 일본과 같은 많은 극동지역 국가들은 장기 지향적인 성향을 가지고 있다는 사실을 발견하였다. 반면에, 미국, 러시아, 서아프리카에서는 단기 지향적인 성향이 발견되었으며, 이러한 문화권에는 과거와 현재가 중시되고 전통에 대한 존중과 사회적 의무의 이행이 장려된다.

현재 일본이 보이고 있는 미국의 경영 관행에 대한 비판은 장기 및 단기 지향 간의 차이를 잘 보여준다. 전통적으로 장기 지향성을 보이는 일본인 관리자들은 5년에서

10년의 계획을 수립하는데, 이들은 많은 경우 분기별에서 연도별 단위의 계획을 세우기 때문에 전통적으로 훨씬 더 단기 지향적인 미국의 경영자들을 비판하게 된다.

이러한 다섯 차원들은 우리에게 서로 다른 문화권의 직원들을 관리하는 데 있어서 발생할 수 있는 잠재적인 문제들을 이해하는 데 도움을 준다. 이번 장의 후반부에서 우리는 어떻게 이러한 문화적 차원들이 다양한 인적자원관리 관행들의 수용성과 유용성에 어떻게 영향을 미치는지를 살펴보고자 한다. 그러나 이러한 차이점들이 기업이 특정 국가에 진입할지의 여부에 중대한 영향을 미칠 수 있다는 점에 유의할 필요가 있다. 홉스테드 연구에서 한 가지 흥미로운 발견은 문화가 한 국가의 경제적 건전성에 미치는 영향이다. 그는 개인주의적인 성향을 가진 문화권의 국가들이 더욱 부유하였고, 반면에 강한 권력거리와 집단주의적 문화를 가진 국가들은 모두 가난했다는 점을 발견하였다. 문화는 개인의 직무윤리 증진과 인적자본 향상에 대한 인센티브를 통해 한 국가의 경제에 영향을 미치는 것으로 보인다.

### 인적자원관리에 대한 문화의 시사점

문화는 사람들을 관리하는 접근방식에 중요한 영향을 미친다. 차후에 논의되겠지만, 문화는 국가의 교육 및 인적자본(education-human capital)과 정치적·법적 체제(political-legal system), 그리고 경제체제(economics system)에 강한 영향을 미칠 수 있다. 또한 홉스테드가 발견한 것처럼 문화는 경제적 성장을 지원하거나 저해하는 특정 가치를 장려함으로써 한 국가의 경제적 건전성에 중대한 영향을 미친다.

그러나 이러한 논의에서 더욱 중요한 것은, 문화적 특성이 다양한 인적자원관리 관행의 적절성에 대한 인식뿐만 아니라 관리자들의 부하직원들에 대한 행동방식에도 영향을 미친다는 점이다. 첫째, 문화는 리더가 직원들을 어떻게 리드할지에 대한 기대, 위계질서 속에서 의사결정이 처리되는 방식, 그리고 (가장 중요하게도) 사람들을 동기부여하는 요소 등에 따라 크게 다르다. 예컨대, 독일에서는 관리자가 기술적 능력을 입증함으로써 지위를 확보하기 때문에 직원들은 관리자가 직무를 할당하고 기술적 문제들을 해결해 줄 것을 기대한다. 반면, 네덜란드에서는 관리자들이 모든 당사자들 간 의견일치를 도모하는 데에 집중하고 개방적인 의견 교환과 이해관계의 조율을 모색해야 한다. 분명한 점은 이러한 방식들이 각국에서 관리자를 선발하고 훈련하는 데에 있어서 서로 다른 시사점을 준다는 점이다.

둘째, 문화는 인적자원관리 관행들의 적정성에 영향을 미칠 수 있다. 예컨대, 앞서 논의된 것처럼 문화가 개인주의나 집단주의를 지향하는 정도는 개인 중심의 인적자원관리시스템이 갖는 효과성에 영향을 미칠 것이다. 미국의 경우, 기업들은 개인별 기술적 능력평가에 선발체계의 초점을 맞추는 경우가 많은 반면, 사회성에 초점을 두는 경우는 많지 않다. 반대로, 집단주의 문화권의 기업들은 개인이 한 작업집단의 구성원으로서의 역할을 얼마나 잘 수행할지를 평가하는 데에 좀 더 초점을 둔다.

문화는 흔히 종업원들이 업무환경의 어떠한 측면에 어떻게 가치를 두는지에 영향을 미친다. 한 흥미로운 연구에서 인도(집단주의 문화)와 미국(개인주의 문화)의 콜센터 직원들을 비교하였는데, 연구자들은 미국에서는 개인-직무의 적합성(person-job fit)이 이직의 더 강력한 예측변수인 반면, 인도에서는 개인-조직의 적합성(person-organization fit), 조직과의 유대나 지역사회와의 유대 등이 이직의 더 강력한 예측변수라는 점을 발견하였다.

이와 유사하게 문화는 보상체계에도 영향을 미칠 수 있다. 미국과 같은 개인주의적 문화권에서는 조직 내 최고 연봉자와 최저 연봉자 간의 큰 차이를 보이는 경우를 흔히 볼 수가 있는데, 최고 연봉자가 최저 연봉자의 200배를 받는 경우가 많다. 집단주의 문화권에서는 연봉구조가 훨씬 평탄한 경향이 있으며, 최고 연봉자가 최저 연봉자의 전체 급여의 약 20배 정도만 받는다.

문화적 차이는 조직 내 의사소통과 조정과정에 영향을 미친다. 집단주의 문화권과 권위주의 성향이 적은 문화권에서는 개인주의 문화권에서보다 집단의사결정과 참여적 경영 관행들을 더욱 중요시한다. 개인주의 문화에서 자란 사람이 집단주의 문화권에서 자란 사람들과 긴밀히 협업해야 할 경우 의사소통 문제와 갈등이 종종 나타난다. 조직 내 "문화적 다양성(cultural diversity)" 프로그램들이 매우 강조하는 점은 다른 사람들과 보다 잘 소통하기 위해 다른 사람들의 문화를 이해하는 것에 초점을 두고 있다.

## 교육 및 인적자본

해외시장 진출을 결정할 때 자격을 갖춘 인력을 찾고 유지할 수 있는 기업의 잠재력은 중요한 고려사항이다. 따라서 한 국가의 인적자본 자원은 중요한 인적자원관리 이슈이다. **인적자본**(human capital)은 개인의 생산적 능력, 즉 경제적 가치를 지닌 지식, 기술, 그리고 경험을 말한다.

한 국가의 인적자본은 몇 가지 변수들에 의해 결정된다. 주요 변수는 노동력에게 주어진 교육 기회이다. 예컨대, 네덜란드에서는 정부 재원을 통해 학생들이 학비 부담 없이 대학원까지 진학할 수 있다. 마찬가지로, 구 소련 지역에서는 사회주의 경제체제로 야기된 열악한 산업기반과 경제에도 불구하고, 시민들에게 무상교육의 기회를 제공함으로써 높은 수준의 인적자본을 확보할 수 있었다. 이와는 대조적으로, 니카라과나 아이티 등 일부 개발도상국에서는 교육에 대한 투자 부족으로 상대적으로 낮은 수준의 인적자본을 보유하고 있다.

한 국가의 인적자본은 외국 기업이 해당 국가로 이전하거나 해당 국가의 시장에 진출하고자 하는 의욕에 지대한 영향을 미칠 수 있다. 낮은 인적자원을 보유한 국가들은 낮은 기술과 낮은 임금 수준을 요구하는 시설을 유인한다. 이는 미국 기업들이 현재 노조화된 저숙련 고임금 제조 및 조립 업계의 일자리를 훨씬 낮은 임금으로 저숙련 근로자를 확보할 수 있는 멕시코로 이전하려는 이유를 설명해 준다. 마찬가지로, 일본은 고숙련 일자리들은 자국에 유지하면서 지저분한 저숙련 일자리들을 주변 국가들로 이전하고 있다. 멕시코와 같이 상대적으로 인적자본의 수준이 낮은 국가들은 고숙련 일자리들로 구성된 사업들에는 그다지 매력적이지 않을 수 있다.

높은 수준의 인적자본을 갖춘 국가들은 고숙련 일자리를 창출하는 외국인직접투자에 매력적인 장소이다. 예컨대, 아일랜드에서는 18세 인구의 25% 이상이 대학에 다니고 있으며, 이는 다른 유럽국가들에 비해 높은 비율이다. 게다가, 아일랜드 경제는 350만 명의 인구에 110만 개의 일자리만을 지원하고 있다. 높은 교육수준, 강한 직무윤리, 그리고 높은 실업률의 조합은 높은 생산성과 낮은 이직률을 가져와 아일랜드를 외국 기업들에게 매력적인 국가로 만들고 있다. 메트라이프보험(Metlife inc.)은 아일랜드의 근로자들이 의료보험금 청구를 분석하도록 하는 시설을 설립하였다. 높은 수준의 인적자본과 높은 직무윤리는 현재 이 회사로 하여금 미국에서 수행되고 있는 다른 일자리들 중 아일랜드로 이전할 일자리들을 찾도록 하는 경쟁우위를 제공하고 있는 것으로 밝혀졌다. 마찬가지로, 이미 논의한 바와 같이, 인도에서 갓 졸업한 기술직 근로자들의 기술 수준은 미국의 경우에 비해 유사하게 높거나 더 높은 수준이다. 게다가 인도에는 일자리가 많지 않기 때문에 직원들의 태도가 더 좋은 곳이 많다.

## 정치적 · 법적 체제

한 국가의 법적 체제를 통해 부여된 규제들은 인적자원관리에 큰 영향을 미칠 수 있다. 정치적 · 법적 체제는 종종 훈련, 보상, 채용, 해고, 정리해고와 같은 특정 인적자원관리 관행들에 대한 요건들을 규정한다. 대부분 법적 체제는 이 체제를 둘러싼 문화의 산물이다. 따라서 특정 국가의 법률은 대개 정당한 행동이란 무엇인가에 대한 사회적 규범을 반영한다. 많은 국가들에서는 조달 직원이나 정치인과 같은 의사결정 권자들에게 금품을 제공하는 것을 허용하거나 심지어 기대하기도 한다. 그러나 해외부패방지법(Foreign Corrupt Practices Act: FCPA)은 미국 기업들이 다른 나라에서 이러한 행위를 하는 경우일지라도 이를 금지하고 있다.

미국은 직장 내 차별을 없애는 데에 있어 세계를 선도해 왔으며, 미국 문화 내에서 차별철폐가 차지하는 중요성으로 인해 고용기회균등법(equal employment opportunity laws)과 같은 법적 보호장치를 마련하였다. 또한 미국 사회는 임금체계의 형평성에 대한 신념이 강해, 다른 법규와 규제들 중에서도 공정근로기준법(Fair Labor Standards Act, 제10장에서 논의)에 의해 다양한 직업들에 대한 최저임금을 규정하고 있다. 미국은 노사 간의 협상 절차의 많은 부분에 대해서도 규제를 하고 있다. 이러한 규제들은 미국에서의 인적자원관리 방식에 큰 영향을 미친다.

마찬가지로, 다른 국가의 인적자원관리 관련 법규들은 해당 국가의 사회적 규범을 반영한다. 예를 들어, 독일에서는 직원들에게 회사, 사업장 및 개인 수준에서 공동의사결정(codetermination)의 법적 권리가 보장되어 있다. 회사 수준에서 직원들은 대규모 투자결정이나 새로운 전략 수립과 같이 자신들에게 영향을 미칠 수 있는 중요한 의사결정들에 직접적인 영향력을 행사하는데, 이는 감독이사회(Supervisory council, *Aufsichtsrat*)에 종업원 대표들이 참여하는 것을 통해 이루어진다. 사업장 수준에서는 사업장평의회(Work council, *Betriebsrat*)를 통해 공동의사결정이 이루어진다. 사업장평의회는 회사의 경제적인 경영 운영에 대해서는 권한이 없지만, 근로시간, 임금지급방법, 채용 및 인사이동과 같은 인적자원관리 정책에 영향을 미칠 수 있다. 마지막으로, 개인 수준에서 직원들은 자신의 인사기록을 열람할 권리, 급여계산방식에 대한 정보를 받아볼 권리 등의 계약상 권리를 갖는다.

유럽경제공동체(European Economic Community: EEC)는 정치적 · 법적 체제가 인적

자원관리에 영향을 미치는 또 다른 예시를 제시한다. 1989년 12월 9일에 발표된 EEC의 공동체 헌장은 근로자의 기본적인 사회적 권리들을 규정하고 있다. 이러한 권리에는 이동의 자유, 직업을 선택하고 공정한 보상을 받을 자유, 사회보장 혜택을 통한 사회적 보호 보장, 결사 및 단체교섭의 자유, 남녀의 동등한 대우, 안전하고 건강한 근무환경 등이 포함된다. 인적자원관리에만 국한된 것은 아니지만, 구글(Google)은 최근 유럽연합으로부터 17억 달러의 벌금을 부과받았다. EU는 구글이 특정 웹사이트에 경쟁사의 광고가 게재되는 것을 허용하지 않았다고 주장하고 있다. 이번 판결은 2017년 이후 EU가 구글에 부과한 세 번째 판결이며, 총 벌금은 76억 달러가 넘는다.

미국 정부가 다른 나라에서 사업을 하는 다국적기업 대표자의 행동에 영향을 미치기 위해 시도한 한 가지 방법은 해외부패방지법(Foreign Corrupt Practices Act: FCPA)을 이용하는 것이다. 비즈니스 행동규범이 미국과 다른 국가와 비즈니스를 할 때 발생하는 문제 중 하나는 많은 국가에서 모든 유형의 정부 승인을 얻는 가장 빠르고 쉬운 방법이 본질적으로 담당 공무원을 '뇌물'로 매수하는 것이라는 점이다. 미국 정부는 다른 국가의 관행을 지시할 수는 없지만, 미국 기업과 거래하는 미국 기업의 관행은 지시할 수 있다. 따라서 1977년 FCPA을 제정하여 사인(개인)과 단체(기업)가 사업을 획득하거나 유지하기 위해 정부 공무원에게 보수(금품 또는 가치 있는 것)를 제공하는 것을 불법으로 규정하였다. 이 법은 1998년에 개정되어 미국 내 모든 지역에서 직접 또는 대리인을 통해 이러한 부패에 관여하는 외국 기업을 포함하도록 규정했다. 또한 뇌물 제공을 금지하는 것 외에도 다른 국가에서 사업을 하는 기업의 불법 회계 관행으로 간주되는 사항들도 규정하고 있다. 예를 들어, 2020년에 골드만삭스(Goldman Sachs)는 1말레이시아개발유한공사(1Malaysia Development Berhad: 1MDB) 스캔들에 연루된 것과 관련하여 FCPA의 뇌물수수 금지, 장부 및 기록, 내부 회계 통제 조항을 위반한 혐의로 미국 증권거래위원회(Securities and Exchange Commision: SEC)와 기록적인 합의에 도달했다. 1MDB는 말레이시아의 경제개발프로젝트를 지원하기 위해 설립된 펀드로, 골드만삭스의 아시아 자회사는 이 펀드에서 수십억 달러를 빼돌려 말레이시아와 아부다비(Abu Dhabi) 정부 관리들에게 뇌물을 주고 사업을 따내려고 공모한 사실을 인정했다. 이 회사는 합의의 일환으로, 미국에서 29억 달러, 그리고 전 세계적으로 50억 달러 이상을 지불하기로 합의했다.

## 경제체제

한 국가의 경제체제는 다양한 방식으로 인적자원관리에 영향을 미친다. 앞에서 논의된 것처럼 한 국가의 문화는 경제체제와 밀접하게 연결되어 있으며 이러한 체제는 인적자본 개발을 위한 많은 유인을 제공한다. 사회주의 경제체제하에서는 무상교육 시스템을 가지고 있기 때문에 인적자본을 개발할 수 있는 충분한 기회를 가지게 된다. 그러나 이러한 사회주의 경제체제에서는 인적자본의 성장에 대한 금전적 보상이 없기 때문에 인적자본을 개발해야 할 유인이 별로 없다. 게다가, 구 소련 국가에서는 개인의 인적자본에 대한 투자가 항상 승진으로 이어지는 것은 아니었으며, 오히려 공산당에 대한 투자가 경력 발전으로 이어졌었다.

자본주의체제에서는 반대의 상황이 연출되어, 더 높은 비용을 지불하지 않고는 인적자본을 개발할 기회가 적다(아마도 미국 대학의 등록금 인상을 본 적이 있을 것이다). 그러나 교육을 통해 개인의 인적자본에 투자한 사람들은 금전적 보상을 더 잘 얻어낼 수 있고, 따라서 이러한 투자에 더 많은 유인이 발생한다. 미국에서 개인의 임금은 대개 인적자본의 차이를 반영한다(고숙련 근로자는 저숙련 근로자보다 더 많은 보수를 받는다). 실제로, 연구에 따르면 개인의 임금은 학교 교육을 1년씩 추가로 받을 때마다 10%에서 16%까지 증가한다.

경제체제가 인적자원관리에 미치는 영향 외에도, 체제의 건전성 또한 중요한 영향을 미칠 수 있다. 예컨대, 앞서 인도에서의 낮은 인건비에 대해 언급하였는데, 부의 수준이 높은 선진국에서는 인건비가 개발도상국에 비해 상대적으로 상당히 높은 경향이 있다. 인건비가 한 국가의 인적자본과 관련이 있지만, 〈그림 12.2〉에서 볼 수 있듯이, 이러한 상관관계가 완전하지는 않다. 이 도표는 다양한 국가의 제조업에서 시간당 인건비 차이의 예시를 잘 보여주고 있다. 경제체제는 각종 보상에 대한 세금을 통해 인적자원관리에 직접적으로 영향을 미친다. 따라서 〈그림 12.2〉에 표시된 국가별 차등 인건비가 직원들의 실수령 인건비를 항상 반영하는 것은 아니다. 사회주의체제는 경제적 수준의 사다리를 따라 올라감에 따라 근로자들의 소득에서 더 많은 비율을 가져가 부를 재분배하는 조세제도로 특징지어진다. 자본주의체제에서는 개인이 더 많은 소득을 보전할 수 있도록 허용하여 개인의 노력에 대해 보상하고자 한다. 다른 국가에서 사업을 영위하는 기업들은 해외주재원들에게 총급여가 아닌 실수령 급여 수준에서

**그림 12.2** 2019년 제조업 시간당 평균 총보상 비교

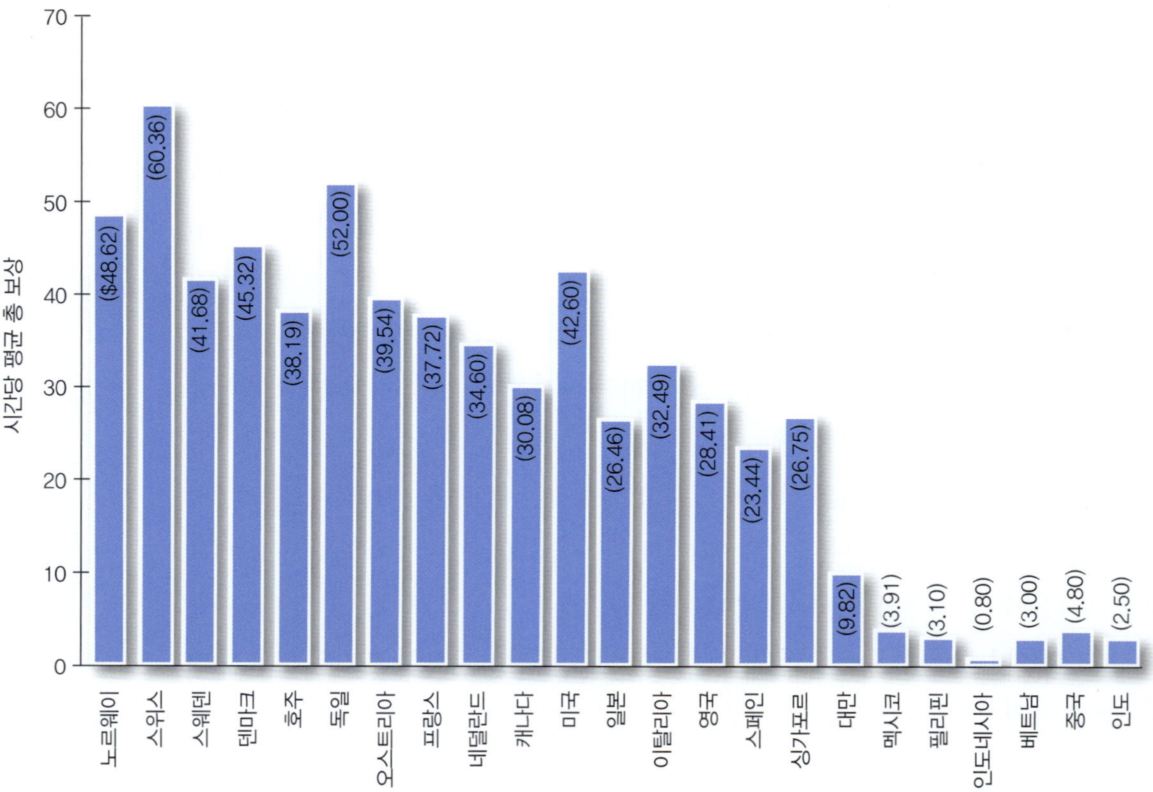


출처: https://www.statista.com/statistics/744060/manufacturing-labor-costs-per-hour-forselect-countries/.

경쟁력 있는 보상 패키지를 제시해야 한다. 해외주재원들에게 영향을 미치는 이러한 문제들에 대한 인적자원관리 대응방안들에 대해서는 이 장의 후반부에서 보다 자세히 다루게 된다.

경제체제 간의 이러한 차이들은 급여체계에 큰 영향을 미칠 수 있으며, 특히 현지 사업장이 인재전쟁에서 경쟁할 수 있도록 하면서도 비용통제를 유지하는 국제보상체계를 개발하고자 하는 글로벌 기업들에게 더욱 그러하다. 보상 관리자들의 보상체계 설계방식에 대한 한 최신 연구에 따르면, 이들은 글로벌 기업전략, 현지 규제 및 정치적 맥락, 제도 및 이해관계자, 현지 시장, 그리고 국가 문화 등 다양한 요인들을 고려하는 것으로 나타났다. 이들은 글로벌 사회에서의 모범적인 관행들을 받아들이고자 노력하지만, 현지 환경으로부터 주어진 제약조건들과 글로벌 관행 사이에서 균형을 맞추고자 한다.

결론적으로, 모든 국가는 문화, 교육 및 인적자본, 정치적 · 법적 체제, 그리고 경제체제 측면에서 다양하다. 이러한 차이는 특정 상황에 맞게 개발되어야 하는 인적자원관리시스템의 유형에 직접적인 영향을 미친다. 이러한 차이가 기업에 미치는 영향의 정도는 기업이 글로벌 시장에 어떻게 관여하고 있는지에 따라 달라진다.

## 이민

위의 모든 요소, 문화, 교육, 정치 · 법률, 경제를 모두 아우르는 고질적이지만 현재 중요한 이슈 중 하나는 이민(immigration)이다. 미국의 가정들이 자녀를 적게 낳고 있기 때문에, 노동자에 대한 수요가 증가할 수 있다. 또한 많은 기술 기업들은 필요한 기술 역량을 갖춘 미국인이 충분하지 않다고 호소하며 전 세계에서 근로자들을 데려오려 하고 있다. 마지막으로, 경제 호황으로 인해 많은 외국인들이 일자리를 찾아 불법적으로 미국에 들어오고 있다.

1986년 미 의회는 고용주가 미국에서 일할 수 있도록 허가(보통 영주권 취득을 통해 허가받는다) 받지 않은 사람을 고의로 고용하는 것을 불법으로 규정하는 이민개혁 및 통제법(Immigration Reform and Control Act: IRCA)을 통과시켰으며, 고용주가 지원자의 이민 신분을 확인할 수 있는 전자검증시스템(e-Verify system)도 만들었다. 고용주에게 법적 책임이 있으며, 고용당 100달러에서 1,000달러의 벌금이 부과될 수 있고 반복적으로 법을 위반할 경우 징역형에 처해질 수 있다는 점에 유의할 필요가 있다.

다양한 비자 유형이 있지만, 일반적으로 눈에 가장 많이 띄는 비자 유형은 H-1B와 H-2A이다. H-1B 비자는 현재 연간 65,000개로 제한되어 있다. 이 비자는 많은 기업들이 다른 나라에서 고도로 숙련된 근로자를 데려오기 위해 이용하고자 하는 비자이다. H-2A 비자는 미국 시민권자가 수행할 능력, 의지 또는 자격이 충분하지 않은 직무를 수행하는 임시적 또는 계절적 근로자를 위한 비자로, 이러한 근로자를 데려와도 미국 시민의 임금에 부정적인 영향을 미치지 않을 것이다. 이러한 경우들이 이민자가 미국에서 합법적으로 일할 수 있는 주요 범주이다. 그러나 많은 수의 이민자들이 합법적 서류를 갖추지 않고 미국에 들어오고 있으며, 이러한 불법 이민자의 수는 늘어날 것으로 예상된다.

보다 개방적인 이민정책을 내세운 바이든 행정부가 들어서면서, 2021년 3월 현재,

미국의 남부 국경지역은 미국에 입국하려는 외국인들, 특히 히스패닉계 외국인들로 넘쳐나게 되었고, 너무 많은 숫자로 인해 정부는 국경을 넘는 사람들을 체포하여 처리한 후 법정에 다시 출석하여 항소할 수 있는 날짜를 부여(보통 사건 적체로 인해 2~3년 후)하는 '체포 후 석방' 전략을 다시 도입하였다. 현재 미국에 거주하는 불법 이민자의 수가 1,200만 명에서 3,000만 명으로 추산되고 있어, IRCA에 어떤 유형의 새로운 개혁을 시행해야 할지에 대해 상당한 논쟁이 벌어지고 있다.

다음 절에서는 글로벌 비즈니스와 다양한 수준의 글로벌 참여의 중요한 개념들에 대해 논의하며, 특히 어떻게 이러한 요소들이 작용하는지에 주목해 보고자 한다.

## 글로벌 환경에서의 종업원 관리

### 국제 종업원의 유형

글로벌 참여의 수준을 논의하기 전에 우리는 본국(parent country), 현지국(host country), 제3국(third country) 간의 차이를 구별할 필요가 있다. **본국**은 기업의 본사가 위치하고 있는 국가를 가리킨다. 가령 미국은 GM(General Motors)의 본국이라고 할 수 있다. **현지국**은 본국의 조직이 사업장을 설치하고자 하는(혹은 이미 사업장이 위치한) 국가이다. GM은 영국에 설비를 두고 있기에 영국은 GM의 현지국이다. **제3국**은 본국이나 현지국이 아닌 국가를 말하며, 회사가 그곳에 시설을 보유할 수도 보유하지 않을 수도 있다.

종업원들의 유형도 서로 다른데, **해외주재원**(expatriate)은 일반적으로 다른 국가에 사업체들을 운영하기 위해 파견된 종업원을 일컬을 때 사용하는 용어이다. 경영활동의 글로벌화가 가속화되면서 서로 다른 유형의 해외주재원들을 구별하는 것이 중요해졌다. **본국인**(parent-country nationals: PCNs)은 본국에서 태어나고 살고 있는 종업원이다. **현지인**(host-country nationals: HCNs)은 본국인과 반대로 현지에서 태어나고 자라난 종업원들이다. 마지막으로 **제3국인**(third-country nationals: TCNs)은 본국과 현지국이 아닌 다른 나라에서 태어났지만 현지국에서 근무하는 종업원이다. 그러므로 브라질에서 태어나고 자랐지만 미국에 본사를 두고 있는 기업에서 채용되고 태국에 있는 사업장을 관리하라는 임무를 부여받은 관리자는 제3국인이라 할 수 있다.

연구들에 따르면, 국가마다 다양한 유형의 국제 종업원들에 대한 활용방식이 상이하다. 한 연구에 따르면 일본의 다국적기업들(multinational firms)은 유럽이나 미국 기업들에 비해 보다 자기민족중심적(ethnocentric)인 인적자원관리 정책과 관행들을 따르고 있다는 것이 밝혀졌는데, 일본 기업들은 현지인보다는 일본에서 파견한 주재원들을 보다 많이 활용하고 있다. 또한 이 연구에 따르면, 자기민족중심적인 인적자원관리 관행의 활용은 더 많은 인적자원관리 문제점들과 관련이 있는 것으로 나타났다.

## 글로벌 참여의 정도

흔히 기업들을 지칭할 때 '다국적(multinational)' 혹은 '국제적(international)'이라고 부르는 표현을 들어본 적이 있겠지만, 국제시장 참여의 다양한 수준에 대해 이해할 필요가 있다. 특히, 기업들이 더욱 국제무역에 활발히 참여하게 됨에 따라 다양한 종류의 인적자원관리 문제점들이 발생하게 되면서, 이러한 국제시장 참여 수준에 대한 이해가 더욱 중요하게 되었다. 본 절에서는 기업들이 선택할 수 있는 다양한 국제시장 참여 수준에 대한 낸시 아들러(Nancy Adler)의 범주화 모델에 대해 살펴본다. 〈그림 12.3〉은 이러한 국제시장 참여 수준들을 보여주고 있다.

**그림 12.3 글로벌 참여의 정도**

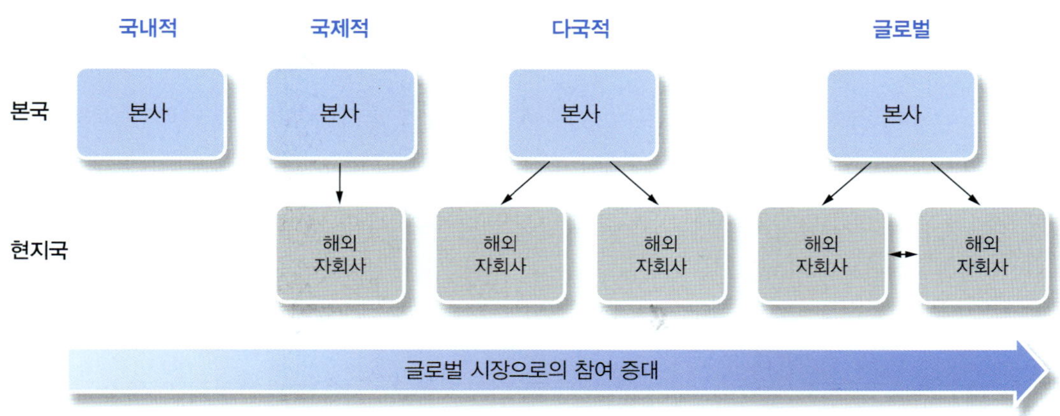

### 국내적(Domestic)

대개의 기업들은 내수시장에서 경영활동을 시작한다. 가령 한 창업가가 미국 시장 내의 수요를 충족하는 제품에 대한 아이디어를 가지고 있을 수 있다. 그런 다음 이 사람은 틈새시장의 수요를 충족할 정도의 수량에 해당하는 제품이나 서비스를 생산할 시설을 갖추고자 자본을 획득한다. 이러한 생산시설을 구축하는 것은 생산과정에 참여하게 될 여러 사람들을 채용하고, 훈련하며, 보상하는 것을 필요로 하고, 이 사람들은 보통 지역 노동시장에서 구하게 된다. 선발과 훈련 프로그램의 초점은 주로 종업원들이 직무 관련 업무들을 수행해 낼 수 있는 기술적 역량과 어느 정도의 대인관계기술에 맞춰져 있다. 또한 기업이 대개 단일 노동시장에만 속해 있기 때문에 다양한 직무들에 대한 급여의 시장 시세를 결정하는 것이 상대적으로 용이하다.

제품의 인기가 높아짐에 따라 이 사업가는 제품의 장거리 운송비용을 줄이기 위해 해당 국가 내의 다른 지역에 추가 시설을 건설할 수 있다. 이러한 시설을 어디에 배치할지 결정할 때 이 사업가는 현지 노동시장의 매력도를 고려해야 한다. 이 국가 내의 여러 지역에는 잠재적인 직원들이 가진 직무윤리에 따라 해당 지역을 보다 매력적이거나 덜 매력적으로 만드는 각자 다른 문화들이 있을 수 있다. 마찬가지로, 교육체제의 차이로 인해 각 지역의 인적자본의 차이도 상당할 수 있다. 마지막으로, 지역마다 임금 시세가 다를 수 있다. 이러한 이유들로 인해, 지난 10년 동안 미국 경제는 강력한 노조와 높은 인건비로 특징지어지는 북부지역 주들로부터 인건비가 낮고 노조가 적은 남부지역 주들(Sunbelt states)로 일자리들이 옮겨가는 것을 경험했다.

덧붙이자면, 국내 기업들도 문화적 다양성 문제에 직면해 있다. 예를 들어, 미국에서는 여성과 소수 민족 및 인종의 직원 비율이 증가하고 있다. 이러한 그룹은 전통적인 백인 남성과는 다른 세계관을 가지고 직장에 들어온다. 따라서 국경을 넘나드는 문화의 다양성보다는 다소 작은 규모일지라도, 단일 국가 조직 내에서 문화적 다양성을 관리하기 위한 시스템을 개발할 필요성이 점점 더 강조되고 있다.

문화적 다양성이 다문화 업무집단의 기능에 미치는 영향에 대한 메타분석(meta-analysis)에서 스탈(Stahl)과 그의 동료 연구자들은 문화적 다양성이 업무갈등 증가와 구성원 간 통합의 감소를 통해 프로세스 손실(process losses)을 초래하고, 동시에 창의성과 만족도 향상을 통해 프로세스 이득(process gains)으로 이어진다는 점을 밝혀냈다.

주와 지역에 따라 약간의 차이가 있을 수 있지만, 국내 기업들은 문화, 교육 및 인적자본, 정치적·법적 체제, 그리고 경제적 상황이 매우 유사한 환경에 직면해 있다는 점에 유의할 필요가 있다.

### 국제적(International)

국내 시장에 더 많은 경쟁자가 진입함에 따라 기업들은 시장점유율을 잃을 가능성에 직면하게 되고, 이에 따라 다른 시장을 모색하는 경우가 많다. 이를 위해서는 일반적으로 처음에는 제품을 수출하지만 궁극적으로는 다른 국가에 생산시설을 구축하여 해외시장에 진출해야 한다. 국제 경쟁에 참여하고자 하는 결정은 여러 가지 인적자원에 관련한 문제를 야기한다. 시설 입지와 관련된 모든 문제가 확대된다. 특정 위치가 인적자원을 성공적으로 확보하고 관리할 수 있는 환경을 제공하는지 고려해야 한다.

이제 기업은 문화, 교육 및 인적자본, 정치적·법적 체제, 그리고 경제체제에 관련하여 완전히 다른 상황에 직면하게 된다. 예를 들어, 인적자본의 활용가능성이 가장 중요한데, 미국 내 여러 주들 사이의 차이에 비해서 미국과 다른 국가 간의 인적자본의 차이가 훨씬 더 크다.

한 국가의 법적 체제 또한 인적자원관리와 관련한 문제들을 야기할 수 있다. 예를 들어, 프랑스는 최저임금이 상대적으로 높기 때문에 인건비를 상승시킨다. 또한 규제들로 인해 직원을 해고하거나 정리해고하기가 매우 어렵다. 독일에서는 기업이 법적으로 직원들에게 회사 경영에 대한 영향력을 보장해야 한다. 다른 나라에서 사업장을 개척하고자 하는 기업은 해당 국가의 법률에 맞게 인적자원관리 관행들을 조정해야 한다. 이를 위해서는 해당 국가의 인적자원관리 관련 법적 요건에 대한 전문지식과 해당 국가의 법적 체제에 대한 대응방안을 습득할 필요가 있으며, 이러한 이유로 기업들은 종종 한 명 이상의 현지인을 고용하게 된다. 사실, 몇몇 국가들은 외국계 기업의 지사들이 일정 비율 이상 현지인을 반드시 고용하도록 법규화하고 있다.

마지막으로 문화를 고려해야 한다. 해당 국가의 문화가 본사의 문화와 크게 다를 경우 갈등, 의사소통 문제, 사기 저하 등의 문제가 발생할 수 있다. 해외주재원 관리자는 이러한 문화적 차이를 파악할 수 있도록 훈련을 받아야 하며, 자신의 스타일을 현지국의 문화에 맞게 조정할 수 있을 만큼 유연해야 한다. 이를 위해서는 새로운 환경에 적응할 수 있는 인재를 선발하기 위한 강도 높은 선발 노력과 문화충격에 압도되지 않도록 하기 위한 강도 높은 훈련 프로그램이 필요하다.

### 다국적(Multinational)

국제 기업들이 하나 또는 몇 개의 사업장들을 다른 국가에 설치하는 것과 달리, 여러 국가에 시설을 확충하여 낮은 생산비용 및 물류비용을 활용하고자 하는 경우에는 다국적기업이 된다. 생산비용이 높은 지역에서 낮은 지역으로 생산 기반을 이동하여 생산비용을 낮출 수가 있는데, 예를 들어 미국의 주요 자동차 제조업체 중 일부는 전 세계에 공장을 보유하고 있다. 이들은 노동조합이 조합원들에게 높은 임금을 얻어다 준 미국으로부터 임금이 훨씬 낮은 멕시코의 마킬라도라(maquiladora) 공장으로 생산을 계속해서 옮기고 있다. 유사하게, 이들 기업들은 폴란드, 헝가리, 슬로바키아 등 중유럽 및 동유럽 국가에 유럽 시장에 판매할 자동차들을 제조 및 조립하기 위한 생산시설을 배치함으로써 유통비용과 인건비를 최소화하고 있다.

다국적기업들이 직면하는 인적자원관리 문제들은 국제 기업들이 직면한 문제들과 유사하며 그 규모가 더 클 뿐이다. 다국적기업은 오직 한두 국가의 문화, 교육 및 인적자본, 정치적 · 법적 체제, 그리고 경제체제에 대해 고민하는 데 그치지 않고, 많은 수의 국가에서의 차이점들에 대해 대응해야 한다. 따라서 다양한 환경에서 기능할 수 있는 관리자를 선발하고, 필요한 훈련을 제공하며, 다양한 시장임금률, 조세제도, 생활비 등을 고려한 유연한 보상시스템을 제공해야 할 필요성이 더욱 강조된다.

다국적기업들은 이제 본사 직원의 일원이 될 다양한 국가들로부터 불러들인 관리자들(inpatriates)을 많이 고용하고 있다. 이로 인해 다른 문화권으로부터 온 관리자들을 본사의 문화에 통합해야 할 필요성이 생겨났다. 게다가 다국적기업들은 이제 본국 이외의 국가에서 더 많은 해외주재원들을 확보하여 다른 나라의 사업장에 파견하고 있다. 예컨대, 미국 회사에 소속된 스코틀랜드 출신의 관리자가 남아프리카공화국에 있는 사업장을 관리하도록 배정될 수 있다. 이러한 관행으로 인해 다른 문화권의 사람들과 교류할 수 있는 관리자 소양을 제공하기 위한 이문화 교육(cross-cultural training)의 필요성이 강조된다.

### 글로벌(Global)

많은 연구가들은 이제 네 번째 통합 수준인 글로벌 조직을 제안한다. 글로벌 조직은 최첨단, 최고 품질의 제품과 서비스로 경쟁하며, 가능한 한 가장 낮은 비용으로 이를 달성한다. 다국적기업이 전 세계에 유통될 동일한 제품을 개발하려 노력하는 반면,

글로벌 기업들은 특정 고객들의 요구를 충족하기 위해 유연성과 대량주문생산을 점점 더 강조하고 있다. 다국적기업들은 일반적으로 해당 국가의 시장에 진출하거나 생산 비용을 낮추기 위한 수단으로 한 국가에 사업장을 설치하고자 하며 국가 간 차이에 대처해야 한다. 반면에 글로벌 기업들은 제품이나 서비스를 효과적이고 효율적이며 유연하게 생산할 수 있는 능력을 갖추기 위한 사업시설의 위치를 선정하고 문화적 차이 속에서 시너지를 창출하려 한다.

이로 인해 유연한 생산을 장려하는 인적자원관리체제의 필요성이 대두되고 있으며, 다양한 인적자원관리 이슈들이 제기되고 있다. 이러한 기업들은 경쟁우위를 확보할 수 있는 생산시설의 위치를 결정하고자 문화, 교육 및 인적자본, 정치적・법적 체제 및 경제체제를 적극적으로 고려한다. 글로벌 기업들은 전 세계 곳곳에 분산된 다수의 본부를 설치하여 분권화된 의사결정을 강조하는 덜 위계적인 구조를 가진 조직을 형성하고 있다. 그 결과 초국가적 역량을 가진 관리자와 임원들을 확보하고, 개발하며, 유지하고, 활용하는 인적자원관리시스템이 필요하게 되었다.

초국가적 인적자원관리시스템은 세 가지 특성들로 특징지어진다. **초국가적 범위**(transnational scope)는 인적자원관리 의사결정이 한 국가나 지역의 관점이 아닌 글로벌 관점에서 이루어져야 한다는 사실을 의미한다. 이는 모든 직원들에 대한 공정한 대우를 보장하기 위한 통일성과 다양한 국가에 있는 직원들의 요구를 충족하기 위한 유연성이 균형을 이루는 의사결정을 내릴 필요성을 제시한다. **초국가적 대표성**(transnational representation)은 회사의 관리자들의 다국적 구성을 의미한다. 글로벌 참여가 반드시 각 국가의 관리자들로 회사 내 직급들을 채우는 것을 보장하지는 않는다. 이는 회사가 다음의 특성을 확보하고자 한다면 요구되는 전제조건이다. **초국가적 프로세스**(transnational process)는 회사의 계획 및 의사결정 프로세스가 다양한 문화권으로부터의 대표성과 아이디어를 포함하는 정도를 의미한다. 이 특성은 다양한 문화권과 관련한 다양한 관점과 지식을 허용하여 의사결정의 질을 높인다.

이러한 세 가지 특성은 글로벌 기업들이 문화적 시너지를 획득하기 위해 필요하다. 성공적인 초국가적 기업은 단순히 외국인들을 국내 조직에 통합하는 것이 아니라 다른 문화권에서 온 관리자들을 동등하게 대우할 관리자들을 필요로 한다. 이러한 시너지는 관리자들이 지역주의적인 지향성보다는 초국가적 지향성을 갖도록 선발, 훈련, 평가, 그리고 보상 시스템을 결합해야만 달성할 수 있다. 그러나 미국과 캐나다의

50개 기업을 대상으로 한 설문조사에 따르면 글로벌 기업들의 인적자원관리시스템은 전략계획시스템 및 조직구조에 비해 범위, 대표성, 그리고 프로세스 측면에서 초국가적이지 않은 것으로 나타났다.

결론적으로, 국제시장 진출은 기업이 경쟁우위를 확보하기 위해 반드시 해결해야 할 수많은 인적자원관리 이슈들을 야기한다. 글로벌 무대에서 경쟁하기로 결정한 기업들은 해외로 파견된 직원들(해외주재원들과 제3국인들)에 대한 관리 노력을 기울여야 하며, 현지국의 문화와 교육 및 인적자본, 정치적·법적 그리고 경제적 영향요소들에만 초점을 맞추던 것에서 벗어나 현지에 주재해야 하는 해외주재원들을 관리하는 방법들을 검토할 필요가 있다. 회사가 새로운 문화권에서 기능할 수 있는 관리자를 식별할 수 있도록 하는 선발 시스템을 개발해야 한다. 이러한 관리자들은 정치적·법적 체제 및 경제체제뿐만 아니라, 이들이 생활할 새로운 문화권의 중요한 측면들을 파악할 수 있도록 훈련을 받아야 한다. 마지막으로, 이들 관리자들은 자신과 가족들이 살던 곳을 떠나 이전 생활과는 완전히 다른 새로운 환경으로 이전하는 데에 수반되는 비용을 상쇄할 수 있는 보상을 받아야 한다. 다음 절에서는 해외주재원 관리와 관련한 이슈들을 다루고자 한다.

## 글로벌 시장에서의 해외주재원 관리

지금까지 글로벌 시장에서 인적자원관리에 영향을 미치는 거시적 차원의 주요 요인들에 대해 간략히 설명하였다. 이러한 요인들은 기업이 특정 국가에 시설을 구축할지 여부를 결정하는 데 영향을 미칠 수 있다. 또한 기업이 그러한 시설들을 개척하는 경우 이러한 요인들은 사용되는 인적자원관리 관행에 큰 영향을 미친다. 그러나 지난 몇 년 동안 인식된 한 가지 중요한 이슈는 주재원 관리자를 선발, 교육, 보상, 재통합하는 데에 내재된 일련의 문제들이다.

미국 대외무역위원회(National Foreign Trade Council: NFTC)의 연구에 따르면 해외에 근무하는 미국인은 25만 명에 달하며, 그 수는 더 늘어날 것으로 예상된다. 또한 NFTC는 해외주재원 이전에 드는 일회성 비용은 평균 6만 달러에 달하는 것으로 추정하였다. 적절한 주재원 배치가 회사의 수익성에 미치는 영향의 중요성이 과소평가되어서는 안 된다. 해외주재원 관리자의 평균적인 보상 패키지는 약 25만 달러에 달하며, 해외주재원 배치 실패(즉, 관리자의 조기 귀국)로 인한 비용은 약 10만 달러에 이른다. 미국 기업의 해외파견 실패율은 15~40% 사이로 추정되어 왔다. 그러나 최근 연구에 따르면 현재 수치는 훨씬 더 낮다. 최근 유럽 다국적기업들을 대상으로 한 연구들에 따르면 대부분의 기업에서 실패율이 5%로 나타났다. 일반적으로 미국 다국적기업들의 실패율이 더 높은 것으로 알려져 있지만, 이 비율이 15~40% 범위에 이르는지는 의문이다.

이 장의 마지막 절에서는 해외주재원 관리자들의 관리에 관련한 주요 이슈들에 대해 다루고자 한다. 이러한 이슈들에는 해외주재원들의 선발, 훈련, 보상, 그리고 문화적 재적응이 포함된다.

### 해외주재원의 선발

해외주재원 관리자들에 대한 관리에 있어 주요한 문제들 중의 하나는 조직에서 어떠한 개인이 다른 문화적 환경에서 주어진 임무를 가장 잘 처리할 수 있는가를 결정하는 것이다. 해외주재원은 해당 업무분야에 대한 기술적 역량이 있어야 하는데, 그렇지 않으면 부하직원들로부터 존경을 받을 수 없다. 그러나 이러한 해외근무를 성공적으로 수행하기 위해서는 다양한 기술이 필요함에도 불구하고 해외파견자를 결정할 때에 기술적 역량이 거의 유일한 고려사항으로 여겨져 왔다.

브룩필드 글로벌 이전서비스(Brookfield Global Relocation Services, Ltd.)가 발간한 2016년 글로벌 모빌리티 트렌드 보고서(2016 Global Mobility Trends report)에 따르면 거의 80%의 기업이 해외파견 후보자의 적응력을 공식적으로 평가하지 않으며, 20%만이 후보자의 적응력에 대한 자기평가방식(self assessment)을 활용하였다. 또한 48%는 해외주재원의 이직률이 나머지 인력의 이직률보다 더 높은지 확신하지 못하고 있다.

성공적인 해외주재원 관리자는 해당 국가의 문화적 규범에 민감해야 하고, 이와 같은 규범에 적응할 수 있을 만큼 유연해야 하며, 피할 수 없는 문화적 충격을 이겨낼 수 있을 만큼 강해야 한다. 더구나 관리자의 가족들도 마찬가지로 새로운 문화에 적응할 수 있는 능력이 있어야 한다. 이와 같은 적응 기술은 (1) **자아 차원**(the self dimension, 관리자가 긍정적인 자아상과 심리적 안녕을 유지할 수 있도록 하는 기술), (2) **관계 차원**(the relationship dimension, 현지인과의 관계를 증진하는 데 필요한 기술), 그리고 (3) **지각**

**차원**(the perception dimension, 관리자가 현지 환경을 정확하게 인식하고 평가할 수 있도록 하는 기술)의 세 가지 차원으로 분류되어 왔다. 해외파견자들을 대상으로 한 한 연구에 따르면, 이들은 가족상황, 유연성과 적응력, 직무지식과 동기부여, 사교적 기술, 그리고 이문화 개방성의 다섯 가지 요소들을 순차적으로 중요하게 생각하는 것으로 나타났다. 〈표 12.3〉은 잠재적 해외주재원 관리자들이 새로운 문화 환경에 적응할 수 있는 능력을 평가하기 위한 일련의 고려사항과 질문들을 제시하고 있다.

해외주재원에 관련한 연구분야에서 떠오르고 있는 한 가지 개념은 문화적 지능(cultural intelligence: CQ)이다. 이 특성은 이문화 환경이나 다문화 환경에서 적절한 행동에 관한 다른 단서들을 감지하여 다양한 문화에 적응하는 개인의 능력을 말한다. 실제로 한 연구진은 국제 임원들의 표본에서 CQ가 문화적 적응 및 직무성과와 관련되어 있음을 발견하였다.

미국 기업들이 올바른 해외주재원 선발을 위해 많은 노력을 기울였다는 증거는 거의 없다. 한 연구자에 따르면 설문조사에 참여한 기업 중 5%만이 해외주재원 후보자의 이문화 기술(cross-cultural skills) 보유 정도를 파악하기 위한 평가를 실시하였다. 최근 연구에 따르면 오직 35%의 기업들만이 여러 후보자들 중에서 해외주재원을 선발하며 이러한 결정을 내릴 때 기술적인 직무 관련 경험과 기술만을 강조하는 것으로 나타났다. 이러한 결과들은 미국의 조직들이 해외파견 성공률을 개선해야 한다는 점을 극명하게 보여준다. 제5장에서 논의한 바와 같이, 개인의 지식, 기술, 그리고 능력을 평가하는 기술은 발전해 왔다. 선발 평가가 미국의 해외주재원 관리자들의 실패율과 생산성 문제를 줄여줄 가능성은 충분해 보인다. 예를 들어, 한 연구에서는 해외주재원 성공의 예측요인으로 "빅 파이브(Big Five)" 성격 차원들을 검증해 왔다(제5장의 내용을 기억해 보자). 예를 들어, 한 연구에서는 임무를 중단하지 않는 것으로 측정된 해외주재원 성공과 해외주재원에 대한 상사의 평가로 측정된 해외주재원 성공을 구별하여 살펴보았는데, 사교성(agreeableness), 감성적 안정성(emotional stability), 외향성(extraversion)은 임무를 중단하려는 욕구와 부정적인 관계가 있었고(즉, 임무를 더 오래 수행하기를 원함), 성실성(conscientiousness)은 상사의 주재원 평가와 긍정적인 관계가 있었던 것으로 나타났다.

해외주재원 선발과 관련된 마지막 이슈는 해외파견에 여성을 활용하는 것이다. 오랫동안, 미국 기업들은 전통적으로 여성이 관리직으로 승진하지 않는 국가(일본 및 기

**표 12.3 해외주재원 지원자 인터뷰 평가지**

| 구분 | 내용 |
|---|---|
| 동기부여<br>(Motivation) | • 지원자가 해외근무를 원하는 이유와 관심 정도는 어느 정도인가?<br>• 지원자들이 해외근무와 생활에 필요한 사항을 현실적으로 이해하고 있는가?<br>• 해외근무에 대한 배우자의 태도는 어떠한가? |
| 건강<br>(Health) | • 지원자나 가족에게 해외근무의 성공에 영향을 미칠 수 있는 건강상의 문제가 있는가? |
| 언어능력<br>(Language ability) | • 지원자가 새로운 언어를 배울 수 있는 잠재력이 있는가?<br>• 지원자의 배우자가 새로운 언어를 배울 수 있는 능력이 있는가? |
| 가족 고려<br>(Family considerations) | • 가족이 국내에서 여러 도시 또는 지역으로 몇 번이나 이사했나? 어떤 문제가 있었는가?<br>• 배우자의 해외 이주 목표는 무엇인가?<br>• 가족 중 자녀는 몇 명이며 나이는 어떻게 되는가? 모든 자녀가 해외 배치에 따라 이사할 것인가?<br>• 이혼이나 이혼 가능성, 가족 구성원의 사망이 가족의 결속에 부정적인 영향을 준 적이 있는가?<br>• 가족이 해외로 이사할 경우 지원자가 예상할 수 있는 적응상 문제점이 있는가? |
| 지략과 주도성<br>(Resourcefulness and initiative) | • 지원자는 독립적이고, 자신의 결정을 지켜낼 수 있는가?<br>• 지원자가 해외 사업 환경에서 발생할 수 있는 어려움들과 상관없이 주어진 인력과 시설이 무엇이든 활용하여 목표를 달성하고 긍정적인 결과를 창출할 수 있는가?<br>• 지원자는 책임과 권한의 명확한 정의 없이도 일할 수 있는가?<br>• 지원자는 현지 관리자 및 근로자들에게 회사의 목표와 사명을 설명할 수 있는가?<br>• 지원자는 복잡한 문제들을 처리하기에 충분한 자기 수양과 자신감을 가지고 있는가?<br>• 지원자는 일반적인 의사소통과 지원 서비스 없이 외국 환경에서 효과적으로 일할 수 있는가? |
| 적응성<br>(Adaptability) | • 지원자는 협력적이고 다른 사람의 의견에 개방적이며 타협할 수 있는가?<br>• 지원자는 새로운 상황에 어떻게 반응하며, 문화적 차이를 이해하고 인정하려는 노력은 어떠한가?<br>• 지원자는 건설적이든 그렇지 않든 비판에 어떻게 반응하는가?<br>• 지원자는 외국에서 동료들과 관계를 맺고 발전시킬 수 있는가?<br>• 지원자는 문제를 다룰 때 인내심을 보이는가? 좌절 후에도 회복력이 있고 앞으로 나아갈 수 있는가? |
| 경력계획<br>(Career planning) | • 지원자는 이 임무를 일시적인 해외여행 이상으로 생각하는가?<br>• 이 해외파견은 지원자의 경력개발 및 회사가 계획한 경력개발과 일치하는가?<br>• 회사에 대한 지원자의 전반적인 태도는 어떠한가?<br>• 지원자에게 대인관계에 문제가 있었던 이력이나 징후가 있는가? |
| 재정<br>(Financial) | • 주택 혹은 자동차 구입, 대학 학자금 지출 등과 같이 해외 발령에 영향을 줄 수 있는 재정적, 법적 고려사항이 현재 있는가?<br>• 해외 발령으로 인해 지원자와 가족들에게 과도한 재정적 압박이 가해지지는 않는가? |

출처: P. Caligiuri, *Cultural Agility: Building a Pipeline of Successful Global Professionals* (San Francisco: Jossey-Bass, 2012); P. Caligiuri, D. Lepak, and J. Bonache, *Managing the Global Workforce* (West Sussex, United Kingdom: John Wiley & Sons, 2010); M. Shaffer, D. Harrison, H. Gregersen, S. Black, and L. Ferzandi, "You Can Take It with You: Individual Differences and Expatriate Effectiveness," *Journal of Applied Psychology* 91(2006), pp.109-125; P. Caligiuri, "Developing Global Leaders," *Human Resource Management Review* 16(2006), pp.219-228; P. Caligiuri, M. Hyland, A. Joshi, and A. Bross, "Testing a Theoretical Model for Examining the Relationship between Family Adjustment and Expatriates' Work Adjustment," *Journal of Applied Psychology* 83(1998), pp.598-614; David M. Noer, *Multinational People Management: A Guide for Organizations and Employees* (Arlington, VA: Bureau of National Affairs, 1975).

타 아시아 국가 등)에서는 여성이 성공적인 관리자가 될 수 없다고 믿었다. 그러나 최근의 사례들을 보면 이는 사실이 아니다. 애플 컴퓨터(Apple Computer) 홍콩 지사의 해외주재원 관리자인 로빈 아브람스(Robin Abrams)는 "핵심 역량을 입증했다면 바지를 입든 치마를 입든" 아무도 신경쓰지 않는다고 말한다. 실제로 일부 여성들은 남성들 무리 사이에 자신들이 존재함으로 인한 참신함이 현지인들에게 신뢰도를 높인다고 믿고 있다. 사실 일부 연구들에 따르면 관리직 여성들에 대한 파견국의 문화적 성향과 상관없이, 남녀 해외주재원들이 국제 업무에서 동등하게 성과를 낼 수 있다고 한다. 그러나 여성 해외주재원들은 여성 인력이 적은 국가에서 자신들의 적응력을 스스로 낮게 평가한다. 연구들에 따르면, 여성 해외주재원들은 현지국의 문화적 어려움과 관계없이 유능하다고 인식된 것으로 나타났다. 사실 여성 해외주재원들은 그들의 상사들에 비해 편견이 여성의 성공능력을 제한하지 않는다고 더욱 강하게 느끼고 있다.

### 교육훈련 및 개발

일단 해외주재원 관리자가 선발되면, 주어질 임무에 대비할 수 있도록 준비를 시키는 것이 필요하다. 이들은 이미 직무 관련 기술을 보유하고 있기 때문에 일부 기업에서는 이문화 교육에 개발 노력을 집중하고 있다. 이문화 교육 관련 연구를 검토한 결과, 이문화 교육이 효과성에 영향을 미친다는 믿음을 뒷받침하는 근거가 발견되었다. 그럼에도 불구하고 이문화 교육이 보편적이지는 않다. 한 설문조사에 따르면 응답기업 150개 중 69%만이 해외파견 직원을 대상으로 문화 교육을 제공하였다.

이문화 교육 프로그램에서 강조하는 것은 정확히 무엇일까? 이러한 프로그램과 관련된 자세한 내용은 제6장에서 논의되었다. 대부분의 프로그램은 현지국의 문화에 대한 이해를 높여 주재원들이 적절하게 행동할 수 있도록 하는 데 중점을 둔다. 여기에는 문화적 감수성의 몇 가지 측면에 대한 강조가 포함된다. 첫째, 해외주재원은 자신의 문화적 배경, 특히 현지인들이 인식하는 자신의 문화적 배경에 대해 명확히 알고 있어야 한다. 정확한 문화적 자기인식을 통해 관리자들은 효과적인 특성을 강조하고 역기능적인 특성을 최소화하도록 행동을 수정할 수 있다.

둘째, 해외주재원은 새로운 업무환경에서 문화의 특정 측면들을 이해해야 한다. 문화는 파악하기 어렵고 거의 눈에 보이지 않는 현상이지만, 현명한 해외주재원 관리자는 문화를 인식하고 자신의 행동을 문화에 맞게 조정해야 한다. 여기에는 비즈니스

**표 12.4 국가별 바디랭귀지(body language)**

| 국가 | 비언어적 메시지 |
|---|---|
| 아르헨티나 | 웨이터가 다가와 머리 옆을 가리키며 손가락을 빙글빙글 돌리는 제스처를 취한다면 그가 이성을 잃었다고 생각하지 마라. 그는 당신에게 전화가 왔다는 것을 알려주려고 한 것이다. |
| 방글라데시 | 화장실에 가고 싶어 참기 힘들더라도 참으라. 화장실에 가기 위해 테이블에서 일어나는 것은 매우 무례한 행동으로 간주된다. |
| 볼리비아 | 역사적으로 관심 없다는 표시로 알려진 무화과 표시를 만들지 말라.(검지와 중지 사이에 엄지손가락이 튀어나온 모양을 만들지 말라.) 매우 모욕적이다. |
| 불가리아 | 불가리아인들은 고개를 위 아래로 끄덕이면 예가 아니라 아니오란 뜻이다. 예라고 말할 때는 고개를 가로저어 흔든다. |
| 중국 | 동양문화에서 침묵이 금과 같을 수 있다. 만약 중국 고객들과의 회의에서 오랫동안 침묵이 있더라도 당황하지 마라. 당신의 제안에 신중히 검토하고 있다는 것을 의미한다. |
| 이집트 | 아랍 세계에서 왼쪽 손은 깨끗하지 않다고 여겨진다. 비즈니스 명함을 받을 때나 인사할 때 오른손을 이용하라. 음식을 먹을 때 오른쪽 손만 이용해라. |
| 피지 | 피지인 호스트에게 인사할 때 존경을 표하기 위해 등 뒤로 팔짱을 끼고 서라. |
| 프랑스 | 프랑스인들은 악수를 세게 하는 것을 좋아하지 않고, 짧고 가볍게 쥐거나 혹은 공중에서 입을 맞추는 것을 선호한다. 당신의 프랑스인 동료가 상상의 플루트를 연주하고 있는 듯 보인다면 그가 당신을 진실하지 않다고 생각한다는 의미이다. |
| 독일 | 독일인들은 큰 회의 테이블에서 마주쳤을 때 손을 뻗어 악수하는 것이 어색할 때, 대신 주먹으로 테이블을 가볍게 두드리며 인사할 것이다. |
| 그리스 | 그리스인 동료들에게 오케이 사인을 할 때는 신체의 구멍을 의미하므로 주의하라. 더 안전한 방법은 엄지손가락을 치켜세우는 것이다. 그러나 엄지손가락을 내리는 것은 그리스인 운전자가 고속도로에서 끼어들 때를 대비한 제스처이다. |
| 홍콩 | 다른 사람의 주의를 끌 때 손바닥을 위로 하고 검지 손가락을 사용하지 마라. 이것은 광둥 사람들이 개를 부르는 방법이다. |
| 인도 | 공공장소에서 휘파람을 불지 않도록 주의하라. 이것은 무례함의 극치이다. |
| 일본 | 일본은 서양 비즈니스인들에게 지뢰밭과도 같은 곳이지만, 일본인들이 점심시간에 국수를 정성껏 후루룩 소리를 내며 먹는 모습은 항상 그들을 당황하게 한다. 이는 무례하기는커녕 오히려 일본 문화에서 음식에 대한 감사를 보여주는 것이다. |
| 요르단 | 아무리 배가 고파도 호스트로부터 음식을 두 번 거절한 후에야 마침내 세 번째로 받아들이는 것이 관습이다. |
| 레바논 | 눈썹이 가렵다고 긁지 마라. 새끼손가락을 핥아 눈썹을 문지르는 것은 도발적인 행동이다. |
| 말레이시아 | 말레이시아인이 당신 앞에 엉덩이에 손을 올린 채 서 있다면, 당신이 분명히 뭔가 잘못 말한 것이다. 상대방이 몹시 화가 난 상태라는 뜻이다. |
| 멕시코 | 멕시코인들은 촉각이 매우 뛰어나며 종종 기이한 악수를 하는데 손바닥을 서로 누른 후에 손을 위로 밀어 서로의 엄지손가락을 잡는다. |
| 네덜란드 | 네덜란드인들은 개방적인 것처럼 보이지만, 만일 네덜란드 사람들이 그들의 팔꿈치 아래를 톡톡 두드린다면 그것은 그들이 당신을 신뢰할 수 없다고 생각하는 것을 의미한다. |
| 파키스탄 | 주먹을 쥐고 있는 모습을 노골적으로 드러내는 것은 전쟁을 선동하는 행위이다. |
| 필리핀 | 필리핀에서는 '로저 무어(Roger Moore)'가 일반적인 인사법이다. 눈썹을 살짝 들어 올리는 것으로 악수를 대신한다. |
| 러시아 | 러시아인들은 굉장히 촉감적으로 손님을 맞이하는데 꼭 끌어안고 입술에 직접 키스를 하는 것이 흔하다. 하지만, 이러한 습관을 인접한 우즈베키스탄에 적용하지 마라. 당신에게 총을 쏠 수도 있다. |
| 사우디아라비아 | 만약 사우디 남성이 거리에서 다른 이의 손을 잡는다면 이는 상호 존중의 표시이다. |
| 사모아 | 당신의 새로운 사모아인 호스트가 전통적 음료인 카바 한잔을 권하면 첫 한 모금을 마시기 전에 일부러 몇 방울을 바닥에 떨어뜨리도록 하라. |
| 터키 | 이스탄불에서 회의할 때는 의자에 기대어 발바닥으로 다른 사람을 가리키지 않도록 주의하라. 발바닥으로 가리키는 것은 매우 모욕적인 행동이다. |

출처: K. Elkins and M. Nudelman, "The Shocking Differences in Basic Body Language Around the World," *Business Insider*, March 17, 2015, http://www.businessinsider.com/body-language-around-the-world-2015-3; R. Axtell, *Gestures: The Dos and Taboos of Body Language Around the World*(New York: Wiley, 1991); P. Harris and R. Moran, *Managing Cultural Differences*, 3rd ed.(Houston, TX: Gulf Publishing, 1991); R. Linowes, "The Japanese Manager's Traumatic Entry into the United States: Understanding the American-Japanese Cultural Divide," *Academy of Management Executive* 7, no. 4(1993), p.26; D. Doke, "Perfect Strangers," *HR Magazine*, December 2004, pp.62-68.

미팅과 사교 모임 모두에서 용인되는 행동 유형과 대인관계 스타일을 파악하는 것이 포함된다. 예컨대, 독일인들은 라틴아메리카인들보다 회의에 대한 신속성을 훨씬 더 중요하게 생각한다. 〈표 12.4〉는 국가별로 바디랭귀지(body language)가 서로 다른 메시지를 전달하는 몇 가지 방식을 제시하고 있다.

마지막으로, 해외주재원은 새로운 문화에서 정확하게 의사소통하는 법을 배워야 한다. 일부 기업에서는 현지국 언어를 구사하는 주재원을 활용하고자 하고, 일부 기업에서는 언어 교육을 제공한다. 그러나 대부분의 기업들은 단순히 현지국인들이 모두 본국의 언어를 구사한다고 가정한다. 이러한 가정이 사실일 수도 있지만, 현지인들이 본국의 언어를 유창하게 구사하는 경우는 드물다. 따라서 해외주재원 관리자들은 언어 장벽이 존재할 때 사람들과 의사소통할 수 있도록 훈련받아야 한다. 최근의 연구들을 통해 가장 중요한 해외주재원 적응 요인 몇 가지가 확인되었는데, 이러한 요인들은 〈표 12.5〉에 나열되어 있다.

효과적인 이문화 교육은 해외주재원이 새로운 업무환경에 쉽게 적응할 수 있도록 도와준다. 또한 이러한 교육은 이슬람 국가인 카타르에 브랜디 두 병을 반입하려던 해외주재원의 경우와 같은 비용이 많이 드는 실수를 방지하는 데 도움이 될 수 있다. 이 브랜디는 세관에 의해 적발되어 해당 해외주재원이 강제추방되었을 뿐만 아니라

**표 12.5 해외주재원 적응 요인**

| 요인 | 내용 |
|---|---|
| 업무 환경 | • 해외주재원 근무지의 직원들, 문화 그리고 풍토 |
| 언어 | • 효과적으로 의사소통하는 해외주재원의 능력 |
| 직무 또는 과업의 특성 | • 해외주재원의 자유도, 자율권, 업무 수행 방식의 다양성 |
| 여가시간 | • 스포츠, 취미활동, 다른 여가활동의 기회 |
| 도시화 | • 공해, 교통, 지역 경관의 아름다움 |
| 일-생활 균형 | • 일터와 가정 간 시간 배분의 균형을 유지할 수 있는 능력 |
| 거주공간 | • 숙소의 규모와 유형 |
| 가족생활 | • 가족 결속력과 배우자와의 조화 |
| 지역 교우관계 | • 지역 교우들의 수와 친교 정도 |
| 본국 잔류인들과의 연락 | • 본국에 있는 가족과 지인들과의 관계를 유지하는 능력 |

출처: T. Hippler, P. Caligiuri, J. Johnson, and N. Baytalskaya, "The Development and Validation of a Theory-Based Expatriate Adjustment Scale," *International Journal of Human Resource Management* 25, no. 14(2014), pp.1938–1959.

회사도 초청이 철회되었다.

### 해외주재원 보상

해외주재원을 관리하는 측면에서 가장 까다로운 측면 중의 하나는 보상 패키지를 결정하는 것이다. 이전에 논의한 바와 같이 이러한 패키지의 평균은 25만 달러가량 되지만, 정확한 내역을 살펴볼 필요가 있다. 대부분 대차대조표(balance sheet) 접근법을 사용하여 총 패키지 수준을 결정하는데, 이 접근법은 해외주재원 관리자의 구매력을 본국에서 비슷한 직급에 있는 직원들의 구매력과 동일하게 하고 현지에서 발생하는 불편을 상쇄할 수 있는 인센티브를 제공하는 총보상 패키지를 개발하는 것을 수반한다. 구매력은 해외주재원 배치와 관련된 모든 지출을 포함한다. 지출에는 상품 및 서비스(식료품, 개인관리, 의류, 오락, 교통비), 집세(주거지), 소득세(연방세 및 지방세), 예비

**그림 12.4 해외주재원 보상을 결정하는 대차대조표**

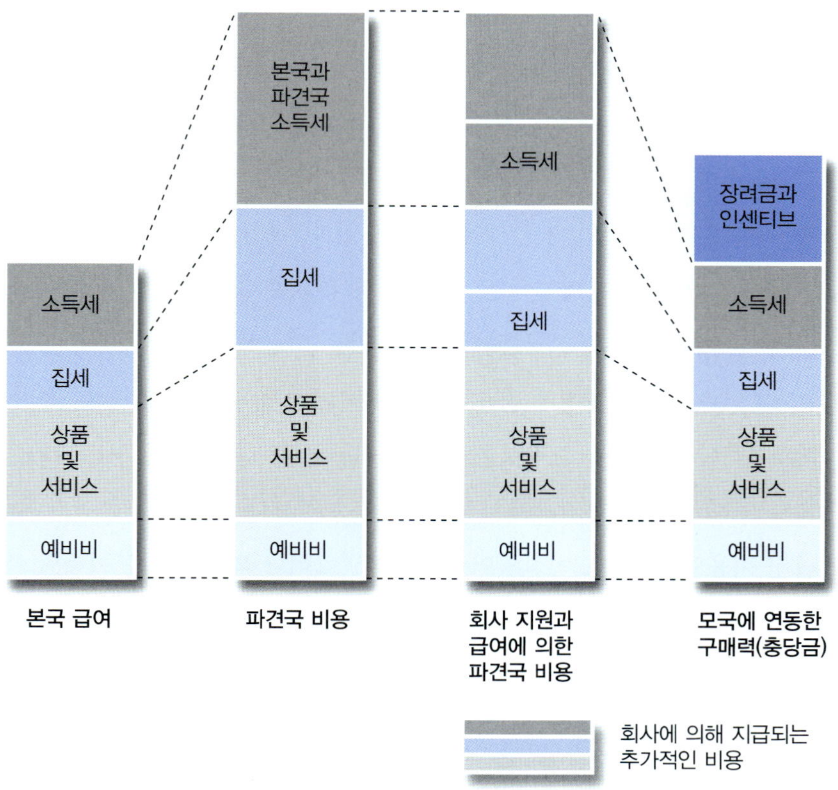


출처: From C. Reynolds, "Compensation of Overseas Personnel," in *Handbook of Human Resource Administration*, 2nd ed., edited by J. J. Famulari, 1986. Copyright 1986. Reproduced with permission of The McGraw-Hill Companies, Inc.

비(저축, 보험료, 연금 납입), 배송 및 보관료(개인 물품의 이사 및 보관) 등이 포함된다. 일반적인 대차대조표는 〈그림 12.4〉와 같다.

이 그림에서 보는 바와 같이, 직원은 세금, 집세, 상품과 서비스, 그리고 예비비에 대한 일련의 비용으로 시작한다. 그러나 현지국에서 이러한 비용이 훨씬 더 높다. 따라서 회사는 본국의 비용과 현지국의 비용 간의 차이를 메워야 하며, 직원이 다른 환경에서 생활하는 데 따르는 어려움을 감수할 수 있도록 프리미엄 혹은 장려금을 제공해야 한다.

총급여 패키지는 네 가지의 구성요소로 이루어져 있다. 첫째, 기본급이 있는데, 기본급을 결정하는 것은 간단한 문제가 아니다. 국가 간 환율 변동으로 인해 제안된 급여가 어떤 때는 인상되고 어떤 때는 삭감될 수 있다. 또한 기본 급여는 모국의 비슷한 급여를 기준으로 하거나 현지국의 해당 직무에 대한 일반적인 시장 요율을 기준으로 할 수도 있다. 해외주재원들에게는 해외근무를 수락하도록 유도하기 위해 현재 급여 수준을 넘어 급여 프리미엄을 제공하는 경우가 많다.

조세균등화수당(tax equalization allowance)은 두 번째 요소이다. 이 수당은 고세율 국가들에서의 조세제도 차이 때문에 필요하다. 대부분의 조세균등화 제도하에서 회사는 본국에 납부할 세액을 원천징수한 후 현지국에서 발생한 모든 세금을 지불한다.

세 번째 구성요소인 복리후생제도는 추가적인 보상 문제를 야기한다. 대부분의 문제는 복리후생제도의 이동성에 관련이 있다. 예를 들어, 연금 플랜에 가입하고 있는 직원이 다른 국가로 파견되는 경우, 해당 해외주재원은 현지국에서 새로운 연금에 가입해야 하는가? 혹은 본국에 가입되어 있는 연금에 계속해서 가입하도록 허용해야 하는가? 의료보험은 어떻게 하는가? 회사는 어떻게 해외주재원들이 동등한 의료보험 혜택을 받을 수 있도록 보장하는가? 예를 들어, 한 회사에서는 서로 다른 의료보험 플랜으로 인해 직원이 현지국에서 치료를 받는 것보다 본국으로 돌아가 치료를 받는 것이 훨씬 비용이 적게 드는 상황이 발생했다. 그러나 의료보험은 이러한 대안을 허용하지 않았다.

마지막으로, 해외주재원 배치에 대한 기피를 줄이기 위해 수당이 제공되는 경우가 많다. 생활비 수당은 현지국과 본국 간의 일상 필수품 지출 차이를 상쇄하기 위해 지급되는 수당으로, 예컨대 〈표 12.6〉은 일부 국제적 대도시들 간의 생활비 차이를 보여준다. 주거 수당은 해외주재원이 모국과 동일한 생활수준을 유지할 수 있도록 보장한

**표 12.6 세계 생활비 지수 상위 10대 도시(뉴욕=100)**

| 도시, 국가 | 세계생활비지수 (WCOL Index) | 순위 | 순위 이동(2016년 이후) |
|---|---|---|---|
| 싱가포르, 싱가포르 | 129 | 1 | 0 |
| 파리, 프랑스 | 126 | 2 | 0 |
| 오슬로, 노르웨이 | 124 | 3 | 0 |
| 취리히, 스위스 | 121 | 4 | 0 |
| 시드니, 호주 | 120 | 5 | 0 |
| 맬버른, 호주 | 118 | 6 | 0 |
| 제네바, 스위스 | 116 | 7 | −1 |
| 코펜하겐, 덴마크 | 115 | 8 | 2 |
| 홍콩, 홍콩 | 113 | 9 | 4 |
| 서울, 대한민국 | 113 | 9 | 6 |

출처: Economist Intelligence Unit(2015), "Worldwide Cost of Living 2016." www.eiu.com.

다. 교육 수당은 해외주재원이 자녀를 사립외국인학교에 보내는 데 드는 비용을 보전해 준다. 이주 수당은 새로운 국가로 실제 이주하는 데 드는 모든 비용을 보상하며, 여기에는 새로운 장소로 오가는 교통비, 임시 생활비, 그리고 개인 소지품의 운송 및 보관비용이 포함된다. 〈그림 12.5〉는 애브비(Abbvie, Inc.)의 해외주재원 보상 패키지에 대한 요약표를 보여준다. 다른 국가에서 근무하는 미국의 해외주재원에 대한 비용은 비슷한 미국 직원들에 대한 비용의 3~4배에 달한다. 또한 KMPG LLP의 2006 글로벌 파견 정책과 관행(2006 Global Assignment Policies and Practices) 설문조사에 참여한 다국적기업의 약 38%는 해외파견 프로그램이 '필요 이상으로 관대하다'고 답했다. 이 두 가지 사실이 결합되어 글로벌 조직들은 조세균등화 전략과 해외주재원 패키지를 재고해봐야 한다는 압박을 받고 있다.

**그림 12.5 해외주재원 보상 패키지에 대한 요약표**

### 국제 파견비용 추정

| | | | |
|---|---|---|---|
| 파견자 명<br>(Assignee Name): | 존 스미스 | 본국<br>(Home Country): | 미국 |
| 연봉<br>(Annual Salary): | USD 165,888.00 | 본국 도시/주/도<br>(Home City/State/Province): | 레이크 카운티,<br>일리노이주 |
| 파견 개시일<br>(Assignment Start Date): | 2019년 04월 01일 | 본국 통화<br>(Home Currency): | USD |
| 예상 종료일<br>(Projected End Date): | 2022년 03월 31일 | 현지국<br>(Host Country): | 멕시코 |
| 정책<br>(Policy): | 경력개발 배정<br>(Developmental Assignment) | 현지국 도시/주/도<br>(Host City/State/Province): | 멕시코시티 |
| 현지 가족 규모<br>(Host Family Size): | 4 | 현지국 통화<br>(Host Currency): | MXN |
| 본국 가족 규모(과세대상 가족,<br>Home Family Size, Tax Family) | 4 | 표기 통화<br>(Report Currency): | USD |

| | 연도 1 | 연도 2 | 연도 3 | 연도 4 | 사후 연도 | |
|---|---|---|---|---|---|---|
| 연도 | 2019 | 2020 | 2021 | 2022 | 2023 | |
| 개월 수 | 9 | 12 | 12 | 3 | 12 | 합계 |
| **기본 보상(Base Compensation)** | | | | | | |
| 기본 연봉(Base Salary) | 124,416 | 174,182 | 182,892 | 48,009 | | 529,499 |
| 연간 인센티브 보상<br>(Annual Incentive Compensation) | 31,104 | 43,546 | 45,723 | 12,002 | | 132,375 |
| 복리후생(Fringe Benefits) | 25,194 | 35,272 | 37,036 | 9,722 | | 107,224 |
| **기본 보상 합계(Base Compensation Total)** | **180,714** | **253,000** | **265,651** | **69,733** | | **769,098** |
| **수당(Allowances)** | | | | | | |
| 생활비 차이(Cost of Living Differential) | 511 | 681 | 684 | 170 | | 2,043 |
| 주거 수당(Housing Allowance) | 45,076 | 60,102 | 60,102 | 15,025 | | 180,305 |
| 현지 공공요금(Host Utilities) | 4,109 | 5,478 | 5,478 | 1,370 | | 16,435 |
| 격지근무수당(Location(Hardship) Allowance) | 18,662 | 26,127 | 27,434 | 7,201 | | 79,424 |
| 귀국휴가수당(Home Leave Allowance) | 7,930 | 7,930 | 7,930 | | | 23,790 |
| 부양가족 교육비(Dependent Education) | 31,999 | 26,911 | 26,911 | | | 85,821 |
| 본국 차량처분비<br>(Home Country Auto Disposal) | 20,000 | | | | | 20,000 |
| 기타이사수당<br>(Micellaneous Relocation Allowance) | 7,500 | | | | | 7,500 |
| **수당 합계(Allowance Total)** | **135,787** | **127,229** | **128,536** | **23,766** | | **415,318** |

| 연도<br>개월 수 | 연도 1<br>2019<br>9 | 연도 2<br>2020<br>12 | 연도 3<br>2021<br>12 | 연도 4<br>2022<br>3 | 사후 연도<br>2023<br>12 | 합계 |
|---|---|---|---|---|---|---|
| **이주(Relocation)** | | | | | | |
| 초기 파견비용(Initial Expat Costs) | | | | | | |
| 주거 탐색 여행(Home Finding Trip) | 3,648 | | | | | 3,648 |
| 세금 설명회(Tax Breifing/Orientation) | 1,000 | | | | | 1,000 |
| 건강검진-직원(Medical Exams-Employee) | 150 | | | | | 150 |
| 건강검진-가족(Medical Exams-Family) | 450 | | | | | 450 |
| 비자/이민수속-직원(Visa/Immigration-Employee) | 1,958 | 1,230 | 1,230 | | | 4,418 |
| 비자/이민수속-가족(Visa/Immigration-Family) | 1,440 | 627 | 627 | | | 2,694 |
| 이문화 교육(Intercultural training) | 5,150 | | | | | 5,150 |
| 이문화 교육- 자녀/부양가족<br>(Intercultural training-Children/Dependents) | 1,950 | | | | | 1,950 |
| 외국어 교육-직원(Language Training-Employee) | 6,500 | | | | | 6,500 |
| 외국어 교육-가족(Language Training-Family) | 6,500 | | | | | 6,500 |
| 도착지 서비스(Destination services) | 4,180 | | | | | 4,180 |
| 임대계약 해지-본국(Lease Camcellation-Home country) | 5,706 | | | | | 5,706 |
| 가정용품 배송-해외주재원<br>(Household Goods Shipment-Expat) | 18,112 | | | | | 18,112 |
| 가정용품 보험-해외주재원<br>(Household Goods Shipment-Expat) | 4,620 | | | | | 4,620 |
| 이송 중 보관(Storage in transit) | 1,050 | | | | | 1,050 |
| 현지이동여비-직원(Travel to Host Location-Employee) | 1,167 | | | | | 1,167 |
| 현지이동여비-가족(Travel to Host Location-Family) | 1,701 | | | | | 1,701 |
| 임시 주거-숙박비(Temporary Living-Accommodations) | 7,111 | | | | | 7,111 |
| 임시 주거-차량/식비(Temporary Living-Car/Meals) | 4,804 | | | | | 4,804 |
| **초기 파견비용 합계(Initial Expat Costs Total)** | **77,197** | **1,857** | **1,857** | | | **80,911** |
| 복귀비용(Repat Costs) | | | | | | |
| 귀국 여비-직원(Travel to Home Location-Employee) | | | | 1,222 | | 1,222 |
| 귀국 여비-가족(Travel to Home Location-Family) | | | | 1,866 | | 1,866 |
| 임시 숙박비-복귀(Temporary Accommodations-Repat) | | | | 12,499 | | 12,499 |
| 임시 주거-차량/식비-복귀<br>(Temporary Living-Car/Meals-Repat) | | | | 7,628 | | 7,628 |
| 출국 서비스(Departure Service) | | | | 1,155 | | 1,155 |
| 가정용품 배송-복귀(Houshold Goods Transportation-Repat) | | | | 19,923 | | 19,923 |
| 가정용품 보험-복귀(Household Goods Insurance-Repat) | | | | 4,620 | | 4,620 |
| 기타 이사 수당-복귀<br>(Miscellaneous Relocation Allowance-Repat) | | | | 7,500 | | 7,500 |
| **복귀비용 합계(Repat Costs Total)** | | | | **56,413** | | **56,413** |
| **이주 합계(Relocation Total)** | **77,197** | **1,857** | **1,857** | **56,413** | | **137,324** |

| 연도<br>개월 수 | 연도 1<br>2019<br>9 | 연도 2<br>2020<br>12 | 연도 3<br>2021<br>12 | 연도 4<br>2022<br>3 | 사후 연도<br>2023<br>12 | 합계 |
|---|---|---|---|---|---|---|
| **서비스 수수료(Service Fees)** | | | | | | |
| 이주업체 수수료(Relocation Vendor Fees) | 3,920 | 3,330 | 3,300 | 2,140 | | 12,660 |
| 세금서비스업체 수수료(Tax Provider Fees) | 10,000 | 10,000 | 10,000 | 10,000 | 10,000 | 50,000 |
| **서비스 수수료 합계(Service Fees Total)** | **13,920** | **13,300** | **13,300** | **12,140** | **10,000** | **62,660** |
| **세금(Tax Costs)** | | | | | | |
| 실제 세금(Actual Tax) | | | | | | |
| 본국 소득세(Home Country Income Tax) | 6,980 | | 1,951 | 5,491 | | 14,422 |
| 본국 주/도 세(Home Country State/ Province Tax) | 22,944 | 19,867 | 20,801 | 8,073 | 101 | 71,786 |
| 본국 사회보장세(Home Country Social Tax) | 17,080 | 18,119 | 18,563 | 5,694 | 837 | 60,293 |
| 본국 사용자부담 사회보장세<br>(Home Country Employer Portion Social Tax) | 12,596 | 15,724 | 15,998 | 3,310 | 837 | 48,465 |
| 현지국 소득세(Host Country Income Tax) | 170,598 | 174,010 | 180,617 | 50,606 | | 575,831 |
| 현지국 사회보장세(Host Country Social Tax) | 786 | 1,047 | 1,047 | 261 | | 3,141 |
| 현지국 사용자부담 사회보장세<br>(Host Country Employer Portion Social Tax) | 4,889 | 6,513 | 6,513 | 1,624 | | 19,539 |
| **실제세금 합계(Actual Tax Total)** | **235,873** | **235,280** | **245,490** | **75,059** | **1,775** | **793,477** |
| 가상 세금(Hypothetical Tax) | | | | | | |
| 본국 가상소득세(Home Country Hypothetical Income Tax) | −19,328 | −30,748 | −33,305 | −6,808 | | −90,189 |
| 본국 가상 주/도 세<br>(Home Country Hypothetical State/Province Tax) | −6,983 | −10,337 | −10,876 | −2,415 | | −30,611 |
| 본국 가상 사회보장세<br>(Home Country Hypothetical Social Tax) | −8,322 | −11,397 | −11,555 | −2,800 | | −34,074 |
| **가상 세금 합계(Hypothetical Tax Total)** | **−34,633** | **−52,482** | **−55,736** | **−12,023** | | **−154,874** |
| **세금 합계(Tax Costs Total)** | **201,240** | **182,798** | **189,754** | **63,036** | **1,775** | **638,603** |
| **총 비용(Total Costs)** | **608,858** | **578,184** | **599,098** | **225,088** | **11,775** | **2,023,003** |
| **기본 보상 차감(Less Base Compensation)** | | | | | | |
| 기본 보상(Base Compensation) | −180,714 | −253,000 | −265,651 | −69,733 | | −769,098 |
| **기본보상 합계(Base Compensation Total)** | **−180,714** | **−253,000** | **−265,651** | **−69,733** | | **−769,098** |
| **순증분 비용(Net Incremental Costs)** | **428,144** | **325,184** | **333,447** | **155,355** | **11,775** | **1,253,905** |

출처: Tim Richmond, CHRO Abbvie 제공.

### 해외주재원의 재적응

해외주재원 관리에서 마지막으로 중요한 문제는 관리자가 본국으로 재입국할 때 재적응(reacculturation) 과정을 관리하는 것이다. 재입국은 결코 간단한 일이 아니다. 문화충격이 역으로 발생한다. 해외주재원이 해외에 있는 동안 개인도 변하고 회사도 변하고 문화도 변했다. 한 조사에 따르면, 해외주재원의 60~70%는 복귀 시 자신의 직위가 어떻게 될지 몰랐으며, 46%는 자율성과 권한이 줄어든 직무를 맡게 되었다. 20%의 직원들은 해외파견으로부터 복귀했을 때 퇴사를 원하며 이는 잠재적으로 심각한 사기 저하와 생산성 문제를 야기할 수 있다. 실제로 가장 최근의 추정에 따르면 해외주재원 관리자의 25%가 해외파견에서 돌아온 후 1년 이내에 퇴사하게 된다. 이렇게 귀국 관리자들이 떠나게 되면, 기업은 사실상 인적자본에 대한 상당한 투자를 회수할 길이 없다.

기업들은 주재원들의 재적응을 돕기 위해 점점 더 많은 노력을 기울이고 있다. 이 전환과정에는 커뮤니케이션과 검증이라는 두 가지 특성이 도움이 된다. **커뮤니케이션**(communication)은 해외주재원이 해외에 있는 동안 정보를 받고 변화를 인지하는 정도를 말한다. 해외에 있는 동안 본사와 긴밀하게 연락할수록 해외주재원은 재입국 시 더 적극적이고 효과적이며 만족도가 높을 것이다. **검증**(validation)은 해외주재원이 귀국 시 받게 되는 인정의 정도를 말한다. 동료와 상사로부터 해외근무와 향후 회사에 대한 잠재적 기여도에 대해 인정을 받는 해외주재원은 "소외된 사람"으로 취급받는 주재원에 비해 재입국 시 어려움을 덜 겪게 된다. 주로 회사에 도움이 될 글로벌 경험을 제공할 목적으로 해외주재원에 투자한 막대한 비용을 고려할 때, 파견근무가 종료된 후 기업은 확실히 해외주재원을 잃고 싶어 하지 않는다.

한 연구에서는 해외파견에 대한 해외주재원 관리자의 기대가 귀환 적응과 직무성과를 결정짓는 데에 있어서의 역할에 주목하였다. 이 연구는 직무 기대(업무량 및 성과 기준 등의 제약사항과 요구사항)와 직무 외 기대(생활 및 주거조건)가 충족된 관리자가 귀환 적응 정도가 높고 직무성과도 높은 것으로 나타났다. 몬산토(Monsanto Company)는 해외주재원이 귀환하기 훨씬 전에 시작되는 광범위한 귀환 프로그램을 운영한다. 이 프로그램은 귀국 시 발생할 수 있는 문화충격에 대한 광범위한 정보와 가족, 친구, 사무실 환경이 어떻게 변화했는지에 대한 정보의 제공을 수반한다. 그런 다음, 귀국 후 몇 달이 지나면 해외주재원 관리자는 어려움을 극복하는 데에 도움이 되도록 몇몇 동료들과 함께 "임무수행보고(debriefing)" 회의를 개최한다. 몬산토는 이 프로그램이 해외파견에 있어서 경쟁우위를 확보할 수 있는 원천을 제공한다고 믿고 있다.

요약하면, 다양한 인적자원관리 관행들이 효과적인 해외파견을 지원할 수 있다. 일반적으로, 선발 시스템은 잠재적인 해외주재원의 기술과 성격을 엄격하게 평가해야 하며 심지어 후보자의 배우자에게도 초점을 맞춰야 한다. 훈련교육은 파견 전과 파견 기간 동안 실시되어야 하며, 파견 자체가 경력개발의 경험으로 간주되어야 한다. 효과적인 보상체계는 급여와 복리후생을 넘어서야 하며, 직원의 "전반적인" 보상 만족을 유지하고 심지어 금전적 프리미엄을 제공하면서도 경력개발 및 학습 기회에 대한 접근성도 제공해야 한다. 마지막으로 복귀 프로세스를 관리하기 위한 진지한 노력이 필요하다. 주요 사항들에 대한 요약은 〈표 12.7〉과 같다.

**표 12.7 효과적인 해외파견을 위한 인적자원관리 관행**

| 채용과 선발(Staffing and Selection) |
|---|
| • 회사의 글로벌 미션을 위해 국제적 임무의 가치를 전파한다.<br>• 잠재력이 가장 높은 인재들이 국제적으로 이동할 수 있도록 보장한다.<br>• 국제적 경험을 가진 직원 풀을 늘리기 위해 단기적 임무를 부여한다.<br>• 해외에서 거주 경험이 있거나 교육받은 직원을 채용한다. |
| **교육훈련 및 경력개발(Training and Career Development)** |
| • 국제적 임무계획을 경력개발 프로세스의 한 부분으로 삼는다.<br>• 조기의 국제적 경험을 장려한다.<br>• 임무수행 기간 동안 학습기회를 창출한다.<br>• 국제적 임무를 리더십 개발의 도구로 활용한다. |
| **성과평가 및 보상(Performance Appraisal and Compensation)** |
| • 해외주재원의 역할에 따라 성과관리를 차별화한다.<br>• 해외파견 목적에 따라 인센티브를 조정한다.<br>• 해외주재원의 필요에 따라 복리후생을 맞춤화한다.<br>• 금전적인 요소가 아닌 기회의 평균에 중점을 둔다.<br>• 단기적인 성과보다 보람있는 경력을 강조한다. |
| **해외파견과 복귀 활동(Expatriation and Repatriation Activities)** |
| • 임무의 시작과 종료시 오리엔테이션 프로그램에 가족을 참여시킨다.<br>• 해외주재원과 본국 임원들 간에 멘토관계를 구축한다.<br>• 이중경력에 대한 지원을 제공한다.<br>• 복귀 관리자가 국제 임무를 수행하는 동안 학습한 지식과 기술을 활용할 수 있는 기회를 확보한다. |

출처: From P. Evans, V. Pucik, and J. Barsoux, *The Global Challenge: Framework for International Human Resource Management*, 2002. Reproduced with permission of The McGraw-Hill Companies, Inc.

## 요약

오늘날 조직들은 그 어느 때보다 국제 상거래에 더 많이 관여하고 있으며, 이러한 추세는 계속될 것이다. EU의 발전, NAFTA, USMCA, 아시아의 경제 성장, GATT와 같은 최근의 역사적 사건들은 글로벌 시장으로의 이동을 가속화했다. 글로벌 시장에서 경쟁하는 기업들은 성공적인 경쟁을 위해 최고 수준의 인재를 필요로 한다. 이를 위해서는 관리자들이 문화, 교육 및 인적자본, 정치적·법적 체제, 경제체제 등 글로벌 환경에서 인적자원관리에 영향을 미치는 여러 요인들을 인식하고 이러한 요인들이 다양한 수준의 글로벌 참여에서 어떻게 작용하는지 이해해야 한다. 마지막으로, 모든 인적자원의 효과성, 특히 해외주재원 관리자들의 효과성을 극대화하는 인적자원관리 시스템을 개발하는 데에 능숙해야 한다. 관리자들에게 오늘날 글로벌 시장에서 경쟁우위를 확보하기 위해 인적자원을 효과적으로 관리하는 것은 매우 중요하다.

## 주요 용어

**개인주의-집단주의**(Individualism-collectivism)
**남성성-여성성**(Masculinity-femininity)
**본국인**(Parent-country nationals: PCNs)
**장기 및 단기 지향**(Long-term and short-term orientation)
**제3국인**(Third-country nationals: TCNs)
**초국가적 범위**(Transnational scope)
**해외주재원**(Expatriate)
**현지인**(Host-country nationals: HCNs)
**권력거리**(Power distance)
**본국**(Parent country)
**불확실성 회피**(Uncertainty avoidance)
**제3국**(Third country)
**초국가적 대표성**(Transnational representation)
**초국가적 프로세스**(Transnational process)
**현지국**(Host country)

## 토의과제

01. 본 장의 앞부분에서 언급되었던 것들 이외에도 시장의 국제화를 촉진하는 현재의 추세와 사건들에는 어떤 것들이 있을까?

02. 홉스테드(Hofstede, 〈표 12.2〉 참고)에 따르면, 미국은 권력거리가 낮고 개인주의 및 남성성이 높으며, 불확실성 회피 및 장기 지향성이 낮다. 반면, 러시아는 권력거리가 높고, 개인주의가 중간수준이며 남성성이 낮고, 불확실성 회피가 높으며, 장기 지향성은 낮은 것으로 나타났다. 많은 미국 관리자들은 자신들의 인적자원관리 관행들을 러시아에 이식

하고 있다. 과연 다음의 관행들이 얼마나 수용가능하다고 생각하며 그 이유는 무엇인가? a) 선발을 위한 개인 역량의 광범위한 평가, b) 개인 중심 평가제도, c) 제안제도, d) 자율 작업팀.

03. 본 장에서는 정치적 · 법률적 체제와 경제체제가 한 나라의 문화를 반영할 수 있다고 언급한다. 구 동구권 국가들은 정치적 · 법률적 체제와 경제체제가 바뀌고 있는 듯 보인다. 이러한 변화는 그들의 문화에 의해 야기되는 것일까? 아니면 문화가 이러한 체제를 변화시키는 능력에 영향을 미치는 것일까? 이유는 무엇일까?

04. 글로벌 참여의 다양한 수준에 대해 생각해 보자. 여러분이 잘 알고 있는 기업들 중 어떤 기업들이 다양한 수준의 참여를 보이고 있는가?

05. 휴가로든 일로 인해서든, 다른 문화권에서 역할을 수행했어야 했던 때를 생각해 보자. 직면했던 주요 장애물들은 무엇이었으며 어떻게 대처했나? 스트레스가 많았던 경험들이 었나? 그 이유는 무엇인가? 회사는 해외주재원들이 스트레스에 대처할 수 있도록 어떻게 도울 수 있나?

06. 오늘날의 글로벌 시장에서 경영관리를 할 수 있으려면 어떤 유형의 기술이 필요한가? 이러한 기술들은 어디에서 얻을 수 있을까? 어떤 수업이나 경험이 필요할까?

사례연구

## 해외주재원 현지 적응을 위한 HR의 과제

세계적인 경기침체의 상황에서도 한국의 대표 기업들은 여전히 매출규모나 브랜드 인지도 측면에 있어 글로벌 시장에서 두각을 나타내고 있다. 이러한 한국기업의 성공적인 해외진출과 시장에서의 지속적인 성장의 원인을 분석해 보면 글로벌 영토 확장의 첨병역할을 수행한 해외주재원의 역량과 성공적인 임무수행과 관련이 있다. 기업이 글로벌 시장으로 제품과 서비스의 판매를 다각적으로 확대하고 있는 상황에서 HR부서의 역할은 경영층의 전략적 파트너로서의 통찰력 있는 현지 시장 파악과 이문화 이해 능력을 갖춘 관리자를 채용하고, 성공적으로 해외 임무를 수행할 수 있도록 체계적으로 지원하는 데 있다.

해외주재원은 파견국에서 현지 임무를 수행하는 관리자의 역할뿐만 아니라 국제경제 관리자는 물론 본사와 현지를 이어주는 네트워크 허브의 역할도 수행해야 한다. 이에 따라 파견국가에 대한 사전지식과 함께 글로벌 역량을 충분히 갖춘 해외주재원을 선발하여 회사의 사업전략을 고려하여 배치하는 운영 노력이 무엇보다도 중요하다. 해외주재원의 경력관리 프로세스는 인력 Pool을 토대로 사내외 모집에서부터 시작하여 선발-파견자 교육-배치-해외근무-귀임 등의 주요 과정으로 구분할 수 있으며, 각 단계별 HR부서의 역할과 적절한 개입 및 지원이 요구된다.

### 국내외 해외주재원 관련 연구

최근 미국에서 개최된 HR 관련 컨퍼런스에서도 다양한 세션에서 해외주재원 관리와 이문화 · 다양성에 관련된 학자들의 연구와 관심사가 증가하고, 그 관심의 대상도 변화하고 있다. 초기 해외진출 단계에서 대부분의 기업들은 해당 파견국가를 대상으로 본사의 직원을 해외주재원으로 파견하고, 이를 통해 본국의 기업정신과 이념, 업무방식, 기술교육 등을 실행하는 방법을 채택하였으며 해외주재원으로 대상이 한정되어 있었다. 그러나 최근에는 새로운 문제의식의 생성과 연구방향의 확장을 통해 점차적으로 현지인을 포함한 전 직원을 대상으로 한 글로벌 역량 관련 교육과 HR 지원의 중요성을 인식하고 역점을 두고 있다.

최근 수행된 연구를 토대로 국내외 해외주재원 육성 및 관리 주제영역을 보다 세부적으로 살펴보면 이문화, 일과 삶의 균형, 해외적응, 현지임무, 직무만족, 경력관리, 가족적응, 선발, 업무성과, 여성주재원, 파견교육, 귀임주재원, 언어, HR 지원, 문화지능 등 다양한 주제가 포함되어 있다. 이 중에서 국내 연구의 대다수는 현지적응, 귀임주재원, 현지업무, 선발 등에 대한 내용이 많은 부분을 차지하고 있는 반면 해외연구의 경우에는 이문화, 업무성과, HR 지원, 경력관리, 파견교육, 가족적응 등으로 연구의 초점이 다소 다른 것으로 나타났다.

### 시기별 해외주재원 지원체계 수립

해외주재원의 성공적인 임무수행을 위해서는 출발 전 교육훈련부터 파견국의 생활환경 및 관련 지역정보가 충분히 포함되어야 한다. 중요한 사실은 해외주재원들은 이문화 적응 프로세스에 대해서 충분히 사전에 교육을 받아야 하며, 그 과정을 통해 파견국에서 경험하게 될 문화적 충격과 변화에 대해 준비할 수 있도록 지원해 주어야 한다는 것이다. 국내기업에서 수행하고 있는 해외주재원 교육은 일반역량과 파견지역에 대한 정보제공 등으로 구분된다. 일반역량과 관련된 교육훈련의 경우 파견국이 다르더라도 전반적인 글로벌 경영환경 이해, 역량진단 분석, 이문화 이해, 글로벌 비즈니즈 매너 등 보편적으로 적용할 수 있는 내용을 중심으로 전달하고 있다. 파견지역 정보는 주로 파견국의 정치 · 경제 · 사회 · 문화 · 역사 등의 일반적인 현황, 현지 정착정보 등으로 구성된다.

현지에서 원활한 업무수행 및 국가적응을 통한 업무성과 향상을 위해서 해외주재원들이 출발 전에 반드시 준비해야 할 사항은 두 가지이다. 첫째, 업무수행과 관련하여 현지법인의 관련 규정 및 업무매뉴얼 학습, 본사와의 업무네트워크 확인, 파견될 조직 · 팀의 업무 프로세스, 파견될 조직 · 팀의 구조 및 현지채용인과의 관계 등에 대해서는 사전에 반드시 확인할 필요가 있다. 둘째, 파견국 문화적응을 위해서는 주재국 역사나 화폐, 교통, 시간대 및 업무시간과 같은 실생활에 필요한 것들은 물론 주재국과 본국 간 관계를 포함한 주요 정치 · 경제 현안, 문화적 가치 및 우선순위, 종교의 일상생활에서의 역할 등에 대해 학습이 필요하다.

파견국에 도착한 초기 단계에는 해외주재원에게 본국과 파견국의 문화적 차이를 인식하도록 지원하는 교육과정이 반드시 필요하다. 이렇게 문화적 인식이 증가하는 시점에서는 자민족 중심주의(ethnocentrism)가 점차 감소하는 경향을 띠게 된다.

해외주재원들이 파견국에 도착하고 장기간 현지에서 생활할 경우 나타나는 현상 중 하나가 문화적 충격(culture-shock)이다. 이 단계에서도 파견국 현지실정에 맞게 설계된 적절한 심리안정 프로그램이 제공되어야 한다. 즉, 개개인이 직면하고 있는 업무적 · 문화적 환경에 어떻게 조화롭게 대응할 것인가에 대해 인식할 수 있는 매뉴얼을 제공해야 한다. 해외주재원들이 순응단계(conformist phase)에 도달하였을 때는 직접 업무를 수행하며 배우는 단계까지 진입하게 된다. 파견국의 현지 채용인들과 업무상 및 비업무상 접촉횟수도 현저히 증가하며, 이들과의 협업을 통해서 파견국에서의 새로운 행동방식을 습득하고 몸소 체화하게 된다. 이때에는 다양한 형태의 정형화 · 비정형화된 교육이 활용될 수 있다. 현지인들의 즉각적인 피드백을 통해서 적응력이 강화되고, 실제 생활에도 투영되면서 적응단계(adaptation phase)에 도달하게 된다.

출처: 윤동열(2019), 해외주재원 지원과 HR의 과제, 월간인사관리(2019.7월호) 중 일부를 발췌함.

CHAPTER 13

# 인적자원관리 기능의 전략적 관리

**학습목표** **이 장을 읽고 나면 다음을 수행할 수 있어야 한다.**

01 현대 기업에서 인적자원관리가 담당하는 역할과 인적자원관리 활동의 종류를 설명할 수 있다.

02 어떻게 인적자원관리 기능이 사명과 시장을 정의할 수 있는지를 논의할 수 있다.

03 인적자원관리 관행의 효과성을 평가하는 접근법을 설명할 수 있다.

04 인적자원관리부서의 새로운 구조를 서술할 수 있다.

05 아웃소싱이 인적자원관리 서비스 운영 효율성과 효과성을 어떻게 향상시키는지를 설명할 수 있다.

06 프로세스 리엔지니어링이 인적자원 기능 재설계와 어떻게 관련되는지를 설명할 수 있다.

07 인적자원관리의 효율성과 효과성을 개선할 수 있는 새로운 기술 유형을 소개할 수 있다.

08 인적자원담당 임원이 전략적 파트너가 되기 위해 필요한 역량을 열거할 수 있다.

## 도입

이 책에서 일관되게 주장하는 내용은 인적자원관리 관행이 기업의 경쟁우위 확보에 도움을 줄 수 있다는 것이다. 기업 내·외부의 환경을 관리하는 관행으로서 작업설계 및 작업결과 측정, 인적자원 확보, 육성 및 보상 등을 설명하였다. 또한 이들이 어떻게 기업 경쟁우위 확보에 기여하는지를 보여주기 위해 최근 연구 및 실무 관행을 제시하였다. 인적자원관리부서 기능은 계속 진화하고 있다. 인적자원관리는 처음에는 단순한 업무처리적인 기능으로 출발했지만, 이제 대다수 인적자원담당 임원은 인적자원관리의 전략적 기능을 핵심으로 생각한다. 이러한 인적자원관리 기능 진화로 인해 현 인적자원담당자가 보유하고 있는 기술 및 역량과 새로 강조되는 추가적 기술과 역량 간의 불일치가 나타나고 있다.

많은 우수기업의 인적자원관리부서는 기존의 역할을 수행하면서 동시에 새로운 전략적 역할을 담당할 수 있는 전환과정을 순조롭게 진행하고 있다. 전 세계적으로 진행되고 있는 이러한 전환과정을 어떻게 관리하는지를 설명하는 것이 본 장의 목적이다. 본 장에서는 첫째, 인적자원관리부서의 다양한 활동을 설명한다. 이어서 시장지향 또는 고객지향적인 인적자원관리부서 기능을 개발하는 방안을 설명하면서 현재의 인적자원관리부서 구조를 보여줄 것이다. 또한 인적자원관리 기능을 위해 사용되고 있는 다양한 소프트웨어 프로그램에 대해 토론할 것이며, 향후 인적자원관리 전문가에게 필요한 역량을 점검하고, 마지막으로 기업의 성공을 위해 필요한 인적자원관리 임원 역할에 관한 분석을 제공할 것이다.

## 인적자원관리 활동

인적자원관리 분야에서 진행되고 있는 변화를 이해하기 위해서는 인적자원관리 각 활동이 전략적으로 얼마나 가치 있는지를 이해하는 것이 필요하다. 인적자원관리 활동을 분류하는 방식의 하나로 〈그림 13.1〉을 살펴보면, 거래적(transactional) 활동은 복리후생관리, 서류관리, 그리고 종업원 서비스와 같은 일상적 활동과 관련되는 것으

**그림 13.1 인적자원관리 활동 유형과 시간투자 비율**

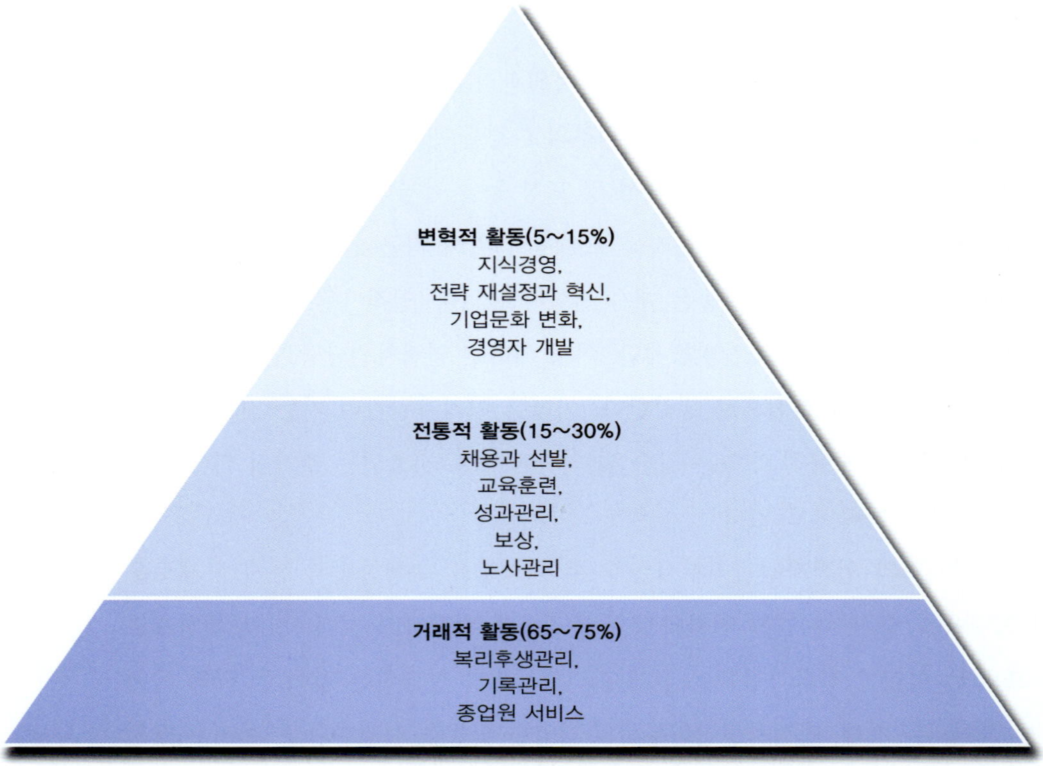


출처: P. Wright, G. McMahan, S. Snell, and B. Gerhart, *Strategic Human Resource Management: Building Human Capital and Organizational Capability*. Technical report. Cornell University, 1998.

로 전략적 가치가 낮다. 전통적(traditional) 활동은 성과관리, 종업원 훈련, 모집, 채용, 보상관리, 그리고 노사관계관리와 같은 인적자원관리의 핵심 기능을 말한다. 이들은 전략 실행을 위한 제도와 시스템을 형성하기 때문에 전략적 가치는 중간 정도이다. 예를 들면, 인적자원관리의 역할 중 하나는 영업사원이 외국에서 영업활동에 몰입할 수 있는 합법적 활동에 관한 정책을 정립하는 것이다. 변혁적(transformational) 활동에는 기업의 장기적 역량과 적응력을 창출하는 활동으로, 지식경영, 경영자 개발, 기업문화 변화, 전략 재설정 및 혁신 활동 등이 포함되는데, 이들은 기업에 가장 큰 전략적 가치를 제공한다.

이 그림에서 볼 수 있듯이, 인적자원관리 활동의 대부분은 거래적 활동에 많은 시간을 투자하고, 전통적 활동에는 약간의, 그리고 변혁적 활동에는 극소수의 시간만을 투자하고 있다. 하지만 인적자원관리 활동이 궁극적으로 가치창출에 기여하기 위해서는 전통적 및 변혁적 활동에 더 많은 시간을 투자해야 할 것이다. 이를 위해 인적자원 담당 임원은 ① 인적자원관리 기능을 위한 전략을 설정하고, ② 인적자원관리 활동의 효과성을 평가하며, ③ 효율성과 효과성을 높이기 위한 인적자원관리 재설계, 리엔지니어링 및 아웃소싱을 실행하는 것이 필요하다.

## 인적자원관리 기능의 전략적 관리

인적자원관리의 역할과 활동이 매우 다양하기에 모든 것을 훌륭하게 수행하기는 현실적으로 쉽지 않다. 시간, 예산 및 인원의 제약을 고려하여 인적자원담당 임원은 인적자원관리 활동을 위한 자원을 어떻게 배분할 것인지를 전략적으로 선택할 수밖에 없다. 제2장에서 전사 수준의 전략경영 절차와 이 과정에서 인적자원관리부서 역할에 대해 설명하였다. 인적자원관리부서는 기업의 전략 수립과 전략 실행을 위해 인적자원 기능을 정렬하는 전략적 파트너의 역할을 담당한다. 하지만 인적자원관리부서의 방향이 정말로 전략적이기 위해서는 그 자체가 독립된 사업의 실체로서 다양한 내부 고객을 위해 전략적으로 관리되어야 한다. 이런 측면에서 인적자원관리의 최근 경향 중의 하나는, 인적자원담당 임원이 전사적 품질관리(TQM) 철학에 기반하여 고객지향적인 접근법을 취하는 것이다. 다시 말하면 전사 수준의 전략경영 프로세스를 인적자원관리부서에 그대로 적용하는 것이다.

〈그림 13.2〉를 보면, 미국기업에서는 인적자원관리 임원을 전략적인 사업단위로 인식하여 고객 유형이나 고객요구 및 필요한 기술에 근거하여 인적자원관리부서의 사업을 정의한다. 예를 들면, 타이어 회사 굿이어(Goodyear)의 인적자원관리 전 임원 루코(Joe Ruocco)는 인적자원관리 기능이 고객지향적이어야 한다고 말한다. 〈그림 13.3〉을 보면 알 수 있듯이 굿이어는 회사의 사업과 종업원을 주된 고객으로 보고 있다. 그림을 보면 회사가 고객의 요구에 따라 다른 방법과 과정을 제공하고 있는 것을 알 수 있다.

고객지향성은 인적자원관리부서가 전략적으로 변화하기 위해 필요한 것 중 하나이다. 이를 위해서는 무엇보다도 먼저 고객이 누구인지를 정의해야 한다. 인적자원관

**그림 13.2** 인적자원관리의 고객지향 관점

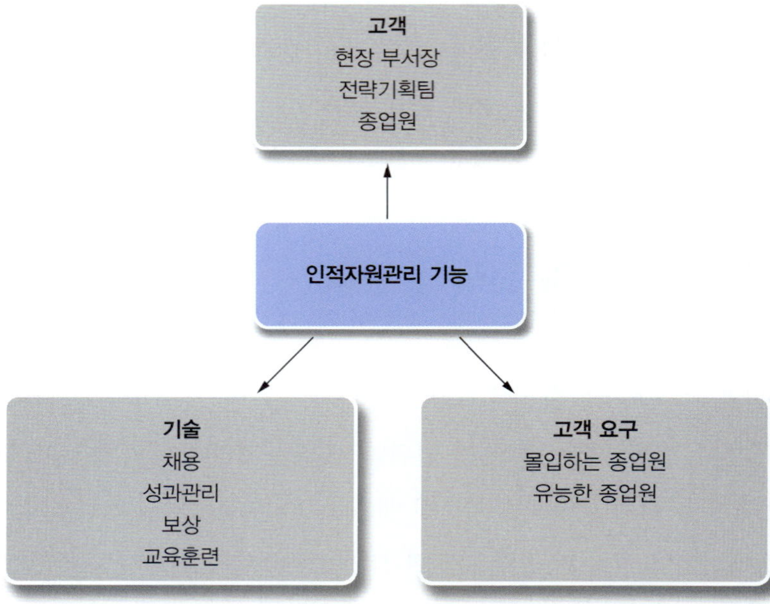


**그림 13.3** 굿이어의 인적자원관리 고객지향 관점

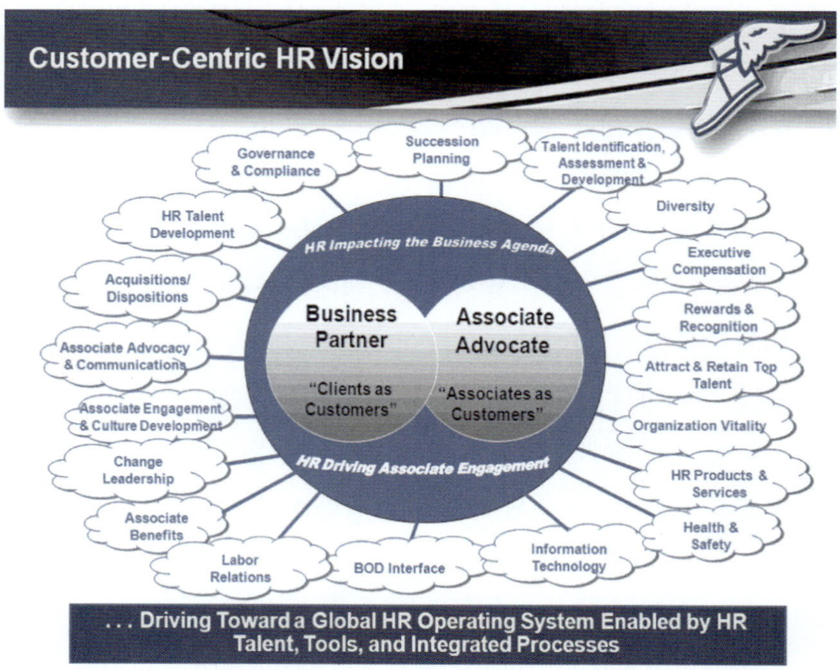


출처: Courtesy of former Goodyear chief HR officer Joe Ruocco.

리 서비스를 필요로 하는 현장의 일선조직 부서장은 당연히 인적자원관리부서의 고객이다. 또 다른 고객은 전략기획팀인데 이들은 종업원 지향적으로 사업문제를 정의, 분석, 제안하는 것이 필요하기 때문이다. 종업원 역시 고객인데, 인적자원관리부서에 의해 그들의 보상이 결정되고 관리되기 때문이다. 그리고 인적자원관리부서의 성과물이 반드시 정의되어야 한다. 현장 일선조직의 부서장은 조직에 헌신하는 고품질의 종업원을 원한다. 전략기획팀은 기획과정과 관련된 정보 및 전략적 계획을 지원하는 프로그램을 원한다. 종업원은 일관성 있고, 적절하며, 공정한 보상 및 복리후생을 원하며, 또한 공정한 승진 의사결정을 기대한다.

사우스웨스트 항공(Southwest Airlines)의 인적자원관리부서는 인적자원 서비스를 받은 모든 고객, 즉 종업원을 대상으로 그들의 수요가 얼마나 충족되었는지를 조사한다. 마지막으로 고객요구를 충족시키기 위해 사용되는 기술은 만족 정도에 따라 달라진다. 채용시스템을 통해 조직에서 필요로 하는 지식, 기술 및 능력(KSA)을 보유한 종업원을 선발해야 한다. 교육훈련시스템은 현장 사업부서의 부서장과 종업원 수요를 동시에 만족시켜야 한다. 이를 위해서는 종업원에게 개발기회를 제공하여 자신의 인적자본 수준을 향상시키고 그 결과 조직에 가치를 제공할 수 있도록 해야 한다. 성과관리시스템은 종업원에게 회사가 자신에게 무엇을 기대하는지를 명확히 전달하고, 현장 부서장과 전략기획자에게는 종업원의 행동이 회사의 목표와 잘 정렬되어 있음을 알려야 한다.

마지막으로 보상시스템은 모든 고객, 즉 현장 사업부서의 부서장, 전략기획자, 종업원에게 유사한 혜택을 제공해야 한다. 이러한 시스템은 현장 관리자에게는 종업원이 조직을 위해 그들의 기술을 사용하고 있음을 확신시키며, 전략기획자에게는 모든 종업원이 전략적 계획을 지원하는 방향으로 노력하고 있음을 확신시켜야 한다. 당연히 보상시스템은 종업원에게 자신의 기술과 노력의 투입에 상응하는 공정한 보상을 제공하고 있음을 확인시켜 주어야 한다.

# 인적자원전략의 수립

## 기본과정

인적자원관리의 각 기능은 어떻게 전략을 수립하는가? 20개 기업 사례분석을 통해 라이트(Wright)와 그의 동료들은 회사 사업전략을 지원하는 인적자원전략 수립에 관한 일반적 접근법을 제시하였는데, 이는 사업전략 개발과정과 상당히 유사하다. 〈그림 13.4〉처럼 첫 번째 단계는 조직에 영향을 미칠 수 있는, 예를 들면 향후 인재 부족, 이민자 증가, 고령화 등과 같은 추세나 사건이 무엇인지를 확인하기 위해 환경 요인을 탐색하는 것이다.

**그림 13.4** 인적자원전략의 기본과정

다음으로는 '회사가 계속 성장할 것인가?'와 같은 전략적인 사업 이슈나 필요 등을 점검하는 것이다. 〈그림 13.5〉는 굿이어의 주요 사업전략 우선순위를 보여주고 있으며, 이 사례에서 볼 수 있듯이 명확한 전략적 우선순위는 인재 유치, 동기부여, 인재유지이다. 이러한 이슈들로부터 인사전략팀은 비즈니스 성공을 위해 반드시 해결해야 할 특정 구성원 관련 이슈들(잠재적 리더십 공백, 기술 전문성 부족, 다양성 부족 등)을 파악할 필요가 있다. 이 모든 정보는 인사전략을 수립하는 데 활용되며, 이는 주요 우선순위와 개발되거나 실행되어야 할 프로그램, 정책, 프로세스에 대한 상세한 계획을 제공한다. 마지막으로 이 인사전략은 내부와 외부의 관련 당사자들에게 전달된다. 다시 〈그림 13.6〉에 묘사된 굿이어의 인재경영전략은 인사전략이 해결하고자 하는 주요 우선순위 영역뿐만 아니라 노동시장에서 얼마나 차별화를 추구하고 있는지를 보여준다. 이처럼 인적자원전략은 인적자원관리부서의 구성원에게 어떻게 그리고 어떤 영역에서 자신이 회사에 영향을 미칠 수 있는지 이해할 수 있게 해준다.

그림 13.5 굿이어의 사업전략 우선순위

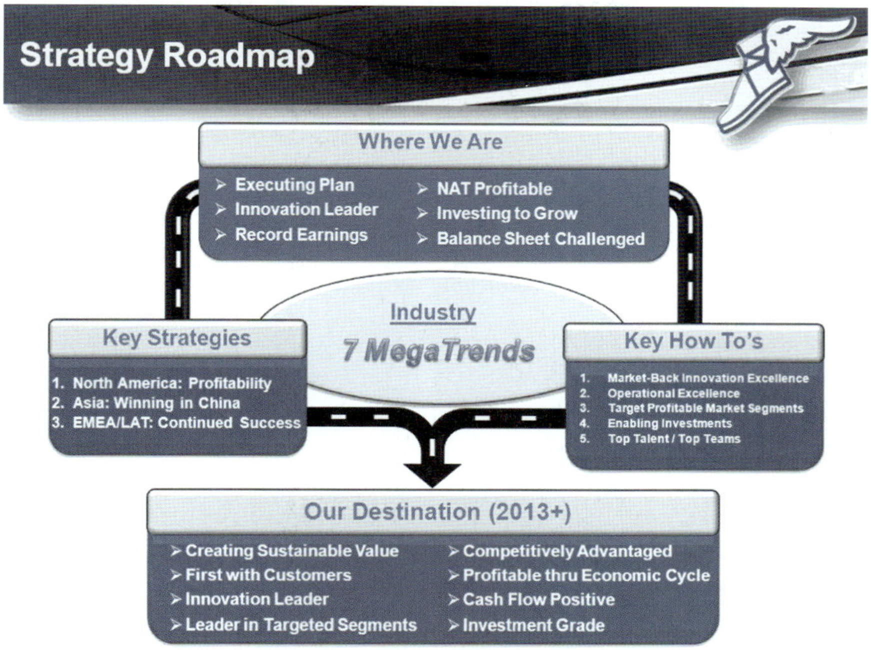


그림 13.6 굿이어의 글로벌 인재관리 과정

따라서 인사전략은 개인이 회사에 어떠한 영향을 미칠지 이해할 수 있도록 도와줌으로써 인사를 안내하는 프레임워크이다. 구글(Google)의 경우 아래와 같은 네 가지 인재운영 전략을 설정하고 있다:

1. "찾고, 성장시키고, 유지시켜라." 구글을 위해 일할 훌륭한 인재를 찾고, 자신의 능력을 향상시키고, 그들이 회사를 떠나지 않고 일할 수 있도록 최선의 노력을 다해야 함을 말한다.
2. "우리의 고객을 우선으로." 이 목표는 구글이 어떤 회사인지를 말해주는 것으로 인적자원관리부서는 고객, 즉 모든 구글 구성원을 어떻게 생각해야 하는지를 말해준다.
3. "남을 도와주기 전에 먼저 자신의 산소마스크를 착용하라." 많은 기업에서 인적자원관리부서는 다른 사람을 도와주면서 정작 자신의 부서 구성원을 성장시키고 개발시키는 일에 소홀하다. 이는 결국 인적자원관리부서의 가장 유능한 직원이 다른 회사의 인적자원관리부서의 수장으로 스카우트되게 만들고, 회사 구성원을 도와주는 인적자원관리부서 고유의 기능을 충실히 수행할 수 없게 만든다.
4. "빈 공간을 일부러 남겨두라." 구글의 사업환경은 매우 급속히 변화하기 때문에 많은 불확실성이 존재한다. 불확실성은 사람의 자발적 노력을 감소시키고 만족도를 낮춘다. 나아가 덜 협조적이고, 동료와 불필요한 경쟁을 유도하고, 결국 동료가 회사를 떠나게 만든다. 그러므로 이 목표는 구글의 내·외부 환경의 매우 역동적인 속성을 확실히 이해시키기 위한 노력으로 설정된 것이다.

## 사업담당 임원의 개입

이 과정은 사업담당 임원이 참여할 수 있는 가능성을 다양한 방법으로 제시한다. 인사전략은 사업과 관련된 이슈를 다루기 때문에, 사업담당자를 개입시키는 것은 인사전략 수립에 필요한 정보의 질을 향상시키게 된다. 이를 위해서는 다음과 같은 방법들이 사용된다. 첫째, 사업담당 임원으로부터 사업과 관련된 어려움이나 전략에 관한 설문조사, 인터뷰를 통해 정보를 제공받는다. 둘째, 인사전략 수립을 위한 팀원으로 직접 참여시킨다. 셋째, 인사전략 수립 후 인사전략 정보에 관해 의사소통한다. 마지막으로, 인사전략이 사업에 도움이 되는지를 판단하여, 이를 공식적으로 승인한다. 가장 선진화된 기업은 네 가지 방법을 모두 활용하고 있는데, 많은 임원으로부터 정보를 제공받고, 그들 중 한두 명을 팀원으로 참여시키며, 인적자원전략에 관해 전 임원과 소통하고, 고위 임원으로부터 인적자원전략을 승인받는다.

## 인사전략의 분류

〈그림 13.7〉을 보면, 한 연구에서 활용한 20개 기업의 인사전략과 사업연계 방식은 다양한 수준에서 발생한다는 사실을 보여주고 있다. 첫째, 가장 초보적인 방법인 '인적자원 중심' 접근법은 인적자원 관련 결과물이 사업과 어떻게 관련되는지에 근거하지 않고, 현재 인적자원관리부서 활동이 무엇인지를 중심으로 인적자원 기능을 구체화하는 것이다. 둘째, '인적자원 연계' 방법은 인적자원관리부서 활동을 종업원 관련 이슈에 따라 명확하게 정의하고, 발전시켜, 서로 일관성을 가지게 하는 것이다. 그러나 아직 사업과 관련된 이슈는 고려되지 않는다. 셋째, '사업 연계' 방법은 우선

**그림 13.7** 인사전략 개발 접근법

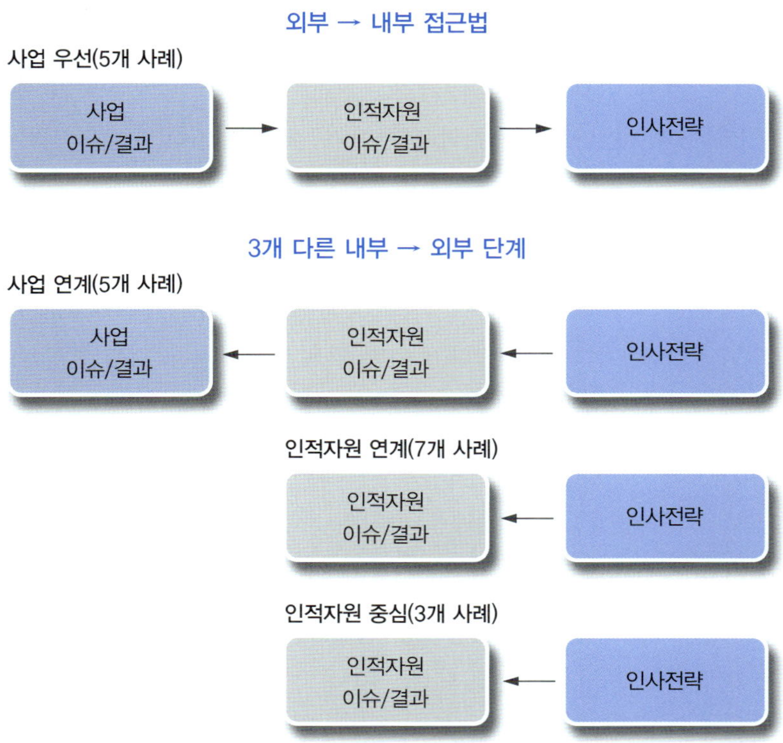

**그림 13.8 크로거(Kroger)의 리더십 모델**

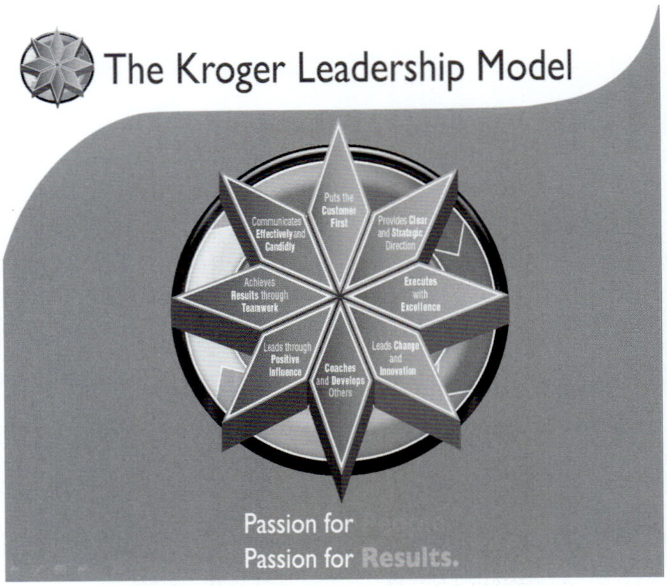


출처: Courtesy of Kroger chief HR officer Katy Barclay.

인적자원관리부서가 무엇을 하는지를 평가하고, 이어 추구해야 하는 인적자원과 관련된 성과가 무엇인지 확인한 후, 이들이 사업성과와 어떻게 연결되는지를 평가한다. 마지막으로 '사업 우선' 방법은 주요한 사업 차원의 요구와 이슈를 우선적으로 확인하고, 이를 위해 직원이 무엇을 어떻게 해야 하는지를 고려한 후, 이러한 요구에 맞는 인사전략을 수립한다.

예를 들면, 미국의 최대 슈퍼마켓 체인 크로거(Kroger)는 유통업에서 경쟁력을 확보하기 위해 새로운 전략을 추구하면서 구성원에게 새로운 리더십 접근방식을 요구하고 있다. 〈그림 13.8〉은 전략을 수행하기 위해 필요한 새로운 리더십 역량의 필요성을 보여주고 있다. 이 회사에서 대체로 요구하는 리더십은 사람에 대한 열정과 결과에 대한 열정을 요구하며, 이런 열정을 갖추기 위한 보다 세부적인 역량을 확보하길 원한다. 인사전략은 회사의 성공을 결정짓는 사업이 직면한 이슈를 도울 수 있어야 한다. 인재를 발견하고 유지하는 것은 점점 더 중요한 이슈가 되고 있으며, 궁극적으로 모든 인적자원 기능은 이를 포함하는 전략을 수립해야 한다.

## 인적자원관리 효과성 측정

인적자원관리의 전략적 의사결정 과정은 의사결정자가 현재 인적자원관리 기능의 효과성을 평가할 수 있는 능력을 가지고 있어야 한다. 이 정보를 기초로 어떤 절차나 과정, 또는 인적자원담당자의 어떤 능력이 개발되어야 하는지를 결정할 수 있다. 오랫동안 유지되어 왔던 거래적 활동 중심의 인적자원 기능은 시스템, 절차, 또는 기술이 최신의 전통적 활동에 충분하지 않으며, 변혁적 활동에는 거의 쓸모없는 경우가 많다. 따라서 인적자원 기능의 효과성을 진단하는 것은 인적자원관리를 전략적으로 관리하기 위해 필요한 핵심적인 정보를 제공해 준다. 또한 효과성을 제대로 측정하는 것은 다음과 같은 장점을 지닌다.

- **인적자원 기능의 마케팅** : 인적자원관리 효과성 평가는 인적자원관리부서의 기능이 조직 전체를 신경쓰고 있으며, 생산이나 영업 등 다른 부서를 지원하기 위해 노력하고 있음을 다른 관리자에게 알리는 역할을 한다. 원가절감 및 복리후생에 관한 정보는 인적자원 기능이 내부 구성원을 위하여 기여하고 있음을 보여주는 데 효과적이다. 그리고 인적자원관리부서의 활동범위를 넓히는 데 도움이 된다.
- **책임감 부여** : 인적자원관리 효과성 평가는 인적자원 기능이 설정된 목표를 달성하고 있는지 그리고 예산을 효과적으로 사용하고 있는지를 평가하게 해준다.

인적자원관리 효과성 측정을 위해 사용되는 방법은 일반적으로 2개의 접근방식이 있는데, 하나는 감사 중심 접근법이며, 다른 하나는 분석적 접근법이다.

### 감사 중심 접근법

**감사 중심 접근법**(audit approach)은 인적자원 영역의 다양한 결과물을 검토하는 것에 초점을 맞추는데, 주로 핵심지표와 고객만족도가 측정된다. 〈표 13.1〉은 채용, 고용평등, 보상, 복리후생, 훈련, 성과관리, 산업안전, 노사관계, 그리고 경영승계계획 영역에서의 핵심지표와 고객만족도 측정의 예를 보여준다. 데이터베이스 및 정보시스템의 발달로 핵심적인 지표를 수집, 저장하고 분석하는 일은 문서파일로 저장하던 이전 시대에 비해 훨씬 간편해졌다. 인적자원관리 기능은 전략적 관리 프로세스의 일부

**표 13.1 인적자원 기능에 대한 핵심지표 및 고객만족지표 예시**

| 핵심지표 | 고객만족지표 |
|---|---|
| **채 용**<br>• 요청인력 충원 평균 소요일수<br>• 채용제안 수락률<br>• 소수자/여성 지원자 비율<br>• 인당 채용비용<br>• 직군당 채용자 평균 경력/학력 | • 개인요구 기대치<br>• 현장책임자가 원하는 적임근로자의 적시 채용<br>• 지원자에 대한 적절한 대우<br>• 고용관계 종료자의 적절한 처리<br>• 변화하는 노동시장 적응력 |
| **고용평등**<br>• 고용기회평등(EEO) 관련 고충처리 비율<br>• 고용기회평등(EEO) 항목별 소수자 비율<br>• 소수자 이직률 | • 고용기회평등(EEO) 관련 고충처리 해결<br>• 적극적 고용개선조치를 위한 인적자원관리부서 지원<br>• 적합한 여성 및 소수자 확보 위한 적극적 채용 |
| **보 상**<br>• 인당 평균 임금인상률<br>• 전체 종업원 대비 급여등급 재조정자 비율<br>• 정규시간 대비 초과근무 비율<br>• 지역평균 대비 급여제시액 수준 | • 직무등급 및 급여수준 결정을 위한 직무평가의 공정성<br>• 지역노동시장에서의 경쟁력<br>• 급여와 성과 간의 관계<br>• 종업원의 급여 만족도 |
| **복리후생**<br>• 평균 실업급여(UCP) 지급 비율<br>• 평균 산업재해급여(WCP) 지급 비율<br>• 급여 대비 복리후생비용 비율<br>• 총급여 대비 유급병가비용 비율 | • 이의제기 처리의 적절성<br>• 복리후생정책 실행의 공정성 및 일관성<br>• 복리후생 내용의 전달<br>• 불필요한 이의제기 감소를 위한 현장 관리자에 대한 지원 정도 |
| **훈 련**<br>• 직군당 교육훈련 프로그램 참가자 비율<br>• 학자금 지원 수혜 종업원 비율<br>• 종업원 인당 교육훈련비 | • 프로그램의 종업원 및 회사 요구 충족 정도<br>• 교육훈련 기회에 대한 정보전달<br>• 소개/오리엔테이션 프로그램의 질 |
| **업적평가 및 개발**<br>• 업적평가 등급 분포<br>• 평가항목의 통계적 과학성 | • 유망 관리자 발굴 지원<br>• 인적자원관리부서의 조직개발활동 |
| **경영승계계획**<br>• 종업원 대비 승진 비율<br>• 외부충원 대비 내부충원 비율 | • 내부승진 정도<br>• 경력관리 지원 및 상담 |
| **산업안전**<br>• 사고 횟수/심각도<br>• 급여 1,000달러당 안전관련 비용<br>• 공장 평당 안전 손실률(화재, 도난 등) | • 현장 관리자의 안전 프로그램 실행 지원<br>• 현장 관리자의 잠재적 위험물 확인 지원<br>• 현장 관리자의 근무환경개선(조명, 청결, 난방 등) 실행 지원 |

**표 13.1 인적자원 기능에 대한 핵심지표 및 고객만족지표 예시**

| 핵심지표 | 고객만족지표 |
|---|---|
| **노사관계** | |
| • 직종별 고충처리 비율<br>• 작업 중단 횟수 및 기간<br>• 고충처리 해결 비율 | • 현장 관리자의 고충처리 해결 지원<br>• 공장내 협동심 고양 노력<br>• 공장내 노사관계 분위기 감독 노력 |
| **전반적 효과성** | |
| • 종업원 수 대비 인적자원관리부서 인원 비율<br>• 결근율<br>• 인당 비용 대비 수익률<br>• 종업원 인당 순이익 | • 관리자 및 종업원에 대한 정확한 정보 전달<br>• 직원의 역량 및 전문성<br>• 회사와 인적자원관리부서의 업무협조 관계 |

출처: Reprinted with permission. Excerpts from Chapter 15, "Evaluating Human Resource Effectiveness," pp.187-222, by Anne S. Tsui and Luis R. Gomez-Mejia, from *Human Resource Management: Evolving Roles and Responsibilities*, edited by Lee Dyer. Copyright © 1988 by The Bureau of National Affairs, Inc., Washington, DC, 20037. To order BNA publications call toll free 1-800-960-1220.

로서 점점 더 고객지향적으로 되고 있다. 인적자원관리 기능이 더 고객지향적이기 위해서는 고객으로부터 수집하는 정보의 효과성이 중요하다. 일반적으로 고객으로부터 서비스의 효과성을 측정하기 위해 설문조사하는 것처럼, 인적자원관리 기능도 내부고객을 대상으로 설문조사가 가능하다.

중요한 내부고객 중의 하나는 종업원이다. 종업원은 급여나 복리후생 이슈에서는 직접적으로, 업적평가, 교육훈련 등을 통해서는 간접적으로 인적자원관리부서와 접촉하게 된다. AT&T, 모토로라, GE에서는 인적자원시스템의 고객인 종업원을 대상으로 태도와 관련된 조사를 정기적으로 실시한다. 하지만 인적자원관리 효과성을 종업원 입장에서만 측정하게 되면, 회사에 도움이 되는 것이 아니라 종업원 개인에게 도움이 되는지의 입장에서만 평가하는 문제가 발생한다. 예를 들면, 종업원은 급여 수준에 대해 끊임없이 불평하지만, 급여를 점진적으로 증가시키면 기업 입장에서 인건비가 증가하게 된다.

많은 기업에서 현장 사업부서 임원을 대상으로 설문조사를 실시하고 있는데, 이는 종업원을 대상으로 하는 것보다 인적자원 기능 효과성을 평가하기에 더 적절하다. 현장의 최고책임자는 인적자원시스템과 제도의 영향을 종업원 측면과 기업의 전략적 측면을 동시에 고려하여 평가할 수 있기 때문이다. 또한 이를 통해 인적자원 기능 효과성에 대한 인적자원담당자의 생각과 현장의 생각이 얼마나 일치하는지 확인할 수

▎그림 13.9 인적자원관리 역할 효과성에 대한 인적자원담당 임원과 일선조직 현장 임원의 평가 비교

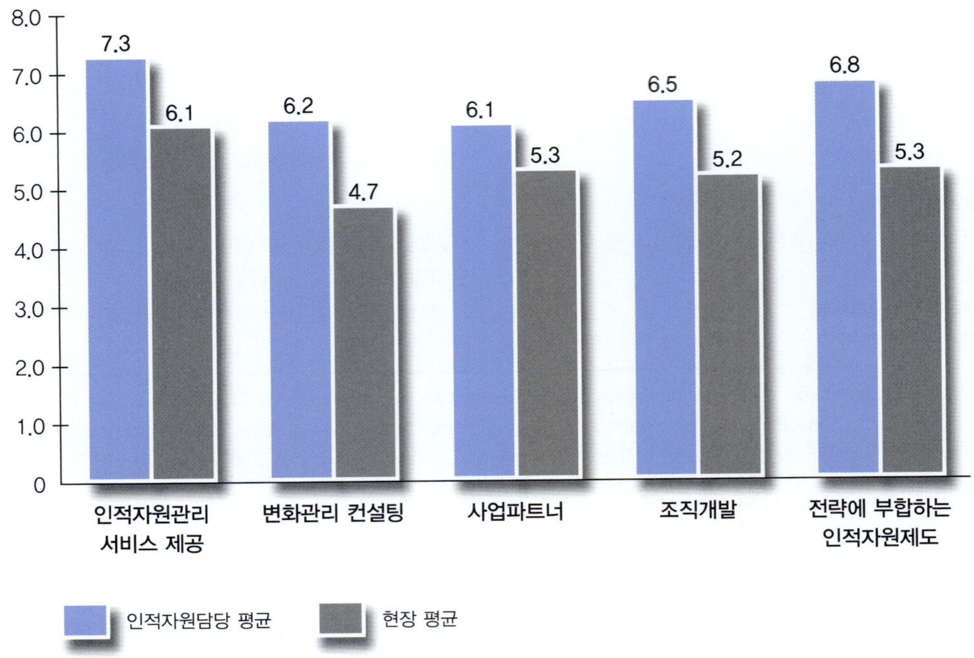


출처: P. Wright, G. McMahan, S. Snell, and B. Gerhart, "Comparing Line and HR Executives' Perceptions of HR Effectiveness: Services, Roles, and Contributions," *Human Resource Management* 40 (2001), pp.111-123.

있다. 14개 기업을 대상으로 한 연구에 따르면 인적자원담당 임원과 현장 임원 모두 채용이 가장 효과적이며, 교육훈련이 가정 비효과적이라는 사실에는 일치하였으나, 절대적인 수준에서 인적자원 기능이 얼마나 효과적인지에 대해서는 양측의 의견이 상이하였다. 〈그림 13.9〉는 제반 인적자원 기능 효과성에 대한 인적자원담당 임원 생각과 현장 임원 생각이 상이함을 보여준다. 덧붙여, 〈그림 13.10〉은 인적자원담당 임원에 비해 현장 임원은 인적자원관리의 조직 효과성에 대한 기여를 더 낮게 평가하고 있음을 보여준다.

## 분석적 접근법

**분석적 접근법**(analytic approach)은 ① 교육훈련 프로그램 또는 보상제도 등과 같은 도입 프로그램 또는 제도가 기대하는 효과를 가져왔는지에 대한 평가, ② 인사제도 비

**그림 13.10** 인적자원관리의 공헌도에 대한 인적자원담당 임원과 일선조직 현장 임원의 평가 비교

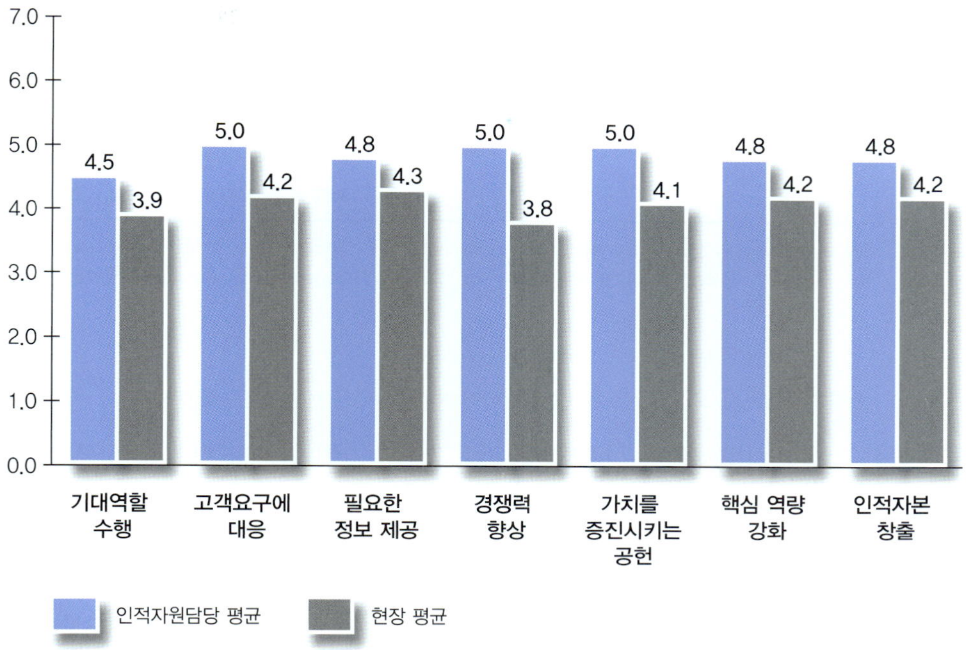


출처: P. Wright, G. McMahan, S. Snell, and B. Gerhart, "Comparing Line and HR Executives' Perceptions of HR Effectiveness: Services, Roles, and Contributions," *Human Resource Management* 40 (2001), pp.111-123.

용과 효과 측정, 그리고 ③ 조직 효과성을 높이기 위한 분석자료의 활용 등의 활동에 초점을 맞춘다. 기업은 교육훈련 프로그램이 종업원의 학습, 행동, 결과에 어떻게 영향을 미치는지를 평가한다. 교육훈련 프로그램을 평가하는 것은 그 프로그램이 제대로 작동하는지를 확인하는 전략 중의 하나이다. 일반적으로 효과성에 대한 전반적 평가 중 프로그램 도입으로 인한 변화 정도가 어느 정도인지에 대해 관심을 가진다.

두 번째 전략은 투입된 모든 비용을 고려하여 교육훈련 프로그램의 화폐가치를 계산하는 것이다. 이 방법에서는 변화 정도는 중요하지 않으며, 대신 비용 대비 효익이라는 화폐가치가 중요하다. 〈표 13.2〉는 일반적으로 포함되는 비용과 효익을 보여준다.

인적자원회계 접근법(human resource accounting approach)은 인적자원의 가치를 공장이나 설비 등과 같은 물적자원이나 현금처럼 재무자원 등의 화폐가치로 환산한다. 효용분석(utility analysis)은 결근, 이직, 직무성과, 약물남용 등과 같은 종업원 행동의 재무적 효과를 측정한다. 예를 들어, 건강 프로그램은 직원들의 심장병과 암 위험

**표 13.2 비용 대비 효익분석 형태**

| 인적자원회계 | 효용분석 |
|---|---|
| • 급여의 자산처리(capitalization)<br>• 지급예정 급여의 현가계산(NPV)<br>• 인적자본 및 인적자본 투자수익률 | • 이직비용<br>• 결근 및 병가 비용<br>• 선발 프로그램을 통한 이득<br>• 긍정적인 종업원 태도의 영향<br>• 교육훈련 프로그램의 재무적 이득 |

출처: A. S. Tsui and L. R. Gomez-Mejia, "Evaluating HR Effectiveness," in *Human Resource Management: Evolving Roles and Responsibilities*, ed. L. Dyer(Washington, DC: Bureau of National Affairs, 1988), pp.1-196.

을 줄임으로써 의료비용을 줄이는 인기 있는 HRM 프로그램이다. 한 연구는 콜로라도의 212개 사업체에서 직장 건강 프로그램의 가치를 조사했다. 2,458명의 직원으로부터 얻은 결과는 건강 프로그램이 여러 위험요소를 상당히 감소시켰으며(〈표 13.3〉 참고), 프로그램에 투자한 1달러당 2.03달러의 비용을 절감한 것으로 나타났다. 이와 같은 결과는 인적자원 프로그램이 실제로 회사의 가치를 어떻게 높일 수 있는지 보여주고 있다.

분석적 접근법은 구체적인 통계와 재무수치를 이용하기 때문에 감사 중심 접근법

**표 13.3 작업장 건강 프로그램으로 인한 위험요소 감소**

| 내용 | 감소 |
|---|---|
| 신체적 운동 부족 | (-6.5%) |
| 나쁜 식습관 | (-5.8%) |
| 높은 스트레스 | (-3.5%) |
| 우울증 | (-2.3%) |
| 비만 | (-2.0%) |
| 높은 알콜 소비 | (-1.7%) |
| 흡연 | (-1.3%) |
| 높은 콜레스테롤 | (-0.9%) |
| 고혈압 | (-0.3%) |
| 고혈당 | (-0.2%) |

출처: R. Goetzel, M. Tabrizi, R. Henke, R. Benevant, C. Brockbank, K. Stinson, M. Trotter, and L. Newman, "Estimating the Return on Investment from a Health Risk Management Program Offered to Small Colorado-based Employers," *Journal of Occupational and Environmental Medicine* 56, no. 5(May, 2014), pp.554-560.

**표 13.4 채용시험의 화폐가치를 계산하기 위한 분석 예**

| 비용–효익 정보 | | 계산 | |
|---|---|---|---|
| 현 종업원 수 | 4,404 | 양(quantity) | = 평균 근속연수 × 합격자 |
| 이직자 수 | 618 | | = 9.69년 × 618 지원자 |
| 합격자 | 618 | | = 5,988인년(person-years) |
| 평균 근속연수 | 9.69년 | | |
| | | 질(quality) | = 평균 시험점수 × 시험 타당도 × $SD_y$ |
| **시험 정보** | | | = 0.80 × 0.76 × 10,413달러 |
| | | | = 6,333달러/년 |
| 지원자 수 | 1,236 | | |
| 지원자 1인당 시험비용 | 10달러 | 효용(utility) | = (양 × 질) − 비용 |
| 총 시험비용 | 12,360달러 | | = (5,988인년 × 6,331달러/년) − 12,360달러 |
| 평균 시험점수 | 0.80 SD | | = 37.9백만 달러 |
| 시험 타당도 | 0.76 | | |
| $SD_y$(년간)* | 10,413달러 | | |

* $SD_y$: 직무성과의 1표준편차의 화폐가치. 대략 평균 급여의 40%임.

출처: J. W. Boudreau, "Utility Analysis," in *Human Resource Management: Evolving Roles and Responsibilities*, ed. L. Dyer (Washington, DC: Bureau of National Affairs, 1988), p.150; F. L. Schmidt, J. E. Hunter, R. C. McKenzie, and T. W. Muldrow, "Impact of Valid Selection Procedures on Work-Force Productivity," *Journal of Applied Psychology* 64(1979), pp.609–626.

보다 더 부담이 많은 방법이다. 비용과 효익 분석은 보다 섬세한 수준의 결과를 보여주고 있는데, 〈표 13.4〉는 컴퓨터 프로그래머 신입사원 선발용 테스트 비용 계산에 필요한 정보의 종류를 보여주고 있다.

마지막으로, 인적자원 분석은 기업 효과성을 증가시키는 기능으로 활용될 수 있는데, 예를 들면 구글에서는 분석적 접근법을 활용하여 어떠한 배경정보 및 역량이 자발적 퇴직과 고성과의 가장 큰 원인이 되는지 찾아냈다. 종업원의 다양한 능력이 회사에서 제대로 사용되지 못하고 있다는 지각과 관련되는지를 분석하여, 채용과정에서 가장 적절한 면접관 수는 5명임을 발견하고는 기존에 평균 10명이 투입되던 관행을 개선하였다. 또한 구글은 우수 부서장 개발을 위한 산소 프로젝트(Project Oxygen; 우수 관리자는 산소처럼 조직을 살아 있게 만든다는 의미에서 명명됨)를 시행하였는데, 분석팀은 성과평가 점수, 종업원 설문조사 및 기타 데이터를 두 개 차원, 즉 과업성과와 인력성과로 구분하여 분석하였다. 그리고는 두 차원에서 최고 및 최저인 사람을 분석하여 우수 관리자를 특징짓는 여덟 가지 행동특성을 도출하였다.

## 인적자원관리 효과성 개선

전략적 방향이 설정되고 인적자원관리의 효과성이 평가되면, 인적자원 기능 책임자는 어떻게 담당 기능을 통해 조직에 기여할 수 있는지를 탐색할 수 있을 것이다. 인적자원 기능 개선은 주로 〈그림 13.1〉에 있는 것처럼 피라미드의 두 가지 측면에 초점을 맞춘다. 첫째는 각 활동의 효율성과 효과성을 개별적으로 개선하는 노력이다. 둘째는 일부 전통적 활동까지 포함해서 가능한 최대한 거래적 활동을 제거하도록 노력해야 한다. 그 이유는 시간과 자원 확보를 통해 고부가가치의 변혁적 활동에 집중하기 위해서다. 보고체계 등과 같은 구조와 아웃소싱과 정보기술 등과 관련된 과정의 개선은 동시에 이런 목표를 달성할 수 있도록 기능을 개선시킬 수 있다. 〈그림 13.11〉은 이 과정을 보여주고 있다.

**그림 13.11** 인적자원관리 효과성 개선

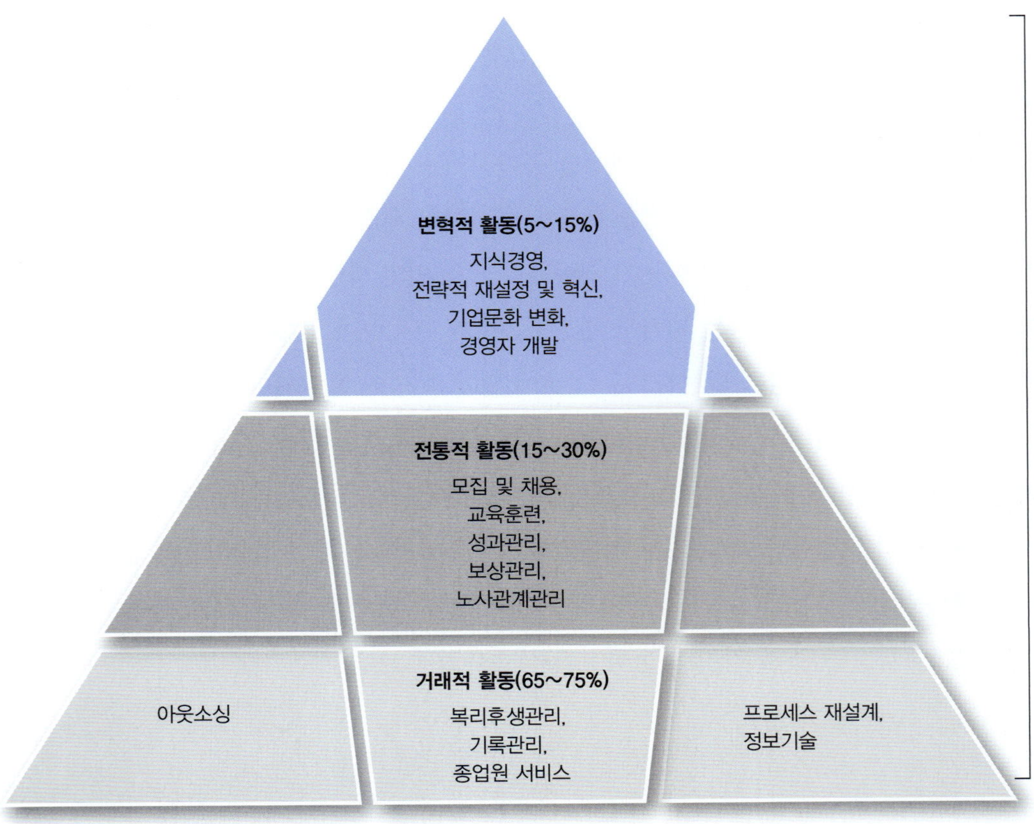

## 인적자원관리 효과성 개선을 위한 구조재설계

전통적인 인적자원 기능은 채용, 교육훈련, 보상, 평가, 노사관계 등 기본적인 하위기능을 중심으로 구조화되어 있다. 이들 각 분야에는 책임자가 있고 이들은 인적자원관리 부서장에게 보고하며, 때로는 재무담당 부서장에게도 보고한다. 하지만 인적자원관리부서가 정말로 조직 유효성에 기여하기 위해서는 인적자원관리부서의 고위직이 최고경영자에 직접 보고하는 최고경영자 팀의 일원으로 참여해야 하며, 각 하위기능 내에서도 구조적으로 다른 형태의 재배열이 필요하다.

인적자원관리부서의 일반적 구조는 〈그림 13.12〉와 같다. 인적자원관리의 기능은 전문가 센터(Center for Expertise), 현장 스태프(Field Staff), 그리고 서비스 센터(Service Center)의 3개의 부서로 효과적으로 나뉜다. 일반적으로 전문가 센터는 인적자원관리의 전통적인 영역인 채용, 선발, 교육훈련, 그리고 보상에 대한 기능 전문가들(specialists)로 구성된다. 이 개인들은 조직에서 사용하기 위한 최첨단 시스템과 프로세스의 개발에 있어서 이상적인 컨설턴트 역할을 수행한다. 현장 스태프들은 회사 내의 사업부에 배치된 인적자원관리 제너럴리스트들(generalists)로 구성되어 있다. 이들은 보통 현장 사업 책임자와 인적자원관리 책임자(현장 사업이 우선시되는 경향이 있지만) 모두와 이중보고 관계를 가진다. 그들은 이상적으로 현장 사업 임원들을 돕는 것에 대한 책임을 진다. 그들은 사업에서 사람들과 관련된 문제를 전략적으로 해결하고, 인적자원관리시스템이 그들의 전략을 실행할 수 있도록 보장한다. 마지막으로, 서비스 센터는 거래적 활동이 조직 전체에 전달되도록 보장하는 개인들로 구성된다. 이러한 서비스 센터는 종종 직원 서비스를 효율적으로 제공하기 위해 정보기술을 활용한다. 예를 들어, 쉐브론(Chevron)과 같은 조직은 서비스 센터 직원들이 질문에 대답하고 요청과 거래를 처리할 수 있는 중앙 번호로 전화를 걸 수 있는 콜 서비스 센터를 구축했다.

그러한 구조적인 배치는 전문화를 통해 서비스 전달을 향상시킨다. 전문가 센터 직원들은 현재의 기능적인 기술을 개발할 수 있다. 거래적 활동에 신경을 쓸 필요가 없는 제너럴리스트들은 기능 전문화에 대한 전문지식을 유지할 필요 없이 비즈니스 환경학습에 집중할 수 있다. 마지막으로, 서비스 센터 직원들은 사업부 전반에 걸쳐 기본 서비스를 효율적으로 제공하는 데 집중할 수 있다.

**그림 13.12 기존 및 최근의 인적자원관리부서 구조 비교**

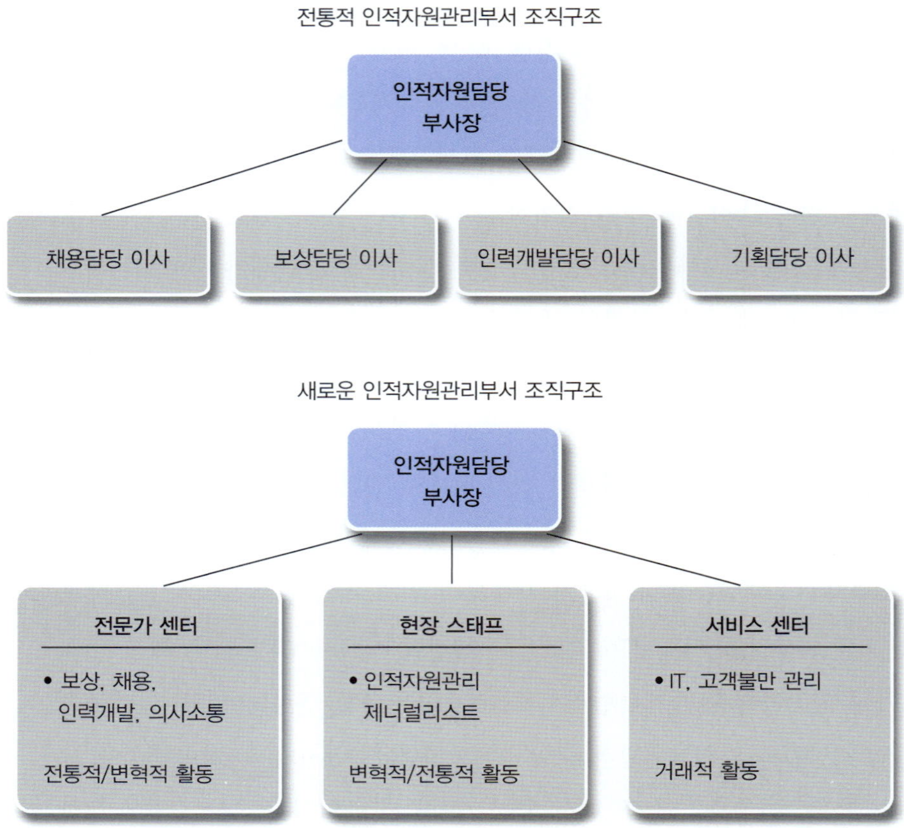


출처: P. Wright, G. McMahan, S. Snell, and B. Gerhart, *Strategic Human Resource Management: Building Human Capital and Organizational Capability*, technical report (Ithaca, NY: Cornell University, 1998).

## 인적자원관리 효과성 개선을 위한 아웃소싱

인적자원관리부서의 기능별 조직을 재구성하고 프로세스를 재설계하는 것은 인적자원관리 효율성을 높이기 위한 내부적 접근법이다. 이와 더불어 최근에는 아웃소싱을 통해 인적자원 시스템, 프로세스 및 서비스를 개선하려는 노력이 활발해지고 있다. **아웃소싱**(outsourcing)이란 제품이나 서비스 생산을 내부 종업원을 통하는 것이 아니라 이를 제공할 수 있는 기업 외부의 공급자와 계약을 맺는 것을 말한다. 기업은 왜 인적자원관리 활동을 아웃소싱하는 것일까?

기업이 인적자원관리 활동을 아웃소싱하는 이유는 주로 다음 두 가지이다.

첫째, 서비스를 제공하는 외부업체는 내부보다 더 저렴한 비용으로 서비스를 제공하거나 더 효과적으로 서비스를 제공할 수 있기 때문이다. 그렇다면 아웃소싱 업체는 어떻게 더 효율적으로 서비스를 제공할 수 있을까? 일반적으로 아웃소싱 업체는 그 분야에 관련하여 독점적으로 많은 업체를 다루면서 전문성을 확보하기 때문이다.

종업원 연금제도를 개발하려는 중소기업의 사례를 살펴보자. 연금시스템을 도입하기 위해서는 인적자원관리부서 직원이 연금관련 제반 법규를 숙지해야 할 것이다. 종업원 월급에서 연금과 관련된 유보금을 확보하고, 은퇴자를 위한 정확한 연금지급액수를 계산하기 위하여 연금시스템을 관리할 전문가를 고용할 필요가 있으며, 더욱이 축적한 연금을 투자하기 위한 연금투자 전문가를 고용해야 한다. 만일 이 회사가 중소기업이면 두 사람 합하여 주당 80시간 동안 근무할 만큼의 업무가 없을 수도 있다. 만일 두 사람이 해야 할 일이 주당 20시간이면 충분하다고 가정한다면 회사는 매주 60시간을 낭비하는 것이다. 하지만 여러 회사의 업무를 대신 처리해 주는 연금 전문 아웃소싱 회사라면, 20시간은 이 회사를 위해 활용하고 나머지 시간에는 3개 회사의 업무를 더 처리할 수 있게 된다. 아웃소싱 회사가 중소기업 내부적으로 처리할 때 발생하는 비용의 50%를 청구한다면, 이 중 25%는 인건비로, 나머지 25%는 아웃소싱 회사의 이익이 된다. 아웃소싱을 요청한 중소기업 역시 비용의 50%를 절감할 수 있게 된다.

둘째, 효과성 측면을 살펴볼 필요가 있다. 연금 아웃소싱 공급회사는 여러 회사의 연금시스템을 다루기 때문에 이 회사의 종업원은 연금시스템 운영에 관한 최신 지식을 가지고 있다. 한 회사에서 혁신이 이루어지면 이는 다른 기업에 그대로 활용할 수 있다. 그리고 직원들 모두가 동일한 시스템과 프로세스에 대해 훈련받기 때문에 학습이 더 쉽게 이루어진다. 또한 아웃소싱 회사는 여러 회사에 걸쳐 한 가지 업무를 지속적으로 담당하기 때문에 두 명의 직원이 20% 시간만을 투입하여 업무처리하는 경우보다 역량축적이 용이하다. 이른바 효율적으로 인적자원을 할당할 수 있는 규모의 경제를 얻게 된다. 그렇다면 어떤 종류의 서비스를 아웃소싱하는 걸까? 인적자원관리부서는 거래적 활동 및 연금, 복리후생, 급여 등과 같은 서비스 활동에 아웃소싱을 주로 활용한다. 때로는 전통적 및 변혁적 활동 역시 아웃소싱되기도 한다.

## 프로세스 재설계를 통한 인적자원관리 효과성 개선

구조적 조정뿐 아니라 프로세스 재설계를 통해서도 인적자원서비스 효과성은 개선될 수 있다. 프로세스 재설계는, 필수는 아니지만 주로 IT기술이 활용된다. 따라서 아래에서는 프로세스 리엔지니어링에 관한 일반적인 이슈 및 IT기술의 활용에 대해 살펴볼 것이다.

**리엔지니어링**(reengineering)은 작업 프로세스를 비판적인 시각에서 완전히 재검토하여 이를 효율적으로 개선하며, 그 결과 고품질의 서비스를 제공할 수 있게 한다. 특히 신기술 효과를 극대화하기 위해서는 리엔지니어링이 매우 중요하다. 아무리 새로운 기술이라도 비효율적인 프로세스에 적용된다면 효율성 개선에 도움이 되지 않기 때문이다. 리엔지니어링은 인적자원관리부서 전체의 기능과 프로세스를 검토하는 데 활용될 수 있으며, 또한 성과평가시스템과 같은 구체적인 인적자원 하위 기능의 검토에도 활용될 수 있다. 리엔지니어링 프로세스는 〈그림 13.13〉과 같이 프로세스 확인, 프로세스 이해, 프로세스 재설계, 새로운 프로세스 실행과 같이 4단계로 구성된다.

### 프로세스 확인

우선 회사는 리엔지니어링이 필요한 프로세스가 무엇인지 그리고 누구를 참여시킬 것인지를 정확히 인식해야 한다. 이 단계에서는 프로세스를 관리하고 있거나, 프로세스에 포함된 하위 기능에 대한 책임자(프로세스 오너)가 누구인지를 확인하고 이들을 리엔지니어링 팀원에 포함시킨다. 프로세스 일부를 담당하는 전문성을 보유하고 있는

**그림 13.13 리엔지니어링 프로세스**

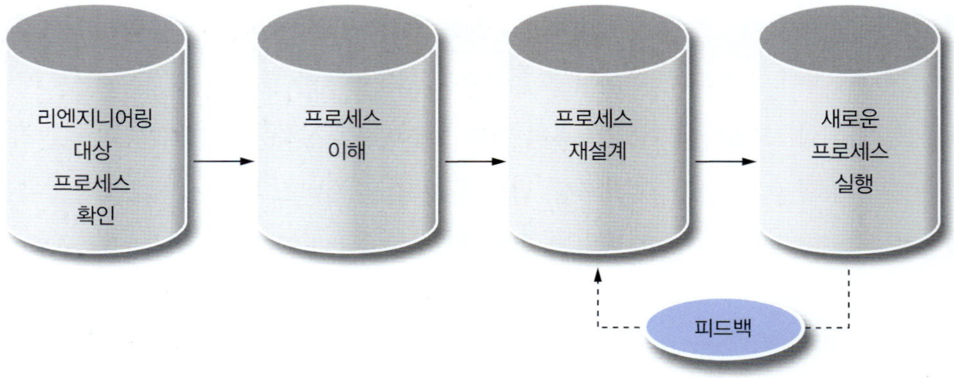

종업원, 프로세스에 포함되지 않은 종업원, 그리고 프로세스 결과물을 보게 되는 조직 내·외부 고객 또한 팀원으로 포함시켜야 한다.

### 프로세스 이해

하나의 프로세스를 이해하기 위해서는 다음의 내용이 고려되어야 한다.

- 직무들이 통합될 수 있는가?
- 종업원에게 더 많은 재량권이 부여될 수 있는가? 프로세스를 간결하게 하면서 의사결정과 통제의 권한을 각 프로세스에 부여할 수 있는가?
- 각 단계가 반드시 필요한가?
- 자료의 중복, 불필요한 체크나 통제가 프로세스에 존재하는가?
- 예외나 특별한 상황이 얼마나 많은가?
- 각 단계가 자연스러운 순서로 배치되어 있는가?
- 바람직한 산출물이 무엇인가? 모든 과업이 꼭 필요한 것인가? 프로세스 가치는 무엇인가?

프로세스를 이해하기 위한 다양한 기법이 있다. 데이터-흐름 도표(data-flow diagram)는 부서 내에서 데이터가 어떻게 흘러가는지를 보여준다. 〈그림 13.14〉는 급여관리정보의 흐름을 보여주며, 급여수표가 발행되기까지의 단계가 표시되어 있다. 종업원과 부서에 관한 정보가 총계정원장에 보내지며, 총계정원장에서 생성한 급여 바우처에 근거하여 급여수표를 발행한다. 데이터-실체관계 도표(data-entity relationship diagram)는 한 사업기능 내에서 사용되는 데이터의 종류와 각 데이터 간의 관계를 보여준다. 시나리오 분석에서 실제 상황의 모의실험 결과가 데이터 최종사용자에게 제공된다. 최종사용자는 IT 시스템이 자신의 문제해결에 얼마나 도움이 되며, 또 문제해결을 위해 필요한 자료가 무엇인지를 설명한다. 각 부서에서 수집되고 사용되며 또 저장된 데이터를 조사하고, 정보처리에 소요되는 시간이 얼마인지를 설문조사나 핵심 인물 면접 등을 통해 조사한다.

사용자는 특정 업무를 자동화하는 것의 중요성, 빈도 등을 평가한다. 예를 들면, 입사지원자의 과거 경력에 관한 자료를 보관하는 지원자 추적시스템을 만드는 것이 얼마나 중요한지 평가하는 것이다. 비용-효익 분석을 통해 자동화 시스템 또는 소프

그림 13.14 급여지급 자료의 데이터-흐름 도표

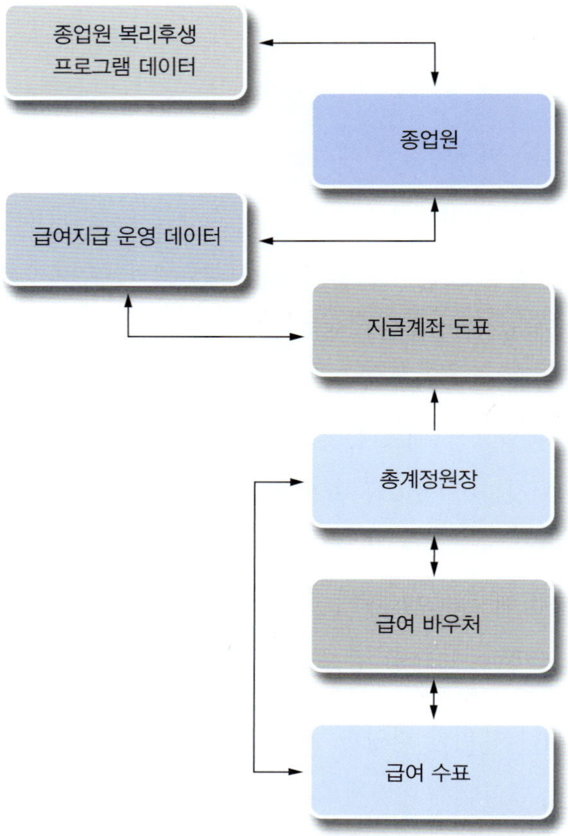


트웨어를 사용할 때와 사용하지 않을 때의 비용을 비교한다. 여기에는 시간 및 재료 등의 투입원가, 소프트웨어와 하드웨어 예상 비용, 인건비, 시간, 재료비 등을 포함하여 분석한다.

### 프로세스 재설계

재설계 과정에서 리엔지니어링 팀은 모형을 개발하고, 실험하며, 최종 원안을 선택한 후 이를 조직에 적합하게 통합시킨다.

### 새로운 프로세스 실행

회사의 새로운 프로세스는 전사적으로 적용하기 이전에, 한정된 영역에서 먼저 시험적으로 적용하는 단계를 거친다. 뉴저지주에 본사를 두고 있으며, 미국 전역에 사업부가 흩어져 있는 IT기업 휴버(J.M. Huber Corporation)는 기존의 비효율적인 프로세스를 개선하기 위해 리엔지니어링을 실시하였다. 첫 단계로 인적자원관리부서 직원이 현재의 업무흐름을 분석하여 문서화한 후, 효율성을 증가시킬 수 있는 전략을 개발하였다. 개선이 가장 필요한 프로세스가 무엇인지를 경영진, 중간관리자, 그리고 인적자원관리부서 직원이 공동으로 검토하였다. 그 결과 가장 핵심적인 과제는 현재의 대용량 컴퓨터 대신 데이터에 쉽게 접근할 수 있는 클라이언트 서버(client-server) 시스템을 도입하는 것이었다. 클라이언트 서버 시스템은 현재 업무진행을 지연시키는 요인인 불필요하게 많은 자료접근 승인절차를 제거할 수 있었다.

인적자원관리부서의 노력으로 자료보관기능의 간소화, 중복 단계 제거 및 수동시스템 자동화를 실현하였다. 완전 자동화된 클라이언트 서버 시스템으로 종업원은 회사 데이터베이스와 연결된 음성 자동응답 시스템을 통해 자신에게 필요한 복리후생제도를 직접 등록하고 변경할 수 있게 되었다. 부서장은 부하직원의 급여정보, 직무기술서 등의 자료를 쉽게 접근할 수 있게 되었다. 부하직원이 급여인상 대상에 포함되면 부서장이 이를 요청한 후 승인이 되고, 별도로 그 내용을 기록하지 않더라도 자동적으로 급여변화가 시스템에 반영되어 인상된 급여액이 급여수표로 발행되게 되었다. 리엔지니어링 결과는 놀라웠는데, 인적자원관리부서 문제 42%가 감소하고, 업무단계가 26% 축소되며, 불필요한 업무가 20% 제거되었다. 회사로서는 1백만 달러 이상의 비용을 투입하였지만, 5년 안에 그 비용은 상쇄될 것으로 예상된다.

### 신기술 활용을 통한 인적자원관리 효과성 개선(E-HRM)

1990년 중반 이후 인적자원관리 기능은 기업에서 전략적 역할을 수행하기 위해 노력하였으며, 그 첫 번째 과업은 전통적 그리고 변혁적 과업 활동에 전념하기 위한 시간을 확보하는 것이었다. 그러기 위해서는 기존의 거래적 과업을 축소해야 했다. 인적자원관리의 전략적 기능을 구축하기 위해서는 기존의 인적자원관리 담당자의 거래적 업무활동을 변화시켜 전략적 활동을 강화하기 위한 시간 확보가 중요하다. 결과적으로 IT기술 활용을 통해 인적자원관리부서는 더 전략적으로 변신하게 되고 사업의 가치창출에 기여할 수 있게 된다. 〈그림 13.11〉에서 보는 것처럼 아웃소싱은 인적자원관리부서의 부담을 줄여주는 방법 중 하나이며, 최근에는 신기술을 활용하여 거래적 활동을 처리하는 경향이 증가하고 있다. 이전에는 인적자원관리부서가 이런 기술을 직접 개발하고 활용하였으나, 최근에는 종업원이 직접 IT기술을 사용하는 방향으로 진화하고 있다. 즉, 종업원이 직접 시스템에 접속하여 사용할 복리후생 프로그램을 등록하고, 변경하며, 필요하면 민원도 제기한다.

이처럼 최신 기술 활용을 통해 인적자원관리부서는 거래적 활동을 줄이고, 대신 전략적 행동에 초점을 맞출 수 있게 되었다. 인적자원관리부서는 전통적 및 변혁적 활동에 대해서도 새로운 기술을 어떻게 활용할 것인지를 검토하고 있다. 향후 인적자원관리 활동이 온라인을 통해 모두 이루어지지는 않겠지만, 현재 문서나 대면으로 이루어지는 상당수 활동이 효율성이나 효과성의 손실 없이 웹상에서 구현될 것이다. 〈그림 13.15〉는 이러한 변화를 보여주고 있다.

구글은 최근 유행하고 있는 소셜 미디어를 내부 목적에 맞게 활용하고 있다. 구글은 '성장(Grow)'이란 내부 플랫폼을 구축하여 종업원의 학습기회, 업무, 일대일 상담

**그림 13.15 서비스 전달의 변화**

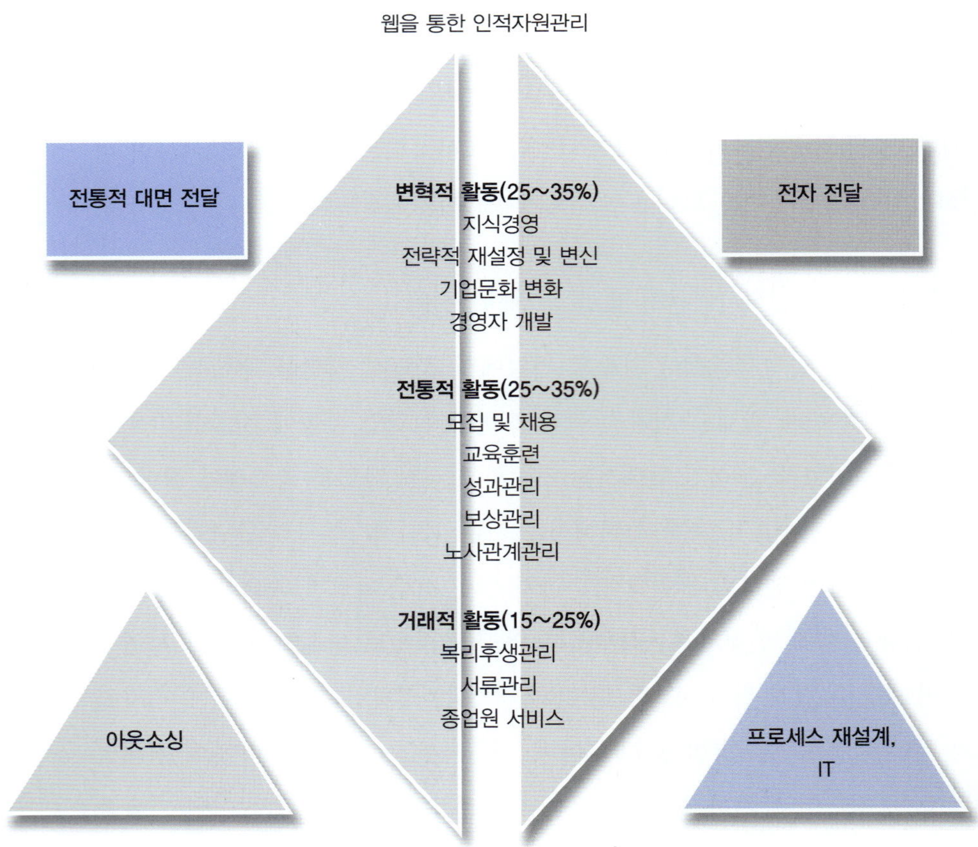

그리고 그들이 가지고 있는 관심과 요구에 부응할 수 있도록 시스템을 정비했다. 또한 학습, 자기개발 그리고 인사전보 기능을 통합하여 한 번에 자신의 관심사항을 관리하고 검색할 수 있게 만들었다. 플랫폼은 회사가 가지고 있는 종업원의 역할, 직급, 근무처 등의 정보를 바탕으로 필요한 교육과정, 인사전보 기회 그리고 상담 등을 제공한다. 이 시스템은 구글의 검색기술을 활용하여 직원이 관심을 가지고 있는 학습과정이나 직책을 찾도록 도와준다. 시스템을 통해 사람 간 연결도 가능하기에 자신의 이력서를 필요에 맞게 가공하여 회사 내 동료나 상사에게 제공하는 기능도 있다. 〈그림 13.16〉은 구글의 채용 및 인사담당 부사장 수닐 샌드라(Sunil Chandra)의 개인 웹페이지를 보여준다.

그림에서 보듯이 인사담당 부사장에게 종업원은 상담, 인사관리, 코칭이나 자신의 능력을 개발하고 싶은 분야에 대하여 태그할 수 있다. 시스템에 등록되어 있는 항목을 통해 사용자는 자신이 선택할 수 있는 분야에 대한 지식을 얻고, 자신의 상황에 맞게 맞춤형 항목을 제공받을 수도 있다. 종업원은 또한 특정 사람이나 기술에 관련하여 조언을 받고 싶다면, 그 사람이나 대상을 지목할 수도 있다. 만일 인사담당 부사장이 자신을 리더십과 관련한 기술 조언자(Skill Advisor)로 태그했다면, 시스템에 그는 전문가로 등록되고, 종업원은 그가 가지고 있는 기술 내용을 볼 수 있으며, 그에게 조언을 받기 위해 접촉할 수 있다. 만일 선택사항으로 타인에게 기술을 가르쳐 줄 의사가 있

**그림 13.16 구글의 채용 · 인사담당 부사장 수닐 샌드라(Sunil Chandra) 개인 웹페이지**

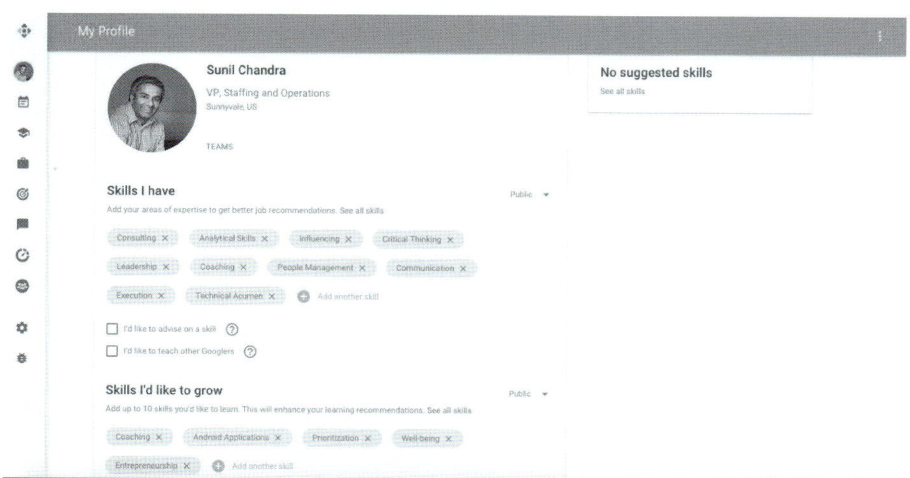


출처: ©Google, Inc.

다고 등록하면, 필요한 사람은 그와 일대일로 연결되도록 프로그래밍되어 있다.

이처럼 다양한 주제에 대해 자신의 지식을 전파할 지원자가 존재한다면 시스템은 사람과 사람이 연결될 수 있도록 프로그래밍한다. 앞에서 잠깐 언급했듯이 종업원이 자신의 능력 향상을 위해 개발하고자 하는 분야를 시스템에 등록할 수 있으며 등록은 10개까지 가능하다. 그렇게 등록해 놓으면 시스템은 자동으로 종업원 상황에 맞는 맞춤형 학습과정을 추천해 준다. 사용자 편의를 위해 시스템은 등록된 분야를 보여주며, 몇 년씩 일부 등록이 오래된 분야는 지어버리기도 한다. 예시로 든 구글 부사장의 경우 자신의 프로필에 추천 기술 목록이 보이며, 사진, 업무명, 근무처 그리고 그와 연결된 내부 직원 등이 있다.

요약하면, 시스템은 종업원이 자신의 능력을 향상시킬 수 있는 내용을 연결해 주고, 타인에게 가르치며, 희망 업무를 추천받을 수 있게 하는 좋은 도구의 역할을 한다. 동료와 연결되어 조언자의 역할, 멘토 또는 사내 강사로 타인의 학습과 발전의 원천이 되기도 한다.

### 모집 및 채용

전통적인 채용 프로세스는 회사와 종업원의 면대면 의사소통, 노동집약적 평가도구, 채용 의사결정이 법규에 저촉되지 않는지에 대한 철저한 확인 및 판단 등을 특징으로 한다. 하지만 최근 기술은 이러한 프로세스를 변화시켰다.

예를 들면, 미국의 300개 기업을 대상으로 한 케이포스닷컴(kforce.com) 조사에 따르면 8개 중 1곳은 온라인으로 채용을 진행하고 있다. 예를 들어, IBM에서 어떤 인력이 필요한지를 웹사이트를 통해 입력하면 이 정보는 자동적으로 14개의 인력공급회사로 전달된다. 한 시간 이내에 인력공급회사는 검토할 수 있는 후보군의 이력서를 보내준다. 이런 과정을 통해 IBM은 채용시간을 10시간에서 3시간으로 절약시키고, 연간 3백만 달러의 비용을 절감할 수 있었다.

마지막으로, 신기술의 적용을 통해 차별요소가 있는 채용 의사결정이 발생할 가능성을 최소화하도록 점검하는 것이 가능하다. 예를 들면, 인테리어 소품 회사 홈데포(Home Depot)는 고객 서비스 업무에 남성 지원자를 채용하기 위해 여성 지원자를 강제로 현금수납업무로 배정했다는 혐의로 고발당했다. 유죄를 인정한 것은 아니지만, 회사는 합의 사항의 일부로 이력서에 기입된 키워드를 바탕으로 구직자가 지원한 분야는 아니더라도 이들에게 적합한 직무가 있는지를 찾을 수 있도록 하는 시스템을 도입하기로 하였다. 그리고 기술의 진보는 채용 의사결정 전에 부서장이 가능한 다양한 지원자를 면접할 수 있게 만들어 주고 있다.

### 보상제도

일반적으로 보상시스템은 회사의 인적자원 업무 중에서 가장 관료적이다. 종업원 유인 및 확보는 매우 중요한 요인임에도 불구하고 보상시스템은 경직되어 있고, 시간 소비가 많으며, 비효율적인 경우가 많다. 부서장은 불필요하다고 생각하면서 서류를 마지못해 작성하고, 규정을 무시하며, 대체로 모든 프로세스를 경멸하는 듯한 태도를 보인다. 새로운 기술을 잘 활용하면, 상대적으로 적은 노력을 투입하고도 보상제도의 목적을 효과적으로 달성할 수 있다.

예를 들면, 성과급제나 보너스 제도의 문제 중 하나는 현장 부서장이 업무성과에 따른 차등을 두지 않는다는 것이다. 차등을 두지 않기 때문에 부서장은 평가 및 성과급 비율 결정 등과 같은 평가업무에 투입하는 시간을 줄일 수 있고, 잠재적으로 발생할 수 있는 갈등원인을 최소화할 수 있다. 그 결과 종업원들은 업무성과가 보상으로 연결되어 있다고 생각하지 않으며, 이로 인해 종업원의 동기부여 수준이 낮아지고 고성과자의 높은 이직과 저성과자의 낮은 이직을 초래한다. 이러한 부작용을 최소화하기 위해 반도체 설계업체 사이프레스(Cypress Semiconductors)는 공정성(equity)과 업무성과 차별성을 구별하여, 두 가지를 모두 만족시키는 강제할당법을 사용하였다. 공정성이란 어떤 집단에서나 최상위 성과자는 최하위 성과자보다 50% 더 급여를 받으며, 동일한 성과에 대해서는 동일한 보상액을 지급하는 것을 말한다. 업무성과 차별성은 최고 급여인상률과 최저 급여인상률 간에는 최소한 7% 이상의 차이가 있도록 규정하고 있다. 즉, 최저인상률이 3%이면 최고인상률은 최소한 10% 이상이다. 평가등급과 인상률이 시스템에 입력되면, 회사는 업적평가 프로세스가 규정에 부합하게 적절한 차등을 두고 있는지를 확인할 수 있다.

### 교육훈련

교육훈련을 위해 PC나 비디오 등 다양한 매체를 활용하는 것은 새로운 일이 아니다. 몇몇 회사는 웹사이트를 통해 교육훈련을 한다. 일부 교육훈련은 인터넷이나 사내

인트라넷을 통해 효과적으로 전달될 수 있다. IBM과 Dell은 종업원에게 인터넷 기반 교육훈련 프로그램을 제공하는 것으로 유명하다. 신속한 인적자원서비스 제공의 가장 적절한 사례는 인터넷 기반 교육훈련일 것이다.

오늘날과 같은 경쟁환경에서 기업은 고객뿐 아니라 유능한 인재를 두고 서로 경쟁한다. 이 목표를 얼마나 잘 달성할지는 현재 근무하는 종업원을 얼마나 잘 대우하는지에 의해 상당 부분 결정된다. 하지만 급격한 변화, 프로젝트 중심, 기술의 변화 등으로 인해 부서장은 직원을 다루는 데 자신이 없어지고, 그 결과 종업원은 자신이 제대로 대접받고 있다고 느끼지 못하게 된다. 이는 부서장이 부하직원을 소모품이 아닌 자산으로 인식하도록 하는 기술과 유인을 제공하는 것이 얼마나 어려운지를 보여주는 것이다.

인터넷 기반 교육은 이를 촉진시킬 수 있다. 예를 들면, 당신이 최근 급속히 성장하는 e-비즈니스 회사 위젯(Widget.com)에서 근무한다고 생각해 보자. 월요일 오전 출근하면 당신은 첨부파일 또는 URL이 표시된 긴급 메시지를 받을 것이다. 이것은 회사 최고경영자가 부여하는 월요일 오전 과제로 당신이 어떻게 과제를 수행하는지 점검받게 된다. 링크를 연결하면, 종업원이 회사의 경쟁력 원천이며, 이들을 가치 있게 대접하지 않으면 당장 회사를 떠나게 될 것이라는 내용이 포함된 최고경영자의 당부 동영상을 보게 된다. 당신에게 부여된 과제는 당신의 부하가 자신이 가치 있게 대접받고 있다고 느끼게 만드는 것이다. 이를 위해 부하에게 감사를 표시하는 방법에 대해 10분간 교육받게 된다. 6개 학습과제를 교육받으며, 이를 실행하는 방법을 보여주는 비디오를 시청하게 될 것이다. 그리고 다시 퀴즈를 풀게 된다. 마지막으로 최고경영자의 최종 과제가 제시된다. 최종 과제는 방금 배운 기술을 활용하여 당신의 직원 중 한 명에 대해 15분 이내에 감사를 표하는 것이다. 이러한 방법의 장점은 무엇인가?

첫째, 일반적인 3일 또는 일주일 교육 프로그램보다 시간이 적게 든다. 교육 및 시범 동영상을 포함해도 30분이 채 걸리지 않는다. 그 시간 안에 당신은 기술을 습득하고, 당신의 부하는 회사에 대해 더 좋은 생각을 가지게 된다. 이를 통해 회사가 추구하는 가치 또는 필요 역량을 정확히 이해하게 된다. 교육장으로 이동하기 위한 교통비도 들지 않는다. 너무 많은 정보를 받아 운 좋으면 10% 정도 기억하는 그런 일은 발생하지 않는다. 마지막으로 이런 교육은 끌려가는 교육이 아니라 끌고 가는 교육이다. 즉, 회사주도형 방식이다. 다시 말하면 당신이 스스로 부족함을 자각하여 필요한 교육을 찾도록 기다리는 것이 아니라 회사가 필요한 것을 주입하는 방식이다.

이처럼 새로운 기술은 회사가 지식이나 기술을 더 빠르고, 더 비용 효율적이고, 더 효과적으로 전달할 수 있게 한다. IT 등의 새로운 기술의 진화는 교육훈련, 의사소통, 그리고 전략적 상황에 대한 즉각적인 반응을 결합할 수 있게 한다.

조직에 헌신하는 종업원을 양성하는 것은 쉬운 일이 아니다. 몬스터닷컴(Monster.com)의 최근 조사에 의하면 미국인의 61%는 자신이 지나치게 많이 일하며, 86%는 현재의 직무에 만족하지 못한다고 생각한다. 이러한 조사결과는 종업원의 몰입수준을 점검하고, 방해요인을 신속히 제거할 필요성을 말해준다. 과거에는 주로 종업원 태도 조사가 이러한 목적으로 활용되었다. 전통적인 태도 조사 방법은 4~6주에 걸쳐 진행된다. 데이터를 입력하고 분석하기 위해서는 6~8주가 더 필요하고, 결과를 해석하여 문제영역을 진단하고, 태스크포스를 만들어 해결책을 제시하는 과정은 다시 4~6개월 정도가 소비된다. 마지막으로 태스크포스의 제안을 실행할 것인지를 결정하게 된다. 결국엔 종업원은 자신이 우려하고 있는 문제에 대한 반응을 설문조사 후 12~18개월이 지난 후에야 확인하게 된다. 설문조사를 담당하는 사람은 왜 직원들이 설문조사가 시간낭비라고 생각하는지 이해하지 못한다.

IT 등과 같은 새로운 기술을 통해 이런 과정의 시간이 얼마나 많이 줄었는지 생각해 볼 필요가 있다. 이펄스(E-pulse)는 거의 실시간으로 종업원 태도 조사를 시행할 수 있는 플랫폼이다. 미시간 대학의 웰본(Theresa Welbourne)에 의해 개발된 이펄스(E-pulse)는 온라인으로 관리하는 설문조사 도구이다. 종업원이 직무에 대해 어떻게 생각하는지를 보통 3개의 문항을 통해 질문하며, 필요하다면 특정 이슈에 대해 피드백을 받을 수 있도록 항목이 추가될 수 있다. 설문조사는 온라인으로 진행되며, 종업원이 응답을 마치면 데이터는 즉시 분석된다. 기존 4개월 걸리던 과정을 하루로 줄였다.

다음으로 회사가 정보를 어떻게 활용할 것인지 결정하는 것이다. 예를 들면, 정보를 사업부별, 공장별, 또는 작업단위별로 각 단위 리더에게 제공할 수 있다. 작업반장, 팀장, 또는 사업부장은 자신이 담당하고 있는 단위의 종업원 태도에 관해 거의 즉각적으로 피드백을 받는다. 따라서 부서장은 당장 해결책을 마련하지는 못하더라도 문제를 인식했다는 대화 등과 같은 작은 행동을 즉각적으로 할 수 있다.

기술이 인적자원관리를 신속하게 하기는 하지만, 더 좋은 그리고 더 효과적인 인적자원관리를 위해서는 체계적인 접근이 필요하다. 관리자에게 정보를 전달하는 속도는 빠르지만 만일 그들이 문제해결이나 의사소통 기술이 부족하다면, 제공된 정보를 무시하거나 심지어는 부적절한 대응으로 문제를 더 악화시킬 수도 있다. 체계적 접근법은 부서 간 벽을 넘어서 전사적 수준의 해결책을 제시해야 한다. 그러므로 기술을 만병통치약이나 단순한 도구가 아니라 인적자원관리부서 조직을 변화시킬 수 있는 촉매로 생각해야 할 것이다.

## 신기술을 통한 인적자원관리 효과성 개선-인적자원관리 정보시스템

몇몇 새로운 기술은 인적자원관리 기능을 개선하는 데 도움을 준다. **신기술**(new technologies)이란 이전에 사용되지 않았던 지식, 과정 및 도구를 활용하는 방식을 말한다. 신기술은 주로 자동화와 연관되는데, 이는 인간의 노동력을 장비나 정보처리로 대신하는 것이다. 신기술이 이미 활용되고 있는 인적자원관리 3개 영역은 1) 단순거래의 처리·보고·추적, 2) 의사결정지원 시스템, 3) 전문가 시스템 등이다.

**단순거래의 처리**(transaction processing)는 인적자원관리의 결정사항이나 관행을 검토하고, 문서화하기 위한 계산을 말한다. 전환배치, 교육훈련비, 교육 프로그램 등록자, EEO-1(직군별 여성 및 소수인종 비율 보고) 정부보고 자료 등을 문서화하는 것 등이다. **의사결정지원 시스템**(decision support systems)은 부서장의 문제해결을 지원하기 위해 개발되었다. 일반적으로 "만약에(What if)…"라는 형태로 데이터나 수식을 변경하면 결과가 어떻게 변할지를 보여준다. 이직률 변화에 따라 또는 노동시장에서 필요한 기술을 보유한 사람의 확보 가능 여부에 따라 신규 종업원을 어느 정도 채용해야 할 것인지 결정할 수 있도록 도와준다. **전문가 시스템**(expert systems)은 특정 분야 전문가를 보유하고 있는 것과 같은 의사결정 규칙을 결합시킨 컴퓨터 시스템을 말한다. 이 시스템은 사용자가 제공한 정보에 근거하여 어떤 행동을 취하는 것이 좋을지 조언을 제공한다. 구직자를 면접하는 면접관이나 부서장 입장에서 전문가가 선택했을 것과 유사한 결론을 제공한다.

### 예측분석

최근 새로운 기술과 데이터 사용 증가가 눈에 띄는 영역은 바로 예측분석 분야라고 할 수 있다. 인적자원관리 기능은 계량분석이나 내부고객설문 등을 통해 업무성과를 과학적으로 평가할 수 있게 되었다. 과거의 자료를 추적해서 개선영역을 찾아내는 것도 큰 도움이 되긴 하지만, 최근에는 문제가 발생하기 전에 문제를 미리 인식하려는 노력이 추구되고 있다.

예측분석(predictive analytics)은 향후 발생할 행동이나 결과를 예측하기 위해 데이터를 활용하는 것을 의미한다. 많은 최첨단 기업은 능력 있는 인재의 갑작스러운 부재에 대체하기 힘들기 때문에 좋은 인재가 갑자기 회사를 떠나는 것을 극도로 싫어한다. 만일 기업이 이런 불상사를 예방하고자 한다면, 종업원이 회사를 이직하기 전에 보이는 특성과 관련된 데이터를 찾아내는 것은 대단히 도움이 된다. 어도비 시스템(Adobe Systems)은 종업원 이직과 관련된 강력한 예측변수는 종업원이 구인구직 사이트 링크드인(LinkedIn)에 자신의 프로필을 갱신하는(update) 시점임을 발견했다. 구글의 경우 종업원이 회사를 이직하려는 것을 감지할 수 있는 많은 변수를 찾아내어, 변수들을 조합하여 섬세한 방정식을 만들었고, 이를 통해 사전에 종업원 이직 의도를 찾아낸다.

### 맞춤형

마지막으로 기업은 광대한 기술과 데이터를 사용하여 직장에서 종업원 필요에 맞춰 쾌적한 근무환경을 만들어 주기 위해 노력하고 있다. 과거 기업은 종업원이 가장 원하는 복지혜택을 선택할 수 있게 하는 카페테리아(cafeteria) 복리후생 제도를 채택했었다. 지금은 일부 기업에서 종업원에게 고정급과 변동급 비율을 늘리거나 줄일 수 있고, 변동급도 보너스와 주식의 비율을 선택할 수 있게 하는 맞춤형 혼합임금제도를 도입하고 있다. 그리고 종업원이 복리후생 수혜자로 자신의 자녀를 추가하면, 회사는 자녀를 위한 생명보험을 가입해 주거나 교육비를 계좌로 입금해 주는 방식과 같이 종업원 생애주기에 맞춰 복리후생 혜택을 선택할 수 있게 하는 진취적 접근방식을 시도하고 있다. 이런 많은 경우에서 기업은 종업원에게 혜택을 강요하는 것이 아니라 종업원에게 자신의 삶과 업무를 더 잘 관리할 수 있도록 기업이 가지고 있는 정보를 활용할 수 있게 하고 있다.

## 인적자원전문가 미래

인적자원전문가의 미래는 상당히 희망적이다. 기업에서 인적자원부문 리더는 기업의 최고경영자에게 직접 보고하는 최고경영팀 구성원으로 있다. 최고경영자는 인적자원관리가 기업의 경쟁우위를 이끄는 요인이라는 사실을 잘 알고 있으며, 기업은 최고의 핵심인재를 유인하고, 동기부여시키며, 유지하는 활동을 추구함과 동시에 인건비 및 관리비를 최소화하도록 균형을 유지해야 한다. 이러한 균형을 유지하기 위해서 인적자원관리부서 리더는 사업에 대한 이해와 인적자원 이슈, 프로세스 및 기술에 대해서도 깊은 식견을 갖추어야 한다.

인적자원관리를 처음 접하는 사람이라면, 20년 또는 10년 전과 비교해 오늘날 인적자원관리부서의 변화된 역할이 무엇인지를 쉽게 깨닫는 것은 불가능할 것이다. 전통적으로 인적자원관리부서는 관리적인 역할, 즉 단순히 문서작업을 진행하고, 채용, 교육훈련, 평가 및 보상과 복리후생 등을 관리하는 역할이었다. 그리고 이러한 업무는 회사의 전략적 방향과는 무관한 일이었다.

1980년대 초반, 인적자원관리부서는 회사의 전략수행을 지원하는 단순한 역할을 하였다. 현재는 전략적 의사결정을 담당하는 사람이라면 인적자원의 중요성을 깨닫고 있으며, 인적자원관리부서가 사람에 관한 전문가의 역할을 담당하기를 요청하고 있다. 이를 위해 인적자원관리부서의 부서장은 기업의 경쟁우위 확보를 위해 구성원이 어떠한 역할을 수행해야 하는지에 대한 지식과 사람을 경쟁우위 원천으로 활용할 수 있는 프로그램이나 방법을 보유하고 활용할 수 있어야 한다. 오늘날 전략적 인적자원관리담당 임원에게는 기존과 다른 완전히 새로운 역량이 요구되고 있다.

게다가, 코로나 팬데믹(그리고 사회적 불평등, 정치적 수렁, 디지털 4.0, 정서적 불안의 도전)은 조직에 큰 혼란을 주었지만, 인사 기능의 중요성은 더욱 강화되었다. 일부에서는 Y2K 위기가 최고정보책임자를 상승시키고 대불황이 최고재무책임자를 상승시킨 것처럼 팬데믹이 최고인사책임자(CHRO)를 상승시켰다고 언급했다. 또한 조직은 다양성, 형평성 및 포용성에 탁월한 능력을 발휘하는 기업에 대한 욕구를 조성하여 조지 플로이드(George Floyd)의 죽음에 대응할 필요가 있었다.

그렇다면 팬데믹 이후의 비즈니스 성과를 이끌어내기 위해 필요한 역량은 무엇인가? 데이브 울리히(Dave Ulrich; RBL Group의 공동 설립자이자 미시건 대학의 교수)와 그의 동료들은 1987년부터 5년마다 인사 전문 역량에 대한 데이터를 수집하는 "인적자원 역량 연구(HRCS)"라는 제목의 작업을 수행해 왔다. 가장 최근의 연구는 팬데믹과 인종 불평등 시위가 지나간 2021년에 완료되었지만, 그 효과는 여전히 남아 있었다. 그들은 전 세계 약 3,600명의 인사전문가들에 대해 360도 조사를 실시했으며, 25,000명 이상의 전문가들로부터도 조사결과를 평가받았다. 따라서 그것은 결과를 이끌어내는 HR 전문가들의 역량을 자세히 들여다 볼 수 있게 해주었다. 연구는 HR 전문가들에게 중요한 5개의 역량을 식별했는데, 이것은 다음과 같다(〈그림 13.17〉 참조).

첫째, **비즈니스 가속화**(Accelerate Business)는 비즈니스의 성공을 보장하는 데 중점을 두는 HR 전문가의 여러 측면을 의미한다. 먼저 개인이 회사의 외부 환경, 시장에서 경쟁하는 방식, 그리고 회사가 고객을 위해 가치를 창출하는 방식을 이해하는 것이 필요하다. 이 역량은 해당 지식을 활용하여 효과적인 전략을 수립하는 방식으로 의사결정과 의사결정자에게 영향을 미치는 데 도움이 된다. 이 역량을 갖춘 인사 전문가들은 결과를 제공하기 위해 수요의 우선순위를 정하는 방법을 알고 있다. 마지막으로, 이 역량은 조직이 성공해야 하는 변화의 유형을 언제 그리고 어떻게 추진해야 하는지

**그림 13.17** HR 전문가에게 요구되는 다섯 가지 역량

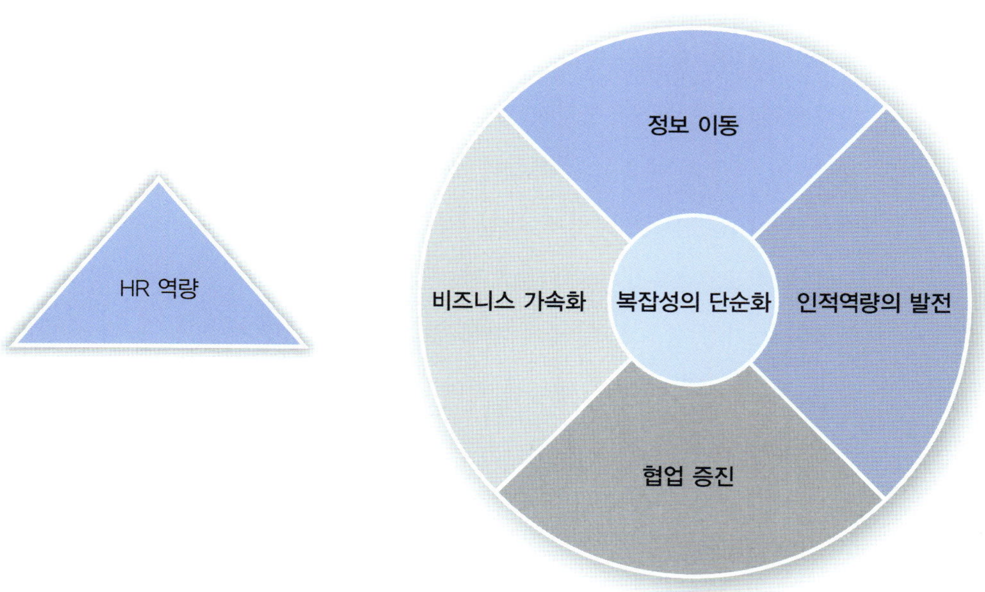

아는 것을 수반한다.

둘째, **인적역량의 발전**(Advances Human Capability)은 기업이 경쟁 환경의 요구를 효과적으로 충족시키기 위해 필요한 인적역량을 파악하는 것에 초점을 맞추고 있다. 이는 첫째, 기업 내의 다양한 인재풀을 모두 개발하는 것을 수반한다. 둘째, 이러한 전문가들은 어떤 관행, 시스템 및 구조가 기업이 시장에서 차별화하기 위해 필요한 역량을 효과적으로 지원할 것인지 알고 있다. 셋째, 이러한 역량은 다양성, 형평성, 포용성을 지원하는 문화를 만드는 방법을 아는 능력을 수반한다. 이 두 가지 역량은 기업의 인적역량의 발전을 통해 기업의 성과를 가속화하는 주요 역할을 설명한다. 다음 세 가지 역량은 HR 전문가들이 이를 수행할 수 있는 "경로(pathways)"이다.

셋째, **협업 증진**(Fosters Collaboration)은 개인이 일을 완수하는 데 효과적으로 방법을 찾기 위해 다른 사람들과 신뢰관계를 구축하는 것을 의미한다. 먼저, 다른 사람들과의 관계는 열린 피드백, 자신감, 겸손, 진실성, 그리고 윤리성과 같은 방법으로 자신을 관리할 수 있는 개인의 능력에서 시작된다. 둘째, 협업을 촉진하는 것은 신뢰를 쌓고, 다른 조직 수준, 기술 수준, 기능 배경 및 문화의 사람들과 효과적으로 일하고 가치를 평가하는 것을 동반한다.

넷째, 거대한 기술적 그리고 사회적 변화를 특징으로 하는 오늘날의 환경에서 **정보 이동**(Mobilizes Information)은 누군가가 이러한 변화를 헤쳐나갈 수 있는 정도를 의미한다. 이 역량은 첫째, 개인이 기술적 혁신을 어떻게 예측할 수 있는지를 설명하고, 그 후 더 나은 결정을 내리는 데 도움이 되도록 정보를 획득, 분석 및 적용한다. 둘째, 환경오염, 인종 분쟁, 정치적 갈등 및 건강 위기와 같은 최근의 모든 사회적 문제와 함께, 이 역량은 예측을 수반한다. 또한 이러한 변화와 가장 효과적으로 대응하는 방법에 대한 인적역량 개입에 대한 지침을 제공한다.

마지막으로, **복잡성의 단순화**(Simplifies Complexity)는 방대한 양의 정보와 변화를 선별하고 가장 중요한 문제에 대해 침착하게 대응할 수 있는 능력을 의미한다. 이 역량의 일부는 최신 HR 트렌드를 파악, 이를 비판적으로 접근하는 것에 초점을 맞추고 있다. 다른 부분은 2020-21의 사건과 직접적으로 관련이 있으며, 큰 불확실성이나 위험한 위기의 시기에 개인이 조직의 긍정적인 변화를 추진하기 위해 도전을 활용하는 방법을 설명한다.

모든 HR 전문가가 다섯 가지 역량을 모두 탁월한 수준으로 개발할 것으로 기대할 수 있는 것은 아니지만, 일부 역량은 HR 기능의 어떤 부분에서 작동하는지에 따라 더 중요할 수 있다. 구글은 '1/3 채용 모형(three-thirds staffing model)'을 통해 이런 통합역량을 추구한다. 그리고 아래 내용은 이와 관련된 분야별 인재와 필요 역량을 보여주고 있다.

1. **1/3 전통적 인적자원담당자** : 복리후생, 보상, 노사관계, 학습, 채용 분야 전문가로 이들의 분야별 전문성, 패턴인식 능력, 정서와 관련된 지능은 인적자원 서비스와 프로그램 개발의 기초가 된다.
2. **1/3 컨설턴트** : 높은 수준의 전략 전문가로, 비정형적인 대규모 문제해결을 통해 성장했으며, 사람과 관련된 문제에 대해 신중하고 사업가적 접근법을 적용할 수 있는 경영 컨설팅 배경을 가진 사람이다.
3. **1/3 분석 전문가** : 석사 및 박사 수준의 사람으로 모든 인적자원 업무를 측정, 분석하고, 통찰력을 발휘하며, 어떤 것이 효과적인지를 입증하는 사람이다. 이들은 불가능해 보이는 것을 즐기고 실험을 추구하는 사람들로서, 구글이 제품뿐만 아니라 사람도 창의적임을 입증해 주는 사람이다.

이러한 채용 모형을 통해 구글은 세계적 수준의 인적자원관리부서를 만드는 데 필요한 기술과 다양한 인재를 통합할 수 있었다.

## 인적자원담당 임원 역할

지금까지 우리는 인적자원관리의 중요성 증가와 인적자원전문가의 새로운 전략적 역할에 대해 살펴보았다. 인적자원담당 임원(Chief HR Officer: CHRO)은 인적자원관리부서를 이끌어야 하는 역할뿐만 아니라 인적자원 기능과 과정이 회사에 가치를 제공할 수 있도록 해야 한다. 인적자원관리부서 리더 역할과 그 성과에 대해서는 아주 최근에야 연구가 시작되었다. 최근의 한 연구가 정의한 인적자원담당 임원(CHRO)이 담당해야 할 일곱 가지 역할 수행을 위해 포춘 150대 기업의 인적자원담당 임원이 어느 정도 시간을 투입하는지를 조사하였다.

〈그림 13.18〉을 보면, 응답한 인적자원담당 임원이 두 번째로 많은 시간을 소비하

**그림 13.18 역할별 인적자원담당 임원이 소비하는 시간**

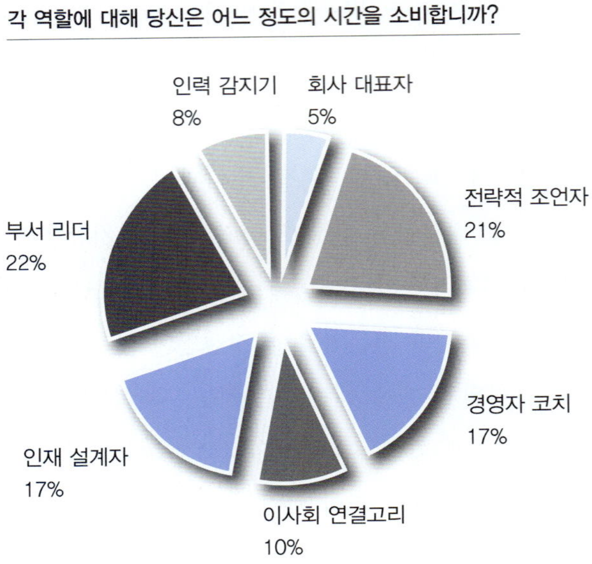


는 것은 최고경영진에 대한 **전략적 조언자**(strategic advisor) 역할이었다(21%). 이 역할은 의사결정 과정에서 사람문제에 관한 전문성을 공유하고, 회사의 인적자원을 전략과 일치시키기 위해 구체화시키는 것이다. 이러한 역할이 회사에 가장 큰 영향을 미치는 것으로 지적되었다. 전략적 조언자의 역할에 대해 어떤 인적자원담당 임원은 다음과 같이 설명하고 있다.

> 인적자원관리는 중요하다. 하지만 이는 사업 포트폴리오를 위한 도구이다. 첫째, 회사의 성공에 진정으로 공헌하기 위해서는 인적자원담당 임원은 폭넓은 신뢰감이 있어야 하는데, 신뢰성은 어떤 리더와 토론하더라도 그 사업의 가치 증대에 기여할 수 있도록 모든 사업에 대한 충분한 이해가 있어야 만들어지는 것이다. 즉, 각 사업부문의 방향을 설정하고 의사결정할 수 있을 정도로 경제적 측면, 고객, 제품, 기술 등에 대해 깊이 이해하고 있어야 함을 말한다. 여기서부터 신뢰가 형성되어야 사람 관리에 관한 기존의 전통적 사고와 맞설 수 있으며, 회사 인재관리전략을 세울 수 있다. 폭넓은 신뢰가 없다면, 인적자원담당 임원이 인재에 대해 말하더라도 올바른 의사결정을 할 수 있는 여건이 조성되지 않을 위험이 존재한다. 둘째, 최고경영자 입장에서 가장 도움이 되는 것은 인적자원전략이 회사 내 다른 운영전략과 통합되는 것이다. 영역 간 진정한 통합은 가능한 폭넓은 대화가 활발하게 이뤄질 때 발생한다.

**인재 설계자**(talent architect) 역할도 17%를 차지하는데, 이 또한 사업성과에 가장 큰 영향을 미치는 요인 중 하나로 인식된다. 인재 설계자의 역할을 위해서는 인적자원담당 임원은 최고경영진이 인재의 중요성을 인식하고, 현재와 향후 인재 간 차이를 파악하며, 스스로 인재에 관한 이슈를 가지도록 해야 한다. 한 인적자원담당 임원은 인재 설계자 역할의 중요성을 다음과 같이 말한다.

> 경영진에게 사업을 위한 전략적 인재의 필요성을 인식하게 하며, 향후 어떤 인재가 필요한지를 파악할 수 있고, 최고의 인재를 육성할 수 있는 시간을 확보하고 적절한 과제를 부여할 수 있다.

인재 설계자와 동등한 비율로 인적자원담당 임원이 많은 시간을 소비하는 것은 **상담가**(Counselor), **절친한 친구**(Confidante), **코치**(Coach) 역할인데, 몇몇 인적자원담당 임원은 이 역할이 가장 중요하다고 말한다. 이 역할은 행동이나 업무성과 상담부터 최고경영자의 아이디어 테스트 대상으로서의 역할까지 광범위한 행동을 포함한다. 최고경영자에 대한 투자자나 애널리스트의 압력이 증가할수록, 인적자원담당 임원은 최고경영자에게 개인적인 조언을 하거나 어려움을 들어주는 가장 신뢰할 수 있는 조언자이다. 간혹 최고경영자는 잘못된 행동을 하는 경우가 있다. 이럴 때 이것을 지적해 줄 수 있는 사람 중 한 명이 인적자원담당 임원이다. 종종 이런 상담가, 절친한 친구, 코치 역할은 사람들이 조직 하부에 오해를 발생시킬 수 있는 메시지를 전달할 때 이들의 의사소통 형태 문제와 잘못을 지적해 줄 수 있는 숙련된 코칭 리더 역할을 수행해야 한다. 이와 관련된 다음과 같은 날카로운 이야기가 있다.

> 내가 맡은 일을 제대로 한다면, 나는 회사의 모든 출구를 효과적으로 연결시키는 연결선일 것이다. 전략적 조언자 역할로 볼 수도 있는 조직변화 작업, 업무성과 조언 및 관계 형성, 경영자문 및 인재확보 및 계획의 전략적 측면을 포함한다.

**인적자원관리부서 리더**(leader of the HR function) 역할은 인적자원담당 임원이 가장 많은 시간을 소비(22%)하는 역할이지만, 가장 큰 영향력을 미치는 것으로 간주되지는 않는다. 이 역할은 회사 필요에 따라 인적자원관리 활동을 조정하고 우선순위를 정하는 것이다. 대체로 이 역할의 수행은 부하직원과 미팅을 통해 진행 상황을 체크하고 조언하는 것을 포함한다. 하지만 인적자원담당 임원은 인적자원 서비스 설계 및 제공

표 13.5 인적자원담당 임원의 역할

| | |
|---|---|
| 경영진에 대한 전략적 조언자 | 기업 전략의 형성과 실행에 초점을 맞춘 활동 |
| 경영진에 대한 카운셀러/절친한 친구/코치 | 경영진에 대한 카운셀링과 코칭 또는 경영진 내 인간적, 정치적 갈등 해결 |
| 이사회 연결고리 | 이사회 준비, 이사진 연락, 이사회 참석 |
| 인재 설계자 | 현재 및 미래 조직에 필요한 인적자원을 정의하고 확보하는 역할 |
| 인적자원관리부서 리더 | 인적자원관리부서 직원과 함께 인적자원 서비스의 개발, 설계 및 제공에 관해 작업 |
| 인력 감지기 | 종업원 사기 및 관심사를 확인하는 역할 |
| 회사 대표자 | 로비, 외부인을 상대로 한 연설 등 외부 이해관계자에 대한 활동 |

에 관해서는 부하직원에게 의존하게 되며, 대신 최고경영진에 대한 조언과 상담에 중점을 두는 쪽으로 변하고 있다.

**이사회 연결고리**(liaison to the board) 역할은 인적자원담당 임원의 이사회와 관련된 모든 활동을 말하는데, 임원보상, 최고경영자 성과, 최고경영자 후임자 계획, 다른 임원의 업무성과 등에 대한 논의를 말한다. 이 역할의 중요성은 점차 증대되고 있으나, 아직은 전략적 조언자, 인재 설계자, 상담가 등의 역할에는 미치지는 못한다.

마지막으로 인적자원담당 임원은 때로는 노동조합이나, NGO, 언론을 상대로 **회사 대표자**(representative of the firm) 역할을 한다(〈표 13.5〉 참조).

이러한 인적자원관리의 새로운 전략적 역할은 기회이며 동시에 위기이다. 인적자원관리는 조직이 사람을 통해 경쟁하는 방식에 큰 영향을 미칠 수 있는 가능성을 보여준다. 이러한 기회는 상당한 책임감을 부여한다. 미래의 인적자원관리부서는 자신을 사업부서에서 일하고 있는 직원이 아니라, 인적자원관리부서를 운영하는 기업가로 생각하는 사람들로 구성되어야 한다.

## 요약

사람이 기업경쟁력의 진정한 원천으로 인식되면서 인적자원관리부서의 기능에 필요한 역할도 변화하고 있다. 인적자원관리부서는 거래적 활동만 전적으로 강조하던 것에서 벗어나 전략적 활동에 더 개입하도록 변화하기를 요구받고 있다. 최근 연구에 따르면 인적자원담당 임원의 64%가 최근 인적자원 기능은 변혁을 추구하는 중이라고 답하였다. 인적자원 기능의 전략적 관리 여부에 따라 인적자원관리부서가 진정으로 전략적 파트너로 변신할 것인지, 아니면 그냥 해체되어버릴지 결정될 것이다.

이 장에서는 인적자원 기능의 변화된 다양한 역할에 대해 살펴보았다. 오늘날 인적자원관리부서는 관리전문가, 종업원 옹호자, 변화 주도자 및 전략적 파트너 역할을 수행해야 한다. 인적자원 기능은 거래적, 전통적 및 변혁적 서비스와 활동을 기업에 제공해야 하며, 효율적인 동시에 효과적이어야 한다. 기업이 전략적으로 관리되는 것과 마찬가지로 인적자원담당 임원은 인적자원관리부서를 전략적으로 관리해야 한다. 이를 위해서는 고객설문이나 분석적 방법을 통해 인적자원 기능의 성과를 측정해야 한다. 이러한 측정은 업무성과를 개선시킬 수 있는 방법을 개발하기 위한 기초가 된다. 새로운 구조 설계, 리엔지니어링 및 정보기술의 활용, 아웃소싱 등을 통해 인적자원관리부서의 성과를 향상시킬 수 있을 것이다.

## 주요 용어

**감사 중심 접근법**(Audit approach)
**리엔지니어링**(Reengineering)
**상담가/절친한 친구/코치**(Counselor/confidante/coach)
**아웃소싱**(Outsourcing)
**이사회 연결고리**(Liaison to the board of directors)
**인적자원관리부서 리더**(Leader of the HR function)
**전문가 시스템**(Expert systems)
**거래 처리**(Transaction processing)
**분석적 접근법**(Analytic approach)
**신기술**(New technologies)
**의사결정지원 시스템**(Decision support systems)
**인재 설계자**(Talent architect)
**전략적 조언자**(Strategic advisor)
**회사 대표자**(Representative of the firm)

## 토의과제

01. 지난 20~30년 동안 인적자원관리부서의 기능과 역할이 바뀌게 된 이유는 무엇인가? 인적자원관리부서는 얼마나 효과적으로 이에 대응하고 있는가?

02. 전략경영 프로세스가 인적자원관리부서 업무에도 적용될 수 있는가?

03. 인적자원관리 관행 효과성을 위해 기업이 시간을 쏟지 않는 이유는 무엇이라고 생각하는가? 기업은 인적자원 관행 평가에 관심을 가져야 하는가? 왜? 인적자원 기능을 평가함으로써 인적자원관리부서 담당들이 얻는 이득은 무엇인가?

04. 기술이 채용, 교육, 복리후생 관리, 성과관리에 얼마나 유용할지 상상해 보시오.

05. 최근 당신 회사의 종업원들은 복리후생제도에 관한 소개자료를 읽고 등록신청서를 작성하여, 이를 인적자원담당자에게 제출하는 중이다. 엄청난 양의 서류를 처리하기 위해 임시로 직원을 채용하였다. 등록양식을 체크하고, 분류하며, 묶어서, 데이터 입력담당자에게 전달하여, 데이터 입력 후, 되돌려받고, 다시 파일링하는 작업이 이루어진다. 이 과정은 매우 느리고 실수를 범할 가능성이 높다. 복리후생 등록을 더 효율적이고 효과적이기 위해서는 프로세스를 어떻게 리엔지니어링할 수 있을 것인가?

06. 일부 사람들은 아웃소싱이 자신의 회사를 경쟁사와 더 이상 차별화시키지 못하기 때문에 나쁘다고 주장한다. (모든 경쟁사들이 동일한 공급자로부터 동일한 서비스를 구입하기 때문에 경쟁우위의 원천이 될 수 없다.) 사실이라고 생각하는가? 만약 그렇다면, 왜 많은 기업들이 아웃소싱을 활용하는가?

사례연구

## SK텔레콤의 수시피드백 강화를 통한 협력 강화

SK텔레콤은 1년에 한 번 S, A, B, C와 같은 등급을 사전에 설정된 비율대로 배분하는 강제할당식 상대평가를 실시해왔다. 그러나 인공지능, 빅데이터, 클라우드 등 4차 산업혁명의 핵심 기술을 활용하는 신사업을 추구하는 과정에서는 팀 내 구성원 간 경쟁보다 협력이 보다 강조되기 때문에 더 이상 팀 내 구성원 간 경쟁을 유발하는 상대평가제도가 적합하지 않다고 판단했다. 무엇보다 팀 내에서 상호 협력하여 혁신하도록 하고, 서로 다른 부서들이 협력하도록 하고, 외부 업체들과의 협력을 통해 개방적 혁신을 촉진할 수 있는 평가제도, 나아가 인사제도를 도입해야 한다고 보았다. 이에 SK텔레콤은 2017년 7월, 전격적으로 상대평가를 폐지했다.

SK텔레콤은 구성원들의 주요 업무와 그 업무를 통해 달성하고자 하는 목표를 시스템에 등록하도록 했다. 이를 통해 스스로 자신의 성과를 점검하도록 하고, 자신과 동료들이 검토하고 피드백하도록 하며, 최종적으로 리더가 달성도를 평가한다. 물론 어떤 업무를 수행할지, 목표 수준을 어느 정도로 설정할지는 업무담당자와 상급자가 상의한다. 이 시스템에는 모바일로도 아무 때나 접속할 수 있고, 성과와 관련된 내용을 기록할 수 있다. 즉, 1년에 한 번 평가하던 것이 연중 상시 성과관리시스템으로 변화된 것이다.

SK텔레콤은 상대평가를 폐지했지만(심지어 평가등급이 없다! - no rating 원칙) 사람과 성과에 대한 리뷰는 한층 강화하였다. 업무별로 연간 축적된 상시 성과관리 결과를 모아 팀장이 1차 리뷰를 진행한 후, 이 결과를 바탕으로 임원 단위 조직별로 2~4차에 걸쳐 단계별 People & Performance Review를 진행한다. 이를 'T세션(Talent-Session)'이라고 하는데, 조직의 성과를 책임진 리더들이 한해 조직의 성과에 대해 되돌아보고, 구성원들의 성장과 기여, 보상과 승진 등에 대한 집단적 의사결정을 하는 세션이다. 이 세션에서 저성과자, 고성과자, 연봉 수준 승급 대상자를 선정하는데, 저성과자를 의무적으로 선정해야 한다는 제한은 없다. 특히 T세션에서는 각 구성원의 경력경로(career path)를 제시하고 이에 이를 수 있는 다양한 사내・외 전문 교육 프로그램을 지원한다.

이러한 의사결정의 모든 기준은 조직별로 스스로 결정한 성과관리 기준이다. 전사 HR에서는 절대평가제도의 방향을 제시하고, 성과관리 오너십을 가진 단위 조직에서는 성과관리의 원칙과 기준을 스스로 설정하고 소속 구성원들과 이를 공유한다. 이는 획일적인 성과관리가 아닌, 각 조직의 사업과 조직구성원의 특성에 적합한 일하는 방식과 개별화된 성과관리가 무엇보다 중요하기 때문이다.

상대평가와 평가등급이 없어진 것에 대한 구성원들의 반응은 우호적인 것으로 보인다. 반면, 기존 시스템에 익숙해진 차/부장급 인력 중에서는 확실한 등급을 받는 것을 선호하는 경우도 여전히 존재한다. 그러나 상대평가를 폐지함으로써 팀 내 · 외부 구성원들이 서로 협력하면서 일할 수 있게 되었다. 이를 통해 회사에서 가장 자주 보는 사람이 경쟁자가 아니라 진정한 동료가 될 수 있을 것이다.

### 토의과제

1. 수시피드백의 효과성을 제고하기 위해서 부서장은 어떤 역할을 해야 하는가?
2. 수시피드백의 효과성을 제고하기 위해서 구성원은 어떤 역할을 해야 하는가?
3. 부서장의 구성원에 대한 빈번한 피드백의 잠재적 단점은 무엇인가?

출처: SK텔레콤 Annual Report 2021; 김지수(2018), 비등급 절대평가 체계 도입, 『월간 인사관리』 6월호, pp.38-41.

# 찾아보기

**[ㅊ]**



**[ㅋ]**



**[ㅌ]**

**[ㅍ]**



**[ㅎ]**



* * * *

## 저자 소개

### Raymond A. Noe

현재 The Ohio State University의 경영학과 교수로 재직하고 있다. 주요 연구분야인 학습과 훈련, 인적자원관리, 조직행동(심리적 계약, 팀, 작업, 가정)을 주제로 70여 편의 논문과 저서를 집필하였으며, 미국심리학회 및 산업·조직심리학회의 임원이다.

### John R. Hollenbeck

현재 Michigan State University 경영학과 교수로 재직하고 있다. 주요 연구분야는 팀 의사결정과 작업동기부여이다. 그는 *Organizational Behavior and Human Decision Processes*, *Decision Sciences*, *Personnel Psychology* 등 저명 학술지에 90여 편의 논문을 게재하였으며, 편집위원으로 활동 중이다.

### Barry Gerhart

현재 University of Wisconsin-Madison 경영학과 교수로 재직하고 있다. 주요 연구분야는 보상, 인적자본전략, 국제 인적자원관리, 종업원 유지 등이다. *Academy of Management Annuals*, *Academy of Management*, *Academy of Management Review* 등 저명 학술지에 다수의 논문을 게재하였으며, 편집위원으로 활동 중이다.

### Patrick M. Wright

현재 University of South Carolina 경영학부에서 임원경력개발센터를 맡고 있다. *Academy of Management Annuals*, *Academy of Management Journal*, *Journal of Management* 등 저명 학술지에 다수의 논문을 게재하였으며, 민간기업 및 공공기관을 대상으로 다수의 컨설팅을 수행하고 있다.

## 역자 소개

### 윤동열

현) 건국대학교 경영학과 교수(인사조직 전공)
현) 고용노동부 고용정책심의회 위원, 경제사회노동위원회 이행점검위원회 위원
현) 제35대 대한경영학회 회장, 제40대 한국생산성학회 회장, 한국인사관리학회 부회장, 한국기업경영학회 부회장, 국제지역학회 부회장
전) 인사혁신처 정책자문위원, 국가공무원인재개발원 인재개발단
전) 오하이오주립대 CETE/PAES 연구원
전) 현대자동차 기획실/인재개발원
성균관대학교 문학사
헬싱키경제대 경영학 석사
성균관대학교 경영학 박사(인사/조직)
오하이오주립대학교 석사/박사(인적자원개발학)

### 김우철

현) 한국기술교육대학교 HRD학과 부교수(HRD 전공)
전) 한국기술교육대학교 교수학습 센터장, EduTech 센터장 역임
전) 삼성전자 생산기술연구소 인사그룹 대리
중앙대학교 석사(HRD 전공)
펜실베이니아주립대학교 박사(HRD/OD 전공)

### 김태형

현) 한국기술교육대학교 산업경영학부 조교수(국제경영/인사조직 전공)
전) 삼성경제연구소 인사조직실 수석연구원, IBM Business Consulting Services HCM팀 컨설턴트, LG유플러스 인사팀
한양대학교 사회학과 학사
서울대학교 경영학과 석사(인사/조직)
영국 University of Birmingham 석사(인적자원관리)
영국 University of Reading 박사(국제인적자원관리)

### 나동만

현) 한국직업능력연구원 선임연구위원
전) 한국직업능력연구원 지역산업HRD연구센터 센터장
전) 대한경영학회 학술위원장
전) 연세대학교 경영연구소 전문연구원
전) 현대제철 재경본부 사원
연세대학교 학사(경영학)
연세대학교 석사/박사(인사/조직)

### 류성민

현) 경기대학교 경영학부 교수(인사/조직 전공)
현) 고용노동부 기타공공기관 경영평가위원회 위원
현) 한국기업경영학회 회장, 한국인사관리학회 부회장/편집위원장
전) 국무총리 정부업무평가위원회 위원, 경제사회노동위원회 노사관계제도관행개선위원회 공익위원
전) 한국노동연구원 부연구위원
한국항공대학교 학사(항공경영)
서울대학교 대학원 경영학 석사/박사(인사/조직)

### 류준열

현) 서울시립대학교 경영학부 부교수(인사/조직 전공)
연세대학교 상경대학 경제학과 학사
Stanford University 석사(통계학)
University of Illinois at Urbana-Champaign 박사(인적자원 및 노사관계학)

### 박종규

현) 뉴욕시립대학교 스테튼아일랜드칼리지 경영학과 조교수(매니지먼트 전공)
현) Rothwell & Associates 시니어 파트너
전) 딜로이트, 타워스 왓슨, LG인화원
성균관대학교 학사/석사/박사(인사/조직)
펜실베이니아주립대학교 박사(인적자원/조직개발)

### 방호진

현) 제주대학교 경영학과 교수
전) 대통령직속 일자리위원회 지역일자리 위원
전) Mercer Korea 상무, ㈜STX 전략3실장, IBM BCS 수석 컨설턴트
서울대학교 학사/석사(경영학)
성균관대학교 박사(조직 · 인사)

### 조윤형

현) 조선대학교 경상대학 경영학부 교수(인사/조직 전공)
전) 현대경제연구원/인재개발원, 한국일보/서울경제부설 백상경제연구원 연구위원
전) Cornell University ILR School Post-doctoral Research Fellow
아주대학교 학사/석사/박사(인사/조직)

### 최우재

현) 청주대학교 경영학부 부교수
현) 한국기업경영학회 편집위원장
전) 대한리더십학회 편집위원장, 한국인사관리학회, 한국인사조직학회 등 상임이사, 현대경제연구원 선임연구원, ㈜멀티캠퍼스(구: 크레듀) HR 컨설팅 팀장, (미)OSU CETE 연구원
국민대학교 학사/석사(경영학)
미국 OSU 박사(HRD 전공)

### 한승현

현) University of Georgia 인적자원개발학과 부교수
현) Human Resource Development Quarterly 부편집장, Human Resource Development International, Journal of Workplace Learning 편집위원
현) Academy of Human Resource Development 상임이사, 대한경영학회 부회장
University of Illinois HRD 박사

### 홍운기

현) 건국대학교 경영학과 부교수(인사조직 전공)
전) UNIST 경영과학부 부교수
고려대학교 산업정보시스템공학 학사
고려대학교 경영학 석사(인사조직)
University of Illinois at Urbana-Champaign 박사(인사조직)

**인적자원관리**(Human Resource Management, 13E)

2024년 1월 10일 인쇄
2024년 1월 20일 발행

**공저자** Noe · Hollenbeck · Gerhart · Wright
**공역자** 윤동열 · 김우철 · 김태형 · 나동만 · 류성민 · 류준열
박종규 · 방호진 · 조윤형 · 최우재 · 한승현 · 홍운기
**발행인** 김광범
**발행처** 도서출판 시대가치
**주소** 서울특별시 마포구 토정로 222, 422-1호(한국출판콘텐츠센터)
**전화** 02)3152-2620
**팩스** 02)6442-2621
**등록** 2017년 3월 23일 제2018-000088호
**이메일** timepub2017@gmail.com
**홈페이지** 시대가치.com

**정가 38,000원** ISBN 979-11-89607-85-2 93320